中山大学学报七十年学术文选

中山大学学报

社会科学版（1955—2025）

哲学卷

彭玉平 李青果 主编
仝广秀 执行主编

中山大学出版社
· 广州 ·

版权所有　翻印必究

图书在版编目（CIP）数据

中山大学学报社会科学版：1955—2025. 哲学卷 / 彭玉平，李青果主编；仝广秀执行主编. -- 广州：中山大学出版社，2025.7. --（中山大学学报七十年学术文选）. -- ISBN 978-7-306-08427-9

I. C53

中国国家版本馆CIP数据核字第20256S41K6号

ZHONGSHAN DAXUE XUEBAO SHEHUI KEXUE BAN（1955—2025）·ZHEXUE JUAN

| 出 版 人：王天琪
| 策划编辑：徐诗荣　陈　莹
| 责任编辑：陈　莹
| 封面设计：林绵华
| 责任校对：徐馨芷
| 责任技编：靳晓虹
| 出版发行：中山大学出版社
| 电　　话：编辑部 020-84111996，84113349，84111997，84110779
|　　　　　发行部 020-84111998，84111981，84111160
| 地　　址：广州市新港西路135号
| 邮　　编：510275　传　真：020-84036565
| 网　　址：http://www.zsup.com.cn　E-mail: zdcbs@mail.sysu.edu.cn
| 印 刷 者：恒美印务（广州）有限公司
| 规　　格：787 mm×1094 mm　1/16　30.75印张　735千字
| 版次印次：2025年7月第1版　2025年7月第1次印刷
| 定　　价：128.00元

如发现本书因印装质量影响阅读，请与出版社发行部联系调换

总 序

更有春光七十年

彭玉平　李青果

1955年6月15日,《中山大学学报（社会科学版）》（以下简称《学报》）创刊,今年适逢创刊70周年。70年发展的不凡历程,值得我们认真总结和反思,也理当庆贺。有所庆必有所纪,我们编选这套"中山大学学报七十年学术文选",以资纪念那些曾经的岁月,以期开启未来的道路。

《学报》甫一出版,就受到党和国家领导人的高度关注和重视。1955年11月23日,《学报》创刊才5个月,学校就收到中共中央办公厅秘书室来信:"你校出版的《中山大学学报》,我们准备从第一期开始,给毛主席订阅两份。但是已经出版的两期,在北京的书店买不到。这两期如果你校出版机构还有存的,可否售给我们两份。《中山大学学报》自明年第一季度起,我们已在北京邮局订到。"信中不仅转达了毛泽东主席订阅两份《中山大学学报》的情况,而且说要购买此前出版的两期,可见主席要一期不落地阅读。这份70年前的殷殷关切之情,至今温度犹存。

《学报》创刊伊始,就展现了不少中大学人的宏论佳构。一代学术名家陈寅恪、岑仲勉、许崇清、陈序经、容庚、商承祚、梁方仲、杨荣国等,先后在此发表了一批力作,如《述东晋王导之功业》《书世说新语文学类钟会撰四本论始毕条后》《西汉对南洋的海道交通》《青铜器的起源和发展》《共同纲领与宪法在社会主义事业中的作用》《哲学的命运——哲学改革的设想》《人的全面发展的教育任务》等,均成为学术史、教育史上引人瞩目的名篇。特殊的读者和一流的作者在《学报》内外交相辉映,这种特别的机缘,至今仍是令人感怀的。

从创刊之日起,《学报》就制定了坚持学术宗旨、加强思想性内容、服务祖国社会主义建设的编辑方针;改革开放后,《学报》立足改革开放前沿，发表了一大批结合时代、具有创新性理论的学术成果，有力地推动了新形势下我国经济社会的发展；党的十八大以后，《学报》明确提出"体现中国特色学术"的办刊宗旨，积极响应习近平总书记在哲学社会科学工作者座谈会上的讲话精神，致力于构建中国特色哲学社会科学体系与自主知识体系，取得了比较明显的成效。职是之故，《学报》也受到了国家有关部门的高度重视，陆续入选"教育部高校哲学社会科学名刊工程""国家社会科学基金资助期刊"，连续三届获得"全国百强报刊"称号。2024年，《学报》"中国文体学研究"栏目入选中宣部首批哲学社会科学重点专栏建设名单；同年，以此专栏为重要发表平台的"中国古代文体学"成果，入选"中国哲学社会科学十大原创学术理论"。

一直以来，《学报》的中心工作是以哲学社会科学的理论创新推进中国自主知识体系建构，把核心目标牢牢锁定在坚持具有中国特色、体现时代精神、不断开拓创新的学术发展道路上。特别是在近十年间，《学报》针对高校综合性学报"全、散、小、弱"的情况，按照中宣部繁荣发展中国特色哲学社会科学和教育部把高校学报建设成"专、特、大、强"学术期刊的指导精神，创新办刊思路，实行开门办刊，重点建设特色专栏，逐步形成品牌效应。

一是"返本开新"，开设"中国文体学研究""词学研究"等专栏，立足中国文学文化的本土语境和文学研究领域的核心与主干，围绕中国自身学术的主体性，深入阐释中华优秀传统文化，打造具有引领性和标识性的特色化、专业化精品学术栏目，追寻和建设具有现代意义的中国文史学术，致力于形成具有中国特色的学术体系和学科体系。

二是"会通中西"和"通变古今"，开设"近代中国的知识与制度转型""经典与解释"等专栏，旨在透过近代知识与制度的转型，重审中国历史发展的脉络，重建中国自主的学术话语系统和知识体系，以及通过对中国古代经典的追根溯源与重新审视，为中国自主的学术文化的现代化转型和创新性发展，寻根源、识路径、辨优劣、定指归。

三是重视"冷门绝学"，开设"出土文献与古文字研究"专栏。这个专栏是直接响应习近平总书记关于加强"冷门绝学"研究的重要指示，依托中山大学学科优势开设的，也是高校综合性学报唯一固定开设的古文字研究专栏。由于古文字学学科的规模不大，该专栏一时存在"叫好不叫座"的情况，在二次文献转载方面，尽管与《学报》上其他学科比较，成绩并不突出，但我们并不因为这个状况就对它有所轻视，而是一以贯之，予以重点扶持。

四是"东海西海，心理攸同"，开设"中西文明互鉴""亚欧文化研究""文明与宗教研究"等专栏，主打"中国学"与"国际化"，汇聚中外优秀学者共同研究中国问题，作者队伍的国际化程度较高。中外学者联手利用《学报》平台，"用学术语言讲好中国故事"，让世界更好地认识中国、了解中国，弘扬中国精神，同时也让中国与世界之联系更加密切。

五是"经世致用"，开设"新时代高质量发展研究"等社会学科的专题专栏，研究、阐释党的创新理论，推动经济社会的发展，增强文化自信，坚持中国道路，致力于为新时代中国特色社会主义建设贡献学术力量和理论支撑。

"中山大学学报七十年学术文选"依托70年来办刊的实际情况，尽力体现上述主要办刊思路和持之以恒的编辑方针，充分展示既往沉甸甸的学术成果。萧统在《文选》序中曾说，《文选》关乎"记事之史，系年之书"，其编选原则遵循"凡次文之体，各以汇聚。诗赋体既不一，又以类分；类分之中，各以时代相次"。"中山大学学报七十年学术文选"的编选大致按照这个方法和体例，分为"语言文学卷""史学卷""哲学卷"和"社会科学卷"，各卷由相关学科的责任编辑分任执行主编，以文章发表的时间先后为序，将70年来具有代表性和较高学术水平的论文编次成册，以此彰显《中山大学学报（社会科学版）》走过的漫长道路和取得的丰硕成果，以此映射中山大学文科的发展历程和中国哲学社会科学的学术变迁轨迹。由于70年来《中山大学学报（社会科学版）》出版了300余期，卷帙浩繁、佳作众多，然限于篇幅，只能萃取部分论文，窥豹于一斑，虽有以少总多之心，但还是不免有遗珠之憾。宋代鲍锐有"更有春光七十年"诗句，因录以为题。这七十年的春光，属于我们与之同行的新中国，属于坚毅挺拔的中山大学，属于关心和支持《学报》发展的所有作者、读者以及各界友人。过去未去，未来已来，我们将坚守初心，努力让《学报》发展之路走得更为稳健、更有格局、更有气势，为中国的学术文化建设贡献我们应有的力量。

2025年5月8日于广州中山大学康乐园

编辑说明

一、本书编选《中山大学学报（社会科学版）》哲学学科七十年来刊发的优秀文章，依次分为"马克思主义哲学""中国哲学""外国哲学"三辑。

二、本书编选的文章时间跨度大，分属不同时代，为尊重历史，除对明显的文字、符号等错误进行修订外，一仍其旧。

三、本书所辑录的文章，均在文末注明刊发时间；由于时间跨度较大，刊版名称略有差异，本书均按照当年刊版名称表述。

四、《中山大学学报（社会科学版）》创刊七十周年，传统深厚，名家辈出，成果丰富，因编者识力与本书篇幅所限，遗漏或不当之处，敬请专家读者指教。

目 录
CONTENTS

第一辑 马克思主义哲学

论巴甫洛夫底世界观的唯物主义根源 ……… 罗克汀 003

试论梅叶唯物主义世界观的性质和特点 ……… 胡景钊 026

略论马克思主义实践观的创立与发展 ……… 陈长畅 035

试论人性的"两个统一" ……… 杨群生 043

新世界观天才萌芽的第一个文件
　　——试论《关于费尔巴哈的提纲》在马克思主义哲学发展史上的意义
　　　　　　　　　　　　　　　　　　　　　　……… 叶汝贤 048

唯物史观和马克思主义异化理论 ……… 齐 云　尚 德 055

哲学的命运
　　——哲学改革的设想 ……… 刘 嵘 066

"抽象—具体"方法之重构 ……… 林定夷 073

第二辑 中国哲学

关于《论董仲舒思想》
　　——与周辅成同志商榷 ……… 陈玉森 085

龚自珍思想初探 ……… 杨荣国 096

公孙龙的逻辑思想
　　——从正名主义到诡辩论的分析批判 ……… 杨芾荪 107

| 中国原始宗教和无神论的萌芽 | 丁宝兰 | 118 |

《太平经》剖析
　　——兼谈《太平经》与东汉末年农民起义的若干思想联系 ········ 冯达文　128
论张载哲学思想的内在矛盾及其与程朱理学的关系 ············ 屈志清　140
王夫之的"理"论 ································· 李五湖　148
重评科学与玄学论战 ······························· 袁伟时　155
浅探《易传》的"道"范畴
　　——读《易传·系辞传》札记 ····················· [日]佐藤贡悦　166
《东西均》辩证法思想剖析 ···························· 梅焕庭　171
由"鱼之乐"说及"知"之问题 ························· 陈少明　179
明代"天→君→臣→民"之社会哲学思想 ···················· 邬昆如　187
民众思想、思想家与思想史
　　——对中国思想史几个基本问题的思考 ················· 李锦全　193
重建"中国哲学"的双重理据 ··························· 朱汉民　201
《孟子》"七十者可以食肉"的社会史诠释 ··················· 黄俊杰　207
从"断章取义"到"以意逆志"
　　——孟子复原式解释理论的产生与演变 ·········· [美]蔡宗齐著，金涛译　212
由"四书学"的形成看儒学的开展 ························ 郭齐勇　222
化当然为必然：朱熹思想的内在趋向 ······················ 杨国荣　227
自西徂东：平等观念史的西来脉络 ······················· 高瑞泉　237
王国维与康德哲学 ································· 李明辉　250
虚己以游世
　　——早期希腊哲学的非自然哲学解读 ··················· 关子尹　267
"理一分殊"释义 ·································· 景海峰　303
功夫伦理初探 ···································· 倪培民　322

第三辑 外国哲学

康德伦理思想述评	章海山	339
物质客体论（上）	张华夏	347
物质客体论（下）	张华夏	359
西方哲学史中"观念"范畴的演变	徐文俊	372
关于科学发现机器的研究	鞠实儿	378
意义的分析：实在论与反实在论的争论	张志林	385

依傍理性走向对神的信仰
——托马斯·阿奎那真理论的探讨 ……… 张 宪 394

《纯粹理性批判》中的本体概念 ……… 张志伟 401

灵光烛照下的中西哲学比较研究
——利玛窦《天主实义》、龙华民《灵魂道体说》、马勒伯朗士《对话》解析
……… 许苏民 413

论尼采宗教批判的力度与局限 ……… ［德］卫弥夏著，瞿旭彤译 430

胡塞尔早期内时间意识分析的基本进路 ……… 倪梁康 439

哲学之为穷理 ……… 陈嘉映 452

"诗学"与"国学"
——亚里士多德《诗学》的译名争议 ……… 刘小枫 465

后记 ……………………………………………………………… 478

第一辑

马克思主义哲学

论巴甫洛夫底世界观的唯物主义根源

罗克汀

一

自然科学一方面是直接地和生产联系着，另一方面是和一定的哲学思想联系着，因此，马克思列宁主义要求我们从唯物主义哲学底历史上来考察巴甫洛夫底世界观形成之根源问题。本文的任务是在于说明十九世纪四十—六十年代俄罗斯革命民主派的唯物主义哲学思想，以及在当时革命民主派唯物主义哲学直接影响之下成长起来的自然科学中之唯物主义哲学思想，对于巴甫洛夫底世界观形成的影响。

关于巴甫洛夫底世界观的思想根源问题，这是一个具有广泛的理论内容和巨大的理论的与实践的意义底问题。这关系到：十九世纪俄罗斯革命民主派底唯物主义哲学的独立创造性及其历史作用与意义；俄罗斯生理学派底独立创造性及其历史作用与意义；巴甫洛夫底世界观形成之具体历史条件与必然规律；为坚持新爱国主义并进行反对世界主义及资产阶级的客观主义的斗争等等一系列重大的问题。换言之：要求我们以马克思列宁主义底党性原则来对待巴甫洛夫思想底根源问题，在这个问题上任何歪曲、误解和含糊其词都是不能容忍的现象。过去有某些巴甫洛夫传记的作者认为：巴甫洛夫的思想及其学说好像主要是在欧洲资产阶级的科学家底影响之下形成的，是在德国生理学家刘德维克、海登海因等影响之下形成的，这种抹杀了巴甫洛夫底世界观之俄罗斯唯物主义根源的见解，实质上是陷入了资产阶级的世界主义和客观主义的陷阱。如果巴甫洛夫的思想及其学说主要是在资产阶级底科学家底影响之下形成的，那末，就会得出一个甚么样的结论呢？首先，就会认为俄罗斯没有独立创造性的唯物主义的哲学思想，仿佛十九世纪俄罗斯革命民主派的唯物主义哲学仅仅是欧洲哲学思想的"仆从"，这就等于否定了十九世纪俄罗斯革命民主派底唯物主义哲学的独立创造性及其历史作用与意义。其次：既然巴甫洛夫的思想及其学说是在欧洲资产阶级科学家底影响之下形成的，那末，就会否定了或降低了十九世纪俄罗斯唯物主义的自然科学，特别地是俄罗斯生理学派底独立创造性及其历史作用与意义。再次：如果巴甫洛夫的思想及其学说主要是在欧洲底资产阶级科学家底影响之下形成的，那末，巴甫洛夫底思想及其学说出现于十九世纪八十年代的俄罗斯就是一个偶然性的现象。这就是说，按照这种反科学的论点，巴甫洛夫底思想及其学说和十九世纪八十年代俄罗斯社会生活条件的一切必然联系都被割断了，而巴甫洛夫底思想及其学说的出现就缺乏必然的规律性。这样，人们就会问：为什么巴甫洛夫的思想及其学说刚好是出现在这样的一种条件、地点和时间之下，而不出现在另外一种条件、地点、时间之下呢？或者，更具体地说，为什么巴甫洛夫思想及其学说刚好是出现在俄罗斯而不出现于欧洲其他国家呢？很明显地，如果我们不想掉进唯心主义的陷阱，我们就必须从当时俄罗斯的社会生活条件来加以说明，找出巴甫洛夫底思想及其学说产生在俄罗斯十九世纪八十年代的必然规律。最后，如果认为巴甫洛夫底思想及其学说主要是在欧洲资产阶级科学家影响之下形成的，实质上是违反了苏维埃爱国主义的精神，而以向资产阶级卑躬屈节和顶礼崇拜的世界主义及客观主义的反动精神来毒害人们的思想意识。马克思列宁主义的党性原则要求我们不断地进行反对资产阶级底世界主义及客观主义的斗争，以辩证唯物主义的世界观和新爱国主义的精神来武装人们的头脑，因此，阐明巴甫洛夫底世界观形成的唯物主义根源问题就具有极端重大的理论和实践意义。

但是，并不是所有巴甫洛夫底思想及其学说的研究者，对于一个这样巨大而重要的理论问题都有着完全正确而深刻的认识的。相反地，在许多阐明巴甫洛夫底思想及其学说的论著中，往往对于巴甫洛夫世界观底形成的唯物主义根源问题，产生了不明确的、含糊其辞的，甚至于是错误的论点。例如在巴甫洛夫的学生福罗洛夫（ю п. фролов）所著的《巴甫洛夫及其学派》一书中，我们就可以发见，对于巴甫洛夫学派底思想根源的说明是完全不能令人满意的。按照这一本书著者，给予该书的副标题是"条件反射论之发展"。因此，人们可以期望著者在该书中对巴甫洛夫学派的思想根源加以详细的分析和说明，找出巴甫洛夫底思想及学说之发生及其发展的必然规律，这样的分析和说明必然是要求具有严格的马克思列宁主义底党性的。但该书的著者显然没有能够完成这样的任务。该书的第一章"巴甫洛夫的直接前驱者——谢琴诺夫和行为主义者"中，人们可以期望著者分析和说明俄罗斯生理学派与十九世纪俄罗斯革命民主派的唯物主义哲学的关系，从而阐明俄罗斯生理学派的思想根源，它的发生及其发展的必然规律与过程，以及俄罗斯生理学派的历史意义与作用；最后必需阐明巴甫洛夫的出现是俄罗斯生理学派发展的最高峰，又是革命底质的飞跃，按照贝柯夫（К. М. БЫКОВ）的话来说，就是要把"全部生理学分成两个阶段，一个是巴甫洛夫以前的阶段，一个是巴甫洛夫的阶段……"①。但是，在福罗洛夫的著作中，第一章显然没有能够满足这样的要求。在该书第一章中谈到了斯宾塞、达尔文及其他许多美国的行为主义者，但是对于十九世纪俄罗斯社会生活条件的分析是缺乏的，特别值得指出的是对十九世纪俄罗斯底革命民主派的唯物主义者只字未提。谈到了巴甫洛夫的前驱，但没有提及赫尔岑、别林斯基、车尔尼雪夫斯基、杜勃罗留波夫、比沙列夫这些光辉的名字。因此，我们就不能不以思想性薄弱的理由来责备著者了。不但这样，而且著者对于谢琴诺夫底思想及其活动的分析，也是缺乏马克思列宁主义底高度的思想水平的。我们且看著者的分析罢：

> 巴甫洛夫的前驱谢琴诺夫是俄国生理学之父。他进行许多工作，不仅在俄国，而且在国外。他是生理学家刘德维克之挚友与化学家门德列也夫、生物学家季米里亚节夫、临床医生波特金过往甚密。且他并不超然脱离彼时的广泛社会运动。

---

① 引自贝柯夫《巴甫洛夫思想的发展》。

......

此处值得略述一些编年史料。一八五九年达尔文的《物种原始》问世时，谢琴诺夫已三十岁，居住维也纳，已完成他的博士论文的工作。但达尔文的进化观念，由斯宾塞所作的解释，总似乎给予谢琴诺夫的较深切的印象，此或因斯宾塞不但由物种原始的观点来看进化，并且就其对于精神能力发生的关系而考察之，此乃斯宾塞大感兴趣之一课题。

斯宾塞《心理学基础》一书出版于一八五五年八月，比达尔文的《物种原始》早四年。

更有一事，所关至大。其后不久（一八六三年）谢琴诺夫发现一个关于动物大脑的新事实，即：移开大脑的蛙，在用电流或施些盐晶，使中脑兴奋，在这种影响之下，某些反射运动之抑制。……

恰与谢琴诺夫私生活上几多幸运的事情不期而合，此项发现适逢在一个科学上的大发现时期，因此鼓励他迈进一步，在大多数科学家必视为很冒险，且绝非生理学者所应出此。但此一步却有很重要很丰富的成果，正在大脑生理学之范围内。此一步即是他发表一部创作的论文，仿留卡尔方法论的体裁。①

我们知道，谢琴诺夫是作为十九世纪六十年代俄罗斯革命民主派唯物主义者的一个成员而出现在俄罗斯反对沙皇农奴制度底斗争的社会革命运动的浪潮之中的。当时革命民主派的领袖是车尔尼雪夫斯基。谢琴诺夫在自然科学上坚持了唯物主义的原则，这是在车尔尼雪夫斯基底直接影响之下的。关于这些我们将在本文的第四段中加以分析和说明。但是，在福罗洛夫看来，仿佛谢琴诺夫完全是在西欧底科学家影响之下形成自己的思想和学说的，因此在该书中他没有提到车尔尼雪夫斯基，但是提到了刘德维克和斯宾塞。福罗洛夫甚至断言：斯宾塞的观点是"谢琴诺夫所依据的"，福罗洛夫不从俄罗斯十九世纪六十年代的社会生活条件，革命民主派底政治思想及唯物主义哲学中去考察谢琴诺夫底观点之形成，而把他当作仅仅是斯宾塞影响的结果，这是错误的。至于对于达尔文，当然我们并不反对达尔文底进化学说对于谢琴诺夫的重大影响，但是作为俄罗斯生理学之父，俄罗斯生理学派创始人的谢琴诺夫是在俄罗斯底社会生活条件及十八、九世纪俄罗斯的唯物主义哲学底光荣传统的影响之下而形成他的思想和学说的。而且根据福罗洛夫看来，仿佛谢琴诺夫在生理学上的贡献是"谢琴诺夫私生活上几多幸运的事情不谋而合"的结果，换言之，即把俄罗斯生理学派的发生当作是一种偶然的"幸运"的现象，这样就否定了或降低了俄罗斯生理学派的独立创造性及其历史作用与意义。而福罗洛夫以"他（指谢琴诺夫）并不超然脱离彼时广泛社会运动"的词句来描写谢琴诺夫参加反对沙皇农奴制度的革命斗争也是充满了客观主义的精神，马克思列宁主义的党性在这里是表现得非常薄弱的。

福罗洛夫在他的著作的最后一章，即第八章"巴甫洛夫的工作方法，他的学派"

---

① 见王光煦译本，一一二页。为求译名统一起见，译名和王译本略有出入。

中，人们更有理由要求著作者详细分析和说明巴甫洛夫学说底思想根源了，但著作者所提供的分析和说明完全是和第一章一样，不能令人满意的。我们再看著者的话罢：

　　……巴甫洛夫采取自德谟克利图斯的唯物论所能提供的一切精华，而研究动物生活则避免拟人观（人化论）。虽然历史上拟人观曾与机械唯物论密切相连。

　　巴甫洛夫生于一八四九年。所谓农奴解放时他已是十二龄童子，而一八七七年俄土战争时他已成人，刚从医学院毕业，所以，浮面看来，巴甫洛夫好像属于前世纪。可是作为一个科学家和神经系统生理学上新学派的创立者，巴甫洛夫正如蒲郎克和爱因斯坦，实是体现二十世纪科学上最高的憧憬和最有价值的科学成就（业绩）……

　　少年巴甫洛夫成为圣彼得堡大学的学生，后来肄业于医学院。他的先生，首先是俄国生理学者齐翁，稍后是德国科学家刘德维克和临床医生波特金，他的前辈朋友是门德列也夫和席甫，他在工作中想摹仿这班人，至少在早期。

　　一八八四年巴甫洛夫毕竟得到一位同伴使他能旅行，他费时客居二年与刘德维克及海登海因成立密切的科学关系。回来时他开始着手试作消化腺瘘管，以取得纯粹形态的消化分泌，他在食道的各部分施行若干古典的手术，因而完成了这些研究。①

　　首先，福罗洛夫在这几段话中，给人们印象是：巴甫洛夫的思想好像主要是在欧洲的哲学思想影响之下形成的。他只提到了巴甫洛夫吸取了自德谟克里图斯以来的唯物论历史的精华，这样仿佛巴甫洛夫的哲学思想仅仅是西欧哲学思想的产物。在这里福罗洛夫没有提到了十八、九世纪俄罗斯唯物主义哲学的独立创造性，及其对于巴甫洛夫世界观形成之影响，是完全没有理由的。其次，福罗洛夫这几段话给人的印象是：好像巴甫洛夫生理学主要是在西欧资产阶级生理学家刘德维克、海登海因等人影响之下形成的，并以为巴甫洛夫在早年已想"摹仿"刘德维克；甚至是仿佛认为巴甫洛夫在欧洲的两年对于巴甫洛夫学说之成立有决定性影响似的。其实所有这些见解都是错误的。至于把巴甫洛夫和蒲郎克、爱因斯坦这些资产阶级的科学家并列，那就更不对了。谁都知道，蒲郎克和爱因斯坦都是在唯心主义的影响底下而形成了自己的世界观，爱因斯坦提出科学与宗教的结合，而蒲郎克是康德主义底拥护者。当然我们应当承认爱因斯坦和蒲郎克都是伟大的物理学家，但必须批判他们底哲学的唯心主义，指出他们底世界观上的局限性。而福罗洛夫不加分析和批判地认为这些资产阶级的科学家是"体现了二十世纪上最高的憧憬和最有价值的科学成就"，这样的结论也是取消了马克思列宁主义底党性的。

　　福罗洛夫底理论上的错误决不是偶然的，作为巴甫洛夫底学生之一，在一九三〇年他就曾经犯过了如下的错误：认为心理过程是主观的，而神经过程是客观的。这就是

---

　　① 见王光煦译本，一五三——一五五页。

说，福罗洛夫这样的观点是离开了巴甫洛夫的唯物主义而站到唯心主义的观点上面去了。① 因此，如果我们期待他对于巴甫洛夫的世界观之唯物主义根源的问题，作出完全科学的解答自然是困难的。巴甫洛夫的另一个学生Л. А. 奥尔培利（ОРБелИ）也曾犯过了由于离开了巴甫洛夫底严格的客观方法的唯物主义观点，而陷于唯心主义的错误。因此，在对于巴甫洛夫的世界观之唯物主义根源问题上面，奥尔培利也有过错误的观点。奥尔培利曾经这样的说过：

> 主观现象的观察，致使E. 海林（Hering），如我已经说到的建立了关于神经活动的规律性和基本的法则，这正与巴甫洛夫以客观的研究方法取得的结论完全相同，而这也正是这两个学说正确性的保证，也是我们今天关于生理学概念正确的保证。②

> ……真的，如果我们站在辩证唯物论的唯物主义观点上，除了利用主观现象作为研究大脑生理的工具以外，我们不能想象采取另外的道路……在这一方面我们有一个先驱者……我是指E. 海林，他在哲学的态度上不是一个唯物主义者，而是经验均衡论者。③

> ……这是极其有趣的，感觉器生理学的研究，致使E. 海林获得关于神经活动过程的明确的概念，这些概念与以后巴甫洛夫的思想完全一致，可以说这些现象如诱导作用——同时和继时的——是首先由于海林在感觉器生理学研究的基础上而建立起来的。④

我们从上面奥尔培利的话中可以看到：他不仅由于以主观方法代替了严格的客观方法，而从巴甫洛夫底唯物主义的立场，堕落到了唯心主义的立场，并且他对于巴甫洛夫底思想学说的形成，也作了极大错误的歪曲。照奥尔培利看来，巴甫洛夫不过是仅仅重复了E. 海林的东西，仿佛只有E. 海林才是真正的"先驱者"，而巴甫洛夫所得的结论不过与E. 海林"完全相同"而已。谁都知道，E. 海林在哲学上是一个唯心主义者，因而，巴甫洛夫底思想和学说是在根本性质上和E. 海林不相同的。但是在奥尔培利看来呢，巴甫洛夫好像不过只是唯心主义者E. 海林的追随者，这样便对于巴甫洛夫底思想及其学说的形成作了极大歪曲。我们知道，巴甫洛夫关于高级神经活动的研究，从来就坚持客观的研究方法，在巴甫洛夫看来，高级神经活动应当以生理学的方法而不是以传统心理学的主观方法来加以研究。在早年巴甫洛夫和他的合作者吴尔夫逊和斯拿斯基开始发现所谓唾液腺心理分泌的问题时，斯拿斯基坚持了以主观方法来研究，即假定狗具有一个和人类相类似的所谓思想、感情与欲望的内在世界。这样就在巴甫洛夫底严格的客观方法的生理学立场和斯拿斯基底主观方法的唯心主义立场之间产生了不可调和的斗争。结果是巴甫洛夫坚持了严格的客观方法底生理学立场而和另外一位合作者陀罗青诺

---

① 参考伊万洛夫-斯摩·斯基《在高级神经活动的病理生理学里巴甫洛夫思想发展底道路》。
② 转引自贝柯夫《巴甫洛夫思想的发展》。
③ 引同上书。
④ 引同上书。

夫开始了关于高级神经活动底客观的研究。由此可见：巴甫洛夫从来就和唯心主义者作着不可调和的斗争，那末，又怎样能够以唯心主义者的E.海林作为自己底思想与学说的"先驱"呢？

关于巴甫洛夫的唯物主义的来源问题，巴甫洛夫自己回答得很清楚：这就是直接受了俄罗斯底生理学之父谢琴诺夫的影响，他开始于俄罗斯生理学派坚强的唯物主义传统，继承了以客观方法来考察高级神经活动过程的光辉思想，一开始即自觉地、坚决地、战斗地从唯物主义的立场来和一切唯心主义者及二元论者作斗争。巴甫洛夫自己这样地写道：

> ……诚然，谈及一个变形虫或纤毛虫的思想和愿望恐怕是很困难而不自然的。但是我们的研究是关于狗，从史前期以来就是人类最亲近和最忠诚的同伴。我认为，这样决定的最重要的动机，虽然当时未意识到，却是由于在我的年青时代，俄国生理学之父И. М. 谢琴诺夫在一八六三年出版的专著《大脑的反射》所给我的印象而产生的。这种思想由于其新奇性与真实性，特别对于青年人，是影响得深刻而永久，虽然这影响也常是隐藏着的，但在当时是非常杰出的（当然，只是在理论上作为一个生理提纲）。这本书里有一个光辉的尝试，要把我们的主观世界从纯粹生理观点表现出来。谢琴诺夫在当时作了一个重要的生理发现（关于中枢性抑制作用），它给予欧洲的生理学家们深刻的印象，而且也是俄罗斯智力对于自然科学这一重要分歧的第一个贡献……这个发现所要求的巨大努力，以及它所带来的愉快，或许参杂着个人情绪，产生了谢琴诺夫所表明的观念，他的观念的确是属于一位天才的。……①

由巴甫洛夫上面这段话中，可以知道，巴甫洛夫底唯物主义的思想和学说是开始于以谢琴诺夫为创始人的俄罗斯生理学派底坚强的唯物主义传统，而和一切唯心主义者和二元论者作着不可调和的斗争，并从坚决的、自觉的、战斗的唯物主义，在马克思主义影响之下，而达到了辩证唯物主义的水平。因此，当我们研究巴甫洛夫底思想及其学说之理论根源时，要求我们贯彻党性原则，和一切世界主义、客观主义及唯心主义的歪曲作斗争，并以辩证唯物主义的观点、方法来阐明巴甫洛夫底世界观之唯物主义的根源问题。为了要做到这一点，我们必须正确地瞭解十九世纪俄罗斯革命民主派唯物主义哲学的基本特点及其对于巴甫洛夫底世界观形成之影响。

二

对于巴甫洛夫底世界观之唯物主义根源的问题的错误理解是和对十九世纪俄罗斯革命民主派底唯物主义哲学的错误理解分不开的。资产阶级的自由主义者企图否认十九世纪六十年代俄罗斯革命民主派底思想领袖车尔尼雪夫斯基及杜勃罗留波夫底唯物主义哲

---

① 引自巴甫洛夫《动物高级神经活动（行为）的二十五年客观研究》，第一版序言。

学是继承和发展了自罗蒙洛索夫，拉迪舍夫以来底俄罗斯优秀的唯物主义哲学传统。这些资产阶级自由主义者断言：俄罗斯没有独立创造性的哲学思想体系，俄罗斯的哲学思想不过只是西欧哲学思想的"仆从"，车尔尼雪夫斯基和杜勃罗留波夫不过纯粹地、简单地是一个费尔巴哈派而已。

不仅是资产阶级的自由主义者对俄罗斯革命民主派作了这样的歪曲，而且这些观点也在某些苏维埃的哲学著作中得到了反映。例如列别洁夫-波良斯基院士（П. И. Леъеаев-ПОЛЯНСКИЙ）在《Н. А. 杜勃罗留波夫》一书中，简单地把杜勃罗留波夫当作仅仅是一个费尔巴哈派①。普列汉诺夫离开了具体的历史环境和革命情势来看车尔尼雪夫斯基，简单地把他看作西欧的空想社会主义者的追随者。②所有这些见解都是错误的。但可惜这些见解，仍然不仅仅是个别的。例如在罗斯托夫的《车尔尼雪夫斯基》一文中，把西欧的哲学思想和社会政治观点，当作是车尔尼雪夫斯基底主要思想来源，仿佛车尔尼雪夫斯基底思想不是在俄罗斯唯物主义传统底影响之下形成的，而完全是在西欧哲学思想及社会政治观点底影响之下形成的。罗斯托夫在论述到车尔尼雪夫斯基底思想来源时，这样地写道：

> 可是，车尔尼雪夫斯基在大学环境中也获得了不少东西，为的是他在那里，跟那时候社会思想最优秀的代表者密切地来往起来了。在那里，他第一次跟空想社会主义者傅立叶、蒲鲁东及布郎底教义，同时也跟哲学家黑格尔和费尔巴哈发生了关系……③

很明显地，福罗托夫是把西欧的空想社会主义思想和德国的古典哲学当作车尔尼雪夫斯基底思想上的主要来源了。同样性质的错误也可以见于 B. 波良斯基关于杜勃罗留波夫底思想的说明当中。在《俄国天才批评家——杜勃罗留波夫》一文中，B. 波良斯基对杜勃罗留波夫的思想作了如下的评价：

> 在哲学观点上讲，杜勃罗留波夫是一个费尔巴哈派的唯物主义者。这种唯物主义在当时是最革命的哲学，它在马克思和恩格斯身上显现着强有力的影响，而且是从辩证唯心主义对辩证唯物主义的一个过渡。在六十年代的俄国的经济条件之下，杜勃罗留波夫不能超出于费尔巴哈之上，他大大地吸取了他的哲学，不曾避免他的错误。④

换言之，B. 波良斯基认为杜勃罗留波夫不过是费尔巴哈的简单的追随者而已。这种思想反映到哲学史上便产生了否认俄罗斯哲学思想的民族性和独立创造性，和

---

① 其实杜勃罗留波夫对于费尔巴哈是作了批判底研究的。请参阅岳夫楚克《杜勃罗留波夫底哲学和社会政治观》。
② 参阅 B. Я Зевпн《车尔尼雪大斯基的政治见解和政治纲领》（一九五三年俄文版）。
③ 引自周行译《作家研究》，第五三页。
④ 引自曹葆华译《俄国天才的学者和批评家——车尔尼雪夫斯基》，第七十三页。

对于资产阶级底顶礼崇拜的世界主义的错误。例如凯德洛夫认为拉迪舍夫不过是法兰西哲学的"反响",而"世界哲学思想的发展——在十九世纪四十年代以前,这主要也就是被认为西欧哲学的东西"。凯德洛夫底世界主义的错误,已受到了系统的批判。但是在哲学史的研究上,仍然有轻视俄罗斯哲学思想底民族性及独立创造性的倾向,如有些人认为十九世纪俄罗斯革命民主派的哲学思想应当归到十八世纪的形而上学唯物论的范畴之内。例如在莫·希特罗夫的《论哲学发展的若干规律性》一文中的看法就是这样。他认为俄罗斯革命民主派的唯物主义哲学是"第二种哲学形式的哲学唯物主义的一个不可分割的组成部分"①。希特罗夫显然地是降低了作为马克思主义哲学出现以前唯物主义哲学底最高形态的俄罗斯革命民主派的哲学的历史意义和作用了。

所有上面这些见解都是不能令人满意的,他们忽视了俄罗斯唯物主义哲学底民族性和独立创造性(当然这并不是否认西欧哲学思想及社会政治观点对俄罗斯革命民主派的影响,相反地,西欧的唯物主义哲学的有益影响也是必须强调地指出的。但这并不是排斥俄罗斯唯物主义哲学底民族色彩和独特的创造性的),因而也就否认了或降低了俄罗斯革命民主派唯物主义哲学的历史作用及其意义,并在思想上向资产阶级自由主义让出了阵地,而或多或少地陷入于世界主义和客观主义的错误。

十九世纪俄罗斯革命民主派的唯物主义哲学以赫尔岑、别林斯基、车尔尼雪夫斯基、杜勃罗留波夫、比沙列夫为最伟大的代表。十九世纪俄罗斯革命民主派的哲学思想有着强固的唯物主义传统。在十八世纪时,伟大的俄罗斯哲学家和科学家罗蒙洛索夫已经为先进的唯物主义开辟了广阔的道路。罗蒙洛索夫有意识地概括了当时自然科学的材料,论证了唯物主义的世界观。在哲学根本问题上他坚持了物质世界是独立存在于人们意识以外的实在。因此,在自然界中他反对了没有物质属性的——热素、音素、燃素和电液的假说,而彻底主张从自然界的物质运动中加以说明。他密切地结合着物质守恒定律,表述了他的运动守恒定律,确定了关于物质与运动底统一的思想。在关于地层发展、变化的见解中,把形而上学的思考方法打开了一个很大的缺口,并向着辩证的思维踏进了一大步。在认识论上罗蒙洛索夫坚持了世界的可知性,认识过程他认为应当包括经验、感觉、思维三个因素,所有这些都表明了十八世纪俄罗斯底唯物主义的先进性质。在罗蒙洛索夫的作品中已经明显地表现出了人民反对农奴制度的思想和企图。罗蒙洛索夫具有鲜明的爱国主义思想,在科学院中他和崇拜西欧资产阶级科学家的思想进行了不屈不挠的斗争。唯物主义思想在拉迪舍夫的哲学思想中获得了进一步的发展。

拉迪舍夫表现了当时俄罗斯人民痛恨和反抗农奴制度的心理和意图,他以无比的热情和革命的勇气反对农奴制度和专制政治,认为"专制政治这是最背忤人性的一种制度"。他在《论人,人的死与不死》的第一二篇中发挥了唯物主义的思想:肯定了物质对于意识的根源性。他说:"物质不依赖于意识力而独立自存。"在拉迪舍夫的著作中爱国主义的思想是与对于人民革命的胜利信念结合在一起的。后来十二月党人和赫尔岑继承了十八世纪罗蒙洛索夫和拉迪舍夫底先进的唯物主义思想的传统,而加以发展。

列宁在《俄国工人出版物的过去》一文中,曾经指出,俄国的工人运动依俄国

---

① 见《学习译丛》一九五三年第八期。

社会对该运动起作用的三个主要阶段而划分为三个时期：（一）贵族阶级时期，约自一八二五年至一八六一年；（二）平民知识分子时期，或称资产阶级民主时期，约自一八六一年至一八九五年；（三）无产阶级时期，自一八九五年起。而贵族阶级时期最杰出的活动家，便是十二月党人和赫尔岑。①

十二月党人是俄国革命运动中第一次自觉地企图推翻旧社会制度和旧政治制度的革命运动。十二月党人虽然由于带上了狭隘的贵族色彩，认为人民是社会中消极的部分，远离了人民而归于失败，但正如列宁所指出的，"十二月党人唤醒了赫尔岑"，十二月党人的革命成为了反对沙皇农奴制度的信号。因此斯大林在和作家路得维希的谈话中，指出十二月党人的起义是反对农奴制度的革命起义，其中特别是十二月党人中的巴略津斯基和波星索夫，宣传了唯物主义哲学和无神论，继承和发展了十八世纪罗蒙洛索夫及拉迪舍夫以来底先进的唯物主义哲学的光荣传统。

赫尔岑和别林斯基出现于十九世纪俄罗斯的三十—四十年代。十九世纪三十—四十年代的俄罗斯，农奴制度的危机日益加深和走向衰落。农民在沙皇农奴制度残酷的压迫之下，普遍展开了反对沙皇农奴制度的斗争。农奴起义根据统计：一八二六——八三四年有一百四十五次，一八四五——一八五四年有三百八十四次。

赫尔岑的哲学观点，按照列宁的话来说，"是走到了辩证唯物论跟前，而在历史唯物论的前面停止了"②。他的著作《研究自然界的信》，按照列宁的评价是，"给我们表现出这位思想家，甚至于在今天，也比无数的现代的经验主义的自然科学家和成群的现今的哲学家，唯心论者和半唯心论者们高出一头"③。

赫尔岑的哲学观点是接近于辩证唯物主义的。他肯定物质世界是认识的来源，因此，他批判了唯心论的错误。他认为："外界各种事件都是真实的，这是无庸置辩的事实，而唯心论方面没有本领承认这个事实，这正好强而有力地说明了它的片面性。"④

赫尔岑高出于西欧费尔巴哈的唯物论就在于他力图应用辩证的方法，他确定辩证法是"革命的代数学"，他批判了形而上学的片面性，而力图肯定经验与理论，分析与综合的统一。

在论《研究自然界的信》及《科学中的浅尝派》这两部著作中，对于俄罗斯自然科学唯物共产的发展，有着巨大的意义。六十—七十年代的自然科学的唯物主义者，从赫尔岑的著作中大大地吸取了养料。赫尔岑要求把自然科学和哲学密切地联合起来，他认为离开了自然科学的哲学是幽灵、形而上学、唯心论，而离开了哲学的自然科学是文集、是辞汇、是账目。赫尔岑在《研究自然界的信》中充满热情地指出了当时自然科学的成就，并要求唯物主义的哲学奠基于自然科学基础之上。他指出了当时有机化学、地质学、古生物学、生理学所获得的巨大成就。当时莫斯科大学和圣彼堡大学自然科学的研究已经成为一种浪潮了，赫尔岑于一八四五年在莫斯科新闻上发表了祝贺莫斯科大学

---

① 参看《列宁全集》第二十卷。转引自《赫尔岑——十九世纪俄国古典哲学家》（中国人民大学版）。

② 引自列宁《纪念赫尔岑》。

③ 引同上文。

④ 转引自《赫尔岑——十九世纪俄国古典哲学家》（中国人民大学译）。

动物学教授卢列公开讲课的文章，号召青年们研究自然科学，追求科学真理，并将自然科学知识普及于群众之中。广大的青年热烈地用研究自然科学来回答赫尔岑的号召，研究自然科学的青年们对于赫尔岑的尊敬，我们可以K. A. 季米里亚节夫的一段话来表明它。K. A. 季米里亚节夫在回忆赫尔岑时这样说："我少时就敬重《谁有罪？》一书底著者，在大学读书那几年间也曾偷看《钟报》。可是几日之后报纸就发表赫尔岑逝世底令人沮丧的消息。这是全巴黎的一件大事情。"

赫尔岑热爱俄罗斯，热爱人民，他以历史的乐观主义，相信人民必然会获得胜利，社会主义必然实现（当然仍然是空想的），他自己表白说："我心头的每根纤维都属于俄罗斯人民，我为这个人民而工作，它就在我的心里。"赫尔岑的爱国主义，为人民服务和唯物主义的传统，被俄罗斯十九世纪六、七十年代底先进的自然科学家继承着，巴甫洛夫在十九世纪的七十—八十年代参加唯物主义的自然科学研究者的行列之中，他受了赫尔岑底思想上的影响是很明显的。

当别林斯基活动于俄国时，列宁已经指出：他已经是俄罗斯"解放运动中完全取贵族而代之的平民知识分子的先驱"了。在自然观上别林斯基是唯物主义者，但由于俄罗斯生活的落后，在社会历史领域一般地仍然是唯心论支配着。但别林斯基是自觉地拥护辩证法的，他要求研究现象时，采取历史主义的态度，他摒弃了神学而主张战斗的无神论，和代表了德国资产阶级的费尔巴哈不同，别林斯基是一个革命的民主主义者和空想的社会主义者，别林斯基的唯物论是农民阶级底革命民主主义的观念形态。别林斯基嘲笑了费尔巴哈把抽象的"你"和"我"之间的爱作为社会的动力，他要求推翻沙皇农奴制度，所以别林斯基反对抽象的爱，而提倡为人民服务，为革命服务的精神。在文学中他坚持了文学是服务于人民的革命武器的主张，要求文艺作品必须忠实于现实生活，有深刻的典型性和高度的人民性。别林斯基坚持了和发展了俄罗斯的唯物主义传统，解决了哲学的基本问题，他和一切唯心主义者进行了斗争，坚决反对离开了头脑的思想和智慧。别林斯基认为思想是头脑的产物，心理过程是以生理过程为基础的。在《一八四六年俄国文学一瞥》中，别林斯基这样地写道：

> 当然，你们是很敬重人的智慧的罢？好极了，那末就请在头脑这堆质量面前恭恭敬敬地呆着好了。智慧的全部活动都在这儿进行，都从这儿通过脊椎，通过神经末梢，遍布到有机体的全身，神经是感觉的器官，它们充满着非常稀薄液体，那液体是肉眼所看不见的，也是思辨所不能觉察到的。如果不是这样，那末你们就会惊异：人的活动中竟还有没有原因的结果，而也许会更糟糕，那就是你们给自然界杜撰一些无中生有的原因，并且以此沾沾自喜。心理学之不以生理学为根据，也正如生理学之不知解剖学为何物一样的无聊。现代科学决不以此自满；它想以化学的分析探寻自然界的秘奥，且以对胚胎（幼芽）的观察来注视道德发展的生理学过程。

别林斯基要求唯物主义地探求心理过程的生理基础，对于俄罗斯自然学科的发展，对于巴甫洛夫底世界观的形成是有着重大意义的。

十九世纪五十—六十年代的俄罗斯，农奴制度已陷入了更深刻的危机，农奴制度已趋于瓦解，地主剥削农奴日益加深，特别是克里米亚战争之后，地主与农奴之间的阶级斗争达到了空前紧张的地步。据沙皇官方第三厅的纪录农民起义次数如下：

一八五八：八六次

一八五九：九十次

一八六〇：一〇八次

一八六一年二月十九日的废止农奴制度法令，实质上给与地主和资产阶级以更残酷地剥削农民的机会。"二月十九日的法令"在六十年代的革命知识分子层中引起了高度的愤怒。一八六一年秋天圣彼得堡大学和喀山大学的学生组织了示威，沙皇派军队前往镇压，学生被捕约有三百人，沙皇把他们关在"要塞"中。当然这并没有熄灭了革命运动，相反地革命运动更广泛地蔓延开来。而当时平民知识分子革命运动的领袖便是车尔尼雪夫斯基和杜勃罗留波夫。

车尔尼雪夫斯基和杜勃罗留波夫的哲学思想是继承了俄罗斯十八世纪罗蒙洛索夫、拉迪舍夫及十二月党人底光荣的唯物主义哲学传统加以创造性的发展的，在美学上他们又继续了自普式庚、莱蒙托夫、果戈里以来的现实主义的光荣传统。车尔尼雪夫斯基和杜勃罗留波夫的思想是直接在别林斯基和赫尔岑底影响之下形成的。当然，这并不是说，他们没有受过西欧哲学思想的影响，特别地是费尔巴哈。车尔尼雪夫斯基和杜勃罗留波夫不仅受了费尔巴哈唯物主义哲学的影响，同样，他们也受了十七、八世纪英国和法国唯物主义哲学的影响。但如果以为车尔尼雪夫斯基和杜勃罗留波夫主要是在欧洲哲学思想和社会政治观点影响之下形成他们的世界观，那就错误了。车尔尼雪夫斯基及杜勃罗留波夫的哲学观点是和十九世纪俄罗斯人民反对农奴制度的斗争，和十八、九世纪俄罗斯光荣的唯物主义传统，和自普式庚以来底文学上的现实主义传统，和十九世纪俄罗斯在自然科学各部门的研究及成就分不开的。只有从具体的历史条件来观察车尔尼雪夫斯基和杜勃罗波夫的思想、观点，才能瞭解其出现的必然规律性。车尔尼雪夫斯基及杜勃罗留波夫是马克思主义哲学出现以前唯物主义的最高形态，是俄国马克思主义者的前驱，因而是俄罗斯民族性的现象，也是国际性的、世界性的现象。车尔尼雪夫斯基及杜勃罗留波夫的思想是被剥削阶级的哲学，即农民阶级的思想体系。因而和作为第二种形式底资产阶级的唯物主义不同，它应当是马克思主义哲学出现以前底第三种形式的唯物主义。①

车尔尼雪夫斯基及杜勃罗留波夫是十九世纪六十年代俄罗斯底革命思想的领袖，自从他们参加了《同时代人》以后，就使它成为了革命民主派的先进思想刊物，并从思想上领导了《同时代人》。马克思称车尔尼雪夫斯基为"伟大的俄罗斯学者和批评家"，说他的作品是"俄国的光荣"。恩格斯称车尔尼雪夫斯基及杜勃罗留波夫为两个

---

① 参考岳夫楚克（м.т.иовук）《车尔尼雪夫斯基的世界观》（一九五四年俄文版，二八—三一页）。

社会主义的来辛,并认为以他们为代表的俄罗斯文学里的历史的和批判的流派,无限量地超过了德国和法国这门正式科学在这个方面上的成就。列宁认为,"车尔尼雪夫斯基是唯一真正伟大的俄罗斯作家","他能够从五十年代直到一八八八年始终站在完整的哲学唯物论水平上面,摈弃了新康德派、实证论者、马赫派以及其他糊涂虫的可怜的胡说"。① 斯大林在卫国战争时期的演说中,把车尔尼雪夫斯基和杜勃罗留波夫,谢琴诺夫及巴甫洛夫并列在一起当作是俄罗斯民族的优秀的代表。

车尔尼雪夫斯基和杜勃罗留波夫的唯物主义哲学是马克思主义哲学出现以前一切唯物主义哲学中最接近于辩证唯物主义的。他比之代表德国资产阶级的费尔巴哈的直观唯物主义都要无限地高明。车尔尼雪夫斯基和杜勃罗留波夫在自然界中坚持了唯物主义,虽然未能上升到辩证唯物主义,仍带有人本主义色彩,在历史领域虽然还不能上升到历史唯物主义的水平,但已包含着许多历史唯物主义的因素。特别地他认识到了社会物质生活条件对于社会发展的作用。虽然还没有掌握到社会历史发展的真实规律,但已接近历史唯物主义的理论,按照列宁的意见,这是由于俄国经济生活落后的必然结果。

首先:和费尔巴哈不同,车尔尼雪夫斯基及杜勃罗留波夫的唯物主义哲学强调实践的作用与意义,力图统一理论与实践,并为农民革命服务。车尔尼雪夫斯基在认识论上指出实践是真理的标准和一切知识的基础,把人类的全部知识都看做是实践知识,这就大大地超越了费尔巴哈的直观唯物论而接近了辩证唯物主义的水平。费尔巴哈底直观唯物主义底根本缺陷正如马克思所指出的:是在于他不能瞭解"革命的""实践——批判"的活动之意义,他谈自然谈得太多,而谈政治谈得太少。而车尔尼雪夫斯基和杜勃罗留波夫则认为他们的一切哲学理论活动都是服务于反对沙皇农奴制度,推翻沙皇农奴制度底革命斗争的,因此,他们一再强调革命实践意义。因而在他们的哲学思想中,带上了鲜明的爱国主义,及为人民服务的色彩,车尔尼雪夫斯基反对学院式的学究,他把自己看作是革命的领导者和实践者。他早年在向瓦西里耶娃(后来成为车尔尼雪夫斯基的妻子和同志)表白爱情时说过:"……我们国内不久就发生暴动,如果发生了,我一定参加进去……不论肮脏亦好,拿着棍子的烂醉的农民也好,杀戮也好,都不会把我吓倒……"②

正是因为这样,所以他辛辣地嘲笑了那些资产阶级的自由主义者们,因为在那些资产阶级老爷们看来,革命只不过是谈谈而已。车尔尼雪夫斯基还是在一八四八年九月八日的日记上就已经这样地嘲笑和攻击了一八四八年法国资产阶级共和主义者:"我不欢喜这些先生,他们谈论自由,自由,却把自由局限于口头说说,在法律上写这个字眼,而不付诸实行……"③

事实上在车尔尼雪夫斯基的身上也体现了理论与实践的一致性。他和当时的秘密革命组织有着联系,被沙皇流放、监禁、迫害达二十年之久,但始终拒绝请求沙皇赦免,这种精神面貌当然也不能不反映在思想体系上面的。

---

① 引自《列宁全集》第十四卷。
② 转引自佛利连德《论车尔尼雪夫斯基》一文。中文见《怎么办?》,八四二页。
③ 同上引书,八五一页。

其次：车尔尼雪夫斯基及杜勃罗留波夫和费尔巴哈不同，他们是辩证法的拥护者。虽然由于俄罗斯的经济生活的落后，没有能够把辩证法当做是自然界、社会界发展的普遍规律，没有能结合辩证法和唯物论，使它们成为有机的统一体，但比之费尔巴哈底形而上学的唯物论是无限高明的。

再次：费尔巴哈虽然是一个无神论者，但他提倡以抽象的爱作为新的宗教。因此，和费尔巴哈底哲学体系中的宗教、伦理杂质不同，车尔尼雪夫斯基及杜勃罗留波夫是更彻底的战斗无神论者，他们要求发展战斗的、革命的自然科学。车尔尼雪夫斯基重视达尔文进化学说中的唯物主义成份，但是，反对它当中底马尔萨斯的《人口论》的唯心主义的杂质。车尔尼雪夫斯基的这种见解，显然对于作为达尔文主义底创造性的发展的巴甫洛夫学说是有着重大影响的。其中特别地是车尔尼雪夫斯基底著作《哲学中的人类学原理》，影响了广大的先进青年。在该书中，车尔尼雪夫斯基论证了唯物主义世界观和自然科学发展的密切联系，反对了福格特、别列赫涅耳、莫列苏特等人的庸俗唯物论。在车尔尼雪夫斯基的著作中提出了许多生理学上的问题，我们可以在这些著作中看出：车尔尼雪夫斯基已经和身心平行底二元论作过激烈的斗争了。当然，这一切对于俄罗斯生理学派，特别地是对于谢琴诺夫和巴甫洛夫是有着重大影响的。

复次：虽然"车尔尼雪夫斯基是一个空想的社会主义者，他梦想经过旧的、半封建的、农民的公社达到社会主义，他没有看到，在前世纪六十年代也不可能看到，只有资本主义的发展与无产阶级才能为社会主义产生出物质的条件和社会的力量"（列宁）。因此，他不能上升到科学社会主义的水平，但他在许多特点上是和西欧的空想社会主义不同的。西欧的空想社会主义者企图以和平方法来实现社会主义，而车尔尼雪夫斯基及杜勃罗留波夫底空想社会主义是与革命民主主义有机地结合在一起的。他们认为：只有经过革命，经过强力，才能推翻沙皇的农奴制度。列宁指出车尔尼雪夫斯基的著作"启发出阶级斗争的气息"。车尔尼雪夫斯基底空想的社会主义是在一切空想社会主义者中，最接近于科学社会主义的。他坚决反对任何改良主义"一八六一年的农民改革，自由主义者起初粉饰它，后来甚至颂扬它，他却称之为丑事，因为他清楚看到它的有利于农奴主的性质，清楚地看到了自由主义恩主先生们剥削农民像剥削菩提树皮一样。车尔尼雪夫斯基称六十年代的自由主义者为'空谈家，吹牛者和蠢才'，因为他清楚看到了他们对革命的恐惧，他们对政府当局的奴颜婢膝"，所以他一针见血地说："赎也就等于买。"① 和空想社会主义底个人、英雄创造历史的观点不同，车尔尼雪夫斯基和杜勃罗留波夫承认人民群众是历史的创造者，但也不否认个人在历史上的作用。虽然由于历史的限制，不能上升到马克思主义的阶级斗争学说及人民群众与个人在历史上的作用底科学的理解，但已接近了历史唯物主义，借用列宁的话来说，就是在"历史唯物论跟前停住了"。

最后：车尔尼雪夫斯基及杜勃罗留波夫是真正的爱国主义者，所以，极端憎恨沙皇农奴制度及吸吮人血的资产阶级自由主义者。他们认为"问题不在于有没有皇帝，有没有宪法，而在社会关系，在不让一个阶级吸吮另一个阶级的血"（车尔尼雪夫斯基）。

---

① 转引自佛利连德《论车尔尼雪夫斯基》一文，八五一页。中文见《怎么办？》，八四二页。

因此他们深刻而尖锐地暴露了和抨击了资本主义社会的私有财产制，宣告了资产阶级政治经济学的破产。他们认为革命的世界观和人生观应该是为革命，为人民而服务，理论、文学应当成为"生活的教科书"。车尔尼雪夫斯基在他的小说《怎么办？》中，描写的罗普霍夫、纪尔沙洛夫、微拉都是为人民革命而服务的英雄形象。其中特别是那个拉赫美托夫，是当时地下革命工作者的英雄形象。一代又一代的青年，从拉赫美托夫的英雄形象中学习怎样为人民群众革命斗争服务。

车尔尼雪夫斯基及杜勃罗留波夫作为六十年代的革命思想领袖，因此，不能不对巴甫洛夫起了巨大的影响。从传记的材料看来，还在神学校读书时，巴甫洛夫就已阅读《同时代人》。巴甫洛夫回忆到青年时代时曾说过：站在图书馆门外，焦急地等待刊载有比沙列夫论文的革命民主派底杂志刊物。而且我们必须指出：是车尔尼雪夫斯基对于谢琴诺夫、波特金、K. A. 季米里亚节夫等人的思想有着巨大的影响，而巴甫洛夫生理学，是直接在谢琴诺夫及波特金底影响之下形成的。因此我们有充分理由认为：巴甫洛夫底世界观的唯物主义根源，从直接上说是来自十九世纪俄罗斯革命民主派的唯物主义哲学。

俄罗斯六十—七十年代的唯物主义者比沙列夫对于巴甫洛夫有着直接的影响。巴甫洛夫在自传中回忆道：

> 在六十年代的文学，特别是在比沙列夫（Писаев）的影响之下，我们的学习兴趣都转向自然科学这方面，我们之中很多人——其中也包括我——决定在大学里研究自然科学。①

比沙列夫是属于六十年代车尔尼雪夫斯基及杜勃罗留波夫的革命团体的。他反对沙皇农奴制度和专制政体，反对宗教和唯心论，拥护自由、启蒙、科学，他公开地主张唯物主义。他说："依我看来，世界上任何一种哲学都不能像现代的健康的和生气勃勃的唯物论这么牢固地和这么容易地移入于俄国人的头脑之内。"比沙列夫认为唯心论是认识的障碍，他广泛地宣传自然科学，特别是达尔文主义。在俄罗斯唯物主义者中，他是最早宣传达尔文主义中的一个，巴甫洛夫最初就是通过比沙列夫而认识了达尔文主义的。比沙列夫要求填平科学生活，智力劳动与体力劳动之间的鸿沟，他斥责地指出："科学长久地成了一种贵族的奢侈品了。"因而要求普及科学知识于人民群众之中。他在自然科学的普及工作上面有了出色的成就。季米里亚节夫在六十年代的自然科学发展中，写出了对于比沙列夫的深刻印象：

> 一个有修养的语言家，并且是一个自然科学的涉猎家，他仅从书本上认识它；比沙列夫被自己的热诚所鼓舞，但是他亦能点燃到人的热诚，他是作为一个在一般上——而在当时俄国社会上则是特殊的自然科学的教化使命使人信服的战士而挺立起来的。

---

① 转引自福罗洛夫《伟大的生理学家——巴甫洛夫》（人民卫生出版社译），第二页。

比沙列夫相信沙皇制度必然被推翻，人民革命的必然胜利。他认为"罗曼诺夫王朝和圣彼得堡的官僚统治必须毁灭"，"这一切的死亡和腐臭的东西自己必然要滚进坟墓。给我们留下的工作，就是给它的最后的一击，和用铁锹往它们的墓中填垃圾，来掩埋它们的发臭的身体"。比沙列夫是一个战斗的无神论者，他竭力反对一切宗教和神秘主义，巴甫洛夫在自然科学中反对唯心主义、二元论及一切宗教的神秘主义是和比沙列夫的思想有密切联系的。因此我们可以认为比沙列夫哲学思想中的优秀方面和成分，对于青年的巴甫洛夫是发生了巨大的影响的。同时，巴甫洛夫并克服了比沙列夫底哲学思想的弱点。直接的影响就是使年青的巴甫洛夫决定摈弃了神学校的教义、宗教仪式和唯心主义，忍受着物质生活上的艰苦，投身于当时唯物主义的自然科学的研究当中。

三

要瞭解巴甫洛夫底世界观的唯物主义根源，必须要瞭解十九世纪俄罗斯唯物主义自然科学底光荣传统，它的基本特征及其历史作用与意义。因为巴甫洛夫底思想及其学说之形成，是和十九世纪俄罗斯底唯物主义的自然科学有着不可分离的联系的。

首先：十九世纪俄国的唯物主义的自然科学是充满着创造性与独立性的。如果把十九世纪俄国自然科学当作是西欧自然科学的"仆从"，那就将会掉进资产阶级底世界主义和客观主义的陷阱，而犯了重大的错误。比如十九世纪罗伯切夫斯基所创造的罗伯切夫斯基几何学，奠定了非欧几何学的基础。在物理学上，如彼特洛夫在光学方面，雅柯比在电气工学方面，斯托列托夫在磁性的研究方面，乌莫夫在能力运动的基本理论方面，都获得了独立和创造性的研究成果。此外波波夫发明了无线电，儒可夫斯基发明了飞机，列比节夫完成了关于光压力测量的卓越的实验。在化学方面，门德列也夫的"周期律"在十九世纪末叶的俄国是和巴甫洛夫底条件反射学说在一起被称为两个重大发现之一①，由于这一发现，就为物质构造的深入研究奠定了基础。布特列洛夫在有机化学方面的研究，特别地是化学结构理论，是化学方面巨大发现。所有这些学说的建立都说明了十九世纪俄国自然科学的巨大的独立性和创造性。当然，我们这样说并不是认为俄国十九世纪的自然科学是离开了西方而孤立存在的，我们不过是指明了在特定的社会生活条件底下，十九世纪俄国的自然科学表现出了巨大的独立性和创造性。只有资产阶级科学家的无耻歪曲，才能以为十九世纪俄罗斯没有独立创造性的自然科学。他们故意将科学底理论的技术的发现，伪造地归属于西欧的资产阶级自然科学家，其目的不外乎是帝国主义企图要证明西方支配东方，东方没有科学而已，它的实质是非常反动的。

其次：十九世纪下半期俄国唯物主义的自然科学和欧洲的资产阶级的自然科学家不同。十九世纪下半期俄国底唯物主义的自然科学家，他们底唯物主义不是自发的，而是自觉的。在十九世纪下半期，欧洲的资产阶级自然科学在较好的情况下，一般地是表现着以自发的唯物主义为特征。但十九世纪俄国的唯物主义的自然科学家，他们自觉地拥护唯物主义的世界观，并以唯物主义及战斗的无神论作为武器来和唯心主义及宗教作斗争。例如门德列也夫坚持了从物质运动来说明客观世界，他坚决地反对唯心论的变

---

① 参考贝柯夫《巴甫洛夫学说与近代自然科学》（《苏联医学》一九五〇年七月号）。

种——唯能论。布特列洛夫坚持了物质构造的客观实在性和可认识性，反对不可知论。A. O. 柯瓦列夫斯基及B. O. 柯瓦列夫斯基在生物学部门的研究，引用了进化的、历史的观念，打击了唯心主义及形而上学的观点。梅契尼科夫发现了细胞内部的食物消化现象，创立了身体内部抗病因子论，确定了关于食菌作用的理论，他自觉宣传和拥护达尔文主义，给予唯心主义和宗教以狠狠的打击。K. A. 季米里亚节夫发现了光合作用，因而将能量守恒及其转化的定律，扩展于有机界。光合作用的发见，光辉地论证了关于外界生活条件与有机体的统一的唯物主义的原理，并给形而上学底孤立、静止的观念以重大的打击，摧毁了唯心主义的生机论。K. A. 季米里亚节夫自觉地归依唯物主义，不断地宣传达尔文进化学说的唯物主义精神，他曾经和反动的政论家与丹尼列夫斯基及玄谈批评家史特拉霍夫等进行过激烈的斗争。所有这些例子都说明了十九世纪俄罗斯自然科学中的唯物主义者，他们是自觉地拥护唯物主义的。当然，十九世纪俄国的自然科学底唯物主义的光荣传统，是和十九世纪俄国革命民主派的唯物主义哲学不可分离的，它是在后者的直接领导和影响之下进行的。特别地是梅契尼科夫和K. A. 季米里亚节夫，就他们在十九世纪下半期底战斗的唯物论及无神论来说，是应当直接地归属于革命民主派底阵营之中的。

再次：十九世纪俄罗斯底唯物主义的自然科学包含着许多辩证法的因素，虽然是自发的辩证论者。例如A. O. 柯瓦列夫斯基和B. O. 柯瓦列夫斯基及梅契尼科夫都从生物学各个不同的角度上论证了生物界底发展过程，给以形而上学底固定、静止的观点以重大的打击。K. A. 季米里亚节夫关于光合作用的学说提供有机界底物质运动以确证，杜库柴耶夫研究了土壤形成及其发展、变化的历史过程，给以形而上学以重大的打击。后来，威廉士加以创造性的发展，建立了科学的土壤学。至于门德列也夫在"周期律"中确证了辩证法的思想方法，这是恩格斯和斯大林一再地指出过了的。在数学方面，罗伯切夫斯基从物质运动的观点出发，论证了物质运动与空间关系的统一性，给予形而上学的孤立、静止的观点，及康德底先验主义的唯心论以彻底的打击。所有这一切都说明了十九世纪俄罗斯底唯物主义的自然科学带上了浓厚的辩证法色彩。

复次：十九世纪俄罗斯的唯物主义的自然科学及革命的民主主义，和反对沙皇农奴制度，反对沙皇专制政权，反对宗教，提倡科学、启蒙、自由、民主是分不开的。K. A. 季米里亚节夫把他的论文集题名为"科学与民主"，并于一九二〇年把这本文集送给列宁，这决非偶然的。像K. A. 季米里亚节夫和谢琴诺夫这样伟大的科学家，由于他们坚持了革命民主主义，反对沙皇制度，而终生受到沙皇政府的迫害，被打击、被歧视、被侮辱、被解聘。但他们都不屈不挠地坚持反对沙皇专制制度的斗争，坚持了民主和科学的先进旗帜。他们反对资产阶级的为科学而科学的鬼话，科学在他们看来是革命的方向，是服务于人民和革命的手段。一九四〇年K. A. 季米里亚节夫在他的论文集《现代自然学底迫切任务》的第二版序言中写道：

> 人类在最近过去时代的发展学得了什么？向甚么方向移动？造出了甚么力量做未来时代的重要因素？可以说是：科学和民主。具有科学力量的民主，依靠在民主之上的科学，——这种联合乃是过去一世纪差不多未曾有过

的现象，这个现象底特征就是：科学底民主化。未来时代无疑走上这条路。①

K. A. 季米里亚节夫在莫斯科大学中亲自参加了学生的各种革命活动，他曾亲自参加了车尔尼雪夫斯基逝世时群众所举行的革命示威。K. A. 李米里亚节夫不仅是一个出色的科学家，而且也是一个出色的社会政治活动家和热爱祖国的公民，他的一生不断地进行反对沙皇反动政府的斗争。很明显地，巴甫洛夫从青年时代开始就是向自然科学为祖国、为人民、为革命的方向；走向反对沙皇制度及宗教的倾向，这样不是偶然的。在 K. A. 季米里亚节夫和巴甫洛夫之间我们可以找到思想上和革命行动上的联系。巴甫洛夫对 K. A. 季米里亚节夫是非常尊敬的，他无疑地受了后者的影响。在论及 K. A. 季米里亚节夫时，巴甫洛夫这样地写道：

> 季米里亚节夫自己，同他热爱的植物一般，整个生命都趋向于光明，而储积了智慧和真理，对于好几世代的人说来，对于那些在艰苦的生活条件下追求光和知识，热和真理的人说来，他自己也成了一种光源。②

同样，K. A. 季米里亚节夫在很早的时候便已经认识到了巴甫洛夫底高贵的品质，卓越的思想和科学研究的巨大价值。一九一〇年一月一日 K. A. 季米里亚节夫听了巴甫洛夫在自然科学家和医生第十二次大会上的演说《自然科学和大脑》以后，K. A. 季米里亚节夫写信给巴甫洛夫，认为他的演说是"自然科学发展史上一件大事"。

由此可见：K. A. 季米里亚节夫和巴甫洛夫在十九世纪的最后四分之一的年代里是属于革命民主派底阵营之中的，因而在早年便已形成了自觉的、坚决的、战斗的唯物主义世界观，这就不是甚么偶然的事情了。

最后：十九世纪俄罗斯唯物主义的自然科学的基本特征之一是坚强的爱国主义传统。他们热爱祖国，热爱人民，因而科学在他们看来是服务于祖国，服务于人民的一种工具。科学的成就在他们看来应当成为祖国与人民的财富。和米邱林一样，巴甫洛夫具有着强烈的爱国主义思想，他热爱祖国，仇视沙皇的专制政治，充分认识到了俄罗斯科学，特别地是苏联自然科学的先进性质，主张科学为人民服务。他说：

> 不论做甚么，我总想竭尽自己的能力，最先应该替祖国服务，祖国正在进行大规模的社会改造，贫富间的鸿沟已经消灭……③

在巴甫洛夫演说中，我们可以找出对于苏维埃社会主义祖国的热情歌颂：

---

① 转引自阿·伊柯察金《季米里亚节夫传》。
② 转引自阿·伊柯察金《季米里亚节夫传》。
③ 转引自《巴甫洛夫学说讲演集》，第四页。

> 我们的祖国开辟了广阔的远景，我们必须公正地说，科学正被广泛地介绍到我们国家的生活中去。广泛到极度广泛的程度。
>
> 在我们祖国内，科学的地位多么地良好，我只要举出一个例子来说明在我们国家里政府和科学所发生的关系。我们这些科学机关的领导者们，确实为一个问题感到惶恐和不安，这就是我们是不是够资格去承担政府交给资财与经费，你们都知道我是一个彻头彻尾的实验者。
>
> 我整个的一生都从事于实验。
>
> 我们的政府也是一个实验者，不过是无可比拟地更高了一层。我热切希望能活下去，以便看到这个历史性社会实验的胜利完成。
>
> ……在我国全体人民都尊重科学。今天早晨我就在火车站的集会上，在集体农场上，以及在我到这儿来的路上，看到了这种情形。我想，要是我说这是领导着我们国家的政府的功绩，是不会有什么错误的。
>
> 以前科学和生活脱节的，是和人民隔离的，但是我现在看到是与此相反了——我看到整个国家都尊敬和欣赏科学。

从巴甫洛夫上面的话里，巴甫洛夫对于苏维埃的社会制度，对于苏维埃祖国及人民有着热烈的敬爱，并自觉地将科学成果奉献于人民。这样的精神面貌，也是和十九世纪底自然科学的爱国主义传统不可分离的。

我们瞭解了十九世纪俄罗斯唯物主义底自然科学的基本特征及其历史作用与意义之后，便可以瞭解巴甫洛夫当在十九世纪的八十年代形成他的思想与学说时，是作为革命民主主义者，坚决的、自觉的、战斗的唯物主义者及无神论者而出现的。在十九世纪八十年代的俄罗斯，资本主义由于农奴制度的废除而有了重大的发展，但比其他资本主义国家仍然落后。农村中日益分化成为破产的农民和富农，工人过着极端悲惨的生活。工人开始组织起来和资本家斗争。一八七五年出现了"南俄工人协会"，一八七八年出现了"俄国北方工人协会"。在一八八一年——一八八六年发生过了四十八次以上的罢工，有八万人参加。沙皇不仅是劳动人民的死敌，而且是少数民族的刽子手。这样尖锐的阶级斗争反映到思想上，首先就是战斗的唯物主义和一切唯心主义、二元论及宗教神秘主义的战争，巴甫洛夫正是在这样的社会条件之下，成为一个战斗的、坚决的、自觉的唯物主义者及无神论者，并在马克思主义的影响下，而达到了辩证唯物主义的水平。因此，巴甫洛夫底世界观的唯物主义是直接于根源十九世纪底革命民主派底唯物主义哲学的。

四

谢琴诺夫和波特金是巴甫洛夫底直接的前驱，因此，我们必须说明谢琴诺夫及波金对于巴甫洛夫的影响。谢琴诺夫是俄罗斯生理学派的创始人，被称为俄罗斯生理学之父。巴甫洛夫底思想及其学说是直接受了谢琴诺夫底重大影响的，巴甫洛夫是谢琴诺夫的继承者和发展者。所以，巴甫洛夫怀着了最高的敬意，把谢琴诺夫看做是俄罗斯的光荣。巴甫洛夫正确地认为：

是的，我很高兴得以在伊万·米哈伊诺维奇（谢琴诺夫）和许多亲爱的同志们协助之下，替生理学研究的庞大领域发现了完整不可分的动物机体来代替了那四分五裂的个机体。这完全是我们俄国对世界科学和人类思维无可争辩的功绩。①

谢琴诺夫和车尔尼雪夫斯基是同时代人，他是属于十九世纪六十年代俄罗斯革命民主派底阵营之中的。还在大学的时候，谢琴诺夫已经形成了革命民主主义与自觉的唯物主义的世界观。谢琴诺夫是车尔尼雪夫斯基的战友和追随者。谢琴诺夫在一八五九年通过了鲍可夫而认识了车尔尼雪夫斯基，鲍可夫当时是一个医生，接近六十年代的革命民主派，一八五八年曾经做过车尔尼雪夫斯基的家庭医生。

在十九世纪的六十年代许多具有着革命民主主义和唯物主义思想的先进青年知识分子，特别地是平民知识分子，当时都投身去研究生理学，谢琴诺夫当时也是这些具有革命民主主义和唯物主义思想的青年中的一个。革命的民主主义、唯物主义及自然科学在他们看来是有机地统一着的。车尔尼雪夫斯基在《怎样办？》这一部小说中，这样地描写了这些从事于生理学研究的青年人：

罗普霍夫确实知道他将受聘为彼得堡一家军医院的医生（这被认为一种很大的幸福），并且很快能在医学院得一席教授的位置。他不愿意出外开业，这是一个极有趣的特点：最近十来年中，某些优秀的医学院学生下了决心不肯在毕业之后去开业，虽然一个学医的唯有开了业才能捞到钱让自己过优裕的生活；他们一碰着机会就把医学搁在一边而专门研究某种与医学有关的辅助性科学——生理学、化学之类。这般人中个个都知道：开了业，他三十岁上便会有很大的名气，到了三十五岁，终生都有了保障，一上四十五岁简直可以致富了。但是他们的想法却两样：今天的医学还处在幼稚的状态中，今天所需要的还不是医疗，而仅仅是给未来的医生们准备一个学习医术的基础。他们为了他们的心爱的医学（他们拼命嘲骂医学，同时又把自己的全部力量献给它）而抛弃财富乃至安乐，呆在医院里进行重要的科学研究，解剖青蛙，每年发掘几百具尸首，一有机会便设立化学实验室。

据谢琴诺夫的传记作者考施达扬茨的研究：鲍可夫充当了《怎么办？》中罗普霍夫的原型，谢琴诺夫充当了纪尔沙洛夫的原型，而鲍可娃是充当了微拉的原型，鲍可娃受了车尔尼雪夫斯基的影响，决心从她的父亲——一个将军的管束之下逃出来，获得享受高等教育的机会，为了达到这个目的，她甚至于在名义上订了婚，后来成了谢琴诺夫的妻子。当然，《怎么办？》一书中所描写的罗普霍夫、纪尔沙洛夫、微拉都不是个别人物，而是当时革命平民知识分子的典型，因此小说的副题是"新人的故事"。但是，从《怎么办？》中我们可以呼吸到当时革命的平民知识分子热爱于唯物主义哲学、医学和

---

① 引自贝科夫《巴甫洛夫学说与现代自然科学》。

生理学底研究的气息。而谢琴诺夫底高贵品质确是被车尔尼雪夫斯基反映于纪尔沙洛夫的形像上。

一八六三年谢琴诺夫，接到了鲍可娃的信说：尼克拉索夫（《同时代人》主编）要他写一些关于日常的自然科学问题的论文，谢琴诺夫写了一篇题名为"将心理现象发生的方法导向生理学基础之尝试"，为了便利检查，《同时代人》的编者，把题目改成"将生理学基础导向心理过程之尝试"，但检查结果未获通过。后来改名为"大脑的反射"，发表于一八六三年的《医学通报》上，一八六六年又出版了单行本。

《大脑的反射》一书宣布了唯物主义世界观的胜利，奠定了唯物主义的俄罗斯生理学派的巩固基石，在生理学史上第一次发现了中枢神经系统的抑制现象，巴甫洛夫这样地正确的估计了《大脑的反射》一书的意义：

> 俄罗斯的生理学者谢琴诺夫站在当时的生理学知识的基础上，第一步大胆地将这反射观念，不仅应用于动物的大脑两半球，而也应用于人类的大脑两半球。一八六三年他在用俄文所著的小册子《大脑的反射》里，尝试做了一个说明，把大脑两半球的活动当做一种单纯的反射活动，就是说他把大脑活动的因果关系决定了。按照他的意见，思考是一种受了遏制而不向外发露的反射，激情是一种由于兴奋广泛的扩展而增强的反射。①

在《大脑的反射》一书中指出了人类意识具有着物质基础，指出了：大脑活动的因果律，指出了外界生活条件与有机体的统一性；分析与综合的统一性及心理过程的神经构造的基础。他正确地解决了哲学的基本命题，他明确地说："我把任何人都有的对于外在世界存在的坚决不可疑的信念，作为我的一切论断的基础。"他认为"一切行为的根本原因，永远是在于外部感官的兴奋"。②

这样一方面光辉地论证了唯物主义的世界观，另一方面，这些基本思想在巴甫洛夫底反射学说三个重要原则——因果律的原则，分析与综合的原则，结构的原则——中，获得了更进一步的发展。当然，这并不是说，巴甫洛夫条件反射学说的所严格遵循着的三个重要原则，仅仅是谢琴洛夫在《大脑的反射》中所包含的基本思想的简单发展；相反地，巴甫洛夫底生理学的出现，是生理学中的革命，开辟了生理学中的巴甫洛夫阶段。正如巴甫洛夫在论述到前巴甫洛夫阶段生理学关于反射活动的研究时，所说的一样：

> ……然而这些一切都不过是一种理论化而已。于是对于这个问题加以实验分析的过渡时就逐渐成熟了，并且也与自然科学其他一切分科同样地，这也必须是一种纯客观的从外方着手的分析。③

---

① 引自巴甫洛夫《大脑两半球机能讲义》（戈绍龙译本），第五页。
② 转引自М.罗森塔尔和П.尤金编辑《简明哲学辞典》（一九五四年增订四版）。
③ 引同上书同页。

以客观的实验分析来研究高级神经活动的规律，这是巴甫洛夫底巨大贡献。

谢琴诺夫承认客观世界的可认识性，因此，普列汉诺夫企图引证谢琴诺夫来为他的"象形文字论"作辩护是错误的。福罗洛夫也重复了普列汉诺夫的错误，在《巴甫洛夫及其学派》一书认为："谢琴诺夫正如赫尔姆霍兹，不能确切解答问题：我们的感觉就是自然界事物的现实摹本，照相或反映呢？还是仅仅符号，不过供给我人以自然界的消息呢？"因而断言："谢琴诺夫的唯物论是根基不稳固的，不彻底的唯物论。"福罗洛夫这种看法是错误的，在解决哲学基本问题上，在认识论上谢琴诺夫和赫尔姆霍兹底唯心主义不同，而是属于唯物主义的，虽然还没有能够上升到辩证唯物主义的水平。谢琴诺夫承认人们认识正确地反映了客观世界，这就是他拥护唯物主义的认识论，谢琴诺夫激烈地反对着康德底先验主义的唯心论的认识论，谢琴诺夫认为试验、实践是认识的基础和标准。对于德国的唯心主义哲学，他曾经这样地说道：

……我确切知道，研究心理学的人根本不必要去看德国先验主义哲学家像康德、菲希特、谢林、黑格尔的著作。

我得坦白承认，我的兴趣不在研究德国的形而上学方面。①

谢琴诺夫一生是在沙皇制度底迫害之下渡过的，甚至有整整的两年，他不能获得讲座和生理实验室，长期地被排斥于科学院之外。但他从来没有和沙皇专制制度妥协过，不屈不挠地进行着反对沙皇制度，反对唯心主义，反对宗教的斗争，他曾经和唯心主义者卡维林进行过论争，揭穿了卡维林底唯心主义的反动本质。我们知道，卡维林是沙皇专制制度的御用文人，一八六二年他曾以告密的方式控告过车尔尼雪夫斯基。车尔尼雪夫斯基的被捕显然是和卡维林有关系的。谢琴诺夫不倦地为人民工作着，晚年他还在普列契斯金工人补习班为工人讲课，但被沙皇禁止。谢琴诺夫热烈地欢迎一九〇五年的革命，他曾经这样地对季米里亚节夫说："现在我们应该工作、工作、工作。"列宁非常高地估计谢琴诺夫的著作，一九〇三年在日内瓦特别写信给他的母亲购买谢琴诺夫的著作《思想的要素》。车尔尼雪夫斯基非常重视谢琴诺夫的著作，把谢琴诺夫的研究成果看做是唯物主义哲学的自然科学基础，并且将谢琴诺夫底著作的理论成果概括了于自己底唯物主义哲学的著作之中。巴甫洛夫曾经一再地提起了谢琴诺夫的伟大贡献，把他看做是自己的导师和先驱，并将谢琴诺夫底唯物主义的世界观作为自己的出发点。由此可见谢琴诺夫对于巴甫洛夫底世界观的巨大影响了。

对于巴甫洛夫底思想及其学说直接地发生了巨大影响的，除了谢琴诺夫以外，就是波特金。谢尔盖·彼得罗维奇·波特金和谢琴诺夫是同时代的人，他是谢琴诺夫的战友，谢琴诺夫的《大脑的反射》一书，对于波特金有着重大的影响。波特金是十九世纪下半期先进的俄国科学家，他是科学的临床医学和临床生理学底创始人。

波特金于十九世纪的五十年代形成了他的思想和学说。对于波特金底世界观形成有着重大影响的就是赫尔岑，从赫尔岑的书信中看来，赫尔岑和波特金有着亲密的友谊。

---

① 转引自考思连杨茨《伟大的生理学家——谢琴诺夫》。

特别地是赫尔岑的著作《研究自然界的信》，对于波特金方法论上的影响有着巨大的意义。在《研究自然界的信》中，赫尔岑不仅批判了唯心论，坚持了唯物主义，而且也批判了只着重个别事实、材料的经验主义的自然科学，赫尔岑要求着理论上的概括。这一些思想，都在谢琴诺夫和波特金的"神经论"中获得了反映。

当然，车尔尼雪夫斯基对于波特金的影响也是很大的，当时，谢琴诺夫是和车尔尼雪夫斯基很接近的，而谢琴诺夫则是波特金的战友。

按照欧洲底资产阶级底唯心主义与机械论的生理学的主张，每一种感觉器官都有"特殊的能力"，因此有所谓穆勒氏的"特别能力"的学说。这种思想实质上是和哲学中的"生命力"论底唯心主义相适应的。后来一八七一年波特契（Ьoудич）又提出所谓"全或无"定律，认为外界刺激的质的和量的特征对于决定神经的传导没有什么意义，一八七六年，穆勒的学生冯德又加以发展并受到了许多资产阶级生理学家（如谢灵顿、费尔温、鲁卡士等）的拥护，而走上了错误的道路。在十九世纪中叶又出现了魏尔啸的细胞病理学，认为有机体是细胞的王国，否认了有机体的统一性与整体性，更不能理解外界的环境与有机体的整体底统一。谢琴诺夫和波特金摒弃了西欧资产阶级底唯心主义及机械主义的生理观点而断言：外界环境与整个有机体是处在相互联系的统一中。根据谢琴诺夫和波特金的见解：有机体是一个完整的不可分割的整体，而不是四分五裂的孤立存在的。在这个统一的整个有机体活动过程中，神经系统起了决定性的作用。巴甫洛夫正确地称这种学说为"神经论"。巴甫洛夫谈到了他自己受了波特金底"神经论"的影响时说："……我被波特金教授的临床的概念所陶冶——我衷心地感谢渊博的神经论思想对于研究工作，以及对于我的一般生理学观点的丰富的影响，以及对于我的一般这个思想常预料到了实验的结果，神经论的思想，依我的意见，是波特金对于生理学底主要贡献。"①

巴甫洛夫继承了俄罗斯生理学派底"神经论"的光荣传统，而把它提高到崭新的阶段，变成了巴甫洛夫生理学的有机因素。巴甫洛夫底唯物主义的出发点是外界生存条件与有机体的统一。有机体为了要生存，必须精确地适应外部世界，和外界生存条件保持平衡。譬如一条狗罢，如果它不是趋向食物，而是逃避食物；如果它不是逃避火，而是趋向火；那末，它就不可避免地趋向死亡了。为了要精确地适应外部世界，和外界环境保持平衡，有机体首先必须有无条件反射的反映方式。无条件反射是与生俱来的一种反射，从种族发展史上看，这是具有神经系统的有机体对于外界反映的最早形式，有机体和外界环境的这种联系是固定的、永久的、经常的。

但有机体要精确地适应外部世界，除了固定的、经常的、永久的无条件反射外，还必须有条件反射的反映方式，这是有机体与外界生存条件之间的一种暂时联系，它是依靠了神经系统的高级部分——大脑两半球的活动来实现的。

人类除了条件反射的第一信号系统以外，又具有作为信号之信号的第二信号系统的活动。第二信号系统的特点是抽象化，即以言语和词来反映外界环境。

巴甫洛夫把无条件反射当作是种族发展史的结果，即是若干世代以来适应外界环境

---

① 引自巴甫洛夫《动物高级神经活动（行为）的二十五年客观研究》。

的结果。因此，他断言：在一定历史条件之下，条件反射可以转化成为无条件反射。所以，按基本的思想来说，巴甫洛夫学说是和米邱林生物科学底创造性的达尔文主义一致的，巴甫洛夫学说是和作为创造性的达尔文主义底米邱林生物科学有着密切不可分离的联系。从早年起，巴甫洛夫便通过了比沙列夫而认识了达尔文主义，巴甫洛夫学说正是达尔文主义底创造性的发展。巴甫洛夫是作为俄罗斯知识分子中先进的革命民主主义者的优秀代表而出现于俄罗斯十九世纪八十年代的。巴甫洛夫具有伟大的爱国主义和革命民主主义思想，一贯地敌视沙皇政府的专制和腐败。巴甫洛夫是一个自觉的、坚决的、战斗的唯物主义者，并在马克思主义影响之下，而达到了辩证唯物主义的水平。在自然科学展开了反对一切唯心主义、二元论及宗教的斗争，坚持了战斗的无神论。巴甫洛夫坚持了理论与实践的统一，要求自然科学为人民服务，他是俄罗斯第一个医学研究机关——实验医学院的领导者，巴甫洛夫培养了许多优秀的科学干部，他是优秀的科学研究工作的组织者和领导者，他竭力反对科学的独断和专横，他创了展开自由研究和讨论的巴甫洛夫"星期三"制度。

关于上面这一切的详细讨论，已经不是本文研究的范围了。

原载《中山大学学报（社会科学）》1955年第2期

试论梅叶唯物主义世界观的性质和特点

胡景钊

今年是法国革命民主派思想家梅叶（一六六三——一七二九）诞生的三百周年。在为法国资产阶级革命准备了思想条件的思想家当中，梅叶具有自己鲜明的特色。他是当时唯一的集唯物主义哲学、战斗的无神论和空想共产主义于一身的思想家。

十七世纪末和十八世纪初的法国，正处于封建制度发展中的最高阶段，资本主义经济已经日益在发展，但是资产阶级尚未成熟到夺取政权的程度，社会生活中主要的阶级矛盾是农民和贵族地主的矛盾。名目繁多的苛捐杂税，使农民陷于完全破产的境地。为了反抗封建统治阶级的残酷剥削，农民举行了接连不断的起义。起义农民焚毁贵族的城堡，要求取消一切贡赋。他们当中最激进的则建议根除一切贵族和实现财产公有。在农民起义的冲击下，宣称起义是最大的罪恶的教会，它统治人民的思想力量也大大削弱了，无神论的思想日益抬头。出生于贫苦的乡村纺织工人家庭、毕生担任乡村神甫职务的梅叶，在他死前完成的三卷《遗书》中，以理论的形式表达了农民中最激进的革命要求。

梅叶的唯物主义世界观，既然是对农民阶级利益的反映，那么它和这一时期新兴资产阶级的机械唯物主义世界观是否有同样的理论性质？如果答案是肯定的，那么梅叶世界观中农民阶级的阶级烙印又具体表现在哪里？这些问题，我们打算在这里提出一些初步的看法。

一、梅叶的世界观是属于机械唯物主义的范畴

梅叶的世界观虽然是农民而不是资产阶级反封建的利益和要求的理论表现，但是从唯物主义发展的历史形态来看，它的理论性质仍然属于机械唯物主义的范畴。梅叶没有也不可能摆脱机械唯物主义的种种局限性。

梅叶的唯物主义的机械性，首先表现在他对物质范畴的理解上。一般说来，梅叶是把物质在机械运动中所显示的力学特性作为物质普遍的根本属性。他认为我们周围可感的物体是唯一真实的存在，而物体的特性就在于"它可以按长、宽、深三种尺度来划分。它具有不可渗入性和某种形状的有限性"[①]。这样的物体则是由物质构成的，所以"当人们一想到物质的时候，就不能想象它缺乏广延"[②]。梅叶列举了可分性、长度、

[①] 梅叶《遗书》（中译本）第二卷，第194页。
[②] 同上书第三卷，第81页。

重量等作为物质的属性。由此可见，尽管有着一定的保留（这一点在下面再谈），梅叶的物质观基本上是机械主义的。

梅叶对运动的了解也是机械主义的，他把物质运动仅仅看作是物体在空间中的位置移动。他写道："任何行动都会引起某种运动、某种地点或位置的变化……"①的确，梅叶也曾谈到各种不同的运动和"运动的变体"，但是他所说的各种不同的运动，是指直线、曲线、弧线、圆周等各种不同形式的机械运动，他所说的"运动的变体"，是指曲线、弧线、圆周等运动相对于直线运动而言是"运动的变体"。总之，梅叶心目中的一切运动，都是机械运动。

对物质和运动的机械观，使梅叶虽然正确地肯定物质是由本身获得自己的运动，却不能彻底摆脱把物质看作是僵死的机械主义观念。梅叶只是从机械运动来考察物质和运动的关系，他不了解物质所包含的内部矛盾是运动的源泉，因而错误地认为可以存在没有运动的物体，物质和运动之间没有必然的联系。他写道："既然这种运动不是物体的本质，因为物体没有运动也可以存在，那么这二者之间就没有必然的联系，想去找这种联系就会枉费心机。"②

梅叶试图用物质的机械运动来解释和说明世界的多样性及其变化的无限性。在他看来，世界形形色色的事物，都不过是"无限多的物质的各个部分，它们的运动、形状、配合和互相联系的各种变体"③。换言之，他认为世界万物及其变化，都不过是各种物质粒子不同的结合、分解和变化的结果，亦即物质粒子机械运动的结果。由此他作出形而上学的结论，断言"世界上没有任何新东西，一切现有的东西，正是过去已经存在过许多世纪，在未来的许多世纪中还要存在的东西"④。在梅叶的世界观中，无论自然界还是人类社会，都没有自己变化发展的历史过程。用机械论的观点观察世界，也只能得出这种形而上学的结论。

在社会历史观方面，梅叶转到唯心主义的立场。他用人的贪欲解释私有制的产生，用剥削者的欺骗和暴行说明剥削制度的形成，用欺骗和愚昧说明宗教的根源。

上述表明，代表农民阶级利益的梅叶的唯物主义，同样具有新兴资产阶级的机械唯物主义的理论特点和局限性。这首先是因为在这一时期，农民作为私有者，和资产阶级有其共通的一面，同时农民不能建立一个以他为代表的新的生产方式，甚至单靠他自己的革命斗争也不能推翻封建制度。农民阶级的阶级性质和历史地位，决定了他不可能提出在理论原则上根本区别于资产阶级唯物主义的自己的唯物主义哲学理论。其次，这也是为人类认识发展的规律性和时代的科学水平所决定的。在西方哲学发展的历史中，代替古代朴素唯物主义的，只能是机械唯物主义。这个任务是由反封建的进步的、革命的阶级的思想代表，主要是由掌握了科学文化、担当了创立新的生产方式的历史使命的资产阶级的思想代表实现的。象梅叶这样的站在农民立场的思想家，尽管有着比当时资产阶级思想家更彻底的革命性，终究不能脱离人类认识发展的共同规律，不能超出他那个

---

① 梅叶《遗书》第二卷，第199页。
② 同上书第二卷，第210页。
③ 同上书第二卷，第221页。
④ 同上书第二卷，第184页。

时代的科学水平。如果梅叶的世界观具有机械唯物主义的性质这种看法是对的话，那么我们应当承认，在机械唯物主义的创立和发展上，农民革命的思想家是曾经作出他们的贡献的，他们的功劳是不应当抹煞的。

二、梅叶的世界观具有彻底反封建的革命性的特点

梅叶的世界观虽然还是属于机械唯物主义的历史范畴，但是农民阶级的阶级性质，必然使它具有区别于资产阶级机械唯物主义的若干特点。这些特点，首先表现在它具有更彻底反封建的革命性。

大家知道，文艺复兴和早期资产阶级革命时期欧洲先进的资产阶级思想家，一般都对宗教神学或唯心主义作了不同程度的妥协。梅叶坚定的革命立场，和他们的妥协性是不能兼容的。因此，梅叶在利用法国进步思想家蒙台涅和笛卡儿的思想材料来建立自己的世界观的时候，继承和发展了他们唯物主义的倾向或思想，批判和抛弃了他们的唯心主义和宗教神学观点。梅叶对宗教神学和唯心主义的绝不调和的态度，使他在十八世纪初，首先举起了当时最彻底的唯物主义和战斗的无神论的旗帜。

十七世纪绝大多数的唯物主义者，由于抱有把物质看作是僵死的消极被动的块体的机械主义观点，不免要陷入承认作为第一推动力或始因的神的存在的僧侣主义泥坑。为了克服十七世纪唯物主义者这种神学的不彻底性，彻底否定神的存在，梅叶在法国第一次提出了物质与运动的统一性的原理。他反复强调"一切物质都有运动能力"[①]，"物体本身能够运动，除了构成物体本身的物质之外，不须要寻找它们运动的其他原因"[②]。梅叶还以此说明世界万物的产生和消失。他写道："显然，自然界的一切产物，甚至最美、最完善和最奇妙的产物，在其形成和分解方面都仅仅取决于物质的运动和物质粒子的化合或分解，……物质的化合和分解只是物质运动的自然后果，是物质粒子的规律运动或不规律运动的自然结果。"[③] 就是这样，梅叶建立起他的唯物主义自然观，并得出否定"上帝存在""神创世界"的无神论的结论，指出"自然界的一切创造物虽然令人惊异，但其发生、其秩序及配置一点也不说明和证明存在着超乎一切的完善的理性，因而也不能说明和证明存在着作为物质创造主和物质运动造因者的全能的上帝"[④]。

十七世纪一般的唯物主义者，都抱有把广延看作是物质的根本属性的机械主义观点。这种机械主义的物质观，使他们在论证物质第一性与意识第二性的唯物主义根本原理时遭到困难，他们在唯心主义者提出的有广延的僵死的物质怎么能派生出没有广延的能动的精神的问题面前束手无策。笛卡儿主义者则索性把有广延的物质和能思维的精神绝对对立起来，看作是彼此独立的两种实体。这种二元论的观点，成了他们的所谓灵魂不灭的神学观点的"理论根据"。为了批判笛卡儿主义者的唯心主义和神学观点，克服机械唯物主义所碰到的困难，梅叶提出了他的"物质的变形"的学说。所谓"物质的变

---

① 梅叶《遗书》第二卷，第171页。
② 同上书第二卷，第210页。
③ 同上书第三卷，第91页。
④ 同上书第三卷，第108页。

形"，是指物质改变了的形态，是物质变化的状态。在梅叶看来，"物质的变形"不一定都具有物质的一切属性，不必都有一定的广延、形状、长度和重量等等。因此，"所谓心灵的思维、愿望、意志、感觉和激情等非物质性（即它们不是有广延的圆的或方的能打碎或切成块片的物体），丝毫也不证明它们不可能是物质的变形"①。简言之，梅叶认为精神、意识虽然没有广延，但是是以运动和变化着的物质为基础，是物质所派生的，不是脱离物质而独立的存在。所以，所谓不随肉体的死亡而死亡的不朽的灵魂，也是不存在的。

梅叶关于物质是由本身获得自己的运动的原理，关于精神、意识是物质的变形的原理，使他在自然观方面达到较十七世纪唯物主义者为彻底的唯物主义的结论，并以此作为理论武器反复驳斥了"上帝存在""神创世界""灵魂不死"等等宗教教条。诚然，在他之后的"百科全书派"唯物主义者，也提出了在当时说来是最彻底的唯物主义和战斗的无神论，可是只有梅叶把唯物主义和无神论的世界观作为批判阶级剥削和私有制度的锐利武器。这是梅叶世界观的反封建的革命彻底性的又一表现。

从《遗书》中我们可以看到，梅叶不仅用唯物主义理论来揭露宗教观念的反科学性，不仅从宗教教条的自相矛盾来证明它的荒谬性，而且还从宗教为剥削、压迫等不平等现象作辩护并使之神圣化来批判宗教的虚伪性。他从劳动农民反剥削反压迫的立场出发，尖锐地揭露了宗教的反动作用，指出"宗教甚至支持最坏的政府，而政府也同样庇护最荒谬的最愚蠢的宗教。神甫们在咒骂和永世痛苦的恐吓下号召自己的信徒服从长官、公爵和国王，……国王也同样关心神甫的威望，给以优厚的圣俸和丰裕的进款，支持他们行使做礼拜的空洞无谓的卖假药式职能，并强迫人民承认他们所做的和所教导的一切都是神圣不可侵犯的……"②

梅叶在批判宗教关于魔鬼的胡说的一段议论中，充分表达了贫苦农民对贵族老爷们强烈的阶级仇恨。他写道："画家和传教士最好是向你们把魔鬼描绘成这一切漂亮的老爷、这一切当权人物和贵族、这一切漂亮的太太小姐们的样子；你们从外表看起来，他们是这样穿戴得漂亮、卷发、擦粉、洒满香水、金银宝石闪闪发光的一些人。因为他们这些老爷太太们，正如我已经说过的一样，才是真正的男女魔鬼，因为他们正是你们最凶恶的敌人，对你们为害最大。你们的传教士和画家描绘成那种丑恶的怪物的那些魔鬼，实际上只是想象的魔鬼，……除了害怕它们的人所想象的祸害以外，不能造成任何祸害。可是这一群男女魔鬼，也就是我谈的那些文雅的老爷太太们，他们已经不是想象的产物，而是完全现实的，他们的确能够使人害怕；他们给贫民所造成的祸害是完全现实的、感觉得到的。"③把对宗教的批判和对封建剥削阶级给农民带来的祸害的揭露紧密结合在一起的强烈的战斗性和革命性，是梅叶的唯物主义和无神论的基本精神，这一段话不过是一个例子吧了。

从上述可以看到，梅叶的阶级立场，政治观点决定了他的世界观，他的世界观反过

---

① 梅叶《遗书》第三卷，第153页。
② 同上书第一卷，第8页。
③ 同上书第二卷，第90页。

来又是为他的社会政治观点服务的。所以，我们不能离开他的社会政治观点来谈他的世界观的革命彻底性的特点。

资产阶级启蒙思想家，一般总是援引据说为理性所揭示的自然法来批判封建制度，实际上，是以被神圣化了的资本主义原则作为批判的出发点。他们在宣布封建财产制度是不合乎理性和自然的同时，把资本主义所有制看作是人的自然权利，是神圣不可侵犯的。而梅叶则从剥削与被剥削的不平等的阶级关系的事实出发，控诉封建制度的罪恶。他告诉农民："君王是你们主要的压迫者，你们不仅担起他们压在你们身上的全部重担，而且还要供养所有的贵族、神职人员、僧侣、司法人员、军人、包税人、盐烟专卖官员，总之，是供养世界上一切不劳而食的人和游手好闲的人。"① 在梅叶看来，封建制度之所以是不合理的、不公正的，首先就是因为它有着上述不平等的剥削关系，存在着一些人不劳动而过着穷奢极侈的生活，另一些人则终日劳动而不得温饱这样荒唐的现象。

为了根除社会的不平等，梅叶从批判剥削关系进而批判私有制。他指出把土地的资源和财富分配为私人所有，必然导至这样的结果："一些人所有的多，另一些人所有的少，往往一些人甚至占有一切，而另一些人则一无所有。"② 也就是说，私有制必然导至财富的不平等。梅叶认为，财富的不平等，会产生人对人的仇恨、嫉妒、纷争与不和，产生各种各样的罪行。因此，他把私有制看作是万恶之源，斥之为"几乎在全世界都流行并合法化了的祸害"③。

在批判私有制的基础上，梅叶提出他的空想共产主义的理想社会。在这个社会里，土地的资源和财富，都应当根据平等的权利归全体人民公有和享用；人人都从事劳动或有益的工作；人人都享用同样好的食物、衣服、住所和鞋子；人人都可以受到教育，有高尚的道德，彼此象家人一样和睦相处。

应当指出，梅叶的空想共产主义思想，并不是对资本主义的批判。生活在落后的乡村的梅叶，并没有接触到多少资本主义的剥削关系，他没有可能看到随着资本主义的发展给劳动人民带来的灾难性后果。他所批判的在他心目中的私有制，事实上是对土地的封建私人所有制。所以，梅叶的空想共产主义，是他批判封建制度的思想武器，是贫苦农民坚决地彻底地反封建的革命要求的表现，是他们渴望一旦消灭封建制度之后就能永远摆脱剥削的幻想的表现。

梅叶和资产阶级启蒙思想家在实现变革的途径问题上也有着原则的区别，资产阶级启蒙思想家总爱把自己改革方案的实现寄托在某个在王位上的圣贤身上，对人民群众的革命运动和革命暴力抱着否定的态度。但是梅叶则对剥削阶级的代表人物绝不抱任何幻想，他把希望寄托在劳动人民身上，寄托在群众自己的团结和斗争上，并且不排斥对剥削者、统治者使用暴力。他在《遗书》中号召农民："你们和与你同样的人，不论有多少人，都要努力团结起来，以便最后摆脱那些公爵和国王的残暴统治的桎梏。你们到处

---

① 梅叶《遗书》第二卷，第114页。
② 同上书第二卷，第108页。
③ 同上书第二卷，第107页。

要推翻那一切不公道和无信仰的宝座，敲破那些戴王冠的人的头颅，要打垮你们那些暴君的骄傲自大，别让他们再统治你们。"①

总而言之，区别于资产阶级的农民彻底反封建的革命精神，贯串于梅叶的唯物主义自然观、战斗的无神论和激进的社会政治观点之中，这表明梅叶的世界观具有彻底反封建的革命性的特点。

三、梅叶的世界观具有朴素性的特点

梅叶的机械唯物主义的另一个特点，在于它具有比较浓厚的直观的（在对事物外部现象的直接观察的意义上）朴素的色彩，这是为资产阶级机械唯物主义所没有的。

在自然观方面，我们可以看到，梅叶在采取机械唯物主义的基本路线的同时，又明显地吸取了某些古代朴素唯物主义的思想。梅叶基本上同意把广延作为物质的根本属性的观点，抛弃了古代原子论唯物主义把原子和虚空当作世界的本原的看法，但在一定程度上继承了把物质看作是世界万物的始基和本原的朴素思想。他写道："必须承认万物由之而生的、存在于万物之中的、万物最后可以归结为它的原始的存在物，而且，显然，物质的存在物是存在于万物之中的，万物是由物质的存在物而来的，而万物最后是可以归结为物质，也就是物质的存在物的。"② 又说："存在物根本是在万物中构成万物的基原、构成万物的主要本质和基础的东西。因此，存在物是万物的始原和基原。"③

对物质的朴素唯物主义的观点，使梅叶有可能作出物质是在运动和变化的包含辩证法因素的结论，得以在一定程度上克服机械主义的局限性。他指出："不错，广延是不变的，因为它在一切地方都是一样的；可是物质显然不是不变的，因为事实上它老在运动着，每分钟都在改变着自己的外貌和形态。也许根据这个理由可以设想，物质和广延并不是丝毫不差地是同样的一个东西，象我们的笛卡儿主义者所确信的那样。"④

梅叶的带有朴素性的物质观，又是他用来唯物主义地解决哲学根本问题的"物质的变形"的学说的理论依据，在梅叶看来，物质既然是原始的存在物，是万物由之而来并且可以归结为它的始基和本原，那么世界万物都不过是物质改变了的形态或变化的状态，不过是"物质的变形"。梅叶认为，不是一切"物质的变形"都必须具备物质的一切属性，都必须具有广延。如前所述，梅叶指出象精神、意识等，就是不具有广延性的"物质的变形"。由此他批判了笛卡儿主义者的二元论唯心主义观点，在哲学根本问题上得出唯物主义的结论。在这里要指出的是，梅叶以精神、意识也是物质性的这种方式来唯物主义地解决哲学根本问题，表明他在物质和意识的关系问题上，采取了古代唯物主义者的朴素的看法。

在灵魂的性质的问题上，也有类似的情况。为了批判笛卡儿主义者灵魂不死的唯心主义观点，梅叶利用了古罗马唯物主义者卢克列修关于灵魂的学说。他和卢克列修同

---

① 梅叶《遗书》第三卷，第207-208页。
② 同上书第二卷，第177页。
③ 同上书第二卷，第176页。
④ 同上书第三卷，第83-84页。

样，认为"我们的灵魂只是我们身上的比较细致和比较活动的物质"①。由此他进一步指出："如果多少深入一点推究事实，那么我们的灵魂就不会象我们笛卡儿主义者所说的那样，是非物质和不死的。"②

另一方面，我们从梅叶对上述以及其他一些唯物主义的基本原理所举的例证和所作的论证中，也可以看到他的思想的直观的和朴素的倾向。他用风和物质的发酵状态作为没有广延的"物质的变形"的例子，以证明无广延的意识、精神也不过是象风、发酵状态等相类似的"物质的变形"。在梅叶看来，人死后物质性的灵魂就象轻的蒸气和轻的呼气消散溶合在空气中一样，或者象蜡烛的火焰由于可燃物质耗竭了就自行熄灭一样。对于世界的物质性的原理的论证，梅叶援引了人们日常生活中朴素的自发的唯物主义信念。他认为如果否认天地间万物存在的实在性，就是"闭眼不看人类理性的一切启示，是与任何自然感觉完全背道而驰的"③。

在《遗书》写成后不到二十年，拉美特利发表了《人是机器》一书。拉美特利同样是从笛卡儿的机械唯物主义的思想材料出发的，但是在他论述物质与意识、肉体和灵魂的关系时，引用了大量当时生物学、生理学、医学、解剖学等方面的科学材料，把笛卡儿"动物是机器"的命题发展为"人是机器"，从而唯物主义地克服了笛卡儿的二元论。积极利用和总结自然科学材料，在后来"百科全书派"唯物主义者的著作中，同样是表现得很突出的。和他们比较起来，梅叶对唯物主义原理的论证，更多的是依靠和利用古代唯物主义，人们朴素的唯物主义信念和对自然现象的直观。

在认识论方面，梅叶明确地站在唯物主义的立场上。他指出："我们所看到的一切，我们所感觉到和认识到的一切无疑都只是物质。"④除了思维和感觉本身之外，梅叶肯定"我们的智慧能理解并完全认识一切事物"⑤。但是在梅叶的哲学思想中，对认识论和方法论并没有加以特别的注意和研究。他不象资产阶级唯物主义者那样，力图在总结实验自然科学的研究经验的基础上，作出哲学上的认识论和方法论的结论，解决自然科学发展中向哲学提出的认识论问题，例如理性认识和感性认识的实在性和关系等问题。梅叶只是在探讨人是否能认识认识本身，是否能认识思维和感觉如何形成的问题时，才附带谈到认识论问题。梅叶的无神论也很少从宗教神学束缚科学发展的角度来进行批判。上述种种对自然科学没有足够重视的情况，是和梅叶把他全部思想的注意力集中于对农民最迫切的社会问题上，集中于对封建剥削和压迫进行革命的批判上密切相关的。

在社会历史观方面，梅叶同样地表现了直观的朴素的特点。他站在农民阶级的立场，利用和改造了当时流行的关于天赋人权、自然权利等资产阶级学说，以形成自己的社会历史观点。他写道："人人天生都是平等的。他们同样有权在地上生活和立足，同样有权享受天赋的自由和他的一份世间福利，人人都应当从事有益的劳动，以便取得生

---

① 梅叶《遗书》第三卷，第106页。
② 同上书第三卷，106页。
③ 同上书第二卷，第174页。
④ 同上书第三卷，第159页。
⑤ 同上书第三卷，第67页。

活中必需的和有益的东西。"① 梅叶虽然也以天赋人权、自然权利等学说作为自己理论的形式，但他却不象社会历史学说中的资产阶级唯理主义流派那样，沉醉于探求什么是人的不变的自然本性，竭力从人的自然本性中引申出现实社会必须与之相适应的自然法。他也不象"百科全书派"唯物主义者，例如爱尔维修和狄特罗那样，力图在理论领域中解开人不变的自然本性和人为环境所决定这两个原则所结成的死结。他没有也不可能象资产阶级政治经济学家那样，试图从大量资本主义发展的经济现象中寻找其中的内在联系。梅叶的兴趣主要不在于理论问题的探讨和理论体系的建立。他从自己耳闻目睹的封建剥削和压迫的种种不平等不合理的事实出发，尖锐地揭发和控诉了封建统治阶级的各种罪行，坚决维护和表达了劳动群众的利益。这种爱憎分明的阶级感情，使他看到了为资产阶级偏见所蒙蔽的思想家所看不到的、表现了社会历史发展的规律和本质的某些现象，虽然他并不能科学地理解和说明这些现象。在这方面梅叶最可贵的思想是他揭示出真正有力量的是劳动群众而不是剥削的统治阶级这个真理，他坚定地相信劳动群众完全有力量自己解放自己。

梅叶明确地指出，劳动人民是一切物质财富的创造者，因此不是劳动人民要依靠剥削者，相反是剥削者要依靠劳动人民。他对农民说："这些骄傲的贵族世家所吸收的养料就是他们从你们劳动中剥削来的那些巨大财富和进款。所有这一切丰富的货财和土地财富都取自你们，取自你们的技艺和劳动。你们用双手创造出丰富的养料维持他们，供养他们，使他们富裕，使他们那样有势力、有威风，那样骄傲和目空一切。可是如果你们都希望完全枯死他们的根子，那你们就只要剥夺他们从你们劳动和勤勉中所取得的丰富养料就行了。你们自己要保持住这一切财富、这一切福利，因为这么多的财富和福利都是你们辛辛苦苦地创造出来的。……没有他们，你们什么事也容易办好，但他们若是没有你们就什么事也办不成。"② 既然只要劳动人民不给剥削者以任何财富就会把他们枯死，既然真正有力量的是劳动人民，因此梅叶一再告诉农民这个真理："你们的幸福掌握在你们自己的手中。如果你们大家能够协商好，那么你们的解放就能完全依靠你们自己。你们有一切必要的手段和力量来解放自己并把暴君变成自己的仆役，因为，不论你们的暴君怎样强暴和怎样厉害，他们没有你们的支持就没有任何权力支配你们。"③ 在梅叶这些朴素的思想中，明显地包含着劳动人民是社会历史的创造者和主人的唯物史观的思想因素。在马克思主义以前能具有这样的思想，是十分难能可贵的。不仅革命的资产阶级思想家不可能提出这样的思想，就是后来许多激烈批判资本主义的空想社会主义者，也不具有梅叶这样的对待劳动群众的观点。

总之，在梅叶世界观的各个方面，都表现出直观的、朴素的特点。梅叶在机械唯物主义的基础上，吸取了古代朴素唯物主义的若干思想，并且依据对某些自然现象和社会现象的直观，从而得以绕过机械唯物主义所碰到的困难，坚持了唯物主义原则，坚持了无神论立场，提出了一些包含历史唯物主义思想萌芽的可贵猜测，满足了农民彻底批判

---

① 梅叶《遗书》第二卷，第82页。
② 同上书第三卷，第212页。
③ 同上书第三卷，第210页。

封建制度的革命要求。就这一方面来说，梅叶世界观的朴素性是有其积极意义的。可是我们也要看到，梅叶生活的时代是实验自然科学已经产生并且日益迅速发展的时代。唯物主义哲学如果不依靠和总结科学的新材料，就必然要陷入抽象空洞的议论，缺乏坚实可靠的依据，从而也必然严重损害它对宗教神学和唯心主义进行斗争的力量。同时，企图用古代朴素唯物主义的思想来弥补机械唯物主义的缺陷，绝不是克服机械唯物主义的局限性的正确途径，而是而后倒退的错误作法。就这一方面来说，梅叶世界观的朴素性又起着消极的作用。

梅叶世界观的朴素性的特点，它所具有的积极作用和消极作用的两重性，是农民的阶级特点的反映。农民既有反封建的坚决的革命性，不满足于十七世纪带有妥协性的唯物主义，要求建立更彻底的唯物主义和战斗的无神论；但农民又是和落后的生产相联系，是在远离科学文化的农村中生活。站到农民立场上的梅叶，一生都在农村里度过。和农民群众密切的联系，使他深切地了解到农民摆脱封建剥削和压迫的强烈愿望，因此以他的唯物主义、无神论和空想共产主义理论集中反映和回答了农民的革命要求。可是落后闭塞的生活环境，使梅叶在建立自己的理论时，不可能通过概括自然科学新材料的途径去克服十七世纪唯物主义的不彻底性，唯一可能和较为方便的，是借助于古代朴素唯物主义的哲学遗产。由此可见，梅叶世界观的朴素性，既表现了农民革命性的一面，又表现了农民落后性的一面。

×　　　　×　　　　×　　　　×

梅叶是在西方资产阶级革命时期，以唯物主义哲学表达农民利益的少数思想家之一。他的世界观的性质和特点，都是当时法国社会历史条件的产物。其他国家的革命民主派的唯物主义者，生活在不同的具体社会历史条件中，因此他们的思想自然会有跟梅叶不同的特点。但是既然同是资产阶级革命时期的农民思想家，他们的思想理论无疑是有着共性的。这是需要进一步加以研究的问题，以便更符合实际地说明唯物主义哲学的历史发展。就梅叶的情况看来，我们固然不应当因为他基本上采取了机械唯物主义的路线，便否认他的唯物主义世界观有着区别于资产阶级唯物主义的不同的阶级基础和自己独有的特点，但是也不能只看到梅叶的世界观具有区别于资产阶级唯物主义的阶级基础和这样或那样的特点，便认为他创立了一个根本性质上全新的唯物主义哲学理论，因为农民阶级的世界观归根结蒂是从属于资产阶级思想体系的。无论是前一种还是后一种片面性，我们都要力求避免，才不致违反历史的真实。

原载《中山大学学报（社会科学）》1963年第4期

略论马克思主义实践观的创立与发展

陈长畅

一

马克思主义认为：实践是人们一种改造客观世界的物质活动，是认识的基础和真理的标准。这是马克思于一八四五年春在《关于费尔巴哈的提纲》中首先提出，而为恩格斯在其名著《费尔巴哈与德国古典哲学的终结》和一八九二年写的《〈社会主义从空想到科学的发展〉英文版导言》中特别强调的思想。马克思针对当时青年黑格尔派，尤其是费尔巴哈不懂得什么是实践，不懂得实践在认识中的地位与作用，曾明确指出："人的思维是否具有客观的真理性，这并不是一个理论的问题，而是一个实践的问题。人应该在实践中证明自己思维的真理性，即自己思维的现实性和力量，亦即自己思维的此岸性。"① 这就是说，人的思维是否正确地反映了客观事物，这个问题不能在思维或理论的范围内解决，而只有在社会实践中才能解决。任何理论、社会意识，都可以在实践中找到根源、得到说明并证明其是否正确。同时，马克思还指出："费尔巴哈不满意抽象的思维而诉诸感性的直观；但是他把感性不是看作实践的、人类感性的活动。"② 马克思认为，"社会生活在本质上是实践的"③，"环境的改变和人的活动的一致，只能被看作是并合理地理解为革命的实践"④。马克思就是这样强调了革命实践的意义。

马克思在一八四三年写的《〈黑格尔法哲学批判〉导言》中，一方面十分强调理论的作用，指出理论一经掌握群众就会变成物质力量，但另一方面也指出，理论必须结合实践才能发挥作用，作出了"批判的武器当然不能代替武器的批判"的卓越论断，即提出了理论不能代替革命实践，"物质力量只能用物质力量来摧毁"⑤ 的天才思想。往后，马克思在一八四四年写的《经济学—哲学手稿》和一八四四年九月—十一月同恩格斯合著的《神圣家族》等书中，都说明过实践的作用。可见，马克思在《关于费尔巴哈的提纲》中提出的实践观，是其思想发展的必然结果。只不过，马克思在这里第一次明确地表述了实践在认识中的作用，而且把实践的观点作为新旧唯物论的根本区别之一，并把它导入认识论。这就奠定了辩证唯物论认识论的基础，开始了人类认识史上一个新的飞跃。

---

① 《马克思恩格斯选集》第1卷，第16页。
② 同上书，第17页。
③ 同上书，第18页。
④ 同上书，第17页。
⑤ 同上书，第9页。

费尔巴哈的确不了解实践的意义。诚然，他在口头上并不否认实践，有时对实践还作过很高的评价，"把人类实践的总和当作认识论的基础"[1]，用以反对唯心主义。他说："唯心主义的根本错误在于：它只是从理论的角度提出并解决客观性和主观性的问题、世界的现实性或非现实性的问题。"[2] 但是，他所说的实践，不是指人们能动地改造客观世界的活动，而是指人们对客观世界的消极的直观。他甚至抱着世俗庸人的眼光，把唯物主义看成追求物质享受，把物质活动视为追求物质利益的小商小贩的活动，认为只有追求理想的活动才是高尚的。正是针对旧唯物主义的这一根本缺陷，马克思在《关于费尔巴哈的提纲》中，强调了实践是认识的基础和真理的标准的思想。这个思想，在恩格斯的著作中得到了进一步的说明。根据自然科学的新发现，即茜素可以从更便宜得多的煤焦油中提炼的事实，针对当时新康德主义者鼓吹休谟和康德的不可知论的谬误，恩格斯深刻地批判道："对这些以及其他一切哲学上的怪论的最令人信服的驳斥是实践，即实验和工业。既然我们自己能够制造出某一自然过程，使它按照它的条件产生出来，并使它为我们的目的服务，从而证明我们对这一过程的理解是正确的，那末康德的不可捉摸的'自在之物'就完结了。"[3] 这就是马克思、恩格斯的实践观。

二

在帝国主义和无产阶级革命的时代，列宁在反对马赫主义和第二国际机会主义及其在俄国的变种的斗争中，发展了马克思和恩格斯创立的实践观。

马赫曾举例说："把一支铅笔举在我们面前的空气中，我们看见它是直的，把它倾斜地放在水里，我们看见它是弯的。在后一种情况下，人们说：'铅笔好像是弯的，但实际上是直的。'可是我们有什么理由把一个事实说成是现实，而把另一个事实贬斥为错觉呢？……在这种情况下谈错觉，从实践的观点看来是有意义的，从科学的观点看来却是毫无意义的。"[4] 这是马赫反对马克思主义实践观的自供状。在这里，他公然把理论和实践从根本上分割开来，认为理论（科学）和实践是两回事，妄图否认实践是认识的基础和真理的标准。这是万万办不到的。本来，马赫作为一个物理学家对上述物理现象是应该懂得的。但他作为一个渺小的哲学家、唯心主义者，却抓住这个物理现象作唯心主义的诡辩。列宁在揭露其反动谬论之后，曾写下万古不朽的名言："生活、实践的观点，应该是认识论的首先的和基本的观点。"[5] 这就进一步深刻地说明了实践在认识中的地位和作用。后来，列宁在《哲学笔记》中又进一步明确指出，实践具有"直接的现实性的优点"[6]，并认为，"行动的结果是对主观认识的检验和真实存在着的客观性的标准"[7]。

---

[1] 《列宁全集》第14卷，第142页。
[2] 《费尔巴哈著作选集》上卷，第526页。
[3] 《马克思恩格斯选集》第4卷，第221页。
[4] 参阅《列宁全集》第14卷，第137—138页。
[5] 《列宁选集》第2卷，第142页。
[6] 《列宁全集》第38卷，第230页。
[7] 同上书，第235页。

列宁在坚持实践是认识的基础和真理的标准的同时，还提出一个卓越的论断，他说："实践标准实质上决不能完全地证实或驳倒人类的任何表象。这个标准也是这样的'不确定'，以便不至于使人的知识变成'绝对'，同时它又是这样的确定，以便同唯心主义和不可知论的一切变种进行无情的斗争。"① 这是列宁对马克思主义实践观的又一重大发展。

列宁的这段话教导人们，对实践标准必须作辩证的理解：第一，在现实生活中，作为检验真理标准的具体实践，不可能完全证实或驳倒人类的一切认识；第二，所以会出现这个情况，这是因为作为检验真理标准的实践存在着确定和"不确定"的矛盾；第三，只有坚持实践标准既是确定的又是"不确定"的，才有可能同唯心主义不可知论和形而上学认识论划清界限。

所谓实践标准是确定的（即绝对的），说的是社会实践是检验真理的唯一标准。除此之外，没有任何别的东西能够检验认识的真理性。在这个意义上说，实践标准是绝对的、无条件的。今天的实践尽管还不能驳倒或充分证实某种理论或假说，但随着实践的发展，总有一天会被驳倒或证实。就这一点来说，实践标准也是绝对的、无条件的。一句话，无限发展的实践检验着一切理论的真理性，而经过实践证明了的就是客观真理。它包含有绝对真理的颗粒和因素。否认实践标准的确定性，就会陷入相对主义和不可知论的泥坑。马赫主义就是这种唯心主义不可知论的变种。"马赫把每个人用来区别错觉和现实的实践标准置于科学和认识论的界限之外，这正是这种生造的教授唯心主义。"② 只有坚持实践是检验真理的唯一标准，坚持实践标准是确定的、绝对的，才能与之进行无情的斗争。

"四人帮"大搞实用主义，否定真理的客观性、确定性，也就否定了实践标准的确定性，否定了马克思主义的基本原则。应当看到，经过无产阶级革命实践反复检验过的马列主义、毛泽东思想的基本理论，是"放之四海而皆准"的普遍真理，是我们一切工作的指导思想。我们务必更高地举起毛泽东思想的伟大旗帜，在革命实践中不断丰富、发展马克思主义的理论。

所谓实践标准是"不确定"的（即相对的），说的是人类的实践总是具体的实践，受到一定的时间、地点和条件的限制，因而是相对的、不断发展的，在其发展的一定水平上不可能无条件地、完全地证实或驳倒一切理论和假说。例如，两千多年前，德谟克利特就提出了原子学说，而当时的实践却不能证实它是否正确。只是到了十九世纪，道尔顿才发现物质世界的确是由原子构成的。如果人类至今还死抱住牛顿—道尔顿时代描绘的物质世界理论（即物质是由不连续的、不可分割的原子组成的）不放，那就不可能有现代物理学，当代的科学实践也不可能完全证实或驳倒新物理学的一切理论和假说（如关于基本粒子的层子模型）。自然科学是这样，社会科学也是这样。

"剥夺者就要被剥夺了。"③ 这是历史发展的必然，也是马克思主义的普遍真理。

---

① 《列宁全集》第14卷，第142—143页。
② 同上书，第138页。
③ 《马克思恩格斯全集》第23卷，第832页。

但是，如何剥夺剥夺者的生产资料呢？马克思主义经典作家有过两种设想和方案：一没收，二赎买。巴黎公社仅存在七十二天，一个方案也没有实现。列宁在十月革命后，曾打算用赎买的办法来剥夺俄国资产阶级的生产资料。但由于帝国主义的入侵，资产阶级的顽抗，结果只能实行没收。在我国，对官僚资本用没收，而对民族资本则采取赎买。这件事说明，一个真理的认识（或者说一个理论、计划、方案、政策），不是一次实践就能证实或驳倒的。如果认为一次检验就行，看不到实践标准的不确定性，那问题就来了，或者认为剥夺这回事根本不可能（巴黎公社失败的教训），或者认为要实现剥夺只能没收（苏维埃成功的经验）。用这种形而上学的认识论观点来指导中国革命，势必犯"左"的或右的错误，或认敌为友（只用赎买），或认友为敌（只用没收）。

"暴力革命是无产阶级革命的一般的规律。"这是马克思主义的普遍真理。如何实现暴力革命？在俄国是先武装夺取城市，后包围农村；在我国，则先武装割据农村，后包围城市。殊途而同归。李立三、王明不问中国的国情，不顾实践标准的"不确定"性，"认为上了书就是对的"，盲目照抄外国的经验，提出所谓"武装夺取中心城市""争取一省或数省首先胜利"的不切实际的口号，危害了党，葬送了革命。毛泽东同志在革命实践中运用马克思主义的基本原则，对中国半殖民地半封建社会的特点作了具体的分析，在总结南昌起义、广州起义、秋收起义和井冈山斗争经验的基础上，提出农村包围城市的武装夺取政权的道路，指引了中国革命从胜利走向胜利。这件事同样说明，一个真理的认识往往要经过多次实践的检验才能证实或驳倒，要经过实践、认识、再实践、再认识的反复过程，或者说，要经过斗争、失败、再斗争、再失败，直至胜利的反复实践和认识过程。正因为实践标准是"不确定"的，所以即使经过实践检验为正确的认识，也还要经受实践的检验，才不至使人的知识变成"绝对"。换句话说，被此时此地的实践证实了的认识也不能把它僵化，而应当在不断发展着的实践中去进一步补充和完善它，这才是真正的马克思主义的态度。

实践标准既是确定的又是"不确定"的，既是绝对的又是相对的。实践标准的相对性包含着绝对性。实践标准的相对性和绝对性是辩证的统一。任何企图否定实践标准的唯心主义不可知论思想是错误的。同样，那种把实践标准视为不变的、凝固的、僵死的形而上学观点也是错误的。

三

毛泽东同志是伟大的马克思主义者。半个多世纪以来，他在领导中国革命的伟大斗争中，坚持和发展了马克思主义的实践观。在这里，仅就实践的内容和特点，以及实践是检验真理的唯一标准来说一说。

第一，毛泽东同志深刻地阐明了实践的内容和特点。什么是实践？马克思主义以前的哲学，无论是唯物论还是唯心论，都不能作出正确的回答。一切唯心主义者都轻视实践，脱离实践，把实践置于认识论之外。旧唯物主义由于它的直观性和它在社会历史领域的唯心主义观点，也不能真正了解实践的社会性，不完全了解实践在认识中的作用。只有马克思主义，才第一次论证了实践是社会实践，是人们改造客观世界的物质活动。

毛泽东同志在马克思主义实践观的基础上，进一步阐明实践的内容和特点，把实践具体化为生产斗争、阶级斗争和科学实验，从而发展了马克思主义的认识论。

毛泽东同志指出："马克思主义者认为人类的生产活动是最基本的实践活动，是决定其他一切活动的东西。"① 生产活动是人类社会存在和发展的前提。人们要从事其他活动以前，首先必须解决吃、喝、穿、住的问题。离开了生产活动，人类就不能生存，就谈不上其他的活动。在生产过程中，人们不仅和自然发生关系，而且人和人之间要结成一定的生产关系。在生产关系的基础上，人们又结成其他的社会关系。因此，其他活动都是由生产活动决定的。阶级和阶级斗争只是生产发展的一定历史阶段的产物。

毛泽东同志又指出："人的社会实践，不限于生产活动一种形式，还有多种其他的形式，阶级斗争，政治生活，科学和艺术的活动，总之社会实际生活的一切领域都是社会的人所参加的。"② 在阶级社会中，阶级斗争是社会实践的一个极其重要方面。阶级斗争是阶级社会发展的动力。社会的基本矛盾，在阶级社会里，表现为阶级矛盾和阶级斗争。一些阶级胜利了，一些阶级消灭了，这就是历史，这就是几千年的文明史。所以，在阶级社会中，各种形式的阶级斗争，是重要的实践活动，它反过来推动生产实践的发展。

在生产斗争和阶级斗争的基础上进行的科学实验，也是极其重要的实践活动。科学技术运用到生产上，作为现实的生产力，就会提高劳动生产率，改变生产面貌，引起人们思想的革命化，推动社会制度的变革。

解放后，毛泽东同志在反对国内外的修正主义和教条主义的斗争中，再次强调了人的正确思想只能从三大革命实践中来，并把它提高到建设社会主义强国的高度来认识。他指出："阶级斗争、生产斗争和科学实验，是建设社会主义强大国家的三项伟大革命运动，是使共产党人免除官僚主义、避免修正主义和教条主义，永远立于不败之地的确实保证。"③ 我国的新宪法，把三大革命运动作为社会主义革命和建设新时期的总任务肯定下来，具有划时代的意义。这是对马克思主义实践观的具体运用。这三项伟大的革命运动是一个整体。它们各有相对的独立性，而且在矛盾统一体中的地位也会随着历史的发展而变化，但彼此却不能互相代替。当然，在不同的历史时期，随着生产斗争和阶级斗争在社会矛盾中的地位的变化而着重抓其中的某一项是完全可以的。革命党人要引导革命取得彻底胜利就要善于这样做。列宁说："在任何社会主义革命中，当无产阶级夺取政权的任务解决以后，随着剥夺剥夺者及镇压他们反抗的任务大体上和基本上解决，必然要把创造高于资本主义社会的社会经济制度的根本任务，提到首要地位；这个根本任务就是提高劳动生产率，因此，（并且为此）就要有更高形式的劳动组织。"④ 这里所说的根本任务属于生产斗争的任务。在社会革命的进程中，把这一任务提到首位，是一个历史性的进步。人类社会曾经只有生产斗争，后来，随着生产力的发展，私有制和阶级的出现，才同时又有阶级斗争。在阶级社会里，阶级斗争是社会发展的直接动力，也是革命党人的工作重心。只有在社会主义革命取得基本胜利之后，才有可能实

---

① 《毛泽东选集》四卷合订本，第259页。
② 同上书，第260页。
③ 见《人民日报》1964年7月14日。
④ 《列宁选集》第3卷，第509页。

现这种工作重心的大转移。也只有在这种转移中，建立了强大的物质技术基础和"更高形式的劳动组织"，创造了战胜旧制度所必须的更高的劳动生产率，使阶级和阶级斗争逐渐趋于完全消灭，使劳动成为人的第一需要，人人各尽所能，个个忘我劳动。待到社会物质资料极大的丰富，人们的觉悟极大的提高，三大差别消灭时，才能逐步过渡到美好的共产主义社会。不过，如果在实行这个转移时，忘记了社会主义的方向，忽视了必要的政治思想工作，不加强党的领导，不发扬民主与加强法制，那么，这种转移就会得不到保证，共产主义社会也就不会到来。在我国建立了无产阶级政权，生产资料的社会主义所有制基本确立之后，毛泽东同志在《关于正确处理人民内部矛盾的问题》一文中就曾明确指出："革命时期的大规模的急风暴雨式的群众阶级斗争基本结束"，并及时提出了严格区分两类不同性质的矛盾和正确处理人民内部矛盾的问题，"以便团结全国各族人民进行一场新的战争——向自然开战"。后来，在《不断革命》一文中，毛泽东同志又指出要"把全党的主要注意力转移到技术革命上面去"。毛泽东同志的这些话，是对列宁关于阶级斗争与生产斗争矛盾地位转化和工作重心转移思想的进一步发挥。但由于种种的原因，尤其是林彪、"四人帮"的干扰，使这种转移迟迟未能实现。最近召开的党的十一届三中全会，鉴于全国范围的大规模的揭批林彪、"四人帮"的群众运动已基本完成，作出了全党工作的着重点应该转移到社会主义现代化建设上来的决定。这是一个从实际出发，完全符合马克思主义实践观的重大战略决策。

毛泽东同志关于实践内容的具体论述，进一步揭示了实践的特点，即实践的社会性、目的性和物质性。这就进一步丰富了马克思关于"社会生活在本质上是实践的"，以及列宁关于实践具有"直接的现实性的优点"的科学论断。

毛泽东同志深刻地指出了实践活动的社会本质。毛泽东同志正确地指出，生产活动是决定其他一切活动的最基本的实践活动，并指出社会生活的一切领域都是社会的人所参加的。在没有阶级的社会中，每个人以社会一员的资格，同其他社会成员协力，结成一定的生产关系；在阶级社会中，各阶级的社会成员，则又以各种不同的方式，结成一定的生产关系。因此，实践是社会历史的活动，而不是抽象的孤立的个人的活动。只有千百万人民群众，才是社会实践的主体。

毛泽东同志深刻地阐明了实践是人类有意识有目的的改造世界的积极的、能动的物质活动，而不是对自然的消极的直观与适应。毛泽东同志说："思想等等是主观的东西，做或行动是主观见之于客观的东西，都是人类特殊的能动性。"[①] 人类通过实践活动把主观的东西变为客观的东西，实现改造自然、改造社会的目的。毛泽东同志认为，实践是"主观见之于客观的东西"，是主客观统一的基础，是感性的物质的活动，而不是纯观念的活动。这就既打击了各种否认实践的唯心论，又划清了在实践观上的马克思主义与旧唯物主义的原则界限。

第二，毛泽东同志对马克思主义实践观的另一重大贡献是：强调了实践是检验真理的唯一标准。毛泽东同志说："判定认识或理论之是否真理，不是依主观上觉得如何而

---

① 《毛泽东选集》四卷合订本，第445页。

定，而是依客观上社会实践的结果如何而定。真理的标准只能是社会的实践。"① 事实也正是这样，只有在三大革命实践中，人们达到了思想中所预期的效果，即达到工作的胜利时，人们的认识才被证实了。有些认识是错误的，经过实践的检验得到了纠正；有些认识是不完全的，经过实践的检验逐步完善起来。这就是实践检验认识和发展认识的过程。

实践之所以是检验真理的唯一标准，这是因为，认识是人脑对客观事物的反映，但这种认识是否符合客观事物，这在意识范围内是无法解决的；而客观事物本身也不可能直接地表明这个反映是否正确，因此，只能靠主观见之于客观的社会实践，才能把主观和客观联结起来，使人们的主观认识受到客观的检验，从而判明其是否为真理。

人民群众是社会实践的主体，是历史的创造者。检验认识的真理性是一个历史过程的总和，而不仅是其中的某一阶段；是群众的社会实践，而不仅是某些个人的实践。千百万人民的革命实践象一条奔腾不息的长河滚滚向前，它检验着一切理论的真理性。所以毛泽东同志明确地指出："只有千百万人民的革命实践，才是检验真理的尺度。"②

目前，在关于理论和实践关系问题的讨论中，有的同志虽不否认实践是检验真理的唯一标准，但却认为：作为检验真理标准的实践只应是当前的实践，如果包括历史上的实践就会把间接经验以至书本知识也作为检验真理的标准，结果就会导致"两个标准"论；并且认为列宁关于实践具有"直接的现实性的优点"的论断，就是指的当前的直接经验。我们认为这些看法是值得商榷的。

马克思主义实践观教导我们，实践指的就是三大革命运动。它从来就是社会的、历史的、群众的活动，是人们改造自然和社会的有意识有目的的活动。毛泽东同志这里讲的千百万人民的革命实践，就是一种不断发展着的社会历史的实践。所以，那种认为"作为检验真理的标准的实践不包括历史上的实践"的说法，是不符合马克思主义实践观的。

我们当然反对"两个标准"论。但是，承认了历史上的实践也是检验真理的标准，会不会导致"两个标准"论呢？我们说，不会的。只有当人们把历史上的实践证明了的真理绝对化、凝固化，不仅认为它可以不再经受不断发展着的实践的检验，而且还把它视为与实践标准并驾齐驱的检验真理的标准时，才会导致"两个标准"论。

说"列宁关于实践具有'直接的现实性的优点'的论断，就是指当前的直接经验"，也不尽符合原意。所谓"实践高于（理论的）认识，因为实践不仅有普遍性的优点，并且有直接的现实性的优点"，说的是实践在认识论中的地位之所以比理论更高、更重要，就因为它不但具有理论所具有的特点（普遍性），而且还具有理论所没有的特点——直接现实性。这里所说的直接现实性是什么意思呢？只要把这句话与前面一段话联系起来就不难理解了。紧接这句话之前，列宁在批判地转述黑格尔唯心主义的实践观时曾写道："'善'是'对外部现实性的要求'，这就是说，'善'被理解为

---

① 《毛泽东选集》四卷合订本，第261页。
② 同上书，第623页。

人的实践=要求（1）和外部现实性（2）。"① 可见，列宁所说的直接现实性，也就是指实践具有能把理论在客观现实中实现出来的特性，即变革现实性、外部现实性（用黑格尔的晦涩的唯心主义的语言来讲，就是所谓"对外部现实性的要求"）。正因为实践具有这一特性，才使它成为检验真理的唯一尺度。

原载《中山大学学报（哲学社会科学版）》1979年第2期

---

① 《列宁全集》第38卷，第229页。

试论人性的"两个统一"

杨群生

一、人性是人的自然属性和社会属性的有机统一

人性就是人的本质，而人的本质又是人的自然属性和社会属性的有机统一。人的自然属性和社会属性都在一个统一的人性范畴里占有自己应有的地位。

为什么人性的内容应该包括自然属性和社会属性两个方面呢？这是因为"人直接地是自然存在物"①，所谓"自然存在物"，也就是动物。人既然是动物，就必然具有动物的共性，因而人性里也就必然带有某些与动物相同或相似的东西，这些相同或相似的东西就是人的自然属性。但是，"人不仅仅是自然存在物"②，而且又是"社会的存在物"③，因而人性中也就必然带有人类特有的东西，这就是人的社会性。社会性正是人与动物界相区别的标志。

有的同志既承认人有自然属性，又把自然属性拒之于人性的大门之外，认为它"并非人性的一个方面"，不能规定人的本质，并且拿商品也有二重性，但商品的本质只由价值规定来作比喻④。这种不顾事物特点的简单类比方法是不科学的。我们可以说，商品的使用价值是价值的表现形态，但却不能说，人的自然属性是社会属性的表现形式。而且，这种观点本身也是站不住脚的，其根本原因就在于没有正确地把握人的自然属性和人的社会属性的辩证关系，实际上在"两性"之间划了一条不可逾越的鸿沟。

我认为，人的自然属性和社会属性的关系是对立统一的辩证关系。一方面，"两性"是对立的，各有各的规定性，不能互相代替。但更重要的是，"两性"又是紧密结合、不可分割的。人的自然属性是社会化了的人的本能，它与动物的本能是不同的。动物的本能只能被动地适应自然，而人的本能由于溶进了社会性，特别是人的社会实践，因而可以能动地改造自然，并使这种本能进一步社会化；而人的社会属性又是包含着人的本能的社会性。譬如，人的饮食，无疑它是人的一种本能的活动，但是，人们要满足自己的饮食需要就要进行生产实践活动，结成一定的生产关系，才能生产出食物，因此，它同时也是一种社会的实践活动。在这个过程中，人们不仅改造了客观世界和主观世界，而且，人的饮食的数量、质量、品种、要求也在不断改变，不断发展，这与动物的本能相比就要优越得多。再如，人的性爱。马克思说："男女之间的关系是人与人之

---

① 马克思：《1844年经济学—哲学手稿》，第120页。
② 同上书，第122页。
③ 同上书，第76页。
④ 《哲学研究》1980年第3期《关于人性概念的理解》。

间最自然的关系。因此,这种关系可以表现出人的自然的行为在何种程度上成了人的行为,或者,人的本质在何种程度上对他说来成了自然的本质。"① 可见,性爱关系既是一种社会关系,又是一种自然关系,这种关系可以成为人的自然属性与社会属性在多大程度上统一的测量计。因此,不能离开人的社会性来谈人的自然本性,那样会把人和动物等同起来,把人性归结为动物性;也不能离开人的自然本性来谈人的社会性,那样就会把人跟动物绝对地对立起来,把人生存的前提完全抛到九霄云外,从而把人归结为纯粹的为社会而存在的社会物。总之,只讲人的自然属性而不讲人的社会属性的观点和只讲人的社会属性而不讲人的自然属性的观点都是片面的。

马克思曾经说过:"诚然,饮食男女等等也是真正人类的机能。然而,如果把这些机能同其他人类活动割裂开来并使它们成为最后的和唯一的终极目的,那么,在这样的抽象中,它们就具有动物的性质。"② 可见,马克思是承认人的自然属性,同时认为人的自然属性与社会属性是不可分割的。当然,马克思也说过:人的本质"在其现实性上,它是一切社会关系的总和"③。有些同志据此得出结论,说马克思否认人的自然属性。我想,这个说法是不确切的。因为马克思这话只是针对费尔巴哈机械地把人的本质归结为人的生物、生理特性的观点提出来的,而不是对人性问题的全面评述。我们应该结合马克思的其他论述一同研究,才能把握马克思思想的实质。

我们说,人的自然属性与社会属性是有机统一的,不可分割的。但是,当我们用唯物辩证法从历史的角度来考察人的自然属性与社会属性关系的发展时,就会发现它们的关系具有如下的特点:

第一,从人类的进化过程来看,自然属性是社会属性的基础,而社会属性的形成又反过来制约自然属性。这是因为"人首先是自然的产物",人类的祖先类人猿正是为了满足自己自然属性的需要,才要进行生产劳动的实践活动,因而才结成一定的社会关系(主要是生产关系),一句话,才逐步形成了社会属性。这是问题的一方面。另一方面,人的社会属性一旦形成,又会反过来制约或影响自然属性。这是由于人的自然属性的满足又是不能离开一定的社会关系的,在不同的社会形态里,满足的情况是不同的。

第二,从"两性"统一的发展过程来看,它们必然要经历一个从原始的统一,然后到分离,再到更高阶段的统一这样三个阶段。在原始社会,人的自然属性和社会属性是基本统一的。那时,原始公社的每个成员共同占有生产资料,共同劳动,平均分配劳动产品,人们的社会活动同时也就原始地满足了人的自然属性。这是第一阶段。在私有制社会里,人的自然属性与社会属性产生了分离,由于生产资料的私有制,使人们的劳动及其产品产生了异化,人们的劳动产品变成了异己的与人相对立的东西。其结果,一方面是社会大多数成员处于被剥削地位,劳动产品不归他们占有,所以他们无法满足自己自然属性的需要,也丧失了做人的权利;另一方面则是少数剥削阶级分子不劳而获,他们可以无限制地满足自己的自然欲望。这是第二阶段。第三阶段,共产主义社会正是要

---

① 马克思:《1844年经济学—哲学手稿》,第72页。
② 同上书,第48页。
③ 《马克思恩格斯选集》第1卷,第18页。

消灭私有制，消灭"两性"的分离，使它们在更高的基础上得到统一，从而恢复人的本性。所以，马克思说："无神论、共产主义，决不是人所创造的对象世界、即人的采取对象形式的本质力量的消逝、舍弃和丧失，决不是返回到违反自然的、原始的简单状态去的贫困。相反地，它们无宁是人的本质的现实的生成，是人的本质对人说来的真正的实现，是人的本质作为某种实在的东西的实现。"① 以上三个阶段是一个否定之否定的辩证发展过程。这个过程证实了马克思的观点："整个历史也无非是人类本性的不断改变而已。"②

由上述可见，人性是人的自然属性和社会属性的有机统一，从"两性"对立统一的关系来研究无产阶级以至人类的彻底解放和幸福，比那种只谈社会性对人性的规定性的说法恐怕会全面一些，更有益一些。

二、人性是人的一般本性与特殊本性的对立统一

马克思指出："首先要研究人的一般本性，然后再研究每一时代历史的发生了变化的人性。"③ 可见马克思并没有否认人的一般本性的存在。遗憾的是，过去在这个问题上，理论界只承认具体的、特殊的人性，而否认人的一般本性。谁要一提人的一般本性，就会被扣上"地主资产阶级人性论"的帽子。其实，这种看法是片面的、不彻底的、反辩证思维的。人们不禁要问：既然任何事物都是共性与个性、普遍与特殊的对立统一，为何独人性能超然任何事物之外呢？资产阶级只讲抽象、不变的人性是错误的，难道我们只讲具体、特殊的人性就是正确的？因此，只要我们是彻底的辩证唯物主义者，就必须承认人性是人的一般本性与特殊本性的对立统一。

什么是人的一般本性？它就是人类社会不同阶段的个人和同一阶段不同的个人（在阶级社会里就是不同阶级的个人）所共有的本质。什么是人的特殊本性呢？这就是人类社会的各个阶段的个人和同一阶段的不同的个人（在阶级社会里就是不同阶级的个人）所具有的特性。

一般本性与特殊本性各自都包含自然属性与社会属性属于它的那些方面。这是从另一个角度来考察人性而抽象出来的概念。有一种观点认为，人的一般本性就是人的自然属性，人的特殊本性就是人的社会属性。我不同意这种观点。因为人的自然属性与社会属性的关系并不是一般与特殊的关系。这是由于人们习惯于类比而不懂得从不同角度考察同一事物所造成的。

下面我们从纵的和横的两个方面来考察人的一般本性与特殊本性的关系。

先从不同的时代来看，人类有无共同的属性呢？回答是肯定的。比如人的饮食男女的本性，人都能制造工具、使用工具，能思维，有语言的社会特性，就是这种共同属性的表现。人之所以具有共同的属性，是因为人作为人就必然具有人的相对稳定的本质特征，除非人变成了其他东西，否则人的本质特征是不会消亡的。这里要说明的是，不同

---

① 马克思：《1844年经济学—哲学手稿》，第128页。
② 《马克思恩格斯全集》第4卷，第174页。
③ 马克思：《资本论》第1卷，第669页，注63。

时代的人的一般本性具有相对的稳定性和长期性，但是，并不等于说它是绝对不变的，只不过它变动的时间很长，不太明显罢了。

不同时代的人有无特殊本性呢？这也是毫无疑问的。因为随着人的身体构造的不断完善，随着生产方式的不断变化，每一时代的人的饮食男女的要求、构成和方式也在不断改变，人的生产工具、社会关系也在不断发展，思维、语言等也愈趋精细，这就促使人的本性总是与前代人有所不同。那些不同的地方正是特殊本性的表现。

人的一般本性与特殊本性是对立统一的。它们既互相区别，又互相依存，没有一般本性无所谓特殊本性，没有特殊本性也无所谓一般本性。不同时代的人的一般本性寓于每一具体时代的人的特殊本性之中，每一具体时代的人的特殊本性包含着不同时代人的一般本性，共性又反映个性的一般本质。

再从同一时代来看，我想着重考察阶级社会的情况，并且主要是从一般本性与特殊本性的社会性方面来考察。

在阶级社会中，各个阶级由它们的经济地位所决定而具有不同的阶级性，也就是具有特殊的社会本性，这是无庸赘言的。现在的问题是，在不同的阶级之间有没有社会共同性？我想，如果是从每一阶级的具体成员来看，是应当作出肯定回答的。为什么不同阶级的人对大自然的瑰丽景色都会发出同样的赞叹？为什么不同阶级的青年男女会相爱？（贾府的焦大不爱林妹妹的情况虽然大量存在，但王子爱上灰姑娘的情况也是不乏其例的。）为什么母亲对自己的子女都疼爱备至？所有这些，恐怕很难用人的阶级性来说明。假如这些共同的感情不是由人的社会共同性决定的，那又是由什么东西决定的呢？为什么不同的阶级会有社会共同性？这是因为这些社会成员都生活在共同的或类似的环境中，有共同的生产方式，使用共同的语言和思维工具，此外，还有共同的血缘关系和地域关系等等。这里，人的阶级性与社会共同性也是特殊与一般的关系。人的社会共同性寓于每一具体的阶级的个人身上，每一具体的阶级的个人身上又包含着、体现着社会共同性。但是，在阶级社会里，阶级性是主要的决定的方面，而人的社会共同性则是次要的方面。因此，由于阶级性的决定作用，社会共同性与阶级性具体表现在一个现实的人身上时，就比较明显地表现阶级性的一面。在阶级斗争尖锐时尤其是这样。然而，并不能因为社会共同性方面呈现出不明显的状态就否定它的存在。这就好象不能因事物在量变阶段处于相对平衡的状况，就否定事物变化的存在一样。

承认不同阶级之间有社会共同性，对于我国目前社会的发展具有重要意义。当前，我国的剥削阶级作为阶级已经消灭，人们身上的阶级属性表现得越来越少，而人类的社会共同性表现得愈来愈多。因此，我们更加要注意防止片面夸大人的阶级性，搞阶级斗争扩大化的倾向；更加要注意一视同仁地处理工人、农民、知识分子之间的关系。假如我们不承认不同阶级间有社会共同性，就很难说明，当有朝一日阶级及阶级差别完全消灭后，人的阶级性又怎样突然过渡到社会共同性，逻辑推论下去，甚至还会得出人的社会性消灭了的荒谬结论。其次，弄清人的社会共同性与阶级性的关系，也为文艺作品正确反映人类生活、正确地解决批判与继承的关系提供了依据。此外，承认人类的共性，对于许多自然科学的学科如医学、人种学及一些社会科学的学科如人才学的研究也有着不可忽视的作用。

以上我们分别考察了人性的"两个统一",而这"两个统一"并不是互不相干的。"人性是人的自然属性与社会属性的有机统一"和"人性是人的一般本性与特殊本性的对立统一"这两个命题既有区别又有联系。它们的区别主要在于两者考察的角度是不同的。第一个命题主要是回答什么是人性、人性由什么规定的问题;第二个命题主要是解决人性的一般与特殊的关系。它们的联系表现在:首先,"第一个统一"是"第二个统一"的前提,"第二个统一"又是"第一个统一"的进一步扩展和充实。因为只有回答了"什么是人性"这个问题之后,才能进而研究它们的一般与特殊的关系,而弄清了它们的一般与特殊的关系,又进一步丰富了人性范畴的内容。其次,从范畴之间的关系来看,人的一般本性既包括人的自然属性,也包括人的社会属性,而人的特殊本性也同样如此。而人性是人的一般本性与特殊本性的对立统一,一般本性又寓于特殊本性之中,特殊本性包含着一般本性,它们就这样紧密溶合并构成一个统一的人性范畴。另外,在阶级社会中,人的社会共同性与阶级性也是一般与特殊的关系,但它是较低一个层次即社会属性这一层次的一般与特殊的关系,不应跟第二个命题相混。总之,搞清这些范畴之间的关系,对于深入研究人性问题是大有裨益的。

原载《中山大学学报(哲学社会科学版)》1980年第4期

新世界观天才萌芽的第一个文件

——试论《关于费尔巴哈的提纲》在马克思主义哲学发展史上的意义

叶汝贤

马克思和恩格斯创立辩证唯物主义和历史唯物主义,实现了哲学上的伟大的革命变革。这一革命是何时实现的?马克思和恩格斯的哪些著作可以作为实现这一革命的标志?这些问题,是阐明马克思主义哲学形成过程的一个关键,又是关系到正确理解马克思主义哲学的实质和特点的重大问题,必须弄清。

有一种流行的观点认为,《共产党宣言》是马克思主义(包括马克思主义哲学)产生的标志。一般地说《共产党宣言》标志了马克思主义的诞生,是可以的。但说马克思主义哲学的诞生也以《共产党宣言》为标志,那就不确切了。这一著作虽然深刻体现了新的世界观,即包括社会生活在内的彻底的唯物主义和唯物辩证法,但作为无产阶级革命政党的行动纲领,它直接论证的是科学社会主义的问题,它主要是一部科学社会主义的著作。而学术界许多人(包括主张《共产党宣言》是马克思主义哲学产生标志的人)又认为,《哲学的贫困》和《德意志意识形态》,已经是成熟的马克思主义的哲学著作。这就令人费解:为什么成熟的马克思主义的哲学著作,不能作为马克思主义哲学产生的标志,而要用科学社会主义的著作作标志?马克思主义哲学是马克思主义的理论基础;没有这一理论基础的确立,决不会有整个马克思主义的创立。应该说,早在《共产党宣言》之前,马克思主义哲学已经产生,《共产党宣言》只不过是贯彻这一新世界观的最光辉的文献罢了。

另一种看法认为,马克思和恩格斯1844年发表在《德法年鉴》上的文章,已经标志了马克思主义哲学的诞生。因为列宁说过,这些著作表明马克思和恩格斯已经完成了向共产主义和唯物主义的转变。而恩格斯在说明他和马克思的思想发展过程时,也指出,当他还在曼彻斯特的时候,就异常清晰地观察到,迄今为止在历史著作中根本不起作用或者只起极小作用的经济事实,至少在现代世界中是一个决定性的历史力量。而马克思不仅得出同样的看法,并且在《德法年鉴》上已经把这些看法概括成如下的意思,决不是国家制约和决定市民社会,而是市民社会制约和决定国家,因而应该从经济关系及其发展中来解释政治及其历史,而不是相反[①]。这说明,早在1844年以前,马克思和恩格斯就发现了唯物史观的一些重要的基本思想。有的同志就由此得出结论,这标志着马克

---

① 《马克思恩格斯选集》第4卷,第192页。

思主义哲学已经诞生了。这种把马克思主义哲学的产生提前的看法极其有害，会使人把马克思的早期著作任意拔高，进行"现代化"的解释，从而导致歪曲马克思主义哲学的实质。

毫无疑问，马克思发表在《德法年鉴》上的文章，表明他已实现了由唯心主义向唯物主义、由资产阶级民主主义向共产主义的转变。但是，对一个正在成长过程中的思想家来说，世界观的转变同独立地创立一门崭新的科学，是有重大区别的。我们说《德法年鉴》时期马克思实现了世界观的转变，主要是从下面两种情况作出的判断：第一，这一时期，马克思开始了批判黑格尔的思辨哲学和青年黑格尔派的唯心主义，这表明他已经站在唯物主义的基地上；第二，马克思当时对具体的社会、政治问题的分析，已经是以唯物主义为理论出发点。"不破不立"，但"破"并不等于"立"。马克思当时主要还是处于"破"的阶段，即主要处于同旧哲学特别是同思辨唯心主义决裂的阶段。他虽然在批判唯心主义和研究具体现实问题中表现了他的唯物主义观点，但他还没有从哲学理论形态上阐明这种观点，还没有创立自己的与一切旧哲学根本不同的哲学。因此，把马克思世界观的转变同马克思主义哲学的创立等同起来是站不住脚的。

当然，也应该看到马克思当时并不仅仅是"破"，他在批判唯心主义的过程中已表达了一些辩证唯物主义和历史唯物主义的重要的基本思想，但也不能由此得出马克思主义哲学已经诞生的结论。应该区别一个观点的提出和这一观点的成熟，区分个别的孤立的观点的阐述和哲学体系的形成。马克思当时在批判思辨哲学中表述了一系列的辩证唯物主义和历史唯物主义的重要思想，如"市民社会"决定政治国家、"世俗桎梏"产生"宗教桎梏"等等。但是，这些思想还是笼统的，而且往往采用旧哲学的概念、术语加以表述。如"市民社会"就是旧哲学的术语，马克思当时采用这一术语，只是笼统地把它理解为物质利益领域，还不了解这一领域中究竟什么东西构成决定国家的基础。后来马克思发现了"生产关系"的作用，就用"生产关系"这一科学概念代替了它。可见，马克思在《德法年鉴》时期表达的一些辩证唯物主义和历史唯物主义的思想，还不是成熟的思想。而且，不管这些思想多么重要，在当时也只是一些个别的孤立的观点，它们还没有构成为相互联系的有机统一的整体。怎么能够以这种用不科学的概念所表述的不成熟的思想当作马克思主义哲学产生的标志呢？

马克思主义哲学的产生，是哲学的伟大革命。它作为一种全新的哲学，不仅同一切唯心主义哲学根本对立，而且同一切旧唯物主义根本对立。因此，作为这一新世界观产生的标志，必须具有在质上与一切旧哲学根本不同的鲜明特点。可是，我们从这一时期马克思发表的论著还看不到这样的鲜明特点。马克思1843年离开《莱茵报》后，就开始站在唯物主义的立场上对黑格尔的思辨哲学进行批判，此后，他继续把自己的观点同唯心主义鲜明地对立起来。但是，直到《1844年经济学哲学手稿》、他和恩格斯合著的《神圣家族》，都主要是批判黑格尔和青年黑格尔派的思辨哲学，并没有批判旧的唯物主义，特别是还没有站在辩证唯物主义的立场上批判费尔巴哈的唯物主义。相反，在一些地方，还对后者作了不适当的过高的评价。例如，1844年8月11日，即马克思正在写作《1844年经济学哲学手稿》的时候，他在给费尔巴哈的一封信中写道："您的两部著作《未来哲学》和《信仰的本质》尽管篇幅不大，但它们的意义，却无论如何要超过目前德国的全部著作。""在这些著作中,您(我不知道是否有意地)给社会主义提供了哲学基础,而共产主义者也就立刻这样理解了您的著作。"① 费尔巴哈的唯物主义仅仅给社会主义的一个派别,即所谓"真正的社会主义"提供了理论基础,它同科学社会主义是对立的。直到《神圣家族》,马克思和恩格斯对费尔巴哈的唯物主义仍给予热烈的赞扬。这反映了马克思和恩格斯当时的理论观点还不成熟,还没有同旧唯物主义,特别是同费尔巴哈的唯物主义完全划清界线。他们当时对黑格尔和青年黑格尔派的唯心主义进行批判,主要还是以费尔巴哈的唯物主义作为理论出发点。由于他们批判地继承了黑格尔的辩证法,并把理论批判同现实的政治斗争结合起来,因而这些批判的结果导致他们得出一系列的重要发现,走上了一条和费尔巴哈唯物主义具有本质区别的道路。但是,马克思和恩格斯当时都还没有意识到这一点。这说明,这个时期马克思还处在形成自己的思想观点过程中,他的思想观点仍然具有过渡性的特点。我们在分析马克思这个时期的著作时,只有估计到这种特点,才不会作出歪曲的解释,才可能正确地阐明马克思主义哲学的产生。

马克思和恩格斯在不同场合曾经阐述过他们的思想的形成过程。这些阐述应该是我们考察这一问题的指导思想。在《费尔巴哈和德国古典哲学的终结》一书中,恩格斯对马克思主义哲学的形成过程,作了最为详尽的科学的阐述。他把《关于费尔巴哈的提纲》(下称《提纲》)作为本书的附录公开发表,就有其深刻的用意。他指出,《提纲》"作为包含着新世界观的天才萌芽的第一个文件,是非常宝贵的"②。显然,在恩格斯看来,正是这一《提纲》标志了马克思主义哲学形成过程的过渡阶段的结束和新质阶段的开始,标志了马克思主义哲学的诞生。

马克思写作《提纲》,不是准备发表,而是作为进一步研究用的。那时,即1845年初,由于德国反动政府的请求,法国政府下令驱逐马克思。旧世界驱逐马克思,是由于马克思驱逐了旧世界的世界观。这时候,马克思已经"大致完成了发挥他的唯物主义历史理论的工作"③,并同恩格斯一起,着手在各个极为不同的方面详细制定这些新观点。可见,这时马克思的思想发展产生了一次具有重大意义的跃进,而记录这一跃进的第一个文件,就是《提纲》。马克思第一次旗帜鲜明地批判了费尔巴哈的唯物主义和一切旧唯物主义的根本缺陷,制定了对于辩证唯物主义和历史唯物主义来说具有全局意义的范畴——社会实践的范畴。这就奠定了马克思主义哲学的基础,第一次显示了马克思主义哲学是由社会实践这一基本范畴作为纽带而建立起来的有机统一的整体、一块"整钢"。恩格斯正是在这一意义上,把《提纲》当作"新世界观天才萌芽的第一个文件",当作马克思主义哲学产生的标志。

《提纲》一开始,马克思就一针见血地揭露了旧唯物主义的根本缺陷。他指出:"从前的一切唯物主义——包括费尔巴哈的唯物主义——的主要缺点是:对事物、现实、感性,只是从客体的或者直观的形式去理解,而不是把它们当作人的感性活动,当

---

① 《马克思恩格斯全集》第27卷,第450页。
② 《马克思恩格斯选集》第4卷,第208-209页。
③ 同上,第192页。

作实践去理解，不是从主观方面去理解。"①旧唯物主义在解决哲学基本问题时，主张物质是第一性的，意识是第二性的，物质决定意识。但是，由于他们看不到社会实践的作用，他们不论对物质、客体，还是对意识、主体的看法都是直观的、形而上学的，因此，他们不能理解物质和意识、客体和主体的辩证关系。一方面，他们把客观事物、社会现实仅仅看作是一种静态的客观存在，仅仅是人的认识对象，而不是改造的对象，另方面，他们又把作为认识主体的人仅仅看作是消极被动的感受主体，看成"一面镜子"，因此，他们只看到客观世界作用于人的感官，看到"物质决定意识"，而看不到人对客观世界的改造作用，看不到意识的能动性，因而他们对哲学基本问题的解决虽然是唯物主义的，但却是片面的。忽视实践的作用，正是旧唯物主义不能彻底地解决哲学基本问题，并给唯心主义留下漏洞的基本原因。

马克思在批判费尔巴哈和一切旧唯物主义中，提出并深刻地阐明了马克思主义的实践观，这就使马克思的哲学思想获得了全新的性质。

首先，由于实践范畴的创立，马克思对哲学基本问题的解决，从根本上克服了旧唯物主义的局限性，贯彻了既唯物又辩证的观点。马克思认为，在物质和意识的关系中间，存在着实践和认识的关系。物质是第一性的、本原的，实践和意识都是物质所派生的。人的实践是一种有意识有目的的活动，实践有其主观的方面。但人的活动本身、实践本身又是客观的，它存在着不以人的意志为转移的规律，因此，实践总是主体和客体的辩证的统一。实践和意识虽然都是由物质所派生，但两者并不是同一水平的范畴。物质是客观存在的，它不以人的主观意志为转移，但人的实践活动却可以对它进行改造，实践的过程和结果表明了物质的第一性。马克思认为，对事物、现实、感性，即对自然、社会和人本身，要把它们当作人的感性活动、当作实践去理解，要从主观方面去理解。这就说明作为人的认识对象的事物、现实、感性，是同人的实践活动联系在一起的，在一定意义上说，人的认识对象正是人的实践的产物。客观世界是人的认识对象，也是人的改造对象，人们对客观世界的认识正是在改造客观世界中产生和发展的。因此，实践高于认识，因为它是认识的来源和基础；而一定的认识一经产生，又会回过头来服务于实践，成为实践的主观因素，成为改造客观世界的能动的因素。这样，由于实践范畴的创立，就不但科学地阐明物质怎样决定意识，而且科学地阐明人的主观能动性。

社会实践不仅证实物质是不依人的意识为转移的客观存在，而且证实这一客观存在的可知性。由于作为人的有目的的感性活动的实践具有客观性、物质性的特点，由于它能够以集中的形式再现客观世界的有规律的过程，因而它能够成为检验真理的客观标准，能够证明人们认识的真理性。马克思指出："人的思维是否具有客观的真理性，这并不是一个理论的问题，而是一个实践的问题。人应该在实践中证明自己思维的真理性，即自己思维的现实性和力量，亦即自己思维的此岸性。关于离开实践的思维是否具有现实性的争论，是一个纯粹经院哲学的问题。"一般来说，旧唯物主义肯定人能够正

---

① 《关于费尔巴哈的提纲》，下引马克思的话，不另注明出处的，均引自这一文件，见《马克思恩格斯选集》第1卷。

确地认识世界，肯定客观真理。但是，由于他们看不到只有社会实践才是检验真理的标准，因而他们对这一问题的解决同样是不彻底的。有的唯物主义者把理论上是否明晰清楚、是否能够自圆其说当作真理的标准，这是离开实践企图在思维的范围内证明思维的真理性，这纯粹是一种经院哲学的方法。费尔巴哈以"直观"作标准，实质上是以人的感性知觉、以人的主观感觉为标准，这是在真理标准问题上，费尔巴哈唯物主义的直观性导致主观主义的典型例子。费尔巴哈有时也提到"实践"标准，提出过实践在认识中的作用，但他并不懂得实践的本质，因而也不懂得他自己所提出的命题的意义。他有时把实践归结为理论活动，有时又主要从犹太人利己主义活动形式去理解。因此，如果说费尔巴哈也提出过实践在认识中的作用的话，那只是一种思想的闪光，对他整个哲学的性质是没有意义的。因此，费尔巴哈虽然坚持唯物主义的可知论，但并没有真正解决思维和存在的统一性问题。马克思创立了科学的实践观，才彻底地解决这一问题。早在《1844年经济学哲学手稿》和《神圣家族》中，马克思就把人民群众的生产活动理解为实践，现在，他又进一步把实践理解为"改变世界"，理解为"革命的实践"，这就揭示了实践的主要内容和主要形式。马克思强调，只有实践才能证实在我们的思维中具有不以人的意志为转移的客观内容，证实思维反映存在的正确性。所以实践的结果实现和证明了思维与存在的统一性，有力地驳斥了不可知论，同时也同机械唯物论划清了界线。这样，通过引入社会实践这一基本范畴，马克思就唯物地辩证地解决了哲学基本问题。

其次，在马克思看来，社会实践不仅是辩证唯物主义的基本范畴，而且是历史唯物主义的基本范畴。通过实践，产生了作为社会的人和自然界的关系，同时产生了人和人的关系，产生了社会。费尔巴哈由于不了解社会实践的作用，因而只看到人的自然性，看不到人的社会属性；只能把人与人的关系归结为自然情感的关系，而看不到人与人之间的社会经济关系。因而他的唯物主义只能停留在人本主义上，而无法达到辩证唯物主义和历史唯物主义。与费尔巴哈根本不同，马克思由于发现了社会实践在人们的社会生活和认识中的决定性作用，因而找到了一条由辩证唯物主义过渡到历史唯物主义的桥梁，找到了一条把马克思主义哲学的各个组成部分有机地统一起来的杠杆。

马克思从总的方面批判了旧唯物主义的一般局限性以后，就转而集中批判它的唯心史观。十八世纪的唯物主义认为，人是环境和教育的产物，因而认为改变了的人是另一环境和改变了的教育的产物。但是，怎样理解环境？环境是怎样改变的？教育者的知识和才能又从何而来？旧唯物主义者由于看不到社会实践的作用，他们无法正确地解决这些问题。他们只能从直观的意义上去理解环境，把它看作是一种纯粹的自然客体，看成一种感性的存在。而当进一步论及环境变化的动因时，他们又从历史发展的表面现象出发，认为天才人物的意见支配世界。一方面认为"环境决定思想"，另方面又认为"意见支配世界"，弄不清究竟是"鸡生蛋还是蛋生鸡"。马克思指出："这种学说忘记了：环境正是由人来改变的，而教育者本人一定是受教育的"，要把"环境"当作人的感性活动、当作实践去理解。人们所处的一定的环境，总是由人们的实践活动所造成的社会的环境，应理解为一种社会的存在。因此，一定的社会环境的造成，在它成为改变人的原因之前，首先它是人们实践活动的结果，而教育者的知识和才能，也不是天生的，同样是从实践中来的。所以马克思说"环境"的改变和人的活动的一致，只能被看作是并合理地理解为革命的实践。人在实践中改变了环境，改变了人们生活的社会条件，同时也就改变了人本身；环境的改变和人的改变，都是以革命的实践为基础的。

马克思从同样的基本观点出发，批判费尔巴哈的唯心史观。他指出，费尔巴哈是从宗教上的自我异化，从世界被二重化为宗教的、想象的世界这一事实出发的。他根据唯物主义的原则，致力于把宗教世界归结于它的世俗基础。但是，"他没有注意到，在做完这一工作之后，主要的事情还没有做哪"。这主要的事情就是他没有从社会实践出发，不是进一步去分析"世俗基础"、社会存在本身，而在半路上止步了。费尔巴哈认为，不是宗教创造人，而是人创造宗教，宗教的本质就是人的本质，是人的本质的异化。但是，他用人本主义来说明人的本质，认为某人的存在同时也就是某人的本质，人的活动就是使这个人的"本质"感到满足的东西，即在一定的自然条件下行使自己的天然职能，使自己感到幸福。费尔巴哈完全是用人的自然属性来说明人的本质。因此，他只能看到一种抽象的人类个体，只能把人的本质理解为"类"、理解为把许多人纯粹自然地联系起来的"共同性"。因此，当他把宗教的本质还原为人的本质时，他是用人的自然属性去说明宗教。而在他看来，要消灭宗教，关键的是通过教育，使人从迷信中解脱出来，克服人的本质的异化，使人过符合其族类本质的生活，即用"爱"的宗教来代替神学的宗教。可见，由于看不到社会实践的作用，费尔巴哈也就无法正确地阐明宗教的本质，也无法找到克服宗教的途径。

马克思在批判费尔巴哈中深刻地揭示了宗教的本质及其社会根源。他指出："世俗的基础使自己和自己本身分离，并使自己转入云霄，成为一个独立王国，这一事实，只能用这个世俗基础的自我分裂和自我矛盾来说明。"马克思肯定费尔巴哈用世俗基础去说明宗教的唯物主义观点。但马克思比费尔巴哈前进一步，他并没有在半路上停下来，而是进一步分析世俗基础本身，从而阐明了在这个世俗基础之上为什么会产生宗教世界观。在马克思看来，世俗的现实的内容，采取神秘的表现形式，就是因为世俗基础、现实本身的分裂和矛盾。早在1843年秋天马克思就在《论犹太人问题》一书中指出："在我们看来，宗教已经不是世俗狭隘性的原因，而只是它的表现。因此，我们用自由公民的世俗桎梏来说明他们的宗教桎梏。我们并不认为：公民要消灭他们的世俗桎梏，必须首先克服他们的宗教狭隘性。我们认为：他们只有消灭了世俗桎梏，才能克服宗教狭隘性。我们不把世俗问题化为神学问题。我们要把神学问题化为世俗问题。相当长的时期以来，人们一直用迷信来说明历史，而我们现在是用历史来说明迷信。"① 从这里可以看到费尔巴哈的影响，也可以看到马克思已超越了费尔巴哈。他要用"世俗桎梏""历史"来说明宗教，而不像费尔巴哈用纯粹自然的原因说明宗教。现在，由于揭示社会实践的作用，马克思又进一步揭示了这一"世俗基础""历史"的内容，从社会关系、阶级和阶级斗争的观点去说明宗教。在马克思看来，人的本质不能离开社会实践、离开人的社会关系去理解。他说："人的本质并不是单个人所固有的抽象物。在其现实性上，它是一切社会关系的总和。"因此，必须从人的社会关系中、从"世俗基础的自我分裂

---

① 《马克思恩格斯全集》第1卷，第425页。

和自我矛盾"中寻找产生宗教意识的根源,并通过用革命实践来改造这种社会关系的办法,促使宗教的消灭。

这样,马克思通过批判旧的唯物主义,就得出一个明确的结论:社会存在决定社会意识。他说:"社会生活在本质上是实践的。凡是把理论导致神秘主义方面去的神秘东西,都能在人的实践中以及对这个实践的理解中得到合理的解决。"人类的实践活动,创造了人类的社会生活,造成了人们的社会存在,人们的社会意识是由社会存在所派生和决定的。马克思认为,即使是神秘主义的东西,如宗教意识等等,都可以在人们的实践活动中得到正确的理解。马克思从社会实践出发,把辩证唯物主义对哲学基本问题的解决,运用来解决社会历史观的基本问题,这就把唯心主义从最后的避难所中驱逐出去,为创立科学的唯物主义的历史观奠定了基础。

整个《提纲》,贯穿着马克思主义哲学的革命的批判的精神,在每一个问题上,马克思都把自己的观点同旧哲学,特别是同旧唯物主义对立起来。《提纲》最后旗帜鲜明地指出:"旧唯物主义的立脚点是'市民'社会;新唯物主义的立脚点则是人类社会或社会化了的人类。""哲学家们只是用不同的方式解释世界,而问题在于改变世界。"从而把马克思主义哲学同一切旧哲学的根本对立归结为它们的阶级基础和理论出发点的根本对立。旧唯物主义立足于资本主义私有制,它是资产阶级的世界观,而新的马克思主义的唯物主义则立足于共产主义的公有制,它是无产阶级的世界观。旧哲学离开社会实践去这样或那样地解释世界,新的马克思主义的唯物主义不是局限于解释世界,而是要"改变世界",把"改变世界"、社会实践作为自己的根本出发点和目的。这样,马克思就鲜明地阐明马克思主义哲学的阶级性和实践性,深刻地阐明马克思主义哲学所实现的哲学革命的实质。

总而言之,《提纲》由于从根本上批判了唯心主义和旧唯物主义,特别是批判了费尔巴哈的唯物主义;由于它提出并阐明了辩证唯物主义和历史唯物主义的实践观;由于它鲜明地表明了马克思主义哲学的阶级本质,第一次显示了马克思主义哲学是一个有机统一的科学体系,因而它是"新世界观天才萌芽的第一个文件"。《提纲》提出的根本观点,跟着在马克思和恩格斯合著的《德意志意识形态》一书中得到详尽而系统的阐述。《提纲》和这部巨著当时都没有公开发表,但这些著作中的基本思想通过马克思和恩格斯的活动和其他渠道开始灌输到工人运动中去,从而开始了马克思主义同工人运动直接相结合的历史过程。"共产主义者同盟"和《共产党宣言》是这一结合的辉煌成果。《共产党宣言》运用《提纲》所发现而为《德意志意识形态》所阐发了的基本原理去分析、解决现实的社会问题,为无产阶级的政党提供了第一个革命的行动纲领,这就在实际上体现了《提纲》提出的"问题在于改变世界"的这一马克思主义哲学的革命性质。所以,正是《提纲》总结了马克思和恩格斯在此以前的发现,又为往后马克思主义哲学详尽制定自己的基本原理和最后形成自己的科学体系指明了方向、确定了纲领。因此,把它当作马克思主义哲学产生的标志,是符合实际的。

1980年9月

原载《中山大学学报》1981年第2期

唯物史观和马克思主义异化理论

齐 云　尚 德

唯物史观和马克思主义异化理论的关系，是国内外哲学界都在探讨的一个重要课题。对这个问题的阐述，不仅关系到对马克思主义异化理论的内容和它在马克思主义中的地位的理解，而且关系到对唯物史观的实质和基本内容的理解。《中国社会科学》1982年第2期发表的《马克思异化理论的两次转折》和《学习与探索》1982年第1期发表的《异化劳动论与马克思两个伟大发现的关系》，认为马克思透过对异化劳动论的剖析发现了唯物史观，异化劳动论是唯物史观的理论准备，唯物史观是异化劳动论的必然的结论和完成。我们认为这种看法是不符合马克思主义哲学史的实际情况的，现提出一些不同的看法以供商榷。

唯物史观的基本思想不是透过异化劳动的剖析得出的

《马克思异化理论的两次转折》一文通过研究马克思的《1844年经济学—哲学手稿》，认为马克思在这部著作中通过对异化劳动的剖析揭示了唯物史观的基本思想。因而，首先探讨《1844年经济学—哲学手稿》（以下简称《手稿》）中马克思关于唯物史观的阐述和关于异化劳动的阐述的关系，是十分必要的。

诚然，马克思从对黑格尔法哲学的批判性分析中所取得的关于社会历史的唯物主义认识，在《手稿》中得到了丰富和深化。在这里，马克思肯定了物质生产劳动对实际创造一个对象世界、改造无机的自然界和确证人类自身的作用，阐述了世界历史是人通过人的劳动而诞生、发展的历史，指出了宗教、家庭、国家、法、道德、科学、艺术等都是生产的一些特殊的形态，并且受生产的普遍规律的支配。这些观点的提出，表明马克思对唯物史观的探索达到了一个新的高度。

在一本主要探讨异化问题的著作中，提出了这些关于社会历史的唯物主义观点，这是否说明唯物史观是通过对异化劳动的剖析而得到的，说明异化理论是唯物史观的理论准备呢？我们认为，不能得出这样的看法。

马克思在《〈黑格尔法哲学批判〉导言》中提出："人的自我异化的神圣形象被揭穿以后，揭露非神圣形象中的自我异化，就成了为历史服务的哲学的迫切任务。"因此，《手稿》把探讨资本主义经济活动中人和人的本质异化放在中心的地位，异化的观点和方法成为《手稿》的主要的观点和方法，异化劳动论成为《手稿》阐述的重点。但是，异化劳动论决不是《手稿》的唯一内容和唯一的观点、方法。为了揭示人（工人）与异化劳动的关系，必须了解人（人类）与生产劳动的关系；为了揭示异化劳动的特点，必须了解人类生产劳动的特点；为了揭示异化劳动对资本主义社会生活各方面的作用和影响，必须了解生产劳动对人类社会生活各方面的作用和影响。因此，马克思在《手稿》中研究异化劳动的同时，又展开了对生产劳动的研究，这是互相联系而又互相区别的两个方面的内容。在《手稿》中，对生产劳动的研究虽然没有占据主要的地位，但却是阐述异化劳动的必要的经济前提与理论依据。

其实，马克思在《手稿》中对生产劳动的研究，已经不是应用异化的观点和方法，而是应用正在形成的历史唯物主义的观点和方法。马克思这种正在形成的观点和方法的特点，是以物质生产劳动为基础，从这个基础出发考察社会生活各个方面的关系。首先，马克思揭示了物质生产劳动是一种有意识的自觉的活动和对自然界的改造活动。他指出，人类物质生产劳动不仅把自然界作为直接的生活资料，而且把它作为生产活动的材料、对象和工具；人类通过物质生产劳动不仅从自然界获取现成的东西，而且改造无机的自然界和实际创造一个对象世界；人类不仅按照自己所属的物种的尺度和需要进行生产，而且按照任何物种的尺度进行生产，并且在实际地生产某物之前在观念中先生产出来。

其次，马克思揭示了物质生产活动对精神活动的决定作用。一方面，马克思承认物质生产劳动是有意识的自觉的活动；另一方面，他又肯定人的感觉、思维等精神活动是在物质生产劳动的基础上形成的，并且随着物质生产的发展而不断丰富。他指出：人的眼睛和原始的、非人的眼睛得到的享受不同，人的耳朵和原始的耳朵得到的享受不同；"不仅五官感觉，而且所谓精神感觉、实践感觉（意志、爱等等），一句话，人的感觉、感觉的人性，都只是由于它的对象的存在，由于人化的自然界，才产生出来的。五官感觉的形成是以往全部世界历史的产物"①。

再次，马克思揭示物质生产劳动的社会性质。马克思反对把"社会"作为抽象物同个人对立起来。他认为个人是社会的存在，人的活动是社会性的活动，也是社会生活的表现和确证。他指出：人们的"活动和享受，无论就其内容或就其存在方式来说，都是社会的，是社会的活动和社会的享受"②。不仅物质生产活动是社会性的，精神生产活动同样是社会性的。当人们从事科学之类活动时，他的活动所需要的材料，他进行活动所使用的语言，都是作为社会的产品提供给他的，而且他本身的存在就是社会的活动。从精神活动的产品看，"我的普遍意识不过是以现实共同体、社会存在物为生动形式的那个东西的理论形式"③。

在《手稿》中，马克思对生产劳动的阐述虽然不多，也没有占据主要的地位，但它却解答了异化劳动难以解决的问题。马克思正是通过考察物质生产劳动，考察物质生产劳动同自然界和人的关系，考察物质生产劳动对社会生活过程和社会生活各个方面的作用，才得出了上述关于社会历史的唯物主义的观点。

运用异化的观点和方法，对异化劳动展开研究和阐述，并不能直接引出物质生产劳

---

① 《马克思恩格斯全集》第42卷，第126页。
② 同上书，第121—122页。
③ 同上书，第122页。

动决定社会历史发展的结论，不可能直接揭示社会历史发展的普遍规律。

首先，因为异化劳动、人和人的本质的异化只是私有制条件下的产物，是人类历史上的特殊现象。通过对这种现象的科学分析，直接揭示的只能是私有制的本质和私有制的运动规律，而马克思在《手稿》中也是这样给自己提出任务的。他指出："国民经济学从私有财产的事实出发，但是，它没有给我们说明这个事实。它把私有财产在现实中所经历的物质过程，放进一般的、抽象的公式，然后又把这些公式当作规律。它不理解这些规律，也就是说，它没有指明这些规律是怎样从私有财产的本质中产生出来的。"[1] 马克思在《手稿》中给自己提出的主要任务，就是要解决资产阶级国民经济学没有解决的问题，即研究资本主义的经济事实，揭示资本主义私有制的本质和由这种本质产生的规律，从而在整体上，在相互联系上把握资本主义私有制的运动过程。

其次，因为马克思在《手稿》中研究资本主义私有制条件下的生产劳动时，着重于揭示这种劳动的消极方面和异化劳动所产生的消极后果。异化劳动给工人造成了悲惨处境：生活的极端贫困、肉体与智力畸形发展、精神的摧残和道德的堕落。异化劳动给资本家提供了无数的财富和享乐，但资本家在财富和享乐中同样不可避免地发生异化，同样地丧失了一切美好的属于人的东西。最后，异化表现为每个事物本身都是不同于它本身的另一个东西，表现为一种非人的力量统治一切。这就是《手稿》以异化劳动为中心勾划出来的资本主义生产运动的图象，它在总体上是符合资本主义社会的现实的。而对资本主义生产的巨大的创造力量和进步的历史作用，《手稿》却基本上没有揭示和论述，这就不可避免地影响到对资本主义经济运动的过程及其规律的全面的深刻的阐述。

马克思在《手稿》中对异化问题的研究，虽然未能揭示出社会历史发展的根本规律，但仍然具有自己的理论价值。他以资本主义经济活动的异化现象为主要对象，以异化劳动为中心，从物的异化进到人以及人的关系的异化，揭示了异化劳动和私有财产的关系；又从异化劳动和私有财产这两个要素出发，阐明了资本主义的商业、竞争、资本、货币等范畴，只是这两个基本因素的特定的、展开了的表现；在资本主义的各种社会关系中，着重论述资本主义私有制内部劳动和资本、工人和资本家的对立，以及它对私有制的运动过程和必然灭亡的趋势的规定，阐述了共产主义是对私有财产的积极扬弃和向社会的人的复归。这使马克思对异化问题研究和认识进到一个新的深度，为马克思主义异化理论的确立作了理论的准备。

《手稿》关于物质生产劳动和异化劳动的全部研究及其内在逻辑说明，马克思在理论探讨上面临一个新的转变：从以人的自我异化为主要的对象转变到以现实的人的物质生产活动为主要对象，从以异化理论为主要的观点、方法转变到以实践原则为主要的观点、方法。只有实现这个转变，才能完成创立唯物史观的任务。这个转变是在《关于费尔巴哈的提纲》和《德意志意识形态》中实现的。创立唯物史观的任务同样是在这些著作中完成的。

---

[1] 《马克思恩格斯全集》第42卷，第122页。

唯物史观不是异化劳动论的必然的结论和完成

《异化劳动论与马克思两个伟大发现的关系》认为，唯物史观是异化劳动论的逻辑的必然的结论，是从异化劳动论开其端的新世界观的完成。但如实地考察唯物史观创立的历史进程，却证明唯物史观并不是异化劳动论的逻辑的必然的结论和完成。在《关于费尔巴哈的提纲》和《德意志意识形态》中，马克思、恩格斯应用科学的实践观点和方法，通过对社会历史发展的基本规律的全面的深刻的揭示，系统地深入地阐明了唯物史观的基本原理，完成了创立唯物史观的任务。

马克思、恩格斯对这种新的科学的历史观作了概括的表述："这种历史观就在于：从直接生活的物质生产出发来考察现实的生产过程，并把与该生产方式相联系的、它所产生的交往形式，即各个不同阶段上的市民社会，理解为整个历史的基础；然后必须在国家生活的范围内描述市民社会的活动，同时从市民社会出发来阐明各种不同的理论产物和意识形式，如宗教、哲学、道德等等，并在这个基础上追溯它们产生的过程。这样做当然就能够完整地描述全部过程（因而也就能够描述这个过程的各个不同方面之间的相互作用）了。"[①] 这也就是他们全面揭示社会历史发展的基本规律和系统阐明唯物史观的基本原理的思维逻辑进程。

首先，马克思、恩格斯从现实的人即从事实际活动的人出发，以他们的物质的生活条件、他们的物质生活的生产作为考察的主要对象。他们指出："我们的出发点是从事实际活动的人。"在他们看来，仅仅明确从现实的人出发是不够的，因为现实的人是多种关系、各种特性的结合体。研究现实的人的不同方面，可以得出不同的结论。费尔巴哈声称要研究现实的人，但他重视人的自然属性，以人的类本质及其异化作为主要的研究对象，创立了他的人本主义理论。马克思、恩格斯在指出从现实的人出发时，强调要考察现实的人的活动和他们的物质的生活条件，因为物质的生活条件是现实的人的多种关系和特性中具有决定意义的方面。在物质的生活条件中，他们又抓住物质生活的生产这个中心环节。人们为了能够创造历史，必须能够生活。而为了生活，首先就需要衣、食、住及其他东西。因此，人们的第一个历史活动就是生产满足这些需要的资料，即生产物质生活本身。马克思、恩格斯指出："他们是什么样的，这同他们的生产是一致的——既和他们生产什么一致，又和他们怎样生产一致。因而，个人是什么样的，这取决于他们进行生产的物质条件。"[②] 物质生活的生产是人类存在和发展的基础，也是社会历史的根本基础。马克思、恩格斯以物质生活的生产作为考察的主要对象，从这里展开了全部的阐述，就把对社会历史的研究奠定在唯物主义的基础上。

其次，马克思、恩格斯注意从运动中考察对象，要求逻辑的阐述必须描绘出对象的实际发展过程。物质生活的生产包括生活资料的生产和人类自身的生产两个方面，这两个方面的生产都是连绵不断的和逐步上升的过程，因为已经得到满足的需要和满足需要的活动以及为满足需要使用的工具又引出新的需要。物质生活的生产表现为不以个人

[①] 《马克思恩格斯全集》第3卷，第42—48页。
[②] 同上书，第24页。

意志为转移的物质联系，一方面是自然关系，另一方面是社会关系。在所有的关系中，"人们所达到的生产力的总和决定着社会状况，因而，始终必须把'人类的历史'同工业和交换的历史联系起来研究和探讨"①。在生产力发展的一定阶段上出现了分工和私有制，私有制、交往关系在发展过程中又表现为不同的形式。生产力和交往形式是相互制约的，但交往形式最终必然随着生产力的发展而改变。已经成为桎梏的交往形式被适应于比较发达的生产力的新的交往形式所代替，新的交往形式又会变成桎梏并为别的交往形式所代替。生产力和交往形式的矛盾正是一切历史冲突的根源，而生产力的发展和交往形式的改变就表现为不同的社会形态。"由此可见，一开始就表明了人们之间是有物质联系的。这种联系是由需要和生产方式决定的，它的历史和人的历史一样长久；这种联系不断采取新的形式，因而就呈现出'历史'。"②马克思、恩格斯用物质生活的生产的自然进程来说明历史，从而深刻地揭示了社会历史变化、发展的根源。

再次，马克思、恩格斯还注重研究对象间的互相联系，要求阐明社会历史的各种因素的相互作用。他们揭示出物质生活的生产内部的生产力和交往形式的矛盾，阐明了两者在相互制约中不断变化从而推动人类社会发展的客观进程。在这个基础上，他们还研究、阐述了市民社会、国家、意识形态之间的相互关系。马克思、恩格斯明确指出："在过去一切历史阶段上受生产力所制约、同时也制约生产力的交往形式，就是市民社会。"③市民社会包括各个个人在生产力发展的一定阶段上的一切物质交往，包括该阶段上的整个工业生活和商业生活，包括直接从生产和交往中发展起来的社会组织，因此它是一个变动着的历史的范畴。分工以及同时出现的劳动和劳动产品的不平等的分配，是交往形式、市民社会发展进程中的根本性变化。这个变化使人们分裂为不同的阶级，产生了私人利益和共同利益之间的矛盾。"正是由于私人利益和公共利益之间的这种矛盾，公共利益才以国家的姿态而采取一种和实际利益（不论是单个的还是共同的）脱离的独立形式。"④实际上，国家乃是统治阶级维护本阶级的共同利益和对其他阶级实行统治的工具。精神的生产也是受物质生活的生产决定的，意识形态是现实的物质关系在观念上的反映。支配着物质生产资料的阶级，同时也支配着精神生产的资料。占统治地位的思想实质上就是统治阶级的思想，是占统治地位的物质关系在观念上的表现。所以，马克思、恩格斯指出，市民社会"在一切时代都构成国家的基础以及任何其他的观念的上层建筑的基础"⑤。但是，国家和其他观念的上层建筑并不纯粹是被决定的消极因素，占统治地位的国家、法、道德、哲学等都是积极地维护、论证占统治地位的物质关系的。统治阶级"由其财产状况产生的社会权力，每一次都在相应的国家形式中获得实践的观念的表现，因此一切革命斗争的锋芒都是指向在此以前实行统治的阶级的"⑥。马克思、恩格斯正是通过深入揭示社会历史的各种重要因素之间的相互关系，

---

① 《马克思恩格斯全集》第3卷，第33—34页。
② 同上书，第34页。
③ 同上书，第40页。
④ 同上书，第37—38页。
⑤ 同上书，第41页。
⑥ 同上书，第78页。

从而全面地阐明了社会历史发展的基本规律的。

从马克思、恩格斯阐明社会历史的基本规律的思维逻辑进程中，我们可以看到他们主要使用的不是异化的观点和方法，而是实践的观点和方法。马克思在《手稿》中就指出了理论的对立只有通过实践的途径才能解决，但当时这一原则没有成为他使用的主要观点和方法。到1845年，他认识到不仅思维是否具有客观的真理性是一个实践的问题，而且社会生活在本质上是实践的，因而他就运用这一原则去观察、分析社会生活。他们运用实践的观点和方法考察社会历史，不是从想象的主体（上帝、精神或抽象的人）或抽象的概念（类本质、利己主义或利他主义）出发，而是从人们的实际活动，主要是人们的物质生活的生产活动出发；不是把虚构的联系和臆想的属性强加于历史，而是从人们在实践活动中发生的物质关系及其演变过程去阐明历史；不是让实践的历史符合主观的认识，而是用实践来检验认识，让对历史的认识符合历史的实践，这样获得的认识才是真理性的认识，才是唯一科学的历史观。

马克思、恩格斯阐明社会历史根本规律的思维逻辑进程和所使用的观点、方法，都有力地说明唯物史观并不是异化劳动论的必然结论和完成。

在唯物史观指导下，确立异化理论的科学形态

马克思、恩格斯在阐明社会历史的基本规律和完成创立唯物史观任务的过程中，并没有完全摒弃异化理论，而是对他们关于异化的思想进行扬弃，使异化理论取得科学的形态，从而确立了马克思主义异化理论。

马克思、恩格斯对他们自己关于异化的思想进行扬弃，使异化理论具备科学的形态时，必须同以往的异化理论（主要是黑格尔、费尔巴哈的异化理论）彻底划清界限。

从《黑格尔法哲学批判》开始，马克思一直不断地和逐步深入地批判黑格尔的唯心主义异化观，在这个前提下汲取它的某些合理的因素。而对费尔巴哈人本主义的异化观，马克思虽然在某些观点上作了改造和发展，但在总体上和本质上一直加以肯定，直到《神圣家族》为止。因此，要同以往的异化理论彻底划清界限，除了应用唯物史观继续进一步深入批判黑格尔和青年黑格尔派的异化观外，重点必须批判费尔巴哈人本主义的异化观，在思想上同它根本决裂。这是在《德意志意识形态》中确立马克思主义异化理论的一个首要任务。

费尔巴哈的异化观是建立在他对人的认识的理论基础上的。对其异化观的批判，首先必须批判他对人的错误的理解。费尔巴哈不满意旧哲学对抽象的人的研究，要求研究现实的人。但是，"毋庸讳言，费尔巴哈从来没看到真实存在着的、活动的人，而是停留在抽象的'人'上"①。费尔巴哈为什么不满意抽象的人，却仍然停留在抽象的人上？为什么他希望研究现实的人，却没有看到现实的人呢？马克思、恩格斯认为，这是因为费尔巴哈"把人只看作是'感性的对象'，而不是'感性的活动'，因为他在这里也仍然停留在理论的领域内，而没有从人们现有的社会联系，从那些使人们成为现在

---

① 《马克思恩格斯全集》第3卷，第50页。

这种样子的周围生活条件来观察人们"①。正是人的物质生活条件和实践的、感性的活动，才使人成为现实的、具体的人。离开人的物质生活条件和实践活动去观察人，这正是费尔巴哈未能摆脱唯心史观的根源。

关于人的类本质及其异化，是费尔巴哈人本主义异化观的核心，也是马克思过去的异化思想的重要内容。现在，马克思既然认识到人是什么样的，这取决于人们进行生产的物质条件。因而，他坚决地批判和摈弃了人的类本质和人的类本质异化的观点。马克思指出，由于费尔巴哈离开人的物质生活条件和实践活动去观察人，因而不能了解人的社会性和历史发展，"他只能把人的本质理解为'类'，理解为一种内在的、无声的、把许多个人纯粹自然地联系起来的共同性"。"但是，人的本质并不是单个人所固有的抽象物，实际上，它是一切社会关系的总和。"②马克思、恩格斯还批判了关于宗教是人的类本质的异化思想，指出宗教的本质是对现实世界的矛盾、分裂的虚幻的反映，"如果他真的想谈宗教的'本质'即谈这一虚构的本质的物质基础，那末，他就应该既不在'人的本质'中，也不在上帝的宾词中去寻找这个本质，而只有到宗教的每个发展阶段的现成物质世界中去寻找这个本质"③。

马克思、恩格斯认为人的本质决不是什么永恒的、固定不变的东西，因为人所赖以存在的物质生活条件处在经常的运动之中：人的物质生活生产的实践活动不仅不断改变外部自然界，而且也不断改变人自身。他们指出：人们"周围的感性世界决不是某种开天辟地以来就已存在的、始终如一的东西，而是工业和社会状况的产物，是历史的产物，是世世代代活动的结果，其中每一代都在前一代所达到的基础上继续发展前一代的工业和交往方式，并随着需要的改变而改变它的社会制度"④。费尔巴哈对人类的物质生活的生产活动及其作用毫无了解，所以当他探讨社会历史问题时，就不可避免地背离了唯物主义的基本原则。费尔巴哈关于人的类本质及其异化的观点，实质上是历史唯心主义的观点。马克思、恩格斯在着重批判费尔巴哈人本主义异化观的同时，还清算了青年黑格尔派的异化观，这就使他们关于异化理论的阐述奠定在历史唯物主义的基础上。

马克思、恩格斯还以唯物史观为指导，对自己过去的异化思想进行了全面、彻底的清理，阐明了过去未能解决或未能完善解决的问题，纠正了以往思想中某些不准确的乃至错误的观点。

马克思、恩格斯过去对异化问题作了许多论述，把他们的全部论述都看作科学的观点，都作为马克思主义的异化理论加以肯定，这是不恰当的。因为他们在探索社会历史客观规律过程中关于异化问题的论述，既有正确的观点，也有某些非科学的甚至错误的观点。在此之前，他们对异化的一些根本性问题还未能加以科学的阐明。例如，关于异化产生的根源、异化的内容（异化的涵义和外延）、异化消灭的基本条件等。因而他们在完整阐述唯物史观基本原理的过程中，对自己过去的异化思想进行了科学的清理。

在《手稿》中，马克思曾经认为，与其说私有财产表现为外化劳动的根据和原因，

---

① 《马克思恩格斯全集》第3卷，第50页。
② 同上书，第5页。
③ 同上书，第170页。
④ 同上书，第48-49页。

还不如说它是外化劳动的结果。在《德意志意识形态》中，马克思、恩格斯通过对物质生产活动的发展和生产力与生产关系的矛盾运动的研究，发现了分工在历史中的重要作用。分工是一种生产劳动的方式，它体现了人同劳动、劳动对象、劳动工具的关系和人同人的关系的性质。历史上出现的第一次社会大分工，一方面促进了社会生产力的发展，另一方面却带来了劳动及其产品的不平等分配，产生了私有制。他们指出："其实，分工和私有制是两个同义语，讲的是同一件事情，一个是就活动而言，另一个是就活动的产品而言。"① 分工和私有制，使人本身的活动以及活动的产物，聚合成为一种不受他们控制的、统治他们的物质力量，这就是异化的出现。"只要分工还不是出于自愿，而是自发的，那末人本身的活动对人说来就成为一种异己的、与他对立的力量，这种力量驱使着人，而不是人驾驭着这种力量。"② 这样，马克思、恩格斯就阐明了分工和私有制才是异化产生的根源。

马克思、恩格斯认识到异化是在物质生活生产的发展过程中出现的一种社会现象，因此就从物质生活生产的范围来阐明异化的涵义。他们指出，在分工和私有制的条件下，一方面，每个人有了一定的特殊的活动的范围，这种范围是强加于他的，他不能超出这个范围；另一方面，每个人在各自的特殊范围的活动客观上是互相联系的，在联系中形成了不同于各个个人力量的新的力量。由于分工和私有制的决定，人们不仅不能控制这种力量，这种力量反而变成与他们对立的、统治他们的异己力量，因此，异化并不是人的本质的异化，而是社会生产力总和的异化。马克思、恩格斯指出："受分工制约的不同个人的共同活动产生了一种社会力量，即扩大了的生产力。由于共同活动本身不是自愿地而是自发地形成的，因此这种社会力量在这些个人看来就不是他们自身的联合力量，而是某种异己的、在他们之外的权力。"③

由于生产力总和的异化是根本的异化，它主要在物质生活的生产活动，在生产、分配、交换、消费的过程中表现出来。过去，他们认为异化涉及到社会生活的各个方面。现在，他们把异化确定为在分工和私有制的条件下，在生产、分配、交换、消费的范围内，一种异己的力量对人们的控制和支配。在《德意志意识形态》和以后的一些著作中，他们阐述了生产过程中劳动者的活动即劳动的异化，个人屈从于分工和由此造成的个人的能力（脑力与体力）的片面化、畸形化；揭示了分配过程中劳动产品的异化，劳动转化为资本，以及资本、利润、利息、地租、工资等异化的不同形态；揭示了交换、消费活动中，金钱、货币的统治和商品化的出现，金钱拜物教和商品拜物教的形成等。他们指出："在一定的、当然不以意志为转移的生产方式内，总有某些异己的，不仅不以分散的个人而且也不以他们的总和为转移的实际力量统治着人们。"④

关于异化的消灭，马克思过去也进行过探讨，提出必须通过无产阶级的社会革命；但是，由于当时还未能科学地揭示异化产生的根源和异化的内容，因而也无法阐明消灭异化的基本条件，关于消灭异化的论述不免带有逻辑推论的空泛的缺点。在《德意志意

---

① 《马克思恩格斯全集》第3卷，第37页。
② 同上书，第37页。
③ 同上书，第38—39页。
④ 同上书，第273—274页。

识形态》中，这个缺点得到了克服。马克思、恩格斯指出："这种'异化'（用哲学家易懂的话来说）当然只有在具备了两个实际前提之后才会消灭。要使这种异化成为一种'不堪忍受的'力量，即成为革命所要反对的力量，就必须让它把人类的大多数变成完全'没有财产的'人，同时这些人又和现存的有钱的有教养的世界相对立，而这两个条件都是以生产力的巨大增长和高度发展为前提的。"① 这样，马克思就把生产力的巨大增长和高度发展看作消灭异化的基本条件。因为异化是由于分工和私有制产生的，分工和私有制是由于社会生产力具有较高的而又不充分的发展水平所造成的。要消灭异化，就必须消灭强迫性的分工和私有制，这只有在生产力巨大增长和高度发展的前提下才能实现。准确地阐明异化的根源、异化的涵义和异化消灭的基本条件，这就使异化理论获得了科学的内容。

确立马克思主义异化理论，不仅要彻底清除各种唯心主义异化观的影响，阐明异化理论的科学内容；还必须明确异化理论在马克思主义中的客观地位。异化理论在马克思主义中的客观地位，是由它同马克思主义的其他理论的内在的相互联系所决定的。在《德意志意识形态》之前，马克思从多方面探讨了异化问题与阶级、国家以及共产主义的关系，但是由于未能以唯物史观为指导，因而作出了某些不准确乃至错误的阐述，没有科学地阐明异化理论的客观地位。在《德意志意识形态》中，马克思、恩格斯在唯物史观的指导下，重新研究、阐述了异化理论与马克思主义其他理论的关系，纠正了过去某些不准确的理解。

在《手稿》中，马克思通过对劳动和劳动产品的异化揭示了无产者和资本家的阶级对立，认为阶级的对立是异化劳动的产物。在《德意志意识形态》中，马克思、恩格斯认识到异化是分工和私有制的产物，因而也就改变了关于阶级的产生的上述看法。他们认为，阶级对立与异化劳动虽然是互相联系的，但阶级对立并不是异化劳动的产物。它们同样都是物质生活的生产发展到一定阶段的产物，是分工和私有制以及二者进一步发展的产物。分工从最初起就包括着劳动条件、劳动工具和材料的分配，因而随着分工也就产生了私有制。私有制是对他人劳动力的支配，它的萌芽和原始形态在家庭中已经出现，在那里妻子和孩子是丈夫的奴隶。"隐蔽地存在于家庭中的奴隶制，只是随着人口和需求的增长，随着同外界往来（表现为战争或交易）的扩大而逐渐发展起来的。"② 分工的进一步发展，产生了工场手工业。"随着工场手工业的出现，工人和雇主的关系也发生了变化。在行会中，帮工和师傅之间存在着一种宗法关系，而在工场手工业中，这种关系由工人和资本家之间的金钱关系代替了。"③ 关于分工和私有制的不同发展怎样产生了不同阶级的论述，显然比从异化劳动中引出阶级的论述更为具体、准确和有说服力。

在《德意志意识形态》中，马克思、恩格斯也不再把国家、家庭、市民社会看作人的本质的不同体现，不再把宗教、家庭、国家、法、道德等看作异化劳动的变形。而

---

① 《马克思恩格斯全集》第3卷，第39页。
② 同上书，第25页。
③ 同上书，第64页。

是用历史唯物主义的观点对之重新作了科学的说明。他们指出，国家是私有制和阶级对抗的产物，国家最初出现时具有共同体的外观，这是统治阶级把他们的特殊利益宣扬为普遍利益而造成的，实际上"国家是属于统治阶级的各个个人借以实现其共同利益的形式，是该时代的整个市民社会获得集中表现的形式"，现代的"国家不外是资产者为了在国内外相互保障自己的财产和利益所必然要采取的一种组织形式"①。意识形态出现独立存在的外观，这也是由分工和阶级统治造成的。他们指出，分工是从物质劳动和精神劳动分离的时候起才开始成为真实的分工，"从这时候起，意识才能摆脱世界而去构造'纯粹的'理论、神学、哲学、道德等等。但是，如果这种理论、神学、哲学、道德等等和现存的关系发生矛盾，那末，这仅仅是因为现存的社会关系和现存的生产力发生了矛盾"②。这样，就坚持和深化了《手稿》初步提出的宗教、家庭、国家、法、道德等是生产的特殊形态和受生产的普遍规律的支配的思想。

以上一系列重要观点的变化，导致他们改变和深化了过去关于共产主义的认识和理解。过去，马克思虽然也从私有制的运动来阐述共产主义，但主要是从消除无产者的非人状况和人向自身的复归来论证其合理性与必然性的，因而这种共产主义思想仍然带有某些伦理道德的色彩以至空想的痕迹。现在，马克思、恩格斯认为："共产主义对我们说来不是应当确立的状况，不是现实应当与之相适应的理想。我们所称为共产主义的是那种消灭现存状况的现实的运动，这个运动的条件是由现有的前提产生的。"③这种现有的前提是资本主义交往形式成为生产力发展的桎梏，社会生产力的巨大增长要求与其相适应的新的交往形式，要求以公有制代替私有制。"因此，建立共产主义实质上具有经济的性质，这就是为这种联合创造各种物质条件，把现存的条件变成联合的条件。"④联合起来的个人对生产力总和的占有，消灭了私有制，也就消灭了生产力总和的异化，从而在根本上消除了异化。

马克思、恩格斯关于以上问题的论述，表明他们认为异化的观点和方法不是用以科学和准确地说明阶级、国家、共产主义和意识形态的带根本性的理论，而是和阶级、国家、共产主义等理论属于同一系列的，是主要用以说明在私有制条件下人们被自己创造的物质的力量支配、控制这种社会现象的，是马克思主义理论的一个方面或部分。夸大异化理论在马克思主义中的地位和作用，甚至把异化理论看作唯物史观的核心内容，这都是不符合马克思、恩格斯的思想实际的。其实，马克思、恩格斯在《德意志意识形态》中，特别批判了那种把整个历史过程看作人的自我异化过程的唯心主义观点。他们指出："哲学家们在已经不再屈从于分工的个人身上看见了他们名之为'人'的那种理想，他们把我们所描绘的整个发展过程看作是'人'的发展过程，而且他们用这个'人'来代替过去每一历史时代中所存在的个人，并把它描绘成历史的动力。这样，整个历史过程被看成是'人'的自我异化过程，……由于这种本末倒置的做法，即由于公

---

① 《马克思恩格斯全集》第3卷，第70页。
② 同上书，第35—36页。
③ 同上书，第40页。
④ 同上书，第79页。

然舍弃实际条件，于是就可以把整个历史变成意识发展的过程了。"①

从以上几个方面的分析看到，马克思、恩格斯以唯物史观作指导，对异化问题进行新的深入的研究，阐明了过去未能完善解决的重要问题，坚持和深化了那些基本正确的观点，纠正了某些不准确的甚至错误的认识，从而使他们对异化问题的论述取得了科学的完整的形态，确立了马克思主义异化理论。马克思主义异化理论的形成，经历了一个从不成熟到成熟、从不完善到完善的历史过程，这是同辩证唯物主义、历史唯物主义的产生过程基本一致的。因此，对于马克思、恩格斯的异化思想必须进行具体的历史的研究，揭示出不断演变、逐步完善、日趋成熟的发展过程，既不要割裂成熟的理论和不成熟的观点之间的联系，又防止把马克思早期关于异化问题的论述都当作成熟的马克思主义理论。这将有助于准确地把握马克思的异化思想和马克思主义异化理论的联系和区别，有助于准确地理解、评价和坚持马克思主义异化理论，有助于反击对马克思主义异化理论的歪曲和篡改。

原载《中山大学学报（哲学社会科学版）》1983年第1期

---

① 《马克思恩格斯全集》第3卷，第77页。

哲学的命运
——哲学改革的设想

刘 嵘

一、问题的提出

中国特色的社会主义现代化建设的伟大实践,开放和改革的潮流,科学日新月异的迅猛发展,新技术革命的浪潮,都向哲学发出呼唤:

"现代化需要哲学,哲学需要现代化";

"改革需要哲学,哲学需要改革";

"科学的发展需要哲学,哲学的发展需要科学";等等。

因此,"哲学现代化""现代哲学""哲学在当代"等等丛书、刊物相继出版,"社会主义辩证法""应用哲学""管理哲学""当代中国哲学""哲学和现代化""改革和哲学"等等的讲习会、学术讨论会在各地纷纷举行。总之,哲学改革已成为一种不可逆转的趋势。哲学面临着一场广泛而深刻的革命,哲学自我改革、自我革命的新任务正摆在人们的面前。恩格斯说得好:"日益发展的工业使一切传统的关系革命化,而这种革命化又促使头脑革命化。"[①] 十一届三中全会公报提出了预见性的科学论断:"实现四个现代化,要求大幅度地提高生产力,也就必然要求多方面地改变同生产力发展不相适应的生产关系和上层建筑,改变一切不适应的管理方式、活动方式和思想方式,因而是一场广泛而深刻的革命。"

在当前蓬勃发展的改革潮流面前,我们应当怎样正确估价哲学主要是马克思主义哲学的形势?其中有些什么问题或弊端?要不要改革?怎样改革?对此,仁者见仁,智者见智。就我们看到的材料和听到的议论中,有两种意见是可以商榷的:

一是"哲学繁荣论"。持这种观点的同志,有的认为近年来哲学已出现了新的繁荣气象,虽然也有一些缺点和问题,但只要按现在的方法深入下去,研究现实斗争中提出的哲学问题,就可以坚持和发展马克思主义哲学,适应时代发展和科学发展的需要;有的同志则心安理得在继续研究本本上的哲学,或者醉心于史的研究,以"不变应万变"。

二是"哲学贫困论"。持这种观点的同志,有的认为哲学的贫困已经变成了贫困的哲学,患了"贫血症";有的认为,哲学存在着"简单化""经院化""信息老化";

[①] 《马克思恩格斯全集》第三十八卷,第561页。

据此，有人作出马克思主义哲学"无用""过时"的论断；有的赞赏国外的一种论点，认为"马克思主义在成为新政权的理论之后，不是日益僵化，变成教条主义，就是受到严重的歪曲"，因而，"必须深刻地认识产生新的学说的迫切性"。有人还十分欣赏西方现代哲学，包括科学哲学，并有以它代替马克思主义哲学的倾向；而对马克思主义哲学，对毛泽东哲学思想则采取冷漠、轻视的态度，甚至肆意挑剔。

不难看出，"哲学繁荣论"并没有深刻意识到马克思主义哲学教学和研究工作中所存在的严重弊端，因而对哲学改革的必要性和迫切性缺乏足够的重视。长此下去，势必产生严重的后果，甚至可能走向它的反面，真的会把马克思主义哲学逐步降低为一些人所说的，只是一种"学派"，不再成为"时代精神的精华"和"文明的活的灵魂"，失去作为无产阶级、人民大众的指导思想的作用。而依"哲学贫困论"的观点看来，马克思主义哲学"过时"了，它只能成为哲学史上盛极一时的哲学"流派"了。这里，实际上向人们提出了一个严肃而尖锐的问题，即马克思主义哲学的命运问题。这很值得人们深思、反思和反省。

二、弊端的所在

不管人们的看法正确与否，但终究说明哲学，确切地说，马克思主义哲学的教育和研究工作委实存在着人们要引以十分重视的弊端。当然这不是说，马克思主义哲学、毛泽东哲学思想的教学和研究工作就没有成绩了。

事实上，近年来，以邓小平为"主要决策人"的党中央，领导揭批林彪、"四人帮"的唯心主义和形而上学；批评"两个凡是"和开展"实践是检验真理的唯一标准"的讨论等，恢复和发展了毛泽东哲学思想，有力地促进了拨乱反正，实现历史性的伟大转折，推进了建设有中国特色的社会主义的伟大实践。应该说，这都是创造性地运用马克思主义哲学、毛泽东哲学思想的成果。这当中，哲学工作者曾起过"前卫战士"的作用，是不能怀疑的。在建设有中国特色的社会主义现代化的实践中，哲学工作者做了许多科学研究、论证和宣传方面的工作，也是应当充分肯定的。

同时，哲学科学研究的队伍不断地得到加强和扩大。大学哲学系，从"文革"前十四个发展到二十三个，其中有三所高校设有哲学专业，逐步形成了多层次、多规格、多形式的高教哲学教育体系。社会科学院、党校和军事院校系统都分别增设了哲学研究所、哲学教研室。这些单位为各条战线培养和输送了大批马克思主义哲学人才。

从研究成果来看，马克思主义哲学教材、教科书达五十余种（到一九八四年八月止，计有四十八种）先后相继出版，至于专著和研究论文为数更多，是"文革"前不能比拟的。

如果说，"哲学繁荣论"评价过高，那么，所谓"哲学贫困论"就太悲观了。

依我看来，在充分肯定成绩的同时，应当充分正视哲学教育和研究工作中存在的弊端。从宏观分析，主要是：时代在前进，科学在发展，而马克思主义哲学的教学和研究，却没有跟上时代的步伐，没有适应科学的进步。

1. 落后于时代的要求。一九八一年六月党的十一届六中全会通过的《中国共产党中央委员会关于建国以来党的若干历史问题的决议》，标志着党和国家在指导思想上完成拨乱反正,胜利地实现了伟大的历史转折。从此,我国进入了一个崭新的历史时期,即建设有中国特色的社会主义的新时期。也就是说,党和国家已从过去以阶级斗争为纲,以革命为中心,转到以社会主义现代化建设为中心。这是带根本性的转变。反映到哲学和其他理论工作上,同样应当有一个根本性的转变。对于前所未有的中国式的社会主义现代化建设的伟大实践,对于开放和改革中出现的许多新情况、新问题、新经验,在马克思主义本本上是没有现成答案的。哲学工作者要深入实际作系统而深入的调查研究,用马克思主义哲学去分析总结,作出哲学概括。当然这决不是一朝一夕的事,需要作长期的创造性的努力。当前,离这个要求还很远,从这个意义上看,哲学确实落后于社会主义现代化建设实践。虽说其中原因很多,但毕竟是一个事实。

2. 落后于科学的发展。科学突飞猛进,日新月异,有人形容为"知识爆炸""雪崩似"的发展,出现了各种新的趋势:一方面不断分出门类繁多的新的分支学科;另方面是综合发展,形成了诸多的交叉学科、边缘学科、横断学科和综合性学科等等。据《当代新科学的分类》一文的介绍,仅自然科学中从物理学派生出来的新学科就有五百五十五门之多;在社会科学方面,从哲学、经济学、社会学衍生出来的分支学科、边缘学科就有三百门之多;自然科学与社会科学汇流产生的新学科,在一九八二年已有五十门左右。同这种形势相比,哲学的发展是很不相适应的。"十年动乱"加上"闭关自守"更拉大了"落后"差距。

正是由于哲学存在着两个"落后"的弊端,使马克思主义哲学在相当一部分人群中似乎已逐渐"消失"它的指导意义,未能充分显示出"人民最精致、最珍贵和看不见的精髓"①作用。少数人甚至对马克思主义哲学表现出"冷漠""讨厌"的态度。然而,任何一个人不可能没有自己的哲学观点,只是是否系统化、理论化而已。人们不接受马克思主义哲学的指导,必然要接受别的什么时髦的哲学。对西方现代的"价值哲学""科学哲学"备加赞赏,甚至全盘照搬,便是由此而来的。在一个时期内,存在主义哲学在我国青年中有相当影响,也是一例。对此,马克思主义哲学工作者是应认真思考的,应当从中国和其他社会主义国家建设的新经验中,从日新月异的科学成果中吸收丰富的营养,对西方现代哲学作出马克思主义的分析,给予有说服力的、实事求是的评价,做到既清除他们的唯心主义、形而上学的影响,又改造吸收其中合理的东西。我们还要看到,西方现代哲学观点,实际上已渗透到其他科学体系之中,如"未来学"。美国托夫勒的《未来的震荡》《第三次浪潮》,奈斯比特的《大趋势》等这些未来学著作都有着广泛的影响,已成为国际和我国的畅销书。这些书籍收集了美国大量的材料,利用新的科学成果,作出种种预测。不能否认,有值得借鉴和吸取的东西。它在一定程度上反映了现代科学技术发展的趋势,以及由此而产生一定的社会效果。但必须指出,这些书都在竭力回避客观存在的生产关系、阶级、阶级斗争,把美国一部阶级斗争史描绘成是"从农民到工人,再到职员"转化的历史,据说这就是美国的"简史",并预言西方即将出现一个"奇妙的新时代",颇有"诗情画意""世外桃园"之感。在这些观点的影响下,我国不是也有一些人,其中包括一些颇有学问的人,也天真地说什么"资本

---

① 《马克思恩格斯全集》第一卷,第120页。

主义正在逐步消灭三大差别""资本主义可以通过自我调节进入大同世界""新技术革命会导致资本主义永生"等等。

为什么会产生两个"落后"的弊端，以及由此而产生一些不良的后果呢？原因很多，这里我只想从哲学本身的状况，谈谈一些个人的看法。

我认为，不能象某些人所说的，马克思主义哲学的基本原理、基本规律出了什么问题了，要"推倒"重来，"另起炉灶"。记得我年轻的时候，学过孔子、墨子的哲学，欣赏过老庄哲学；在大学里，也曾推崇过马赫、罗素的哲学；近年来还读过一些存在主义哲学、科学哲学和未来学等著作。说实话，这些哲学有可批判吸收的东西，也有启发。但是，如果把这些五花八门的哲学作为自己的世界观，作为干革命、搞建设的指导思想，是绝对行不通的，只会把人们引向邪路。一百多年国际共产主义运动，六十多年中国革命和建设实践的正反经验教训都反复证明了：只有马克思主义哲学，和作为马克思主义哲学在中国的运用和发展的毛泽东哲学思想，才是我国工人阶级和广大劳动人民的思想武器，才能指引革命和建设走向胜利。

那么哲学本身存在着什么问题呢？就我个人的自我反思和自我检讨来看，主要是长期流行着一种固定的观念和"模式"，即马克思主义哲学"学科体系单一"和马克思主义哲学"结构体系单一"。

所谓马克思主义哲学"学科体系单一"，就是指长期来把马克思主义哲学学科体系归结为"最高层次"的、"悬浮于空中"的一个领域——辩证唯物主义和历史唯物主义，它是以"三界"即自然、社会、思维的最普遍规律作为研究对象，要发展，就要概括"三界"即自然科学、社会科学和思维科学的新成果。但是，如一些同志所说的，以"有限的一生岁月"研究、概括"无限的'三界'知识"，不要说反映、概括"三界"知识的新成果，发展马克思主义哲学，就是"原理"加"例子"说明之，也并非易事。

所谓马克思主义哲学"结构体系单一"，即把马克思主义哲学的结构体系归结为一种"四大块"的结构模式，并以这个固定的模式"剪裁"一切。因此，对于马克思主义哲学在中国革命实践中的运用和发展的毛泽东哲学思想，不是按"四大块"的模式来"剪裁"，就是否认毛泽东哲学思想是一种科学。这点，拙作《论毛泽东哲学思想的科学体系》（见《毛泽东思想研究》一九八六年第一期）已作过论述。

在马克思主义哲学这个"学科体系单一"模式和"结构体系单一"模式的影响下，我国哲学界在一个相当长的时期内，只能讲历史唯物主义或历史辩证法，不能讲历史哲学；只能讲自然辩证法，不能讲自然哲学；只能讲军事辩证法，不能讲军事哲学等等。至于其他科学哲学、管理哲学、政治哲学、经济哲学、法哲学、教育哲学等等，更是无人问津，或统统推到资产阶级哲学一边去了。关于人的哲学似乎还是一个"禁区"。总之，把马克思主义哲学的研究和教育，推向"悬浮于空中"的"最高层次"的狭窄领域中。这可说是"作茧自缚"的一种"精神枷锁"。这种"学科体系单一"和"结构体系单一"的模式，严重地窒息马克思主义哲学工作者的开拓、创新精神，妨碍了马克思主义哲学科学的繁荣、发展，使发展马克思主义哲学成为可望而不可及的高不可攀的"高峰"。

三、根本的出路

在"学科体系单一"和"结构体系单一"的固定模式的束缚下,编写马克思主义哲学的教科书或教材,只限于《辩证唯物主义和历史唯物主义》,其体例基本上仍然是"四大块"。据统计,这类书籍自一九七八到一九八四年八月止,达四十八种版本之多,还有继续出版的趋势。全国高等学校二十多个哲学系,只有一个辩证唯物主义和历史唯物主义专业(据说个别大学哲学系已办了自然辩证法专业),同是一个培养目标。

这种"专业单一""学科体系单一""结构体系单一"的模式,越来越不适应时代的发展和科学的进步,既不符合世界事物发展的统一性和多样性,也不符合马克思主义哲学发展的统一性和多样性。因此,这种"清一色""一刀切""单打一"的观念和单一模式必须突破。否则,难以解决马克思主义哲学目前存在的弊端,使马克思主义哲学真正成为当代"时代精神的精华""文明的活的灵魂"。

我们不妨看看一些重大理论的统一性和多样性,即"一"和"多"的发展趋势:社会主义代替资本主义,这是人类社会发展的必由之路。但是,走向社会主义的道路则是多种多样的,要结合各国的实际,根据各国国情而定。革命斗争的道路,不仅有暴力革命与和平斗争的两种可能性,而且暴力革命有俄国式的城市中心武装起义,东欧式的游击战争和反法西斯战争的结合,有中国式的以农村革命根据地、农村包围城市的道路等等。

社会主义经济体制都是建立在公有制和按劳分配的根本原则的基础上的。但是,社会主义经济成分、经济体制模式和经营管理责任制方式却是多种多样的。

社会主义教育体制都要坚持社会主义方向,但是,教育体制是多规格、多层次、多形式的。

马克思主义的发展,都要坚持马克思主义的基本原理,但又要结合各国实际。在俄国有列宁主义,在中国有毛泽东思想等等。

马克思主义辩证法的发展都要坚持联系和发展的普遍原则,坚持基本规律,但又要结合不同领域,随着时代的发展,开展历史辩证法、自然辩证法、思想辩证法、军事辩证法的研究,开展资本主义辩证法、社会主义辩证法的研究,并建立相应的多种马克思主义辩证法的学科,等等。

如上所说,马克思主义和它的各个组成部分的发展,也同样表现了"统一性"和"多样性",即"一"和"多"的发展趋势。事实上,马克思主义哲学也不能例外。当然,在强调发展"多样性"时,必须坚持发展的"统一性",不能从一个极端走到另一个极端。而当前哲学改革的一个关键性问题就是要突破马克思主义哲学"学科体系单一"和"结构体系单一"的观念和唯一、固定的模式,开拓和建设多层次、多学科、多结构(或形式)的马克思主义哲学的学科体系,或者如钱学森同志所提出的马克思主义哲学大厦,从而象"桥梁"一样,把辩证唯物主义和历史唯物主义同我国社会主义现代化建设实践结合起来,同各个领域的科学结合起来。这是解决两个"落后"的根本出路,是发展和繁荣马克思主义哲学之道。这个看法不一定正确,更谈不上完善,还有可能是错误的，但却是自己长期反思的结果，故不揣冒昧提出来求教于同行，以便进行深入讨论。

四、两点建议

根据上述的一些想法，从宏观上提出改革哲学教学和研究的两点建议。

1. 开拓、建设多层次、多学科、多形式的马克思主义哲学学科体系和结构体系。 具体地说：

辩证唯物主义和历史唯物主义，作为马克思主义哲学学科体系的最高层次和核心，也是基础；属于第二层次的，是否可以分为，历史哲学（或社会科学方法论，包括历史辩证法，作为桥梁学科把辩证唯物主义和历史唯物主义同社会科学结合起来）、自然哲学（或自然科学方法论，包括自然辩证法，作为桥梁学科把辩证唯物主义和历史唯物主义同自然科学结合起来）、思维哲学（或思维科学方法论，包括形式逻辑、辩证逻辑，作为桥梁学科把辩证唯物主义和历史唯物主义同思维科学结合起来）、毛泽东哲学思想（它是辩证唯物主义与历史唯物主义在中国的运用和发展，作为桥梁学科把辩证唯物主义和历史唯物主义同中国革命实践结合起来，作为综合性学科，又是吸收了历史哲学、自然哲学和思维哲学的成果）、当代中国建设哲学（包括社会主义辩证法、改革哲学，实质上是辩证唯物主义和历史唯物主义，以及毛泽东哲学思想在中国社会主义现代化实践中的运用和发展，把辩证唯物主义和历史唯物主义以及毛泽东哲学思想同中国社会主义现代化建设实践结合起来，并吸收自然哲学、历史哲学、思维哲学的成果，形成综合性的学科）、军事哲学（包括军事辩证法，是辩证唯物主义和历史唯物主义在战争领域中的运用和发展）、人的哲学（运用辩证唯物主义和历史唯物主义的观点和方法，全面、系统地研究作为社会的主体、实践的主体、认识的主体的人，以及人的本质、属性、素养和价值等，建立马克思主义的人的哲学）。

再低的层次的学科是自然科学、社会科学和思维科学在各个领域和各个学科的哲学。如社会科学各个领域的哲学有经济哲学、政治哲学、管理哲学、教育哲学、法哲学等等，把辩证唯物主义和历史唯物主义同各个领域的具体科学结合起来。

2. 开拓、建设多种类的马克思主义哲学专业，培养多类型的马克思主义哲学人才。 在高等学校的哲学系里，除了继续设置辩证唯物主义和历史唯物主义专业外，根据国家、地方的需要，根据各哲学系的条件，统筹安排，开拓、建设自然哲学、历史哲学、思维哲学、当代中国建设哲学或毛泽东哲学思想专业等等，同时相应改革各专业招生的办法。

总的说来，开拓、建设多层次、多学科、多形式的马克思主义哲学学科体系和结构体系，开拓、建设多种类的马克思主义哲学专业，培养多类型的马克思主义哲学人才，把辩证唯物主义和历史唯物主义同中国社会主义现代化建设实践结合起来，和各个具体科学结合起来，也许能克服两个"落后"的弊端，紧跟时代的步伐，适应和促进科学的发展，真正成为建设实践、科学研究和各项工作的指导，成为工人、农民、知识分子的强大的思想武器。

有人担心这样搞，会降低人们的理论思维能力。我认为恰恰相反，它更能促进辩证唯物主义与历史唯物主义的发展和繁荣，促进人类理论思维能力的提高。列宁说得好："方式愈多愈好，共同的经验也就愈加丰富，社会主义的胜利也就愈加可靠、愈加迅速。"① 如果把生产实践、社会实践、科学实验比之肥沃的土壤，把辩证唯物主义和历史唯物主义比之大树的树干，把其他领域或层次的哲学比之枝叶，那么，多层次、多学科、多形式的马克思主义哲学学科体系，就会象一棵树干茁壮、枝繁叶茂的参天大树，必然长出累累硕果来。

（本文是作者在去年冬中山大学哲学系复系二十五周年之际，为哲学系师生而作的一次讲演，后应中山大学学报编辑部之约，择要整理、修改成文，予以刊载。）

原载《中山大学学报（哲学社会科学版）》1986年第4期

---

① 《列宁选集》第三卷，第400页。

"抽象—具体"方法之重构

林定夷

一

1857年，马克思在他的《政治经济学批判·导言》中，用了专门的一节来讨论"政治经济学的方法"。在那里，他精辟地阐释"从抽象上升到具体"的科学研究方法。

马克思指出，当我们从政治经济学方面考察一个国家的时候，"从实在和具体开始，从现实的前提开始，……似乎是正确的。但是，更仔细地考察起来，这是错误的"[1]。与此相反，马克思强调政治经济学的研究应当遵循"从抽象上升到具体"的方法或道路。他指出："第一条道路是经济学在它产生时期在历史上走过的道路"，而"后一种显然是科学上正确的方法"。[2] 马克思在精辟地阐明这一科学上正确的方法时还指出："具体之所以具体，因为它是许多规定的综合，因而是多样性的统一。因此它在思维中表现为综合的过程，表现为结果，而不是表现为起点，虽然它是现实中的起点，因而也是直观和表象的起点。在第一条道路上，完整的表象蒸发为抽象的规定；在第二条道路上，抽象的规定在思维行程中导致具体的再现。"[3] 马克思在批评了黑格尔对这一方法的唯心主义曲解之后还指出："其实，从抽象上升到具体的方法，只是思维用来掌握具体并把它当作精神上的具体再现出来的方式。但决不是具体本身的产生过程。"[4] 马克思曾经十分巧妙地运用了"从抽象上升到具体"的方法，写作了他的《资本论》这部巨著，构建了马克思主义政治经济学的理论大厦。马克思在他的著作中所阐明的"从抽象上升到具体"的方法论思想是精辟而深刻的，并且对于构建科学理论的创造活动而言具有普遍的意义。

然而，尽管我们强调马克思关于从抽象上升到具体的方法论思想的阐述是精辟而深刻的，但是这并不意味着，它已是完美无缺的。我们今天理应来发展他的这一思想，以便更好地为现代科学（自然科学和社会科学）服务。

显然，马克思在以上关于从抽象上升到具体的方法论思想的阐述中，仍然留有较多的黑格尔式的印痕。黑格尔惯于利用语词的多义性和含糊性来玩弄他的辩证法的"技巧"，特别是他的"正、反、合"的游戏。马克思、恩格斯虽然也批评过黑格尔使用的许多辩证法实例和正、反、合的论述，未免牵强附会，但是，由于种种原因，黑格尔式

---

[1] 《马克思恩格斯论文集》第2卷，人民出版社1966年北京版，第214页。
[2] 《马克思恩格斯论文集》第2卷，人民出版社1966年北京版，第214页。
[3] 《马克思恩格斯论文集》第2卷，人民出版社1966年北京版，第214–215页。
[4] 《马克思恩格斯论文集》第2卷，人民出版社1966年北京版，第215页。

的这种印痕仍留在他们的某些论述中。

众所周知，为了严格地和清晰地表述一种理论，现代科学术语学提出的一个基本要求是：理论中所使用的术语的单义性并且能够通过它们而达到对于对象或概念作出客观的、可公共一致的描述。这个要求也就蕴涵着：在同一个理论系统中，必须始终在同一种意义下使用同一个术语。这是任何严密科学的一个基本要求。可以说，科学的进步是和它所使用的语言的精确性的提高相同步的。在早期的未成熟的自然科学中，它所使用的用以描述对象及其性状的语词也常常是含混的、多义的和缺乏清晰性的。例如，在近代热学创始人、18世纪的英国化学家兼物理学家布莱克的《化学原理讲义》中，我们看到如下的陈述："由于应用了这种仪器（指温度计——笔者注），我们发现，假如我们取一千种甚至更多的不同种类的物质，例如金属、石子、盐、木头、羽毛、羊毛、水和各式各样的液体，把它们一起放在一个没有火和没有阳光照射进去的房间内，虽然它们原来的热都各不相同，在放进这房间以后，热会从较热的物体传到较冷的物体中，经过几个小时或一天以后，我们用一个温度计把所有这些物体一一检查过来，温度计所标出的度数都是相等的。"① 容易看出，在布莱克的这段论述中，其关键词"热"是含混的、不精确的，不具有单义性的特点。它一会儿指称温度，一会儿又指称热量。由于所使用的词的含混性、不精确性和缺乏单义性，因而使布莱克在这里所作出的陈述，即使仅仅是对事实所作出的观察陈述，也是含混的和不精确的。后来，正是通过布莱克及其后辈科学家的努力，终于区分清楚了温度和热量这两个不同的概念，并用不同的语词去表征它们，使近代热学获得了重大的发展。在今天的物理学中，"温度"和"热量"这两个词都仅仅具有单义性，科学家们能用这些语词或物理量去客观地、公共一致地描述对象的相关性状，并在交流中对这些概念不发生歧义。这是科学中的重大进步。使用清晰的、精确的语言是科学成熟的重大标志。

但十分明显，正如上述所引证的布莱克的论述一样，马克思在关于从抽象上升到具体的方法的论述中，他所使用的那些语词，特别是那些关键词，同样没有满足理论"术语"应满足"单义性"要求这个条件。仅以上述所引证的《政治经济学批判·导言》中的著名段落而言，我们看到，马克思在这个论述中的十分关键的语词是"具体"，但实际上，马克思在那一段落中，至少是在三种十分不同的意义上使用了它：其一是指感性的"完整的表象"；其二是指通过思维中的许多抽象规定的综合和统一，而达到对于研究对象的多方面的关系和实质的理论性的把握；其三是指客观实在及其过程。由此就造成了某种类似于布莱克早期关于"热"的论述的同样的毛病，或者甚至造成了某种令人难以清晰地理解其意义的含混的阴影。任何科学理论或哲学理论都有一个发展过程。当某种理论的初创之时，存在有某种用语上的含混性和多义性原是可以理解的。至于当代的某些马克思主义哲学家甚至把马克思所阐述的从抽象上升到具体的方法，概括为"具体—抽象—具体"这样的公式，就更是在20世纪的新条件下漠视理论术语的单义性要求

---

① 布莱克：《化学原理讲义》。其摘要见威·弗·马吉编《物理学原著选读》，商务印书馆1986年5月第1版，第149—160页。此处引文的译文参照了周肇威译，爱因斯坦、英费尔德著《物理学的进化》，上海科技出版社，1962年3月第1版，第24页。

了。实际上，即使我们要以某种类似的"公式"去扼要地表述它，至少也应当把前后两个"具体"分别表示为不同的符号，例如，把它表述为"具体$_1$—抽象—具体$_2$"或者更简要地表述为"C_p—a—C_t"[①]。因为，十分明显，作为一个"公式"或"理论"，这里前后所使用的两个"具体"分别代表着两个不同的概念。而术语学要求，不同的概念必须用不同的语词（或符号）去表征。如果在同一个理论系统中，对于不同的概念都用同一个语词（或符号）去表征，那就势必会造成语词在使用上的含混和混乱，影响到一个理论的严谨性和清晰性。

确实，就日常语言来说，用语的含混性和多义性是随处可见的，而且它往往成为语言的丰富性和生动性的一个来源；在文艺作品中，巧妙地利用语词的含混性和多义性，甚至可构成一种令人惊叹的语言"技巧"。但是，对于构建任何严谨的科学理论或哲学理论来说，用语的含混性和多义性却是应当力求排除的。试图借助于语词的含混性和多义性来魔术般地"变戏法"，使一个理论没有确定的内容，从而可以"随遇而安"，这是任何一位严肃的科学家所不取的。马克思本人是一位具有严谨的科学头脑的思想家和理论家，他决不会容忍我们这一代人所曾经常见的把严肃的理论工作当作"变戏法"式的那种魔术游戏。他的某些用语上的含混和多义性，只是一种初创理论时难以避免的现象和历史痕迹。

问题是：我们今天有可能来重新表述并充实马克思关于从抽象上升到具体的光辉而深刻的思想，并使之清晰起来吗？此外，既然马克思关于从抽象上升到具体的方法论思想对于构建理论来说具有重要而普遍的方法论意义，那么，它对于当代的自然科学研究也理应具有重大的方法论意义。问题在于：我们有可能结合自然科学本身对于马克思的这一思想进行阐明吗？

本文的目的，就是企图从自然科学方法论的意义上，对马克思关于从抽象上升到具体的方法思想进行重构，并希望这种重构对于社会科学和哲学理论的研究也具有重要的参考价值。

二

下面，我们试图用另一套语言来重构或改述马克思所阐述过的从抽象上升到具体的方法。虽然在我们的重构和改述中不准备使用诸如"具体$_1$—抽象—具体$_2$"之类的程式，但其基本思路我相信是与马克思所欲阐明的基本思路相一致的，或至少是平行不悖的，而其表述则可能更为清楚明白，也更接近于任何严密科学理论研究工作的实际。当然，在这个重构和改述中，作者也试图从某个角度上来修改和充实原有的内容，因而它和原有表述所试图阐明的内容决不是完全等价的。作者虽然着眼于从自然科学的角度上阐述这一方法，但作者也同样希望这些内容对社会科学和哲学的研究有重要的启迪作用。

[①] 这里"c"表示具体（concrete），"a"表示抽象（abstract），"C_p"表示感性的具体（perceptual concrete），"C_t"表示思维的具体（thinking concrete）。顺便说明：我也曾经犯过把马克思的思想表述"具体—抽象—具体"的错误。

下面是我们进行重构后的内容的纲要：

（MP_0）：方法论上的一个重要的，但迄今为止仍很少被方法学家正面阐述的是如下这个原理，它可以被表述为，研究对象的高复杂性与关于所研究的对象的理论的高精确度不兼容。

我们可以简要地把这个原理称为不兼容原理。这个原理的一些较直接的推论就构成如下重要的方法论原则：

（MP_1）：自然界和社会的过程大都十分复杂，对于这些复杂的过程本身，我们不可能直接构建出关于它们的高度精确的理论。

（MP_2）：为了构建精确的理论，我们必须把研究对象简化。

由于MP_1和MP_2所造成的困境，在人类的科学史和认识史上，曾不断地在摸索中寻求出路。自有文明史以来，特别是从近代科学产生以来，人们终于产生并不断地完善了科学中的"抽象方法"。

（MP_3）：欲构建精确的理论，必须运用抽象方法；抽象方法的实质是把研究对象简化。

因此，科学家们愈来愈明确地认识到，抽象方法是科学研究中为构建精确理论所必须使用的方法。相应地，抽象能力对于科学研究来说也就具有了决定性的意义，正如日本著名物理学家、诺贝尔奖金获得者汤川秀树所曾经强调指出："人类的抽象能力对于建立象物理学这样的严密科学来说是决定性的。"①

（MP_4）：抽象方法的一个重要类型是模型化方法。模型化方法的实质是：通过构建与真实世界对象相似的但却又大大简化了的模型，来研究真实世界中的复杂对象或对象系统，以便为它们构建出相应的精确的理论。

有的科学家甚至把抽象方法与模型化方法完全视为一体。N.维纳曾说："所谓抽象，就在于用一种结构上相类似的但又比较简单的模型来取代所研究的世界的那一部分。因而模型在科学研究中是最为需要的。"②

MP_3、MP_4，连同MP_1和MP_2一起，在近代科学的发展中，起了十分重大的作用。它们不仅大大推动了近代各门自然科学迅速地走向了成熟，而且也成了近代科学各门学科是否达到成熟的一种标志。

例如，在流体力学中，科学家们研究流体的运动规律。但流体很复杂，空气、蒸汽、水、滑油、汽油等等都是流体，它们的化学组成各不相同，而且它们实际上被确认为都由分子所组成，分子之间有间隙，有力的相互作用，具有不连续的结构，等等。如果我们要按照这样复杂的情况来研究流体，我们就将无从下手，寸步难行。于是科学家们就进行抽象，把流体设想为一种连续介质，建立起"连续介质"的流体的抽象化的模型。因为流体虽然被确认为"实际上"由分子所组成，分子之间有间隙，具有不连续的结构，但是对于流体力学所处理的尺度来说，这些都变得没有意义。我们完全可以把流体的微观结构和它们的不同化学组成等都舍象掉，而仅仅宏观地把它们看作是连续成一

---

① 汤川秀树：《科学中的创造性思维》。
② 参见拙著《科学研究方法概论》，浙江人民出版社1986年2月第2版，第191页。

片的，没有空隙的介质；它们可以无限地分割下去而不改变其物理性质，因而可以设想表征介质特性的各运动要素（速度、压力等）都连续地分布着。这样，我们就通过抽象得到了连续介质的流体模型。基于这样一种模型，表征介质特征的各运动要素就可以用空间和时间的连续可微函数来描述，因而我们就可以使问题大大简化而仍然能够得到相对地比较接近实际的结论。同样地，在刚体力学中，我们也运用这种抽象方法，提出"绝对刚体"的概念，建立起在力的作用下不发生任何弹性和塑性变形的"绝对刚体"这种理想的模型。如果没有这种模型，那末自然界的客观对象的复杂性就会使我们无法着手研究。只有在"绝对刚体"概念的基础上，建立起了刚体的力学，然后才可以再进一步考虑到各种材料的实际特性，考虑到在力的作用下会发生弹性和塑性变形的复杂因素，建立起弹性力学、材料力学等等。实际上，对于理论的研究来说，甚至仅仅达到"连续介质""理想流体""绝对刚体"这种程度的抽象还不够，因为它们还是过于复杂，还是很难使我们着手研究。我们必须达到更高程度上的抽象，把对象看作是可以占有空间位置，但却不具有空间体积的，具有一定质量的质点。在"质点"这个更简单的模型的基础上，建立起质点的力学，然后才可能把刚体和流体都看作是质点组成的复合体，从而把刚体和流体的力学通过分解而还原成质点的力学。如此，我们才能对刚体和流体也建立起精确的理论。

一般来说，MP_1、MP_2和MP_3、MP_4可向我们提供如下的方法论启示：为了理解自然界（社会亦同），我们不能企图按自然界对象本来所呈现的样子去直接把握自然界。相反，为了理解自然界，我们必须首先对自然界进行抽象，在头脑中构造出某种并非自然界对象本身，但却大大简化了的对象（如质点、刚体、理想流体等），着力于对这些简化了的对象进行研究，才有可能对这些简化的模型建立起精确的理论。然后，才有可能借助于这些精确的理论去较好地理解复杂的自然界。因此，我们有：

（MP_5）：精确科学的理论都是关于模型的理论，它所描述的是模型，而不是直接关于自然界本身。

（MP_6）：科学中所谓精确的理论，其主要含义仅仅是指理论中所使用的语言是精确的；由于这些语言是用来描述模型的，因而也可以说该理论对于模型而言是精确的。但这并不意味着理论的描述与自然界现象之间一定是精确符合的。相反，由于模型是对自然界复杂的对象或对象系统的高度简化了的类似物，因而关于模型的精确理论也常常不得不以偏离自然界的实际过程或现象作为它的副产品或代价。

但是，科学的目标毕竟最终是要求能用精确的理论来理解（解释或预言）实际发生的复杂的自然现象。要不然，科学理论很可能成为空中楼阁而完全丧失其实用价值。然而，用关于模型的精确理论去应用于实际，或解释复杂的自然现象，却是沿着另一条，在某种意义上正好是与构建简化模型相反的道路来实现的。在第一条道路上，我们尽力把研究对象简化（在合理的范围内），以便构建出精确的理论；在第二条道路上，我们又着力于把构建简化模型时所舍象掉的种种重要的实际因素重新综合进去，以便用精确的理论对复杂的自然现象作出尽可能精确的理解，以致于能使客观世界所发生的具体自然过程在我们的思维形态上获得理论化的再现。这正是许多成熟科学所走过的道路，甚至可以说，正是因为走上了这条道路，才使它们成熟起来。

在科学的历史上，伽里略曾首先成功地研究了炮弹运行的轨迹。伽里略的聪明之处，正是在于他为了研究"实际"而善于离开"实际"；为了研究炮弹运动而在头脑中构建起一个关于炮弹的非常简化的模型——仅仅把炮弹看作是具有一定质量的一个质点，并且假定它完全不受空气阻力的影响。在此基础上，他分析出影响炮弹运动的只有两个因素：以初速V_0作惯性运动（当时没有矢量概念，用速率V_0和炮弹仰角θ来描述），和按引力加速度g作垂直的匀加速运动。然后他加以综合，把炮弹运动的轨迹看作是这两个因素合成的结果，由此就得了抛射体运动的一般轨迹方程：

$$y = \tan\theta \cdot x - \frac{g}{2V_0^2 \cos^2\theta} \cdot x^2$$

这样得到的轨迹方程显然具有自然规律的意义。但这种漂亮的具有"规律"资格的陈述只能从简化的模型中才能得出，同时，它又是以偏离实际，即与实际发生的炮弹运行的轨迹不甚一致、不甚符合为代价的。众所周知，实际上，在大气中运行的炮弹的轨迹都不是抛物线的，它们与这种理论轨迹还有较大的差别。从这个意义上，我们又可以说，这种从理论上导出的轨迹对于实际发生的炮弹运行轨迹的描述是不精确的。但是，正好是这种稳定的（可重复检验的）、简洁的、用来描述简化模型的轨迹方程具有规律陈述的性质，可以获得"自然规律"的资格；虽然它对于自然界实际发生的过程并不那么直接符合。但从科学的意义上，这并不可怕。我们仍然可以把这种从理论上导出的、用以描述简化模型的轨迹方程，看作是对于实际的炮弹运行轨迹的一种第一级近似的描述。为了使我们对实际的炮弹运动有更多的、更精确的理解，我们可以以这种从简化模型基础上已获得的漂亮的轨迹方程为基础，把当初构建简化模型时所舍象掉的诸种重要的实际因素，如空气阻力以及影响空气阻力的诸重要因素，重新综合进去，作出统一的考虑，那么我们就能得到更加逼近实际的炮弹运动的结果，使得实际的炮弹运行的轨迹在我们的思维行程中获得理论化的再现。如此继进，我们就能对实际发生的真实过程获得更加切实的描述，达到二级近似、三级近似……进而，我们有：

（MP_7）：通过科学抽象而获得简化模型的一个重要的实际后果，是它摆脱了自然界实际对象的个体性特点，而具有了普遍性的品格；从而，用以描述简化模型的理论也具有了普遍性的品格。

自然界实际存在的对象或现象千差万别，它们所处的环境和发生的条件也差异难尽。就以伽里略研究炮弹运行的轨迹而言，实际上的炮弹千差万别，它们的大小、形状、质量、质量的分布、里面所装的炸药的数量和品质可能各不相同；至于它们在运行中的条件，如当时当地的空气密度、温度、湿度、风向、风力，等等，更是千差万别，变幻无穷，不可能对它们作出穷尽的描述。但当伽里略把炮弹抽象为质点，并且不受空气阻力的影响时，那么他就"抹掉了"当时所能思考的一切炮弹的个体性差别，也"抹掉了"炮弹在运行中可能遇到的一切条件性差异；它们都被看作是具有一定质量的质点，并且在运行中仅仅受到惯性和引力加速度g这两个因素的影响，而由此所导出的投射体轨迹方程自然就具有了普遍性的规律陈述的品格了。同样地，当我们通过抽象而构建起关于流体的连续介质的简化模型，我们同时也就"抹掉了"各种实际流体的个体性差别，而使它具有了一般流体的那种普遍性的品格；而由此构建出的理论也就具有了它相应的普遍适用性。传统观念认为，科学理论是通过归纳程序而获得的，其实却不然。正如爱因斯坦所指出：试图通过归纳而获得普遍性的科学理论，这是一种"幻想"，"这种状况被前几代人疏忽了，他们认为，理论应当用纯粹归纳的方法来建立，而避免自由地创造性地创造概念。科学的状况愈原始，研究者要保留这种幻想就愈容易"[①]。通过科学抽象而构建简化模型并使之具有某种普适性，这是一个创造性的过程。在实际的科学研究中，只要我们所研究的实际对象在所考察的关系上大体满足我们所构建的简化模型的理想条件，我们就可以不考虑实际对象本身的个体复杂性，而把它们当作模型所描述的那种简化对象来处理。以至于例如在天体力学中，我们甚至可以把巨大的天体也当作质点来处理，等等。尽管正如MP_6所指出，这样处理的结果就难免会与实际过程相偏离，但是，如果离开了与简化模型相对应的具有一定普适性的精确理论，我们实际上就不可能对任何具有个体复杂性的实际过程作出任何真正的理解。

（MP_8）：科学的目标最终是要求能用精确的理论来理解（解释和预言）实际发生的复杂的自然现象。

（MP_9）：通过引进包括种种辅助性假说和特定条件陈述的科学解释结构[②]，就能运用简化模型下获得的精确理论或"自然规律"，来解释（或预言）复杂的自然现象。

科学解释必须满足相关性要求和可检验性要求，即作为科学解释中的解释项与被解释项必须在逻辑上是相关的，并且作为前提的解释项中的成分（命题），必须是能独立于被解释项而另有证据地被检验的。由于从单独一个单称陈述不可能导出另一个单称陈述，因而为了满足前一个要求，解释项中还必须是含规律的。而这些规律陈述当然也必须满足可检验性的要求。在科学中，虽然我们也可能仅仅借助于单一的规律陈述（甚至仅仅是经验规律的陈述）结合一定的条件陈述，就来解释某一种现象，但理论却往往是从一系列规律的相互作用中来理解现象，因而它往往能比单一的经验规律更好、更符合实际或更精确地解释现象，甚至还能大大地加深对原有经验规律本身的理解，指出这些经验规律起作用的条件，并说明这些经验规律为什么只是近似地描述着自然。

由于科学中任一规律都是抽象的结果，而抽象的实质是把研究对象（包括现象起作用的条件）简化，因而总不得不以偏离实际为代价。而一旦考虑到一系列的其他辅助性假说，并作出逻辑上合理的处理，就能弥补这种偏离，从而使得实际发生的复杂过程，通过把我们在思维中已获得的诸抽象规定（包括规律）的综合和统一，而在我们的思维行程中对此复杂过程获得理论化的再现。这也就是马克思所说的："具体之所以具体，因为它是许多规定的综合，因而是多样性的统一。因此它在思维中表现为综合的过程，表现为结果，而不是表现为起点。"

但是，这种通过思维中的诸抽象规定的综合和统一，而达到对于实际发生的具有个体性特色的复杂过程的本质性理解，正是以抽象为前提的。首先是进行抽象，排除个体的复杂性，把研究对象简化，然后才可能构建精确的理论，获得种种规律性的理解，而

[①] 《爱因斯坦论文集》第1卷，商务印书馆1976年1月第1版，第309页。
[②] 关于科学解释的结构，请参见C. G. 亨普尔《科学解释面面观》、奈格尔《科学的结构》或拙著《科学研究方法概论》第六章第二节。

这种理论和规律势必具有一定的普适性；在某种普适性理论的指导下，针对所研究的具有个体性特色的实际对象的特点和复杂性（实际发生的过程和对象总是有它自身的复杂性的），考虑到一系列规律的相互作用，即结合个体性的特点和具体条件，对诸多规律的相互作用作出综合和统一的考虑，才能对实际发生的现实过程和对象作出如马克思所说的那种"具体的"理解。

所以，原则上，科学理论和规律都必须具有某种普适性，而不是仅仅对于某个特定个体才适用。而对于任何具有个体性特色的事物的理解，则是某种理论的应用的过程，尽管这种应用往往仍然需要巨大的创造性，甚至需要在这种应用中去发展理论，补充新的规律等等。然而这种发展了的理论和新补充的规律仍然需具有一定的普适性，才可以称得上是理论或规律。正是从这个意义上，科学理论和科学规律不同于我们在工作中制定的具体技术方案。技术方案可以有个体性特色，包括种种社会改造工程的技术方案，均可以而且往往应当具有它自身的个体性特色，但科学理论和规律却不是。

正是由于科学理论和规律的以上特点，所以我们有：

（MP_{10}）：为了构建科学理论，我们不应当仅仅从特定的现实个体所具有的特点和复杂性开始，并试图建立仅仅适合于单个个体特点的"理论"。相反，却应当舍象掉现实个体所特有的特点和复杂性，力图通过抽象而构建具有一定普适性的简化模型，然后才可能建立精确的具有一定普适性的理论。

正是从这个意义上，马克思的以下这段话是非常重要而富有启发性的。马克思曾经强调地指出：为了构建理论，"从实在和具体开始，从现实的前提开始，……似乎是正确的。但是，更仔细考察起来，这是错误的"。

也正是从这个意义上，构建科学理论和探索技术方案，其基本思路是有重大差别的。

容易理解，马克思关于从抽象上升到具体的方法论思想（以及我们上面对这一思想的重构），不但对于自然科学的研究是适用的，而且对于社会科学的研究也是适用的。马克思自己固然已经强调过经济学的研究应当遵循这一方法，而在当今的社会科学理论研究中，也已愈来愈显示出这一方法的巨大威力。例如，当代关于城市（或区域）发展的理论，它首先是通过抽象而构建出城市（或区域）发展的一般的、因而是简化的模型，在模型的基础上构建起关于城市（或区域）发展的一般理论，力图在较精确的意义上去把握城市发展的一般规律。而这种理论和关于城市发展的一般规律的认识，就能用来指导我们研究或探索任一具有个体性特色的城市发展战略或方案。当我们在研究或探索任一具有个体性特色的城市（或区域）的发展战略或方案时，则无疑需要首先考虑到该城市（或区域）自身的特点和所处的复杂条件，在理论的指导下周密地调查研究，掌握丰富而详实的资料，然后在多种理论所提供的一系列规律的相互作用中来理解对象，提供出种种尽可能合理的发展方案，并从中择优。但是，一个城市的发展战略或方案的制定，原则上不同于构建理论，而是属于设计技术方案的性质。后者可以而且常常必须考虑自身特点和所处的复杂条件而具有个体性的特色，而且常常包含有理论之应用的过程；而理论的创立则必须是在抽象的基础上包含一般规律而具有一定的普适性。混淆了创建理论与设计技术方案两者的区别以及它们所需要的不同的思路，将十分不利于理论的发展和创造。

马克思所阐明的从抽象上升到具体的方法论思想,具有深刻的内涵。它包括两个不同的侧面,这两个侧面的结合,是科学研究中从构建理论直至它的应用中所应当遵循的具有普遍意义的方法和原则。

原载《中山大学学报(社会科学版)》1995年第1期

第二辑

中国哲学

关于《论董仲舒思想》

——与周辅成同志商榷

陈玉森

周辅成同志所著《论董仲舒思想》一书（上海人民出版社1961年9月第一版）把董仲舒的思想作了比较全面的分析批判，内容丰富，论点也基本正确。例如，他指出仲舒思想是儒家思想，"他想建立一道统，使它成为地主阶级政权的永久大法"[①]。又认为仲舒思想是代表"白衣"地主阶层利益，"反对特权贵族"，而且在这方面表现了较多的积极意义。周同志并同时指出，仲舒思想，"就其对后世言，其反人民一面，实是主要的"。这些基本论点我都同意。我认为周同志这本书，基本上是一本好书，值得我们一读。

不过，在这本书中有一些论点，我却不大同意，现在提出来向周同志和其他同志请教。

一

第一，周同志在第一章中说，"汉初六十余年中"，"在思想界是黄老法家和儒家关于'刑''德'之争的问题，也即是所谓无为与有为之争的问题"。并指出：主张黄老之学的无为派"实是代表与特权商贾妥协的特权地主阶层的利益"，这种思想发展下去，"长此以往，必将形成分散、割据的局面，无法巩固地主阶级的政权"。而主张儒学的有为派则反对和特权商贾、地方诸侯王妥协，决心维持一个在农业上可以自给自足的局面。他们要求用统一集中的办法来保护地主阶级的根本利益。他们反对放任无为，主张实行严格的有为。这些论点我都根本同意。我不同意的是周同志从这些论点出发，再引申下去，就把汉初的政策仿佛说成是由这两派人物在操纵摆布，看不出汉皇室这一地主阶级的最高阶层的力量。他从两派中各列举了一些代表人物，认为这些或那些人物执政，那么，汉王朝的政策就为这些或那些人物所左右，而政策本身也就仿佛是为了他们所代表的阶层利益而定立，仿佛汉皇室自己完全没有力量和主张似的。我认为这不符合当时历史的事实。这样分析会把历史简单化。

汉初以来的法律一向是贱视商人的。周同志自己也指出过，汉初"不许贾人穿丝衣，坐车"，甚至"禁锢不得为吏"。这些史实都是在无为思想盛行，无为政策实施亦

[①] 见周辅成著《论董仲舒思想》。（以后凡引文不加注的都是引自本书）

即萧何、曹参、陈平、周勃等黄老学派当权的时期出现的。这是对商贾严重的打击，决不是如周同志所说，黄老学派"他们……不得已时，订些法令来搪塞人民耳目，实则听之自然"。而且，照周同志所据《廿二史札记》列举汉初政权主要执政人物，陈平、王陵、陆贾、周勃……等，他们的出身不过是白徒、屠狗者、织薄曲、吹箫给丧事者、贩缯者和挽车者。这些职业和大商大贾有本质的不同，我们决不能看到了这些人在城市生长就一概把他们列为"商贾阶层"，也不能把"商贾阶层"笼统看待。如所周知，小商小贩和大商大贾的利益也往往是对立的。因此，周同志从这样的出身分析出发，从而断定他们"决不愿反对商贾的利益"，我认为这个断语不符事实，值得商榷。同时，汉初执政那班白徒等也并不是完全忽视法律，采取绝对放任的态度。例如，《汉书·刑法志》所谓"填以无为"的萧何、曹参，也绝不是完全放任的。萧何作律九章，原本就是"攈摭秦法，取其宜于时者"而成。它基本上仍然采取刑罚，承秦之制。而曹参则是要谨守萧何的"既明具"的法令，使之勿失。陆贾在《新语·本行》也曾说，"富于财而无义者刑"。陈平认为天子主臣，而群臣各有所主，亦绝非完全放任。特别是素称主张无为的陈平、周勃，也会不同意文帝取消"父母妻子同产相坐及收"的法令，认为这样的法令是对于人民"所以累其心，使重犯法"。由此看来，我们怎能得出这些人采取了听之自然的放任政策的结论呢？

我认为，汉初的大商大贾和地方王侯是赞成黄老无为思想和拥护放任政策的，不少黄老学派的确是在主观上站在这一阶层的立场上有意识地维护他们的利益。如淮南王刘安就是。但决不能说，凡是主张黄老无为思想，就一定是站在大商大贾或地方王侯的立场，有意识地代表了这一阶层的利益。我们要在这一关键问题上弄清楚，所以我在上面说基本同意周同志的意见，而不说完全同意，问题就在这里。

我认为，应该特别注意，汉初政权是一个向上升的、有相当能力的政权。它在汉初之所以崇尚黄老学派的无为思想和政治，主要是由于为了维护自己政权的需要，而不是某些大臣执政就实行了代表他们自己阶级利益的政策。而商贾的终于富贵起来，则是因为他们乘着汉初无暇兼顾地方的机会，"交通王侯"从而形成自己的势力，这就汉王朝看来是不得已的事，并非由汉统治者故意放任他们、培植他们的势力。故晁错说："今法律贱商人，商人已富贵矣！"这是表示无可奈何的话。当然，某些大臣自己赞成无为，其中也可能是由于符合了本阶级的利益。但实行这种或那种政策，当时汉皇室是有自己的主张，而且这种主张是起决定作用的。我们不能忽略这一点。不然，为什么与崇奉无为思想的同时又制定种种贱视商人的法律？为什么汉高帝以后不断迁徙豪族，打击豪族呢？

我认为汉初之所以推崇黄老，主张无为，主要就是当时汉政权初定后需要与民休息。

如所周知，汉王朝的兴起，是"接秦之敝"的。当时"诸侯并起，民失作业而大饥馑，凡米石五千，人相食，死者过半"。"天下既定，民无盖臧，自天子不能具醇驷，而将相或乘牛车。上（指高祖——笔者）于是约法省禁。轻田租，什五而税一，量吏禄、度官用以赋于民。而山川园池市肆租税之入，自天子以至封君、汤沐邑皆各为私奉养，不领于天子之经费。"① 这就是汉初最早推行无为政治的情况。很明显，我们在历史上看到了汉初社会在"承秦之敝"的情况下，生产力遭到了严重的破坏，国家的财富是空虚的。而另一方面，地方势力，特别是旧氏族贵族的势力仍很强大，人民的生活也更是十分痛苦。当时这种处境迫使汉王朝不得不采取无为政治，对人民适当减少剥削的程度，使他们得到最低限度的生活资料，继续能够活下去，从而比较安心生产；同时，对于封君、汤沐邑等地方势力又使他们自己各自解决自己的经济问题，使他们"各为私奉养"，既可以减少中央的负担，又可以刺激他们发展生产。这样的措施在当时来说是符合了中央的利益的。因为当时的社会环境困难；中央也实在无暇兼顾地方，只有这样的"无为"，才能把中央与地方之间的矛盾暂时缓和下来，从而发展生产，恢复社会的生产力。但是，这样是否就可以把中央与地方之间的矛盾完全解决呢？不能。汉王朝统治者也看到了这点，所以它在实行"无为"政治的同时也采取了抑制商贾和迁徙豪族的政策以打击他们。可见，黄老学派的无为思想在汉初是符合了中央利益，它的确是汉王朝统治者自己所提倡用以解决当时迫切的社会问题的政治主张和政策，而不是某些大臣为了谋求商贾或地方贵族的利益才提出来的。这一点，我们当首先弄清楚。

汉初实行黄老无为而治的政策的确也收到了政治上和经济上的效果。史称："至武帝之初，七十年间国家亡事，非遇水旱，则民人给家足，都鄙廩庾尽满，而府库余财。京师之钱累百钜万，贯朽而不可校。太仓之粟，陈陈相因，充溢露积于外，腐败不可食。众庶街巷有马，仟伯之间成群；乘牸牝者摈而不得聚会。守闾阎者食粱肉，为吏者长子孙，居官者以为姓号。故人人自爱而重犯法，先行谊而黜耻辱焉。"② 这显然是由于实行无为政治，与民休息，从而提高了当时的生产力水平，和增强了中央的政治力量，使得中央有可能进一步巩固自己的政权，实现大一统的封建专制统治。这些成绩不能不归功于黄老学派。

可是，这不过只是事情的一方面，另一方面，实行无为政治不但不能从根本解决地方与中央之间的矛盾，相反，却加剧了这一矛盾。荀悦曾经指出："古者什一而税，以为天下之中正也。今汉氏或百一而税，可谓鲜矣。然豪强富人，占田逾侈，输其赋大半。官收百一之税，民输大半之赋。官家之惠，优于三代，豪强之暴，酷于亡秦，是上惠不通，威福分于豪强也。"③ 这是指文帝时的情况，至武帝时，地方势力依然很大。他们"役财骄溢，或至并兼，豪党之徒，以武断于乡曲。宗室有土，公卿大夫以下，争于奢侈，室庐车服僭上亡限"④。这种情况又说明了到文景，特别是孝武时代，无为政治再不能继续下去了，即是说，无为政治在与民休息的同时，却便利了地方王侯和富商大贾，他们互相结勾，僭上亡度，甚至威胁到汉王朝的整个统治。文帝时，贾谊曾为此痛哭，景帝时晁错曾提议削边而遭到杀身之祸。武帝时，虽然七国之乱已平，但这些势力威胁，仍然是当时的极其严重的问题。所以，"强干弱枝"就成为文景孝武以来的政治的中心问题。

---

① 见《汉书·食货志》。
② 见《汉书·食货志》。
③ 荀悦：《汉纪》卷八。
④ 见《汉书·食货志》。

在武帝初年，由于：一，有了较丰厚的物质基础；二，经过平定七国之乱后，中央的政治威信有了进一步提高；三，窦太后死后，实行儒术减少了一大阻力。在这样的条件下，儒家的大一统有为思想就自然"水到渠成"，自然要起来代替黄老学派的放任无为思想；加上武帝的雄才大略，努力提倡，儒家思想更加要蓬勃发展了。

基此，我认为黄老学派的无为思想和政治，在汉代初年是符合中央的利益的，它的发生发展和贯彻施行是当时社会的必然产物。它主要是汉王朝统治者所提倡，用以休养生息。但这种思想和政治的发展和执行却便利了地方王侯，氏族豪强和富商大贾。这些人支持这种思想和政策，在这些思想的发展和政策的实施中更加壮大起来，进一步形成了对中央政权的威胁。这时候，即文景以后，黄老学派的无为思想与政治已转变成为对中央政权的障碍，它符合了地方王侯、豪强和富商大贾的利益。无为思想已成为了中央的敌对思想。这种思想为代表地方王侯梁孝王及外戚等势力的窦太后等人所支持，于是在统治者内部就展开了激烈的斗争。武帝则在斗事中紧紧抓着儒家这一思想武器，维护皇室的利益。在王朝里这一斗争曾经发展至流血，是异常激烈的。①

至于董仲舒儒家思想，当然也是符合了所谓"白衣"的中小庶族地主阶级利益的。仲舒也利用皇室来为中小地主争取政治地位。这点，我是同意周同志的意见的。但我却认为，儒家的有为思想首先是由于汉王朝统治者的需要，而不是首先由于"庶人"地主阶层"为了要在政治上、思想上求得巩固他们的利益"而"要求君主废除不合理的地方王侯的剥削和统制""要求加强君主集权力量"。并且"由于这个要求不违反君主的利益"，"文帝景帝也是赞成的"，这样汉王朝统治者才接纳了这些"庶人"地主阶层的要求。我认为这样分析是不符合当时历史事实的。

二

第二，周同志认为"汉武帝终于采用了董仲舒的《春秋》统治，来摧毁分散主义的黄老法统，并用忠君、大一统的意义，来镇压当时的农民起义，防止土崩之势"。关于前一个论点我同意，但后一个论点我却不同意。因为它不符合历史事实。历史的真实是在董仲舒活着的时候并没有农民起义发生，仲舒的思想怎么能说是要镇压当时的农民起义的呢？

周同志说："这时已经在各地出现了农民起义，南阳有梅免、有政，楚有段中、杜少，齐有徐勃，燕赵之间有坚卢、范主等。这些起义，使得汉武帝身边重臣不得不惊呼，土崩之势已成。这个形势，实是有为派胜利后面临的迫切问题。"所谓惊呼"土崩之势"，据周同志在注里指出是指徐乐《上汉武帝书》。并说："董仲舒在向汉武帝对策中，也提到"今汉继秦之后，如朽木粪墙矣"，在《繁露》中提到"圣人之道，堤防之类也"，这些话皆对农民起义而言。考梅免等各处农民起义均见《汉书·酷吏传》中之《咸宣传》，在传中没有记明此事发生于何年。但有当时会"使光禄大夫范昆诸部都

---

① 例如，《汉书·武帝纪》称"（建元）二年冬，御史大夫赵绾坐请毋奏事太皇太后，及郎中令王臧皆下狱，自杀"。注云："王臧儒者，欲立明堂辟雍。太后素好黄老术，非薄五经，因欲绝奏事太后，太后怒，故杀之。"

尉，及故九卿张德等衣绣衣，持节虎符，发兵以击，斩首大部，或至万余级。及亡，复聚党阻山川，往往而群，无可奈何。于是作沈命法"等纪载。这些纪载又见于《资治通鉴》天汉二年。而《汉书·武帝纪》天汉二年亦载"秦山琅邪群盗徐勃等，阻山攻城"事，亦与《通鉴》合。由此可见，周同志所指的"农民起义"，实发生于武帝天汉二年。按天汉二年为公元前99年。而董仲舒生于文帝初4年（公元前176年），卒于武帝太初元年（公元前104年），仲舒对策《汉书·武帝纪》载于元光元年（公元前134年），《通鉴》载于建元元年（公元前140年），而另据齐召南所考证，当在建元5年（公元前136年）。而徐乐上书武帝，据顾炎武考证当在元朔二年（公元前127年）至元狩六年（公元前117年）间，《通鉴》则系于元朔元年（公元前128年）。照这样看来，周同志所指的农民起义，实在发生于仲舒对策后35—41年，发生于徐乐上书后18—29年，发生于仲舒死后5年。我们怎能得出这样的结论说仲舒35—41年前就有了对付和镇压他死后的农民起义的思想，而徐乐也在18—29年前就被18—29后的农民起义迫得惊呼起来呢？仲舒对策是在武帝初年，这已经成为定论。而这时正是汉兴"七十年间，国家亡事"[①]的"盛世"，怎么在这"盛世"中，又会是面临农民起义的迫切问题呢？

我对这些史实与周同志的理解有所不同。我且先来讨论徐乐所谓"土崩之势"。徐乐这篇《书》是这样说的。它首先从秦代说起，指出秦代暴虐其民，农民们如陈涉等由于暴政所迫，就起来革命，这种革命是急剧的变革，有如土崩之势。而景帝时吴、楚等七国之乱，虽然可怕，但因为文帝以来的德政未衰，所以大乱很快就平定。这不过是瓦解之势，容易处理。徐乐的目的在说明如果人君暴虐其民，"民困而主不恤，下怨而上不知，俗已乱而政不修"，则虽象陈涉那样微贱的人也可以把强暴的政权推翻；反过来说，如果人君"之德未衰，而安土乐俗之民众"，则"诸侯无竟外之助"，虽有七国之强，起来作乱，也不足畏。他的结论是要劝武帝施行仁政，"而销未形之患"。因为徐乐看到当时"关东五谷数不登，年岁未复，民多穷困"，遭遇了几年的自然灾害，如果再"重之以边事"，穷兵黩武，那么，按照常理推测，就"民宜有不安其处者矣"。[②]这完全是推测戒慎之词，而不是什么"惊呼'土崩之势'已成"。他的主张也是要求施行仁政来使人民"安土乐俗"，而没有主张镇压农民起义的意思。

再回过头来讨论董仲舒。他在对策中曾经说过"汉继秦之后，如朽木粪墙矣"的话。但这话与上述梅克等"农民起义"毫无关系。仲舒在对策中的话是这样的，他说："自古以来，未尝有以乱济乱，大败天下之民，如秦者也。其遗毒余烈，至今未灭。使习俗薄恶，人民嚚顽，抵冒殊扞，孰烂如此之甚者也。……今汉继秦之后，如朽木粪墙矣。虽欲善治之，亡可奈何！法出而奸生，令下而诈起。……故汉得天下以来，常欲善治而至今不可善治者，失之于当更化而不更化也。"[③] 很明显，所谓"朽木粪墙"是指自秦以来一直遗留下来的社会问题，是指七十余年以来一直存在着的老问题，而不是指新问题，更不是指仲舒死后五年多才发生，未及身见的未来问题。而仲舒所要解决这个

---

① 见《汉书·食货志》。
② 见《汉书·徐乐传》。
③ 见《汉书·董仲舒传》，着重点是笔者加的。

问题的方法,就是"更化"。所谓"更化",主要是指王化、是指德教,而不是指镇压农民起义。具体来说,仲舒是震慑于秦末的农民起义的威力,感觉得不能再以暴政来虐待农民,而应该改弦易辙,施行王化以防止将来的农民起义于未萌。这不是说仲舒赞成农民起义,而是因为当时尚没有农民起义。镇压农民起义的问题,当时还不存在。又按"圣人之道,堤防之类也"一语,见《春秋繁露·度制》篇,原文主旨在强调各阶级阶层应该遵守制度,特别是强调"诸有大奉禄"的贵族特权阶级"皆不得兼小利,与民争利业",以免引起人民生活困难,从而影响社会的不安。它说:"凡百乱之源,皆出嫌疑纤微以渐寖稍长,至于大圣人,章其疑者,别其微者,绝其纤者,不得嫌以蚤防之。圣人之道,众堤防之类也。"这也显然是防微杜渐之意,并不是当时真有农民起义,而仲舒起来主张镇压。《度制》篇作于何年不可考,但在《汉书》本传对策中却有与此基本相同的话。如本传云:"夫天亦有所分予,予之齿者去其角,……是所受大者不得取小也。古之所予禄者,不食于力,不动于末。……夫已受大又取小,天不能足,而况人乎?此民之所以嚣嚣苦不足也。身宠而载高位,家温而食厚禄,因乘富贵之资力,以与民利于天下,民安能如之哉!……务此而亡已以迫蹴民,民日削月朘,寖以大穷。富者奢侈羡溢,贫者穷急愁苦。穷急愁苦而上不救,则民不乐生,民不乐生,尚不避死,安能避罪,此刑罚之所以蕃,而奸邪不可胜者也。故受禄之家,食禄而已,不与民争业,然后利可均布,而民可家足。此上天之理,而亦太古之道,天子之所宜法以为制;大夫之所当循以为行也。"①这段话完全可以作为《度制》篇的"堤防"二字的注释。我们应该注意,仲舒说话的语气是根据当时的情况而发一般的议论。其中包含着不少假设之词。如"民之所以嚣嚣苦不足",是以食禄者既受大又取小为假设前提;民不乐生,不避死,不避罪,是以食禄者受大取小务此无已以迫蹴民而上又不救为假设前提,这也是防微杜渐之意,并非当时农民已经起来革命,马上需要镇压。同时,据上所说,仲舒对策是在武帝初年,则《度制》篇"堤防之类"的议论也当在武帝初年。而武帝初年,周同志自己也承认"至于地主与农民的阶级矛盾,当时还不突出"的。

基此,我不同意周同志"从此,有为派的斗争对象,也变成主要不是在于统治阶级内部,而是在于对立的阶级——农民了"的结论。当然,我不是说董仲舒等有为派真的会站在人民立场来爱护农民,而是说,当时不曾发生镇压农民起义的具体问题。

那么,我们也就可以附带指出,董仲舒的《春秋》法统,也不能说它是用来镇压当时的农民起义。按仲舒讲《春秋公羊传》之学,当比他对策时更早,应是在孝景之世。这时,周同志自己也承认,"地主与农民的阶级矛盾,当时还不突出"。那又怎能说仲舒的《春秋》法统是用来"镇压当时的农民起义"的呢?

三

第三,在第二章里,周同志谈到了董仲舒的政治理论问题。我是基本同意他的论点的。例如谈到仲舒的礼的精神,谈到尊尊原则和亲亲原则等,理论都很精辟。可是,有些问题却值得商榷。

---

① 见《汉书·董仲舒传》,着重点是笔者加的。

周同志一方面说：仲舒"觉得古人所谓从道不从君的理论，便必须隐藏起来了"。又说"借天来限制君权，把希望放在天上，这样，绝对尊君，便无危险了"。又说，"董仲舒在此用了灾异说来约束，这是'白昼见鬼'。其结果，就是上下作伪，君主在宗教外衣下为所欲为"。照这样看来，周同志是认为董仲舒的思想是绝对尊君，不重民意、以天来限制人君的作恶是毫无意义的。但另一方面，周同志又说："在地主阶级还能促使社会向前发展的时候，在一定程度上它还可以反映人民的某些利益，所以董仲舒的灾异说，虽以宗教迷信的方式出现，而且，也很可以被后来反动的政权所利用，但它借天意或多或少地反映了一些'民意'，我们似不能全盘予以否定。"这些话是说，天对君权也能有所限制，也能反映民意来限制君权。这是前后矛盾的。这些前后矛盾的话如何统一起来，在周同志的著作中似乎交代得不够明白，从总的精神来看，周同志似乎是主张前一说的。但我认为讨论这个问题，首先应该考虑到汉初迷信空气弥漫的社会环境。宗教迷信，在今天来说，我们当然觉得很可笑。但在汉初时候，它的确是一种能够约束人们思想行动的力量。就君主本人来说，的确他们是要用宗教迷信来麻痹人民，可是，问题也不是那么简单。当时的君主也有不少是真正迷信宗教、天神和祯祥灾异之说的。即如武帝本人，他在晚年就很信方士，追求神仙，这不能不说是他衷心信奉那些神怪之说。所以，当时的天神和灾异谴告等，对人君的确是有约束的力量。这并不是"白昼见鬼"。皮锡瑞说："汉有一种天人之学，……当时儒者以人主至尊，无所畏惮，借天象以示儆，庶使其君有失德者，犹知恐惧修省，此《春秋》以元统天，以天统君之义，亦《易》神道设教之旨，汉儒借此以匡正其主。其时人主方崇经术，重儒臣，故遇日食地震，必下诏罪己，或责免三公，虽未必能如周宣之遇灾而惧，侧身修行，倘有君臣交儆遗意。"① 这个意见是值得注意的。所以，仲舒自己也说："因恶夫推灾异之象于前，然后图安危祸乱于后者，非《春秋》之所甚贵也。然而《春秋》举之以为一端者，亦欲其省天谴而畏天威，内动于心志，外见于事情，修身审己，明善心以反道者也。"② 仲舒的倡导天道之说，目的之一也是在于儆惧人君，而且明言这并不是《春秋》之所甚贵。当然，他的理论主要还是在麻痹人民，拥护封建中央集权的统治，但也有他的积极的一面，不能过低估计。

其次，正是由于上述前后两种论点的矛盾。因此，在"革命"问题上，周同志对仲舒思想的论述，似乎前后也有些矛盾，论点也有些理由不很充分。周同志引了《春秋繁露·尧舜不擅移》关于汤武革命的一段话之后说："既然可以换朝，当然可以'革命'。既然可以'革命'，当然也可改变根本制度。"又说，董仲舒"也只说君之位绝对尊严，并未指任何君主个人该无条件地尊严。所以董仲舒还是想把变礼的意义包含着'革命'在内。换言之，尊尊之中允许'革命'"。另一方面又说，董仲舒"倒是拥护旧制度。实际上董仲舒所谓改制，只是改混乱的制度归于原有制度之意"。这两种看法也是前后矛盾的。在这里，周同志也发现了理论上的矛盾，怎样解决呢？周同志对于辕固生与黄生讨论汤武革命事自己解释说："汉初君主，不敢正视这问题，想把二者都兼

---

① 见《经学历史》。
② 见《春秋繁露·二端》。

收并蓄，一面固然要证明当时政权不容有人反对，一面又要证明汉高祖得天下是合于经。所以对于二说再不敢讨论下去。""董仲舒似乎对于这点看得很清楚，所以把这两种对于变礼或权礼的不同解释，都容纳在自己理论内，即使是矛盾的，也不加澄清。因为它可以混乱人民视线，以为他也有一些不赞成绝对专制的意思。其实，这完全是笨拙的设计。因为董仲舒的整个思想，明明是以绝对专制的尊尊原则为基础。"我认为这样的分析不尽符合仲舒思想的实际。当然，仲舒主张"道不变"是事实，谈革命也是事实。不过，这却不等于说仲舒就因此而把两种矛盾的观点都容纳在自己理论内而不加以澄清，更不是为了混乱人民视线才谈一下"革命"。我们应注意一个事实，这就是我在上文所指出，汉代儒者是无不以秦之暴虐速亡为戒的。陈涉吴广起义的教训，他们时刻没有忘记。董仲舒自也如此。所以他说："治乱废兴在于己，非天降命，不得可反。"① 又说："王者爱及四夷，霸者爱及诸侯，安者爱及封内，危者爱及旁侧，亡者爱及独身。独身者虽立天子诸侯之位，一夫之人耳，无臣民之用矣！"② 又说："于《春秋》明此存亡，道可观也。观乎亳社，知骄溢之伐；……观乎晋厉之妄杀无罪，知行暴之报。"③ 可见，仲舒是承认革命的。不过他承认革命，并不是站在人民立场来主张革命，而是站在汉王朝统治者的立场，害怕革命，因而预防革命。所谓预防革命也不是说当时已经发生了革命，而是鉴于历代暴君必定引起革命，所以就要劝导人君施行"仁义"来缓和阶级矛盾，防止革命的发生。仲舒承认"革命"说得十分明显，他对汤武革命的时论是斩钉截铁的，并不是不加澄清。他在《尧舜不擅移》篇说："儒者以汤武为至贤大圣也。……有道伐无道，此天理也。……君也者，掌令者也，令行而禁止也。今桀纣令天下而不行，禁天下而不止，安在而能臣天下也！果不能臣天下，何谓汤武弑？"他肯定了汤武革命是"顺乎天而应乎人"，汤武之所为是大圣大贤之所为。他对革命的见解丝毫没有含混。

然而，仲舒承认革命的思想与他的"道不变"的思想有没有矛盾呢？我认为没有矛盾。因为仲舒所理解的革命，和我们现在所理解的革命不完全一样，他所理解的革命——古代的儒者大都如此——只是以有道易无道的改朝换代，实行一些就现在我们看来是非根本性的改革，并不是要求"改变根本制度"。这是由于古代社会发展缓慢，当时的人也不可能从根本制度的改变这一观点去理解革命的意义的原故。同时，即使在春秋战国至秦汉，由奴隶社会转变为封建社会，这种转变，当时人也是不易从它们之间根本性质的不同这一方面去认识的。因为两种社会都是由统治阶级通过土地来剥削农业劳动者，而且在春秋末、战国时由奴隶制向封建制的过渡又是各国发展不平行，它们之间的区别也不容易看到。因此，仲舒在承认革命的同时又主张"道不变"，这两种思想并不矛盾。

我们也应当理解，所谓"王统"的"改正朔、易服色"，我认为也不是如周同志所说只是说明"现象必定要变"，也不是"一切归诸于天，毫不重视新王出现的条件。

---

① 见《汉书·董仲舒传》。
② 见《春秋繁露·仁义法》。
③ 见同上《王道》。

这样三统说就不能作为对现实的否定，而只可作为对现实的肯定"。更不是"以一个天字来搪塞，其实就等于在实际上取消了自己所说的话"。因为很明白，仲舒是认为"治乱兴废在于己，非天降命，不得可反"的，我认为仲舒所谓"改正朔、易服色，所以应天"，有两个意义。一个意义是说，天指所遇之时，而时会之形成又与人君的仁暴有关。人君而仁，天是庆赏他的。这时候是治世，没有发生革命的可能。人君而暴，天是谴告他，警戒他，甚至责罚他，贬低他。这时侯是乱世，就有革命的可能。天虽有意志，人君虽向天负责，但世之治乱却不是宿命的，而是在于人君自己的仁暴。另一个意义则是表明人主"受命于天，易姓更王，非继前王而王"，表明人主为天"所授命者，必民之所同乐"①。这两点很重要。它表明人主受命于天，但能否受天之命，其原因在于是否有德于民。表面上虽然是君主向天负责，实质上是要求君主向民负责，也就是承认了民意对君主有约束力。同时又表明君主的得天下，只在仁德，而不是前王的继统。改正朔、易服色是标志着王统的不同，这在仲舒看来道虽然仍旧不变，但也是一种很重要的改革，而不仅仅是现象的变。我认为这正是由血缘氏族国家的奴隶制社会向地域化国家的封建制社会变革的反映。所以在三统说中仲舒强调"王者之法必正号，绌王谓之帝，封其后以小国，使奉祀之；下存二王之后以大国，使服其服，行其礼乐，称客其朝"②。这又反映了当时血缘氏族的残余势力仍很强大，所以还要分封二王之后以维系他们。由此说来，改正朔、易服色就仲舒等人看来的确是有关"革命"的一件大事。史称："武帝即位，天下艾安，缙绅之属，皆望天子封禅改正度也。赵绾王臧议草改历服色事未就，窦太后不好儒术，使人按绾臧，绾臧自杀。"③这是儒道之争，也是中央皇权与地方外戚势力之争。如果只是一些现象的改变，颜色的更换，断不会酿成流血事件的。实质上是因为如果改了正朔、易了服色，就等于宣布汉王朝已经接受了天命。这是对野心的地方势力的严重打击。汉兴六七十年，正朔服色一直没有确定，这反映了这六七十年中，地方势力仍然很强大，汉政权还未达到巩固的地步。因此，仲舒有系统地提出三统说和改正朔易服色也正是当时政权已经巩固的反映。

当然，仲舒所谓革命，绝不会主张人民起来自下而上地革命。相反，如果真的人民要起来革命的话，他是要起来镇压的。他已很明显地主张人主要恩威并用，刑德兼施。他的礼表法里的思想，三纲五常的封建秩序，是他思想的核心。他的思想是官方思想的代表，是维护封建中央集权的，我们不能想象这样的思想会主张人民革命。但他认为如果人君暴虐，民不聊生，那就会有另一个圣王象汤武那样吊民伐罪，应天之命，起来革命，代替旧王。故他的确是企图用仁义教化来缓和阶级矛盾，消除革命之"祸"于未萌。他主张鉴秦之暴，行汉之仁，以改弦更张，创立一个太平盛世的局面。基此，仲舒对"民"是相当重视的。我不同意周同志认为"董仲舒的'心'，是背叛人民，远离人民"的论断。仲舒会在讨论汤武革命时说："且天之生民，非为王也，而天立王以为民也。故其德足以安民者，天予之；其恶足以贼害民者，天夺之。"④又说："王者，

---

① 见春秋繁露《楚庄王》。
② 见同上《三代政制质文》。
③ 《西汉会要》卷二十七，"五运"条。
④ 《春秋繁露·尧舜不擅移》。

民之所往；君者，不失其群者也。故能使万民往之而得天下之群者，无敌于天下。"①这显然是有类于孟子的民贵君轻思想。这里所指的民，既指中小地主阶级，也指一般劳动人民。绝没有劳动人民除外的意思。因为我们可以参证《汉书·食货志》仲舒曾指出当时"富者田连仟伯，贫者无立锥之地"。一方面"邑有人君之尊，里有公侯之富"，另一方面则"贫民常衣牛马之衣，而食犬彘之食"的不合理，故他主张"限民名田，以澹不足，塞并兼之路，盐铁皆归于民，去奴婢，除专杀之威，薄赋敛、省徭役，以宽民力"。这里所指的"民"是包括了中小地主阶级和一般劳动人民在内的。仲舒这些主张是在打击当时的地方豪强，对中小地主阶级和一般劳动人民，甚至奴婢都有利的。我认为仲舒主张的刑德策施，刑主要是针对地方势力，德则是主要用以争取人民。当然，并不是说对地方势力就不用德，而对人民就不用刑。同时，对人民施加仁德，也不是真的站在人民立场，而仍然是站在最高统治者的立场出发的。仲舒的逻辑是如果"民愁亡聊"就要"亡逃山林，转为盗贼"，而"盗贼"是不能专仗刑威就可以彻底解决。鉴于秦代的故事，严刑峻法不但没有收到治安的效果，反而招致灭亡。倒不如"改弦更张"，用德化的手段，适当减轻对他们的剥削，使他们"衷心归附"，这却是长治久安的办法。故仲舒的思想是重民正所以尊君。重民与尊君二者并不矛盾，因为他已理解到失民就要失君，故重民是尊君的根本。我们也可以说，仲舒和当时一般儒者的这些主张与其说是统治者的"善心"，无宁说是秦末农民起来斗争得来的胜利果实。我们不问统治者的出发点如何，即使这种重民的思想是谋求当时统治者的长远利益，"大功大利"也好，而它都是相对地符合当时的农民利益的，不能说是农民的"大害大难"。

仲舒的思想，在当时的确起了缓和阶级矛盾，巩固和发展汉代政权，促进了社会生产力的效果。我们试看，仲舒死后武帝没有很好执行仲舒力农多种麦禾和限民名田的政策，而至用度奢侈，扩充疆土，耗费不少。故仲舒死后数年，"功费愈甚，天下虚耗，人复相食"②。这正是周同志所指的梅克等"农民起义"的时候。但后来武帝"悔征伐之事，乃封丞相为富民侯"③，实行仲舒力农的政策。结果大大提高了生产力，普遍增加生产。"是后边城河东弘农三辅太常民皆便代田，用力少而得谷多。至昭帝时，流民稍还，田野益辟，颇有畜积。宣帝即位，用吏多选贤良，百姓安土，岁数丰穰。"④这些成绩都可以说是实行了仲舒政策的结果。司马光评武帝说："孝武穷奢极欲，繁刑重敛，内侈宫室，外事四夷，信惑神怪，巡游无度，使百姓疲敝，起为盗贼。其所以异于秦皇者无几矣！然秦以之亡，汉以之兴者，孝武能尊先王之道，知所统守。受忠直之言，恶人欺蔽好贤不倦，诛赏严明。晚而改过，顾托得人，此其所以有亡秦之失，而免亡秦之祸乎！"⑤司马光虽然是一个代表封建统治的官方的史学家，他的评论未必完全适当，可是这段话，我认为是比较中肯的。武帝时代社会发生一些毛病，主要原因之一是和他的穷奢极欲有关。而当时社会毕竟能够向上发展，除了当时社会发展规律的必然

---

① 见《春秋繁露·灭国上》。
② 见《汉书·武帝纪》。
③ 见同上。
④ 见同上。
⑤ 见《资治通鉴》卷二十二《汉纪》十四。

性外，武帝能够"尊先王之道，知所统守"，也是一个重要的原因。而所谓"尊先王之道，知所统守"等当是指实行了董仲舒等儒臣的政策。

至于汉代后来的农民起义，我认为不能归咎于仲舒思想。当然，仲舒思想只能暂时缓和阶级矛盾而不能彻底解决阶级矛盾，这不但仲舒思想如此，即任何封建地主阶级思想也是如此。如果我们认为二千年前的仲舒思想能够解决阶级矛盾，制止农民起义，那是不切实际的。我们评论仲舒思想应从当时的历史条件着眼。同时，由于汉代的地方豪强势力一直没有肃清，而且还相当强大，所以仲舒思想也一直没有很好贯彻。如"限民名田"等措施就一直没有很好施行。这也是应该注意的。

但是，虽然如此，我还是认为仲舒思想主要方面仍是消极的。我认为仲舒思想对后世影响最不好的就是他的"道不变"的历史循环论和三纲五常之说，以及尊卑贵贱的等级观点。他的三纲说配合着他的神道与天道，形成了君权、父权、夫权和神权的权威，正如毛主席所说，这四根绳子，束缚了中国人民二千多年。这四根绳子大体上可以说创自董仲舒。这在后代来说，是极反动的思想。

其次，仲舒的性三品说也是消极的。他认为劳动人民的"斗筲之性"是恶，是不能教化，这是贱视劳动人民的思想。可是，他从人性论上贱视劳动人民与在政治论上重视他们，并不矛盾。仲舒的意思是，劳动人民虽然贱，但如果他们的生活不得到基本的解决，虐待他们过甚，他们是要起来反抗，从而危及统治阶级的政权的，因而，要重视他们。故仲舒对劳动人民主张行仁义，对奴婢也主张除专杀之威。

最后，仲舒的天志论、目的论和谴告论，后来与谶纬图说相结合，导人迷信，成为麻痹人民的鸦片，也是反动的思想。

此外，仲舒思想还有很多糟粕。我在上文似乎对仲舒思想肯定过多，这只不过是与周同志以及其他同志们提出来商讨的几个问题，并不因此而否定仲舒的基本的、消极的一面。

1961年12月24日脱稿于中山大学哲学系

原载《中山大学学报（社会科学）》1961年第4期

龚自珍思想初探

杨荣国

龚自珍（一七九二——一八四一），字璱人，号定庵，出身于官僚地主的家庭。他得功名较晚，且终其身是不得意的！他曾写诗道："精微惚恍，少所乐兮！""回念故我，在寥廓兮；我诗座右，荣我独兮！"①——由此可知他的郁郁的心境。

在学术思想方面，他曾从刘逢禄（一七七四——一八二九）、宋翔凤（一七七六——一八六〇）治公羊学。而公羊学的所谓"张三世"——据乱世、升平世和太平世；如何由据乱而升平而太平，这中间自寓有对政治的必须改革之意。龚自珍受了此学的影响，加上他对当时现实的不满，自亦有从揭露当时政治的与社会的黑暗中而趋向改革之意。

除此之外，他对佛学亦下过一些研究功夫，并从他的外祖父段玉裁（一七三五——一八一五）学过训诂学。

一

首先谈到他的论"人性"，他背离了儒家的传统——既不同意荀子的以"人性"为"恶"，亦反对孟子之以"人性"为"善"；他这样说："夫无善也，则可以为桀矣；无不善也，则可以为尧矣。知尧之本不异桀，郇卿氏之言起矣；知桀之本不异尧，孟氏之辩兴矣！"②因之他所认为具有真理性的，倒是告子的论性。他说：

> 告子曰："性无善无不善也"；又曰："性，杞柳也；义，杯棬也；以性为仁义，以杞柳为杯棬（即杯圈，饮器），阐之曰：浸假而以杞柳为门户藩杷（即藩篱），浸假而以杞柳为桎梏楛（木制手械），浸假而以杞柳为虎子威俞（溺器），杞柳何知焉？又阐之曰：以杞柳为杯棬，无救于其为虎子威俞；以杞柳为威俞，无伤乎其为杯棬，杞柳又何知焉？"③

这里，他反复阐明杞柳之为杯棬，为门户藩篱，为手械，乃至为溺器，并非是杞柳的本性，不是先天的，而是后天的人为所致。同样的，人性亦是如此，亦是"善非固有，恶非固有，仁义廉耻，诈贼狠忌非固有"④，而是后天的，后天的环境，后天的教

---

① 《定庵诗集》卷下铭座诗。
② 《定庵文集补编》卷三阐告子。
③ 见同上。
④ 《定庵续集》卷二，壬癸之际胎观第七。

育所由致。因之他表明他的观点是:"龚氏之言性也,则宗无善无不善而已矣,善恶皆后起者。"①

龚自珍论性,自不是也不可能从社会的阶级关系上去分析,但他从阐扬告子的"性说"中,自也打击了程朱根据孟子的"性善说"而分别"性"有所谓"本然的"与"气质的";气质的被认为是恶的根源,而以本然的为具有五常(仁义礼智信),之为先验的善性,应予阐发的说法;从而肯定"性"本身无所谓善恶——善恶不是先天的,而是后天的,是后天的社会环境所规定。因之,人们不能无视社会环境,如社会环境是坏,为要使人不染于恶而趋于善,自非改造社会环境不可。

所以他对于告子"性说"之阐述,自不是偶然的:自是见到了当时社会环境之陷人于恶所致。这从魏源(一七九四——一八五六)称龚自珍写文是以"世情民隐为质干",即可知龚自珍对当时社会环境了解的较深切②。

孟子言"性善"和程朱的言"性即理",都是以性为先验的,固不用说,就是扬雄,他言人性为"善恶混",亦是以性为先验的! 所以龚自珍说:"雄也窃言,未湮(塞也)其原;盗言者雄,未离其宗。"③ 而认为只有告子,他论人性,才否定了先天,而肯定人性之善恶之为后起。

简明的归结,龚自珍从阐告子中之对先验的人性论之批判,自亦是对为中央集权封建统治服务的程朱理学的批判,自亦是当时社会的与政治的危机之反映。

二

关于"命"的问题,龚自珍曾巧妙地这样说:

> 君之言,唐虞谓之命,周亦谓之命。④

他这话,无异是说"命"是为压迫的统治阶级所规定。他之所以说的巧妙,就是由于他所处的环境的不同,他不可能和墨子一样,直接指出"命者暴王作之",用来"疑(骗也)众迟(愚弄也)朴"的⑤,不能这样直截了当。

接着他又说:

> 君有父之严,有天之威,有可知,有弗可知,而范围乎我之生。⑥

这就是说,中央集权封建专制主义者,他假天之命,握有无上的威权,从而明一套、暗一套地范围了我之一生,这就是所谓"命"。

---

① 《定庵文集补编》卷三阐告子。
② 吴昌绶:《定庵先生年谱》引。
③ 《定庵文集补编》卷三阐告子。
④ 《定庵续集》卷一尊命。
⑤ 《墨子·非命下》。
⑥ 《定庵续集》卷一尊命。

反过来，如果封建专制主义者支配于我，我不仅不受其支配，且进而与之理喻；关于这，龚自珍幽默似地比喻着说："山川而解语，葬师食无所；肺腑而解语，医师色如土。"① 这就是说，如果人民能说话，不受其支配，则封建专制主义者，就会有如山川之能说话一样，使葬师便无啥饭之地；就会有如肺腑之能说话一样，要骇得医师面如土色——从封建专制主义者来说，这还得了吗？然而，封建专制主义者就是这样，就是靠假天命，靠握有无上的威权，不许人说话而获得存在，而支配人的命运。

龚自珍在另一面，又以后与妃妾之进御于君为喻：

后与妃妾之能否受宠而进御于君，从三百篇来看，所谓"实命不同""实命不犹"，这说明她们是有感受——都嗟叹着自己的命运。龚自珍指出：这其中"乃有无如何而不受命者矣，不受命而卒无如何者矣。诗人则刺之曰：乃如之人也，怀昏姻也，大无信也，不知命也！其言有嫉焉，有懑焉，抑亦有欷歔焉，抑亦似有憾于无如何之命，而卒不敢悍然以怨焉！"② 就是说，这其间充满了嫉妒，愤懑，欷歔与恼憾，但亦无如这所谓"命"何！亦"卒不敢悍然以怨"，这是为什么呢？她们的命运又是为谁所支配了呢？

他还指出司马迁对"命"的这一问题，早有感叹，因司马迁序外戚③，"言命者四，言之皆累歔！"④。司马迁以歔欷表示他对"命"以愤怒与反抗！

龚自珍的结语是："命"从何来？"使正者受，不正者亦受，无如何者亦受，强名之曰命！总人事之千变万化，而强诿之曰命！"如此而已！"命"既是"强名之""强诿之"，这说明"命"并非是先天所规定，而是后天的——后天的不合理的社会的与政治的制度所捉弄出来的！实际上并无所谓"命"——无所谓"命"的支配。

所以龚自珍在文字的标题上说是"尊命"；但其实质是在对支配命运者的控诉，是在非命。

思孟学派"天命之谓性"的思想，是为中央集权封建统治服务的程朱理学的内核，而龚自珍之对先验的"性"与"命"的批判，亦即是对"天命之谓性"的思想的批判；对"天命之谓性"思想的批判，亦即是对程朱理学的批判。

三

龚自珍曾述庄存与（字方耕，一七一九——一七八八）的话道："辨古籍真伪，为术浅且近者也，且天下学僮尽明之矣，魁硕当弗复言。"⑤

这话是公羊学家一贯的主张，如后汉何休（一二九——一八二）就曾说过："是以治古学，贵文章者，谓之俗儒。"⑥

这虽是公羊学家一贯的主张，但庄存与他们于这时以公羊学昌，而又利用公羊学之

---

① 《定庵续集》卷一尊命。
② 《定庵文集补编》卷一尊命二。
③ 《史记》卷四十九。
④ 《定庵文集补编》卷一尊命二。
⑤ 《定庵文集》卷上资政大夫礼部侍郎武进庄公神道碑铭。
⑥ 春秋公羊经传解诂何休序。

反古学，以反对当时之"辨古籍真伪"，指出这是"为术浅且近者"之学，应不足道！而龚自珍又特别重温庄存与的这一段话——这一切，均说明并不是什么偶然！而是当时中央集权封建统治的危机毕露，而必须利用公羊学中如何由据乱而升平而太平的说法，以进行政治的与社会的改革，以讲求经世致用之学，因而必须反对"为术浅且近"而又脱离实际的这"辨古书真伪"之学。

龚自珍利用公羊学主要的就是抓住了这点。

于是他把世分为三等：即"治世为一等，乱世为一等，衰世为一等"，而他着重分析的是"衰世"的一等[①]。什么是"衰世"呢？

他指出："衰世者，文类治世，名类治世，声音笑貌类治世。黑白杂而五色可废也，似治世之太素；宫羽淆而五声可铄也，似治世之希声；道路荒而呼岸隳也，似治世之荡荡平平；人心混混而无口过也，似治世之不议。"[②]

这就是说，"衰世"从表面上看似乎很好，象是"治世"一般的；但深入下去看，就知道不然！社会上黑白不分，是非不分，田土荒芜，人民被压榨的说不出话。

他这所谓"衰世"，实际上指的，就是他当时的社会情况。

而"衰世"的具体景象：

封建剥削的严重——如"狎（习也）富久，亦自富也"，而"狎贵久，亦自贵也"；他们安于富贵，"宫室车马衣服仆妾备"；至他们的富贵从何而来，就是把"农夫织女之出，于是乎共之"——全归他们剥削净尽[③]。

由是而酿成阶级的尖锐对立：

"如贫相轧，富相耀；贫者阽（频于死亡线），富者安；贫者日愈倾，富者日愈壅"；于是"或以羡慕，或以愤怨；或以骄汰，或以啬吝"；致"浇漓诡异之俗，百出而不可止"；酿成"至极不祥之气，郁于天地之间，"可是"郁之久，乃必发为兵燹，为疫疠"，到这时，"生民噍类，靡有孑遗"了！[④]——就是说，尖锐对立的结果，势必酿成革命的爆发。

由是而所呈现的局面是：

"豺踞而鸮视，蔓引而蝇蟄；亦有爱憎恩仇，相朋相攻"[⑤]——是这么一个豺狼当道——"虎视眈眈，其欲逐逐"的局面。

由是而人的心思亦为所窒息——不知白黑，不分是非了！龚自珍指出，这是"僇（杀戮也）其心"！

分析起来，"僇其能忧心，能愤心，能思虑心，能担荷心，能有廉耻心，能无渣滓心"；"而僇其心"，"又非一日而僇之，乃以渐，或三年而僇之，十年而僇之，百年而僇之"！这当中，虽然"才者自度将见僇，则早夜号以求治"；可是"求治而不

---

① 《定庵文集补编》卷一，乙丙之际塾议二。
② 《定庵文集补编》卷一，乙丙之际塾议二。
③ 同上书卷，乙丙之际塾议三。
④ 《定庵文集》卷上平均篇。
⑤ 《定庵文集补编》卷一，乙丙之际塾议三。

得"；另一面，则"悖悍者则早夜号以求乱"①——势必走向武装的反抗。

至"僇其心"的经过：

如"募召女子千余户入乐籍"，于是"乐籍既棋布于京师，其中必有资质端丽桀黠辩慧者出焉"；她们"目挑心招捭阖以为术"，这样，"可以箝天下之游士"，"使之耗其资财"，因而他们"谋一身且不暇"，自"无谋人国之心矣"。或是"便之耗其日力"，于是自"无暇日以读二帝三王之书，又不读史"，自然便"不知古今"了。或是"使之缠绵歌泣于床笫之间，耗其壮年之雄才伟略"；这样，自然"思乱之志息"，自然"议论图度，上指天，下画地之态息"。或是"使之春晨秋夜，为艳体词赋游戏不急之言，以耗其才华"；这样，"论议君国臧否政治之交章可以毋作"。这么一来，自然"民听壹，国事便，而士类之保全者亦众"②——这就是说，以腐蚀的办法，去汩没人的意志，和消除人的反抗心理，从而使得中央集权封建专制主义的统治得以永固。

亦由于这，故当"今政要之官"，只"知车马服饰言词便给"，如是而已！"外此则非所知。""清暇之官"，则只"知作书法赓诗"，如是而已！"外此则非所问。"因之，这班人被腐蚀的，当"堂陛之言"，则"探喜怒以为之节"，倘"蒙色笑获燕闲之赏，则扬扬然以喜，出夸其门生妻子"。倘"小不霁，则头抢地而出，别求可以受眷之法"。难道作大臣的应当这样吗？他们的可耻的答复是："我辈只能为是！"至"务车马捷给者"，则"不甚读书"，并且说："我早晚直公所，已贤矣！已劳矣！"至"作书赋诗者"，虽"稍读书"，则"莫知大义"！"以为苟安其位一日，则一日荣"，倘"疾病"则"归故里"；便"以科名长其子孙，志愿毕矣！并告诫"其子孙，世世以退缩为老成"；如谈到"国事"，则说"我家何知焉？"③——这样"僇其心"的结果，致不知有廉耻，也不过问政治，以退缩为老成，一切敷衍应付！——形成这么一个极端腐败的官僚政治。

龚自珍这是就当时士大夫阶级而言。他们之被"僇其心"自可想见。

可是当时的人民大众呢？龚自珍指出："悖悍者则早夜号以求乱"——他们的心不仅不会被僇，由于压迫剥削的严重，他们要走向或已走向武装的反抗。可不是？他接着又指出："开辟以来，民之骄悍，不畏君上，未有甚于今日中国者。"④事实上，清自开国以来，人民反清的残暴统治是此伏彼起的，并不曾休止过。

这情势，从龚自珍看来，自是岌岌不可终日的局面⑤。

因之他认为：如果"拘一祖之法，惮千夫之议"，而不从政治上经济上改弦更张，而"听其自陊（与堕同）"的话，那就只好"以俟踵兴者之改图耳"！可是，他又认为"与其赠来者以勍改革"；那么，又"孰若自改革"呢⑥？——不如自行改弦更张之

---

① 《定庵文集补编》卷一，乙丙之际塾议二。
② 《定庵续集》卷一京师乐籍说。
③ 《定庵文拾遗》明良论二。
④ 《定庵文集补编》卷四，与人笺。
⑤ 他说当时的情况是："大抵富户变贫户，食户变饿者，四民之首，奔走下贱，各省大局，岌岌乎皆不可以支日月，奚暇问年岁？"（《定庵文集》卷中，西域置行省议。）
⑥ 《定庵文集补编》卷一，劝豫。

为妙!

话虽如此说,但龚自珍窥测当时清朝封建专制主义者是难有改弦更张之望的,所以他曾巧妙地这样说:"古先册书,圣智心肝,人工精英,百工魁桀所成"——这一切可以进行改革的良好方案,"如京师"——送到京师来,可是"京师弗受";"非但不受",反"裂而磔之"——遭到毁坏。由于这,故他在另一面,便看到会"有大音声起"——会有革命势力的兴起;到这时,自是"天地为之钟鼓,神人为之波涛矣"①!——由是才可获得问题的解决呢!

至他之有此看法,自不是也不可能是有意于革命,只因他对"世情民隐"有较深的理解,他认识到当时"贫"与"富"是"大不相齐"——悬殊过甚!而"大不相齐"——悬殊过甚,其结果"即至丧天下"——势必为革命势力所摧毁。

总的说起来,龚自珍只是从关心"世情民隐"中,见到了一些当时的社会的与政治的危机,从而企图有所改革,抱有若干改革的愿望,如此而已!

四

龚自珍以如下的对白方式,道出了他与儒家一个不同的看法的问题:

儒者说:"天下之大分",是"自上而下"的。

他不同意!他认为"先有下而渐有上,下上以推之"。

为什么这样?

他说:"天穀没"而"地穀苗",于是乎"始贵智贵力"!因而"有能以尺土出穀者",即"以为尺土主";"有能以倍尺若什尺百尺出穀者",即"以为倍尺什尺百尺主";"号次主曰伯"。"帝若皇,其初尽农也,则周之主伯与!古之辅相大臣尽农也,则周之庸次比耦之亚旅与!"因为"土广而穀众,足以芘其子",故"力能有文质祭享报本之事,力能致其下之称名,名之曰礼,曰乐,曰刑法"。所以"儒者"的说法,是"失其情",是"不究其本"的说法②。

龚自珍这一番对儒者批驳的对白是值得注意的!他道出了社会由公有制向私有制的过渡,以及国家的建立,和由是而起的这作为维护这国家的礼乐刑政的初步轮廓。他这一社会发展的轮廓画,自不能说是科学的,但他认识了两点:第一,有了下层的经济基础,然后才有上层建筑;第二,有了上层建筑,因而就有为之服务的统治思想——这两点是明确的!

由是他进一步说明:"本其所自推也,夫何骇?本其所自名也,夫何疑何惧?"③——这是"自下而上,下上相推"的历史发展的必然,自不应有任何的骇异与疑惧。可是,"儒者失其情,不究其本"——不从本质上去探讨,从而"神其说于天"④——以为是"天命"所致,这是错误的!按他的所谓"儒者",实际上就是指的那宣扬程朱的客观唯心主义思想的理学家们。

---

① 《定庵续集》卷一,尊隐。
② 《定庵文集》卷上农宗。
③ 见同上。
④ 见同上。

由于他关心"世情民隐",从下层经济基础看问题,因之他从体验中指出当时贫富悬殊的"大不相齐"的情况是严重的!主要的原因,自是当时残酷的封建压迫剥削所致,如他说"国赋三升民一斗,屠牛那不胜栽禾"①!——种田被压榨的喘不过气,只好去"屠牛"了。

当公元一七九七——八一八年间,江苏、江西、湖北、河南一带,农村中出现了若干新的情况,就是以不立契约而又无主仆名分,用工资雇佣劳动力,以经营土地②——与封建的剥削有所不同。这情况在关心"世情民隐"的龚自珍思想中自是有所反映。因之,他提出了"农宗"的办法。内容就是:

(一)主旨……"以中小齐民,不以上齐民"为主旨。
(二)具体措施:
(甲)大宗……以"百亩之田"计,"百亩之田",自"不能以独治",便"役佃五"。
(乙)小宗若群宗——"大宗有男子二,甲为大宗,乙为小宗;小宗有男子二,甲为小宗,乙为群宗"——亦即"余夫";但"余夫二十五亩",自"亦不能以独治"便"役佃一"。

综计:"凡大宗一(百亩,役佃五),小宗若群宗四(每宗二十五亩,计四宗,为一百亩;而每宗役佃一,四宗则役佃四),"为田二百亩,则养天下无田者九人"。

(丙)由是而推,若"天子有田十万亩(每两万亩,役佃九百),则天下无田亦不饥为盗者,四千有五百人。大县田四十万,则农为天子养民万八千人。(十万亩役佃四千五百,四十万亩则役佃万八千。)

(丁)说明一:

应当认识到:凡此从被雇佣者来说,他们之出力,"非以德君也"——并非为了天子个人,而是"以德而族";"非以德族也"——亦不是为了一族,而是"以食有力者"——而是他的自食其力。另一面,从雇佣者来说,亦应当认识到:"佃非仰食吾宗也"——被雇佣者并非依靠某一宗族而吃饭,而是他们"为天下出谷"③,为国家创造物质财富。

说明二:

农宗或富人之经营土地,如"有百尺之士",则"役于圃一人,役于市一人",如此则"为天下养二人",倘有土"千尺者",则"役于圃三人,役于市三人",如此则"为天下养六人"。其余"以是为差",而"天下之富人,亦必以是为差"④。——由是而知,规定在经营土地中,不仅有"役于圃"的,且有"役于市"的。

---

① 《定庵杂诗》中已亥杂诗三百五十首。
② 见《中国近代农业史资料》第113—114页。
③ 以上引文均见《定庵文集》卷上农宗。
④ 《定庵续集》卷三陆彦若所著书叙。

他这一经营土地的办法，虽披着封建的外衣，带有若干封建的色彩——是以宗族而进行，但从它规定土地多少，劳力便多少；劳力中有"役于圃"，又有"役于市"的；又规定被雇佣者并非仰食于宗——无契约，无主仆名分——即无封建的隶属与约束；而是从自食其力中"为天下出谷"——为国家创造物质财富，为出卖而生产。这样，自是带有商品经营的意味，象是农业资本的经营。虽然，龚自珍自己并不一定有如此清晰的理解，但确乎反映了这么一种农业发展的趋势。

至他之所以着重于农业的经营，他认为"食民者，土也；食于土者，民也。"① 而土之所以能食民，就是土能生产；亦就是说，能食民的是农业的生产。农业的生产才能创造出价值——它是首要的，其它是被派生的。这样说，龚自珍的"农宗"思想，是带有着重农主义的思想倾向。

同时，在土地的经营上，他提出因气候土壤等条件不同的地区，应分别作不同的经营。他认为宣化、承德一带，就可以作两种不同的经营：

一是培植森林——因那里长的树木，"其华肥，其叶长，其材坚"；如"得三顷之硗确（瘠薄的地方）以种木，三十年而材之，栋宇棺椁之利"，便"可以专数县"。

一是经营畜牧——因那里"平地皆巨石，地气不泄；气不泄，故无蚊蚋毒虫；亦无瘟疫病疾，人畜皆寿！如夹山而居山之坳，纵可四百丈，横四之一"，便"可以牧牛羊犂牛（大牛）"②。

同时，还指出"牧可以代田，石炭可以代薪，狼狐野猫之皮，可以代蚕"③——这说明不论从事畜牧，烧石炭以及狩猎等，均为农业的生产。

从以上看，由于龚自珍在经济上着重于农业的生产，他的"农宗"，带有一定的农业的资本主义经营的倾向；因而他也就着重于农业的科学研究④；且从研究中获得了若干农业的科学知识。

另一面，由于当时农产品与工业品交换上的价格距离，影响了农业，故在商品交换一问题上，他提出"以有易无"，应"使市官平之"——物价应"使相当"才是⑤。这就是说，要是等价的交换。

对于城乡物资的交流，当有货币以资媒介。因之他提出："百家之城，有货百两；十家之市，有泉十绳；裁取流通而已！"⑥ 他注意了货币的流通功能；但货币的其他功能——特别是积蓄的功能，他没有可能认识到——不知没有货币的积蓄，亦自无法扩大农业的经营。这说明他对农业的资本主义经营并不会有清晰的理解，他的"农宗"，只是带有此倾向，如此而已！

---

① 《定庵续集》卷二，乙丙之际塾议第十六。
② 《定庵文集补编》卷一，论京北可居状。
③ 见同上。
④ 他说："古农书四篇，吕不韦采之矣！泛胜之书阙不具，魏高阳太守贾思勰书二十篇，著录家皆录之。"（《定庵续集》卷三，陆彦若所著书叙）这说明他对农书进行过缜密的研究。
⑤ 《定庵续集》卷二，乙丙之际塾议第十六。
⑥ 《定庵文集》卷上农宗。

五

关于历史上人物的评价问题,龚自珍提出了他自己的一些看法:

他认为"史之百王,仁不仁之差,大崄有三:视其赋,视其刑,视其役而已矣!"①

这就是说:评论一个皇帝的好坏,要看他所征收的赋税,所用的刑罚,和所役使人民的程度;是重,还是轻?——以此而定。

他这话虽不是,也不可能是从社会生产力方面而立论——是推动了社会生产力的发展呢,还是起了阻碍甚或摧残的作用?但从他所提出的三者而论,如果不是重,是轻的话,自然对人民有好处——有利于社会生产力的开展。

但从历史上来看这三者:

以刑而论:有"鼎镬"(烹煮之刑)、"碪质"(即砧锧,斧刑)、"夷三族"之刑,有"士大夫妻女发乐籍之刑",有"言官受廷杖,下镇抚司狱之刑"。

以赋而论:"计口出钱,髫(男子八岁毁齿,叫做髫)、龀(女子七岁毁齿,叫做龀)皆算,算及车船牛马之赋。"

以役而论:"治宫室,筑城戍边,尽闾左以发之之力役。"②

他所分析以这三者,虽然说是历史上的情况,但其实就是指他的当代,就是说他那时的刑罚,剥削和役使都是很重很残酷的!

同时,他还指出:这一切残酷的刑罚、剥削和役使,如果换了一个时代,有人谈起这一阶段历史的时候,可能还会"骇然不信!曰:史岂有是邪?"——历史上难道有如此残酷的压榨人的情况吗?可是,当时老百姓"日日习之,若寒暑昼夜"!难道"彼非圆顶方趾,父母所生之民"吗?可是,当时封建统治者就是这样把人不当作人看待的③!

从上述的话看来,龚自珍似有他的社会理想!当然,他之有社会理想,自亦不外乎从依据公羊学的不科学的"张三世"的说法中,反映了当时若干资本主义萌芽的社会形态——带有这么一种倾向。

由于这,他对当时女人缠足,提出了批判。他写诗道:

> 姬姜古妆不如市,赵女轻盈蹑锐屣,
> 侯王宗庙求元妃,徽音岂在纤厥趾。④

这最后一句,就是说,不应以缠足为女人的德音美教;而认为"玉颜大脚其仙乎"⑤——天足才是女人的幸福。

---

① 《定庵续集》卷三,昇平分类读史雅诗自叙。
② 《定庵续集》卷三,昇平分类读史雅诗自叙。
③ 见同上。
④ 《定庵杂诗》中己亥杂诗三百十五首中偶感一首。
⑤ 《定庵诗集》婆罗行谣。

亦由于这，对于当时应科举的制举文，他亦提出了批判。

他指出：制举文的害处，就是使人"心术坏而义理锢"[①]。

为什么使人心术坏？

因求禄位，自己"未有感慨"，亦"必强之为若言"，"于是剽掠脱误，摹拟颠倒"[②]，比比皆是！由是而人之真性亦于焉汩没，而相率流于虚伪！这不是使人心术坏吗？

至于"义理锢"，则因制举文，不仅在文体上有局限性，内容上亦有极大的局限性；如要以客观唯心论者程朱之义理为义理，而不能越雷池一步，这不是极大的局限吗？

龚自珍这话，虽系对制举文而言，实际上，他是通过对制举文的批判，以求到在封建桎梏之下人类理性的若干解放。

六

关于鸦片烟问题，龚自珍是早已注意：他文中所谓"食妖"，就是指的鸦片烟。

公元一八三六年，他著文指出：要"自诛食妖，以肃津梁！"[③]——意即要杜绝鸦片烟之入口，惟有厉行禁烟。

当时英国资本主义势力，通过鸦片，以进行侵略，龚自珍亦早有所觉察！他指出："维海之西，有英吉利，隆鼻高眶，环伺澳门，以窥禹服。"[④]——促起政府与人民应当注意！

因之，到了一八三八年，林则徐以钦差大臣名义，去广州处理鸦片烟问题，龚自珍写了一篇送行的序；序中促起林则徐注意的，有下列的几点：

第一，关于入超问题——"今银尽明初银也，地中实，地上虚，假使不漏于海，人事火患，岁岁约耗银三四千两，况漏于海如此乎！此决定义，更无疑义！"

第二，鸦片烟问题——"汉世五行家；以食妖服妖，占天下之变；鸦片烟则食妖也。其人病魂魄，逆昼夜，其食者，宜缳首诛（绞刑）！贩者、造者，宜刎脰诛（杀头）！兵丁食者宜刎脰诛！此决定义，更无疑义！"

第三，严防外货入口——"食妖既绝矣！宜并杜绝呢、羽毛之至，杜之则蚕桑之利重，木棉之利重；蚕桑木棉之利重，则中国实！又凡钟表，玻璃燕窝之属，悦上都之少年，而夺其所重者，皆至不急之物也，宜皆杜之，此一旁义！"

第四，不许外人留居及互市——"宜勒限使夷人徙澳门，不许留一夷，留夷馆一所，为互市之栖止，此又一旁义！"

第五，国防准备——"火器宜讲求"，"如带广州兵赴澳门，多带巧匠，以便修整军器，此又一旁义！"[⑤]

---

① 《定庵续集》卷二述思古子议。
② 《定庵续集》卷二述思古子议。
③ 《定庵续集》卷四，赠太子太师兵部尚书两广总督谥敏肃涿州卢公神道碑铭。
④ 见同上。
⑤ 以上五则引文均见《定庵文集补编》卷二送钦差大臣侯官林公序。

从以上这五点看，表明了龚自珍对禁烟是坚决的，抵抗英国侵略势力是坚决的！同时，从第一与第三两点中，以他关心"世情民隐"，他发见了由于外国资本势力深入到农村，导致农村经济的日渐破坏——茧桑木棉敌不过外国的呢羽毛，农村经济受到影响，又加上鸦片烟及其他奢侈品之侵入，致白银外流，社会危机更为加深！他发见和指出这点是很重要的！不仅提高了林则徐反侵略的认识，且亦促起当时人民更加认识到反侵略的必要性。

除严禁鸦片入口外，至当时杜绝一切货物之互市，是否有可能，是否为持本之法，其后林则徐没有采用他这点建议，是不为无因的！问题倒在于：如何从抵抗外国侵略势力中，而奋起进行政治的与社会以改革，如龚自珍自己所指出的，"孰若自改革"之为妙！

当外国资本势力之入侵，顽固保守派（实际是投降派）会主张"必毋用兵"，而主所谓"宽大"，龚自珍便力予驳斥！肯定"刑乱邦"，必"用重典"——必定要用兵抵抗！同时，"此驱之，非剿之"①——是抵抗侵略而非侵略；因之是正义的，正义之兵又怎的不用呢？

林则徐读了他这篇送行的序，为是"责难陈义之高，非谋识宏远者不能言，而非关注深切者不肯言也"②，说明龚自珍对国家大事是如何的关切！其后林则徐对烧鸦片与抵抗外国使略势力之坚决，和龚自珍的这一鼓励自也是分不开的！

七

龚自珍是一八四一年死去的！他生活的年代主要的是在一八四〇年鸦片战争前，这时由于社会危机的加深，致清封建统治者的政治危机亦愈形暴露，加上外洋资本主义势力日益侵入，问题更趋严重——有不可终日之势。龚自珍处在这个时代，从他满怀郁郁和关心"世情民隐"的当中，使他见到了若干的社会问题，如他在经济上提出"农宗"的主张和政治上切盼有所改革，自不是什么偶然的！他是社会改良主义者。他的改良的主张，从当时来说，自是起了一定的进步作用；同时给予以后的资产阶级改良派自也有着深厚的影响。

另一面，他对抵抗外国侵略势力表示了他的坚决的态度！同时从他晚年"尤好西方之书"③的当中，可知他又是如何的寻求真理，为富国强兵，为抵御侵略而致力！他是一个爱国者！由于这，他和林则徐、魏源他们成为当时思想界的先进人物。

原载《中山大学学报（社会科学）》1963年第3期

---

① 见《定庵文集补编》卷二送钦差大臣侯官林公序。
② 同上书卷附林致龚函。
③ 吴昌绶编《定庵先生年谱》"道光二十一年（1841）辛丑五十岁"下引魏源《定庵文录序》。

公孙龙的逻辑思想

——从正名主义到诡辩论的分析批判

杨芾荪

公孙龙，赵人，战国末期的逻辑学家。《汉书·艺文志》著录他的著作十四篇，现存六篇，八篇亡佚。现存六篇中，除《迹府》系抄录《新论》和《孔丛子》而成外，其余《指物论》《名实论》《白马论》《坚白论》《通变论》等五篇（按侯外庐等《中国思想通史》的排列），均非伪作，可代表他的学说的体系。

一

春秋战国时期，由于社会制度和阶级关系的剧烈变革，许多事物的称谓及其所指称的事物发生变化，同时又有许多新的事物出现，旧的称谓不能表明它的内容，"名实相怨""绝而不交"（《管子·宙合篇》）。这种情况引起了当时各派学者对名实关系问题的探讨。这种探讨，初时还着重在社会政治伦理方面，到了中期以后，有些学者已把它提到思维认识的角度上来进行研究了；公孙龙就是把名实关系问题作为名词概念来进行研究的学者之一。所以，在他的著作中，概念问题被阐述得最详细，《晋书·隐逸传》鲁胜《墨辩注序》说他"以正形名显于世"，这倒是符合他的实际情况的。

公孙龙关于名实问题的逻辑认识，最集中表现在《名实论》一文。在这篇论文里，他首先提出"物""实""位""正"四个概念作为正名实的基本原理。他说：

> 天地与其所产者物也。物以物其所物而不过焉，实也。实以实其所实而不旷焉，位也。出其所谓非位，而位其所位焉，正也。①

这一段话是什么意思呢？第一句是他对概念的对象问题所作出的肯定答复。他认为概念的所指为物，"天地及其所产生者"都是物（谢希深注）。这个物就是当时人们的常识所指的物。第二句"物以物其所物而不过焉，实也"；辛从益的《公孙龙注》解释说"物各有其物体，不可过也；故必体之为物者，以物其所物，而不过，所谓实也。上物字作体物之物……"。这个解释，是符合公孙龙的原意的。照这样说来，既然天下万物，各有其物体，那么，天下万物是以有形的实体而存在的，这种有形的实体，即具

---

① 本节所引公孙龙原文，均见《名实论》。

体的事物，就是实的根据，名物必须"皆无过差，各当其物"（谢希深），才得其真，得其真就叫做"实"。如有过差，不当其物，那就失其真，失其真就是"不实"，或者说是名过其实。第三句说明每一有形的实体，都有它的"界域"（伍非百《公孙龙子发微》），这种界域，意谓实所必具的界限标准，王琯称之为"格程"（王琯《公孙龙子悬解》）；旷训空缺，既然实必有其界限标准，所以就必须审视它到底符合不符合这种界限标准，有无欠缺或超过。如果没有欠缺或超过，则实副其名，符其界域，这就叫做位。最后一句指明，以名位实，不能离位，既不能过，也不能不及，既不能不实，也不能旷，这样才能与他事物相区别。如过或旷，必导致名义不清，判断不明，是非不辨；必须名实相符，然后才能谓之正。

其次，从上述四个基本概念出发，公孙龙提出"正其所实者，正其名也"的正名实的准标。他说：

其正者，正其所实也；正其所实者，正其名也。

这就是说，正名有二个方面，一是正其所实，一是正其名。所实已正，名亦随之而正。但是，如何正其所实？在他看来，事物有其质量形色，例如方圆大小，轻重长短，多寡丰啬，分合同异，黄马白马，坚石白石……等等，这些都是望形可知，察色可辨的，虽有巧辩，不能变易。服人之口，渚人之意，端在语言文学之间，与实是无关的。所以，实是不可正，不能正，也不必正的；所实之是否正？系于名之是否正，因此，正其所实，无非是正其名而已。

再其次，正名实的这些原则怎样具体化？其方法为何？公孙龙提出一系列的有关检验名实是否正的逻辑表述形式。

我们知道，中国古代逻辑学家都很注重名谓之分。名为对事物称谓之谓，而谓则为思想所指的是。名是论主与论敌共同承认的，而谓却是论主承认而论敌不承认的，正因为谓为主敌相违，这才有是非对错的辩论；名为主敌共许的，这才能决定辩论的结果。由于"名者所同，谓者所独"，所以辩论的是非对错的焦点在于谓的是非对错；不然的话，那就是以更广泛的名来决定专一的谓，广狭就显然不同了。举例来说，"觚不觚，觚哉？觚哉？"（《论语》）觚是有角的酒器，后来觚这一名用泛了，不问有角无角，凡酒器可容二升的都叫觚；所以孔子说：现在的觚没有角了，这也是觚吗？这也是觚吗？这里觚是名，后来用它称呼凡可容二升的酒器时，在称呼它的人的口中，觚的名就成为谓了。作为觚的名，孔子和当时的人是共同承认的；但作为谓的觚，孔子就不承认；他认为这是名不正[①]。

既然如此，要怎样来检正名实的正否呢？对此，公孙龙认为根本的问题在于"唯谓"的逻辑表述形式。他说：

其名正，则唯乎其彼此焉。

[①] 参阅杜国庠《先秦诸子的若干研究》。

谢注谓"唯，应辞也"意思是说，其名正，则实当其名，万物中一彼一此，各有分界，不会混同，呼彼应彼，呼此应此，而且他人亦将应之；这样就能达到同则同之，异则异之的别同异、分彼此的效果。所谓"唯谓"就是这个意思。

怎么才能做到唯乎其彼此？他说：

> 故彼，彼当乎彼，则唯乎彼，其谓行彼。此此当乎此，则唯乎此，其谓行此。

为什么这样呢？

> 其以当而当也。以当而当，正也。

反过来，

> 谓彼而彼不唯乎彼，则彼谓不行；谓此而不唯乎此，则此谓不行。

为什么这样呢？

> 其以当不当也。不当而当，乱也。

这就是说，谓当其实，则谓行。不当其实，则谓不行。原文所谓"彼当乎彼"，前一彼字指名而言，后一彼字，指实而言，"此当乎此"，文例相同。在公孙龙看来，若名定为彼，而所定之彼，与实相当，能够应乎彼，这就行得通。若名定为此，而所定之此，与实相当，能够应乎此，这也行得通。其所以行得通，那是因为我们称谓那个具体事物，它的名为它所称谓的那个具体事物是相对应的。反过来说，如果以彼名称谓彼事物，而彼事物不能相对应，不与实相当，那就行不通。以此名称谓那事物，而那事物不能相对应，不与实相当，那就行不通。行得通为正名，公孙龙又称之为正举；行不通就为乱名，又称之为狂举。

由于上述，公孙龙作出这样的结论：

> 故彼，彼止于彼，此，此止于此，可。彼此而彼且此，此彼而此且彼，不可。

这样，彼名止于彼实，二者相对应；此名止于此实，二者相对应，彼此名实不相滥，这是可以的。反过来，彼名与此实相对应，此名与彼实相对应，彼与此相类，此与彼相同，彼名滥于此实，而此名又溢于彼实，彼此相混，这是不可以的。

第四，根据上面各点，公孙龙进一步申述"唯谓"的精义，明确地提出"名，实谓也"的原则。他说：

> 夫名，实谓也。知此之非此也，知此之不在此也，则不谓也。知彼之非彼也，知彼之不在彼也，则不谓也。

作为概念的名，是用以称谓具体事物的，实之所指，亦为名之所在，名不过实，实亦不非名；名与实必须两相对应，才能谓之；有此实而无此名，无此实而有此名，都不是名实相对应，与名实合一的神精不符，所以名实不当则为不谓。照公孙龙的分析，下面两种情况都应不谓。一为知此非此也的非，非即不是，例如，知有物为白马，不得以谓黑马，因为白马不是黑马，忽视这一区别，那就要以此名而以之谓彼实了。二为知此之不在此也的不在，例如南之为名，过越不存；二之为名，损一不在。既已不在还称谓之，这是不在此实而谓之，也就会名实不相对应。

根据唯谓的原则，公孙龙又提出：

> 以其所正，正其所不正，不以其所不正，疑其所正。①

照他的意见，他是承认有是非对错，因为正名实的原则，就是要以其所正去正其所不正，不能因有所不正，去疑其所正。这里正说明正者是不可怀疑，不可变易的。引申说来，也有这样的意思，如果前提已经确定为正确，可据此而断定未知的结论，但却不能以未知为正确与否的某一论断，去怀疑已知为正确的前提。就此而论，公孙龙在《名实论》所阐述的思想，是与诡辩论有别的。因为按照这一思想，与当时庄子之不遣是非，任其两行不同，与邓析之以非为是，以是为非，是非无度，而可与不可时变，亦显然异趣。（《吕氏春秋·离谓》）

就《名实论》论《名实论》，公孙龙所阐述的名实关系的抽象规定，基本上是正确的。但是当公孙龙把它加以具体运用时，情况就完全两样了。

二

在公孙龙的著作中，《白马论》几乎是尽人皆知的。他自己也认为这是他的独到之作，同时也是他的"成名"之作（见《迹府》）。就公孙龙的逻辑思想来说，如果《名实论》是他关于名实关系问题的理论阐述，那么，《白马论》就是《名实论》的具体运用；他"假物取譬"，用浅近的事物——白马来论证其违反常识的中心命题"白马非马"。

公孙龙怎样论证白马非马？

（一）他认为白马和马是彼形此色，类别不同。

他说："马者，所以命形也，白者，所以命色也。命色者非命形也，故曰白马非马。"② 意思是说，马的概念是用以称谓形的，而白的概念则用以称谓色的，称谓马只能与马的实体（马的形）相对应，而白马则兼色与形而言，马名与白马之实是不相对应

---

① 依伍非百校改。
② 本节所引公孙龙原文，均见《白马论》。

的,因此白马非马。

(二)他从白马的实体来"验证"。

他说:"求马,黄黑马皆可致也;求白马,黄黑马不可致。使白马乃马也,是所求一也。所求一者,白者不异马也。所求不异,而黄黑马有可有不可,何也?可与不可其相非,明。故黄黑马一也,而可以应有马,而不可以应有白马,是白马之非马,审矣。"

这里,公孙龙说的是,如果要的是马,黄马黑马都可以,但如果要的是白马,黄马黑马就不行了。如果白马就是马,要马与要白马是没有什么区别的,为什么要白马而黄马黑马都不行,这不明明是不一样吗?黄马黑马可以应有马,但却不能称为白马,这就证明白马不是马。

在提出上二点理由之后,公孙龙更进一步从理论上加以阐发。在《白马论》的最后一节,他以三段话对客所提出的诘难,做了总的答复。他说:

> 以有马为异有黄马,是异黄马于马也。异黄马于马,是以黄马为非马,以黄马为非马,而以白马为有马……此天下之悖言乱辞也。
>
> 有白马不可谓无马者,离白之谓也。不离者,有白马不可谓有马也。故所以为有马者,独以马为有马耳,非白马为有马,故其为马也,不可以谓马马也。①
>
> 且白者不定所白,忘之可也。白马者,言白定所白也。定所白者,非白也。马者,无去取于色,故黄黑皆所以应。白者有去取于色,黄黑马皆所以色去,故唯白马可以应耳。无去者非有去也,故曰白马非马。②

这些话除了重复上面说过的话外,还提出所谓"离""不离""不定所白""定所白"这些理论问题,来说明白马非马。这些问题下面再阐述。

为什么说白马非马是《名实论》的具体运用呢?从上面的叙述里可以看到,公孙龙正是根据不过不旷的原则,证明马是马,白马兼及马形与白色,所以白马是白马,如果说白马是马就是名过其实,不得其正位。根据"唯乎其彼此"的"唯谓"的逻辑表述形式,也说明马就是马,白马就是白马,马不在白马中具体表现,白马不能归结到马中去。如果说马是马,白马是马,则求马而白马可应,求白马而马亦可应,这就是谓彼而彼不应乎彼,而可以此应之,谓此而此不应乎此,而可以彼应之,这就不能一彼一此,不能有独擅,无混同了。

白马非马违反常识是尽人皆知的,我们用不着花笔墨来论述这个问题。令人感兴趣的倒是:公孙龙在《白马论》里所阐述的思想,在逻辑上提出了一些什么问题。

从形式逻辑的角度说,《白马论》指出:马所以命形,它泛指一切马,所以谓马而马应;"白马者,白与马也"。白马是命形之外加上命色,所以谓白马而白马应,黄

---

① 此段历来作为客问,傅山认为与上文一人口气,杜国庠同志改为主答客难之言,兹据改。
② 且字原作曰,依杜国庠校改。

马黑马都不行；这就从内涵与外延方面明确了种概念（马）与属概念（白马）之间的区别，明确了它们之间是不能混为一谈也不能互相代替的。但是就在这一论证中，他也陷于自相矛盾的逻辑错误。他首先承认马有黄黑诸色，所以黄马黑马都是马，既然如此，白马也应当是马了，可是他却又以白马异于黄黑马而不可以应有马，这不是自打嘴巴了吗？后来又说：说有马不同于有黄马，这是把黄马从马里面区别出来了，把黄马从马里面区别出来，也就是说黄马不是马了。这里显然又与上面所承认的黄马是马自相矛盾了。然而这种逻辑矛盾在他的学说里还不是主要的东西，我们姑且不去计较它。

区别了种属概念之后的问题是：它们之间的关系又是怎样的呢？我们知道，种概念和属概念之间的关系是包含关系，这种关系用简单的话说来是：种概念是内涵较浅，外延较大的概念，属概念是内涵较深，外延较小的概念，种概念无论就内涵或外延说，都包含着属概念。例如马和白马，马包含着白马，白马是马的一部分而被包含在马之中。《白马论》也解释了种属概念之间的关系问题，可是它的解释是错误的。

公孙龙在《名实论》里提出，"知此之非此也，则不谓也"。这个非字，包含相异、排斥、否定的三种不同意义。白马与马的关系，是相异而不是相排斥，也不是相否定。公孙龙在与孔穿辩论白马非马时，曾以孔子批评楚王之所谓"楚人遗弓，楚人得之"时，曾认为楚王仁义未遂，只说"人遗之，人得之"就行了，何必曰楚，来证明孔子也是异楚人于人，并由此推论楚人非人。孔穿反驳中有一句话说："凡言人者，总谓人也；亦犹言马者，总谓马也"，"欲谈其人，宜在去楚"，去楚则成为人遗之，人得之，这一反驳，只不过是把楚人的概念加以概括，使其外延扩大，相异的解释，应该是这样。可是，在《白马论》里，公孙龙混淆了这三种不同的含义，把相异等同于相排斥，从而否定了马寓于白马之中，否定了马和白马之间的包含关系。

由于公孙龙否定了种属概念之间的包含关系，因此也否认白马是马这一判断的真实性，作出白马非马的否定判断。在他看来，在白马是马这一肯定判断中，主词马的属性与宾词白马的属性，不是相同的，它们的外延也不是相等的，用"是"作系词是不对的，只能用"不是"作系词。公孙龙认为只有这样才符合他提出的名实关系不过不旷的原则，才符合他的"唯谓"的逻辑表述形式。

在这里，公孙龙的观点是既违反形式逻辑，又违反辩证逻辑的。

形式逻辑关于直言判断主宾词周延规则已经指明，在肯定判断中，宾词一般不周延，宾词的外延大于主词的外延，在判断中主宾词所涵的属性，不可能完全相同或相等，即使是完全重合的两个概念之间也因为认识的角度不同，彼此间的属性不能相等，白马是马就反映了这种情况。

白马是马这一判断在形式上之所以是正确的，不仅在于上述的规则，而且这正反映了判断形式中，对象与属性，同一性与差别性，一般与个别的矛盾，如果否定它的真实性，肯定判断只能是同语反复，而同语反复是不成其为判断的。按照公孙龙的论述，他要求肯定判断主宾词的绝对同一，绝对等同，这样，肯定判断就成为毫无意义的、空洞的格式了。

"唯谓"的逻辑形式，就其作为思维领域的规则来说，它要求概念的确定性，要求在议论中使用概念必须在确定的意义上使用，保持前后一贯性，要求排除思维中的逻辑矛盾，它表达了A＝A，A不等于非A的要求，因而它是正确的。但是要知道，这一规则，虽然是客观事物某一规律性的反映，但却不是客观事物的规律，它只能在上述的理解下才能是正确的。据此，白马是马是符合A＝A的规则的，因为白马具有马的属性，它就反映了这属性。可是，从公孙龙在《白马论》的具体实例中看来，他认为白马之名与白马之实应该绝对的、机械的、完全的相对应，从而否认具体的马和白马的同一性，这样，他就从在思维过程中对概念的使用要求确定性，要求前后一贯性，扩大到要求事物的绝对的同一，从而就把A＝A的同一当作是形而上学的抽象同一。这样，他就把"唯谓"的逻辑形式和事物的规律混淆起来，使之绝对化。恩格斯曾经指出，抽象的同一性被自然科学在每一个场合下逐步被驳斥了，甚至在抽象的科学——数学中也逐次被抛弃①。恩格斯认为，"与自身的同一首先必须有与一切别的东西的差别作为补充，这是不证自明的"②。公孙龙在这里，恰恰是违反了这不证自明的普遍公式，这就无怪乎他要认为白马是马是错误的，只有白马非马才是正确的了。

《白马论》是诡辩，这也是尽人皆知的了。对我们来说，重要的倒是探讨公孙龙从《名实论》的基本正确的思想，怎样走到《白马论》的诡辩？他是怎样失足的？我们从这里应当在理论思维中取得什么教训？

三

在人类的认识史中，从来就有形而上学世界观和唯物辩证法世界观的对立，公孙龙的世界观是不折不扣的形而上学世界观。因此，考察公孙龙逻辑思想的错误，只有从他的形而上学的世界观里去找寻，才能获得正确的理解。

公孙龙有一篇著作叫《通变论》，在这篇著作里，他以公式化的语言，表述了他的形而上学世界观的要点。他说：

> 曰：二有一乎曰？二无一。曰：二有右乎？曰：二无右。曰：二有左乎？曰：二无左。曰：右可谓二乎？曰：不可。曰：左可谓二乎：曰：不可。曰：左与右可谓二乎？曰：可。

"二"和"一"都是概念，是古代哲学家常用的术语。"二"指对立的方面，"一"指对立的统一体。无训非，《礼·礼器》："苟无忠信之人，则礼不虚道。"《经传释词》说"言非忠信之人，则礼不虚行也"，可证。非正如白马非马的非，是排斥的意思。左和右是"假物取譬"用以说明二这一对立方面的，没有其他深意。二无一的意思是对立面排斥统一，这就是"二无一"这一公式的本质。

为了证明"二无一"，《通变论》又提出"牛合羊非马""牛合羊非鸡""青以白非黄""白以青非碧"等命题来作具体例证。为什么呢？公孙龙解释说，"羊有齿，牛无齿""羊牛有角，马无角，马有尾，羊牛无尾"，它们之间，"类之不同也"。"青以白非黄"等二命题，与上举例同，只不过前二者专以形证，后二者专以色证而已。

---

① ② 参看恩格斯：《自然辩证法》第177–178页。

许多注释《公孙龙子》的作者都指出,"二无一"是证明白马非马的,谢希深就以"白与马为二物,不可合一以为二"为例来说明"二无一",谭戒甫也指出,二无一"立意在证明白马非马一词,以冀于形名之学而益坚其壁垒者也"。这些说法,都是对的,但都没有揭露其本质意义以及它怎样的给公孙龙提供方法论的根据。

在公孙龙那里,既然二无一,对立排斥统一,那么,对立的方面就是绝对分离的,是绝对确定和稳定的;这样,他就否定了世界上任何事物都是一分为二的;否定了"一切矛盾着的东西,互相联系着,不但在一定的条件之下共处于一个统一体中,而且在一定条件之下互相转化"①,否定了"有条件的相对的同一性和无条件的绝对的斗争性相结合,构成了一切事物的矛盾运动"②,他也不承认"在同一性中存在着斗争性","而斗争性即寓于同一性中,没有斗争性就没有同一性"③。可以看出,"二无一"是彻头彻尾反对对立的统一的形而上学公式。

对这一形而上学的公式,公孙龙又在《坚白论》的著作里给以认识论的基础。

《坚白论》提出的命题是离坚白。这个命题使公孙龙得到了离派的学派称号。

一石之中,涵坚与白,坚、白、石三者合为一体,在概念上分开来看则有坚、白、石三者,这本来也没有什么疑问的常识问题,但公孙龙认为不可。为什么呢?《坚白论》说:

> 视不得其所坚而得其所白,无坚也。拊不得其所白而得其所坚者,得其所坚也,无白也。④

公孙龙认为,以目察石,得其所白,坚离了,故无坚。以手抚石,得其所坚,白离了,故无白。前者属视觉,后者属触觉,视觉和触觉是二件事,公孙龙据此证明,无坚时,白和石为二,无白时,坚和石为二,所以不能说是三。公孙龙进一步发挥说:

> 得其白,得其坚,见与不见;见与不见离⑤,一二不相盈⑥,故离。离也者,藏也。

以目察石得其白而不得其坚,是坚离白而自藏,以手抚石得其坚而不得其白,是白离坚而自藏。所以叫做"见与不见离""一二不相盈"。

为什么说自藏呢?因为它是"非藏而藏也"。墨家也有藏的概念,在墨家看来,坚白石不相外,所以坚白藏于石,公孙龙说,"有自藏也",他是提出自藏与墨家相对立。什么叫自藏呢?谢希深解释说,"自然而藏","非有物藏之"。伍非百说,"坚藏于坚,不与白共,白藏于白,不与坚共,坚白于石,各各自藏,不相为藏"。这样的

---

① ② ③ 见《矛盾论》。《毛泽东选集》第1卷,1952年第2版,第318、321页。
④ 依谭戒甫校改。
⑤ 依杜国庠校改。
⑥ 依孙诒让校改。

自藏，伍又称之为"独自存在"。杜国庠同志更进而指出，自藏是"自己藏于自己之中，和其他事物不发生联系"。

离和藏是密切联系的。杜国庠同志说，"因相离，故能自藏，因自藏，故见为相离，这是一现象的两方面"。这样，所谓自藏，也就是互相间绝对分离的自藏。公孙龙又说：

> 于石，一也；坚、白，二也。而在于石，故有知焉，有不知焉，有见焉，有不见焉；故知与不知相与离，见与不见相与藏，藏故，孰谓之不离？

这里，公孙龙反复说明，说藏，不害其为离，因离，故藏。例如坚白二而在于石，手抚之，知其坚而不知其白，目察之见其白而不见其坚，明明二物，知坚则无白，见白则无坚，知与不知相离，见与不见相藏，唯其藏，所以离，谁说不是离呢？公孙龙就是这样以感觉的分析为起点，论证了坚白相离，从而给二无一以认识论的根据。上文说到公孙龙从离的哲学观点是在理论上证明白马非马，就是指此而言的。

由离坚白而二无一，无非是阐述其绝对相离的形而上学观点，那么，它在公孙龙的逻辑思想方面，起了什么作用呢？

公孙龙正是因为持有这种形而上学的世界观，他只承认每一事物对象上的一，只承认每一事物和其他事物的绝对的稳定性、确定性，只承认自身同一，否认每一事物既是对象的一，又是属性的多，否认每一事物既具有稳定性、确定性，又因和其他事物相联系以及事物的发展而与自身相异，"同一性在其自身中包含着差别性"①。这样，他就坚持了抽象的、绝对的同一性，认为A只能等于A，其余一切都是鬼话，从而在他运用"唯谓"的逻辑形式时，走上白马只能是白马，不能是马的诡辩论。

根据二无一，公孙龙割裂一般与个别的辩证关系。我们知道，任何事物都是个别和一般的统一。个别一定与一般相联而存在。一般只能在个别中存在，只能通过个别而存在。任何个别都是一般，任何一般都是个别的一部分，一方面，或本质②。但按公孙龙的离坚白的思想，坚与白分离，坚白与石也是分离，他强调的都是个别与一般的分离、割裂，一般可以脱离个别而存在，一般可以不必包括个别，个别也可以不必进入一般。正是由于这一观点，他否定了种属概念的包含关系。他不知道，任何个别事物都是单一的，具体的，都具有许多特性，这些特性的总和，只属于这个事物而不属于任何其他事物；所有这些特性的总和，使这一事物和其他事物相区别开来。同时，每个具体事物都有同其他事物共有的特性，这些不是某一事物所具有，而是为某一类事物全部所具有的东西，就不是单一的，而是一般的东西。因此，他只知道单一、排斥一般。例如，他排斥牛、羊、青、白的任何合一，他不知道，牛、羊的合一是兽，青、白的合一是颜色，牛、羊对兽来说，青、白对颜色来说，是单一的东西，从概念的关系上来说，是属概念，兽和颜色对牛、羊和青、白来说，则是一般的东西，从概念的关系上来说，则为种

---

① 恩格斯：《自然辩证法》第177页。
② 参看列宁《谈谈辩证法问题》。

概念。

既然任何事物都是个别和单一的统一，那么反映客观事物的判断，也一定直接或间接、明显或不明显地存在个别与一般的关系。正是因为这样，判断可以表述为：个别就是一般。列宁说："从最简单的、最普通的、最常见的等等东西开始，从任何一个命题开始，如树叶是绿的，伊凡是人，哈巴狗是狗等等。在这里（正如黑格尔天才地指出的）就已经有辩证法：个别就是一般。"① 所谓个别就是一般，这和判断之分化为主词和宾词是一致的。黑格尔曾经指出，"每一判断皆所以表明：'个体的即是普遍的'，或更确切点说，'主词即是宾词'这种命题"②。主词和宾词总是存在于判断之中，主词确定判断对象，总是代表单一，宾词确定对象的特性，总是代表一般。在白马是马这一判断中，白马是个别，马是一般，白马只会与一般相联系而存在，马也只能在白马、黄马、黑马中存在，它正表现了判断的"个别就是一般"的辩证法。但是公孙龙割裂个别和一般的联系，把白马排斥在马之外，因而否定它的真实性，认为只能说白马非马。这样，公孙龙就不但否认了白马是马的真实性，实际上也不啻否认了任何全称肯定判断的真实性，因为在任何一个全称肯定判断里，"不论是在主语或者在述语中，总有点什么东西是主语或述语所包括不了的"③，如"莲花是一种植物，玫瑰是红的"等等，其主语和述语就不完全相同。同时，人们的认识中就要随之而陷于空洞无物、同语反复的死胡同而最后导致取消认识。

还必须指出，由于形而上学的世界观，形成公孙龙的一套分析排斥综合的逻辑方法，这样就使他在认识事物形成概念时，走上错误的道路。

公孙龙的逻辑方法，着重分析，排斥综合，前人已见到一些端倪。例如荀子说："坚白同异之察，入焉而溺。"④《淮南子·齐俗训》则说他"析辨抗词"，王充《论衡·按书篇》也说他"析言剖词，务曲折之言"，这些都是说明他重分析以及他的分析的奇诡。

分析和综合是统一的认识过程中二个侧面，是人们认识的强有力手段和重要的逻辑方法。分析就是在思维中把复杂的认识对象分解为各个原素，对它们进行逐一的分别的考察。由于客观事物都是多样性的东西的统一体，如果我们对之不分解成为若干组成的原素，就不能认识这具体对象。综合是与分析相反的思维过程，它就是思维把相互联系的原素综合成为统一体。只有分析没有综合，还不能达到科学的认识。

分析和综合是对立的，又是互为前提、不能分割的。列宁很强调二者的结合，他把分析与综合的结合列为辩证法的要素。如果思维不同时运用分析和综合，就会产生片面性，僵化，就会只见树木不见森林。

公孙龙的逻辑方法恰恰与此相反，他把分析与综合当作互相排斥的方法，他只作抽象分析而排斥综合。

公孙龙的排斥综合的分析是怎样的分析？

---

① 列宁：《谈谈辩证法问题》。
② 黑格尔：《小逻辑》，第343页。
③ 恩格斯：《自然辩证法》，第177页。
④ 见荀子《礼论篇》察与分析义面。见杜国庠《先案诸子的若干研究》。

"每个事物（现象、过程等等）是和其他的每个事物联系着的"[①]，世界上孤立的现象是没有的，对任何现象如果不从其互相联系中来观察，而只是把它割裂，对它进行孤立的观察，这就是排斥综合的分析，这种分析是脱离了统一物而进行的分解。公孙龙的分析突出地表明它的这种反科学的性质。以《坚白论》离坚白的分析为例：各种感官的职能虽有所不同，但它对于认识在感觉印象阶段获得不同的感性材料，都是互相联系互相补充的，公孙龙的分析一开始就把它们进行机械分割，否认它们的互相联系，互为补充。其次视觉只能察白，触觉只能抚坚，对这些感性材料，如果不在头脑的加工厂进行加工改造，不能获得对石的属性的理性认识，在公孙龙的阐述中，却始终没有接受由不同的感官所得的不同印象并且加以改造，从而又割断了感官与思维的联系。不仅如此，在公孙龙看来，感官所获得不同属性，也是一一分离。这样，不但坚白石不是作为多样性的统一物而存在，人的感官也不是统一体，客观对象的属性如坚，如白，也一一分离。连见和知也是如此——照公孙龙的分析，目能见颜色，但目不能自见，是靠光才能见，然而光并不具有见的职能，那么，见者谁乎？是精神罢，可是，精神之见物又靠目和光，而目光既不能自见，精神又那能见呢？所以精神也不能见。这样，主体与其认识能力也分离了。总之，在他的分析下，一切都是分离的，一般是分离的，个别也是分离的，到头来，"天下皆独而正"。

公孙龙排斥综合的分析方法，贯穿在他的全部著作中。恩格斯说："以分析为主要研究对象的化学，如果没有它的对极，即综合，就什么也不是了。"[②] 公孙龙的分析，当然也什么都不是。

综上所述，可见坚持二无一的形而上学方法，正是公孙龙走向诡辩论的失足所在。认识这点，对于认识现代诡辩论是不无意义的。

原载《中山大学学报（哲学、社会科学）》1966年第1期

[①] 列宁：《哲学笔记》第209页。
[②] 恩格斯：《自然辩证法》第185页。
注：公孙龙的客观唯心主义体系与他的形而上学的方法及逻辑思想的关系，本文未论及，另详。

中国原始宗教和无神论的萌芽

丁宝兰

一、我国氏族公社时代原始宗教的产生

在意识形态的发展史上，无神论和有神论是相互对立的两种世界观的观点体系。但是，从起源来看，宗教比无神论古老。宗教产生于原始社会氏族公社制度时代，那时无神论产生的条件尚未成熟。到了早期阶级社会，随着生产斗争和阶级斗争的发展，人们的阶级意识和最初的科学思维在同宗教有神论的斗争中，无神论思想才萌芽滋长起来。这种情况，有其客观的物质生活的根源，决定于社会发展一定阶段上的生产方式，在世界各民族的历史上都有普遍性，中国历史也不例外。

因此，要了解无神论的萌芽，不能不追溯宗教的起源。

在我国辽阔的大地上，我们的祖先在约一百多万年前就以自己的劳动创造历史。我国原始社会的发展，同世界各民族一样，经历过原始人群的非常悠长的年代，进到氏族制度。宗教就是在氏族制度下产生的。

马克思说："劳动生产力处于低级发展阶段。与此相应，人们在物质生活生产过程内部的关系，即他们彼此之间以及他们同自然之间的关系是很狭隘的。这种实际的狭隘性，观念地反映在古代的自然宗教和民间宗教中。"（《马克思恩格斯全集》23卷96页）

在母系氏族制度下，人们的生产关系是原始共产主义。人们之间的关系以血缘亲族关系为基础，若干母系大家庭组成氏族公社，若干氏族公社结合成氏族部落。人们共同劳动，共同消费；各成员的社会地位平等，男女平等，妇女很受尊敬。那时人们活动的区域很有限，每个人都只能依靠集体才能生存，每个人的劳动都属于社会性的劳动，离开氏族集体或非集体性质的活动和关系都是不可能的。这样就形成人们之间的关系的狭隘性或简朴性。

当时社会生产力很低。生产事业基本上是采集、狩猎和捕鱼，后来缓慢地发展到原始农业、畜牧和制陶手工业等等。人们的生产劳动工具主要是石器，劳动生产率很低。这就形成了人们和自然的关系的狭隘性。就是说，人们在同自然搏斗中力量还很软弱，因而改造自然和理解自然的广度和深度都非常有限。

自然界在氏族公社人们的生活过程中具有两重性。一方面，自然界提供人们生存所赖的一切资源和条件。人们从自然界直接取材加工成各种工具和武器。他们采集植物和小动物，猎取飞禽走兽，捕捉鱼类和其他水产，充作食料。后来在氏族制度发展较高阶段上，原始农业成为基本的生产事业，但由于原始耕作技术的局限，在由播种到收获的

整个过程中,起决定作用的因素往往仍是自然界的自发力量。较好的收成,总是风调雨顺带来的结果。这说明:"人首先依赖于自然。"(《马克思恩格斯全集》27卷63页)

另一方面,"自然界起初是作为一种完全异己的、有无限威力的和不可制服的力量与人们对立的,人们同它的关系完全象动物同它的关系一样,人们就象牲畜一样服从它的权力"(《马克思恩格斯选集》1卷35页)。地球本身和地球外天体的无数事物和它们的激烈变化,对氏族公社的人们,都是构成破坏生活、威胁生存的敌对力量。我国古代有许多神话传说,对此就有所反映。所谓"四极废,九州裂,……火爁焱而不灭,水浩洋而不息"(《淮南子·览冥训》),很可能就是地壳运动或火山爆发引起强烈地震的迹象。所谓"十日并出,焦禾稼,杀草木,而民无所食"(《淮南子·本经训》),指的可能是天体运动的某些异常而引起地球上发生严重旱灾的情况。即使是经常出现的雷电、飓风、严寒、酷热、久旱、淫雨、潮汐变化等等,也都被看成十分可怕和危险。人们无法抗拒,也不能理解。此外,有机界的事物,大者如凶禽猛兽,小者如各种害虫,都是人们的天敌。古代传说中的"猰貐"(一种吃人的恶兽)、"凿齿"(猛兽,牙齿突出唇外三尺)、"九婴"(水怪,也不怕火)、"大风"(鸷鸟)、"封豨"(大野猪);"脩蛇"(长蛇)等等,"皆为民害"(同上),大概都有一定的实物原型,不会是凭空虚构出来的。总之,大自然的这另一面,又显现为初民的压迫者。

这样,在原始社会人们的意识中,自然界具有人所没有的特性,"这就是万能性、永恒性、普遍性等等"(《马克思恩格斯全集》27卷64页)所谓神圣性。它能给人们生活上的一切,也能破坏一切。当时人们认为从来如此,永远如此,不可抗拒,无法逃脱。于是人只好崇拜它,并用对自己有利的动机去规定它的意义。自然神被看成有威可畏、有恩可求的两重性格的统一体。所以,最初的宗教表现是反映自然界季节的更换及与之相联系的播种和收获时节的庆祝活动。人们希冀由此带来丰收而避免灾荒。考古学者发掘出属于早期仰韶文化的西安半坡氏族村落遗址,在居住区中就有供宗教活动的长方形房屋。那时的宗教活动,大抵就是以庆祝形式举行的自然崇拜。

自然宗教还不是一神教。自然界很多事物都被赋予神圣性。其中,动物被神化是各民族宗教史上普遍的现象。"人在自己的发展中得到其他实体的支持,但这些实体不是高级的实体,不是天使,而是低级的实体,是动物。由此就产生了动物崇拜。"(同上63页)早期氏族制度下出现的图腾崇拜,就是动物崇拜的前身。图腾是氏族的徽号,用作本氏族的名称。图腾上画有动物、植物或无生物的形象。仰韶文化的彩陶上有的绘着鸟、鱼、蛙等动物;还有把人和动物的形象连结起来的图象,如西安半坡发现人面象,人的双耳各有一条鱼,甘肃武山西坪有一人象,人头,人手,却有一条蛇虫之类的尾巴。这些可能都是图腾。图腾崇拜有特殊的宗教仪式,人们通过它希望促使某种动(植)物的繁殖,带来利益,并禁止杀害图腾所示的动(植)物。后来随着狩猎发展为驯养牲畜事业,动物在人们生产和生活上愈来愈显出重要的意义,图腾崇拜便发展为动物崇拜。

自然宗教的意识,经历了自然神化和自然神人格化两个联系着的想象过程。自然神是创造主,被看作有人格的、活生生的、有感觉、有情感的实体。它来自自然,又创造自然和人间一切。自然神人格化的过程,在各民族神话中都有反映,各自呈现不同的色彩。我国古代传说中关于女娲炼石补天、扶桑和羲和为太阳赶车巡天等故事，具有改造天地的雄伟气魄，反映了氏族制度下人们在向自然界斗争时力量软弱从而要求无所不能的幻想。所以自然神是按照人的愿望和人的形象去塑造的。恩格斯指出："一切宗教都不过是支配着人们日常生活的外部力量在人们头脑中的幻想的反映，在这种反映中，人间的力量采取了超人间的力量的形式。在历史的初期，首先是自然力量获得了这样的反映。"（《马克思恩格斯选集》3卷354页）可见不是神创造人，而是人创造神。

自然宗教就这样以多神的形式萌芽，进到阶级社会，发展为统一于至上神的一神教。

原始宗教除"神的存在"这一宗教意识外，还有"灵魂不灭"这一重要宗教意识。在远古时代，人们还不懂得身体的生理结构和机能，不懂得肉体和灵魂的关系，幻想灵魂能离开肉体而存在和活动。例如，人在梦中出现某些人的形象，醒来时发觉那些人并没来过，就以为那些梦中人是暂时离开肉体的灵魂。如果灵魂可以离开肉体而入别人梦境，它就能独立存在，或者认为它本来就是独立存在而不依赖肉体的。那末，当人死之后，他的灵魂就被想象成不随血肉之躯的灭亡而消散，这个亡灵将会进入另一世界生活。特别是当时人们还会梦见已经死去的人，于是更加迷信灵魂不灭。

灵魂不灭这种意识在各民族中都存在，我国氏族公社人们也有这种观念。在仰韶文化的墓葬中，无论单人仰身直肢葬或迁徙合葬，死者绝大多数都头向西方。这意味着，人死后，他的灵魂仍然存在，它们要回到另一个世界去生活。绝大多数死者都朝着一个"去向"，这不是偶然的没有意义的现象，而是当时人们认为这是另一个世界的所在，死了的人都到那里，也就是回老家去。至于为什么这另一个世界恰恰在西方？很可能是受到自然界日落方向的启示，这是合乎自然宗教的规律性的。

氏族社会的葬制中，随葬品也反映了灵魂不灭的信仰。随葬品一般有生产工具、生活用具、装饰品和食物。显然是为了提供死者的灵魂到另一个世界应用。

灵魂不灭意识在宗教起源上具有十分重大的意义。第一，它使氏族社会的人们的思维和想象从人自身推广到自然界，认为自然界的一切事物也和人一样有灵魂。它们不但不会消灭，而且具有上文所分析过的那些神圣性。这样才形成动物崇拜和整个自然宗教的信仰。这就是"万物有灵论"的根源之一。

第二，灵魂不灭意识是"鬼"和"祖宗神"从而产生的重要思想根源。氏族制度以血缘为纽带，母系氏族公社中大家庭的原始母，以及那些被推举为首领的男女成员，死后往往为后人缅怀追念，在葬制中已有所反映。如在华县元君庙发现那时的一座男性老人墓，墓坑里面用石块围成一圈作为墓椁，很可能因为他生前担任过首领职务，对本氏族作出重大的贡献，所以死后给以特殊的埋葬。到父系氏族公社制度时，特别在私有财产萌芽以后，父系大家庭的家长拥有支配全体家族成员的权力，死后仍然在子孙的心中享有威信。在葬制中有不少情况证明崇拜祖先的观念。在随葬品方面，除了在质和量比较母权制下更精美和更多的工具、用具、装饰品、食品等之外，还有标志财富和权力的随葬事物。例如龙山文化氏族的墓穴中，就发现了数目不等的猪颚骨。当时流行以猪的下颚骨作为衡量财富的标志，临夏秦魏家的一座墓中发现有猪颚骨六十八块。这就是说，死者生前至少拥有六十八头猪的私有财产。把随葬品放到墓穴中去，当然是死者的子孙们干的。另在邯郸涧沟还发掘出墓坑中有砍头的头骨，据研究可能是在宗教祭祀中牺牲者或家长权力下的无辜受害者。这些事物当然也是父权制下活着的人为死去的家长干的。如果不是出于祖先崇拜的强大的思想动力，那就不可能发生。而这一切，又必然以灵魂不灭的牢固信仰为前提，否则是不可思议的。

在父权制以后的历史中，崇拜祖先指的是崇拜父、祖父等男性家长。到奴隶制时代，奴隶主阶级就把亡父升级为神，发掘出的周彝中，有不少铭文证明这一点。

第三，灵魂不灭在宗教体系中必然导致对超现世的另一世界，即后来所谓"来世""冥世""天堂""地狱"和"彼岸世界"等等的肯定和信仰。

原始宗教形成过程中，除自然神和灵魂不灭这两个基本宗教意识和信仰外，还要有一定的宗教仪式和专管宗教事务的人。图腾崇拜有一定的仪式和禁忌，对自然神和祖宗神的祭祀和墓葬时也有一定的宗教仪式。发掘出属于齐家文化的甘肃临夏大何庄墓地附近有卜骨和已被砍头的牛羊骨架，经研究可能是氏族成员送葬时举行占卜和杀牲等宗教活动的遗迹。关于占卜这一宗教迷信活动，在氏族制度发展的较高阶段时，是归专人掌握的。占卜者在商代叫"太卜"。父系氏族制度晚期的出土物中有兽胛骨，就是占卜用具，推测当时已有脱离或半脱离生产的占卜人员。又，古代传说氏族部落首领颛顼命令重和黎两位重要人物禁"绝地民与天神相通之道"（《国语·楚语下》韦昭注），就是说，人和神之间的联系，不容许一般人过问，要由专人垄断和掌握，这就是所谓"绝地天通"（《尚书·吕刑》）。这种宗教专职人员，后来叫"祝""巫"等。至此，原始宗教的内容、形式和必要条件基本具备，在意识形态上形成了有神论体系的雏形。

原始氏族社会宗教有神论的必然出现，既有物质生活条件的客观根源，也有人们主观上的认识论根源。由于生产力处在低级阶段，人们认识世界的实践基础也十分浅薄。当时人们的认识过程主要是有限的感性活动，理性的抽象思维还不发展，但正处于不断发展之中。他们对于包括人自身在内的整个自然界的因果联系、本质和规律等的探求，不可避免地陷于主观性和片面性而导致错误的结论。例如，灵魂与肉体的关系本来是不可分割的，它们的关系属于第二性和第一性之间的关系，根本不可能有脱离肉体的灵魂的独立存在。做梦和梦境不是灵魂脱离肉体的证明，恰恰相反，做梦和梦境倒证明了人的大脑皮质的活动规律，证实了无意识的心理活动依赖于人的神经中枢。而这些理解，原始社会的人们是不可能达到的。他们把梦境中的人的出现作为灵魂独立存在的"果"，把灵魂脱离身体独立存在作为梦境的"因"，并进一步推测出灵魂不灭的观念。这正好说明，原始社会的人们在这里向抽象思维的发展上走出了重要的一步，在因果性这一理性范畴上面锻炼了思维能力。虽然结论是错误的，但它仍然是"人类认识这棵活生生的树上的一朵不结果的花"（《列宁选集》2卷715页）。

由此可见，在氏族公社制度的历史发展阶段上，宗教有神论思想的出现是合乎规律的，而当时无神论思想还未出现，也是合乎规律的。当一种思想所赖以产生的客观物质条件和主观认识条件还未具备前，断言哪一种思想已经存在，肯定站不住脚。比方，"神灭论"的思想怎么可能在氏族时代出现？这是不言而喻的道理。当然，我们的这个论断，并不否认氏族时代存在着无神论思想的若干前提条件。人类社会实践每一步的进展，都给唯物主义真理长河注入点滴活的水源。原始社会的人们也有原始的自发的朴素唯物主义思想，否则，人们不能生存，社会也不可能向上发展。这些思想主要体现在实践之中。同时，朴素唯物主义虽然是无神论的初步思想基础，但它还不等于无神论思想本身。这是人类认识史上的事实。恩格斯说："我们只能在我们时代的条件下进行认识，而且这些条件达到什么程度，我们便认识到什么程度。"（《马克思恩格斯选集》3卷562页）对于人类认识史上的所有历史阶段，这都是普遍适用的原则。

二、殷周奴隶制时代上帝天命的有神论体系的形成和无神论思想的萌芽

我国进入阶级社会后，夏、商和周三代是奴隶占有制社会。根据历史科学，特别是考古学的研究，夏代的社会情况还了解得比较模糊；而商、周两代，由于发掘出大量实物资料，结合古代文献进行分析和综合研究，已取得丰硕成果。对于当时的社会状况，从生产力到生产关系，从经济基础到上层建筑，基本上弄清了许多关键性的问题。在这基础上，探讨我国古代无神论的萌芽问题，就有了科学的依据。

商和西周时期上帝和天命宗教观念和信仰流行，标志着古代有神论体系的形成。同时，对上帝和天命信仰的怀疑和一定程度的否定，导致古代无神论思想萌芽。

商代奴隶主贵族专政国家奉行神权政治，一方面把王朝的统治说成是受命于最高至上的神——上帝。汤在征灭夏桀的誓词中说："夏氏有罪，予畏上帝，不敢不正。"（《尚书·商书·汤誓》）极力抬高本王朝统治神秘的必然性。上帝意旨是神圣不可违反的。既然上帝命令建立商王朝，那么商王朝的统治也就不可抗拒。另一方面，又把对奴隶阶级和劳动群众的压迫剥削说成是奉上帝之命而行，根本不是压迫剥削，而是对他们"畜养"。盘庚在迁都殷前对奴隶们训话时说："予迓续乃命于天。予岂汝威？用奉畜汝众。"（《尚书·商书·盘庚中》）这些都是神权政治的标本。

上帝这一观念在原始社会还不存在。那时社会组织只有氏族公社、氏族部落和部落联盟，它们的首领权力有限，一般各自为政，整个社会还没有统一的权力机构，也没有最高统治者。原始宗教的神也没有一个统摄诸神的至上神。进入阶级社会以后，产生作为阶级压迫机器的国家，出现了国王这一最高统治者。天上王国无非是地上王国在人们头脑中的虚幻的反映。至上神观念也是人们把国王的观念推广到整个宇宙的结果。恩格斯指出："没有统一的君主就决不会出现统一的神，至于神的统一性不过是统一的东方专制君主的反映，无非那个神支配着形形色色的自然现象，联合着各种互相对抗的自然力，而这个君主在表面上或实际上联合着利益冲突、彼此敌对的人。"（《马克思恩格斯全集》27卷65—66页）至上神观念的出现，使有神论的体系基本上形成。

殷人称至上神为"帝""上帝"。出土的殷代卜辞中有一些关于"帝"的记录：一，"帝佳（唯）癸其雨。"（郭沫若《卜辞通纂》364片）二，"今二月帝不令雨。"（同上365片）三，"帝令雨足年？帝令雨弗其足年？"（同上363片）四，"帝其降堇（馑）？"（同上373片）五，"伐𠮷方，帝受（授）我又（佑）？"（同上369片）六，"勿伐𠮷，帝不我其受（授）又（佑）。"（同上）七，"正封邑，帝若（诺）。"（同上373和374片）八，"我其已㝢，乍（则）帝降若。我勿已㝢，乍（则）帝降不若。"（同上367片）这都是商朝统治者向至上神卜问或得到的"回

答"。从一至四项卜辞可以证明，这位帝主宰自然界的晴雨以至生物的生长。从五至八项看来，帝也统帅着王朝政务，举凡征战、建都、官员任免等，皆听帝之命。帝是主宰整个宇宙的至上神，证据确凿。

殷人至上神观念有发展过程。据考证，上述卜辞大抵出自武丁统治时代，称全上神为"帝"而不称"上帝"。直至商代晚年，帝乙和帝辛加上"帝"的称号，地上王国和天上王国最高统治者的称号便有区别的必要，于是尊天上的帝为上帝（参见郭沫若《青铜时代》1954年版第5页）。卜辞中也有"上帝"的文字出现（《卜辞通纂》第368片）。这里透露出神权政治的秘密，实质上上帝是人间帝王的影子和产物。

殷人的上帝还兼有祖宗神的身份。下辞中有"高祖夒"的记载（郭沫若《殷契粹编》1、2等片）。这个叫夒的祖宗，即是传说的帝喾、帝俊、帝舜。"商人禘舜而祖契。"（《国语·鲁语》）契是上帝所生。一个是上天成了神的祖宗，一个是在人间建功立业的始祖，二位同源。殷人的这一个禘是具体的人格神。而至上神只有一个，所以这个禘也就是主宰整个宇宙的上帝。这类传说，正如恩格斯所指出的："人为的宗教，虽然充满着虔诚的狂热，但在其创立的时候便免不了欺骗和伪造历史。"（《马克思恩格斯全集》19卷327页）商王被说成上帝的后裔，他的统治当然是神圣不可侵犯了。

至于"天"作为至上神的称号，可能比帝和上帝的称号晚出。殷末，周人崛起，同商王朝进行长期斗争。周族已建立奴隶主阶级专政国家，也奉行神权政治。其宗教观念也已发展到出现至上神的程度。周人称至上神为"天"或"上帝"，以前者为主。殷人在商朝晚期也有称"天"的，如"天毒降灾，荒殷邦"（《尚书·商书·微子》），"天既讫我殷命。……天弃我。……天曷不降威？"。商纣王也说："我生不有命在天？"（《尚书·商书·西伯戡黎》）可见，到殷末周初，以"天"称至上神已很流行。

周人称天而不大喜欢称帝，除在宗教意识的发展上有更概括更抽象的特色外，也同他们对殷人的敌忾有关。殷人的帝兼至上神和祖宗神于一身，周人便愿另寻称号称至上神。特别是周文王姬昌统治时代，殷人对于他有杀父之仇（商王文丁杀姬昌父季历），要他崇拜仇人的祖宗神是不可思议的。到周武王姬发灭商并建立周王朝后，就正式把天奉为有意志有人格的至上神，自称天子，受命于天，取代商朝，来统治天下。恩格斯说："古代一切宗教都是自发的部落宗教和后来的民族宗教，它们从各民族的社会和政治条件中产生，并和它们一起生长。宗教的这些基础一旦遭到破坏，沿袭的社会形式、继承的政治结构和民族独立一旦遭到毁灭，那末与之相适应的宗教自然也就崩溃。……民族神一旦不能保卫本民族的独立和自主，就会自取灭亡。"（《马克思恩格斯全集》19卷333页）周人称天代帝为至上神，在宗教史上并非偶然事件。

周朝取代商朝，虽然是奴隶占有制经济形态范围内改朝换代的事件，但当时社会不能不引起大动荡、大变化。人们，首先是商族的思想家和政治家们思索着这个变化的因果关系。如商代的贵族祖伊和微子之流，虽还不敢对皇天上帝有不敬的想法，认为殷之将亡主要由于纣王淫乱，自绝于天。同时也提出"天既讫我殷命""天毒降灾"的问题，隐约地意识到天命并非永远不变，天老爷也会翻脸不认人。

周人在这一问题上的看法又更进了一步。从根本上说，周代的奴隶主政治家们不可能摆脱宗教迷信，而且承认他们的天下来源于"文王受天有（祐）大命"（《大盂鼎》）。可是他们鉴于殷商覆亡的教训，多少认识到"惟命不于常"（《尚书·周书·康诰》）、"天命靡常"（《诗经·大雅·文王》），单靠天命永保江山是不可恃的，因此不可尽信。这就是对天命的绝对权威发生了动摇和怀疑，甚至得出"天不可信"的结论（《尚书·周书·君奭》）。这样就走到了对正统的有神论叛逆的边缘。

然而周人终于不能突破有神论的桎梏。周初大政治家周公旦在浩叹"天不可信"的同时，提出"我道惟文王德延"的政略。宋代蔡沈注说："天固不可信，然在我之道，惟以延长武王之德，使天不容舍文王所受之命也。"（《书经集传》《君奭》篇注）总之，要努力适应天的要求。所以周公的敬德思想并非反对尊天，而可以说是它的补充。

真正成为有神论的对立面的思潮，不是发源于奴隶主贵族中间，而是在奴隶阶级反抗奴隶主阶级的阶级斗争风暴中孕育出来。

殷周两代奴隶主阶级对奴隶阶级的剥削压迫的一切形式和措施中，最残酷、最野蛮的莫过于人殉、人牲和人祭等制度。这些制度的主要思想根源，正是对灵魂不灭、鬼神、上帝的信仰。奴隶主贵族有生之日，对奴隶进行敲骨吸髓的剥削和任意残杀，过着极度奢侈荒淫的生活。他们要在死后同样地继续下去，这就必然要求有大量奴隶的灵魂跟随他们到另一个世界去。而人一般地不可能同时死亡，为了满足奴隶主贵族死后的"欲望"，只能把奴隶成批地杀掉或活埋，送入奴隶主贵族的墓穴里。这就是人殉制。奴隶主们在祭祀祖宗亡灵和各种鬼神时，设想它们也喜爱奴隶主贵族在人间的享受，因而奉献牺牲，其中包括最名贵的品种——人牲，给祖宗鬼神大摆人肉筵席。每逢盛大节日和隆重的事，奴隶主又需要奴隶的灵魂派作各种用场。比方兴建宫殿，奠基、起柱、造门等工程之先，都要杀掉或活埋数量不等的奴隶，要他们的灵魂永远在那里守卫。此外还有各种人祭的形式。总之，以灵魂不灭、鬼神和上帝为核心的有神论思想，在奴隶主阶级专政的血腥统治下，写下了极端反动的历史！

对有神论的批判首先是武器的批判。奴隶和其他劳动人民用逃亡直至暴动等方式反抗奴隶主阶级，把矛头对着反动宗教思想赖以存在的奴隶占有制和奴隶主贵族专政。

商代末年，奴隶和平民纷纷造反，猛烈地冲击神权政治。他们蔑视鬼神上帝神圣不可侵犯的说教，"乃攘窃神祇之牺牲牷，用以容，将食无灾"（《尚书·商书·微子》）。就是说，把祭祀上帝的羊、牛和猪抢走吃光，管事人不敢干涉，奴隶们吃后谁也没有遭受"降灾"的惩罚。上帝和他在人间的代理人商王的威风，扫地以尽！这不但宣告了神权政治的破产，而且表明了奴隶们根本不相信奴隶主捏造的鬼神上帝那套谎话。这包涵着极其可贵的无神论意识的萌芽。在剥削阶级编纂的典籍里，记载这类事件虽然不多，而他们之所以仍然载入文献，引为教训，正可说明它绝非孤立的现象。

西周时奴隶暴动和国人起义史不绝书。他们走革命道路，有一定的思想基础，不能不在某种程度上怀疑、批判以至否定天命。劳动人民的阶级斗争必然为无神论思想的萌芽提供土壤。西周后期夷、厉执政时期，国内外阶级斗争日益尖锐。由于长期对四围的戎狄用兵，国力消耗很大，王朝采取加重剥削人民的政策，激起奴隶和"国人"的强烈反抗。同时奴隶主阶级内部也矛盾重重，大小贵族间互相倾轧，有人败落破产，对奴隶主贵族专权也不满。周王朝出现了严重危机，神权政治受到一次致命的冲击。

事情是这样的：厉王采取"专利"政策，不准平民利用山林河泽谋生。以平民为主体的国人对此极端不满，纷纷议论，严厉谴责朝政。厉王一意孤行，并企图借神权镇压人民，用卫巫进行特务活动，把所谓毁谤者捕杀，"恭行天罚"。这一来，反而激起国人的起义，把堂堂的天子赶跑，结果厉王死在逃亡之中。天命保不住天子的性命。劳动人民又一次用武器的批判沉重打击了有神论。

在这政治危机四伏，人民生活凋敝的年代，处于萌芽状态但充满着批判精神的无神论思潮，在社会的广大阶层中蓬勃兴起。《诗》三百篇不少采自民间，其中就有相当的怨天、骂天、怀疑天命、否定天而肯定人的思想内容。

"不吊昊天，乱靡有定，式月斯生，俾民不宁，忧心如醒，谁秉国政？不自为政，卒劳百姓。"（《诗·小雅·节南山》）什么天老爷、天子，都是混旦！弄到祸乱愈来愈厉害，政治一团糟。受苦受难的是小民百姓。这是对神权政治的尖锐批判！"疾威上帝，其命多辟。天生烝民，其命匪谌。靡不有初，鲜克有终。"（《诗·大雅·荡》）天命是邪恶的，所谓老百姓一切由天命安排是胡说。这是对天命论的无情揭露！

"旱既大甚，蕴隆虫虫，不殄禋祀，自郊徂宫，上下奠瘗，靡神不宗。后稷不克，上帝不临。耗斁下土，宁丁我躬。"（《诗·大雅·云汉》）说什么上帝主宰自然界，连天旱也管不了。祖宗神同样不顶用！哪一位尊神没有求过祭过？但田地仍然全毁了。不是说祭祀上帝就能除难消灾吗？如果它能够而不愿意去做，那么，真的是"浩浩昊天，不骏其德"（《诗·小雅·雨无正》），太邪恶了！如果它愿意而又做不到，那么，"其命匪谌"，太不讲信用了；"弗虑弗图"（同上），也太糊涂了！

"下民之孽，匪降自天。噂沓背憎，职竞由人。"（《诗·小雅·十月之交》）老百姓受灾受害的根源既然不是天降的，社会上的纷争既然主要由人所造成，那么，人们难道不可以把天神、天命抛诸脑后？短短的几句诗，包含着深刻的思想性。在天人关系的根本问题上，它朴素地表达了天人相分的观点，而且在否定有神论和天命论的同时，肯定人的因素和作用。虽然这无神论的幼芽还不可能揭露宗教有神论的阶级根源和实质，但在神权享有无上权威的时代，敢于撇开神而强调人，也就十分难能可贵。这种以人为本位的思潮，对后来无神论思想的发展影响深远。

中国古代哲学史上关于天人关系问题的争论，包含两种不同的内容。第一种所谓天人关系，实质上是神和人的关系。上引《诗·小雅·十月之交》，就是反映天人相分，即神与人无涉的思想，同神权政治相对立。它虽然没有正面否定神的存在，也没有肯定神的存在，但尖锐地指出天神管不了人事，人世的纷争是社会生活所固有。这样，实质上就从否定神的作用而在很大程度上排斥神的存在，闪烁着无神论的曙光。

第二种涵义是指自然和人的关系。古代人们在探讨这种关系时，在不同程度上还是和神人关系纠缠在一起。这正是列宁所深刻指出的"科学思维的萌芽同宗教、神话之类的幻想的一种联系"（《列宁全集》38卷275页），在历史发展上是不可避免的。

重要的是，古代人们对第二种涵义的研究，实质上以"天"为自然之天，把天神之关或作为例行的前提而实际上虚设，或抽象地承认而具体地否认，或在形式上尊天神而在内容上讲自然规律等等，在研究古代无神论萌芽问题时都要有所分析。

殷和西周已流行的"五行""阴阳"说，交织着上述两种涵义，主要是研究第二种涵义的朴素唯物主义和自发辩证法。它们对我国古代无神论萌芽有过卓越贡献。

在现存古代典籍中，"五行"说始见于《尚书》。《夏书·甘誓》说："有扈氏威侮五行。"宋蔡沈注认为是指有扈氏"暴殄天物"。五行就是天物，即五种自然事物。它们是什么？本篇未具体说明。《周书·洪范》就明确指出："五行：一曰水，二曰火，三曰木，四曰金，五曰土。水曰润下，火曰炎上，木曰曲直，金曰从革，土爰稼穑。润下作咸，炎上作苦，曲直作酸，从革作辛，稼穑作甘。"说明了五行的性能，并记录了人对它们每一种的味觉。这完全是在人们生产和生活实践基础上的朴素认识。

值得注意的是，五行中的金，同其他四种自然物不同。它的自然状态一般是原矿石，经过加工才以金属形式呈现出来。所以突出它"从革"。又土被规定为用于稼穑；"木曰曲直"，一指它的形状曲直不一的特点，也包括了对木材加工制作的可变性的意思。这些都是在天人关系上人改造自然和认识自然的朴素唯物主义，丝毫没有涉及创世主的地位和作用。这里，五行作为天降洪范之首，实际上把天神架空了。

至于五行是否被归结为世界的物质性本原的问题，在《洪范》中看不出这种意义。《尚书大传》记载西周初期一般群众对五行的看法是："水火者，百姓之所饮食也；金木者，百姓之所兴生也；土者，万物之所资生；是为人用。"这基本上仍然是生活和生产经验的总结。其中指出"土者，万物之所资生"，标志着人们在探讨世界本原的观察和思维的历程中，比《洪范》前进了一步，但也还不是世界物质性本原的观点。

幽王时，史伯关于五材的言论有了新的突破。他提出的两个观点，在朴素唯物主义和自发辩证法的发展史上，起到奠基的作用。第一，他说："故先王以土与金、木、水、火杂以成百物。"（《国语·郑语》）把土作为最基本的物质要素，用它和金、木、水、火结合，造成世上各种物质现象。以物成物，不是由非物的神秘东西创造物质东西。这显然是一种朴素的物质本原观点。第二，关于怎样以物成物的途径，他又进一步指出："夫和实生物，同则不继。以他平他谓之和，故能丰长而物生之。若以同裨同，尽乃弃矣。"（同上）这里提出了"和"跟"同"相对立的自发辩证法思想。"和"指不同事物相互联系、相互作用达到平衡，蕴含着朴素的对立统一的思想因素。"同"则是指否定差别、排斥矛盾的形而上学观点。他敏锐地指出，如果追求绝对的同一，事物的生长发展就要中断以至归于毁灭。总之，物质东西是由物质本身的矛盾斗争而生长发展，用不着创世主的介入。在当时宗教世界观开始动摇、神权政治屡受冲击的条件下，史伯的朴素唯物主义和自发辩证法思想，为无神论的萌芽提供了有力的哲学根据。

阴阳观念大抵和五行观念同时兴起和传播。有一种看法认为阴阳观念是《周易》的固有思想。这种看法值得商榷。《易经》并未出现阴阳这一范畴。如果说，《易经》的思想内容体现了阴阳观念，例如乾坤，乾是阳，坤是阴等，其实这只是后来对《易经》的解释。严格地说，这是《易传》对《易经》的解释，是《易传》的思想观点，在时间上比《易经》晚出得多，大抵不会早于战国末年。因此，和无神论萌芽的联系没有确切的意义。《周易》原是周史掌握和使用以占凶吉的书，属于有神论思想体系，其主流和本质是迷信的、反科学的。至于它提供有关史料上的宝贵资料和某些朴素辩证法思想因素，当然值得深入研究。由于和我们的主题关系较为间接，略而不论。

阴阳观念作为朴素唯物主义世界观的一个范畴，始见于《国语·周语上》所述伯阳父论地震。时间在周幽王二年，即公元前七八〇年，和史伯五行观点的发表时间略近，这是合乎认识发展规律的。伯阳父认为，阴阳是"天地之气"，阴阳二气有其固有秩序。阳气的性质是"蒸"，即蒸发上升；阴气的性质相反，是沉坠下降。如果秩序错乱，阴气跑到阳气上面，就使"阳伏不能出，阴迫而不能蒸"。但阴阳二气按本性运动，阳气要向上冲，阴气要向下沉，阴气又把阳气"迫"住、"镇"压住，就发生强烈的冲突，引起地震。伯阳父用"天地之气"阴阳"失序"来解释地震的发生，从物质现象中寻求自然界变化的原因，这是朴素唯物主义的观点，是他对地震全部看法的主要方面。当然，伯阳父的看法，也有唯心主义迷信的东西。例如他认为地震是一个国家的"亡之徵"，这是没有根据的。但是，这只是他对地震看法的次要方面。

伯阳父的阴阳二气的唯物主义观点，具有萌芽状态的无神论思想。他敢于抛开"上帝""天命""天威"等占统治地位的神学观点对地震的解释，并以朴素唯物主义的解释同它们对立起来。无神论一旦产生即显示出战斗性和强大生命力。

这种战斗性和强大生命力来源于人民群众的社会实践。西周晚年，王朝内外交困，政治危机四伏，宣王长期征伐外族，一度取得暂时胜利，乘机加强神权政治。实际上外强中干，国人和奴隶的反抗和暴动方兴未艾，奴隶主内部分崩离析。到幽王统治年代，王朝更加腐朽，贵族中也分化出一些进步思想家，如史伯、伯阳父等人物。他们掌握较多的文化知识，在一定程度上总结了人民群众生产斗争和阶级斗争的经验。他们所表述的阴阳五行学说，客观上和当时科学技术如天文历法、农业技术、冶金技术、地理、生物等科学知识有着深刻的联系。这才是形成关于世界的物质自然界本原思想的活的源泉。

可以说，从殷末到西周末年，是我国无神论萌芽时期。春秋以后，无神论在思想领域的阶级斗争中，繁荣发展。到战国晚年，它凝结为相当严密的理论形态，大放异彩。

总结无神论萌芽的历史，我们有如下的一些体会：

无神论在同有神论斗争中萌芽，也必然在斗争中发展。无神论的形式和内容在一定程度上受到有神论的形式和内容的影响，这是由于斗争的需要。所以，我们不应该脱离有神论孤立地来看无神论，而应该从它们的相互斗争中进行研究。

无神论从萌芽时起就以对神或上帝实质性的否定为本质特征。但萌芽状态的无神论不可能彻底否定神，存在着一定的不彻底性和局限性，这是它非本质、非主流方面。这是受人们社会实践和历史条件制约的结果，是合乎人类认识发展规律的。

无神论从萌芽时起就建立在对世界本原的物质自然界的解释的朴素唯物主义基础之上。研究无神论，必须深入研究它们的哲学基础。

无神论的萌芽，是同人民群众反抗奴隶主阶级反动的两手政策的政治斗争密切联系在一起的。我国无神论萌芽时勇猛地冲击了神权政治，发挥了高度的政治性。这是我国无神论史的一个特点，它不会不对我国古代历史，特别是意识形态的发展史打上烙印。

无神论的本质是否定的、批判的。

原载《中山大学学报（哲学社会科学版）》1978年第4期

《太平经》剖析

——兼谈《太平经》与东汉末年农民起义的若干思想联系

冯达文

这里不准备全面评价《太平经》①。作为一部道教经典,这本巨著无疑充满鬼神妖仙、长生不死、祸福报应、君权神授等陈词滥调,使人初看甚不以为然。但是,那并不是说对《太平经》不可以进行剖析。

我们先略看一下道教的起源。就神仙术讲,早在战国时期齐楚等地已经发端。秦始皇、汉武帝、淮南王求长生不死之药,便是依靠那里的方士。但是,以道教这种宗教组织形式出现的,则似乎是在东汉,最初作为官方统治思想——儒教的异端在民间酝育着,并且是与农民反抗地主阶级的斗争紧密结合在一块的。查《后汉书》和帝以前,我们还极少看到有关农民利用道教起义的记载,但到安、顺、桓三帝期间,却多次出现了。如:公元一四四年,阴陵人徐凤、马勉起义,凤称"无上将军",勉称"黄帝"。一四五年,历阳人华孟起义自谓"黑帝"②。一四八年,长平陈景起义号"黄帝子";南顿管伯称"真人"。一六五年,勃海盖登聚众首事自名"太上皇帝"。一六六年,沛国戴异造反被拥为"太上皇"③等等。显然,这些称谓都与道教有关,可见道教最初流行于下层贫苦农民之中。现残本《太平经》内容庞杂,体裁不一,前后矛盾,决不是一人一时之作,很可能是在一些下层传教道士宣教底本的基础上增删而成的。尔后,张角有《太平清领书》,直接以太平道为发动起义的工具。汉中张修、张鲁五斗米道"略与角同",也是民间道教的支派④。这《太平清领书》即今残本《太平经》,许多同志已有考证,我们认为是可信的。拿《太平经》与几乎同时期出现的魏伯阳的《周易参同契》及魏晋以后经葛洪、寇谦之、陶弘景改造过的正宗道教著作比较一下,我们可以看到二者之间有许多明显的区别。

第一,正宗道教追求的理想,是所谓"长生久视,天地相毕"的境界。一旦如此,则"位可以不求而自致,膳可以咀茹华琼,势可以总摄罗邦,威可以叱咤梁柱"⑤。这

---

① 《太平经》成书于后汉,今仅存明朝道藏残本。1960年中华书局出版了王明重新整理编订的《太平经合校》,本文关于《太平经》的引文,均引自此书,不再注明出处。
② 《后汉书·滕抚传》。
③ 《后汉书·桓帝纪》。
④ 《三国志·张鲁传注引典略》。
⑤ 《抱朴子·对俗》。

全然是豪强地主永保淫乐生活和特权地位的狂想。

而《太平经》许多内容则不同。它常常提出大量的实际问题，揭露当时社会的阴暗面。在它的笔下，我们看到了东汉末年社会的凄厉景象："风雨不调，行气转易，当寒反温，当温反寒"，"阴气蔽日，令使无光。人民恐惧，谷少滋息，水旱无常，民复流客有谷之乡"。而"未及贱谷之乡，饥饿道傍，头眩目冥，步行猖狂，不食有日，饿死不见葬。家无大无小，皆被灾殃"。这里面饱含着被压迫阶级悲愤的思想情绪。从这种悲惨的生活中冒发出来的，首先是对"太平世界"的强烈渴望，而不是对超脱现实的那种神仙位、威、势、膳的醉心追求。"太者，大也，言其积大如天，无有大于天者。平者，言治太平均，凡事悉治，无复不平。"就是指"平均"（无复不平）而又"安定"（凡事悉治）的小康生活。

关于原始道教与正宗道教的区别，葛洪说得很清楚："曩者有张角、柳根、王歆、李甲之徒，或称千岁，假托小术，坐在立亡，变形易说，诳眩黎庶，纠合群愚，进不以延年益寿为务，退不以消灾治病为业，遂以招集奸党，称合逆乱，不纯自伏其辜。"① 正宗道教以"延年益寿为务"，下层道教则以"诳眩黎庶，纠合群愚"为事，二者泾渭有分。而《太平经》的平均、平等思想，显然来自农民，又成了农民的思想理论武器。

第二，正宗道教追求的目的在现实世界是不可能实现的，因此，他们为实现其目的而开出的药方也只能是神秘主义和主观臆想的。从战国秦汉以来，依附于贵族的神仙家们就把一切希望寄托在炼丹术上。如汉武帝时的方士李少君即说："祠灶则致物，致物而丹沙可化为黄金，黄金成以为饮食器则益寿，益寿而海中蓬莱仙者乃可见。"② 晋朝葛洪也说："夫金丹之为物，烧之愈久，变化愈妙，黄金入火，百炼不消，埋之毕天不朽。服此二物，炼人身体，故能令人不老不死。"③ 后来，以炼金为务的外丹术屡遭失败，神仙家走向更玄虚的内丹术（炼神气）。北宋名道张伯端称："先把乾坤为鼎器，后搏乌兔药来烹，既驱二物归黄道，争得金丹不解生。"④ 以天地为炉，以日月阴阳之精为药，又驱入神奇的黄道（北海中宫）之中，才能获得长生。这真是"玄之又玄"。

与此相反，《太平经》为实现太平世界的目的，以要求解决现实生活苦难为紧迫问题，它不仅不谈炼金丹，而且公开表示反对。《经守三实法》和《经三急吉凶法》明确指认吃饭、男女婚姻、穿衣三事（三实）为社会的根本问题。"是故古者圣人守三实，治致太平，得天心而长吉，竟天年，质而已，非必当多端玄（铅）黄（金）也。""故衣者，有以御害而已，故古者圣贤不效玄黄也。"这种重视现实问题，视金丹为"奇伪之物"、炼丹为"浮华之事"的观点，无疑在一定程度上反映了农民的切身利益和思维方法的特点。

第三，由于目的、要求和方法不同，从中引导出来的关于自然界和社会问题的许多结论，也有显著的不同。下面我们就着重在这些方面作一些分析比较。

---

① 《抱朴子·道意》。
② 《史记·封禅书》。
③ 《抱朴子·金丹》。
④ 《悟真篇》卷四。

一

　　《太平经》所描绘的大自然图景是："天，太阳也。地，太阴也。人居中央，万物亦然。天者常下施，其气下流也。地者常上求，其气上合也。两气交于中央。人者，居其中为正也。两气者常交用事，合于中央，乃共生万物。万物悉受此二气以成形，合为情性；无此二气，不能生成也。"这是元气论思想。这种思想在《太平经》中随处可见。但是，仅承认元气化生万物并不足以说明《太平经》是否有唯物主义思想，关键在于看它怎样回答世界的本源问题，怎样解决形神之间的关系问题。

　　《太平经》是推崇老子的，也可以说《老子》五千言是它的理论来源。所以，看它怎样批判继承《老子》显得很重要。在老子那里，道是宇宙的最高实体。"道生一，一生二，二生三，三生万物。万物负阴而抱阳，冲气以为和。"① 道本源在自身的演变中，才产生出阴阳二气和我们周围世界的万物来。可是，在《太平经》里，老子这一宇宙生成论被改造为："天地开辟贵本根，乃气之元也。""元气乃包裹天地八方，莫不受其气而生。"这显然是把元气作为世界本源。从元气本源论出发，《太平经》重新解释老子的上述命题："元气恍惚自然，共凝成一，名为天也；分而生阴而成地，名为二也；因为上天下地，阴阳相合施生人，名为三也。三统其生，长养凡物名为财……"这样直接以元气释道，在哲学史上还是首次②。

　　关于道的性质，老子明确认定为"无""无物"。"天下万物生于有，有生于无。"③ 道为宇宙本源，可它又没有任何物质形象和属性。很清楚，老子的世界观是客观唯心论。《太平经》有时把道看成气，常称"气道"；有时也看作为元气变化的规律："元气行道，以生万物。"既然道即气，则无所谓"无"。因此，《太平经》不单独谈"无"，而只谈"无形"，"故元气无形，以制有形"。本源与万物之间不是无与有的关系，而是无形与有形的关系。《太平经》对"虚无"也作了新的解释："虚无者，乃内实外虚也，有若无也。""但与气游，故虚无也。"气是实有，但因无形，才称虚无。与老子比较，我们不难看到，《太平经》的宇宙论是倾向于唯物主义的。

　　从元气本源论出发，《太平经》中有些地方对形神关系也有比较正确的论述。《太平经圣君秘旨》一书保存了《太平经》一段精论："夫人本生混沌之气，气生精，精生神，神生明。本于阴阳之气，气转为精，精转为神，神转为明。"混沌之气、阴阳之气，原来都是没有知觉的，后来逐渐演化出精气，才派生出精神来。这说明精神是物质的产物。依据对形神关系比较正确的理解，《太平经》有些地方接近"无鬼论"。"生者，其本也。死者，其伪也。何故名为伪乎？实不见睹其人可欲，而生人为作，知妄图画形容过其生时也。守虚不实核事。……人生于天地之间，其本与生时异事④，不知其所职者何等也。故孝子事之宜以本，乃后得其实也。"这里虽然没有明确否定人死后可

---

　　① 《老子道德经》第四十二章。
　　② 据刘节和郭沫若考证，《管子》中《心术》上下、《内业》、《白心》四篇为宋钘、尹文的著作，宋尹学派有把道释为气的思想，但没有明确直接的表述。
　　③ 《老子道德经》第四十章。
　　④ 此句难解，似应"其死本与生时异事"。

变为鬼，但是认为死后不复知生时所职所为，也就有了这种意思。《太平经》有些地方反对当时流行的图谶迷信，反对祭祀，与此有关。如说："夫学之大害也，合于外章句者，日浮浅而致文而妄语也，入内文合于图谶者，实不能深得其结要意，反误言也。""合于外章句者"，即指今文学派那种烦琐哲学；"入内文合于图谶者"，即指谶纬神学。二者都为原始道教所鄙弃。

从以上分析可见，《太平经》在论及宇宙本源、形神关系等方面，都有许多比较正确的见解。在浩繁的道教经典中，能够抛开老子哲学的神秘主义，宣扬一些元气自然论的朴素唯物主义思想，除《太平经》一类原始道教著作之外，大概还不多见。

一般正宗道教著作在论及宇宙本源和形神关系时，仍然是沿着老子神秘主义的路线发展的。魏伯阳的《参同契》被宋以后的道士们推崇备至，它宣称："人所禀躯，体本一无"①。"无"原是宇宙本体，禀予人后，则又"近在我心，不离己身，抱一毋舍，可以长存"②。晋朝葛洪被称为正宗道教理论的奠基人。他明白地确认："玄者，自然之始祖，而万殊之大宗也。"③这"玄"也称为"道""一"。"一"像神那样住在北极大渊中巍峨的宫殿里，又可化作"男长九分""女长六分"的幽灵分居在每个人的丹田中④。真是荒唐之至！北宋张伯端称："道自虚无生一气，便从一气产阴阳。阴阳再合成三体，三体重生万物昌。"⑤虚无的道为第一性，物质性的气为第二性。宋道教北宗创始人王喆直截了当宣布："心本是道，道即是心。心外无道，道外无心。"⑥南宗首创者白玉蟾则说："神是主，精气是客。……万神一神也，万气一气也。以一而生万，摄万而归一，皆在我之神也。"⑦以"心"和"神"作为世界的本源，完全是唯心主义的货色。总而言之，正宗道教的大师们无不认定神秘的道（心）是宇宙的唯一实体，而气只不过是道（心）派生出来用以化生万物的物质材料；形依赖于神，神可以离开形而独立存在。原始道教与正宗道教在本源论和形神关系上的这些差别，有力地说明《太平经》所具有的朴素唯物主义元气论思想，是贫苦农民比较正确观察自然界的经验结晶。

《太平经》还有不少朴素辩证法思想。它认为："天地未分，初起之时，乃无有上下日月三光，上下洞冥，洞冥无有分理。虽无分理，其中内自有上下左右表里阴阳，具俱相持，而不分别。若阴阳相持始共生。""共生"出来的，便是天、地、人和万物。这里，《太平经》显然肯定宇宙处于一个不断由简单到复杂的发展过程之中。而无论在简单阶段或复杂阶段，自始至终存在着矛盾。事物由简到繁的过程，也就是矛盾由内在差异走向外部对立的一分为二的过程。

事物不仅自始至终存在矛盾，而且矛盾无所不在："天虽上行无极，亦自有阴阳，

---

① 《周易参同契》卷中。
② 同上书，卷下。
③ 《抱朴子·畅玄》。
④ 《抱朴子·地真》。
⑤ 《悟真篇》卷五。
⑥ 《二十四诀》。
⑦ 《海琼白真人语录》卷一。

两两为合";"地亦自下行何极,亦自有阴阳,两两为合";"天下凡事,皆一阴一阳,乃能相生,乃能相养"。这些,都是对矛盾普遍性的朴素推测。

关于对立面双方的关系,《太平经》对斗争性肯定不多,仅《太平经钞》本一处曾提到:"阴气阳气更相摩砺,乃能相生。"《太平经》特别强调对立面的相互转化,多谈"阴阳合""无战斗"。"夫阳极者能生阴,阴极者能生阳,此两者相传,比若寒尽反热,热尽反寒,自然之术也。""极上者当反下,极外者当反内;故阳极当反阴,极于下者当反上;故阴极反阳,极于末者当反本。"这种在"极"的条件下的转化被认为是万事万物得以"世世不绝天地统"的原因。

《太平经》中这些朴素辩证法思想,尽管许多也是古已有之的老命题,而且没有摆脱循环论的束缚,但它还是难能可贵的。首先,作为理论来源的老子哲学,虽然承认万物之间存在着对立统一的关系,但在万物的最高本源"道"那里却是不包含任何差别和对立的,这就最终走向形而上学。与此相比较,《太平经》确认"天地未分"的混沌本源本身就包含差异和对立的思想,无疑是一个出色的见解。其次,尽管老子哲学有许多辩证思想,而汉以后的正宗道教很少发挥老子积极的一面。如葛洪即认为"道起于一,其贵无偶"①,否认本体包含差别和矛盾。唐名道王玄览说得更露骨:"无今无古,无出无入,无前无后,无内无外,无有无空,平等是名。"为什么会"平等是名"呢?因为"今古时不同,同在一念中,则是前后不异事。今身与前身,同是一法体。空见与有见,并在一心中。此心若也无,空有诸见当何在"②。一切对立和斗争都被说成是人的主观幻觉,恰恰就是封建贵族力图抹煞农民阶级反抗斗争的主观幻想。再次,在汉代,适应于地主阶级巩固封建政权的需要,形而上学不变论特别突出。以董仲舒神学目的论为代表的官方统治思想,就曾极力否认矛盾的客观存在,宣扬"天道无二"。他承认有阴阳二气,但是二者"并行而不同路,交会而各代理",根本不可能构成冲突,更无所谓斗争。"是于天凡在阴位者皆恶乱善,不得主名,天之道也。"③阴阳之间的地位永远不能转化。"道之大原出于天,天不变,道亦不变。"④这正是汉统治者的主导思想。鉴于这种情况,我们满有理由认为《太平经》中这些辩证法思想应该得到充分肯定。特别是《太平经》从尚"变"的观点出发,强调人的主观能动性的作用,可以说是大大补充了王充唯物论之不足。

反映"孤门细族"地主的软弱地位,王充有浓厚的"命则不可勉,时则不可力"⑤的命定论思想。这种否认变化,从而否认人的主观努力的任何作用的观点,同样是形而上学的。《太平经》则不同,它认为:"夫天道无心,遭不肖则乱,得贤明则理。""故天法,凡人兴衰,乃万物兴衰、贵贱,一由人。……天下人所兴用,悉王自生气,其所共废而不用者,悉由凡物,何必乃当须天四时五行王乃王哉?"这就是说,在社会的治乱和人事的兴衰方面没有天命鬼神支配。人们可以通过自己的努力改变自己

---

① 《抱朴子·地真》。
② 《玄珠录》卷下。
③ 《春秋繁露·天道无二》。
④ 《汉书·董仲舒传》。
⑤ 《论衡·命禄》。

的地位。这是对形而上学的批判，也是对唯心主义的批判。《太平经》能够达到这一点，是与它酝育和流传于不断用实践去改造世界的农民中分不开的。而原始道教所以赢得劳苦农民的普遍信仰，不仅因为它设置了一个至上神，而且应当说，它的教义上集合了农民许多好的的思想成果，这也是一个重要原因。

二

在农民的世界观中，更具特色的是他们进步的社会历史观。人们对社会历史这一领域的正确认识，并不是待无产阶级登上政治舞台之后，才突然从天上掉下来的。事实上在人类发展的长河里，各个进步阶级都从不同角度力图揭露这一领域的奥秘，并提供了不少有益的资料。在《太平经》里，我们可以看到农民阶级也不例外。

社会的根本问题是什么呢？《太平经》认为，是吃饭、男女（婚姻）、穿衣三事，又叫"三急"或"三实"。"饮食阴阳不可绝，绝之天下无人，不可治也。……故古者圣人以此为治也，其余不急，召凶祸物者悉已去矣。何谓也？此三者应天行。男者天也，女者地也，衣者依也。天地父母所以依养人形身也。过此三者，其余奇伪之物不必须之而活，传类相生也。"总之，"万物守本，得三急而吉，失三急而有害"。

《太平经》里的所谓"三急"，也就是社会物质生活的基本问题。东汉中后期，豪强地主、宦官和外戚争相兼并，疯狂压迫剥削农民，过着穷奢极欲的生活。与此相反，"百姓饥穷，流冗道路，至有数十万户"①。《太平经》的这些观点，正是农民阶级对当时社会现实问题的激烈反映。它把物质生活的基本问题认作社会的根本问题，斥其它"耳目之娱""玄黄之物"为浮华之类；宣称"守三实，治致太平"，以解决生活问题作为政治上安定的先决条件；指出"衣则生贤，无衣则生不肖也"；确认人们的道德和才能受到物质生活条件的制约。这些观点虽然极其粗陋，还不可能揭示决定社会物质生活状况的更深刻的因素——生产力和生产关系的矛盾运动，它的"贤""不肖"等观念，也是超阶级的，但是，无疑在解决社会经济与政治、社会存在与社会意识的关系方面含有合理因素。古代剥削阶级的思想家在回答这些问题时，很少人不把社会观念摆在首位。老子以"去欲"为圣，把观念上的"知足"作为"常足"。正宗道教以"绝谷"修仙，劝诱人们放弃物质生活。孔子、孟子虽也谈到生活问题，但他们把义与利绝对对立起来，把社会的动乱主要归结为人们道德的败坏，鼓吹以"克己复礼"的途径匡正天下。他们同样颠倒了社会存在和社会意识的关系。也有少数进步的地主阶级思想家较为重视发展生产，承认必须满足人民最低限度的物质要求，但他们所以能做到这一点，实际上是农民武器的批判和批判的武器的巨大威力给予他们的影响。

怎样才能解决物质生活的基本问题呢？《太平经》提出要实行"太平均"："天地施化得均，尊卑大小皆如一。""平者，言治太平均。凡事悉治，无复不平。"那么，"均""平"的具体内容是什么呢？《太平经》有各种复杂的解释。其中最值得我们注意的，则是"财物共有""人人劳动"的主张。

关于"财物共有"，《太平经》说道："此财物乃天地中和所有，以共养人也。

---

① 《后汉书·桓帝纪》。

此家但遇得其聚处，比若仓中之鼠，常独足食，此大仓之粟，本非独鼠有也，小内之钱财，本非独以给一人也；其有不足者，悉当从其取也。愚人无知，以为终古独当有之，不知乃万尸（笔者按：户字之误）之委输，皆当得衣食于是也。"这里所谓"财物"，显然是一个笼统的概念，包括生产资料，但似主要指生活资料。"共有"也并不是说要废除私有制，其着重点在反对少数人的过分独占和对穷人进行过分的剥削。因此，这种"共有"的思想与无产阶级生产资料公有制的思想是完全不同的经济范畴。但这并不妨碍我们评论它是进步的社会思想。《太平经》从这种观点出发，愤怒揭露豪强地主聚敛的罪行："或积财亿万，不肯救穷周急，使人饥寒而死"；"积之乃亿万种，珍物金银亿万，反封藏逃匿于幽室，令皆腐涂。见人穷困往求，骂詈不予；即予不即许，必求取增倍也；而或但一增，或四五乃止。赐予富人，绝去贫子，令使其饥寒而死，不以道理，反就笑之。与天为怨，与地为咎，与人为大仇"。这里农民阶级的反剥削精神十分鲜明。特别是《太平经》把"均平"与"财物共有"联系起来，尤为地主阶级思想家所不能有。

中国古代的社会理论，往往都是从天道观引伸出来的。但人们的阶级地位不同，所引出的观点就大不相同。农民强调"均"，剥削阶级多突出"分"。如葛洪便称："清玄剖而上浮，浊黄判而下沉，尊卑等威于是乎著。往圣取诸两仪，而君臣之道立，设官分职，而雍熙之化隆。"①甚至像王充那样比较接近下层的思想家也不例外。他写道："天有百官，有众星。天施气，而众星布精。天所施气，众星之气在其中矣。人禀气而生，含气而长，得贵则贵，得贱则贱；贵或秩有高下，富或资有多少，皆星位尊卑大小之所授也。"②这都是论证等级的天然合理性。在一些剥削阶级的著作或言论中，谈到某些具体政策问题时，"均"字也不乏见。如《周礼·春官·大宗伯》说："大均之礼，恤众也。"注文明注："均其地政地守地职之赋，所以忧民。"又，汉光武帝建武五年诏令："刺吏太守多不平均，或优绕豪右，侵刻赢弱，百姓嗟怨，遮道呼号。"这里的"均"，都指赋役的"公平"负担。这种"平均"与财产共有的平均是不可同日而语的。在正宗道教的一些书上也有反对"积财不散"一类言论。如道教"初真十戒"的第七戒便说："不得贪求无厌，积财不散，当行节俭，惠恤贫穷。"③唐司马承祯劝诱徒众也称："财有害气，积则伤人，虽少犹累，而况多乎。"④如此等等。这里所论属一切宗教共有的伪善说教，似乎与《太平经》没有多大差别。其实仔细分析，我们仍可见到二者之间并不一样。首先，正宗道教之所谓"轻财"是作为戒律加给那些下层道士和受苦受难的信仰者的，实际上是要他们把仅有的一点血汗钱都掏出去，好让富人和高级僧道顺利地摄取更多的财富。而《太平经》中"财产共有"的主张却是直接针对当时整个社会的贫富悬殊而发的。其次，正宗道教说到"积财不散"如何有害，是仅从影响个人得道成仙的角度说的，并不涉及财产归谁所有的问题。而《太平经》则是把财产认作共有，用以否定富人据为己有的正当性。再次，正宗道教所谓"损己救穷"仅是一些

---

① 《抱朴子·君道》。
② 《论衡·命义》。
③ 《云笈七签》卷四十。
④ 《坐忘论·简事四》。

无关痛痒的劝诱。而《太平经》却激烈抨击富有者残酷剥削的罪行，以至皇帝也被斥为"愚人无知"，敢于冒犯天威。可见《太平经》这种从财产（经济）的角度谈平均，主张财产共有的思想是早期农民反对地主私有制的产物，反映着农民阶级切身的利益。

关于"人人劳动"，《太平经》宣称："天生人，幸使其人人自有筋力，叩以自衣食者"；"至于老长巨细，各当随其力而求衣食，故万物尚皆去其父母而自衣食也"；"女之就夫家，乃当相与并力同心治生，乃共传天地统，到死尚复骨肉同处，当相与并力，而因得衣食之"。这里说的实际上是两个问题：一是生活资料的分配（获得），是要人人劳动，自食其力；二是人与人之间的关系，包括父母与子女、夫与妻的关系，应是自食其力的劳动者的关系。

《太平经》这种思想的阶级属性很鲜明，它反映了农民小生产者的性格特征。早在战国时期，农民思想家许行就曾说过："贤者与民并耕而食，饔飧而治。"① 认为国家管理者应参加劳动，自食其力；他们与大众的关系应是劳动者之间的平等关系。宋明以后许多农民起义实行亦兵亦农的办法，废除骑在农民头上的专门化的寄生性的军队，也是出自同一思想体系。剥削阶级鄙视劳动、鄙视劳动人民的阶级本性，使他们绝不可能这样提出问题。

综上所述，我们对《太平经》中这些农民阶级的社会观念作如何估价呢？应当说，他们企图从社会物质生活方面去说明社会治乱和社会道德问题，是有启发意义的。特别是它以"财物共有""人人劳动"作为"均平"的内容和基础，是当时历史条件下一个出色的新颖见解。所谓"均平"，归根到底就是消除阶级差别和阶级对抗的问题。但剥削阶级所谈的"均"，最多不过是指赋役的公平负担，而未能也不可能把它与财产所有权、分配关系和人与人的关系联系起来，所以这种"均"是以极大的不均为前提。与此相比较，不难看到农民对"均平"这一社会观重要范畴的揭露，其内容深刻多了。农民阶级的社会历史观在思想史上有不可抹杀的地位。当然，反映在《太平经》中的这些观念还远不是科学的形态。作者们并不懂得从分析社会内在诸因素的辩证关系中抽出结论来，却要从社会外部（自然元气）来寻找说明社会问题的原因，这仍然是唯心史观；他们把财物认作生活资料而没有抓住生产资料，在生产资料私有的前提下谈论生活资料共有，不免仍然是空想；而且，在生产力低下的条件下追求实行生活资料共有，这只能导致绝对平均主义的倾向。所有这些都是古代农民不可能懂得的，我们不可苛求于前人。

三

《太平经》里有不少积极的因素，这些思想因素与它作为农民的原始道教著作有密切关系，已如前面所述。但是，就总的情况看，这本巨著的唯心主义形而上学成分还是占主导地位的，最明显不过的是，《太平经》明确宣称天上有神的存在，神支配着自然和社会生活。从这种观点出发，它在许多地方与其原来说的"天道无心"的论点相反，又去着力鼓吹天人感应论，宣扬善恶祸福报应思想；与其尚"变"的朴素辩证法思想相

---

① 《孟子·滕文公上》。

反，它也时而提倡"命定"论，认为"贫当自力，无为摇手，此人命薄，生所禀受"；与其原来坚持的朴素平等观念相反，它还多处说明"帝王，天之子也；皇后，地之子也，是天地第一神气也"，论证君权神授和等级统治；等等。

对于《太平经》这些互相对立的观点怎样解释呢？说它并非一人一时之作，其中夹着许多流落民间的剥削阶级失意文人的思想情绪，这当然是重要原因之一，但决不仅于此。仔细加以分析，这种对立似有一定的内在联系。我们可从两方面寻找这种联系。

在理论方面，《太平经》主张元气论，这在当时是进步的，但并不科学。它始终无法正确解决世界的统一性和多样性的关系问题。依照辩证唯物主义的观点，认为世界是物质的，不外是说它是客观存在的，这当中当然包括了各种各样的存在形式，各种形式之间在一定条件下的相互转化，以及事物由低级向高级、由简单到复杂直至出现人类思维现象等一切演变过程。所以，世界多样的统一问题在这里是很好回答的。但是，对元气论来说却不然。元气是本源，它是产生万物的。可是，同一的无形的元气怎么会产生在形质上千差万别的万物呢？低级的物质形态怎么会突然直接变成高级的存在形式呢？无知的气体为什么可以一下子转化为有知的人类呢？这是极大的难题。从战国的宋钘、尹文，到东汉的王充，以至后来的柳宗元，都不能不陷入困境。他们为了说明物质的多样性，只好认为元气的成分是多样的，不同的气具有不同性质从而产生不同物类。但是，这样一来，世界的统一性就仍然得不到说明。他们为了说明精神的来源，只好认为元气本身就包含有某种精神属性，元气化生人类，人类也自有精神。但是，这样一来，人与自然物的质的差别性却又被抹杀了，元气的物质性也被蒙上了神秘的色彩。可见，用元气作为世界本源，本身就包含着不可克服的局限性。《太平经》也不例外。它一方面抛弃了老子的虚无本体论而大力发展了元气论；另一方面，又大大地发挥了元气论的局限性。

《太平经》把精神看作是元气直接具有的属性："神乃与元气并同身并行"，"凡事人神者，皆受之于天气，天气者受之于元气。神者乘气而行，故人有气则有神，有神则有气，神去则气绝，气亡则神去。故无神亦死，无气亦死"。这就是说，神即气，气即神，故又称"神气"。这是原始道教从元气论走向唯心主义的起点。

从气即神的这种观点出发，既然气生万物，其逻辑的结论必然是"万物有灵"。无怪乎《太平经》又常说："天地之间，凡事各自有精神"，"故凡事大小，皆有精神，巨者有巨精神，小者有小精神，各自保养精神，故能长存"。这就把自然万物神化了，把物质世界描绘成了精灵世界，陷入神秘主义。从气即神的观点出发，还必然引伸出神仙论和一系列神仙术。从元气的长存，便想到炼神保气的长生；从气的无形而出入无间，便想到人成仙（与气同体）后的千变万化；从气的无所不包，威力无穷，便想到人得道后的神通广大；等等，由此人也被神化了。这已经完全走向唯心主义有神论。《太平经》从元气论出发走向有神论，实际上正是元气论的局限性的必然发展。

在阶级根源方面，从元气论到有神论，又从有神论而发展为宗教，在东汉时期如何酝酿成熟，具体过程还待学者研究。但这与农民的阶级局限性密切相关，却是无疑的。农民阶级是生产劳动者和被剥削压迫者。处于这种特定地位，他们有可能对自然界产生一些正确的认识，形成一些朴素唯物主义的思想因素，并从反抗地主阶级的压迫剥削的过程中，提出一些进步的愿望和要求。但是，另一方面，这个阶级又是小生产者和小私有者，他们与自然界斗争的深度、广度都极其有限；他们对地主阶级统治者的反抗斗争又总是以失败而告终。自然和社会的双重压迫使他们"不得不把委屈和耻辱、愤怒和绝望埋在心里，仰望茫茫的苍天，希望在那里找到救星"①。宇宙本源在时间空间上的无限性与个体农民自身存在和力量的有限性鲜明对比的结果，一方面，是本源的神秘色彩更浓厚了；另一方面，是个体农民由渺小感而产生的依赖感也更强烈了。神秘力量的似乎存在与感情上对它的需要由此得到了微妙的结合，再加上剥削阶级反动意识对这个阶级不断进行腐蚀，道教最初在农民中形成并广泛流传，那也是不奇怪的。

四

《太平经》表现出的农民保守、落后、软弱的一面，特别反映在对东汉政权的政治态度上。它大力推重汉德②，称道当代皇帝的"圣明"，希望其斥罢坏官，任贤使能，通过改良办法实现太平之愿望。由于这种保守立场的限制，《太平经》有些篇章不仅不能将其辩证法思想贯彻到底，而且连五德终始循环论的循环变化也力图加以扼杀。《太平经·天谶支干相配法》等篇就是典型。这些篇章认为：南方太阳赤色为火德，为天之正色，北方太阴黑色为非正色。"天常谶格法，以南方固为君也。""太阴为民，民流行而不止。……民者，职当主为国家王侯治生。"东方苍（青）色为少阳，"少阳为君之家及父母"。西方白色为少阴，"少阴为臣，臣者以义屈折，伏于太阳"。总括起来，则是"东南上属于天"，为君主之位；"西方北方下属于地"，为臣民之位。这是永恒不变的。在这里，《太平经》已经把事物各方的性质和地位凝固化了。《太平经》有些地方还鼓吹："欲使阳气日兴，火大明，不知衰时者，但急绝由金气，勿使其王也。金气断，则木气得王，火气大明，无衰时也"；"故金气都灭绝断，乃木气得大王，下厌土位，黄气不得起，故春木王土死也"；"木气王无金，则得兴用事，则土气死。生民臣忠谨且信，不敢为非也"。这就是说，要通过绝金气，勿使其克木，从而让木气兴旺。木气兴旺，一方面，木生火，可使火大明；另一方面，木克土，使土气不得兴而代火。这就可以实现防止臣民造反，永保汉朝统治的目的。这是力图维护旧的统一体，使对立面双方地位永不变化。《太平经》这里的观点与它另一些地方说的"阴极当反阳""下极当反上"的主张完全相反，而与董仲舒的形而上学不变论吻合起来了。

至此，我们可以联系探讨从《太平经》到东汉末年黄巾起义、陕南川北五斗米道起义的思想演变过程了。这也是研究农民思想的重要方面。

史称："先是黄巾帅张角等执左道，称大贤，以诳耀百姓，天下襁负归之。"③可见当时道教在农民中影响甚大。史书又称张角有《太平经》一书。大概他曾宣传过其中许多观点。而最清楚地表明东汉末年农民起义与道教和《太平经》的联系的，莫如其起

---

① 《斯大林全集》第6卷，第43页。
② 汉代自称火德，以赤色为正，《太平经》不少篇幅推重火德，维护汉朝。
③ 《后汉书·杨赐传》。

义时提出的"黄天泰平"①和"苍天已死,黄天当立"②等口号。所谓"黄天",是指实现社会理想所依靠的政权。过去有些史学家认为黄巾军以"黄"为正色,与西汉末年开始流行的"黄代赤"的谶记有关③。我认为这不完全正确。这句口号是从道教自己的理论系统中脱胎而出的,因此主要应从道教本身的发展过程去加以分析。

如前所述《太平经》本义中"苍"指东方木德,属阳为天,为君之家父母位,木王则火大明而土死,与土德有势不两立的关系;"黄"指中央土德,属阴为地,为臣民之位,"主为国家王侯治生"。黄巾起义敢于打破《太平经》的本义,毅然宣布:"苍天已死,黄天当立",否认天地阴阳君民地位的凝固化,指出东汉政权已经完结,农民可以上升为社会的主人,自己实现太平世界。这不是"阴极当反阳""极于下者当反上"的辩证法思想在现实社会政治领域中的大胆贯彻和发展,又是对其中形而上学不变论的坚决否定吗?事实上农民的思想也有一个发展过程。从幻想改良到举行起义夺取政权,这是认识过程的飞跃。由《太平经》到汉末农民大起义,正体现了这一辩证飞跃。

所谓"太平",是指农民追求的社会理想,其来源是直接取自《太平经》的。其实农民阶级在起义过程中也有许多突破和创造,值得我们好好研究。

《太平经》提倡"共财",无疑有积极意义。但在具体措施上却不过是主张多财之家"周穷救急",在穷人偿还时不收利息而已。《太平经》曾想像有一种"天仓",但只衣食有功之人;又想像到有一种"传舍",却是供仙人官人享用的。汉末五斗米道起义把"天仓"从天上搬到地上,普遍地"设义舍""置义米"④,信道者每人每年交五斗米作为"共财","年年依会,十月一日,同集天师治,付天仓,及五十里亭中,以防凶年饥民往来之乏,行来之人不装粮也"⑤。这种拿出小部分生活资料公用的做法当然绝不可等同于共产主义,但对小私有制也确是有了突破。

《太平经》颂扬上古三皇的自然无为之治,反对下古的义礼文武之治。如文中描写礼治的情况是"行者守节,生者不安,腹中内空虚,外使若环,趋走跪起,无闻命矣",表示对当时社会森严等级制度的辛辣讽刺。但是,怎样做到无为而治呢?《太平经》说不出什么东西。五斗米道政权有自己的创造,他们"不置长吏",废弃地主为压迫剥削农民而设立的庞大官僚机构,"皆以祭酒为治",实行政教合一,使行政机构简单化;"犯法者三原然后乃行刑"⑥,封建国家的严刑峻法是为对农民实行超经济剥削而制订的,农民政权一旦消除经济上的榨取任务,严刑峻法便由以教育为主所代替。所有这些措施,正是农民那种在小私有制基础上企图实现人人劳动、自食其力、没有压迫剥削的社会理想的政治表现。自然无为,或平等、平均,大概差不多就是后来鲍敬言所

---

① 《三国志·孙坚传》。
② 《后汉书·皇甫嵩传》。
③ 据《汉书·王莽传》记载,王莽篡政,曾遣人编造"赤帝行玺某传予黄帝金策书",自称黄帝之后,为土德,土代火,黄代赤,王莽当取代汉朝。又,《后汉书·公孙述传》言公孙述与刘秀争天下,也妄引谶记,称"五德之运,黄承赤而白继黄,金据西方为白德,而代王(莽)氏,得其正序"。
④ 《三国志·魏志·张鲁传》。
⑤ 《要修科仪戒律钞》卷十引《太真科》,转引自陈国符《道藏源流考》。
⑥ 《三国志·魏志·张鲁传》。

说的"夫身无在公之役,家无输调之费。安土乐业,顺天分地,内足衣食之用,外无势利之争"①,那样一种"家给人足""乡村自治"的情景。

《太平经》所宣扬的道德观念是比较复杂的。它许多地方推崇"孝""忠",这是汉统治者所大力提倡的。也有个少地方讲"诚信"。汉末农民起义抛弃前者,强调后者,"皆教以诚信不欺诈"②。其内容现知道的如"有病自首其过";吃用义米肉"量腹取足",不可多取;有过罚修道路③等。这种"诚信"观念实际上是农民小生产者日常平等交往过程中形成的朴实的道德思想,它与服务于等级制度的"忠孝"观和掩饰相互欺诈的"仁爱"观有着明显的区别。

以上所述,就是从《太平经》到东汉末年农民起义某些思想演变的粗略线索。事实证明,农民阶级在封建社会的历史条件下,会形成自己独立的世界观。在他们的思想意识中有积极的因素,又有落后的成分。特别是在阶级斗争激烈之际,农民思想中的积极因素更会有发展。这些思想因素对思想史发展的意义是不可低估的。当然,农民阶级毕竟不是新的生产方式的代表者,他们的革命总是要失败的。他们思想中落后的成分对自身的失败也起了重要作用。对此也应认真加以分析批判。把历史上的农民意识过分抬高或贬斥得一无是处,都是不对的。

原载《中山大学学报(哲学社会科学版)》1980年第3期

---

① 《抱朴子·诘鲍》。
② 《三国志·魏志·张鲁传》。
③ 《三国志·魏志·张鲁传》。

论张载哲学思想的内在矛盾及其与程朱理学的关系

屈志清

关于张载哲学思想的评价，张岱年先生曾于1955年在《哲学研究》发表过《张横渠的哲学》一文，指出张载属北宋时前无古人的唯物论者，并揭示了其自然观、认识论中的唯心论及运动观、人性论中的形而上学等种种思想局限。张先生的正确分析，已为学术界大多数同志所赞同。现在的问题是：究竟如何看待张载哲学思想的内在矛盾？同时，又如何理解张载哲学思想与程朱理学的关系？这涉及如何进一步总结张载在理论思维方面的经验教训，也涉及对张载在中国哲学史上学术地位的看法。所以，本文试图对此作一番探讨。

（一）

张载哲学思想的内在矛盾是多方面的，其主要表现，乃是其宇宙观、认识论、人性论及伦理学等方面。

对于宇宙，张载借助于对《周易》的研究，特别是依其广博的天文学等自然科学知识，概括为："太和所谓道，中涵浮沉、升降、动静、相感之性，是生絪缊、相荡、胜负、屈伸之始。"（《正蒙·太和》）又说："太虚无形，气之本体，其聚其散，变化之客形尔。"（同上）还说："天地之气，虽聚散、攻取百涂（途），然其为理也顺而不妄。……太虚不能无气，气不能不聚而为万物，万物不能不散而为太虚。"（同上）在张载看来，茫茫宇宙，或谓之"太和"，或谓之"太虚"，但却是物质存在的形式。其中不能无气。只有这种气以自己的本然之性浮沉、升降、动静、相感、聚散、变化，才有天地万物可言。而也只有这种聚散、变化，乃至化生万物的过程，才体现了宇宙的本来面目。万物有生灭，气则永恒运动。它既不损失，也无添加；而且，自为主宰。这就是宇宙之"道"，亦为万物之"理"——宇宙的客观规律。

更可贵的是，张载强调了"气之聚散于太虚，犹冰凝释于水，知太虚即气，则无无"（同上）。并以这种物质第一，即气的永恒自我运动的宇宙观，正面批判佛老之徒。"彼语寂灭者，往而不反（返）；徇生执有者，物而不化。二者虽有间矣，以言乎失道则均焉。"（同上）也就是说，佛徒讲的肉体虽亡，"灵魂不灭"，是将灵魂当作有生无灭的实体；道士鼓吹"长生久视"，即身成仙，则是将肉体当成不可化灭的实在。此二者虽有轻生与怕死之别，但在昧于宇宙之气运动变化的本然之性方面，却是相通的。

进而，张载又指出："知虚空即气，则有无、隐显、神化、性命，通一无二，顾聚散、出入、形不形，能推本所从来，则深于《易》者也。若谓虚能生气，则虚无穷，气有限，体用殊绝，入老氏'有生于无'自然之论，不识所谓有无混一之常；若谓万象为太虚中所见之物，则物与虚不相资，形自形，性自性，形性、天人不相待而有，陷于浮屠以山河大地为见病之说。"（同上）道教虽讲"自然"，但其主张"有生于无"，故否认太虚即气，有无相资，其体其用，均为气本身所有；佛教以山河大地等有形之物为虚幻，则是割裂了形性、天人，以主观否认客观，同样是不识太虚即气，形性统一的宇宙本来面目。因此，其宇宙观都是荒谬的。

据此，我们可以清楚地看到：张载不仅在中国哲学史上首次提出较完备的气一元论的宇宙观，而且开始从思维与存在的关系的高度，着手清算佛老唯心论的错误。应该说，他是一位划时代的唯物论者。

但是，由于时代的局限，张载并未彻底摆脱佛、道唯心论所谓两重世界说的影响。在《正蒙·太和》中，他曾说："散殊而可象为气，清通而不可象为神。"他还说过："神天德，化天道，德其体，道其用，一于气而已。"（《正蒙·神化》）这便把有形有象的"气"与无形不可象的"神"分而言之。所以，尽管张载认为："神"，并非有意志的天，亦非人的主观精神，只不过是气运动变化的微妙功能与特性，可是，将"散殊"与"清通"，"气"与"神"对举，毕竟是碍于其贵"清通"而贱形体的表述。他认为，气的聚散，"循是出入，是皆不得已而然也"（《正蒙·太和》）。因此，他又说："太虚为清，清则无碍，无碍故神；反清为浊，浊则碍，碍则形。"（同上）对于太虚之气的运动变化，他还曾描述为："气本之虚则湛无形，感而生则聚而有象。有象斯有对，对必反其为；有反斯有仇，仇必和而解。"（同上）他看到了太虚之气自我运动变化的必然性，即其内在的对立斗争不可避免，但却以对立面的和解为归宿。可见，他乃是以气的中和状态为理想的存在形式。甚至，他把宇宙整体谓之"太虚"或"太和"，又以有形有象的万物为"太虚"之"糟粕"。所有这些，都不是表述的疏忽，而是其宇宙观的思想局限。也就是说，在宇宙观方面，张载是有其缺陷的。

如果说，张载在宇宙观方面的思维矛盾尚不明显，往往易为人们所忽略，那么，他在认识论领域，则充满了不可解脱的自我矛盾。

关于认识论，张载曾说："懵者略知体虚空为性，不知本天道为用，反以人见之小因缘天地。明（目）有不尽，则诬世界乾坤为幻化。"（同上）指出：佛教之所以认山河大地、世界万物为虚幻，其认识论根源在于割裂体用，不知由现象追溯本质。所以借口个人的所见之有限，便得出山河大地，万象万物只是人们的偏见的错误结论。因此，张载一方面指出："人谓己有知，由耳目有受也；人之有受，由内外之合也。"（《正蒙·大心》）又强调："感亦须待有物，有物则有感，无物则何所感？！"（《语录上》）这里，他所讲的认识，是以外物的存在为前提，是主观与客观相符合。其间，又是以人的耳目等感官为交通的。此无疑是唯物论的反映论。另一方面，张载也同时指出："闻见不足以尽物"（同上），即指出耳目感官在认识方面的局限。这也是正确的。他还深刻地指出："万物皆有理，若不知穷理，如梦过一生。释氏便不穷理，皆以为见病所致。"（《语录中》）所谓认识，更重要的，乃是对事物之"理"，即事物的本质或客观规律性的认识。而这种认识，并非耳目见闻所能完成。所以，他劝告人们不要拘于耳目见闻,"须知耳目外更有物,尽得物方去穷理"(《语录上》)。

那么,究竟如何尽物而穷理呢?张载在回答这个问题时,却是一番唯心论的见解。他说:"大其心则能体天下之物,物有未体,则心为有外。世人之心,止于闻见之狭。圣人尽性,不以见闻梏其心,其视天下无一物非我,孟子谓尽心则知性、知天以此。天大无外,故有外之心不足以合天心。见闻之知,乃物交而知,非德性所知;德性所知,不萌于见闻。"(《正蒙·大心》)这里,张载与"见闻之知"相对,提出"德性所知"。此种知识,不依靠见闻,亦即不依主观与客观的直接交合。它是一种内心修养的结果。诚如孟子所言,是尽其心则知本性,知本性便可知天。从而,"万物皆备于我矣"(《孟子·尽心》上)。这种知识,也只有所谓圣人方能取得。因为,张载认为,圣人才能作到"大其心",以"体天下之物";常人呢?仅停留于耳目见闻之狭而已。也就是说,人的知识分为两类:一是"见闻之知",一是"德性所知"。前者是常人之知,后者只有圣人才能完全达到。而且,二者没有内在的联系。其实,张载说的"德性所知",无非是一种对所谓"天理"的直觉。正如他说:"烛天理如向明,万象无所隐;穷人欲如专顾影间,区区于一物之中尔。"(《正蒙·大心》)这种以为用本心照"天理"为"向明",为穷万物之途;而以为耳目见闻如"顾影",会导致追求"人欲",即拘泥于个体事物的说法,显然已与其唯物论的反映论相悖了。

再看张载的人性论。应该说,张载是力图以其气一元论的宇宙观,说明人性问题的。也就是说,他认为,人之性,盖源于太虚之气。亦即所谓"至静无感,性之渊源"(《正蒙·太和》)。所以,"聚亦吾体,散亦吾体,知死之不亡者,可与言性矣"(同上)。由于气是永恒运动的,无生灭,故人之性亦随气聚散,并无神秘可言。

张载还认为,不仅人之性与物之性,同源于天而有别;而且不同的人,其性也禀赋不一。有的可以成为圣者,有的大概只能是凡人。这些,都由先天所决定。他说:"天下凡谓之性者,如言金性刚,火性热,牛之性,马之性也,莫非固有。凡物莫不有是性,由通蔽开塞,所以有人、物之别,由蔽有厚薄,故有智愚之别。塞者牢不可开,厚者可以开而开之也难,薄者开之也易,开则达于天道,与圣人一。"(《性理·拾遗》)

何以有如此分别呢?这是由于"形而后有气质之性,善反(返)之则天地之性存焉。故气质之性,君子有弗性者焉"(《正蒙·诚明》)。不能否认,将人性分为"天地之性"与"气质之性",是由张载始。他指出:此二者无论君子小人,均所有之。所不同者,君子虽有气质之性,但易于开塞,能去之(弗性),能达天道,返于天地之性,是为圣人。小人则有是性而不易去,故只能是愚者。

在此,还需强调的是:张载认为,气质之性,即为"攻取之性",也就是"人欲"。他说:"湛一,气之本;攻取,气之欲。口腹于饮食,鼻舌于臭味,皆攻取之性也。知德者属厌而已。不以嗜欲累其心,不以小害大、末丧本焉尔。"(同上)他反对告子的"生之谓性",倾向于孟子的以人性为善,与物有别;而又认为"饮食男女皆性也,是乌可灭?"(《正蒙·乾称》)。但是,他毕竟认为气质之性中,也含有恶的成份,因此,指出"知德者属厌而已"。而且,只有这种"不以嗜欲累其心,不以小害大、末丧本"的"知德者",才能尽性——完全开其蔽塞而达其美好的"天地之性"。

至此，我们可以清楚地看到：张载的人性论，是试图说明人性有同又有别的复杂现象，又为了区别人与物之性，不同意告子的人性说，于是提出"天地之性"与"气质之性"的区分。但是，由于他同样离开了社会存在论人性，所以，其人性论，只能是抽象的唯心的说教。他所说的"天地之性"与"气质之性"的对立，也只不过是其自我认识的矛盾而已。

综上所述，张载的哲学思想中，充满了内在矛盾。但从思维与存在的关系这一哲学根本问题上着眼，他仍是一个直批佛老的唯物论者。而且，已如前述，对于气一元论的古代朴素唯物论，至张载才有了较系统的阐发。对古代朴素的辩证法，他亦有较多贡献。其认识论，披露了若干合理的见解。所以，通观起来，尽管其思想中有唯心论的局限，在人性论方面甚至表现得很严重，但他并不是二元论者。因为在其整个著作中，他并未提出过关于自然界两个本原的论说，而是基本上持气一元论的唯物论观点。作为北宋时期"关学"的代表，应该说张载是一位独有建树的思想家。

（二）

由上可见，张载是一位独树一帜的以气一元论为其特征的唯物论者。然而，他为何又被封为理学大师？即二程等理学家不仅多处赞同张载，而且特别在朱熹死后，"濂洛关闽""周程张朱"更成为社会上流行的口头语。这一历史现象，当作何解释？

笔者认为，这是一个极为复杂的问题。其间，既有张载理论思维的失足教训，又有程朱学派将张载哲学，包括其思想资料吞而食之，取而代之的改造、利用过程。因而，我们既不能为张载讳，又不能简单地一概归结为"洛学"对"关学"的诋毁与曲解，而应认真地加以分析、研究。

这就是说，张载被封为理学大师，首先在于他的思想学说中，有与程朱学派相通或相近之处。其次，在同时代思想家中，张载是二程的表叔，比他们大十多岁。但二程思想成熟较快，他们连自己的老师周濂溪（敦颐）也不佩服。而对邵雍的学说，则表示不敬。只是由于张载的学说，基于对《周易》的研究，又注意探讨儒学中孟轲的思想观点，所以引起了二程，特别是程颐的浓厚兴趣。当然，他们有自己的见解，即以"洛学"自恃，对张载学说的思想内容，便以此为标尺，加以评说。

翻开二程的书，其论及张载，给人一个显明的印象，便是他们对《西铭》的赞赏、吹捧，和对《正蒙》的嫌弃、指责。

《西铭》（原名《订顽》），与《东铭》（即《砭愚》）同牖于横渠学堂。其改名为《西铭》，乃是接受了程颐的建议（见《二程全书·外书十一》）。据张岱年先生的考订，《西铭》作于《易说》之后，《正蒙》之前，属张载较早的作品。至于其与《东铭》文同纳入《正蒙·乾称篇》中，则是后事。

张载的《西铭》，就其本意，虽有"民胞物与"的大兼爱之意；并在封建专制统治下，能将皇帝与民众同视为天之子，只不过有长、庶之分；同时，文中还有怜恤贫弱者之辞，如此等等，未可全非。但其中主要宣扬了安天乐命，恭于天而孝于亲的愚忠愚孝等道德伦理思想。所以，尽管张载曾声言："《订顽》之作，只为学者而言，是所以'订顽'。天地更分甚父母？只欲学者心于天道，若语道则不须如是言。"（《语录上》）而在程朱看来，这《西铭》却是张载著作中的精华之所在。例如：

程颐说："《订顽》之言极纯无杂，秦汉以来学者所未到。"（《二程全书·遗书二上》）

关于《西铭》，程颐又曾有段答问："'《西铭》何如？'曰：'此横渠文之粹者也。'曰：'充得尽时如何'？曰：'圣人也。……自孟子后，儒者都无佗见识。'"（《二程全书·遗书十八》）

到了朱熹，则说：对《西铭》"更须仔细看。他说理一而分殊，而今道天地不是父母，父母不是天地，不得。分明是一理。……许多人物生于天地之间，同此一气，同此一性，便是吾兄弟党与；大小等级之不同，便是亲疏远近之分。故敬天当如敬亲，战战兢兢，无所不至；爱天当如爱亲，无所不顺。天之生我，安顿得好，令我富贵崇高，便如父母爱我，当喜而不忘；安顿得不好，令我贫贱忧戚，便如父母欲成就我，当劳而不怨"（《朱子全书·卷五十三》）。

可见，程朱称赞《西铭》，正是赞赏张载关于敬天事亲、乐天安命、安分守己，维护封建等级的思想。所以，程颢曾说："仁孝之理备于此。须臾而不于此，则便不仁不孝也。"（《二程全书·遗书二上》）程颐还特别告诫其弟子杨时：勿将《西铭》误为墨子的兼爱之见，只能看作是"理一而分殊"（见《二程全书·粹言一》）。

这里，要指出的是：将张载的《西铭》概括为"理一而分殊"，乃属程朱的借题发挥。因为，程朱在"理""气"关系上，均主"理"在先，"理"生"气"，如程颐说："有理则有气，有气则有数。行鬼神者，数也。数，气之用也。"（《二程全书·伊川经说一》）朱熹则说："伊川说得好。曰：'理一分殊'。合天地万物而言，只是一个理。及在人，则又各自有一个理。有是理，便有是气，但理是本。"（《朱子全书·卷四十九》）可见，在思维与存在的根本问题上，即回答精神与物质孰为第一性时，程朱与张载是对立的。程朱是"理"一元论者，而如前述，张载则力主气一元论。

正由于此，程颐说："横渠之言，不能无失，……若《西铭》一篇，谁说得到此？今以管窥天，固是见北斗，别处虽不得见，然见北斗不可谓不是也。"（《二程全书·遗书二十三》）这说明他认为张载的《西铭》，只是一管之见。其它所论，并不值得推崇。甚至，对其所认为有失的《正蒙》，还要加以指责。

例如，他对张载以太虚之气为万物本原，就曾指出"立清虚一大为万物之源，恐未安。须兼清、浊、虚、实乃可言。神道体物不遗，不应有方所"（《二程全书·遗书二上》）。事实上，对万物本原，他是要以无任何规定性的"理"，取代张载所说的有时空可循的"气"。因为他认为，"气"有生灭，"理"则永恒。故"张子《正蒙》云：冰之融释海，不得而与焉。伊川改'与'为'有'"（《二程全书·外书十二》）。就是说，张载以"海"喻太虚之气，以"冰"喻具体物。虽具体物有生灭，但其所禀之气会回归于太虚之气，并无其它主宰参与。这种宇宙观，程颐是反对的。他由于主张以"理"生"气"，遂有个体物；具体物消失，其气灭，而理却常存。亦即所谓"凡物之散，其气遂尽，无复归本原之理"（《二程全书·遗书十五》）。

对此，朱熹是全盘继承的。朱熹说过："伊川所谓横渠之言诚有过者，乃在《正蒙》，以清虚一大为万物之原，有未安等语，概可见矣。"（《朱子全书·卷五十三》）他又说："横渠却云：清者可以该浊，虚者可以该实。却不知形而上者还他是理，形而下者还他是器。既说是虚，便是与实对了。既说是清，便是与浊对了。"（同上）并说："最是于此处不分明。"（同上）

朱熹看到了张载在论述气一元论时的局限，即其贵"虚"而贱"实"，重"清"而轻"浊"的弱点。于是，便极力想把张载学说纳入其两重世界说，亦即形上与形下绝对对立的唯心论立场。例如，对张载《正蒙·太和》中"气坱然太虚，升降飞扬，未尝止息，……浮而上者阳之清，降而下者阴之浊，其感通聚结，为风雨，为雪霜，万品之流形，山川之融结，糟粕煨烬，无非教也"的"教"字，本应训为"使之然"，即张载认为无论清浊，乃至具体事物，无非太虚之气的运动作用使之然。只是气的本然之性而已。朱熹却训"教"为"说理"。他说："此本之只是说气，理自在其中。一个动一个静，便是机处。'无非教也'，'教'便是说理。"（《朱子全书·卷五十三》）这显然是有意的曲解。

对张载的认识论，程朱作了颇具匠心的改造与利用。首先，他们接受了张载将认识分为"闻见之知"与"德性所知"的说法。程颐说："闻见之知非德性之知，物交物则知之非内也。今之所谓博物多能者是也。德性之知，不假见闻。"（《二程全书·遗书二十五》）他同样重视内心修养，轻视"见闻之知"。而且，他还把张载的"不萌于见闻"改为"不假见闻"，这便更直接地表达了理学家强调反躬内求的认识路线。

具体而言，所谓"不假见闻"，程颐与程颢在论述上又有所区别。程颢认为："耳目能视听而不能远者，气有限耳；心则无远近也。"（《二程全书·遗书十一》）故他主张通过反省功夫，直接认识心中之"理"。即"学在诚知诚养"（同上）。所谓"诚"，就是"万物皆备于我矣，反身而诚，乐莫大焉"（《孟子·尽心》上）的"诚"。程颐则不然。他一方面认为"寂然不动，万物森然已具在，感而遂通，感则只是自内感，不是外面将一件物来感于此也"（《二程全书·遗书十五》）。也就是说，他也主张认识即是内省。但另一方面，他又认为："格物穷理，非是要尽穷天下之物，但于一事上穷尽，其他可以类推。……只为万物皆是一理，至如一物一事虽小，皆有是理。"（同上）即同时主张"穷理"总要接触点事物。

我们要指出的是，程颐的"格物穷理"，和张载提出"见闻之知"，承认内外交合的认识过程，亦即"理不在人，皆在物，人但物中之一物耳"（《语录上》），又显然不同。程颐认为"致知在格物，格物之理不若察之于身，其得尤切"（《二程全书·遗书十七》）。这就仍不免终归在自身范围兜圈子。正如朱熹所揭示的："更宜于日用事物、经书指意、史传得失上做工夫，即精粗表里融会贯通，而无一理之不尽矣。"（《朱子全书·卷四十四》）他们所提倡的，并不是实际考察客观存在的事物之理，而只是在日常生活的孝亲忠君，以及读书评史中体察所谓"理"。这便是其"格物致知""格物穷理"的门径。

最后，我们分析程朱的人性论与张载人性论间的关系。

人性者何？此乃中国古代思想家长期辩论的一个重要问题。其中，既涉及对于人的自然性的探讨，即对于自身存在的理解，又有对人们共同道德伦理规范的阐发。二程看到张载有孟子所主张的人生来性善之论的倾向；对此，他们不仅同意，而且又把张载由自然的天以及于人，天人合一的穷神知性说加以夸大，导致出其"存天理、灭人欲"的僧侣主义人性论。

张载说过："天性在人，正犹水性之在冰，凝释虽异，为物一也；受光有大小、昏明，其照纳不二也。"（《正蒙·诚明》）由于人性源于自然之天，所以虽然有善恶之分，但其均有向善的一面。即，有所谓"天地之性"。其所以为恶者，乃是出于如"受光有小大、昏明"之别，禀气有多寡清浊之分，故其"气质之性"便有善恶之异。因此，他强调："性于人无不善，系其善反不善反而已，过天地之化，不善反者也。"（同上）奉劝人们应明于本性之善，从而善返尽善的"天地之性"。并说："上达反（返）天理，下达徇人欲者与！"（同上）

应该说，张载虽然将"人欲"与"气质之性"相联系，认为其有恶的一面；但，其"天理"说，指的则是自然的天性在于人的本然之理，即"所谓'天理'也者，能悦诸心，能通天下之志之理也"（同上），尚无多少直接的天赋道德的伦理涵义。

程朱则不然。他们取张载关于"天地之性"与"气质之性"的说法，且把"天地之性"改为"天命之性"，进而把它完全道德伦理化。

程颐说："'生之谓性'与'天命之性'同乎？性字不可一概论。'生之谓性'，止训所禀受也；'天命之谓性'，此言性之理也。今人言天性柔缓、天性刚急，俗言天成，皆生来如此，此训所禀受也。若性之理也，则无不善。"（《二程全书·遗书二十四》）程颐区别"生之谓性"与"天命之性"，一方面在于纠正程颢以生长发育为性的说法；他认为，这只是讲了"天性"，即个人性格的不同，还不能概括人性的本质。所以，另一方面，他又强调"天命之性"即为"理"的体现，所以无不善。这一点，表面上同于张载，实际上，却有不同的内涵。由于程颐所说的"天命之性"，对于具体人来说，已非"天地之性"的自然本然之性，而是"理也、性也、命也，三者未尝有异"（《二程全书·遗书二十一下》）。亦即所谓"在天曰命，在人曰性。贵贱寿夭，命也；仁义礼智，亦命也"（《二程全书·遗书二十四》）。这就是说，所谓"仁、义、礼、智"的道德规范，均为人命所固有，亦即"天理"在人之当然。因此，人欲明本性，就要务求"天理"，发挥"仁、义、礼、智"。

到了朱熹，为了将张载的理论进一步纳入理学体系，便采取了模糊张载与程颐之区别的手法。他说："伊川先生言'性即理也'。此一句，自古无人敢如此道。心，则知觉之在人而具此理者也。横渠先生又言由太虚有天之名，由气化有道之名，合虚与气有性之名，合性与知觉有心之名。其名义亦甚密。皆不易之至论也。"（《朱子全书·卷四十二》）这样，硬把以"气"为其基础的张载人性论，与以"理"为内容的程颐人性论扯在一起。

由此，朱熹又论证说："盖通天地间，惟一突然之理而已，为造化之枢纽。古今人物之气同得。但人为万物之灵，极是体面全得之。总会于吾心，即所谓性。虽会在吾之心，为我之性，而与天固未尝间：此心之所谓'仁'，即天之'元'；此心之所谓'礼'，即天之'亨'；此心之所谓'义，即天之'利'；此心之所谓'智'，即天之'贞'。其实一致，非引而譬之也。……天下岂有性外之物，而不统于吾心是理之中也哉？！"（《朱子全书·卷四十四》）

基于上述理论，程朱学派在人性问题上又导出"人心"与"道心"之别，及"天理"与"人欲"之辩。甚至推而行之，达到鼓吹禁欲，以"理"杀人的地步。

例如，程颐曾说："人心私欲故危殆，道心天理故精微。灭私欲则天理明矣。"（《二程全书·遗书二十四》）朱熹进一步发挥道："人莫不有是形，故虽上智不能无人心；亦莫不有是性，故虽下愚不能无道心。二者杂于方寸之间。而不知所以治之，则危者愈危，微者愈微，而天理之公，卒无以胜乎人欲之私矣。精则察夫二者之间而不杂也，一则守其本心之正而不离也。从事于斯，无少间断，必使道心常为一身之主，而人心每听命，则危者安，微者著，而动静云为，自无过不及之差矣。"（《中庸章句》序）

在朱熹看来，"人心"与"道心"既不是截然不相及，也不是智愚各一端，而是集于一身，存于一处。只要能去"人心"之私，守"道心"之正，便无不善。从社会意义上讲，其说法更有利于理学的道德修养经的传播推行。他也正在这一角度上，赞赏了张载的"心统性情者也"（《近思录拾遗》）的通俗说法，从而以之强调："心统性情者也，寂然不动，而仁义礼智之理具焉。"（《朱子全书·卷四十五》）

总而言之，张载作为一位划时代的思想家，由于时代与阶级的局限，其哲学思想中存在着不可自我克服的内在矛盾。他的贡献又是巨大的。诸如后期封建社会中所反复辩论的"理""气""性""命"，"道""器""心""知"，"虚""实""动""静"，以及"天理""人欲"等等命题、范畴，他都作了独自的解说。所以，从思维方式到思想资料，便受到来自"左"的与"右"的两方面的批判继承。也就是说，从唯物论传统讲，他启发了其后的王廷相，以至于王夫之、戴震等等；而从唯心论说，则又由二程、朱熹等加以发挥，利用了其思想中的消极因素，促成了他们理学体系的建立与发展。但张载本人并不是所谓的理学家，其在理学中的地位，乃属后人所为。我想，如果能如此去理解张载在中国哲学史上的学术地位及其与程朱理学的关系，似会趋于公允。这一结论，是否妥当，盼能得到识者指正。

原载《中山大学学报（哲学社会科学版）》1982年第2期

王夫之的"理"论

李五湖

王夫之是一个具有高度民族气节的爱国主义者，也是一个具有深知卓见的思想家。在当时轰轰烈烈的民族斗争中，他参与反抗满清起义。起义失败后，他曾投奔南明政权，但后来又觉得这个政权难以挽救，于是挂冠归隐，遁迹船山，撰写学术著作。他的论著甚为丰富，学术价值很高。

他是以"六经责我开生面"为职志的学者。他的论著可谓贯通经史，穷究天人。在很多论述中，都显示出他有独到的见解，发前人之所未发。他认为天体运行、天人关系和历史发展等，都有其内在的规律性，因而提出一个"理"字来概括，阐明客观世界的形成和发展，使人们对这个客观世界有合乎理性的、唯物主义的认识。这也就是他在理论上批判了前人、发展了前人所取得的成就。

一、天是理的体现，天人关系是天理与人理的关系，人要以理知天，以理司化

王夫之首先肯定天与人是一气而成，即他所谓"天人之蕴，一气而已"（《读四书大全说》卷十）的说法。他把天描述为充满了气的太虚，能升降飞扬，为万物所赖之以始的东西；同时他又把天的形成和运动变化看成是有它的内在规律性，是"理"的体现物。他虽批判把"理"作为最高范畴，但却认为"天者，理也"（《读通鉴论》卷二十四），"天者，理之所自出"（《读四书大全说》卷十）；他还说："气原是有理底，尽天地之间，无不是气，即无不是理也。"（同上书）所以，要知道天是什么，就要从一个"理"（规律）字去理解。这就是王夫之所谓"天不可知，知之以理"之意。

天既然是"理"的体现物，那么人与天又是什么关系？汉代唯心主义思想家在谈天人关系时，往往把天看作是有意志的，要人们依天命行事。人只能对天消极顺应，不能稍有抗违。他们提出的"天人感应"就是要人们屈服于天威之下的一种天人关系观。

王夫之对天人关系的认识就不是这样。他完全否定天是有意志的，要人们从"理"字上去把握天人关系。他认为天人之间，有一个"理"（规律）可以沟通。对于前人所说的体现天人关系的天命论，王夫之也有自己的看法。他认为所谓天之命是"有理而无心"的（《读通鉴论》卷二十四）。人的生死治乱与存亡，都有自己的理，都为一定的规律所制约，都是理在起作用。所谓"生有生之理，死有死之理……"（同上书）便是。他认为天在这里并非主宰，天不过是理的体现物；而天之命不过是理的流行运转而已。所谓"天者，理也；其命，理之流行者也"（同上）便是。与此同时，王夫之又

说：人违背生之理，浅的便要生病，深的便要死亡，只是人自己不自觉，但自然规律就是这样不能任意改变的。天命就是自然规律之命即自然规律所起的作用，天并没有什么自己的意志。

当然，在王夫之谈到天与人的主次关系时，还是认为天是主，人是次，是"人以天之理为理，而天非以人之理为理"（《周易外传·序卦传》）。这说明天与人的关系是人要以天理（自然规律）为理，而不是天以人理为理。因此，人要按自然规律处理人间事务，不能离天理处人事。

但这样说来。王夫之是否认为天理与人理互相对立而不能统一？不是，他曾说过，"人也，即天也，天视自我民视也"（《读通鉴论》卷七）。他把天与人的关系看成有其一致性，要人理服从天理。这个天理也不是远离人理而去的东西，而是就最现实的人理中去寻求。所谓天理实在也是从人理（人的共同规律）去体现。人本身也是自然物，人的规律也是自然规律的一个组成部分，故能依人之公理办事，则天理不违。他又说："民心之大同者，理在是，天即在是。"（《读通鉴论》卷十九）故可以从"民之聪明明威而见天之违顺"（同上书，卷十四）。这样，秉天以治人，人之可从可违者就很清楚了，不必另行问天。

在王夫之看来，天人关系是对立统一的关系，人理所以要服从天理，就是因人理本身体现了天理，并依天理而构成人理。人循其本身的规律而行，也就是循天的规律而行。循了人理，也就是服从了天理。天不等于人，但它们却以彼此共有的"理"使之统一，对此"理"如没有很好的理解，则难于很好处理天人关系。故王夫之对此又说："以理律天，而不知在天者即为理；以天制人，而不知人之所同然者即为天。"（《读通鉴论》卷七）这等于说，以规律制天，实在天本身就是规律；以天的规律治人，实在人的共同规律就是天的规律。

既然天人以理相通，人就可以利用对天理（自然规律）的认识，与天相处；利用"与天通理"来做到"延天祐人"，以至达到"以人胜天"的目的。王夫之虽然认为理须服从天理，但又认为人们可以利用天理来为人类服务。懂得天理，人就能服从天理也能利用天理。所以，王夫之要求人们"以理知天"之后，就进一步要求人们以理应物来促进客观事物的变化，使之有利于人类的发展。这就是王夫之所谓"以理司化"（《张子正蒙注·太和篇》）的思想。但这样一来，人类就要充分发挥自己的主观能动作用，充分利用天所给予人类的自然条件去对客观世界进行改造，以便最后达到"胜天"的目的。王夫之在《张子正蒙注·太和篇》中发挥了"圣人之志在胜天，不容不动"的思想之后，又在另一处说："夫天与之目力，必竭而后明焉；天与之耳力，必竭而后聪焉；……可竭者天也，竭之者人也。人有可竭之成能，故天之所死，犹将生之；天之所愚，犹将哲之……"（《续春秋左氏传博议》卷下）王夫之这番话是说明：人只有天所赋予的自然条件还是不能很好地利用天，只有人认识了天理，并充分竭尽人的耳目聪明，充分发挥人的主观能动作用，才能使客观世界为人类服务，才能使人即使为恶劣的自然条件所摧残，也不会受到挫折。

王夫之这里是要求人们掌握一个"理"字以处理人与人的关系和人与物的关系。处理人天关系的是"以理知天"；处理人物关系的是"以理司化"。人能以理知天，当能以理司化。人能掌握这个理，人的作用也就能得到充分发挥，尽了人理也就发挥了天理的作用。

王夫之对理的解释是："万物皆有固然之用，万物皆有当然之则，所谓理也"（《四书训义》卷八），即认为理存在于客观世界之中，客观世界万事万物的形成变化之必然法则就是理。他还肯定这种法则是为人所能认识、所能践履的。故他又说："乃此理也，唯人之所可必知、所可必行，非人之所不能知、不能行而别有理也"（同上），说明理并不在人的认识和行动之外，在人的认识和行动之外而毫无规律的东西就不是理。无疑，理不是目能见、手能握，但因能为人主观所认识，故可"循而得之"。他说"理者，物之固然，事之所以然也，并著于天下，循而得之"（《张子正蒙注·至当篇》），便是这个道理。

在"循而得之"的求理方法中，王夫之有即物穷理的思想。他说："理因物而有，无物则无理，故穷理必即物而穷之。"（《礼记章句》卷四十二）在这里，他反对那些唯心主义者"囿然仅有得于理，因立之以概天下"（《续春秋左氏传博议》）的"立理以限事"。在他看来，立理限事，不但是唯心主义的做法，而且是形而上学的观点。因此，他主张对任何客观事物都要"即"要"穷"，因为只有这样，才能避免主观和片面。

王夫之主张在客观事物中去穷究其必然规律，这是符合唯物主义的认识方法的。他要求人们"以心循理"（《四书训义》卷八），大概也就是要求人们的主观按客观规律办事，并认为客观规律之求得是在客观事物之中。他所谓"以心循理，而天地民物固然之用，当然则各得焉"（同上书），大概就是这个道理。

王夫之在承认理存在于客观事物之中的同时，在心与理的关系上则认为："天下无心外之理，而特夫人有理外之心。"（同上书）这句话曾引起了争论。王夫之之所以说这句话，大概是要把人心和一般动物之心区别开来。在他看来，人能思维而一般动物则不能思维。人能思维，也就懂理。所以，理虽在物中，但它却毫无例外地要由人心去穷究，去反映。从这个角度说，天下便无心外之理，而作为思维能力，它却不为其他动物所具有，只为人所独有，故说"特夫人有理外之心"。王夫之另一句话说："以本言之，则天之化生，而理以生心；以末言之，则人以承天，而心以具理。"（《读四书大全说》卷十）这句话也可以说是上一句话的说明和依据。他这句话认为，从根本上来说，天是自然地按照它的化生规律生成了心；而心一经生成，就具有思维的自然能力。如果这句话可以这样解释，王夫之的话似没有错。问题是，他还有下面这段话："天与人以仁义之心，只在心里面，唯其有仁义之心，是以心有其思之能，不然，则但解知觉运动而已。此仁义为本而生乎思也。"（《读四书大全说》卷十）显然，王夫之认为人与动物之不同，就因为人生来就具有仁义之心，而动物不过只懂得知觉运动而已。正因为人生来就具有仁义之心，所以能思维。这种说法当然不能认为正确。程、朱把人们的心知分为两种：一种是见闻之知，一种是德性之知。见闻之知得之于外，德性之知则生来俱有，不必外求。王夫之在这方面也有类似的看法。他指出，只有人心才能思维，这是完全正确的。问题在于，他认为仁义之知是与生俱来；而人之能思维则又来自仁义之知。大概正因为这与程、朱等人的看法相同，故在这方面不免与程、朱等人同陷于唯心主义。

王夫之在这方面虽陷入唯心主义，但他的"理"论却是有价值的。他所说的理，既是认识的对象，又是认识的方法。他要人们把天的形成变化看成是理的体现，这就使人摆脱把天看成有意志之天的唯心主义观点，而把天看成合乎自然规律变化发展的物质的东西。他要人们以理知天，这就使人们摆脱以卜筮问天的宗教迷信，而纳入以科学的、理性的方法去认识天、理解天。

王夫之还把理作为一种关系来看待。通过理，把天人关系联系起来；通过理，不但使人对天有正确的认识，而且使人能正确处理天人彼此的关系；不是使人屈服于天威之下，而是使人发挥自己的主观能动性，以人胜天，利用自然规律为人类服务。

王夫之把理提到突出的地位，使人把整个客观世界包括人类自己纳入理性中去认识、去处理人与客观世界的一切关系。这是人类认识的一大进步，也是人类在自然界地位的大提高。

二、"人欲之各得，即天理之大同"，不能离欲而别有理

王夫之在谈天人关系中，还谈了天理与人欲的关系。首先，王夫之肯定理与欲的关系并不是水火不相容的，而是既对立又统一的。大概王夫之对于过份的人欲，即大大超乎人的必要需求的个人私欲，是不赞成穷其所欲的。而对于那些"饮食男女之欲"，即他所谓"人之大共"的公欲，却认为是必需的，是不能压制，更不能取消的。他明白地说："天下之公欲即理。"（《张子正蒙注》）他甚至还说："薄于欲者亦薄于理"（《诗广传》卷二），"有是故有非，有欲斯有理"（《周易外传》）。他曾批评佛家那些所谓尽离人欲就是理的显现的荒谬理论。他认为这种理论就是违背自然规律，也是违反人伦常理的。

所以他在天理与人欲的关系问题上，首先就这样认为："天无欲，其理即人之欲"（《读四书大全说》卷四）；"人欲之各得，即天理之大同"（同上书）；"人欲之大公，即天理之至正"（同上书，卷三）。这很明白地指出，天本身并没有自己的所谓欲，人欲本身就是天理。这里不存在天理与人欲相矛盾的问题。如果人们的共同必需之欲都得到满足，这就是天理得到了体现；相反，如果人们的共同欲望得不到满足，也就不存在大同、至正的天理了。他这两句话实际上就是说，天理是寓于人欲之中。故他在《读四书大全说》卷八上又说："礼虽纯为天理之节文，而必寓于人欲以见"，"故终不离人而别有天，终不离欲而别有理也"。这就是说，人欲与天理是统一的，毁灭了人欲，也就毁灭了天理。

看来，王夫之这里所指的为人之大共的人欲，不是指哪一个人或哪一个阶级的特殊要求和欲望，而是指人们与生俱来的、最根本的生理要求。人类的发展分为阶级，需要的发展也随阶级的划分而有所不同。但这不是王夫之所指的大公大共的人欲。王夫之论天理与人欲问题，当然有其阶级局限性，但他所指的人欲之大共却是客观存在的，也是需要满足的。人欲之大共得到满足，确是合乎天理；否则，只满足部分特殊人物或某一阶级所需。这在王夫之看来则是不合乎天理的。

三、历史势相乘的发展史，
我们应从事—势—理中去找出历史发展规律

王夫之以理论天，以理论欲，也以理论史，他首先看到人类的历史就是一部日益进步的发展史。他这种观点，与唯心主义的历史退化论是大相径庭的。王夫之曾根据客观历史之发展变化来证明历史是一天天进步，而不是一天天退化。

他认为唐虞以前，人之异于禽兽者无多。到春秋之世，人民虽与三代之始相差无几，但经帝王经理、孔子垂训后，比三代帝王初兴，政教未孚之日却好得多。秦汉以后，郡县制度建立，这虽非有利于天子，却于人民的害处有所减轻。故从历史的发展过程说明，历史是日趋进步，而不是今不如昔。

王夫之在总结历史发展的经验中，的确不是如有些人所说那样，历史有如一团糯粉，要把它搓成圆就圆，扁就扁，可任人为所欲为。也不是如另一些人所说那样，历史有如一团乱丝，无头绪可寻，无规律可找，爱怎么说就怎么说。他认为，人类历史的发展是既有其势又有其理的。所谓势者，必然趋势之谓；所谓理者，客观规律之谓。而这两者又往往是相乘而生，互相统一。两者的统一，又是在具体的历史事件中得到体现。这就是王夫之的历史发展之理势合一观。

关于历史发展之理势合一观，王夫之阐述了不少理论。他说："势者，事之所因，事者，势之所就。故离事无理，离理无势。势之难易，理之顺逆为之也。理顺斯势顺矣；理逆斯势逆矣。"（《尚书引义》卷四）这是指出，具体历史事件的产生是体现历史趋势的发展，而历史趋势的出现，又是历史发展的必然规律（理）的体现。故脱离具体历史事件就无法体现理；而脱离了理，也无法形成势。势之是否容易形成，这要看理的顺逆：理顺则势顺，理逆则势逆。王夫之在这里把促成历史发展的事—势—理完全扭在一起。

王夫之不是把复杂纷繁的历史事件看成一团乱丝，而是从具体历史事件的分析中，看出它的趋势，找出它的规律。将其能于势中见理，因而他并没有对某一具体历史事件的出现感到偶然，而知道从势以顺理；惟其能于理中识势，因而他可以预感某一历史事件产生之必然性，而知道因理以推势。

这里，王夫之没有忘记抓住具体的历史事件来说明理势关系。这是他的唯物主义认识论在历史观上的表现。他理解到，一个具体的历史事件总是整个历史发展长河中所出现的一个环节。它的产生，不是无缘无故骤然爆发的，总是可以在整个历史发展长河中找到它出现的前后联系，找到它产生的物质基础与思想根源，从中就可以找出它出现的客观规律和必然趋势。

在王夫之看来，一个具体历史事件中，既可看出它的势，也可求出它的理。至于理势两者的逻辑关系如何，王夫之还有一些更明确的说法。他说："理当然而然则成乎势"（《读四书大全说》卷九），即按理的当然途径发展就形成势。这也就是他所说的"得理自然成势"（同上书）之义。这是理势关系。他又说："势既然而不得不然，则即此为理"（同上书），即因其势而走其非走不可的道路发展，这就体现为理。这也就是他所谓"于势之必然处见理"（同上书）之义。这是势理关系。

理势相连，故理的顺逆则体现势的难易，如他上面所说的。当然，历史上的事件说明，顺理而行的，其势易成；逆理而行的，其势难成。但在王夫之看来，历史上逆理而行的事件也是存在的。逆理而行既成了势，也就成为理了。由于这种理之产生，往往是激于势而成，所以王夫之又说："势相激而理随以易。"（《读通鉴论》卷一）

无疑，势是"事之所因"，也是时之所促。势固然通过具体历史事件而体现出来，但这历史事件又是通过一定时机而出现。事非其时，势就难以形成。因此，王夫之又有"势因乎时，理因乎势"（《读通鉴论》卷十二）的说法。这里体现历史发展的理势如何，无疑又是视乎时之如何而定。后者既是前者之因，所以"时异而势异，势异而理亦异"（《宋论》卷十）了。在王夫之看来，顺乎理而发展的历史事件，即顺理成势的历史事件，如宋太祖统一中国就是其一。那些逆乎理而发展的历史事件，即势激成理的历史事件，如秦始皇统一中国就是其一。

王夫之认为，历史发展至春秋战国末年，世袭的血缘统治制度发生动摇，人民在血缘统治者的压迫剥削下纷纷起来反抗，而这种反抗也就成为"势所必激"。因此，废除封建制而建立郡县制的秦始皇之统一中国就得以成功。但在王夫之看来，秦始皇统一中国的主观愿望与行动并非顺理而行，他之所以改封建为郡县制，也不过是从私字出发，其主观愿望还是子孙帝王万世之业。然而，秦始皇的改制，毕竟在客观上有利于人民，天就是假手于他这种客观上有利于人民的行动而实现了于人民确乎有利的结局。这就是王夫之所谓"天假其私以行其大公"（《读通鉴论》卷一）。这里尽管秦始皇"以私成势"，结果却成为历史发展的"必然之理"。

所以，王夫之又有这种说法：从一时利害得失来说，那是对天下人民不利的，但从长远计，则于天下人民有利。纵使某些历史人物的行动，在当时不利于天下人民；但当天要假手他们的行动去完成一定历史任务时，他们的行动就成为变失为得，变罪为功。王夫之的"势激成理"，无疑是针对上述一类历史事件而言的。他认为这些人的行动结果是变失为得，变罪为功，显然是指这些人的主观行动是不值得称道的，但其客观效果却有利于人民，而其所以能够得到成功"成理"也在此。

这是王夫之对复杂矛盾的历史运动的分析而得出的看法。他以理势相乘的历史观，把历史发展分为顺理成势和势激成理两种。他认为，这是符合历史的实际情况的。尽管他认为两者都是历史的必然，但他却认为前者是"天意本然"；而后者则是"天之假借"。

王夫之还把历代的农民运动看成势激成理的历史事件。这些历史事件之出现，在王夫之看来，也是上天假手于这些农民领袖，使历史向合理的方面发展。他并没有认为农民起义行动本身是合乎天意的，只不过天假手于他们，使之成为一种历史工具以导致暴君篡主的被更换，这才是合乎天意的。无疑，王夫之这样的看法是有其阶级的与历史的局限的。但不管王夫之怎样说法，他能把历史的发展归之为理势相乘，指出历史运动的规律性，这比之把历史运动看成一团乱丝或任意捏造，却进步得多，科学得多。

四、结语

王夫之把天的运行、人的活动和史的发展都放在"理"字上去理解。天人关系、人物关系和时势关系等等，也都是理的体现。王夫之这个"理"，并不是客观唯心主义的理，而是指客观世界的结构和规律。它是客观世界的总结和抽象，而不是主观意志的臆测。

王夫之认为，天之自然存在者是理，心之同然者是理，物之当然者是理，而势之必然者也是理。知天理之自然，便须循自然之理活动；知心之所同然，便须满足人的欲望要求；知物之所当然，便须顺物理办事；知势之所必然，便不能逆势而行。心得理、物得理和势得理便是得天，得天便可治物。王夫之虽强调天不可违，但他却同时强调人竭尽耳目聪明之重要性，强调人的觉醒之重要性。

王夫之叫人以理知天，以理司化和深知理势的推移和发展，这都大大打破前人把天谓为有意志之天，把史的发展谓为"五德终始"的荒唐说法；而把人对自然界和对社会历史的理解，纳入了理性，纳入了科学，表现了他对客观世界所采取的唯物主义的态度，并敢于提出"以人利天"和"以人造天"的口号以征服自然。

无疑，王夫之在判断历史发展的基本动力以及如何正确对待阶级关系和民族关系等问题上，并不是那么唯物和正确的。由于受历史和阶级的局限，他不可能完全摆脱封建的儒家思想的束缚。这都应该受到批判。但他提出的以"理"来理解客观世界及处理客观事物，却是比前人大大地前进了一步。这是值得珍视和值得称道的。

原载《中山大学学报（哲学社会科学版）》1983年第2期

重评科学与玄学论战

袁伟时

人民共和国成立以来，我国的马克思主义史学家们对一九二三年的"科玄论战"一致持贬斥的态度。以两本影响最大的中国现代史教科书为例，它们的评论是：

"1923年发生的'科学与人生观'的论战（亦称'科学与玄学'之争），就是反动的唯心主义哲学阵营内部的一场混战。

"现代化的地主阶级提倡封建复古主义哲学，买办资产阶级提倡帝国主义奴化哲学，这是两派所代表的阶级利益及其思想体系的不同。"①

"作为唯心主义哲学阵营内部的这场混战，……玄学派是代表封建主义的复古文化，主张毫无批判地歌颂东方精神文明；'科学派'是代表帝国主义的买办文化，主张全盘颂扬西方资本主义文明。他们都在反对科学，成为马克思主义的敌人。"②

这两部水平很高的专著，出版的时间相距二十多年，结论却是完全一致的。

这些结论无疑有一定的根据。但是，全面考察一下有关材料，问题似乎没有那么简单。弄清这次论战的真相，不但是还历史本来面目所必须，也有利于我们进一步掌握中国现代哲学史的某些特点。本文提出一些探索性的意见，旨在锻炼和提高作者自己运用马克思主义科学方法的能力。偏颇和失误之处，期待着同志们的批评。

一、正视历史人物思想的复杂性

中国近现代思想史有一个显著特点是历史人物的思想面貌十分复杂。一是他们往往受国内外多方面思想的影响，这些思想的社会效果又常常是多方面的。二是不少人物的思想前后有较大的变化，有时甚至同一年内也会发生急剧的转变。本来，任何时代的历史人物都不能用简单的脸谱去分类，都要注意到不同方面和层次的特点，注意到发展变化。但由于近现代中国正处于社会大变动的历史时代，多种矛盾交错汇合，新与旧、前进与倒退的斗争迂迴曲折，因而这一方面显得特别突出。如果不仔细加以考察，人们的认识很容易陷入片面性。

通常说，科玄论战是唯心主义之间的混战，看来就是忽视了事物的复杂性。

以张君劢为代表的玄学派及其支持者的哲学思想，大体说来属于唯心主义。但能不能说科学派都是唯心主义者呢？这就要作具体分析了。

---

① 《中国新民主主义时期通史》第一卷，一九五九年版，第169、172–173页，高等教育出版社。
② 《中国现代史稿》，第125页，黑龙江人民出版社。

人们正确地指出丁文江的哲学思想属于马赫主义。可是，有些在科学派旗下奋战的人物，我们则不能简单地划入唯心主义阵营。

例如，被胡适称为"押阵老将"的吴稚晖，究竟是唯物主义者还是唯心主义者呢？

让我们看看他怎样阐述自己的宇宙观吧："在无始之始，有一个……怪物，……自己不知不觉便破裂了。……顷刻变起了大千宇宙，换言之，便是说兆兆兆兆的我。他那变的方法，也很简单。无非拿具有质力的若干'不可思议'量，合成某某子。合若干某某子，成为电子。合若干电子，成为原子。合若干原子，成为星辰日月，山川草木，鸟兽昆虫鱼鳖。……终之他是至今没有变好，并且似乎没有一样东西，值得他惬意，留了永久不变。这是我的宇宙观。"简单说来是："我吴稚晖所谓'漆黑一团'破裂了，变起大千宇宙。至今没有变好。"①

吴稚晖故作滑稽地把宇宙的本原（他有时用"一个""本体"或"根源"等词来表达）说成是"漆黑一团"的"怪物"。通观他的整篇论述，这个"漆黑一团"，实际是物质的形象说法。他自己曾明确地写道："吴稚晖拼命做这文章，鼓吹物质，是这一个。"②一再嘲笑张君劢等人贩卖的"精神元素"或心物二元论是骗人的鬼话，坚持要用物质的一元论去说明自然和人类社会的各种现象；而且在他看来，大千世界始终"没有变好"，不会"永久不变"，其发展变化没有止境。因此，我们有理由把上述他对自己宇宙观的概括，看作是对世界永恒发展的唯物主义的理解。

论者都引用他的一句话："当漆黑一团之际，自然先有意志，才起变动。"说这是十足的唯意志论，哪里谈得上什么唯物主义。对此，必须考虑两个情况。

一，他是在讲到"生小孩人生观"中插上这段议论的，本来不是对他的宇宙观的精确的概括。

二，他在说明自己的宇宙观的时候，曾一再借助物活论。在这句话中，他同样是用物活论的观点说明世界本体变化过程中意志起着推动作用，而不是说意志本身是"无始之始"的构成宇宙的本原。假如作相反的理解，我们就很难解释他在整篇文章中为什么一再否定有脱离物质而单独起作用的"精神元素"。

如果我们进一步考察一下，他是怎样阐述物活论的，问题就更加清楚了。为了说明大至整个宇宙，小至电子的微观世界，从毛厕里的石头至号称万物之灵的人类，无一例外都是由物质发展变化而成，针对玄学派宣扬精神、灵魂的所谓神秘性，他提出万物皆活的观点。这个观点的涵义是什么？他说：

"我本来只承认万物有质有力，言质则力便存在，言力则质便存在；无无质之力，亦无无力之质。

"所谓情感，思想，意志等等，就种种反应而强为之名，美其名曰心理，神其事曰灵魂，质直言之曰感觉，其实统不过质力之相应。

"其实毛厕里的石头呀，玫瑰呀，苍蝇呀，人呀，何尝有什么感觉，什么心理，什么灵魂，只质与力之构造及反应，各各不同罢了。所以我的万有有生论，本来只取乎两

---

① 《一个新信仰的宇宙观及人生观》。
② 《一个新信仰的宇宙观及人生观》。

言曰:

"万有皆活,有质有力,并'无'亦活,有质有力。

"感觉一名词,便让生物学家叫动植物去专有了,亦尽可不争。然设或借给毛厕里的石头用用,也毫不足奇。"①

吴稚晖没有也不可能科学地、完整地说明物质与意识的辩证关系;他在强调万物统一于物质的时候,不懂得人类社会与其它自然界的质的差别,甚至把人类等同于其它的动物,这些都是毫无疑义的不足和谬误。与此同时,我们却不能不看到,他坚信各种精神活动和意识形态都是以物质为基础的,它们不是脱离物质而构成世界的本原;他确信质和力的统一;他说的"活",不过是不同结构的物质世界种种反应方式的形象化的说法。为人们诟病的"先有意志,才起变动"之中的"意志",也无非是他在说明宇宙中由电子、原子至星辰日月和各种生物的变化过程反应方式的不确切的表达。摘引个别字句,脱离总的倾向去判断一个历史人物的世界观,恐怕不是马克思主义所应赞许的方法。因此,从总体上看,在科玄论战中,吴稚晖是以唯物主义为武器去反对玄学派的。

至于胡适,他是科学派的主要代表人物之一。在这场斗争中他上场较晚。但他在总结性的文章中,提出了一个包括十点内容的"自然主义的人生观"(即宇宙观)。人们过去也斥之为唯心主义。我们不妨考查一下论据是否可靠。

一是说他认为信仰、思想、知识等等也可以变动历史,并说人和别种动物只有程度的差异,否认人类社会与其它生物世界有质的差别。这说明他的历史观是唯心主义的。

这些批评完全符合实际。可是,我们却不能不注意到,如果要以具有唯物主义的历史观作为一个人称为唯物主义者的标志,那么,除了马克思主义者,古往今来哪里还能找得到唯物主义者呢?整部哲学史岂不是要改写了吗?从方法论的角度看,这显然是不足取的。

二是他是实用主义者,把真理和科学都看成人们主观任意的产物,并承认直观、想象力也是认识的基本方法,因而同玄学派一样,也是唯心主义者。

胡适曾经是在中国贩卖实用主义的主要代表人物。但人的思想是发展变化的。细心翻检一下胡适的论著,我们会发现一个似乎是奇怪的现象:一九二三年以后,他难得谈论实用主义。他实际运用的哲学观点,也往往不是实用主义的东西。他在科玄论战中提出的自然主义的人生观,是他的新的哲学纲领。在这里,他确认空间无穷之大,时间无穷之长,宇宙及其中万物的运行变迁皆是自然的,用不着什么超自然的主宰或造物者。这同实用主义否定实在的客观性,认为宇宙是由人们自己创造的;实在是可以任人雕塑的大理石的主观唯心主义,已经没有什么共同之处。同认为有用就是真理的实用主义相反,他强调存在着客观的自然法则。人们只能利用这些法则来驾驶天行,遵循事物发展的因果律去求得自由,去发挥自己的创造智慧。这说明他已抛弃了把真理和科学看成主观任意产物的实用主义观点。只要我们不用固定的框框去裁剪,没有理由不承认这是一

---

① 《一个新信仰的宇宙观及人生观》。

个唯物主义的世界观。①

同样，在认识论上，胡适也同玄学派针锋相对。例如，玄学派把直觉说得神秘莫测，他却指出"直觉"，"决不是不学而知的，乃是实学实习日积月累的结果。譬如那弹琴的，到了那'心与手忘，手与弦忘'的地步，随心所欲便成曲调，那便成了直觉的知识"②。实际是用唯物主义的观点去批判柏格森的唯心主义观点。在研究工作中他曾强调过要有"高远的想象"。实践已经证明这是符合认识发展的正确观点。企图从这方面证明他是唯心主义者，显然并不符合实际情况。

以上情况表明，在科学派一边，既有唯心论者，也有唯物论者；过去著名的唯心主义者这时拿的是唯物主义武器。我们正视了历史人物思想的复杂情况，恐怕就不能把这次论战简单地归结为唯心主义之间的一场混战。

二、慎重地评判哲学思潮的阶级属性

中国资产阶级经常从西方资产阶级那里借用思想武器。他们往往把十八世纪的启蒙思想和现代资产阶级的腐朽思潮都当作新思潮一股脑搬到中国来。对这些思潮传入中国后收到什么样的社会效果，必须联系当时的社会历史状况，进行符合实际的具体分析。由于社会状况有别，一些在西方起落后甚至反动作用的思潮在东方的中国也许还有一定的进步作用。同时，历史上形成的一股思潮，其思想渊源常常不止一家，不能满足于找出它受到西方某一流派的影响，简单地贴上一个标签。至于这种思潮是为哪个阶级或阶层服务的，更是一个必须慎重对待的复杂问题。

根据什么原则来判别某一思潮的阶级属性呢？这里用得上列宁的一句话："直接为某些观点辩护的人是谁，这在政治上并不那么重要。重要的是这些观点、这些提议、这些措施对谁有利。"③

用这个正确原则去衡量一下科学派，能不能把他们称为买办资产阶级利益的代表者呢？买办资产阶级是为帝国主义服务的社会集团，他们是置民族和国家利益于脑后的外国资产阶级代理人。在科学派的成员中，有些后来确实成了买办文人或买办性很强的人物。但是我们必须回答的是，在这次论战中，科学派所代表的思潮是不是为帝国主义利益服务的买办资产阶级的奴才哲学。要对这个问题作出符合实际的答案，可靠的办法是具体分析一下，他们当时提倡和反对的东西究竟对谁有利。

第一，科学派反对"科学破产"的梦呓，提倡了一些有益于科学发展的哲学观点。

科玄论战是世界资本主义体系一次全面性的危机在中国思想界的反映。当时，不同国家的人们都在思考和辩论着一个问题：是什么原因造成第一次世界大战这样的人类前所未有的惨剧。除了工人阶级用列宁主义和十月革命的实践对此提供了科学的答案以外，资产阶级内部不同的集团和派别也提出了各自的答案。作为后来玄学派主要代表人

---

① 作者曾多次讲述过这个观点。讲稿已整理成文：《试论二十年代胡适的世界观》，一九八〇年八月，见《近代中国人物》（《近代史研究》专刊）一九八三年，中国社会科学出版社、重庆人民出版社。
② 《胡适文存》三集，卷二，第132页。
③ 《列宁全集》第十九卷，第33页。

物之一的梁启超在欧洲游历后,把反映垄断资产阶级没落恐惧情绪的"科学破产"论首先带进中国。三年后,张君劢继承和发展梁启超《欧游心影录》一书的观点,也把欧战的起因归罪于科学。他写道:"近三百年之欧洲,以信理智信物质之过度,极于欧战,乃成今日之大反动。吾国自海通以来,物质上以炮利船坚为政策,精神上以科学万能为信仰,以时考之,亦可谓物极将返矣。"①

科学派迎击了这个逆流,指出:"我们当这个时候,正苦科学的提倡不够。正苦科学的教育不发达,正苦科学的势力还不能扫除那迷漫全国的乌烟瘴气,——不料还有名流学者出来高唱'欧洲科学破产'的喊声,出来把欧洲文化破产的罪名归到科学身上,出来菲薄科学,历数科学家的人生观的罪状,不要科学在人生观上发生影响!信仰科学的人看了这种现状,能不发愁吗?能不大声疾呼出来替科学辩护吗?"②应该指出,当时的所谓科学派弄不清楚欧洲文化是不是已经破产,造成第一次世界大战的根源何在,人生观究竟受什么制约等一系列带根本性的问题。但是,当一股反科学的蒙昧主义逆流正在国内外泛滥时,他们捍卫作为新文化运动基本口号之一的科学,努力按照自己的理解去解说科学对人生乃至对整个人类发展的意义。尽管他们的观点很不完善甚至有不少谬误,仍然有不容抹煞的进步意义。

我们要注意到科学派还倡导了一些有利于科学发展的哲学观点。例如,针对玄学派鼓吹有超官觉的非科学所能及的世界,说什么"除学问上之知识外,尚有宗教美术,亦为求真之途径"③;他们强调"天地间所有现象,都是科学的材料"④。包括宗教、艺术等等在内,都是可以用科学方法进行研究的。"凡不可以用论理学批评研究的,不是真知识。"⑤

针对否定因果律的普遍性的谬说,指出一切现象都是有原因,说不受因果律支配的事物,不过是"由于这些现象未经精密分析的缘故"⑥。所谓意志自由是与客观规律的作用并不矛盾的。

此外,他们接受赫胥黎的观点,强调"无论遇见什么论断,什么主义,第一句话是:'拿证据来!'"⑦。这对知识分子解放思想,掌握科学真理无疑是有益的。

正如许多论者所指出的,科学派的主要代表人物丁文江的基本的哲学观点是马赫主义的。他把物质说成"本不过是心理上的觉官感触",说科学不过是"以心理上的现象为内容"。⑧这实质是否定了物质的客观性,并没有给科学的发展提供正确的哲学基础。

但在看到这个重大缺陷的同时,必须考虑到他在哲学上是同张君劢提倡的柏格森、

---

① 《再论人生观与科学并答丁在君》中篇。
② 胡适:《科学与人生观序》。
③ 《再论人生观与科学并答丁在君》下篇。
④ 唐钺:《科学的范围》。
⑤ 丁文江:《玄学与科学》。
⑥ 唐钺:《机械与人生》。
⑦ 丁文江:《玄学与科学》——答张君劢。
⑧ 丁文江:《玄学与科学》。

杜里舒、倭铿等最反动的观点对立的。后者引导人们把目光注视着不可捉摸的超官觉世界或神，以"心为实在"作为本体论的基石。他们还把神秘的直觉或宗教感情等作为认识世界的基本方法。而在丁文江那里，"感官感触的外界，自觉的后面，有没有物，物体本质是什么东西，……应该存而不论"①。恩格斯曾经说过，不可知论实际是羞羞答答的唯物论。丁文江的观点中也有这种意味。他还强调"觉官感触是我们晓得物质的根本"②，强调通过感官取得的经验是认识的唯一源泉，没有脱离经验的直觉，贬斥神秘的内省。把双方在本体论和认识论方面的观点稍加比较，我们不难看出，张君劢他们提倡的观点引导人们在内心世界中讨生活，只能走向蒙昧和宗教世界，给人们披上新的精神枷锁；而丁文江他们却还能启发人们面向现实世界，实实在在地研究科学。

软弱的中国资产阶级并没有在思想领域为科学的发展打下宽厚结实的基础。比起十八世纪的西方先辈来，他们在哲学上的软弱、落后，显得非常可怜。但在科学派的言论中，我们听到的支持科学发展的呼声，仍然是有利于包括资产阶级在内的中国人民的。归根到底这有利于中华民族的独立、发展，恐怕不能轻率地加上"买办""奴化"等一类字眼。

他们反对宋明理学的复活，反对封建道德。

在这次论战中，张君劢的基本思想纲领之一，是提倡复活新宋学。用他的话来说就是"诚欲求发聋振聩之药，唯在新宋学之复活"。他之所以搬来柏格森、倭铿等人的主观唯心论，在于他"以为柏氏倭氏言有与理学足资发明者，此正东西人心之冥合，不必以地理之隔绝而摈弃之"③。

科学派严厉地斥责了这种"中西合璧式的玄学"。他们指出这是一种最廉价的懒汉哲学。"言心言性的玄学，'内生活之修养'，所以能这样哄动一般人，都因为这种玄谈最合懒惰的心理，一切靠内心，可以否认事实，可以否认论理与分析。"④这也是一种误国误民无益世用的东西。宋明讲理学，均使江山易手，数以百万计的人民惨遭屠杀。今天又抬出来用以攻击科学，是闭眼不看历史事实。

他们指出这是一种反进化的潮流。这种思潮实质上仍然是要以孔孟的是非为是非，"他们的谬误，乃是完全摆出西学古微的面孔，什么都是我们古代有的，什么我们还要好过别人的，一若进化学理直是狗屁。唯有二千年前天地生才，精华为之殚竭。无论亿万斯年，只要把什么都交给周秦间几个死鬼，请他们永远包办，便万无一失了"⑤。

他们还具体分析了给玄学派吹得玄之又玄的"良心""情感"等范畴，指出"良心是内因——机体禀赋——和外因——家庭、学校、社会的教育——的结果""人的良心差不多完全是教育（最广义）的产物"⑥。如果把"良心之自动"说成是神秘的支配人生的决定因素，学习和其它社会实践都会被目为枉费功夫。对被梁启超说成不能理喻

---

① 丁文江：《玄学与科学》。
② 丁文江：《玄学与科学》。
③ 《再论人生观与科学并答丁在君》下篇。
④ 丁文江：《玄学与科学》。
⑤ 稚晖：《箴洋八股化之理学》。
⑥ 唐钺：《机械与人》《一个痴人的说梦》。

的"极优的人生观之一种"的田横及其属下五百人的自杀,则无非"是封建时代的习气","是效忠于个人,没有多大价值"。①

玄学派复活新宋学的主张,是新文化运动后期企图部分复活封建文化的反动思潮的一个组成部分。科学派揭露了这种主张空疏无用、带有浓厚封建气息和落后、倒退。其观点是正确或接近正确的。这些揭露是这次论战中最有积极意义的部分之一。这些观点是指向反动思潮的投枪,看来是难于在其中找到"洋奴""买办"思想因素的。

第三,他们探讨了物质文明与精神文明的关系,倡导在当时条件下有进步意义的发展资本主义的主张。

在中国近现代思想史上,人们常常是为了维护自己的政治主张而拿起哲学武器。张君劢在这次论战中也是自觉地把自己的哲学观点同"我国将何去何从"这个根本问题联系起来。让我们看看他自己的论述吧:"现代欧洲文明之特征有三:曰国家主义,曰工商政策,曰自然界之知识。此三者,与我上文所举'我国立国的方策,在静不在动,在精神之自足,不在物质之逸乐,在自给之农业,不在谋利之工商,在德化之大同,不在种族之分立'云云,正相反对者也。循欧洲之道而不变,必蹈欧洲之败亡之覆辙;不循欧洲之道,而采所谓寡均贫安政策,恐不特大势所不许,抑亦目眩于欧美物质文明之成功者所不甘,则我以为苟明人生之意义,此种急功近利之念,自可剥除。"所以,他"确认三重网罗(指上述三特征)实为人类前途莫大之危险,而尤觉内生活修养之说,不可不竭力提倡"②。他要冲破所谓现代文明的三重网罗,就是在文化上反对自然科学;在经济上反对发展资本主义工商业,使中国永远处于农业国的落后地位;在政治上则把帝国主义者倡导的国际联盟美之为"德化之大同"③。而他所谓反对种族分立和国家主义、富国强兵,实际只能是取消国家和民族的独立。他提倡玄学,提倡"内生活",就是为这个纲领服务的。如果我们抓住实质,可以肯定这是维护半封建、半殖民地社会秩序服务的意识形态。

科学派的主张是与张君劢对立的。除了上面已经谈到的对发展科学的支持外,他们主要是通过探讨精神文明与物质文明的关系,去批判张君劢的错误主张。他们指出"最初便是物质进步,然后精神进步","精神物质是双方并进,互相促成"④,决不能单靠内心修养造成"精神文明"。理想的社会是要建立在发达的物质基础上,"决不是高粱秆子土屋,还有拉洋车的人入境"。而且这个物质基础是不断进步的,今天被目为奇技淫巧的东西,将来有如今天落后的高粱秆子土房。要实现没有战争的大同世界,就要等到物质文明进步到不可思议,人人都能念大学的时候。在他们看来,"西方物质进步,故精神亦随了进步"⑤。因此,西方资本主义世界,既有物质文明,也是精神文明的典范。中国之所以被侵略,就是物质文明不进步所造成的。

显然,他们发出的发展科学和物质文明的呼声,表达了中国资产阶级发展资本主义

---

① 唐钺:《机械与人》《一个痴人的说梦》。
② 《再论人生观与科学并答丁在君》下篇。
③ 参阅张君劢《科学之评价》。
④ 吴稚晖:《箴洋八股化之理学》。
⑤ 吴稚晖:《箴洋八股化之理学》。

的愿望。颂扬西方资本主义的文明不一定就是代表帝国主义的买办文化。当时的中国，处在民主革命阶段，正苦于资本主义发展的不足。科学和资本主义物质生产的发展，是有利于社会进步和民族独立的。所以，尽管这些呼声比较微弱，我们在听到为"全种万代"即本阶级长远利益奋斗的呼喊的同时，也听到把人生还原为"吃饭，生小孩，招呼朋友"这样粗鄙的纵欲要求，仍然不能不肯定科学派的主张有一定的历史进步性。

根据以上情况，把当时的科学派断定为买办资产阶级利益的代表者，根据是不足的。

三、珍视"联合战线"的正确经验

在科玄论战的研究中还有一个饶有兴趣的问题是：他们都"成为马克思主义的敌人"吗？

面对着马克思主义在中国广泛传播的形势，玄学派是自觉地以马克思主义为敌的。这不但表现在他们一再谩骂马克思主义和马克思主义者，还表现在他们强调"意志自由"的主要目的之一，就是否定社会发展的规律性，从而否定社会主义取代资本主义的必然性。张君劢写道："忽而君主，忽而共和，果有一定之公例乎？忽而资本主义，忽而社会主义，果有一定之公例乎？"①其用意无非诱导青年脱离马克思主义的影响。

可是，我们却不能不注意一个事实，在这次论战中，科学派并不反对马克思主义。代表他们对马克思主义的态度的，是胡适这么一段话："我们虽然极欢迎'经济史观'来做一种重要的史学工具，同时我们也不能不承认思想知识等等却都是'客观的原因'，也可以'变动社会，支配人生观'。"②这表明胡适不懂得马克思主义的基本原理，不理解社会存在和社会意识之间的辩证关系。不过，我们没有理由把"欢迎'经济史观'"（即唯物史观）的人说成是马克思主义的敌人。

与他们的态度相呼应，当时中国的马克思主义者不但没有把他们看作敌人，而且把他们作为联合的对象，旗帜鲜明地支持他们反对玄学派。

为什么当时的马克思主义者要提出联合战线问题？这个口号是不是通常说的是右倾"调和"的表现呢？

正当论战激烈进行之际，陈独秀写道："张君劢和梁漱溟的昏乱思想被适之教训的开口不得，实在是中国思想界一线曙光。""适之所信的实验主义和我们所信的唯物史观，自然大有不同之点，而在扫荡封建宗法思想的革命战线上，实有联合之必要。"③

不久，邓中夏接连发表好几篇文章，对这个口号进行了系统的论证。他认为当时的思想战线上，有一个可以叫做东方文化派的新兴反动派，梁启超、张君劢和梁漱溟等人是其中的重要代表。"总括起来，东方文化派是假新的，非科学的，科学方法派和唯物史观派是真新的，科学的。现在中国思想界的形势，后两派是结成联合战线，一致向前一派进攻，痛击。"这个联合战线的出现并不是偶然的。这是由于"在现在中国新式产

---

① 《再论人生观与科学并答丁在君》上篇。
② 《答陈独秀先生》，见《科学与人生观序》。
③ 《思想革命上的联合战线》，《前锋》第一期。

业尚未充分发达的时候，劳资两阶级尚有携手联合向封建阶级进攻的必要；换过来说，就是代表劳资两阶级思想的科学方法派和唯物史观派尚有携手联合向代表封建思想的东方文化派进攻的必要"①。

中国第一代马克思主义者根据自己的切身体验，断定科玄论战是进步与反动之争。这是正确运用马克思主义哲学的一个范例。

首先，他们运用历史唯物主义正确分析了国内的阶级关系。封建势力是中国社会向前发展的基本障碍。既然在政治上可以联合资产阶级去反对封建势力，在思想战线上也没有理由不可以这样做。他们是新文化运动的领袖人物或积极战士，既能敏锐地抓住封建思想的种种变形，又比较熟悉资产阶级思想武库的状况。因此，当他们掌握了马克思主义以后，就能比较准确地断定当时各种思潮的阶级本质。把科学派和玄学派分别看作资产阶级和封建宗法势力的思想代表，正是他们运用马克思主义指导具体的革命实践的一个成果。

其次，这是他们努力运用辩证法，全面分析客观事物，力求避免片面性的结果。就在科玄论战之前不久，针对中国共产党提出的反帝、反封建的革命纲领，胡适在《努力》周报上发表了《国际的中国》一文，否认帝国主义对中国的控制和侵略，说"这种观察很象乡下人谈海外奇闻，几乎全无事实上的根据""中国已没有很大的国际侵略的危险了"。中国共产党人曾经尖锐地批判了胡适的这些荒谬言论。邓中夏就批评这"与美国花了三千万银子雇派的许多牧师，记者，侦探，顾问等向我们所做的亲美宣传一鼻孔出气"②。胡适的这个错误，反映了中国资产阶级对帝国主义特别是美国的幻想。可是，他们并没有因而断定胡适就是买办资产阶级的代表。这是因为全面看这个时候的胡适，还没有成为帝国主义的附庸。

当时，中国共产党还处在幼年时期，在如何处理同资产阶级的关系上，还没有运用唯物辩证法形成一套完整的理论。这些中国第一代的马克思主义者，凭着他们对唯物辩证法的理解，依靠他们对思想战线基本情况比较深刻的了解，在对待科学派中，具体承认了他们具有两面性，体现了又联合又斗争的辩证统一。虽然这还没有成为中国马克思主义者的完整的理论和实践，但已显示了唯物辩证法与实践密切结合必然带来的虎虎生气。

他们对唯物辩证法的正确运用还表现在他们敏锐地注意到了以胡适为代表的科学派的哲学思想的变化，并作出了令人赞叹的概括："科学方法派大概都是学过科学的，他们的态度，第一步是怀疑，第二步是实证（拿证据来）；他们的主张，是自然科学的宇宙观，机械论的人生观，进化论的历史观，社会化的道德观。"③看来，他们联合战线主张的基础之一，正是对科学派哲学思想中的积极因素有比较深刻的了解。

总之，翻开这些先驱们对科玄论战的评论，迎面而来的是唯物辩证法的耀眼光芒。他们并没有笼统地把"唯心""买办"的帽子往科学派头上戴，而是对他们作出不少令

---

① 《中国现在的思想界》，《中国青年》第六期。
② 《努力周报的功罪》，《中国青年》第三期。
③ 邓中夏：《中国现在的思想界》。

人折服的分析。这是中国现代哲学史上的宝贵遗产。三十年来，我们作出同他们相反的结论，看来正确的是这些在中国开创了马克思主义事业的先驱们。科玄论战至今已快六十年了，马克思主义的史学工作者有责任对它作出科学的分析。由于种种原因，一些并不符合实际的论断流行了二十多年，其中的教训是值得我们认真思考和记取的。

看来，最基本的一条是要善于学习和勇于坚持马列主义、毛泽东思想的基本精神。实事求是地、具体地分析具体情况，按照事物的本来面目去认识客观世界，这是唯物辩证法的本质要求。毛泽东思想对马克思主义宝库的贡献之一，是运用唯物辩证法对半封建、半殖民地的资产阶级作出科学分析，对他们不同阶层在不同时期的种种表现作出尽可能全面的具体分析。绝不因为他们在某个时期的反动而否定他们曾经或可能是我们的同盟军。要是邓中夏等先驱们摸索着运用唯物辩证法分析中国资产阶级代表人物上作出了可贵的成绩，当新民主主义理论已经形成以后，我们在研究中国近现代哲学史中，更没有丝毫理由从毛泽东思想的基本理论阵地上后退。否则，不管主观上是否愿意，我们都会陷入形而上学的泥淖。

还是以吴稚晖为例。他是中国资产阶级在思想界的代表人物之一。在一九二七年的反革命政变中，他曾经起过极为反动的作用。这一年四月，是他在国民党的监察委员会会议上，首先提出查办共产党案，诬指共产党"谋叛有据"，为屠杀革命人民制造根据。他以后一直是国民党反动统治集团的头面人物。由于这些反动劣迹，革命人民对他完全有理由极端厌恶。可是，义愤不能代替科学。我们不能因此而抹煞他的政治思想和哲学思想曾几经变化。在前期，他是起过进步作用的革命者。辛亥革命前，从主流看，他是个民主革命家；第一次国内革命战争的前期，他仍然坚持反对帝国主义的立场，支持国共合作。他在科玄论战中的进步表现，是与他当时的政治态度相一致的。我们敢于肯定这个后期反动的人物在前期的进步表现，这正是马克思主义者应有的实事求是的科学态度①。

把这场论战放在整个中国近现代历史中去考察，我们还会发现，这已经是以中国资产阶级代表人物为主力的最后一次有较大进步意义的思想斗争。科学派的带进步意义的主张，可以说是"五四"前后资本主义经济有所发展，新文化运动广泛展开的积极成

---

① 辛亥革命前，吴稚晖宣传过无政府主义，但他的言行是支持孙中山领导的民族民主革命的，对封建意识形态进行过比较尖锐的批判。章太炎曾谩骂他是"洋奴"，指责他与清朝官吏"表里为奸""通情""献策"，以致造成《苏报》案中他被逮捕。但章太炎自己在《复吴敬恒书》中写道："足下献策事，则□□□言之，□□语不知得自传闻，抑亲闻诸俞明震者。"可见连他自己也没有弄清材料来源是否可靠。而吴稚晖原在复信中举出一系列事实，证明章太炎"早知逮捕中并有君名，足下呵我等曰：'小事忧忧'"（《章太炎政论选集》379、440页）。一再不听劝告而致被捕。吴稚晖后来的言行更不能证明他与清政府"表里为奸"。近年来有些文章和电影因袭旧闻，不加分析地肯定他投靠清政府，出卖了章太炎和邹容，把他丑化为卑躬屈膝的叛徒，并不符合历史实际。

在哲学思想上，在辛亥革命前他就有唯物论倾向。他在《与友人论物理世界及不可思议书》中写道："居此人境，止有物质；并无物质以外之精神。精神不过从物质凑合而生也。"批评"宗教妄言造物，说诳无疑"。但是，他在承认物理世界可以认识的同时，保留了一个"不可思议"的境界，说"物理世界，如何而有？不可思议；物理世界何所底止，不可思议"。表明了他的唯物主义思想的不彻底性。

果之一。可是，就是在这带最后一战色彩的斗争中，真正科学的结论，是由瞿秋白、陈独秀等人以马克思主义哲学为武器作出的。这又一次表明由于历史的推移，中国进步思想界的盟主，已经是无产阶级。一九二七年以后，吴稚晖等人向反面转化，更证明了中国资产阶级被帝国主义和封建买办势力玩弄于股掌之中，他们不少代表人物也俯首称臣了。

"科学愈是毫无顾忌和大公无私，它就愈加符合于工人的利益和愿望。"这是个颠扑不破的真理。过去，一些同志对科玄论战持一概否定的态度，表面看来似乎表现了高度的政治原则性，实则因为没有真正揭示历史的本来面目，也就无法真正揭示在中国近现代思想史上，资产阶级世界观的两面性及其破产的必然性，无法揭示马克思主义的世界观取代它们成为救国救民指针的内在必然性。这显然无助于帮助年轻一代提高识别和抵制资产阶级世界观的能力，提高树立无产阶级世界观的自觉性。为了从近现代理论思维兴替史中学到足够的东西，必须坚持实事求是的思想原则，严肃地遵循毛泽东思想关于中国资产阶级的理论。这就是我们在科玄论战史的研究中得到的最重要的经验教训。

附记：此文写成于一九八二年七月，当时曾送几位同志审阅。接着打印了几百份提交广东哲学学会一九八二年年会并分赠各地有关同志。一九八三年又在内部印了一次。此次按一九八二年打印稿公开发表，除校正一些错字外，未作任何修改。真理总是愈辩愈明的。现在是认真弄清这个中国现代思想史上重大问题的时候了。

原载《中山大学学报（哲学社会科学版）》1985年第2期

浅探《易传》的"道"范畴

——读《易传·系辞传》札记

[日] 佐藤贡悦*

一

《易传·系辞传》中有一句非常著名的话："一阴一阳之谓道。"可以说，它既是中国哲学名言之中的名言，也是探讨《易传》关于"道"范畴的关键。我认为，这里所谓"道"，实际上是对宇宙变化中阴阳消长、阴阳循环、阴阳交替的一切趋向、秩序、规律的总概括。

首先，应该注意的是"一阴一阳"这种特殊的句型。类似情形在《系辞传》中还可以看到："日月运行，一寒一暑。"① "阖户谓之坤，辟户谓之乾，一阖一辟谓之变。"② 这里，寒与暑、阖与辟意味着具有相对关系的事物间之相互运行与循环交替。所谓"一寒一暑""一阖一辟"的说法正是在这个意义上使用的。由此可推论出，"一阴一阳"指的是事物间既相对立而又相互循环、交替的某种关系。清朝李光地的注解颇值得我们重视："一阴一阳，兼对立与迭运二义。对立者天地日月之类是也；即前章所谓刚柔也；迭运者寒暑往来之类是也，即前章所谓变化也。"③

所谓"对立"与"迭运"，正是本文所说的对立与循环交替之意。但是李光地认为，对立与迭运这两个概念是分别适用于两种不同的事物的，实际上他是把对立与迭运二者分割开来。这种看法似乎根据不足。我认为，对立与迭运二者是相辅相成、不容分割的。"一阴一阳"的涵义非常丰富。《折中》的注解也是这样认为的，即对"一阴一阳"不能只用一种意义去解释、理解。但"一阴一阳"与"道"的关系，在涵义上却只应该有一种。至于这种涵义是什么，这也许正是中国思想研究者在把握《易传》的"道"范畴上所面临的困难所在，也是迄今为止各家各派理解分歧的原因所在。

二

需要指出，中国学者对《易传》的研究有不少极富有启迪意义的成果。篇幅所限，兹仅择要举之。

---

* 作者系中山大学哲学系高级进修生，在日本筑波大学哲学·思想研究科任职。
① 《系辞传上·第一章》（据宋本《周易注疏》）。
② 同上，第十章。
③ 李光地：《周易折中·系辞传·第四章注》。

1. 郭沫若《周易之制作年代》

"荀子的道体观和老子学派的依然是两样。他把'道'完全看成一种观念体,'道'便是宇宙中的有秩序的变化,也就是所谓天所谓神。"他而且认为,《系辞传》中的"道","不仅在使用着本体的意义的'道',而且道即是易,易即是神的概念,也完全是荀子思想的复写"①。

概括地说,郭老把《系辞传》中的道与荀子思想中的"道"相等同,或者说,"道"便是"有秩序的变化"。

2. 冯友兰《〈易传〉的哲学思想》

"易传所说的'道',就是规律。它认为每类的东西都有它们的道。天有'天之道',地有'地之道',人有'人之道'。"②冯老也论及"一阴一阳之谓道":"不过天下之道,与天地之道不同。天下之道,是说世界中所谓有的道;天地之道,是说天地所遵循的道。例如它所说的君道、臣道、妻道,是属天下之道;'一阴一阳之谓道',是天地之道。"冯老认为,"道"就是规律。不仅如此,"一阴一阳之谓道"的"道"只限于"天地之道",是只有天地才遵循的规律。但是冯老在一九八四年寄往曲阜召开的"全国孔子教育思想讨论会"的"代祝词"中又说:"朱熹和蔡渊都说,周易有两个基本原则:一个是'流行',一个是'对待'。这个说法很扼要。从周易看起来,什么东西都是一个过程,一个流行。整个宇宙就是一个大过程,大流行,中国哲学称为'大化'。……'一阴一阳之谓道',不可以把道当成一种实体,象切西瓜那样,把它一刀劈开,一半是阴,一半是阳。在这里,所谓道,就是那个'大化',就是那个'大流行'。所谓阴阳,就是对待的两个对立面,阴阳只是它们的符号。"③他在先后的说法上有所不同。他先是认为道是天地所遵循的规律,而后来又把道看作是"大化""大流行"。显然,他的解释有着前后自相矛盾之道。但是也可以说,他对"道"的涵义的解释有两种:一种是"规律",一种是"大化""大流行"。

3. 张岱年《中国古代哲学中若干基本概念的起源与演变》

"《系辞上传》说:'一阴一阳之谓道。'阴阳二气,相互推移,由阴而阳,由阳而阴,相互更迭,相互接续,这就是道。所谓道即是阴阳二气交互推移的过程。"④张老用阴阳二气推移的"过程"来解释"道"。但后来他又作了修改,在一九八一年二月为《中国哲学发微》一书所写的附注中说:"《易传》所谓道指普遍规律。为了保留历史原貌,这里就不加修改了。"

按照张老的看法,道即是普遍规律,这基本上是他比较固定的观点。在一九七九年发表的《论〈易大传〉的著作年代与哲学思想》一文中,他曾作过较为详尽的解释:"《系辞上》说:'通乎昼夜之道而知''一阴一阳之谓道'。又说:'知变化之道者;其知神之所为乎!'所谓道指事物变化的规律,而这规律的基本内容是一阴一阳

---

① 《郭沫若全集·历史篇1》,第399-400页。
② 《哲学研究》一九六〇年七—八期,第61页。
③ 《代祝词》,第2页。
④ 张岱年:《中国哲学发微》,第24页。

即对立两方面的相互推移相互转化。"① 在此，张老讲得很清楚，道就是事物变化的规律，而这个规律的基本内容就是一阴一阳，意即阴阳相互推移、相互转化。总之，张老是把"道"解释为"规律"。

上述三例可视为前辈学者们的主要研究成果。关于理解"道"范畴的关键何在，也由此可见一斑。"道"在解释上的差异可概括为"变化"与"规律"之别：（1）阴阳的消长及由此发生的万物生成变化，被看作是"道"；（2）追究阴阳消长的状态，把所有的变化纳入循环、交替的规则之内，同时又把这种规则归结为"道"。究竟何种观点能够成立，我认为尚有待于进一步的探讨。

本文的开头曾把"道"概括为"规律"。但对"规律"一词的涵义理解以及在理论的论证中怎样使用"规律"的术语去解释"道"，我有与上述诸观点不尽相同的看法，兹阐明于下。

三

张岱年先生所引证过的《系辞传上·第九章》中所谓"知变化之道者，其知神之所为乎"，这个"道"，并不是"变化"或者"流行"本身。关于"道"，《系辞传》中有一系列说法，诸如"圣人之道""君子之道""小人之道"等等。很明显，这些"道"所指的都不是"变化"之意。所以会发生这种误解，主要是由于"道"与运动、变化、流行有着极为密切的联系。如果只看到事物变化的一面，而未看到变化之中阴阳循环、交替，就容易把"道"与"变化"混同起来。"道"与事物及事物的存在状态不是一回事，因而"道"与事物的"变化"也完全不同。阴阳本身是不停地变化，可是那个变化方式即循环、交替，是不变的。二者的关系，正如《系辞传》所说："形而上者谓之道，形而下者谓之器。"② "道"是形而上者，"器"是形而下者。形而上、下的说法本来意味着形之前与形之后（这里所谓前后，指的是理论上的前后，而不是时间上的前后）。在这里，宇宙中的万物的生成、变化是阴阳二气的消长。这种观点，已作为中国思想的深流与中国民族固有的独特思维方式之一而保存下来。"形而上者谓之道，形而下者谓之器"的思想也是在这样的基础之上构造的，这点尤其应该特别指出。

先从"形而下者谓之器"谈起。《系辞传》说："几者动之微，吉之先见者也。"③ "见乃谓之象，形乃谓之器。"④ 这里告诉我们，在《系辞传》看来，万物的生成过程有"几""象""器"三个阶段。气之将聚，可称为"兆"，也就是"几"。"几"的进一步表现形式便是"象"。随着气的积聚，就有了某种事物的出现，这种确定可见并有形质的就是"器"。总之，形而下者，指的是我们所能感觉到的一切东西或事物。反之，形而上者则是无形象且不可感觉的。在这里，这个无形象的东西即所谓"道"，由于是无限定、无制约的，所以具有普遍性、一般性。也正因为如此，它不能从起源论的意义上去理解。

---

① 参见《中国哲学》第一辑，132页。
② 《系辞传上·第十二章》。
③ 《系辞传上·第四章》。
④ 《系辞传上·第十一章》。

关于这点，《系辞传》说："六爻之动，三极之道也。"①"易之为书也，广大悉备，有天道焉，有人道焉，有地道焉，兼三材而两之，故六。六者非它也，三材之道也。"②二者都讲的是画卦万物与"道"的关系。按照朱熹的解释，在一个卦中，初、二爻是"地"，三、四爻是"人"，五、六爻是"天"，每卦有天、人、地三材，各有二爻，合共六爻。很清楚，画卦的最基本思想是，在所有的事物即万物中，统分为三大类，而天、地、人是万物的三大要素。"三材（三极）之道"则在万物的三大要素——天、地、人之中所贯穿，是万有中一般的、普遍的规律。

那么，何为万物中的"一般"和"普遍"呢？一切存在着的个别事物，即器，在时空间是被制约着的。某一具体事物对另一事物来说，绝不可能是普遍的或一般的。例如几支笔尽管颜色相同，质地相同，难以辨别，但此笔绝非彼笔。眼睛能看、用手能摸的都是这个或那个形质而已。在这些东西中共通、一般的形质（即概念）都是从具体个别的东西中导出的抽象者。但是抽象者和具体事物的关系，在认识和理论体系上却应倒过来，只能说是抽象者先具体事物后（从抽象到具体）。为什么呢？比如以对笔的认识而言，必须由了解此种或彼种个别的笔，才能够把握"笔"的形质以及得到对"笔"的全体认识。此时，这个"笔"不是彼种或此种笔的个别知识，而已成为一个普遍概念。因而按各种用途可选最适当的一支笔来使用。一般地说，认识和理论体系以及其记述方式是"从抽象到具体"；反过来，人的认识过程是"从具体到抽象"，毕竟两者的关系是相反的。总之，"道"和"器"的关系也是如此。"道"本身是无形无象、高度抽象的本体，而伴随着"器"的存在，只能被思维作为认识的对象。所以理论上"道"先而"器"后。因此，"道"并非起源论上的起源或成因。它的基本内容正是在万物之中的一般的、普遍的规律。

进一步说，规律是什么呢？《系辞传》说："子曰：知变化之道，其知神之所为乎。"③这里所谓"道"，可解释为"（变化的）规律"。不仅如此，理解了这个"道"，就能理解"神"的所作所为。但这个"神"并非生成变化的主宰或成因。《易传》在言及"神"时说："阴阳不测之谓神。"④这就明白地把不能感觉到阴阳消长之因由为主旨。既然事物有生成、运动、变化，那么当然也就应该有原因。但是这种成因或主宰是感觉不到的，于是把感觉不到的东西本身，看为一种本体，把它比作变化的主宰，而把一切变化比喻为其主宰的结果即"神"之所为。因此，"神"又以否定变化中的一切因由为主旨。

《易传》进一步说："神无方而易无体。"⑤"蓍之德圆而神。"⑥前句"无方"是不偏于一方；后句的"神"是神妙的意思。于是《易传》所谓"神之所为"就是不偏不倚、万全而神妙的。然而"神之所为"到底是什么呢？《说卦传》说："神也者妙万

---

① 《系辞传上·第二章》。
② 《系辞传下·第八章》。
③ 《系辞传上·第九章》。
④ 同上，第五章。
⑤ 同上，第四章。
⑥ 同上，第十章。

物而为言者也。动万物者莫疾近雷,桡万物者莫疾乎风,燥万物者莫炵乎火,说万物者莫说乎泽,润万物者莫润乎水,终万物始万物者莫盛乎艮。故水火相逮,雷风不相悖,山泽通气,然后能变化,既成万物也。"这是把五行说作为骨骼来构成的理论。很清楚,万全而神妙地使万物化育的"神之所为",就是"自然"本身。晋韩康伯注"神也者妙万物而为言者也"说:"于此言神者,明八卦运动变化推移,莫有使之然者。神则无物,妙万物而为言也。则雷疾,风行,火炎,水润莫不自然,相与为变化。故能万物既成也。"①总而言之,"神之所为"正是指的自然自化本身,在宇宙里,并没有什么主宰、成因。而所谓阴阳二气的消长以及万物的生成、变化都只不过是阴阳二气以及万物的自转与自化。

四

综上所述,所谓规律不是个别事物的外在客观实体或本体,而就是自己本身内在的本体。比如鱼在海里游,马在陆上走,任何具体事物都有与其本身适合的自然形态的存在方式,这就是上述所说规律的本义。所以它正是事物本身内在的,也可说是"自律"。然而这种"自律"却有各式各样的状态,看起来极为个别又不一致。但在《系辞传》中仍将其归于"一",关于这点,《系辞传》说:"天下之动,贞夫一者也。"②万物存在且变化,而其自然状态的存在方式终究归着于"一"。"子曰:天下何思何虑,天下同归而殊途,一致而百虑,天下何思何虑。"③所言者,与上述所表大体上意义相同。因此,由于"同归"与"一致"所表现涵义的差别,可将万物的生成、变化,多样的存在状态之中及其自然状态的存在方式归结于"一"即是"道"。

总而言之,万物的运动、变化、生灭是阴阳二气的消长。所谓阴阳(阴——消极,阳——积极),亦为万物时间、空间对待且存在的象征④。例如,天与地、日与月、男与女、往与来、暑与寒、阖与辟等等,生成、运动、变化,自然而成,互为根本,自转自化无所穷尽。因此,万物对待着且存在、变化,其自然状态的存在方式,最终都可用"由阴而阳、由阳而阴"此种单纯的定式(一阴一阳)来表达。这个定式用语言来表现,即为阴阳消长、阴阳循环、阴阳交替的一切趋向、秩序、规律的总概括,就是《易传》关于"道"的根本意义。

原载《中山大学学报(哲学社会科学版)》1986年第4期

---

① 宋本《周易注疏》九卷六。
② 《系辞传下·第一章》。
③ 同上,第三章。
④ 从历史上来看,阴阳思想与气的思想的渊源,原本不同,后世将两者结合,形成今日所谓的阴阳思想。而我认为言及阴阳思想时,有时其中含有气的成分在内;但有时则无,这时它只是一种"符号"(冯友兰,参照《代祝词》,第2页),即本文所谓"象征"。

《东西均》辩证法思想剖析

梅焕庭

《东西均》是明末清初思想家方以智的哲学著作之一。在这一著作中，作者结合自己的经验和广博的自然科学知识，探索矛盾对立统一的辩证关系，在我国思想史上第一次提出"合二而一"这个概念。它同邵雍、朱熹的"一分为二"一样，较为准确、深刻地表述了对立统一思想。本文试对《东西均》辩证法思想作一粗略的剖析，以就教于大家。

《东西均》成书的背景及其理论基础

《东西均》成书于清顺治九年（公元1652年），次年作了订正。这时我国社会政治发生了急剧的变化，统治中国长达267年的明王朝，在农民起义的革命风暴席卷下，已经灭亡，清朝政权刚刚建立。方以智是明末复社领袖之一，具有强烈的民族情感，力主抵御外族入侵。他曾"自越而闽而粤，凡数易姓名，徭峒转侧，备尝艰苦"[①]，南下参加永历政权，投入反清复明的斗争，以图实现他三尺许国的誓言。然而，他的政治抱负还未实现，就被南明太监王坤诬劾革职。方以智满怀忧愤，在广西平乐隐居。1650年，平乐被清军攻陷。为逃避清王朝的追捕，方以智出走梧州，改服僧装。这几年虽然过着流离颠沛的生活，但他并没有放弃"集千古之智，折中其间"[②]的著述生涯，仍在困难的环境中写成《东西均》，"以待后世"[③]，给我们留下一份珍贵的文化遗产。

方以智在写作《东西均》时的宇宙观是怎样的？且看他的早年著作——《物理小识》是怎样论述宇宙是统一的物质存在的。他说："盈天地间皆物也。……器固物也，心一物也。深而言性命，性命一物也。通观天地，天地一物也。"[④]方以智"盈天地间皆物"的学说，是认为整个世界统一于物，强调物的客观性。这些"物"又是由物质性的气组成，因此他说："一切物，皆气所为也。空，皆气所实也。"[⑤]在这基础上，他进一步探求气之所以能动不息而化生万物的内在根源时，引入"火"这一哲学范畴。他说："凡运动，皆火之为也"，"天道以阳气为主，人身亦以阳气为主。阳统阴阳，火

---

① 方中通：《陪诗》卷四，《哀述》第五首注。
② 《通雅》卷首之一，《考古通论》。
③ 《稽古堂文集·七解》。
④ 《物理小识·自序》。
⑤ 《物理小识》卷一。

运水火也。生以火，死以火，病生于火，而养身者亦此火"。① 揭示"火"这一物质元素是气化生万物之所以运动不息的内在根源，坚持从物质自身去寻找根源的观点。他认为，"火"不是存在于"气"之外，而是"火与气，一也"② 把物质性的"气"和永恒运动的"火"统一起来，创立了他的"火—气"一元论的唯物主义自然观。

方以智站在"火—气"一元论的唯物主义自然观立场上，探讨世界的可知性问题。他认为，人生于天地之间，不能离开世界万事万物而存在，因此，人们必须认识世界上的事物，肯定"理以心知"③。在他看来，人具有认识世界的能力，"惟心能通天地万物"④，因此，他主张"以费知隐"⑤，通过事物的表面现象，去认识事物的精深内容，以达到"深"的境界。人们的认识是否正确，看其是否符合事物的本来面目，"知至而以知还物"⑥。

以上可见，方以智在写作《东西均》以前，已经形成唯物主义宇宙观。在《东西均》一书中，他又发挥了唯物主义思想。

在我国古代，统治阶级赋予"天"以莫大的权威，"天"成了为封建专制主义集权服务的哲学的最高范畴。董仲舒说："天者，百神之君也，王者之所最尊也。"⑦ 韩愈说："贤不肖存乎己，贵与贱、祸与福存乎天。"⑧ 程颢说："父子君臣，天下之定理，无所逃于天地之间。"⑨ 所有这些，都是统治阶级把神化了的"天"，用作束缚劳动人民的精神绳索。方以智在《东西均》一书中，不仅剥去唯心主义者赋予"天"的神秘外衣，而且否定超自然的、有意志的"天"的存在，把"天"看成在一切物中。他说："凤不能鹤唳，鹤不能凤鸣；钟不能鼓响，鼓不能钟声，孰分之？孰齐之？孰权之？孰主之？齐其分，权其主，归之于天。天亦不能自主而主物乎？天亦不能自分而分物乎？吾尝云：天本无天，以天在一切物中。"⑩

方以智扬弃唯心主义者神秘化的"天"，那么"天"究竟是什么性质？是由什么构成？在这个问题上，方以智继承我国唯物主义气一元论的传统。他说："凡天地间有形有声、一木一石，皆太虚也。以无实而非虚、无虚而非实也。"⑪ 又说："气凝为形，蓄为光，发为声。声为气之用，出入相生，器世色笼，时时轮转，其曰总不坏者，通论也。质核凡物皆坏，惟声气不坏，以虚不坏也。天地之生死也，地死而天不死。气且不死，而况所以为气者乎？"⑫ 这样，"天"不是什么神秘的精神性的东西，而是充

---

① 《物理小识》卷一。
② 《物理小识》卷一。
③ 《物理小识》卷一。
④ 《物理小识·总论》。
⑤ 《物理小识·自序》。
⑥ 《物理小识·总论》。
⑦ 董仲舒：《春秋繁露·郊义》。
⑧ 韩愈：《与卫中行书》。
⑨ 二程：《遗书》卷五。
⑩ 《东西均·消息》。
⑪ 《东西均·所以》。
⑫ 《东西均·声气不坏说》。

满着物质性的气,所以说:"虚空之中皆所充实也。"① 至于人们所说的"太虚",只是"人不之见"②而已。基于"天"是由气构成的唯物主义观点,所以,方以智在《东西均·三征》篇就宇宙的生成问题,戳穿了神创说的欺骗。他说:"未有天地,先有琉璃。人一琉璃也,物物一琉璃也。叮方叮圆,叮棱叮破,叮末叮长,而交之轮之。"③

从上面的叙述,我们不难看出方以智的唯物主义观点是鲜明的,这为他的辩证法思想提供了坚实的理论基础。因此他在探讨物质自身的矛盾时,有不少独到之见。

下面分几个问题剖析《东西均》的辩证法思想。第一,关于"尽天地古今皆二"学说中的矛盾对立思想;第二,关于"合二而一"学说中的矛盾同一性思想;第三,关于"明、暗、合"认识论中的辩证法思想。这三个问题,不能完全概括《东西均》的辩证法思想全貌,但这至少是《东西均》辩证法思想的精华所在。

方以智的这些辩证法思想,是由明清之际的经济关系所决定的。当然,"这些经济影响多半又只是在它的政治等等的外衣下起作用"④。明清之际是一个"天崩地解"⑤的时代,人民群众的斗争,"推动哲学家前进"⑥,促使哲学思想"推故而别致其新"⑦。方以智多少投身于当时的政治斗争,加之他的自然科学知识造诣较深,具备了把哲学思想向前推进的主客观条件。

关于"尽天地古今皆二"学说中的矛盾对立思想

在我国辩证法发展史上,隋代的杨上善在解释《老子》"道生一,一生二"的学说时,用了"一分为二"的字句。辩证思维随着自然科学的发展,到了宋代,朱熹因袭邵雍的思想,用"一分为二"这个精确的概念表述了对立统一的思想,反映了对矛盾认识的深化。方以智融会前人的思想资料,并且吸取了他所处的时代的知识成果,在《东西均》一书中便提出"一不住一"(一而二);即一必然分裂为二的矛盾思想,并从自然界、人类社会乃至人类思维等方面作了充分的论证。他说:"大一分为天地,奇生偶而两中参,盖一不住一而二即一者也。"⑧不仅自然界分为天地,而且自然界一切存在都是矛盾的:"天地间惟阴阳、水火两端。"⑨就主体方面来说,亦"心兼形、神"⑩,"心、意识亦两端"⑪。方以智认为,言虚易,言实难,如果只从大的方面去论证,人们是不容易理解的,因此需要以通俗的事例来解释,才能使人信服。所以他举出许多

---

① 《东西均·所以》。
② 《东西均·所以》。
③ 《东西均·三征》。
④ 《马克思恩格斯选集》第4卷,第485页。
⑤ 黄宗羲:《南雷文集·前集》卷一,《留别海昌同学序》。
⑥ 《马克思恩格斯选集》第4卷,第222页。
⑦ 王夫之:《周易外传》卷二。
⑧ 《东西均·三征》。
⑨ 《东西均·道艺》。
⑩ 《东西均·译诸名》。
⑪ 《东西均·道艺》。

人们常见的例子："两间无不二而一者，凡核之仁必有二坼，故初发者二芽。"① 推之于人事"亦犹是矣"②。他说："论澨河者，少所喜，老所忌，则一生自相反也。行路者，进一跬，舍一跬，则一步亦相反也。制器者，始乎粗，卒乎精，资所用，旋所弃，则工巧亦相反也。"③ 依据这些例证，方以智概括为"尽天地古今皆二也"④。此说的"天地"指空间，"古今"指时间，"尽"字和"皆"字是说矛盾无处不在，无时不在。方以智运用这种观点去观察自然现象时，深刻揭示了自然界充满着矛盾或对立。他说："昼夜、水火、生死、男女、生克、刚柔、清浊、明暗、虚实、有无、形气、道器、真妄、顺逆、安危、劳逸、剥复、震艮、损益、博约之类，无非二端。"⑤ 这里特别提出的是，方以智把"无非二端"看成是"天地间之至理"⑥，承认任何事物都存在着矛盾，而且事物运动自始至终都存在着矛盾，揭示了矛盾普遍性的原理。他说："千万尽于奇偶，而对待圆于流行，夫对待者，即相反者也。"⑦ 尤其可贵的是，方以智认为，矛盾的双方，每一方自身又包含矛盾。他说："大阴阳之次，各分小阴阳，如四象八卦，交网细分，两两中贯，亿万无尽。"⑧ 这就是说，无论天或是地，都包含着"水"和"火"这一对矛盾，而"水"和"火"各自又包含着矛盾："火"包含着"君火"和"相火"的对立；"水"则存在着"冷"与"热"的排斥。这种现象是"亿万无尽"，可以无限地分下去。方以智在《一贯问答》一书中把这个思想表述为"两端之中，又有两端"。方以智这个观点是王安石"耦之中又有耦焉"⑨ 思想的继承和发挥，同样是精辟的。

方以智是一个不得志的知识分子，生活在明清之际阶级斗争和民族斗争激化的年代里。他目睹上层统治者的穷奢极欲和人民的饥寒交迫以及兵革繁兴的现实，自己又曾受到阉党的打击和民族的压迫，这使他对当时的社会矛盾有所了解。他说："有小人乃以磨砺君子，刀兵祸患为有道之钻锤，故曰：危之乃安，亡之乃存，劳之乃逸，屈之乃伸。"⑩ 在封建社会里，"君子"和"小人"的矛盾，是剥削阶级和被剥削阶级的矛盾，方以智是不可能认识这对矛盾的实质的。但是，他承认"小人"的反抗使"君子"得到"磨砺"，"刀兵祸患"促使"有道"之产生，所以，他认为"安危""存亡"这一类社会政治领域的现象，"无非错综""无非反对"。⑪ 这是对社会存在矛盾的肤浅论证，但在当时来说却是非常珍贵的。

---

① 《东西均·译诸名》。
② 《东西均·译诸名》。
③ 《东西均·反因》。
④ 《东西均·三征》。
⑤ 《东西均·反因》。
⑥ 《东西均·反因》。
⑦ 《东西均·反因》。
⑧ 《东西均·公符》。
⑨ 王安石：《洪范传》。
⑩ 《东西均·反因》。
⑪ 《东西均·反因》。

关于"合二而一"学说中的矛盾同一性思想

《东西均》的辩证法思想之一，是承认矛盾的两个方面"皆相倚伏"。方以智在书中阐发了这一光辉思想。他写道："四时之行，雨露而霜雪，春生而秋杀。吉凶、祸福，皆相倚伏。生、死之几，能死则生，徇生则死。静沉动浮，理自冰炭，而静中有动，动中有静，静极必动，动极必静。有一必有二，二本于一。岂非天地间之至相反者，本同处于一原乎哉？"① 这里很明确地表述了矛盾两个方面不是彼此孤立的，而是互相靠托，组成一个统一体。没有吉，就无所谓凶；没有福，也就没有祸；有生，才有死；如果失去了静，动也不存在了，所以说，有吉凶这对"一"矛盾，便有吉凶"二"这两个方面，吉和凶"二"这两个方面，又共存于"一"这个统一体中。这就是说，"交也者，合二而一也"②。方以智用"合二而一"这个独创的命题来表述矛盾的两个方面"皆相倚伏"。可见，"合二而一"这个命题是对矛盾同一性的概括。

为了论证"合二而一"这个命题，方以智在《东西均》一书中提出许多具体的对立范畴。除书名和一些篇名用对立范畴来命名外，他在《三征》《反因》等篇章中还提出动静、阴阳、形气、道器、昼夜、幽明、生死、大小、男女、生克等对立范畴，并且提出"两间无不交，则无不二而一者，相反相因，因二以济也"③，说明矛盾无不相互交感，无不结成一个统一体。然而矛盾的"统一""同一"或"合一"，不是消除对立，不是融合矛盾的绝对，而是既互相对立，互相排斥又互相依赖。正因为这样，矛盾双方才互相补济。如果矛盾双方没有这种"相反相因"，当然也就无法联系在一起，构不成矛盾了。所以说，对立统一是自身的统一，并非由外力来统一。方以智十分重视这个思想，列举大量事实来加以佐证。他说，天属阳，地属阴，阳清阴浊是"至相反"，然而天色与地色"相杂"，两者既对立又统一；刚与柔是互相对立，但通过音律却因此而"协和"，在统一中又对立；雌雄其形相异，双方互相排斥，但两者"牝牡交感"，却又互相依存；水属湿润，火属热燥，两者不可相容，但在人体内，水火交则生，不交则病，两者又相辅相成。所有这些佐证，说明对立的事物之间，没有绝对的界限，不是僵化不动，而是相互渗透，具有同一性的。于是方以智在《反因》中作了精辟的概括。他说："吾尝言天地间之至理，凡相因者皆极相反。何其颠倒古今而臆说乎？此非我之臆，天地之臆也……则所谓相反相因者，相捄相胜而相成也。"④ "相反相因"的学说，是我国古代的哲学遗产，方以智在继承遗产的基础上，不只是简单地举出一些矛盾对立又依存的现象，而是在一定程度上对矛盾的本质进行理性分析和概括，肯定"反"对"因"的决定作用，提出对立物的统一是事物对立面的矛盾统一；而且把"凡相因者皆极相反"的法则提高到哲学法则（至理）去认识，无疑是超越前人的一种卓见。

方以智在论述矛盾的同一性时，并没有把矛盾的两个方面凝固化，没有抹煞矛盾双方的地位转化。相反，他对矛盾双方各自向相反的方向转化作了许多有见地的论证。

---

① 《东西均·反因》。
② 《东西均·三征》。
③ 《东西均·三征》。
④ 《东西均·反因》。

他说："体静则阳上而阴下，用动则阳下而阴上。日太阳属火，而离为阴；月太阳属水，而坎为阳，水、木、土属阳，而有阴柔之性；火、金属阴，而有阳刚之性。可见处处有交互，则处处可颠倒也，有贯之者矣。"①此说的"交互""颠倒"，就是对立面的相互联系和相互转化的意思。他举出"体静则阳上而阴下，用动则阳下而阴上"的例子，来说明矛盾的双方各自向相反的方向"颠倒"。有时方以智则用"极"这个概念来表述矛盾转化的思想。他说："静中有动，动中有静，静极必动，动极必静"②，意思是说，矛盾双方还没有达到极度时，便处于一个统一体中，当矛盾发展到极度时，就引起统一体的破裂，矛盾双方便各自向相反的方面"颠倒"。方以智阐述矛盾的转化思想时，并没有到此止步，他进而提出"轮"这个概念，从哲学意义上来概括矛盾运动转化的规律。他写道："物物皆自为轮。直者直轮，横者横轮，曲者曲轮。虚中之气，生生成轮。举有形、无形，无不轮者。无所逃于往来相推，则何所逃于轮哉。"③在这里可以看出，他洞察到物质不能离开运动，自然界的一切事物，不管是有形状的还是没有形状的物质实体——气，都是绝对运动的。这是从空间讲运动的绝对性。事物运动的源泉来自事物的本身，是由其自身矛盾所决定的，既不需外力推动，也不需神或人来操纵。可见，"轮"是指旋转运动，方以智称之为"首尾相衔"④。这种"首尾相衔"，并不意味着"联结在一起，在原地循环旋转"，而是包含着"轮续前后""往来相推"循环往复的运动过程："推见在之前际，即过去之后际；推见在之后际，即未来之前际"⑤，所以在时间的长河里，运动也是绝对的："一元一轮，一岁一轮，一月一轮，一日一轮。一时一轮，刹那一轮。"⑥大至"一元"，小至"刹那"。没有哪一片刻不包含矛盾，没有哪一片刻的运动不是一个过程。

如果说"轮"是方以智用来表述"旋转运动"的常用概念，那么"几"则是用来表述事物运动变化的"契机"，并且贯串在运动的全过程。他说："凡有动静往来，无不交轮，则真常贯合于几可征矣。"⑦所以事物的运动永远不会停息，变化是无穷的，正是"不息之几于代错"，而"所以代错者，无息之至一也"⑧，深刻揭示了事物运动的永恒性。

事物既是"一分为二"（一而二），也是"合二而一"（二而一），于是方以智在书中探讨两者的关系。他说："二而一，一而二。分合、合分，可交、可轮。"⑨意思是说，矛盾双方处于"交"状态（二而一）时，叫做"合"；当矛盾双方处于相悖状态轮时，便由"合"到"分"（一而二），再由"分"到"合"，叫做"分合，合分"。

---

① 《东西均·颠倒》。
② 《东西均·反因》。
③ 《东西均·三征》。
④ 《东西均·三征》。
⑤ 《东西均·三征》。
⑥ 《东西均·三征》。
⑦ 《东西均·三征》。
⑧ 《东西均·三征》。
⑨ 《东西均·张弛》。

他认为，"分即是合"①，"分"必然要"合"，"一而一"肯定导致"二而一"，所以"分"是"合"的前提或条件，或者说"合"是"分"所固有的，两者是不可分的。因此他主张"一不可量，量则言二"②，不能从事物孤立一方去衡量，而要从事物对立双方去衡量。方以智这个观点，对于深化辩证法的认识，无疑是有推动作用的。

关于"明""暗""合"认识论中的辩证法思想

方以智的认识论是建立在他的唯物主义"火—气"一元论的基础上的。他承认人们具有认识世界的能力。问题是，人们怎样去认识世界。他把"无非两端""相反相因"和"物物皆自为轮"的观点贯彻到认识论中，去分析认识过程中的一些矛盾。他的认识论闪耀着辩证法的光辉。其表现于以下几点。

（一）方以智在阐述主客观的关系时，强调人们的思维器官——"心"是依存于物质而存在，即主观依赖于客观，绝对没有离开客观而独立存在的主观。例如，在《东西均·道艺》篇，他是这样论述的："心有天游，乘物以游心，志道而终游艺者，天载于地，火丽于薪，以物观物，即以道观道也。火固烈于薪，欲绝物以存心，犹绝薪而举火也。"③他用薪和火的关系来比喻物和"心"的关系。对这种关系，他作了这样的解释："不过一彼一此而已，可曰彼备于此，亦可曰此备于彼；彼皆因此，此亦皆因彼，何能禁之但许归此，不许归彼乎？"④他尖锐地批评主观唯心主义的错误，指出"万物皆备于我……岂不曰天地入皆备于其卵乎？"⑤他坚持客观第一性，主观第二性的原则，并把它推广到认识论的领域中。他指出："知道寓于艺者，艺外之无道，犹道外之无艺也。"⑥人们要认识事物，就"必学而后知"⑦。这就得出人们的主观认识是由客观存在所决定的唯物论反映论的结论。

（二）基于"必学而后知"的唯物论认识论的观点，方以智鼓励人们做"善疑者"。他特别强调"教者不能起疑，而能令人疑情起"⑧，要做一个"善疑者"，才能探索前人没有探索过的事物。他说："疑何疑？谁非可疑？又谁可疑乎？善疑者，不疑人之所疑，而疑人之所不疑；善疑天下者，其所疑决之以不疑；疑疑之语，无不足以生其至疑。新可疑，旧亦可疑；险可疑，平更可疑。为其习常，故诡激以疑之。"⑨"人不大疑，岂能大信？然先不信，又安能疑？疑至于不疑，信至于不信，则信之至矣。"⑩这两段话讲的是认识过程的辩证法。人们在社会生活中，因受着各种条件的制约，有许多事情未被人们所认识，只有"善疑"，才能提出问题，从事探索，促使疑向不疑、疑向

---

① 《东西均·三征》。
② 《东西均·三征》。
③ 《东西均·道艺》。
④ 《东西均·象数》。
⑤ 《东西均·象数》。
⑥ 《东西均·道艺》。
⑦ 《东西均·道艺》。
⑧ 《东西均·疑信》。
⑨ 《东西均·疑何疑》。
⑩ 《东西均·疑信》。

信的转化。当旧疑解决了，新疑又产生，于是人们又在这基础上，提出问题，从事新的探索。这样循环往复进行，每解疑一次，都使人们对客观世界的认识提高了一步。尤其可贵的是，方以智认为，一个"善疑者，不疑人之所疑，而疑人之所不疑"。从人类的认识史表明，在每一历史时代的知识水平，总是同该时代的社会需求和实践水平相适应的。历史是向前发展的，后人的实践水平提高了，社会需求也有所不同，如果后人只停留在前人的认识水平上，就会使思想僵化。他鼓励人们要疑前人之所不疑，这样才能进行新的探索。方以智的这些思想，在我国古代认识史上是非常宝贵的。

（三）方以智在《东西均·全偏》中，分析了认识过程遇到的"全"与"偏"的矛盾，指出一个人的认识能力是有限的，不能完全认识世界上的事物。因此，他主张人们掌握科学知识，应该有所"偏"，务求精通。他说："凡学非专门不精，而专必偏，然不偏即不专，惟全乃能偏。偏而精者，小亦自全，然不可昵小之足全，而害大之周于全也。"① 他从一个人的认识能力有限性这一事实出发，分析认识过程中全与偏的矛盾，是很有见地的。然而，他不懂得整个人类的认识能力是无限的这一真理。当然，我们不能苛求于他。

（四）方以智在《东西均·三征》中把人们对客观世界的认识，规定为"明—暗—合"的过程。他写道："阴天地而立一切法，贵使人随；暗天地而泯一切法，贵使人深；合阴暗之天地而统一切法，贵使人贯。"② 意思是说，人们在一定的历史时代，对客观事物的认识，在当时来说，被认为是"明"的。然而，过了一些时间，事物向前发展，原来的认识就成为"暗"的了。后来随着人们实践水平的提高，对客观事物又有新的认识，再度复归为"明"。但是，此时的"明"已不是原来"明"阶段时的情形，而是更高一步的"合"。他把这个认识过程用图式"∴"来表示，并且作了详细的解释。他说："上一点为无对待，不落四句之太极，下两点为相对待……无对待在对待中。"③ 所以人们对客观事物的认识，在一定条件虽然是正确的，也只具有相对的意义，但是，不能因此而否定人们对客观事物发展过程的完全认识。方以智在《通雅》卷首中指出："古今以智相积，而我生其后。考古所以决今，然不可泥古也。古人有让后人者。"正是由于千百代人的知识积累，一步一步地趋向"无对待"，因此，"无对待在对待中"。方以智这些观点，说明他对人们辩证认识过程的理解，是较为深刻的。

从上面的分析，我们可以看出，《东西均》的朴素辩证法思想是比较丰富的。但是，在《东西均》中还夹杂着不少疵瑕，在一些问题上，存在着严重的形而上学思想。我们从《三征》篇的"无二无一""两端用中，一以贯之"；《公符》篇的"存、泯同时之时中"；《颠倒》篇的"大地平沉，一切皆偏、皆不偏，又何曾见有偏、不偏乎？"等等，可见一斑。但是，瑕不掩瑜，从《东西均》整体的、基本的方向来看，还是朴素辩证的，而不是形而上学的。

原载《中山大学学报（哲学社会科学版）》1988年第3期

---

① 《东西均·全偏》。
② 《东西均·三征》。
③ 《东西均·三征》。

由"鱼之乐"说及"知"之问题

陈少明

经典不是词典,不是被用来查阅各种现成答案的工具书。它的真正魅力在于给后代留下一些吸引人去反复琢磨的问题,这些问题也不是一次性回答能解决的。因此,对它的每一次用心解释,实际上应当看作拓展问题视域的一种努力。本文对"鱼之乐"的解读,目的是想通过对关键词"知"的用法及相关背景的分析,寻求对植根于传统的某种思想纽结的疏解。

一、"鱼乐之辩"

同"庄周梦蝶"一样脍炙人口的"鱼之乐",见于《庄子·秋水》的结尾处,它是一则由对话展开的寓言:

> 庄子与惠子游于濠梁之上。庄子曰:"鲦鱼出游从容,是鱼之乐也。"惠子曰:"子非鱼,安知鱼之乐?"庄子曰:"子非我,安知我不知鱼之乐?"惠子曰:"我非子,固不知子矣;子,固非鱼也,子之不知鱼之乐,全矣。"庄子曰:"请循其本。子曰'汝安知鱼乐'云者,既已知吾知之,而问我;我知之濠上也。"

这则文字没有训诂或句读方面的明显疑难,问题直接呈现在义理上。而历代注庄中最富哲学才智的大师,不论郭象还是王夫之,对原文中以辩的方式推出的结论,都没提出任何异议。郭象注云:

> 寻惠子之本言云,非鱼则无缘相知耳。今子非我也,而云汝安知鱼乐者,是知我之非鱼也。苟知我之非鱼,则凡相知者果可以此知彼,不待是鱼然后知鱼也。故特循子安知之云,已知我之所知矣,而方复问我。我正知之于濠上耳,岂待入水哉。夫物之所生而安者,天地不能易其处,阴阳不能回其业。故以陆生之所安,知水生之所乐,未足称妙耳。①

王夫之解曰:

---

① 《庄子集释》,郭庆藩辑,诸子集成本,上海书店1986年版,第286页。

> 知吾知之者，知吾之非鱼而知鱼也。惠子非庄子，已知庄子是庄子非鱼，即可以知鱼矣。①

看来郭、王二氏对原典都取附和的态度。但寻绎起来，问题不这么简单。它至少在"意"与"言"两个方面，仍有进一步讨论的余地。"意"指作者在这则寓言中所寄托的义理，"言"则是其中对话的逻辑结构问题。虽然郭象注庄时把内外杂篇一体看待，而历代注庄者，对列于外篇的《秋水》也特别青睐，但《秋水》是否为庄周所作，是个不易确定的问题。王夫之解庄就"内""外"有别，然也重视《秋水》之成就。他说："此篇因《逍遥游》《齐物论》而衍之，推言天地万物初无定质，无定情，扩其识量而会通之，则皆无可据，而不足以撄吾心之宁矣。"②罗根泽也强调《秋水》"无处不与《齐物论》的论旨凑泊"③。这类提示很有启发，《秋水》中"鱼之乐"的问题，得联系《齐物论》来理解。

《齐物论》是《庄子》内篇中的核心篇章，它以隐喻（寓言）与分析（论辩）相结合的手法，在齐"物论"、齐万物与齐物我三个层次上推展其不遣是非、物我同体的主题。《齐物论》不仅是内篇的代表作，同时也为整个庄学大厦放下了思想基石④。不过，我们提《齐物论》，只限于与"鱼之乐"相关的问题。

二、说《齐物论》之知

"鱼之乐"中的关键词是"知"，循此我们可以对照《齐物论》中若干相关的说法：

1. 知与不知

"一问三不知"中的对话与"鱼之乐"的旨趣可能靠得最近：

> 缺问于王倪曰：子知物之所同是乎？曰：吾恶乎知之！曰：子知子之所不知耶？曰：吾恶乎知之！然则物无知耶？曰：吾恶乎知之！虽然尝试言之。庸讵知吾所谓知之非不知耶？且吾尝试问乎汝，民湿寝则腰疾偏死，鳅然乎哉？木处则惴慄恂惧，猨猴然乎哉？三者孰知正处？……毛嫱、丽姬，人之所美也，鱼见之深入，鸟见之高飞，麋鹿见之决骤。四者孰知天下之正色哉？自我观之，仁义之端，是非之涂，樊然淆乱，吾恶能知其辩？

这是辩与喻的结合，主旨是以不知为知。理由是不同的"物"处境不同，故没法"同是"，即对是非没有共同的标准。所以如要以个别的我为标准谈知，实则无知的表现。反之，如果放弃"自以为是"的"知"，即"不知"，则可能是"至知"的结果。

---

① 王夫之：《庄子解》，北京，中华书局1981年版，第148页。
② 王夫之：《庄子解》，北京，中华书局1981年版，第138页。
③ 罗根泽：《庄子外杂篇探源》，载《诸子考索》，人民出版社1958年版，第293页。
④ 参阅陈少明、李兰芬《从〈齐物论〉看〈庄子〉》，载《经典与解释》，广东人民出版社1999年版。

其中人鱼鸟兽四者，如当寓言读，则喻不同的"知"的主体。而知的内容，由"处"或"色"喻"仁义之端，是非之途"，涉及的是价值判断（而非经验知识）的问题。

"鱼之乐"也是通过辩与喻的结合来展示其意旨的。同时，两者都以人、物均有知喻不同的主体的共存。由于"三不知"中的"知"涉及有"正处""正色"等同悲乐或好恶有关的内容，故"鱼之乐也"当可看作对"鱼有知"的判断。这样，"鱼之乐"中的庄子对"知鱼"态度之执着，便应理解为一种尊重他人他物存在价值的信念。因此，说"鱼之乐"是对"三不知"的旨趣的推衍或补充，是行得通的。然而，"三不知"中辩的焦点"不知"，在"鱼之乐"中并未揭示出来。即它只告诉我们鱼也有乐，但没表示鱼与人是否有同乐。进一步的问题是：如果有，乐的标准是什么？如果没有，人们又如何得知"鱼之乐"的消息的？

2. 不知与相知

《齐物论》并不否定人或物各有"知"，只是这种"知"不能"同是"（或同非），只能"自以为是"。所谓"不知"，其实是因为"不能相知也"。"不能相知"正是庄子要止辩或"不遣是非"的重要依据。请读下面这一相关的推论：

> 既使我与若辩矣，若胜我，我不若胜，若果是也，我果非也耶？我胜若，若不吾胜，我果是也，而果非也耶？其或是也，其或非也耶？其俱是也，其俱非也耶？我与若不能相知也。则人固受其甚暗，吾谁使正之？使同乎若者正之，既与若同矣，恶能正之？使同乎我者正之，既同乎我矣，恶能正之？使异乎我与若者正之，既异乎我与若矣，恶能正之？使同乎我与若者正之，既同乎我与若矣，恶能正之？然则我与若与人，俱不能相知也，而待彼也哉？

依庄子所言，任何争辩的双方，都有自己的是非标准，而对立的标准是不能相容的。因此，不论你如何喋喋不休，争辩也不会产生同是或同非的结果。即使第三者出来仲裁（"正之"）也不能解决问题，因为第三者同样也会自以为是的，其界入也是陡增是非而已。这种"我与若与人，俱不能相知"的说法，用现代哲学的语言，就是提出主体间沟通的难题。套"鱼之乐"的言路，就是鱼有乐，人有乐，但鱼与人不同乐。重检"鱼之乐"，"庄子"说"知鱼"虽巧舌如簧，但显然只停留在物各有知的意义上，而未深入到"俱不能相知"的层次上来。如果由这种层次深浅的对比，考虑"鱼之乐"为庄子后学的模仿之作，也是说得过去的。郭象注说，"凡相知者果可以此知彼，不待是鱼然后知鱼也"，着眼点放在对不同类可相知的辩护上，显然是吃了内外（篇）不分的亏，从而没关照到它与"不能相知"一面的差距。

3. 知与信

这样说，《齐物论》中的"知"便包括有物各有知（或情）与"俱不能相知"两重含义。其实不只如此，庄子说：

> 古之人，其知有所至矣。恶乎至？有以为未始有物者，至矣，尽矣，不

可以加矣。其次，以为有物矣，而未始有封也。其次，以为有封焉，而未始有是非也。是非之彰也，道之所以亏也。

这里，知被区分为几个层次分明的等级。至知是知未有，即无；次知是有而不分，即只知一个抽象的"有"；再次是对物作审察区分，但不涉及是非（好坏对错）问题；至于计较是非，是对"道"的整体价值的损害，为最次之知。"物"或"有"的确切含义如何且不论，说到底，知是否有价值，不是基于其内容的真实水平，而是基于其远离是非的程度来决定的。换句话说，这里对"知"的评价的标准是"善"而不是"真"。它关心的不是对象究竟是什么，而是把对象看成什么，或如何看待对象效果更好。至知就是"知道"。致知不仅是获取知识，同时还是形成信念。"知道"的目标主要是后者。知之至，是以有为无，也即以无知为知，实际是把知识与信念对立起来，用特殊生活信念排斥经验知识。就此而言，它与"鱼之乐"中的"知"，大致可确定为同一个范畴。

三、知识与信念问题

回到"鱼之乐"上来，检查文本中双方辩论的逻辑。"庄子"看似雄辩，实则并不令人信服。虽然从寓言的角度看，鱼可以喻不同的主体，包括各种各样的人。但在作者精心构思的对话中，庄子是通过辩的途径来为其"知鱼"的说法辩护的。即在文本提供的情境中，庄子与惠子争论的对象只是鱼，而非人。惠子对庄子的质疑，本应是基于常识的立场，即人与鱼不同类，如何能够知道其有与人一样的精神状态。但惠子在辩论中不小心落入庄子的框套，把"子非鱼"同"子非我"等同起来，结果把我与鱼变成同类。这样便被对手轻易地从"子知我"推出"我知鱼"的结论。庄子最后的反诘，那得意洋洋的神态跃然纸上。

问题在于，这样简单的逻辑错误，为何连郭象、王夫之这样的有智慧的人物都会被蒙蔽？我以为症结在于，在"知"的传统用法中，知识与信念两个层次的含义未被自觉厘清。王夫之对"庄子"最后的反诘所作的诠释，可以作为我们的例证："知吾知之者，知吾之非鱼而知鱼也。惠子非庄子，已知庄子是庄子非鱼，即可以知鱼矣。""知吾知之者"中的第一个"知"字，只表明惠子已经从庄子的谈话中获取了相应的语义，但不意味着他认同了庄子的说法。这犹如我们听到有人说谎一样，我们知道谎言的意思，但并不相信它陈述了相应的事实或者传达了说谎者真正的想法。所以，知道不一定就是相信。王夫之附和"庄子"把知道曲解为相信，实际是犯了偷换概念的逻辑错误。

说王夫之"曲解"可能有些言重，他对"知"的混淆或许也是不自觉的，因为即使在现代语言中，这种现象仍然继续存在着。问题的根源在于人对常识的态度。在日常生活中，说"我知道"往往意味着"我相信"。假设庄子与惠子的"鱼乐之辩"在濠上仍然继续，庄子正为自己的反诘沾沾自喜，而惠子则一时语塞且为找不到有效的反驳而焦躁。他摇着脑袋，连说"非也，非也"，脚步不自觉加快而临近岸边。这时，庄子提醒他："子临水矣。"他说："吾知也。"在通常的情况下，这说明警告生效。惠子会停住脚步，以保安全。因为这种语境中的"知道"就意味着"相信"。如果惠子不是如预期的那样，而是一面说"知道"，一面又继续向前迈步，以致落入水中，庄子大可兴灾乐祸："子已知水矣，为何入水而效鱼耶？"因为这意味着惠子不是不知"知"的用法，就是被气昏了。

常识中，用"我知道"代替"我相信"的说法比比皆是。我知道别人也有两只手，我知道开水是可以喝的，我知道刚刚叫我爸爸的孩子是谁，我知道月亮的光芒不会把我灼伤，等等。在这些句子中，"知道"完全可以更换为"相信"而起同样作用。所谓常识，就是在习以为常的现象中形成的使大多数人无可置疑的观念。正是因为常识中知识与信念合一，人们用"知道"表达"相信"就成为有效、合法的行为。这种情况，古今如是，中外皆然。以至分析哲学的大师摩尔也未能免俗，在为常识的世界观作辩护时也误把"相信"当"知道"。

摩尔是视常识所理解的世界才是真实的世界的哲学家。他认为凭常识就知道，宇宙间有两类现象存在，一是物质，一是意识。物质如自然界，人的身体及人工产品，意识则指人的感觉、记忆、想象、思考之类的活动。之所以要把常识确定的这些内容作为思考世界的基础，是因为所有的人包括哲学家们，都没法有效地否认它们的存在。在一篇题为《保卫常识》的论文中，摩尔从第一人称出发，用尽量朴素的笔调，列举了许多可以当作命题的生活常识。他说，"我要从我的日常事实的清单开始，（按我的意见，）它们中的任何一项，我都肯定地知道，是真实的"[①]。清单的内容包括，我对身体存在及其成长的感觉，我在地球表面的三度空间中生活及与物打交道的经验，我对自己思想活动的体验，我对他人存在的事实的感知，等等。为了强调这些内容的可靠性，摩尔喜欢用"我知道……是真实的"（"I know...to be true."）这一表达式。但是他错了。

揭发这种错误的是维特根斯坦。维特根斯坦并不反对摩尔的常识世界观，但是质疑他为这种世界观辩护的方式。摩尔混淆"我知道"与"我相信"的用法。他的问题的性质不是"我知道"，而是"我相信"。"我知道"的是知识，"我相信"的是信念，知识与信念属于不同的思想类型。知识是那种可以被质疑，从而需要提供证据才能确定的命题。例如，你对亲友说"我家里养有一头狮子"，这就是别人可能提出怀疑，而你应当用事实向他证明的问题。但是，当某个山民声称他村前的那棵老树是他祖宗的化身时，就是你无法与之争辩的问题。无论摩尔如何信誓旦旦说"我知道这是一棵树"，也无济于事。日常生活中，存在着许多大多数人共同分享的信念。依维特根斯坦，准确的表达不是"我知道"而是"我相信"："我相信我有祖先，而且每个人都有祖先。我相信有多种多样的城市，而且很普遍地，存在于主要的地理和历史事实中。我相信地球是一个我们能在其表面移动的物体，并且它不会更易突然消失，或者象任何其它固体：这桌子，这房子，这树，等等。如果我想怀疑在我出生之前地球就存在很久，我将不得不怀疑固定在我面前的所有事物。"[②] "地球的存在是形成我信念出发点的整个图式的当

---

① G. E. Moor, "A Defence of Common Sense," in *20th-Century Philosophy*: *The Analytic Tradition* edited by Morris Weitz, The Free Press, New York, 1966, P.100.

② L. Wittgenstein, *On Certainty*, edited by G. E. M. Anscombe and G. H. von Wright, Translated by Denis Paul and G. E. M. Anscombe, Basil Blackwell Oxford, 1979, P. 31.

然部分。"①"我相信……"所表达的信念不是从其它知识前提推导出来,也不需要加以证明的,而是一切思考的出发点,也是行动的基础。

现在看来,说知(或者说"我知道")至少有下列不同的情形:第一,"我知道这是一棵树",表达的是常识,它既是知识也是信念。由于这可能是人人承认的问题,所以在日常语言中省略了"我知道"。第二,"我知道这是一棵具有500年年龄的古树",这是在向他人传达你关于这棵树的知识,是"我知道"的恰当用法。如果有人提出疑问,你可以通过年轮或者历史文献的记载来证明你的判断。第三,"我知道这(指同一棵树)是我老祖宗的化身",这不是常识,也不是通过适当的程序可向别人证明的问题,而是说者的信念表明。"我知道"改为"我相信"更为合适。(当然,这不排除在那个村落,它是常识。)以此为参照看"鱼乐之辩",就知道庄子的"知之",所要表达的既不是常识,也不是他能按适当的程序证明的新知,而只能是他独特的信念(如果他诚实的话)。正是因为"鱼之乐"不是常识,故惠子有理由质疑他:"安知鱼之乐?"但庄子却不满足于它只是个人信念,故努力进行辩解。结果是屈人之口而不服人之心,在逻辑上看是无效之辩。如果这则对话的作者也能领会《齐物论》中"俱不能相知"这层含义,他大可不必让"庄子"逞口舌之利。淡淡一句:"吾自知其乐,子不信又何妨?"可能更符合庄子不与物迁,不遣是非,自得其乐的态度。

四、自知与相知的道德蕴含

无论我们今日对"鱼乐之辩"持有什么异议,"鱼之乐"毕竟已是千古美谈。究其原因,除了人们因知信不分而为庄子的机智所倾倒外,更重要的,可能在于它也传达了与《齐物论》一样有关物各有知(或有情)的观点,由此而唤醒众生热爱生命,尊重他物,珍视生活的态度。如果我们也赞赏这样的生活态度的话,那么,这种信念有没有其它可能证成的方式?这值得尝试。

说"鱼之乐"犹如说"鱼有知",凭常识谁都会起疑。但如果我们不是只把鱼看成鱼,而是看成物(但不是人),或曰万物的象征,或许可以有另外的思路。在《齐物论》中,鱼、鸟、兽及人在知"色"方面,拥有平等的地位。说"人有知"或"人之乐"无问题,这是常识,要"保卫常识"的摩尔也是这样看的。尽管现象学家对"自我如何知道他人的心"这一问题有玄妙的讨论,但他人之心可以被知道这一信念并未被动摇②。那么,用"猴之乐"代替"鱼之乐"又如何呢?观看过马戏团的表演,或者观察过猴子的脸部表情(它与人类太相像了)的人,对此也不会置疑。但若再说"猫之乐"或"狗之乐",争议可能会开始。不过,当阿猫阿狗向它们的主人摇头摆尾时,主人会认为那是它快乐的表现。如果有人因为没有看到它会笑(这是一种人类能够判断自己的同类处在快乐之中的表情),就对此存疑,那主人可以让我们直接看到它的怕或恨。这从其对陌生人的眼光就能表现出来。不信,我们还可作个试验:出其不意地一棒打去,

---

① L. Wittgenstein, *On Certainty*, edited by G. E. M. Anscombe and G. H. von Wright, Translated by Denis Paul and G. E. M. Anscombe, Basil Blackwell Oxford, 1979, P. 28.

② 参阅陈立胜《自我与世界——以问题为中心的现象学运动研究》,广东人民出版社1999年版,第三章《他人》的综合讨论。

它会立即嚎叫着跑掉,或者反扑过来。这与人的反应没有两样,由此人类自然会把自己的感情体验转移到物身上。既然有怕有恨就必然有悲有乐,至于什么时候乐,什么时候悲,那无关紧要。人类也常有让自己的同类捉摸不定的时候。"庄子"说"鯈鱼出游从容,是鱼之乐也。"就像《齐物论》说美人出现后,"鱼见之深入,鸟见之高飞,麋鹿见之决骤"一样,也是观察其动态而下的结论。只不过从结构到姿态,人与鱼的差别太大了,因此这一描述对别人缺乏明证性。这才迫使他要进行强辩。如果换一个说法,不是说"鱼之乐"而是讲"鱼之苦",观察一条在陆地上因失去生存环境而垂死挣扎的鱼,观察者的感受可能会更趋一致。关键是物同人一样,都是有情世界的一员,都有被尊重的权利。这才是"鱼之乐"所蕴含的意义。

就《齐物论》而言,相信物各有知或物各有情,只是知的一个层次,强调物与物、人与物及人与人"俱不能相知",是更能体现庄子精神的另一个层次。既然不能"相知"或对他人他物的无知,余下的就是"自知"。自知正是其知的理想,所以自知自然导向自得自乐。庄周梦蝶把此显示得很有意味:

> 昔者庄周梦为蝴蝶,栩栩然蝴蝶也,自喻适志与,不知周也。俄然觉,则蘧蘧然周也。不知周之梦为蝴蝶与?蝴蝶之梦为周与?周与蝴蝶则必有分矣,此之谓物化。

"自喻适志,不知周也。"这几个字言约义丰,把不拘泥于物之分、俗之见而自得自乐的神态刻划得栩栩如生。自知与相知的不同取向,标示着庄学与儒学的分野。庄子脱俗,以知为不知,又以不知为知,其言路往往与常识大相径庭。儒家则不然,孔子说:"由!诲女知之乎!知之为知之,不知为不知,是知也。"(《论语·为政》)体现一种很平实的态度。下面关于知己、知人与自知的对话,对理解儒家很有意思:

> 子路入。子曰:由,知者若何?仁者若何?子路对曰:知者使人知己,仁者使人爱己。子曰:可谓士矣。
> 子贡入。子曰:赐,知者若何?仁者若何?子贡对曰:知者知人,仁者爱人。子曰:可谓士君子矣。
> 颜渊入。子曰:知者若何?仁者若何?颜渊对曰:知者自知,仁者自爱。子曰:可谓明君子矣。(《荀子·子道》)

这里知己、知人与自知虽被分为三个层次,但它有个公共的前提,就是人能够相知。最高层次的"自知"不是庄子的"自知",它不是排斥"相知",是在人知己及己知人基础上的发展。因为使人知己、知人分别有成为士与士君子的资格,而自知则可成明君子,可见后者可包含而非排斥前者。在儒家看来,只到自知这一步,才完成了相知的过程。由于"推己及人"是儒家的道德原则,人如果不能自知,就无法为他人设身处地,无法推心置腹地待人,所谓让人知己或知人就成为空话。故"自知",既是知的最高层次,也是不同层次的知的根基。知与爱是相联系的,或者说知是爱的基础,所以它是具有道德意义的良知。"自爱"也就成为一项重要的道德要求。如果把知同乐再联系起来,儒家与相知相应的就是追求共乐,如孟子说的"与人乐乐""与众乐乐"[①]。

庄子的自乐来自"自知",其道德含义是追求宽容、自由、反对任何人把自己的信仰强加于别人头上。儒家的良知需要相知,其道德意义是,人人互助互爱,共患难,同欢乐。《大宗师》中的寓言说:"泉涸,鱼相与处于陆。相以湿,相濡以沫,不如相忘于江湖。"以此为喻,便是儒家希望人人能"相濡以沫",庄子则宁愿各自"相忘于江湖"。所以,庄子梦蝶式的物我一体,与宋儒张载《西铭》中的万物一体也不同,庄子是个体性的自得其乐,张载的"民胞物与"依然是整体的关怀。

由"鱼之乐"说及《齐物论》中"知"之问题,再从"知"的用法解析知识与信念的观念纽结,并进而讨论"自知"与"相知"所蕴含的不同道德意义,表明本文的目的不是要计较个别字眼的使用,而是关心基本的哲学问题。虽然人类在生活信念的许多问题上,仍然"相知"甚难,但以理智的态度与方式增进讨论,以减少不必要的分歧,依然是值得努力的追求。而只要思想以说理的形态出现,即表达"我知道……"而非独断的"我相信……",讨论或问答就可能进行。本文试图揭示的问题也应作如是观。

原载《中山大学学报(社会科学版)》2001年第6期

---

① 参见《孟子·梁惠王下》的有关内容。

明代"天→君→臣→民"之社会哲学思想

邬昆如

中国传统政治哲学，乃帝王专制之政体；其德治、王道、仁政的内涵则是由道德劝谕所支持，而缺乏法制的民意牵制作用，可说有民本但无民主的痕迹。"君王"号称"天子"，意涵其权力来自上天，自是至高无上，而其意见亦称"圣旨"，有不可违逆的权威。群臣由于分享着君王的权威，因而亦拥有各种名、利、权、位。在帝制的社会生活中，平民百姓惟有仰赖为政者的仁德和慈悲，才能安享个人安身立命，群体安和乐利。

哲学的反省，在专制政治体制背景下，旧惟有以劝说来提醒君王，希冀君王勤政爱民。当然，这劝说的基础也就是要祭出"天意""天命"，使帝王在思言行为的实际运作中，要符合天的德治和仁政。社会政治家在这种背景下的思想进路中，建构出了一套"天人之际"的思想体系，那即是"天→君→臣→民"拾级而下的权威体系，以及由下而上的"民→臣→君→天"的顺命路线。

明代的这种双向的进路，概由春秋学体系的道德劝说为主，而辅以道学家把这一切都归于"内心"，以"人心即天理"的方式来企图净化政治权利，以修身养性来重建道德劝谕的内在功能。

一、明代春秋学体系的道德劝谕

春秋学者本乎文献与历史传统，探究当时民生疾苦，以士大夫原有的忧患意识、民族情感，自为政者提供兴利除弊方案，好使社会民生乐利。

明初的古文四大家：宋濂、刘基、王袆、方孝孺，都能认清元代的民生凋零、民间疾苦，原由蒙古人只顾榨取、不事生产，因而提出社会改革的蓝图，供为政者参考。古文四大家中较具代表性的有刘基与方孝孺，但二位皆属传统，而真正称得上改革色彩较浓的春秋学者，则是张居正、海瑞、吕坤三人。

刘基（1311—1375），字伯温，生逢元代，抱志有为，但时运不济。虽在理念上继承孟子，兼论天人，以立君养民为天意，主张民本政治，但在实践上则不敢明言政治之昏庸，只用寓言来譬喻为政之道，例如《灵丘丈人篇》《官舟》《修室》《组公》等[①]。由于刘基把为政重点放在德治王道仁政，因而并不反对夷狄统治中国，可说是跨越了民族主义的藩篱，而进入大同思想，可惜其在世时，中西交往尚未开始，不然，其

---

① 刘伯温：《诚意伯文集》卷4《官缄上》。

开放心胸极可能会接纳西方文化之精华进入中国。

方孝孺（1357—1402），字希直，思想传承儒家养民亲民为主，加上"天命"以及"承行天命"作为为政的形上基础。君王之权力来自上天，但上天之意旨则是养民亲民，因而君王之权力实乃君王之天职。方孝孺之思想能在帝王之权力之内加上责任，实乃民本思想之良性发展[1]。可惜帝王昏庸，其志不伸而被磔于市。方孝孺除了民本思想外，与刘基不同的则富有民族意识，反对外族统治，并以"正统""附统""变统"来区分[2]。在具体的施政上，方孝孺认定贫富悬殊乃社会不安的原因，因而主张土地分配使用，使百姓有田地、有居室。经济问题解决之后，就是教育，化愚为智，化荒蛮为礼义[3]。

张居正（1525—1582），字叔太，完全是社会实践家，排除社会措施之理论基础，完全定位在实效论的功利层面。他说："学不究乎性命，不可以言学；道不兼乎经济，不可以利用。"[4] 实用可行而有实效，是居正为政的理论基础。因而其思想偏离儒家之仁政，而以法家的术势为主。他说："圣贤以经术垂训，国家以经术作人。"[5] 其"夺情议"更呈现其批判理论和实践的精神[6]。

海瑞（1514—1618），字汝贤，主张法家的严刑峻法，主张"实心实政"[7]，"体用无二"，反对社会阶级，反对豪强。主张方田均税来解决民生问题，主张开矿开发资源[8]。

吕坤（1526—1618），字叔简，乃实用主义者，一方面尊君，另方面贵民，认为二者可以互相补足。在理论上，力据谈天理，而以人情为主要的探讨对象，把天理和人情，以及国法都融于一炉。"天下不可一日无君……天下不可一日无民"[9] 的思想，是其尊君贵民折中路线的理论基础[10]。此外，"势利分享""分利必均"也都是其实用功利思想的实践。此外，吕坤还提出了"九天"之说[11]，以天的变化作为社会发展的楷模。这种以"定位宇宙"，然后在宇宙中"安排人生"的方式正是"民→臣→君→天"由上而下的思想进路的铺陈。

一般说来，明代的春秋学者，多从民间疾苦的体验，以自身知识分子的忧患意识，提出实际有用的方案，来发挥民生乐利的效果。也因此，并不太在意理论体系上有多少

---

[1] 方孝孺：《逊志斋集》卷2《宋仪第九首》。
[2] 方孝孺：《集一》之《释统》（上、中、下）、《后正统论》。
[3] 方孝孺：《逊志斋集》卷11《与朋友论井田书》。
[4] 张居正：《文集·翰林院读书记》。
[5] 张居正：《奏疏四·请申旧章饬学政以拓兴人才疏》。
[6] "夺情议"，万历五年居正父逝世，受诏不奔丧，留朝办事。凡是反对此举的，都受朝廷处分。由此可见居正实用精神，不受礼教约束。参阅《明史》卷213《张居正传》；《明儒学案》卷35。
[7] 参阅陶希圣《中国政治思想史》第4册，第238—239页。
[8] 陶希圣：《中国政治思想史》第4册，第240-241页。
[9] 吕坤：《呻吟语》卷1之三。
[10] 吕坤：《集六·势利说》。
[11] 参阅肖公权《中国政治思想史》，下册第560页注151。

是属于"天→君→臣→民"的思想进路；同时，也不太在意其回归的"民→臣→君→天"的反方向进路，而其思想核心的"民本"，甚至多会进入到狭窄的民族主义之中。

二、明代道学体系的理论铺陈

明代学术在开始时，无疑地承接了南宋朱熹的理学传统；可是，在明代王阳明承继了陆象山的思想之后，理学转变为心学，形成了"天理在人心"的思想内涵。道学家在关怀社会民生时所运用的思想基础，突然把"天理"转化到"人心"之中，形成明代道学的最大特色。

这样一来，"天→君→臣→民"的传统理解，"天"既然变成了人心，它的权威与超越的特性，也顿成过去，而变成"致良知"的实践，取代了"存天理"的理论诠释。这"良知"是"君"或"臣"的良知，或是每一位平民百姓也都有"良知"？只要人人按良知做事，社会就会安和乐利？这问题原就是道学家必须讲明白的课题，也许这正是明代丧失了富强康乐的大好时机的缘由。主观意识一旦取代了客观标准，帝王的权威、臣子的权限，就可以无限膨胀了。

心学体系并非一蹴就成，但其进路亦有轨迹可寻：首先，从程朱发展下来的，有河东学派的薛瑄，崇仁学派的吴与弼，而后者所引发的江门学派的陈献章，以及其弟子湛甘泉；再来是胡居仁、娄谅；由娄谅所传才是姚江学派的王守仁，以及由后者所开展的许许多多的王学。

薛瑄（1392—1464），字德温。《明儒学案》卷七之《河东学案》首位记载的就是其人。其社会哲学思想，基本上承传了儒家的传统，而且是宋儒的程朱。政治理念以"义"为前提，因而排除以"利"为中心的思想。认为重义轻利必兴，而重利轻义必亡[①]。重义的实践就是行仁政，而且是"学而优则仕"的道路，由士大夫出来主政，把"知"与"德"联系起来，以"才德兼备"作为用人之道。

吴与弼（1391—1469），字子传，列为《崇仁学案》之首，主张终身不仕，但对为政者的诉求却是德治、王道、仁政。当然，吴与弼本身大有独善其身的作为，但学说却有兼善天下的功效，因其弟子陈献章、湛甘泉、娄谅、王阳明、李贽都是道学体系的著名学者。吴与弼的著作中亦颇有读《易》心得[②]，那就是先定位宇宙，然后在宇宙中安排人生。其思想在乱世时主张独善其身，但在兴平世，则可以兼善天下。吴氏自己终身不仕，但王阳明、李贽为官终生。

陈献章（1428—1500），字公甫，学说"以虚无为基本，以寂静为门户，以宇宙万象为轮廓，以日常生活为功用"[③]。这种理论与实践，显然综合了儒道佛。从思想史来看，从南宋朱熹为主流的学说，经吴与弼的传授，到陈献章的出朱入陆，再到王阳明的心学，似乎经历了漫长的历程，但也是社会政治同步发展路轨。当然，其中吾人亦难以理解，吴与弼、陈献章、娄谅等不参与政治活动，到了王阳明却热衷地为官终身，是否

---

① 《明史》卷282本传；《明儒学案》卷7《河东学案一》；《文集》卷11《书诸葛武侯出师表后》。
② 吴与弼：《康斋集》卷10《省庵记》。
③ 《明儒学案》卷5《白沙学案一》。

理论与实践之间有何难以化解的疏离？

湛甘泉（1466—1560），与阳明皆从师祖吴与弼，但却对"为官"与乃师有完全不同的见解，理论上二人皆以"心"为宇宙万物之核心，而且都要以"知行合一""终身为仕"为职志。甘泉在为官生涯中，随时随地都透过本心去体认天理。心的关怀社会人生，也正显示出天之爱民亲民。"事事体认天理"①，也就成了甘泉"心学"的基准。甘泉的心性是体认天理的所在，而人情则是关怀民生的实践主体。"心"在甘泉学说中，体认天理的一面是心性，关怀民生的一面是人情。这种性情之分皆为善，也是甘泉学说的特点②。

王守仁（1472—1528），字伯安，号阳明先生，其心学自明中叶之后，大有取代朱熹理学之地位。其学说消极上批判"性即理"，积极上辨证"心即理"；到后来达到"良知即天理"的结论，以及"心外无物"的极端③。

其实践哲学一方面要以"致良知"来"存天理"，另方面主张"知行合一"，主张以"实践之知"来证明"理论之知"。其"存天理"以"去人欲"的理论形成。学说中"心"的构成分子既有"理"又有"欲"，如何分辨理和欲也就成了"存天理去人欲"的根本工夫。阳明一生，主张以武力平乱，丝毫没有"安抚"之心，似乎与其"致良知"和"存天理"的基本学理有违④。

李贽（1527—1602），字卓吾，虽继承阳明之学，但由儒入禅，极力反对程朱，也反对一切传统；并由"致良知"的主观心性出发，反对一切客观标准。到最后，主张放任的绝对自由，反对一切法治规章。"王守仁开其风，李贽极其流"，由主张理论与实践合一的学说，演变到完全以实践为主的禅宗思想⑤。

李贽笃信阳明，实践致良知，算是儒者；其生平放荡不羁则属道家，削发为僧又属佛家。这种勉强的三合一主张和实践，实属少见。

三、反省与检讨

一，明代春秋学者颇能承传中华道统中"忧患意识"以及"关怀民生"的士大夫风范，亦能秉承"天→君→臣→民"的思想进路，给为政者指出德治、王道、仁政的实践基础，但在形上本体的"向上攀升"的力道上，却屡感不足。"天"概念提出之后，立即运用到"生命体验"的心性探讨中，究竟"天"的本质以及其行为的标准与人世间的德治、王道、仁政有无必然的关连？若然，政治社会发展流变中，那些实践暴政、苛政、昏庸的君王如何会产生？儒家对"善"的描绘和坚持，固有其可贵可取之处，但对恶的产生，以及如何改恶迁善的道途，如何开展似乎并未提出一套具说服力的理论。

---

① 参阅罗光《中国哲学思想史》，元明篇，第539–541页。
② 参阅罗光《中国哲学思想史》，元明篇，第539–541页。
③ 参阅拙作《明代社会哲学》，收集在《文化哲学讲录》（七），辅仁大学出版社1998年版，第17页。
④ 王阳明在其为官、统领大军平乱过程中，所有奏疏都力主围剿，而不思安抚，其良知似乎于在去恶扬善之原则下，而没有丝毫慈悲恻隐之心。
⑤ 《李贽集》卷10《三教品序》；《焚书》卷1《答马历山》。

明代春秋学者全面以实践来关怀民生乐利，而在辩证过程中，并未强化那长久以来已感疲倦的形上基础；可是在另一方面，理论比较深沉的道学体系，在这方面亦没有如期地交出成果。

二，道学家不思论证"天"作为理论基础，指出它的权威性以及主导性，反而把超越的天转化到内存的人身上；以心的思言行为作为天的开显。这么一来，原来至少还有某种客观价值的天，一下子落入到主观的人心之中。"心"的主体性果真能取代天的客观性？

明代的道学者所推出的心学，在历史文化发展的轨迹中，可以说生不逢时。明代在自然科学的萌芽上，比之于西方世界，是有过之而无不及的。可惜，这些自然科学的萌芽都被主观意识所摧残殆尽。吾人可在下列诸事迹中窥见部分：

三，上个世纪末，西洋文化对世界人类的最大贡献有二，一是电脑，二是生命科学。这二者都发展自16、17世纪。就如哥伦布（Columbus, Chr., 1451—1506）发现新大陆（1498—1500），其所依恃的三艘船只以及造船技术，就如瓦特（James Watt, 1736—1819）发明蒸汽机（1765）；就如爱迪生（T. A. Edison, 1847—1931）发明电（1869）等等。而在明朝（1368—1644）近三百年间，有李时珍（1518—1593）所著《本草纲目》52卷，记药物1892种，验方11096条，时为1593年；有宋应星（1587—？）所著《天工开物》3卷18篇，编列天产人工，附图111种，详述制造源流及方法；还有徐光启（1562—1633）所著《农政全书》（1625—1628）共60卷，约60万字。

无疑，《本草纲目》是医学生命科学的基础，而《天工开物》则是机械学的集成，是迈向电脑之途。明代的这些发明，一来没有受到为政者的重视，二来没有受到士大夫的青睐，因而胎死腹中，未能开花结果。

就实用性的事业而言，便是郑和下西洋一事。郑和（1371—1435）比起哥伦布要早近一个世纪，哥伦布的三艘船也绝无法与郑和的62艘大船相比，哥氏的四次出航，也不及郑和的七下西洋、经30多国。明代主政者和知识分子都不晓得航海的重要，也更不看重造船的技术了。

总的说来，明代知识分子和为政者，对上无法"攀升"至"天"界，对下无法"钻研"至"地"界，因而对形而上的思想基础不足，对形而下的自然科学又无法发展，果真只是"有明无善政"[①]一语足以批判？

四，人类理智可贵处，是其知性功能的开发，而这开发也正是"向上攀升"以及"向下钻研"；前者是宗教科学以及人类信仰生活的指南，后者则是实用的自然科学的发展。西洋在这方面，自近代以来，二者皆有长足的进步。事实上，在明代的三个世纪中，西洋传教士已经一手捧着《圣经》，一手提着天文仪器，东来中土，释出文化文明交流的善意。利玛窦等耶稣会士于1601年至京师，带来了西方形上思考的宗教，以及形下的天文地理知识。

明代帝王也好，知识分子也好，正如上面提及的，学术上对"形上"和"形下"的尖端，俱不感兴趣，而只对"人生"有全力关注的心怀。西洋的宗教和科技，自是得不

---

① 黄梨洲：《明夷待访录·制相篇》"有明无善政，自太祖始"。

到当局的重视，莫说研究发展了。再来就是狭窄的民族意识，也阻碍了任何外来的优秀文明。

世宗对佛教的迫害，毁佛像169座，函物一万三千余斤①。王阳明奏疏中《谏迎佛书》就完全以华夷之辨来反对外来文化②。其他在政治权力上反对蛮夷，主张汉民族的治权，就更以政治干预文化之发展。

这种对内践踏宗教，轻忽科技，对外又不加分辨优劣，一律封杀的心态，原是使明代坐失发展和进步的良机。吾人当然肯定儒学在"人事"制度上，在人伦道德上的思想贡献，但"人与天""人与物"关系的忽视，却是人事中个人安身立命，群体安和乐利，一直无法与西洋比拟的当代困境。

五，如何在学术研究中，除了关怀"人与人"之关系以及各种政治社会规范外，对"天人之际"的形而上的宗教问题，对"人与物"的自然科学的理论，以及技术的应用问题，都应迎头赶上。

当然，以"人"为中心的考量，完全以科学主义的"人与物"的关系，作为知识的全燔，也将失之有偏；而"人与天"的关系，才真正能解决人性的终极关怀，以及"为何生存"的理论基础。知物、知人、知天的"三知论"③才是全方位的知性发展，也才是人性达于至善之境的道途。

本论文题目以"天→君→臣→民"的思想进路，来展现明代社会哲学的理论基础。但是，论文的进行却在批判这种原本富有形上色彩的思想基础"天"概念的模糊和忽视，因而既无能开展足以影响社会深层的制度宗教，以安顿士大夫和平民百姓的生命；在"民"的民生乐利的关怀，或是民生疾苦的忧患，也无法用"人与物"的关系，开展出自然科学，彻底改善百姓衣食住行等生活必须课题。作者之所以冒着文不对题的责难，实因"社会"问题错综复杂，而民生问题又是各种问题之首。明代有很好的时机，无论内部的各项发明，或是外来的文化精华，如若善加利用，中国当代的愚、贫、弱的积习，都会转化成智、聪、强，展现于世界文明之中。人性原就是灵肉二元，宗教试图扶持人的灵性生命，科学则在于提升人的肉体生活。在文化发展蓝图中，二者应同步发展，不可偏颇于一方；否则，人性会畸形，社会会变态。

原载《中山大学学报（社会科学版）》2002年第2期

---

① 张习孔、田珏主编：《中国历史大事编年》第4卷，北京出版社1989年版，第520页。
② 《王阳明全集》卷9《别录一·奏疏谏迎佛疏》，河洛图书出版公司1978年影印本，第88-89页。
③ 《三知论》为于斌枢机的讲稿，自由太平洋协会丛书1959年版，第54页。

民众思想、思想家与思想史

——对中国思想史几个基本问题的思考

李锦全

前承南京大学中国思想家研究中心惠赠《杰出人物与中国思想史》一书。读过其中谈及思想、思想家、思想史的几篇文章，颇有启发，但也觉得有些问题还没有说清楚，似乎还可以继续提出讨论。

一、民众思想要不要写入思想史？

林德宏在《思想史与思想家》一文中说：历史上的思想大致可分为两类，一类是民众思想，主要反映民众的政治、经济、文化要求，大多来自日常生活和对社会的一般观察，缺乏系统的理论概括和论述；另一类是杰出人物的思想，常常是对民众思想的理论概括，比民众思想更能全面深刻地反映出社会矛盾和社会发展的本质；此外，在很长的历史时期内民众思想很少被记录和保存下来，因故，把思想史研究的重点放在民众思想方面，也是不现实的[①]。雒胡《"中国思想史研究对象"不同观点的资料选编》关于"葛兆光论中国思想史的研究对象"指出："过去的思想史只是思想家的思想史或经典的思想史，可是我们应该注意到在人们生活的实际的世界中，还有一种近乎平均值的知识、思想与信仰，作为底色或基石而存在……而这个知识、思想与信仰世界的延续，也构成一个思想的历史过程，因此它也应当在思想史的视野中。"[②] 以上两家观点对我都有启发，促使提出一个问题：人民群众的思想要不要和能不能写入思想史？人民群众的思想一般说来缺乏理论概括，在历史上也很少被保存下来，所以不能作为思想史的研究重点，对此我是同意的。把群众思想作为思想史的研究重点，我也并无此意。我只是想提出：群众思想在思想史中是否也应该占有一席之地？

现在，先谈人民群众和杰出人物应该如何界定这个问题。在封建社会中，人民群众的主体或绝大多数应是农民，杰出人物大概从属于地主阶级。毛泽东说，"只有农民和手工业工人是创造财富和创造文化的基本的阶级"，可"中国历来只是地主有文化，

[①] 林德宏：《思想史与思想家》，徐雁、陈效鸿、巩本栋主编：《杰出人物与中国思想史》，南京：江苏教育出版社，2000年，第52页。

[②] 雒胡：《"中国思想史研究对象"不同观点的资料选编》，徐雁、陈效鸿、巩本栋主编：《杰出人物与中国思想史》，南京：江苏教育出版社，2000年，第405页。

农民没有文化"①。地主阶级垄断了文化知识，所以能概括和编制出比较系统和深刻的思想，人民群众则被剥夺了从事精神生产的权利，这当然是历史事实。像刘邦、朱元璋这样的人，起初应是流氓无赖一类人物，但后来成了汉高祖和明太祖，自然是杰出人物了。不过，我还想到另一些人，即领导农民起义失败的某些领袖。

如秦末，陈胜开始在大泽乡动员群众起来造反时，提出"王侯将相，宁有种乎"这一振奋人心的口号，徒属听后都说"敬受命"，于是一场轰轰烈烈的"伐无道，诛暴秦"的群众暴动就蔓延开来。"王侯将相，宁有种乎"这句口号虽似简单，但我认为有相当深刻的理论意义。因为殷周以来到整个封建时代，统治者不但说自己受命于天，还把子孙说成是与众不同的天生贵种。这种思想影响所及，如唐代的著名诗人杜甫见到穷途沦落的王孙，还念念不忘称之为"龙种自与常人殊"。就是到"文革"时，仍有说什么"老子英雄儿好汉，老子反动儿混蛋"等一类话，还把社会上的人分为红五类、黑七类。虽然人的内涵不同，但血统论的影响似乎犹在。陈胜在秦末就打破血统论，否定王侯将相有种，就是否定贵族世代垄断统治人民的特权。从这个意义上来看，这句口号体现了起义农民对政治上平等的要求，是劳动人民维护自身权益的一种自发的、本能的思想表现。思想史上的这种理论概括，对当时和后世都产生了深远的影响。

东汉末年黄巾起义也提出一个著名口号："苍天已死，黄天当立。"(《后汉书·皇甫嵩传》)这是一种变天思想，是要推翻汉王朝的统治，变地主贵族之天为农民之天。我们知道，董仲舒曾提出"天不变道亦不变"(《汉书·董仲舒传》)的形而上学观点，即要维护地主贵族的统治永恒不变。黄巾起义要用"黄天"来代替"苍天"，农民之天政治上要求平等甚至要取地主之天而代之，在哲学上则带有朴素辩证法观点，是对董仲舒形而上学思想的冲击。这样看来，黄巾起义的口号也蕴含有农民革命思想的理论概括。

封建时代农民要求平均平等的思想相当普遍，并且在小农经济的条件下也相传不绝。但是，它们的确没有构成系统的理论，多是出现在历代农民起义的口号和行动纲领中。如唐末王仙芝发动起义时以"天补均平"相号召；黄巢则自号"冲天太保均平大将军"，明确提出了"均平"的行动纲领；到宋代王小波、李顺起义，提出"均贫富"的号召，可谓唐末农民起义思想的继续。值得注意的是，农民起义发展到北宋末南宋初，他们反对封建伦理纲常的思想恰是针锋相对，很有时代特色。如方腊起义军，"不事神佛祖先"(《鸡肋篇》)，"无视君臣上下"(《高峰文集·乞禁妖教札子》)，对理学家所宣扬的君权、臣权进行有力的冲击。钟相、杨么的行动主张，基本上和方腊相类似。他们指斥"国典为邪法"，只有"等贵贱，均贫富"，才是"天理当然"(《三朝北盟外编·建炎四年二月十七日条》)。由此可见，宋代起义农民也讲理，但反对维护三纲五常等级差别的"理"，认为"法平等，无有高下""等贵贱、均贫富"才是"天理当然"。这是两个阶级两重天两种对立的天理观。我们讲思想史亦有讲反理学者，这是讲事功派反对义理派，但起义农民要求平均平等的反封建理学，能否也在思想史中占

---

① 毛泽东：《湖南农民运动考察报告》，《毛泽东选集（合订本）》，北京：人民出版社，1969年，第39页。

有一席之地呢？

宋代以后，大大小小的农民起义，仍然提出平均平等的诉求，有的情绪非常激烈。如元末农民起义，曾提出"不平人杀不平者，杀尽不平方太平"（《辍耕录》）的战斗口号。到明代邓茂七举兵起义，更号称"铲平王"，直到明朝末年，在江西、福建等省的佃农掀起抗租斗争，仍以"铲平王"为号召，"谓铲主仆贵贱贫富而一之也"（《西河文集·后鉴录一》）。稍后，刘汝国起义，将"富民"的粮食，"招饥民共食之"。他认为，对封建地主"取其财以济贫"，这种行为就是"替天行道"，否则就是"逆天"，因而他自称"替天大元帅""顺天安民王"（《西河文集·后鉴录四》）。明末李自成起义，亦自号"奉天倡议元帅"，后称新顺王，定国号为大顺，意思是顺天应人。起义军还推行"贵贱均田"和"均田免粮"政策（《罪惟录·李自成传》），所到之处"不杀人，不爱财，不奸淫，不抢掠，平买平卖，蠲免钱粮，且将富家银钱，分赈穷民"（《明季北略》卷19），并规定地主霸占农民的土地，不论时间长短，都要归还原主。这是将平均平等的思想在起义进程中付诸行动了。

根据上面的情况，我认为，在封建社会中，起义农民对平均平等的祈求，有着一条连续不断地演进着的思想理路，构成了一个思想的历史过程，因此，它也应当在思想史的视野中。

二、关于思想家的定位问题

中国历史上哪些人可以称之为思想家，过去学术界似未详细讨论过，亦未订出公认的标准。从多年来已出版的中国思想史、中国哲学史看来，入编的思想家和哲学家似乎无甚区别，著名的人物如孔、孟、老、庄、程、朱、陆、王，往往是一身而二任焉，并得到人们的公认。对比而言，只是有的思想史收入的人会多一些。如何兆武、步近智等4人合编的《中国思想发展史》（中国青年出版社1980年版）有政治、经济、科学、史学、文学思想等，也附带叙述有一些农民革命思想，但其中列有名字的还是哲学思想家居多，是思想家的主体，至于经济思想家，只列了桑弘羊、刘晏、杨炎等少数几个人，其余学科思想的则几乎见不到名字了。

关于思想家范围的扩大问题，匡亚明主编的《中国思想家评传丛书》（南京大学出版社）似乎有了明确的界定。据蒋广学解释，匡老关注的焦点不是要给思想家重新定义，而是要从思想的角度对我国历史上的各类杰出人物（包括政治家、思想家、教育家、历史家、军事家、科学家、文学家以及许多民族英雄和爱国志士）的成长过程及其对国家、对民族、对历史、对各具体领域做出的杰出贡献，进行入情入理的分析，以揭示其思想底蕴；匡老所定的《中国思想家评传》就是"前当代中国杰出人物思想评传"[①]。匡老则在《中国思想家评传丛书》序中做了如下表述：从孔夫子到孙中山，"从这段历史各个时期、各个领域和各个学科（包括文、史、哲、经、教、农、工、医、政治等等）有杰出成就的人物中，遴选二百余人作为传主，通过对每个传主的评

---

① 蒋广学：《〈中国思想家评传丛书〉与中国思想史研究》，徐雁、陈效鸿、巩本栋主编：《杰出人物与中国思想史》，南京：江苏教育出版社，2000年，第10页。

述，从各个侧面展现那些在不同时期、不同领域中有代表性人物的思想活力和业绩、由具体到一般地勾勒出这段历史中中国传统思想文化的总体面貌"。又说："如果论述一个人的思想而不联系他的业绩（包括著作），必将流于空洞的抽象；同样，如果只讲一个人的具体业绩而不结合他的思想活动，又必将成为现象罗列。评价思想和评价业绩，两者不应偏废。而不断在实践中丰富和深化的思想活力则是经常起主导作用的因素，强调这个因素，引起人们的正视和反思，正是我们的主旨和目的。"

匡老没有给思想家重新定义，却扩大了其范围，即对各行各业的杰出人物的思想和业绩做出综合评述。思想活力是起主导作用的，但在业绩的实践中亦可以体现和概括出个人的思想。正是从这样的理解来考虑，在当年《中国思想家评传丛书》列出目录征稿时，我选了《海瑞评传》和《陶潜评传》。海瑞是有名的清官、政治实干家，陶潜是有名的大诗人，在文学史上享有崇高地位，但过去他们两位都没有收录入思想史的著述中。我所以选写海瑞和陶潜的评传，并非临时灵机一动，而是因为我对这两位人物的思想，原来已做过一点研究工作。

我在1980年写了《陶渊明无神论思想试探》[①]，指出：陶潜虽然没有专门的哲学论著，但在他生活的时代，有神论十分流行，道教正鼓吹人能长生久视而求做不死的神仙，佛家则力言形尽神不灭以明因果报应。对这些社会上流行的观点，陶潜在所写诗文中明显地加以驳斥。他认为，宇宙只是充塞着元气，万物和人由自然气化而生成，这里看不到神在主宰世界和造化万物的作用。据此，他认为有生必有死，否定赤松子、王子乔等传说中的神仙。陶潜有点类似王充，不相信天有意志能赏善罚恶以至鬼神报应等一套，却无法解释自然特别是社会人事所以变化的原因，对人的死生寿夭、穷通祸福无法预见和掌握，以为好像有一个无形的主宰在支配着，从而陷入了自然命定论。在陶潜的一辈子中，确是按照这套宿命哲学行事。这位中国历史上有名的田园诗人、隐逸诗人之宗自称"乐天委分""识运知命"，反复低吟浅唱"寓形宇内复几时，曷不委心任去留""聊乘化以归尽，乐夫天命复奚疑"，在乐天知命中度过了一生。应该说，陶潜的思想活动是从事艺术创作起主导作用的因素，而其诗文却是从生活实践中更形象化地体现出的思想，两者之间可以互相印证，这也是我写《陶潜评传》的体会之一。

海瑞和陶潜不同。陶潜思想近似道家的老庄，海瑞则是正统儒家人物，在宋明道学家中应占有一席之地。由于海瑞的名声被清官业绩所掩蔽，所以，作为思想家，他不太为人注意。我是认为海瑞有哲学思想的，较早就写过一篇《海瑞哲学思想述评》[②]。当时广东编写一部《岭南历代思想家评传》（广东人民出版社1985年版），其中《海瑞评传》由我撰写。对海瑞的哲学思想，我在文章前面写过一段话："海瑞在历史上一般都把他作为政治实干家，在思想史上从来没有占过什么地位，也没有专门研究他的哲学思想。固然，在海瑞的一生中，并没有写过哲学专著，甚至连讨论学术思想的论文也很少见。但我觉得海瑞作为一个政治实干家，总会形成他的世界观，在一生行事中有他的指导思想。虽然有关这方面的材料不多，但其中也有牵涉到唯心论与唯物论的相互转化

---

① 李锦全：《陶渊明无神论思想试探》，《中国哲学史研究》，1980年（创刊号）。
② 李锦全：《海瑞哲学思想述评》，《学术研究》，1984年第6期。

问题，还有人们主观上认识与客观上反映的思想矛盾。我认为对海瑞这些思想从理论上加上总结，对我们今天还有一定的现实意义。"后来，参加匡老主编《评传丛书》的选题，见海瑞亦在候选人之列，我认为自己原来的理解还算符合匡老为思想家定位的观点，就按照这条思路进行写作。这部《海瑞评传》已在1994年出版，是否符合要求还有待于学术界的批评。

2000年10月，在江西铅山召开纪念朱子诞辰870周年国际学术讨论会。朱、陆鹅湖之会在学术史上很有影响，鹅湖寺就在铅山，我们这次会议也称"新鹅湖之会"。出席会议的学者曾到鹅湖寺参观，抚今追昔，我赋诗一首："鹅湖景物历沧桑，朱陆当年辩论场。至理只求能累洽，斯文何必畏参商。周程派衍源流远，洙泗遗风道脉长。今日群儒来雅集，中华学术待平章。"我参加这次新鹅湖之会，没有写研讨朱陆思想的文章，但比较注意他们思想对后世的影响。宋代朱、陆两大学术流派，到了明代，一方面朱学成为官方统治思想，另方面承传陆氏的阳明学也在广泛流行，两家思想仍在分庭抗礼。在此情况下，两家后学多带有门户之见，但海瑞似乎不在此列。于是，我写了《海瑞对朱、陆思想的承传与扬弃》一文[①]，作为朱、陆对后世思想影响的一个例证。我为什么再写关于海瑞的文章呢？就是想印证匡老说的——在论述一个人的思想时，评价思想和评价业绩两者不应偏废。同时，我也想探索这两者之间的关系。海瑞的思想对朱、陆两家都有承传，但对两家思想如何取舍，他不是主动加以调和，毋宁说在总体评价上他是贬朱申陆的。"自宋至今五百有余年，是朱非陆，所在群如也"，从南宋末到元明时期，朱熹思想得到统治者的赏识，取得官方的正宗地位，是朱非陆似乎成为人们的共识。但是，海瑞却要为之重新辨析，说"抑何从而辨之乎！孟子曰：'是非之心，人皆有之。'请以是为朱陆之辨"，又说"何自而辨之，辨之以吾之心而已"。据此，他反复指明朱学的过失，认为与陆王心学比较，王学讲致良知落实在心性上，这是做学问的本原，而朱学解经只停留在多学而识的表面，只能落到等而下之的地步。依此看来，在《朱陆》篇中，海瑞的哲学思想明显趋向陆王心学，并上推到尧舜心传和孟子。

但是，海瑞服膺的陆王心学，在其业绩实践中却出现矛盾。如他出仕当南平教谕时需要教育生员，对朱熹的教育和方法就做了肯定。他在所订《教约》中说："学以知为先，读书所以致知也。昔辅汉卿会粹朱子平日教人之法，定为六条：曰居敬持志，曰循序渐进，曰熟读精思，曰虚心涵咏，曰切己体察，曰着紧用力。兼之前博学审问数事，读书之法无越此矣。"这实际是对学非自外和致知不用外求说的否定，即与《朱陆》篇中的观点相矛盾。又如，海瑞任淳安县令3年多以后，编了一部《淳安县政事》，可以算是他的思想工作总结。他主张省费节财、廉洁守法，发挥仁民爱物之心。这种仁民爱物之心从何而来？他既认为心体本来就具备万物之理，又承认君子出仕做官，所以会产生爱利人民之心，是由于同情人民的饥寒疾苦，为他们的冤抑沉郁鸣不平。他就是感到为民愤慨的事情，"日临于目，日闻于耳"，于是"不平之气愤然生矣"。由此可见，

[①] 李锦全：《海瑞对朱、陆思想的承传与扬弃》，《朱子学刊》（第11辑），合肥：黄山书社，2001年。

他心中的感受不是与生俱来，而是外界事物的反映。通过上面分析，说明海瑞服膺孟子和陆王心学那种不假外求的认识方法，受到了实践的检验。他虽然反复说过人心具备万物之理，但这个万物之理并不先验地存在于人的心中。海瑞之所以同情人民，是因为耳闻目睹人民受盘剥被欺凌这个事实，如果没有这些外在的因素，就不会引起内心的变化。总之，对于在认识方法上是从内到外还是从外到内的问题，海瑞的认识和实践是有矛盾的。

海瑞如何解决这个问题呢？我认为他奉行的是内外兼资求真求实的认识方法。海瑞对求真，提出要"识其真心"。如果仅指认识自己的真心，那就是良心，识真仅是个内省功夫，就像王学的致良知。对海瑞来说，不仅仅是这样，他要人"识其真心"，就是不弄虚作假，要真诚待人，认真做事，并且要"明目张胆终身行之"。他后来出仕做官，王国宪称其"处群奸嫉恶之时，矢百折不回之节，故任一官，治一事，痛除蠹弊，雷厉风行，严锄豪强，敢犯权贵而不畏"。所以，他的真心，不仅是发自内心的真诚，还要面对实际进行斗争，既要发挥主观精神，又要解决客观实际问题。对正心诚意，陆学主张"立乎其大"固然重要，但也要先格物致知，能"即物而穷其理"，才能学以致用，不致陷于"全无伎俩"的空谈。只有对朱陆两家思想取长补短、扬弃吸收，对传统思想文化批判继承，才能做到取其精华、弃其糟粕。海瑞虽有过扬陆抑朱的议论，但他这种内外兼资、求真求实的思想，已对两家思想的矛盾加以调和，实际上已经突破心学的藩篱，从而向经世致用思想转化。

三、思想史的定位及与哲学史的联系和区别

这里还想讨论一下思想史的定位及与哲学史的联系和区别的问题。学术界一般认为思想史研究的范围大于哲学史。固然，如果用"量"来比较，思想史是任何思想都得包括在内，哲学思想只是一个组成部分，据此可以说思想史的范围比哲学史大。但是，从另一方面说，哲学既然是自然知识和社会知识的概括和总结，是人们对整个世界包括自然界、社会和人类思维的根本观点的理论体系，那么哲学史的研究对象包括整个宇宙和人生，范围也不见得比思想史小。所以，只是以"量"来做比较，是难以说明其区别。

我认为，思想史主要是研究各个历史时期反映或提出解决当时社会矛盾的各种思想，特别是接触到当时社会矛盾焦点的思想，因而也可以说，思想史是各个历史时期社会矛盾的认识发展史。哲学史则主要是研究各个历史时期，人们用理性思维形式表达的关于自然、社会和思维运动的一般规律的认识，这是根源于社会矛盾主要表现为围绕思维和存在关系问题而展开的认识辩证运动，因而也可以说，哲学史是各个历史时期哲学认识的矛盾发展史。由于思想史主要是研究人们如何认识各个时期的社会矛盾，探究其渊源流变，因而要着重阐述各个学派分合和思潮起伏的历史进程。作为哲学历史的发展，则是表现为一系列的圆圈，表现为近似螺旋形的曲线，所以要着重阐释哲学发展的本质矛盾的内在规律。从上述思想史与哲学史的互相比较看，其区别可以做如下表述：前者研究的对象和着重点，是思想流变发展规律的历史进程，后者则是理论思维历史发展的内在逻辑。下面试就先秦思想史和哲学史的联系和区别略做比较研究。

要想编写先秦思想史，当然首先要分析各个时期的社会矛盾。如何认识当时社会矛盾的思想及其变化，就成为思想史研究的对象和内容。如在殷周之际，纣王相信自己的统治是"有命在天"，而微子等人却看到深刻的社会危机，指出"小民方兴，相为敌仇"这一矛盾焦点，从而预感到"殷其沦丧"。这种从分析社会矛盾进而看到人民力量的思想，就为代起的周初统治者所接受。他们不得不承认"天命靡常"，从而提出敬德保民、以德配天的思想。西周末到春秋时期，随着社会危机的加深和矛盾的激化，促使人们更认识到事物不是一成不变的，无论是自然界还是人类社会，对立面的矛盾都可以互相转化。如史墨就借季氏逐其君的事件，得出"三后之姓，于今为庶"的变化规律。

从春秋末到战国时期出现的诸子百家，也无不围绕着如何解决当时的社会矛盾问题而展开思想争鸣。儒家孔、孟比较保守，对传统天命观还有保留，讲"法先王"而倾向于复古。儒家也有重民思想的一面，孟轲讲民重君轻对后世产生积极影响。因而儒家重德治和人治，提倡礼乐教化，鼓吹中庸之道，企图通过调和社会矛盾的方法，达到维护君臣上下等级秩序的目的。墨家非儒，提倡非命而尚力，但墨家又讲"天志""明鬼"，想用天意来为"兼爱""非攻"的政治主张做论证，通过消除社会矛盾来达到"兼"以易"别"的理想社会。道家主张"无为而治"，想借以恢复到"小国寡民"的远古之世，为的是要解决社会矛盾。总之，孔、墨、老等各家思想虽各有不同，但正如司马谈在《论六家要旨》中所指出，在"务为治"这一点上却是殊途同归。

战国晚年出现荀况、韩非作为总结先秦时代的思想家。荀况虽属儒家，但对礼治的解释与法治有相通之处。"序君臣父子之礼"与"正君臣上下之分"，说明两家思想有共同的政治目标，后来就形成"以霸王道杂之"的汉家统治国策。

编写哲学史则与思想史有所不同，它要突出哲学思想的发展线索，把围绕哲学基本问题所展开的哲学矛盾运动作为论述的重点，并要分析哲学范畴的历史演变来探索哲学认识发展的逻辑进程。如以先秦哲学史为例，殷周的天命神权论可以说是这一时期哲学运动的逻辑起点。"天"是有意志的人格神，在理论形式上是一种精致的唯心主义宗教神学。随着社会危机的加深，从而出现重民轻神及人道与天道分离的思想。上帝权威失坠了，人们对"天"的认识却产生了分歧。前期儒家和墨家有保持天有意志这种传统思想的一面，如孔子讲"畏天命"，墨子宣扬"天志"，但孔子有时却"知其不可而为之"，墨子主张非命尚力，这都表现出天与人的矛盾。老子在天地鬼神之上提出"道"这个最高范畴，而天道自然无为，却又导致了宿命论。孔、老及其后来的孟、庄虽然都讲"命"，但孟子又证明从尽心、知性到知天，宣扬"万物皆备于我"，庄子则强调人的主观精神能够做到与道同体，这是企图从"天人合一"中来解决天与人的矛盾。先秦哲学中"命"这个范畴，也可以解释为一种客观的必然规律。但孟、庄不是在承认物质是世界本原的基础上来认识这个规律，而是用无限扩充人的主观精神的办法来建立个人的精神自由王国，这不是认识了必然的自由，最终还是不能解脱"命"的支配。尽管如此，与殷周天命论相比，孟、庄思想毕竟前进了一步，表现了哲学认识在对立斗争中的螺旋发展。到战国末年，荀况在承认自然之天的基础上，提出"明于天人之分"和"制天命而用之"的光辉思想。韩非也把老子的"道"解释为"万物之所以然"的道理。

荀、韩的思想初步达到认识了必然的自由,这是先秦时人们对"天"的认识问题做出批判的总结。

  由上可见,从殷周的"天命神权"论到战国末年"天命可制"论的演变,虽然根源于社会矛盾和阶级斗争,但从重民轻神到人道与天道相分离的思想的出现,在认识史上是一次飞跃。孔、墨、老各家围绕着天人关系问题,在认识史上深化了一步,但都各以其片面性而显示其局限。孟、庄企图用主观来吞没客观,以解决天与人的矛盾,虽然陷入了唯心主义,却构成哲学认识的必要环节。到荀况则在更高的理论思维水平上扬弃了孟、庄而向"天人相分"论复归,从而标志着这一时期哲学发展"圆圈"的终结。

原载《中山大学学报(社会科学版)》2003年第6期

重建"中国哲学"的双重理据

朱汉民

一、"中国哲学"的身份问题

尽管中国传统学术有两千多年以上的历史，但"中国哲学"学科的历程却不过百年之久。因为"中国哲学"本来就是中国近代化过程中"西学东渐"的结果，今天我们讨论的"中国哲学"学科建设中所出现的许多问题，以及人们对"重写中国哲学"的呼唤，就往往与这种"西学东渐"的历史背景直接相关。

中国历来就有着源远流长而又独立发展的学术传统，但到了近代却遇到前所未有的严重挑战。西方的文化知识与西方的枪炮、商品一同涌入中国，使传统中国的经济结构、政治体制以及学术文化不得不面临解构、重组的局面。中国传统学术就是在这种"西学东渐"的文化大潮中开始学术形态的转型与重建的。从19世纪末到20世纪初以来，随着西方的哲学思想传入中国，一些既有传统国学素养、又接受西方哲学影响的学者们开始致力于"中国哲学"的学科建设，其中比较著名且学术成就较高的有胡适、冯友兰、张岱年等人。中国传统国学中并无所谓"哲学"一科，有的只是诸子学、经学、玄学、理学等传统学术形态。那些从事"中国哲学"学科建设的学者所采取的方法是，以西方哲学的基本理念、框架为理论基础与思想方法，然后再从中国传统国学中的诸子学、义理之学等形态中寻找与其类似的思想材料，并做出合乎西方哲学的范式、观念的解释，并将这种以西方的"哲学"为范本而回溯性建构中国哲学的方式建立起来的知识体系称之为"中国哲学"。冯友兰先生曾明确将自己建构"中国哲学"学科的过程表达为："哲学本一西洋名词，今欲讲中国哲学史，其主要工作之一，即就中国历史上各种学问中，将其可以西洋所谓哲学名之者，选出而叙述之。"[1](P8)而且，当时的知识界也相信，这是建构"中国哲学"的惟一道路。

应该说，近百年来中国学者所致力于建设的"中国哲学"是有一定成效的，在现代中国的学科体系中，"中国哲学"成为一门名师较多影响较大的二级学科。但是，现代中国学者将传统的诸子学、道术学、义理学等改造成模仿西方哲学的"中国哲学"，使这些原本具有独特传统的思想学术不得不转型成与西方"哲学"类似的东西，于是，中国哲学的学者在近百年的学科建设过程中就产生了对其"合法"身份的疑虑与思考。特别是到了20世纪末的时候，人们对采取以西方哲学的范本去剪裁、重组中国学术资料而建构的"中国哲学"体系的方式，更是产生了怀疑。"中国哲学"这一概念应该是"中国"（文化本土性）与"哲学"（知识普遍性）的统一，但是实际的情况却让中外学界均对其合法性身份产生了双重怀疑。

一方面，是对其"中国"身份的怀疑。因为既然称之为"中国哲学"，它一定要植根于本土的文化土壤，但是在这些"中国哲学"的著作中，构成这门学科最基本的理论框架，包括哲学问题、思想范式、概念内涵却来之于西方"哲学"，中国传统学术只是提供一些零散的历史资料、语录格言，这种依西方哲学榜样建构起来的"中国哲学"会是中国的吗？许多中国学人对这种"中国哲学"的现实状况不满，认为这门学科是西方话语霸权的产物，而无本土文化根源。人们开始倡导以自己讲、讲自己的方式重写中国哲学史，或是干脆将自己对中国传统学术思想的研究著作称之为"中国思想史"或"中国学术史"，不再将其命名为"中国哲学史"。这种情况在日本汉学界也有体现，不少原来是"中国哲学"的研究机构后来改名"中国思想史"研究机构。

另一方面，是对其"哲学"身份的怀疑。在西方知识界，"哲学"早就形成为一门独立的学科并有着自己特定的内涵，它是因"爱智慧"的理性追求而产生对思想的思想（反思），也可称为知识上的知识，一般是由形上学、认识论以及逻辑学、伦理学、美学等独立知识体系而构成，但是中国传统学术中的"天下有道""内圣外王""自然无为"的学术内涵，以及通过训释古典而探讨古昔圣贤"微言大义"的学术形式，使人们对古代诸子学、经学、玄学、理学的哲学身份产生了怀疑。尽管百年来"中国哲学"学科建设取得了有目共睹的成绩，但是它的合法身份仍然受到种种质疑。特别是在西方的知识界、教育界，"中国哲学"并没有被列为"哲学"学科下的分支学科，它的合法性身份并没有得到西方学界的普遍承认。正如一个西方汉学家所比喻的，"中国哲学"只是一个在哲学大家庭中被收养的孩子，西方哲学家还不肯认同他在大家庭中的身份[2]。

百年后的今天，学术界出现了重写中国哲学的呼声。我们注意到，西方话语霸权下的"中国哲学"学科建设是采取了一种"汉话胡说"的形态，使中国哲学成了西方哲学的附庸，它不是"中国哲学"；完全回归到"自己写""写自己"的"汉说汉话"的学术形态，则更是一种传统的"道术学""义理之学"而不是"中国哲学"。显然，这两种学术形态均不是我们理想的"中国哲学"形态，我们希望重新建立的是一种既有着民族文化主体性又具有普遍性哲学价值的"中国哲学"。所以，我们一方面要凸显传统学术的主体精神，"中国哲学"首先应该是中国传统学术的现代延伸，故而我们必须对"中国哲学"做一番"文化寻根"；另一方面又充分体现代文化知识体系中具有普世性的"哲学"的内涵，具有哲学学科的一般性特征，故而我们还得对"中国哲学"做一番"哲学寻根"。因此，我们应该将"中国哲学"的重建看做是一种双重寻根的活动：一种是"文化寻根"，主要是为了确立这门学科的本土的历史根源性与文化主体性；另一种是"哲学寻根"，主要是为了从中国化的学术形态中开拓出具有普世性意义的哲学精神来。通过民族化的义理之学的挖掘与开拓，最终建构出能够表达出"普遍哲学"的深刻内涵，应该是重建"中国哲学"的一项十分重要的工作。

这种通过文化寻根、哲学寻根的方式重新建构的"中国哲学"，其思想学术的价值体现在两方面：第一，它是"中国"的。这门学科首先是从中国的文化土壤、学术生态中生长出来的，它是从三代时期产生，经春秋战国、秦汉隋唐、宋元明清一代一代的承传、演变、发展过来的学术、文化的生命之流，尽管每个时代的学术文化均有重大变化，但是，这一植根于本土文化的知识旨趣、价值倾向、学术理念仍有着承传性。第二,它是"哲学"的。与传统学术在原来的基本知识框架中的演变发展不一样,"中国哲学"是在全球化的文化交流、互动中发展出来的一种新的学术形态,它是用民族特色的知识框架、话语体系来表达对关于人类普遍关注的宇宙、社会、人生的根本问题的系统理论。这种学术形态相对于传统的道术学、义理学则是思想观念的突破、学术知识的飞跃。

二、中国性:民族性的文化寻根

如何才能实现回归文化主体性的中国哲学重建呢?首先要考虑"中国哲学"学科应该是从中国文化土壤中生长出来、并有清楚的"我从哪里来"的主体性意识。所以要实现具有文化主体性的中国哲学重建,就要在不断回溯历史、自我发现中实现学术文化的回归。近百年中国哲学学科的建设过程,是一个以中国传统学术附会西方哲学的问题、架构、语言的过程,按这种方式建立的中国哲学只能是西方哲学的附庸,不具有本土化的个性价值。要真正实现中国哲学的本土化,就必须还原中国哲学的历史原生态,了解自己学术文化的本来状况、历史形态,并重新发现传统学术的潜在哲学意义。这种中国学术文化回归的意义应该是多层面的,故而必须对其做多维度的理解。

其一,还原中国学术文化的历史形态。中国学术文化有着自己独特的文化条件、知识传承、学术生态,它是一个有着自己完整生命的有机体,任何外在的分割只会使它失去其文化生命及其活力。在建构"中国哲学"等等现代学科体系时,必须首先对中国传统学术形态给予充分的尊重,确认中国传统学术是一个有着完整生命、独立价值的主体性存在,而不是一种被其他学术文化割裂、肢解的零散材料。所以,提倡中国学术的"自主性",要求用"写自己""自己写"的方式再现中国学术文化的本来形态,既是表达了民族文化主体性的诉求,也是建立一门对人类文化知识真正有独立贡献的学术形态的必经阶段。这种被历史还原了的学术形态,正是一个在中国文化土壤中生长出来的活的生命。

其二,发现中国传统学术的潜在特质。传统学术文化的主体性认同并不是指对历史上某一种单质的学术文化特征的认同,传统学术文化本来就是一个有着无限丰富潜质的知识体系,尤为值得注意的是,学术文化的创新发展常常是在对原来学术文化的潜在特质的不断重新认识、重新发现中实现的。如魏晋学者对儒道经典义理的重新发现而创建了玄学,宋明儒家对原始儒家"性与天道"的重新发现而创建了理学,明清之际儒家学者对先秦儒家经典中自然人性、务实精神的重新发现而创立了明清学术。显然,这是由于先秦的经典及诸子之学中本来就包含着十分丰富的思想内涵、学术观念,后来的学术思潮、学术形态可能因历史的需要而发展了其中的某些方面,从而遮蔽了其他的思想内涵、学术观念。它们只能以潜在特质的方式存在于沉寂的学术史料之中,等待后来的学者对它们的重新发现。后来的学者一旦重新认识与理解了这些学术潜质,就有可能导致学术史的变革与发展。站在现代或者后现代的学术立场来理解中国传统学术,一定可以重新认识、重新发现其中许多千百年来久已被遮蔽了的学术思想,并可能导致新的学术思潮、学术形态的产生。

其三,把握传统学术文化的发展趋势。传统学术不是一种千古不变的历史形态,而是一个随着社会变迁、文化演进而不断变化发展的生命体。我们不能把中国传统学术的主体性回归理解为完全照搬或死守古代学术形态，因为中国传统学术在面对新的政治变局、社会变迁、文化演进等整体的社会文化环境的变化时，也会不断改变自己的历史形态而做新的发展。那么，中国学术文化的主体性回归也就包含着对传统学术文化发展趋势的思考，对传统学术文化的应有转型形态的把握。明清以来中国传统学术在未受西学影响的历史条件下就发生着重大的历史变化，这种学术思潮的变革发展完全有其自身的学术内在理路，也是我们回归学术传统要充分注意的。

我们认为，中国哲学的重建首先应该是文化的主体性重建。通过努力实现对中国传统学术的回归，特别是从上述3个方面实现对传统学术的回归，就能使这种新建的"中国哲学"首先是中华文化的产物，是具有民族文化主体性的哲学。

三、哲学性：普遍性的哲学寻根

与此同时，"中国哲学"的学科建设必须要将这门学科建立在哲学的知识门类下，而不是用传统义理之学的内容与形式完全取代它。因此，我们努力重建的"中国哲学"，又必须使这门学科是"哲学"的。"中国哲学"的文化主体性追求所表达的只是一种"文化寻根"，而强调这门学科的"哲学"性质则可以看做是我们精神上还有着各民族文化普遍具有的"哲学寻根"的需求。事实上，只要是地球上的人类，不管是哪一个族群、哪一种文化，都有对宇宙、社会、人生等根本问题的关注与思考，并且都在将这种关注与思考表达为一种或深或浅、或简洁或复杂的系统思考或理论。这种哲学寻根是人类各民族的一种普遍性精神现象，表达出人类对哲学的普遍精神需求。

我们认为在人类文化体系中源远流长的中国传统学术中包含着丰富的哲学内容。首先，中国古代的学术体系中包含许多西方哲学一样的内容，即将宇宙自然、社会变迁、人生意义等根本问题做穷根究底式的追问，对包括宇宙的本原、自然的法则、社会的演变、历史的规律、人性的内涵、生命的目的等一系列问题做出理性的思考和理论的解释。其次，中国古典的诸子学、义理之学中出现了一系列表达这些宇宙、社会、人生等根本问题的抽象概念，包括天道、天命、阴阳、无极、太极、有无、动静、一多、体用、道器、理气、损益、人性、人心、仁义、自然、无为、诚、穷理、尽性、良知等等，这些概念范畴既有高度的抽象性，又体现在自然世界、社会生活等非常具体的感性世界之中。其三，中国古代的学者们往往通过这些抽象的范畴与命题构建了对宇宙、社会、人生等根本问题的不同思想观念与知识体系，也像西方不同哲学学派一样形成了不同的学术思潮与学术流派。如诸子学思潮中有儒、道、法、名、阴阳等不同学派，玄学思潮中有贵无派、崇有派，理学思潮中有理学派、心学派。每种学术思潮、学术派别都对那些宇宙与人生的根本问题做出自己的理论论证。所以，胡适、冯友兰、张岱年等现代中国学者致力于中国哲学的学科建设，确实有其学理上的依据，故而他们所做的工作也为今人留下了珍贵的学术遗产。

尽管中国传统学术包含着丰富的哲学内容，但要真正建构起"中国哲学"又确实并不容易，其中一个重要的原因就是我们不能够确定真正具有普世性的"哲学"的内涵究竟是什么。从古至今、从中到外，确实从来就不存在一个能够得到广泛认同的"哲学"

概念。本来，在不同的文化体系、不同的历史时期、不同的思想流派中，从来就没有一个普遍认同的"哲学"概念，加之在各世界各个民族的文化知识体系中，只有西方的知识分类中出现了一个被称为"哲学"的学科。特别是近代以来西方的文化霸权地位，故而使得"中国哲学"的建设过程，只能采取一种以传统学术去附会西方哲学，甚至根据不同的西方哲学流派、体系去衡量、裁剪中国传统学术，从而建构出以中国传统学术材料去表达西方哲学或者是西方某个哲学流派的哲学观念、问题的"中国哲学"。

我们显然不能把西方哲学等同于人类的"普遍哲学"形态，简单地以中国传统学术比附、改造成与西方哲学雷同的概念范畴、思维体系。但是，我们又必须承认，在建设中国哲学的学科时，是不可避免地要用西方哲学来比较、诠释中国传统学术。这不仅仅是由于在当今世界各种文明体系中只有西方世界才拥有源远流长并作为独立学科的哲学，更重要的是，作为人类普世性的"普遍哲学"本就存在于人类各重要文明形态之中，只有通过各文明形态、学术思想的比较、对话，才能有这种"普遍哲学"的出现，已有两千多年历史的西方哲学确是我们寻找、发掘人类的"普遍哲学"的重要资源。因此，我们要在建构人类的"普遍哲学"的范式中完成中国哲学的重建，就离不开中国传统学术与西方哲学的比较与对话。虽然在西方文化的话语霸权下，这种比较与对话尚不可能完全是平等的，但是我们只要能够坚持前面所述的文化主体性，随着中华文化的崛起，我们一定可以通过与西方哲学的平等对话、客观比较的途径进行"哲学寻根"，同时实现中国哲学的重建。所以，我们不仅不能回避对西方哲学的学习与参考，而且应该积极、主动地通过对中国传统学术与西方哲学的相互比较、对话与诠释，最终实现主体性中国哲学的重建。中西哲学的比较、对话的意义是多方面的。

首先，我们要通过中国传统学术与西方哲学的比较、对话，找到中西哲学的共同点。这些共同点或许正是所谓"普遍哲学"的重要内容。譬如，无论是中国义理之学，还是西方哲学，都用一种抽象的范畴概括、表达宇宙世界的根本规律与普遍本质，在中国义理之学中是"天道""天理""太极"等等，而在西方哲学中则是"逻格斯""理念""形式"等等。将多姿多彩的世界看做是一个整体，然后提出一个概括这个世界的根本规律与普遍本质的概念框架与基本原理，这里表达的其实是人类性的精神需求。中国哲学与西方哲学产生于不同的文化生态中，但是均在努力用一些普遍性的最高概念而表达出统一世界的概念框架与基本原理，确实体现出共同的人类性精神需求。故而，只有在中国哲学与西方哲学的不断比较、对话中，才能逐渐发现那些超越民族性的"普遍哲学"方面的内容。

其次，我们要在进行中西哲学的比较、对话中，发现它们在理解、思考、表达有关宇宙与人生的重大问题时所存在的差异。中、西哲学思想毕竟产生于不同的文化环境、思想传统之中，故而对有关宇宙与人生等根本问题的思维方式、知识旨趣、意义关怀差别非常大。就以同样表达世界统一性的普遍性范畴如"天道"与"逻格斯"来说，就能在十分相似中发现巨大的文化差异。在古希腊哲学中，"逻格斯"完全是自在的自然世界的普遍规律，故而它只能是人的理性思维所能把握的对象，它的具体形态就在那个抽象化、逻辑化的概念体系之中。在中国的义理之学中，"天道"不仅存在于客观世界，而更存在于人性、人心的主观精神世界之中，它不仅是人的理性思考对象，而更是人的感性直觉、情感体悟、生活实践本身，它不仅存在于"语言—文献"形式的经典文本之中，而更存在于一种理想的生活方式尤其是高超的精神境界之中。中国义理之学的这一系列独具的民族特色、文化传统，使得它与西方哲学比较时表现出巨大的差别。对义理之学的这些特定究竟如何看？不少人进而否定义理之学的哲学性质，进而质疑"中国哲学"的合法性。其实，我们只要不把西方哲学等同于"普遍哲学"，那么，在中西哲学比较中所发现的这些重要差异，并不能否定其哲学内涵与意义。它们或许不是西方哲学或西方的某个时期、某些流派所认定的哲学（譬如黑格尔对中国哲学的否定），但是它们却可能是合乎人类精神共性的哲学表达。

第三，我们要在中西哲学的相互对话和相互诠释中，实现人类精神文化的共享。通过对中西哲学的沟通与比较，不仅可以深化对中西哲学异同的深入了解与思考，我们还能最终实现人类精神文明成果的共享。在人类交往日益密切、文化交流日益重要的今天，中西哲学通过平等的对话、相互的诠释，可以达到相互学习、相互交流的目的，让各个民族的优秀精神成果不仅是惠及一方，而且还能实现人类共享。我们相信，西方哲学对中国哲学的自我反思、思想发展、学术建构各个方面均有着重要积极意义。相反的方向也是如此，中国哲学对西方哲学的自我反思、思想发展、学术建构也有着重要积极意义。但是，后者还期待中国哲学的进一步开拓发展才会更加明显体现出来，而且这也应是西方文化学术界自觉想做才有意义的事情。

对于中国学者来说，如何正确地以西方哲学来诠释中国哲学，倒是值得讨论的事。近百年来，由于西方在经济、政治、军事、文化上的强势，使得中国哲学的建构过程已经成为以西方哲学诠释中国传统学术的过程。当然，这种单向度的诠释过程因过分依附、崇尚西方哲学，出现了中国学术被任意肢解、曲解的问题，但是，我们也应肯定百年来以西方哲学诠释中国哲学的积极作用。前面已经谈到，中国哲学的主体性重建不仅是回归或还原中国学术的历史形态，同时还包括对中国学术的潜在意义与发展趋向的把握，而后者恰恰在中西哲学的相互诠释中能够得到更好的实现。如《墨子》中的逻辑思想、科学思想久已湮没而不为后人理解，现代中国哲学家通过以西方哲学的诠释才重新发现了《墨子》中潜在哲学的意义。又如对明清哲学的发展趋向的认知与理解，也是由于对西方近代哲学的人文内涵、发展道路的比较与诠释，才获得更深入的理解。可见，我们以西方哲学诠释中国哲学，在加深对中国哲学的认识与理解的同时，也极大地丰富了中国哲学的内涵，推动了中国哲学学科的建设与发展。

[参考文献]

［1］冯友兰. 中国哲学史（下册）[M]. 上海：商务印书馆，1934.

［2］田智忠. 有关"中国哲学"合法性问题的异域声音[A]. 原道（第12辑）[C]. 北京：北京大学出版社，2005.

原载《中山大学学报（社会科学版）》2006年第4期

《孟子》"七十者可以食肉"的社会史诠释

黄俊杰

《孟子·梁惠王上》记载梁惠王(在位于公元前319—公元前301年)与孟子(公元前371?—公元前289?年)关于为政之道的对话。孟子劝梁惠王不必在意于人民是否多于邻国,而应致力于王道政治的实施,以得民心。孟子勾勒他理想中的王道政治时说:"五亩之宅,树之以桑,五十者可以衣帛矣;鸡豚狗彘之畜,无失其时,七十者可以食肉矣;百亩之田,勿夺其时,数口之家可以无饥矣;谨庠序之教,申之以孝悌之义,颁白者不负戴于道路矣。七十者衣帛食肉,黎民不饥不寒,然而不王者,未之有也。"这一段话是孟子心目中的理想国的蓝图。孟子在与齐宣王(在位于公元前319—公元前301年)讨论王道政治时[①](《孟子·梁惠王上》),也重申了这一理想。

在这一段话里,孟子强调"七十者可以食肉"是王道政治的开始。何以说"七十者"才"可以食肉"?赵岐(邠卿,?—210)古注解此句云"七十不食肉不饱",朱子(晦庵,1130—1200)《孟子集注》云"七十非肉不饱,未七十者不得食也",焦循(里堂,1763—1820)《孟子正义》云"此云七十不食肉不饱者,已非肉不饱矣,至七十益可知"。古来注家解"七十者可以食肉"一句,皆嫌语焉未详,失之简略。实则,孟子所云"七十者可以食肉",自有其思想史及社会经济史之背景,涉及古代中国的年龄观、敬老价值观以及饮食习惯,皆有待于进一步之分疏。这篇论文之写作,就是以古典史料配合晚近考古报告,对"七十者可以食肉"的历史背景略加考释,管窥中国饮食文化之一斑,并为读孟之一助焉。

我们对于孟子所说"七十者可以食肉"的讨论,可以从"七十"这个年龄开始。古代中国人对人的生命历程有一套看法,以每十年作为人生的一个阶段。《礼记·曲礼》云:"人生十年曰幼,学;二十曰弱,冠;三十曰壮,有室;四十曰强,而仕;

---

① 关于孟子游历各国的年代,史家说法不一。根据有限的古代史料,参考钱穆(1895—1990)先生的考证,大致可以确定:孟子在齐威王(在位于公元前357—公元前320年)的时候曾游于齐,其后遍历宋、滕、薛诸国,回到邹国,再游梁国,在齐宣王(在位于公元前319—公元前301年)的时候再度来齐国,最后在公元前312年离开齐国返回邹国,结束周游各国的生活。孟子大约在公元前319年离开梁国,来到齐国。这一年是周慎靓王三年,被孟子斥为"不似人君"的梁襄王刚刚即位,也是齐宣王在位的第3年。这一年齐宣王设置稷下馆,礼贤下士,著名的游士如邹衍、淳于髡(约公元前385—公元前305年)、田骈、接舆(约公元前350—公元前275年)、慎到(约公元前350—公元前275年)、环渊(约公元前360—公元前280年)等人,都来到齐国首都临淄城,位列为上大夫。《孟子·梁惠王上·3》的对话,大约是公元前319年孟子第二度游齐之后的事。详细讨论,另参见黄俊杰《孟子》第2章,台北:东大图书公司,1992。

五十曰艾，服官政；六十曰耆，指使；七十曰老，而传；八十九十曰耄；七年曰悼。悼与耄，虽有罪，不加刑焉。百年曰期，颐。"[1](P12) 在以上这段说明古代中国人的年龄观的史料中，我们可以发现，人到"七十"被称为"老"，是一个人从社会活动中退休的阶段。《礼记·曲礼》云："大夫七十而致事，若不得谢，则必赐之几杖。行役以妇人，适四方，乘安车，自称曰'老夫'，于其国则称名。越国而问焉，必告之其制。"[1](P14-16)《礼记·内则》又云："十有三年，学乐、诵诗、舞勺。成童舞象，学射御。二十而冠，始学礼，可以衣裘帛，舞大夏，行孝弟，博学不教，内而不出。三十而有室，始理男事，博学无方，孙友视志。四十始仕，方物出谋发虑，道合则服从，不可则去。五十命为大夫，服官政。七十致事。"[1](P770) 这一段文字叙述古代中国社会中男性一生的生命历程，以四十为出仕之龄，以七十为退休年龄。

一个人年届七十，在古代社会中就受到高度的尊重，《国语·晋语》载晋悼公（在位于公元前572—公元前558年）即位以后"定百事，主百官，选贤良，兴旧族，出滞赏，毕故刑，赦囚系，宥间罪，荐积德，逮鳏寡，振废淹，养老幼，恤孤疾。年过七十者，公亲见之，称曰王父，王父不敢不承"[2](P100-101)。春秋时代（公元前722—公元前481年）范宣子亦云："国家有大事，必须于典刑，而访咨于耆老，而后行之。"[2](P106) 在古代政治史上，年过七十的耆老，是国君咨询国事的对象。

中国古代社会之敬老养老，起于五十之龄，对七十以上者则尤多所优遇。《礼记·内则》云："凡养老，有虞氏以燕礼，夏后氏以飨礼，殷人以食礼，周人修而兼用之。凡五十养于乡；六十养于国；七十养于学，达于诸侯；八十拜君命，一坐再至，瞽亦如之；九十者使人受。五十异粻，六十宿肉，七十贰膳，八十常珍，九十饮食不违寝，膳饮从于游可也。六十岁制，七十时制，八十月制，九十日修，惟绞、纻、衾、冒死而后制。五十始衰，六十非肉不饱，七十非帛不暖，八十非人不暖，九十虽得人不暖矣。五十杖于家，六十杖于乡，七十杖于国，八十杖于朝，九十者，天子欲有问焉，则就其室，以珍从。七十不俟朝，八十月告存，九十日有秩。五十不从力政，六十不与服戎，七十不与宾客之事，八十齐丧之事弗及也。五十而爵，六十不亲学，七十致政。凡自七十以上，惟衰麻为丧。"[1](P754) 七十之龄之所以在古代社会中特受优礼，乃是因为在古代饮食及其他物质条件之下，七十被视为高龄。《左传·僖公三十二年》有"中寿"一词，清儒洪亮吉以为"当在八十以下，六十以上"[3](P491)，揆诸古籍，其说甚是。《庄子·盗跖》以"八十"为中寿；《淮南子·原道训》"凡人中寿七十岁"，《论衡·正说》以八十为"中寿"。一个人年届七十称为"父老"，就不必参与守城或会计之类庶务[4](P54)。这种敬重耆老的风俗，至汉代仍绵延不断，《盐铁论·孝养》云"八十曰耋，七十曰耄。耄食非肉不饱，衣非帛不暖"，实与孟子所说"七十者衣帛食肉"一脉相承。

以上所述古代中国社会中的年龄观与敬老观念，实与随着年龄增长而应有的精神进境互有关系。孔子（公元前551—公元前479年）以"幼而不孙弟，长而无述焉，老而不死，是为贼"（《论语·宪问》）责备他的故人原壤，可见年老而获得尊敬必须以德业日进为其前提。孔子自述他的学思历程以每十年作为一个阶段："吾十有五而志于学，三十而立，四十而不惑，五十而知天命，六十而耳顺，七十而从心所欲，不逾矩。"

（《论语·为政》）孔子以七十岁为精神进境的最高阶段，正与古代社会以七十为耆老的年龄观相呼应。孔子这段自述之言中的"七十而从心所欲"，并不是将"心"当作孤立的范畴处理，而是在"身"（或曰血气）"心"互动的脉络中，自述其生命进境。朱子《论孟精义》引范淳夫之言曰："七十而从心所欲，惟不逾矩也，是以能从之。夫血气有衰，而志气无衰，舜耄期倦于勤者，其血气衰也，志气塞于天地者也，无时而衰。七十而从心所欲，所以养血气也。君子困以致命遂志，而老则从心所欲，皆所以一其德也。"[5]（卷1下）精神进境时时受到身体血气的拉扯，因此，以心制气乃成为儒家修养工夫论的重要工作。

"七十而从心所欲"这句话，有人将"从"解为"纵"①，朱子《论语或问》并不赞成[6]（P7）。"七十而从心所欲"之所以不能解为"纵"心所欲，主要原因乃在于人之存在有其身体的基础，张栻（南轩，1133—1180）发挥此义甚精："人有血气，则役于血气。血气有始终盛衰之不同，则其所役，亦随而异。夫血气未定，则动而好色；血气方刚，则锐而好斗；血气既衰，则歉而志得。凡民皆然，为其所役者也。于此而知戒，则义理存，义理存，则不为其所役矣。"[7]（P22~23）人之思想与行为，既有其身体（所谓"血气"）的基础，那么，人就要时时注意勿役于"血气"，才能做到"不逾矩"。

综合所言，当战国时代孟子说"七十者可以食肉"这句话时，确实有其社会史之背景在焉。古人以七十为古稀之年。年过七十即为耆老，深受敬重，优之养之，但古代的敬老传统亦强调年龄与修养并进，人至七十之龄应臻"从心所欲，不逾矩"之境界。

孟子所说"七十者可以食肉"这句话，还涉及到中国古代的饮食习惯。诚如张光直（1931—2001）所说，中国饮食传统作料繁复，饭菜分别，深具调适性，并与食疗理念深具关系。饮食在中国文化中居于特殊重要之地位，至少可以上溯三千年，虽历经变迁但基本特质终未改易[8]（P14）。在中国饮食系统里肉食是次要的，对于最低限度的生活来说，是一种不必须的奢侈品。菜肴的次要性不但可以从"食"这个字便包括广义的餐饭与狭义的谷粒食物两者在内，而且还可以自周制中的丧礼上看得出来。"疏食水饮"是基本的饮食；如果超过基本之外则先吃菜果再吃肉。恢复吃肉时，先吃干肉再吃鲜肉。中国古代的饮食在食物这个大范畴之内，有饭与菜两个小范畴的对立。在饭菜之间，饭较菜更基本[9]（P249~283）。在中国悠久的饮食传统中，庶人与士大夫及诸侯之饮食内容，颇有其阶级性。从考古资料所见，中国古代贵族所使用的炊具及饮食器具，式样繁多，制作精美，举凡烧烤、烹煮、饮器、脯醢、切肉、盛酒器、盛水、盥洗等均有各种不同之青铜器具，而且各地区也有不同的形式[10]。至于古代贵族所食的肉类，则种类颇为繁多。从出土的汉代画像石的庖厨图所见，"汉代人的肉食品可分为兽（畜）、鸟（禽）、鱼三大类。从图像石上可以看到的兽（畜）有猪、狗、羊、牛、马、兔等；鸟（禽）有鸡、鸭、鸟、雉等；鱼除能分出鱼、鳖外，难以再分类。文献和简册中提到的一些野生动物如鹿、獾、黄鼬等则不见于庖厨图"[11]。《礼记·内则》所见多系古代

---

① 北宋诸儒就有人主此说，日本德川时代儒者荻生徂徕（1666—1728）亦云："孔子七十从心所欲，亦放纵耳。只其不逾矩，所以为圣人也。"参见荻生徂徕《论语征》，收入关仪一郎编《日本名家四书注释全书》第7卷（东京：凤出版，1973）。

贵族阶级之饮食习惯，一般平民之饮食则较为简单。整体观之，中国古代之饮食结构是谷食多肉食少，面食与粒食在主食中平分秋色，豆制品、水稻及水产在中国饮食传统中渐受重视[12]。

古代中国一般庶人饮食简朴，《诗·国风·豳·七月》云："六月食郁及薁，七月亨葵及菽，八月剥枣，十月获稻，为此春酒，以介眉寿。七月食瓜，八月断壶，九月叔苴。采荼薪樗，食我农夫。"《七月》诗所描写的古代农民的生活，以野葡萄、葵菜、豆类作为食物，也吃瓠及麻子，也采集苦菜作食物。一般庶人饮食简朴，《墨子·辞过》云"古之民未知饮食时，素食而分处"，孙诒让（1848—1908）注云"素食，谓食草木"[4](P32)，《淮南子·主术训》云"夏取果蓏，秋畜疏食"，《礼记·礼运》云"未有火化，食草木之食"。除了蔬果之外，五谷为主食，《墨子·七患》云"凡五谷者，民之所仰，君之所以为养也"，可见五谷之重要。从殷周时代开始，中国人就以种植五谷为生，到了汉代以五谷为主食的生活习惯已定型[13]。古代中国也以五谷为食疗之物，而有药食同源之说，《素问·胜器法时论》云"五谷为养，五果为助，五畜为益，五菜为充，气味合而服之，以补精益气"，即为此意[14]。

古代中国平民众庶之日常饮食，殆以"疏食饮水"为其常态。就古籍所见，《论语·雍也》"贤哉回也。一箪食，一瓢饮，在陋巷，人不堪其忧，回也不改其乐"，《论语·述而》"子曰：'饭疏食饮水，曲肱而枕之，乐亦在其中矣'"，《孟子·梁惠王下》"以万乘之国，伐万乘之国，箪食壶浆以迎王师"，皆可证古代庶人饮食之简素。除"疏食饮水"之外，偶而亦饮汤。《礼记·内则》云"羹食，自诸侯以下至于庶人，无等"，孙希旦集解云："愚谓'无等'，谓常食皆得有羹食也。士不贰羹、胾，庶人耆老不徒食，则庶人非耆老，常食不得有胾矣。大夫燕食，有脯无脍，有脍无脯、脍矣。诸侯日食特牲，则大夫日食不得有成牲矣。此之谓有等。若羹食，则上下皆有之，故曰'无等'。若羹食所用之物，与其多少之差，则诸侯以下递有降杀，未尝无等也。"[1](P752)这种"羹食"是不分阶级可食用的食物。除了日常生活之外，遇有节庆活动时，则有肉食。《盐铁论·散不足》云："古者燔黍食稗，而烨豚以相飨。其后，乡人饮酒，老者重豆，少者立食，一酱一肉，旅饮而已。"[15](P229)又云："古者庶人粝食藜藿，非乡饮酒，膢腊祭祀，无酒肉。"[15](P231)古代庶人平日烧烤黄米，也吃稗子，偶而烤猪。在乡饮酒的场合里，则沾酱食肉。中国古代的节日活动以防病避邪、神灵崇拜、追念先人为主要内容，古代的节日饮食，除具有时令营养特点外，也兼具以上三个方面的意义，成为世界上独具特色的节日饮食[16]。

由此可见，在中国古代社会中，食肉并非易事，只有贵族阶级才能常食肉。《左传·庄公十年》所谓"肉食者谋之"，"肉食者"即指统治阶级而言。《左传·哀公十三年》"肉食者无墨"，意即常吃肉的统治阶级的人不会气色灰暗。一般平民不易获得肉食。在这样的历史背景之下，年过七十的庶人如能常获得肉食，孟子认为可视为"王道"政治的开始。

本文将孟子所说的"七十者可以食肉"一语，放在中国古代社会史与饮食的脉络中加以考察，我们的探讨显示："七十"之龄是中国古代人的生命历程中从公务退休告老的阶段。古人年届七十就受到尊养，但古人也强调年龄必须与个人精神修养与时俱进，所以孔子以"七十而从心所欲,不逾矩"为人生最高境界。本文也指出:古代中国社会一般庶人生活资源有限,平日以疏果余食,只有在祭祀或庆典时,才得食肉。因此,孟子认为"七十者可以食肉",就是理想的"王道"政治的目标了。

[参考文献]

[1] 孙希旦. 礼记集解[M]. 北京:中华书局,1989.

[2] 国语[M]. 四部丛刊初编缩本.

[3] 杨伯峻. 春秋左传注[M]. 台北:源流出版社,1982.

[4] 孙诒让. 墨子间诂[M]. 北京:中华书局,1986.

[5] 朱熹. 论孟精义[M]. 台北:台湾商务印书馆景印文渊阁四库全书,1983.

[6] 朱熹. 朱子遗书[M]. 台北:艺文印书馆影印清康熙中吕氏宝诰堂刊本.

[7] 张栻. 癸巳论语解[M]. 台北:台湾商务印书馆景印文渊阁四库全书,1983.

[8] K. C. Changed. Food in Chinese Culture:Anthropological and Historical Perspectives[M]. New Haven:Yale University Press,1977.

[9] 张光直. 中国古代的饮食与饮食具[A]. 中国青铜时代[C]. 台北:联经出版公司,1983.

[10] 史树青. 谈"饮食考古"[J]. 考古与文物,1984,(6).

[11] 杨爱国. 汉画像石中的庖厨图[J]. 考古,1991,(11).

[12] 闵宗殿. 我国饮食结构的回顾与思考[J]. 中国农史,1991,(2).

[13] 黄展岳. 汉代人的饮食生活[J]. 农业考古,1982,(1).

[14] 程剑华. 古代农业与祖国医学的食物疗法[J]. 农业考古,1984,(2).

[15] 马非百注释. 盐铁论简注[M]. 北京:中华书局,1984.

[16] 李绍强. 中国古代的节日饮食[J]. 中国农史,1990,(1).

原载《中山大学学报(社会科学版)》2007年第2期

从"断章取义"到"以意逆志"

——孟子复原式解释理论的产生与演变

[美]蔡宗齐著，金涛译

孟子"以意逆志"说历来被公认为中国文论中关于文学解释的最具影响力的理论。如果说"诗言志"为文学创作设定基调，"以意逆志"则为文学解释提供了一个基本模式。不过，尽管学界深谙这一理论的历史意义，却很少有人关注过先前观诗传统对它的影响，后来《毛诗序》对它的彻底改造亦研究不多，正是这些忽略阻碍了我们对其起源及演变的认识。

本文对这一理论的回顾，旨在指出这一由"意"到"志"的解释模式实际上发轫于春秋的观诗传统，而并非如学界所普遍认为，纯系孟子个人无所祖述的创造。无论在赋诗还是引诗过程中，听者均以之"意"逆歌者或引文者之"志"；换言之，"以意逆志"的思路，在赋诗与引诗中已见端倪。当然，如果孟子的"以意逆志"只是在简单重复赋诗与引诗的思路，则历来对它独创性的赞扬便失去了依据。到底是什么样的天才灵感使得孟子将一种倾听理解赋诗或引诗的方法转化成一个以读者为中心的复原式解释理论呢？汉代及以后的注《诗》、评《诗》家是怎样对这一理论加以运用的呢？本文力图对这两个重要问题作出粗浅的解答。

一、春秋之观诗传统：观乐（听诗）、赋诗、引诗

观诗是春秋时期最重要的文化活动之一，举凡士人，无不深谙其道。或宴乐朝堂，或折冲樽俎，或修身养性，其场合亦公亦私，其作用亦不一而足。泛而论之，春秋之观诗有3种形式：1.不涉主客互动之观乐；2.主客互动之赋诗；3.直抒胸襟之引诗。

第一观乐，即观《诗经》之配乐表演，故亦可称为听诗。最著名之观乐事例见于《左传·襄公二十九年》中关于季札聘鲁的记载：

> 请观于周乐。使工为之歌周南召南。曰。美哉。始基之矣。犹未也。然勤而不怨矣。……
> 为之歌郑。曰。美哉。其细已甚。民弗堪也。是其先亡乎。……
> 为之歌小雅。曰。美哉。思而不贰。怨而不言。其周德之衰乎。犹有先王之遗民焉。
> 为之歌大雅。曰。广哉。熙熙乎。曲而有直体。其文王之德乎。

为之歌颂。曰。至矣哉。直而不倨。曲而不屈。迩而不偪。远而不携。迁而不淫。复而不厌。哀而不愁。乐而不荒。用而不匮。广而不宣。施而不费。取而不贪。处而不底。行而不流。[1]（襄公二十九年，P2006-2007）

文中所观之诗，取自《诗经》风、雅、颂诸部，故其描述是历来观乐之记载中最为详尽者。季札观乐时，前后一致地在三层次上作出反应：

第一层是赞叹，分别以"美哉""熙熙乎""至矣哉"诸语表达其观乐后之主观感受。

第二层评论所观之乐是契合还是偏离了中庸之道。对季札而言，对中庸的偏离即是某一特性之极端化，不论这一特性为可欲或可厌弃者。季札对"郑风"的评论就是批评对某一可取特性极端化的一个绝佳例子："美哉。其细已甚。"相反，对中庸之契合即是某一可欲之特性表现得恰到好处，如"思而不贰""怨而不言""直而不倨"等等；季札在评述《颂》时，即以排比手法，连续使用十四个"……而不……"句式强化表现该诗对中庸的完美体现。

第三层评论点出乐中所寓之社会政治含义。对季札而言，若乐声中正平和，则显示该诗之源地政治昌明；若乐声中喜怒皆失其度，则显示道德沦丧，政治败坏，一如上例"郑风"之所示也。

在如此盛大的宫廷表演中能够引起季札注意的应该有很多，如歌手的演唱、乐器的编排、乐曲的演奏、吟唱出的诗文等等①；季札也应该有很多机会与主人就这些演出交换意见。不过，从上文的记载来看，季札在这些诗的表演中，无论是演唱还是演奏，唯独关心曲调的成分；正如其长篇评述所示，季札的言词只涉及耳之所闻，而毫不留意表演的其他方面，甚至连诗文也不例外。综上所述，这一类观诗从本质上讲，是以乐为中心，并且不强调主与客或表演者与观赏者之间互动。

季札的观乐并非孤立现象，典籍中关于当时士人观乐的记载随处可见。《论语》中孔子之观乐即与上文所述如出一辙，和季札一样，孔子观乐之关注点亦在乐曲所折射出的社会政治背景：

子谓韶。尽美矣。又尽善也。谓武。尽美矣。未尽善也。②[2]（3/25, P5）

孔子观《韶》，既欣赏其尽美之音乐，又从中体会出舜至善的圣德；而观《武》则不然，武王以征伐取天下，故此乐美则美，未为尽善也。同理，观《关雎》时，孔子的反应是：

师挚之始。关雎之乱。洋洋乎盈耳哉。[2]（8/15, P15）

---

① 事实上，《诗经》自身就有观察乐器编排的详细记述。《大雅·灵台》云："虡业维枞，贲鼓维镛。於论鼓钟，於乐辟雍。"

② 引文出自《论语引得》（哈佛燕京汉学索引大系，增补版，16号），北京哈佛燕京研究所1940年版；"3/25"即第3章第25段。下同。

这种反应尽管未及政论，却与季札关于《周南》的反应颇有异曲同工之妙。

观诗的第二种形式是"赋诗"，主要表现为外交场合中一方官员之"赋"或献演某诗或其章节，通常以乐相配，表演者击节以和，或唱或诵。它常常是有所意指而发，献演的对象亦常常有所意指而应。《左传·襄公二十七年》所载七子为赵孟赋诗事，即是一例。与季札一样，赵孟所受到的款待也是一场围绕《诗经》演出的宫廷宴会；不同的是，相对于前者由宫廷乐师献上美仑美奂的歌乐，赵孟则邀请七位作陪的卿大夫各自"赋诗"。按赵孟的说法，这个请求有两个目的：一是为了让七子可以完成对他的欢迎，"以卒君贶"，顺便也可以表露一下对他这个客人的看法；二是可以让七子表达一下各自的志向。由这个请求引出七番宾主互动的赋诗，七子一一赋诗，赵孟一一作答：

七子赋诗	赵孟应答
子展赋草虫	赵孟曰。善哉。民之主也。抑武也不足以当之。
伯有赋鹑之贲贲	赵孟曰。床笫之言不踰阈。况在野乎。非使人之所得闻也。
子西赋黍苗之四章	赵孟曰。寡君在。武何能焉。
子产赋隰桑	赵孟曰。武请受其卒章。
子大叔赋野有蔓草	赵孟曰。吾子之惠也。
印段赋蟋蟀	赵孟曰。善哉。保家之主也。吾有望矣。
公孙段赋桑扈	赵孟曰。匪交匪敖。福将焉往。若保是言也。欲辞福禄得乎。[1]（襄公二十七年，P1997）

表中左栏显示七人轮流赋诗。七人各自于心中检视《诗经》，从中选取最能表达他对赵孟观感、并最能表达自己志向的一首诗或其中一个章节；各人的献诗很有可能是音乐伴奏下的歌唱①。表中右栏，赵孟对七人赋诗一一作答：他一边聆听诸人的表演，一边细细品味这些诗行，并判断它们是否切合当时的情景。他密切关注这些诗行的弦外之音，试图从中揣摩出各人对他的态度及各自的志向。赋诗中宾主对诸诗之配乐均不置一词，注意力都集中在诗句与文词上，双方以共有的语言知识为基础，传达与解读寓形于诗句文词中的信息。

用赋诗这种婉转的方式来进行宾主间的对答其实是一场相当冒险的游戏。一方面，赋诗的委婉可以用来传达一些不易直白表露的东西，又可令听者作出适宜的响应：引文中子展、子西、子产、子大叔、印段及公孙段六人巧妙地利用了这一形式，既不着痕迹地赞扬了他们的嘉宾，又宣示了自己的志向，却不显得过分自大；而对于六人兼含赞扬与言志的精彩赋诗，赵孟一则以示谦谢，一则以示推崇。但是另一方面，赋诗的不直接性又很容易造成误解，并导致严重的后果。如伯有所赋《鹑之贲贲》之诗句"人之无良。我以为君"即被赵孟视为对其君郑伯的公然怨谤。伯有赋诗的用意，是否果在谤

---

① 关于音乐演奏、赋诗、舞蹈中含有仪式意义的排序，见陈致《说"夏"与"雅"：宗周礼乐形成与变迁的民族音乐学考察》，载《中国文哲研究集刊》第19期。

君，已不得而知；他也许只是选诗不当而徒遭误解而已，然而选诗不当的后果却已经造成：他不仅当场遭到了赵孟的斥责，事后复遭其预言不得善终：

> 卒享。文子告叔向曰。伯有将为戮矣。诗以言志。志诬其上。而公怨之。以为宾荣。其能久乎。幸而后亡。[1]（襄公二十九年，P1977）

这番预言，三年之后竟然一语成谶。

鉴于赋诗这一艺术行为足以影响个人与国家的命运，孔子对它的重视便不足为怪了：

> 子曰。诵诗三百。授之以政。不达。使于四方。不能专对。虽多。亦奚以为。[2]（13/5, P25）

当夫子说"不学诗。无以言"时，思之所在，想必亦是"赋诗"二字，而此中所谓"言"，当是指《诗经》文雅得体、寓意丰富的语言了。对孔子及其时代而言，《诗经》是外交场合上不可或缺的辞源：言在此而意在彼，既言个人之志，复通使者之意，同时又不失于直白无文。

解释的作用在于发掘作品自身的意义，而上文所描述的赋诗行为却代表了一种误释。子展等七人与赵孟将诗行抽离于原文与历史的背景，再将其转化成自我表达的媒体，对原诗的割裂几乎达到了生吞活剥的程度。这样的做法显然没有逃过后世学者的注意，早在杜预（222—284）便有"断章取义"之评。当然，"断章取义"的贬义是在历史中形成的，当它刚开始用来描述春秋时期那种宾主互动的赋诗时，其主体意义还是中性的。

观诗的第三种方式是引诗。在《左传》与《国语》的记载中，引诗的数量均多于赋诗①。下面一例引诗出自《论语》：

> 子贡曰。贫而无谄。富而无骄。何如。子曰。可也。未若贫而乐。富而好礼者也。子贡曰。诗云。如切如磋。如琢如磨。其斯之谓与。子曰。赐也。始可与言诗已矣。告诸往而知来者。[2]（1/15, P2）

与前所举赋诗例相比较，引诗在表现方式上发生了明显的变化。前文赋诗多为音乐伴奏下的歌唱，而引诗则与之相反，不含任何表演成分在内。例如，子贡与夫子的对话，只是简单地引用了两行诗句的文字而已。又，表现方式之外，目的亦有明显变化。前文中七子赋诗，意在借诗来间接表达各自的志向；子贡则是用诗直接阐明或强化对话

---

① 见张素卿《左传称诗研究》，台北"国立"台湾大学出版社1991年版，第261-288页。书中列《左传》中36例赋诗及139例引诗。又，董治安《先秦文献与先秦文学》（齐鲁书社1994年版）中列出4种表格，比较《左传》《国语》中引诗、赋诗与歌诗之同异。其中，后两种表格（第35-45页）详细标出此二书中每例引诗、赋诗、歌诗中之时间、人物及诗作之题目。

中的某一观点。夫子闻诗句而知雅意，故许之"可与言诗已矣"。两相比较可知，引诗在陈述宣示，往往直取主题，而赋诗则隐约含蓄，往往迂回曲折。

二、孟子复原式解释理论探源：从"断章取义"脱胎换骨而成的读诗法

赋诗传统发展到战国时期已渐趋式微，《诗经》之应用形式中，硕果仅存者惟引诗而已；然而甚至在引诗如日方中之时，一种崭新的《诗经》解读方式——读诗——就已经出现了。对这一新传统的探讨，无疑当以孟子"以意逆志"的论述为出发点。笔者认为，"以意逆志"是孟子对"断章取义"脱胎换骨的神来之笔，其绝妙之处在于对"意"与"志"两个概念的全新用法。

历来学者评述"以意逆志"之"意"字，无非两途，或取其动词义，或取其名词义。作为动词，"意"通常指大脑形成形象概念之思维活动；作为名词，则指辞、句乃至文之主旨。总的来说，清以前学者多取其动词义，侧重孟子所指读者在解释过程中对文意之再创造，即意想；清代一些学者，如吴淇，则倾向于视"意"为作者在文中未加修饰的本义，即其所谓名词义[3](P36-37)。笔者认为应该兼顾"意"字之两面含义：一方面，赋诗、引诗、读诗均隐涉解释者对作品的主观再创造，即"逆志"之"意"是表示行为之动词；另一方面，解释者之再创造，又并非完全空穴来风，而是在听觉与视觉的基础上部分或全部取材于被解释之作品，即"意"是词、句或全文之意，为名词。孟子对"意"字之使用，已兼顾其动词、名词两面。

"断章取义"与"以意逆志"的区别，可以从两者对"意"之动、名词义之间不同的强调，对"意"名词义的不同取舍以及"志"的不同属性这三个方面来分析。如果倾听赋诗引诗的活动可视为"以意逆志"的过程，那么彼"意"主要取其动词义，即听诗的自由臆想，而辅助的名词义则仅限于孤立诗句之意。孟子"以意逆志"的读诗法则恰恰相反，此"意"以其名词义为主，动词义为辅。其名词义指一首诗的整体意义，并非单独诗句之意；而其动词义则指对全诗意义的揣摩，并非赋诗引诗所用的跳跃式臆想。孟子对"意"字之新用法在他对咸丘蒙的批评中得以充分的体现：

> 咸丘蒙曰。舜之不臣尧、则吾既得闻命矣。诗云。普天之下。莫非王土。率土之滨。莫非王臣。而舜既为天子矣。敢问瞽瞍之非臣如何。曰。是诗也、非是之谓也。劳于王事、而不得养父母也。曰。此莫非王事。我独贤劳也。故说诗者、不以文害辞。不以辞害志。以意逆志是为得之。①[4](5A/4, P35-36)

这段引文将"意"的两种名词意义置于鲜明的对比之下：一种是咸丘蒙所见之辞句字面之意，另一种是孟子所强调的全篇之文意。咸丘蒙解读《北山》诗句时，脱离整体之诗文，只见其表面之句意，遂有《北山》主张天下百姓均为舜之臣民，虽舜父瞽瞍亦

---

① 引文出自重印本《孟子引得》（《哈佛燕京汉学索引》，增补版17号），上海古籍出版社1986年版；"5A/4"即第5章（上）第4段。下同。

不能外之说。相对于咸丘蒙之执着于孤立句意，孟子则着眼于全体之诗文。孟子认为咸丘蒙之解读为误读，即，《北山》中"莫非王臣"一句是一种夸张的修辞手段，是百姓被迫承担所有劳役时，对这种不公正所发的怨诉。

咸丘蒙的解读方式可称为"断诗失义"。不过，与那些"断章取义"的赋诗者或引诗者不同，其读诗未能为所"断"之诗句提供一个新的语境，以使孤立的诗句在人际交流中重新获得连贯、完整的意义。在赋诗与引诗中，诗句脱离原本的语境（所谓"断章"）之后，总是会被置于一个新的语境，即社交场合人际应对的语境之中去。虽然脱离本有语境会导致原本"文意"的丧失，语境再造却能够利用"断章"之诗句与实时社交场景的某种模拟性，使其契合于新的语境，从而获得新的意义。由于这类"断章"的诗句依赖于语境的再造，其原本的"文意"已无关紧要，而此断章诗句本身的含意，也只能起到联接自身与其新语境的作用。

不过，在读诗这一解读行为中，读诗者并不具备那种宾主之间的互动来为"断章"的诗句再造语境，故读诗者无论解读某诗的哪一部分，均须将其置于该诗之整体之中，否则就可能严重地歪曲它的原意。咸丘蒙即是一个典型事例：如果不是忽视了诗文全体这一语境，他不至于径取其表面意义，而将本来的民怨宣泄错解成天子威势之描写。

孟子非常清楚，咸丘蒙错解《北山》诗句的根源乃在于其把"断章取义"滥用于阅读之中，所以他在文中发出"故说诗者，不以文害辞，不以辞害志"两个重要的告诫。由上下文来看，此中之"辞"，并非指单一的字或词，而是指诗中"断章"出来的"句"，即如咸丘蒙所引之"王臣"句。孟子随后说的话，亦表明其所言之"辞"，其实是"句"：

> 如以辞而已矣。云汉之诗曰。周余黎民。靡有孑遗。信斯言也。是周无遗民也。[4]（5A/4, P36）

换言之，孟子告诫《诗经》的读者要构建全体之"文意"，而非孤立之"辞意"（即句意），来作为解读诗歌的语境。这一告诫充分表明孟子的阅读观综合了"意"的动词与名词意义，对孟子而言，读诗的过程既有读者主观的探索（"意"之动词义），亦有文本客观的规范（"意"之名词义），只有两者完全的动态结合才能促成完美的"以意逆志"。

孟子对"志"的重新界定与其对"意"的改造如出一辙。正如其以整体之"文意"取代孤立之"辞意"作为解释的原始材料一样，孟子以《诗经》中古代诗人之志，而非后代赋诗、引诗者之志，来作为解释诗的基本框架。以对意、志这两个概念所作的根本改造为基础，"以意逆志"的过程亦在其本质上发生了深刻的变化：在赋诗与引诗中，"以意逆志"代表了一个再创造的解释过程，即诗句脱离其原有文本及历史背景，置身于一个现场表演的语境中，并通过这些诗句与新语境的对应，间接地表达赋诗者与引诗者的志向；与此相反，读诗行为中的"以意逆志"则本质上是一个恢复本有语境的、复原式的解释过程。这一过程关注诗篇的整体意义，而非孤立的诗句，并将诗篇视为原作者之"志"全面的表述。

不过，试图以纯文本之意逆作者之志，其困难远非赋诗与引诗可比，因为所逆者古人之志也，而相隔数百年，又没有赋诗、引诗时对面之人可以来时时纠正解读中的错误。针对复原式解释的这一结构性困难，孟子提出的解决方案是尽可能多了解原作者的生平与其生活世界，从而减少读诗者与作者之间的时空距离：

> 孟子谓万章曰。一乡之善士斯友一乡之善士。一国之善士斯友一国之善士。天下之善士斯友天下之善士。以友天下之善士为未足。又尚论古之人。颂其诗。读其书。不知其人可乎。是以论其世也。是尚友也。[4]（5A/8, P42）

文中所提方案，以"知人论世"这一言简意赅的形式流传至今。不过，尽管孟子提出的复原式解释具有相当的合理性与可行性，他本人却甚少采用。他的理论似乎与他的实践脱节，他读诗并不太着眼于诗本身，似乎更热衷于引诗这一做法，摘引孤立的诗句，以表达自己而非诗人的观点。

三、孟子复原式解释理论之嬗变：《毛诗序》的讽喻式解释

孟子所倡导的"以意逆志""知人论世"之读诗法发展至汉代，骤现一派繁荣的新局面。《诗经》出现至少四种不同的版本，各有独到之处，且均伴有若干详尽细密之注疏。王国维（1877—1927）曾指出：

> 汉人传诗，皆用此法，故四家皆有序。序者，序所以为作者之意。《毛诗》今存，鲁诗说之见于刘向所述者，于诗事尤为详尽。及北海郑君出，乃专用孟子之法治诗。[5]（P38-39）

不过，汉代注《诗经》诸家在运用孟子的复原式解释时，其复原之想像均过于恣肆，大大超出了孟子复原原则所允许的范围，这一倾向在《毛诗序》中表现得尤为明显。鲁、齐、韩、毛诸家各有其序，其中唯独《毛诗序》流传至今；其作者不详，或为毛亨、毛苌或另一个汉代早期人物。《毛诗序》含大、小二序：大者为第一首的长序，也是《诗经》总序，小者为其余各诗之分序①。

《毛诗序》作者对《国风》第一组诗《周南》的评注就反映出其运用复原式解释时的高度想像力。作者在探索《周南》诸诗本意的过程中，采用了"知人"和"论世"这两个被孟子视为解释关键的措施。他这样论《周南》之世：

> 然则关雎、麟趾之化。王者之风。故系之周公。南、言化自北而南也。[6]（P272）

---

① 《毛诗序》作者问题自古即为悬案。有以孔门弟子子夏为原作者，又经汉代毛氏增益者；亦有归之于东汉卫宏者。诸说见清代永瑢等所编《四库全书总目》第2卷（北京重印本：中华书局1965年版），卷15，册1，第119页。

这段描述令人想起季札关于《周南》起源的说法。季札称《周南》为"始基之矣"，意谓这一组诗当成于文王之世。《毛诗序》重复这一定论，从而为挖掘这十一首诗之社会政治的寓意定下了基调。《毛诗序》认为，由于这些诗作于文王之世，它们体现文王之德，并表现出"王者之风"，"化自北而南也"。换言之，与孟子所说一样，了解诗成之"时"与"世"，就能有效地窥测诗歌的道德意义。

相较于"论世"而言，"知人"难度更大。《诗经》所收均为无名氏的作品，已无考证作者生平的可能；但是诗中必须有一个作者，才能为复原式解释提供一个必要的历史框架。在《颂》与《大雅》中，这样一个作者的替代人不难找到，亦有其可信度，因为其中心人物总是一个历史的或传说中的英雄。《国风》则不然：这类诗通常不牵涉历史人物，故不轻易与历史事件或历史人物发生联系，因而也就不易找到替代人。当然，这并不影响《毛诗序》为诸诗寻找作者替代人的努力，而在实在找不到的时候，注释者就索性创造这样一个人物。

	题目	主题	具体评注
毛诗其一	关雎	后妃之德也。	风之始也。所以风天下而正夫妇也。……是以关雎乐得淑女以配君子。忧在进贤。不淫其色。哀窈窕。思贤才。而无伤善之心焉。是关雎之义也。
毛诗其二	葛覃	后妃之本也。	后妃在父母家。则志在于女功之事。躬俭节用。服澣濯之衣。尊敬师傅。则可以归安父母。化天下以妇道也。
毛诗其三	卷耳	后妃之志也。	又当辅佐君子。求贤审官。知臣下之勤劳。内有进贤之志。而无险陂私谒之心。朝夕思念。至于忧勤也。
毛诗其四	樛木	后妃逮下也。	言能逮下而无嫉妒之心焉。
毛诗其五	螽斯	后妃子孙众多也。	言若螽斯不妒忌。则子孙众多也。
毛诗其六	桃夭	后妃之所致也。	则男女以正。婚姻以时。国无鳏民也。
毛诗其七	兔罝	后妃之化也。	关雎之化行。则莫不好德。贤人众多也。
毛诗其八	芣苢	后妃之美也。	和平则妇人乐有子矣。[1]（P289-281）

以上对《周南》中初八首诗的评注，均集中在"后妃"这一妇女典范的形象上，而这一由注释者创造出来的形象，正是《毛诗序》解释的基础。

《毛诗序》的评注有其统一的形式。如上表所示，评注总是先列举诗名，然后标出后妃形象的某一侧面，并将其定格为该诗的主题。第一与第四两首言后妃之事文王，第二首言后妃之本或其妇道，第三首言后妃之待下以仁，第五首言后妃之子孙众多，第六首言后妃之正夫妇关系，第七首言后妃之化百官，第八首言后妃之和睦家庭。每首的主题介绍完之后，接着是用诗中某一细节或物象加以印证，进一步赞颂后妃的德行。

从对这八首诗的评注来看，《毛诗序》其实并未严格遵守孟子的复原式解释原则，尽管它也试图"知人论世"，也谈论《诗经》的起源与诗作者的意图。如上所述，孟子的复原式解释总体上是一种用归纳的方法发现作品意义的过程，即，读者在解读一首诗的过程中，检讨其"文意"或本有之意，以期揭示蕴涵于其中的作者的意图。与此相反，《毛诗序》的解读实质上是一种用演绎的方法为作品赋予意义的过程，注释者通常在解释一诗之初，从某种伦理的或社会政治的角度点出作品的主题，然后再以诗中情节的发展来解释和证明这一预设的主题。这样就不难理解何以《毛诗序》常常会故意忽略一诗非常明显的本意，而硬削其足以适预设主题之履了。其对《关雎》的评注是此方法最著名的例子。从字面来看，这首诗本来只是一首关于贵族青年思慕美丽女子的情诗，然而在《毛诗序》中，一首普通的爱情诗被转化成一篇比喻后妃探访贤才的作品①。这一讽喻式的解读手法亦见诸其对《卷耳》一诗的评注。《葛覃》本来描述了新婚女子期待归省父母的激动心情，但是《毛诗序》将女主角处理成作为妇女楷模的后妃，从而将该诗转化为对女子德行的赞颂。《樛木》和《螽斯》二诗没有主人公，但是《毛诗序》利用诗歌主要意象的比喻功能，成功地将二诗与后妃联系起来。如《樛木》本来只是祈祷财福，但是在《毛诗序》作者笔下，诗中树枝垂地的物象竟成为赞美后妃的比喻：树枝之低垂一如后妃之纡尊于百姓也！同样，《桃夭》《兔罝》《芣苢》三诗各自只是描述了家庭或小区中的活动，与后妃几乎谈不上什么关系，但是在《毛诗序》的解读中，这些欢乐的场面却表现了生活在后妃教化下的人民欢欣幸福的生活。

品读《毛诗》诸序，我们禁不住赞叹作者在化普通民歌为后妃赞歌时所表现出的娴熟技巧，同时也禁不住要指出：诸诗中历史人物无一不是注释者想像的产物，而后妃之为诸诗主角，纯粹出自作序人之想像，亦应为不争之事实。八首诗中找不出任何与后妃相关的文字，作序人也没有提供任何可资佐证的史料，却带着似乎已是众所周知的态度，径直视后妃为诸诗的中心人物，并以此为基础对《诗经》进行评注。

这样，本来被孟子用来防止任意解读的"知人论世"原则，却被《毛诗序》当作一件顺手的工具，用来包装其对诗歌主题不加节制、完全主观的篡改。作序人以假想的历史替换掉孟子"知人论世"一语中至为神圣的历史。单就这一点来看，《毛诗序》之以史说诗，其实只是对孟式解释的一种效颦之举而已，它至多不过是"赋诗"解释的一个变种；与赋诗者一样，注释者根本不在乎一诗之本意，在毫无依据地篡改文意时亦丝毫不觉手软；赋诗者或仅仅是"断章取义"，《毛诗序》则干脆另起炉灶，将一首细腻婉转的抒情诗生生改造成一篇空洞无物、了无情趣的道德说教。

《毛诗序》对孟子复原式解释的歪曲滥用其实很早就已招致诟病，即使是《毛诗》的再注者亦不免要批评其在历史背景上乱点鸳鸯谱的做法。东汉郑玄即对其偏离孟子"知人论世"的原则深感不安。他以细致入微的精神，按年代顺序编制了一个表谱，以记载与《诗经》中诸诗相关的历史事件；又于其间加注，探讨诗作者固有的意向。这一做法较忠实地反映了孟子复原式解释的原则，亦揭示出《毛诗序》中许多严重错误。如，通过对比《国语》及其他文本中可以相互验证之证据，郑玄认定四首被《毛诗序》

---

① 孔颖达释"贤"字为"贤女"，并认为此诗讲述后妃之为文王选"贤女"也。见《毛诗正义》，《十三经注疏》卷1，中华书局1977年版，第273页。

认为批评幽王的诗,其真实目标本是厉王①。后世学者如欧阳修、朱熹等人都纷纷批评《毛诗序》在评注时有许多牵强附会的解释,并回到文本,试图以诗论诗,提出不同的解读。不过,他们较少公开质疑《毛诗序》解释方式的合理性,更遑论尝试公开倾覆《毛诗序》在《诗经》研究中的经典性地位。即使是《毛诗序》最严厉的批评者,亦多未能完全摆脱《毛诗序》的影响。

不论后世的态度是扬是抑,亦不论其影响是益是害,《毛诗序》自由任意的解释风格对《诗经》研究,以及大而言之的诗歌研究,均产生了自由化的影响。在此模式中,主人公可以被解读为某一特定的历史人物,诗的内容可以被解读为这一人物德行的表现,而在这样的解读过程中,一首普通的诗歌轻而易举地被赋予了道德的寓意。可以说,《毛诗序》的出现,开创了中国文学评论史上利用假想的历史性来进行讽喻式解释的先河。孟子严谨的复原式解释理论,经过《毛诗序》这般自由化的改造,必然是面目全非了。不过,对这点历代批评家似乎大都视而不见,以致欧阳修所持"《毛诗》诸序,与孟子说诗多合"[7](卷14,P12)的观点,几乎成为定论。然而,孟子之复原式说诗,一经与春秋赋诗引诗和《毛诗序》详细比较,其与前后两者迥然不同的真正面目就跃然纸上了。

[参考文献]

[1] 孔颖达. 春秋左传正义[A]. 阮元编. 十三经注疏[C]. 北京:中华书局,1977.

[2] 论语引得[M]. 北京:哈佛燕京研究所,1940.

[3] 吴淇. 六朝选诗定论缘起[A]. 郭绍虞,王文生编. 中国历代文论选(第1卷)[C]. 上海:上海古籍出版社,1979.

[4] 孟子引得[M]. 上海:上海古籍出版社,1986.

[5] 王国维. 玉溪生诗年谱会笺序[A]. 郭绍虞,王文生编. 中国历代文论选(第1卷)[C]. 上海:上海古籍出版社,1979

[6] 孔颖达. 毛诗正义[A]. 阮元编. 十三经注疏[C]. 北京:中华书局,1977.

[7] 欧阳修. 诗本义[M]. 四部丛刊三编影印本.

原载《中山大学学报(社会科学版)》2007年第6期

---

① 据王国维称,在距郑玄一千年后的清同治年间出土了一批青铜器,其上铭文证实了郑玄的考证;对王国维而言,此事再次证明了孟子复原式解释恒久不变的价值及郑氏经学大师的地位。见王国维《玉溪生诗年谱会笺序》,载郭绍虞、王文生编《中国历代文论选》(第1卷),上海古籍出版社1979年版,第38-39页。

由"四书学"的形成看儒学的开展

郭齐勇

"四书"或称"四子",是儒家重要的经典,也是中华文化的宝典。朱子的《四书章句集注》无疑也是经典,它是宋代人注疏、诠释"四子"的集大成者,影响了东亚(今天中、日、韩、朝、越等国家或地区)七八百年。"四书"是中国人必读的书。"四书"之于中国,如同《阿含经》之于印度,《可兰经》之于阿拉伯,《新约》《旧约》之于西方。"四书"根本上是教人如何做人,不读"四书",不知道做人的尊严、人格的力量、人生的价值与意义。宋代张载(横渠)说:"为天地立心,为生民立命,为往圣继绝学,为万世开太平。"这是中国古代知识分子的文化理想,也是对儒学精义的概括。按梁启超先生的说法,《论语》《孟子》等是两千年国人思想的总源泉,支配着中国人的内外生活,其中有益身心的圣哲格言,一部分久已在我们全社会形成共同意识,我们既做这社会的一分子,总要彻底了解它,才不致和共同意识生隔阂。

任何一个社会、一个族群,作为其文化土壤或社会文化背景的有两个东西,一个叫"伦理共识",一个叫"文化认同"。所谓"文化认同"或者叫"民族文化的自我身份认同",解决的是"我是谁""我来自哪里"的问题,是个体人所归属的民族文化的基本身份的自我定位,是精神信仰的归乡与故园。所谓"伦理共识",其实是在民众中的一个隐性的,然而又是有约束力的价值观、生活态度、对待家庭与社会的方式以及终极信念的共同点。一个社会、一个族群的生活如果没有"伦理共识"与"文化认同",不免会遭受到脱序的危险,当然也就不可能有健康的现代化,健康的政治、经济、科技、文化的建设。实际上,一个健康的现代化,健康的法治社会、工商社会的建构,不能不依赖于"文化认同"与"伦理共识"。"四书"正是孕育中华民族的"伦理共识"与"文化认同"的基本经典,其中所讲的道理,例如"仁""义""礼""智""信"五常等就是中华民族的核心价值观念,一直到今天还活生生地扎根在老百姓之中,继续为中华民族的成长与复兴起着积极的作用。人类文明的经典,可以调治现代的生活;中国经典如"四书"及《老子》《庄子》《六祖坛经》等,同样有调治的作用。

钱穆先生说,中国文化史上有两位伟人,地位越出其他人之上,前古是孔子,近古是朱子。这个说法是很有根据的。朱子是百科全书式的学者,同时也是一位积极入世、关怀百姓疾苦的政治家。其实真正的儒家,从来都是内圣外王一致的,没有所谓一心只研究"心性论"或只做修养的儒家,或另一些则是一心参与政事的"政治儒学"。这两者分化了就不是儒学或儒家了。儒家中人对内圣与外王或者因客观条件限制而有所偏重,但绝不会偏废其中任何一方。现代人也是这样,我们修养身心,同时担负着一定的公共事务，有一定的社会职责，仍然是德业的并进。

大家知道，"四书"指《大学》《中庸》《论语》《孟子》。《大学》是《礼记》（小戴记）49篇中的第42篇，作者已无可考。唐代韩愈《原道》引用了《大学》，李翱开始阐发《大学》的"格物致知"论。宋以前没有单篇别行之本。宋仁宗于天圣八年（1030年）曾将单行本赐新第进士王拱宸等。司马光著《中庸大学广义》一卷，《学》《庸》并称别出。程颢、程颐兄弟表章《学》《庸》《语》《孟》，合称"四书"，以此作为上达六经的法门，又称《大学》为"初学入德之门"。《中庸》是《礼记》（小戴记）中的第31篇，但单篇别出，由来已久。《中庸》为孔子之孙子思所作，其文句虽在汉代有人增删，然其思想是子思的则无疑。班固《汉志》载有《中庸说》两篇，以后受到历代朝野的重视。唐代李翱的《复性书》，最早发掘《中庸》性命之学的价值。宋儒周敦颐等进一步阐发了《中庸》的形上学与心性论。邢昺向真宗陈述《中庸》大义，为真宗采纳。仁宗以《中庸》赐进士，范仲淹授《中庸》于张载，启导张载入圣人之室。二程表章《中庸》，与《学》《论》《孟》并行。程颐认为此篇乃孔门传授心法，始言一理，中散为万事，末复为一理。

《论语》是孔子弟子和再传弟子对孔子言行之记载的汇集，不成于一人一时。大约在春秋末期，弟子们把"接闻于夫子之语"记载下来；通过口耳相传，再传弟子把孔子言行追记下来；后人编纂成不同的简策（篇章）。大约在战国早期就有了汇集本。传至汉朝，至少有了鲁、齐、古文三种汇编本。今传本源于西汉末年张禹融合的鲁、齐《论语》本。《论语》记载了孔子与弟子或当时的政治家、学者们的对话，平易亲切，恬淡中寓意深长。《论语》不是一整套思想体系或伦理教条，多半是师生共同讨论、体验天道人事的真实记录。《论语》是我国儒家经典之一，东汉时列为经部。《论语》在汉至唐代是妇女、学童的启蒙读本。

《孟子》一书主要是孟子自著，或者其高弟记录孟子言行，孟子晚年加以整理而成。《孟子》七篇有汉代赵岐的《孟子章句》。《汉志》虽将《孟子》放在诸子类，但在汉代人的心目中，却把它看为辅翼"经书"的"传"。汉文帝把《论语》《孝经》《孟子》《尔雅》各置博士，便叫"传记博士"。赵岐尊孟子为亚圣，把《论》《孟》并列，王充也把《孟子》看为"传"。中唐以后韩愈的《原道》提出儒家道统说。五代后蜀主孟昶将包括《孟子》在内的十一经刻石，宋太宗又加以翻刻。自此《孟子》列入经书。北宋第一流的学者与政治家孙复、石介、欧阳修、王安石等，响应韩愈的道统说，尊崇孟子，重振儒学的工作遂为士子所认同。到二程时，已将《论》《孟》并提，地位凌驾于六经之上。自宋代（特别是南宋）以来，"四书"地位大大提高。元至清代，"四书"成为科举考试的内容，成为士子必读的书。

原来分别刊行的《论语》《孟子》与《礼记》中的《大学》《中庸》之所以慢慢结集成为"四书"，有文化的原因与社会的原因。面对佛学、道教的挑战而重建中华文化的精神内核，是"四书"形成的文化原因。经过历史上的外在地排佛和形式的模仿，至宋代，士人开始积极内在地吸收、消化、扬弃佛学，也吸收本土的道教，重建适合于中国大群人生的精神系统，包括哲学的宇宙观、形上学、心性论。宋代真正实现了儒释道三教的融合，特别是以历史实践证明最适合中国社会的儒家思想为主体的融合。宋元明清是"道学"或"理学"作为精神世界的时期（清代亦不例外）。其兴起，正是中国知识人面临政治、民族危机，特别是外来文化思想的严重挑战而产生的一种"文化自觉"。自韩愈开始，至宋初三先生、北宋五子直到南宋朱子，可以说是数代知识人重塑中国人的终极信念与价值系统，从高的层次与水平上回归中国人的精神源头，即回归"六经"、《语》《孟》，周孔的过程。朱子与同时代的学者（吕祖谦、陆氏兄弟、陈叶功利派等）间的辩论，朱子之后的阳明学及明代的心学、气学诸论，乃至明末清初大儒的反省等，尽管异彩纷呈，创见叠出，派系繁复，争论不休，然合而观之，其所同大于所异，深论细节千差万别，而总体上或先立乎其大者，却莫不仍旧环绕着一个中心而展开，这个中心就是对佛道二教作内在性的批评、扬弃、消化，重建中国人自己的宇宙论与本体论，解决中国人的精神归宿问题（信念、信仰、终极性等等）及超越追求与现实关怀的关系问题。宋明理学（道学）重建了宇宙论、本体论和心性修养论，重建了道德形上学的体系。这一时期的哲学在中国哲学史上的最大贡献是抽象程度很高，不仅讨论宇宙自然的发生与发展，而且进一步讨论天地万物的根据、本原和普遍规律等形而上的问题，包括人的终极关怀的问题。

唐代以后中国社会的转型，是"四书"形成的社会原因。宋代与唐代及以前时代的区别，在于宋代开始了平民化的过程，传统社会贵族与庶民二元对立的结构开始解体。宋代的经济水平、城市规模与文化繁荣的程度，都是当时在地球其他地域生存的民族所无法企及的。那是世界文明史上的奇观！二元对立的社会结构解体之后的平民化的社会，需要凝聚中华各民族，特别是平民所能接受的精神性的、蕴含社会理想、做人之道与终极信仰的文本或经典。于是，唐代及此前上层社会人士诵习的"五经"，逐步让位于平民诵习的"四书"。这个过程比较漫长。"四书"当然不可能取代"五经"，宋代以后，士子有关"五经"乃至"十三经"的研究仍然代不乏人，颇多创构，然而从整个社会文化来看，"四书"成为家传户诵之学，成为朝野、城乡文化的主流。

"四书"与"四书学"是因社会民间的需要应运而生的，是文化下移的产物。孔子是中国知识人第一次文化下移工作的代表，把王官之学下移民间，开创私学，删修"六经"，在士子中开启经典整理与诠释的传统。朱子是中国知识人第二次文化下移工作的代表，讲学民间，注释"四书"，在社会大群中开启"四书"的新传统。假借今天的话来说，点击率高的关键词，宋以前是"周孔"（或"孔颜"）与"五经"，宋以后则是"孔孟"与"四书"。这也是钱宾四先生说过的。北宋确有扩大经学范围和重新注释经书的文化运动，于是有了"四书"的形成与流行。

朱子穷其一生为《大学》《中庸》作章句，为《论语》《孟子》作集注，用功甚勤，修改不辍，四十余年间，"改犹未了"，直到临终前一日还在修改《大学·诚意章》，真是做到了"毕力钻研，死而后已"。朱子《四书章句集注》的特点是，以洗炼的文字，逐句解释"四书"之难点、要点，先注音，再释典故、人物，包括难字难句，再解释其义理。应该说，朱子仍是以训诂为主，以疏通文字为主。《四书章句集注》有关义理的解释也不全然是宋代理学家的看法，他首先还是讲通行的看法，就先秦儒学的基本知识与道德义理加以阐发，特别疑难处，遇到一些范畴与关键词，遇到一些与汉至唐代儒家不同的看法，遇到特别方便发挥宋儒的观点处，他或引用二程及其学生或他人的看法，或自己直截加以解释。在引用了前人或当时人的看法后，如不需再说则不说，如需要加以抉择判断处，则加"愚按""愚谓"予以判定，或者留有余地。在章节之末，以"此一节""此章言""此言"云云，加以总结。需提醒读者注意上下文相互关联处，也特别加以说明。除哲学名词和特别便于发挥处的义理是宋人的或朱子个人的理解外，一般说来，全书注释大体上是公共性的知识，故这是非常精要、深刻的，难以替代的"四书"教材。朱子的学生李性传说本书"训释最精"，非常确当。

《四书章句集注》的最大贡献，甚至超过了清代汉学家的贡献，借用一句话，可以说是："先立乎其大者"，即从整体的联系的观点把握了"四书"的精髓，也是先秦儒学的精髓，并在宋代的历史文化背景下创造性地诠释了儒学的精义。限于宋代文字考据的水平，朱子的名物训诂中容或有清代汉学家所纠正的若干缺失，但在意义世界、价值体系的总结提升方面，清代学者却无法望其项背。清代汉学家重视个别、细部的考证，这当然是很重要的，但他们却往往忽略了中国思想世界中最有民间性、最有影响力的儒家思想系统的主旨与精义。所以，不管朱子之后出版了多少诠释《学》《庸》《论》《孟》的书，都无法替代朱子的这部著作。我们现在有条件超越宋学与汉学之上，对"四书"作出新的诠释了，但现代人最大的毛病是太过轻率，并没有真正下工夫读懂朱子的这部书与清人近人的代表性诠释，就匆匆下结论。以朱子的学养与智慧，他精雕细刻、苦心斟酌四十余年的这部书，是不可以随意轻忽的。

朱子的注释，尤其是对《大学》的分章、补遗，颇为古今人所诟病。凭心而论，从近年来学术界对传世文献与出土文献的研究中，我们发现，朱子对《大学》的结构作了"经"与"传"的分别，恰好抓住了中国经典与古典诠释学的特点，具有方法论的意义。李学勤、庞朴、李零等专家在对出土文献资料的整理中，也运用了这一方法，确有成效。朱子的《大学》"格物"补传难免"杜撰"的批评，但这不正表明了朱子的诠释是创造性的诠释吗？我们阅读时可以强烈地感受到朱子思维的过人之处，经他的诠释，"格物致知""即物穷理"思想一直影响到中日韩诸国接受西学，走上现代化，成为一种文化土壤或背景。当然，这绝不是直线式的，而是慢慢浸润、积累起来的。

就《论语》的注释而论，何晏的《集解》、皇侃的《义疏》都具有哲学诠释学的意义，而朱子的《集注》正是在此基础上更全面、更有时代性与个性的哲学新诠。哲学家的诠释当然带有哲学家所处时代与个人的色彩，故朱子的《论语集注》，乃至整个"四书"诠释，都必须放到宋代哲学史的背景上加以考察。他以"四书"的集结与诠释，重建了儒学系统！

儒学、"四书学"都越出了我国的疆域，是整个东亚的精神文明。朱子的本书在元仁宗元祐时期钦定为科举考试的主要教材之后，在朝野有了更为广泛的流传，影响更大。当然，一旦被钦定为官方哲学，成为士子登庸利禄的工具，越到后期传统社会，则越来越被僵化，削弱了原本活泼、清新、创进、健康的精神资源的价值。朱子本书不仅是影响我国的最深远的著作，也是影响东亚的最深远的著作。本书传到朝鲜半岛、日本列岛和越南之后，当地的儒学专家有了多少不同于中国内地的发展，赋予了富有本土意味的创新意义，在学界有很多深入的探讨，在民间也有广泛的影响。东亚儒学的四书诠释有非常复杂多样的、生动丰富的传统。现在对古代经典的诠释，有一些低俗化的倾向，对于民间文化来说，浅一点是正常的，但一定要提升受众的水平，努力把"戏说""俗讲"引导为"正讲"。有的洋学者打着学术旗号"歪讲"《论语》或"四书"，典型的就是白牧之、白妙子夫妇合撰的《论语辨》。白氏夫妻沿着崔述的疑古，扩而大之，又以索隐的手法，胡乱肢解，把《论语》解读成政治权力斗争，与考据学毫不相干，居然引起美国汉学界的相当注意而得不到切实的批评。旅美华裔学者李淳玲女士2005年9月来我校出席我主持的"第七届当代新儒学国际学术研讨会"，发表了《论索隐派伪书〈论语辨〉及学问分际的问题》一文（载于《人文论丛》2006年卷，武汉大学出版社2007年6月版），相当深刻、全面地批评了白氏毫无根据的猜测，值得称道。"四书学"在今天仍有勃兴之势。从近十多年来我与同仁在学校、社团、企业、媒体、地方图书馆等处讲授"四书"的情况来看，深感民众迫切需要，又特别欢迎，他们对"四书"有一种亲合力，而且能从生命的体验中，从生活的实践中加以理解。我相信，"四书"仍是现代中国人最好的精神粮食！

总之，"四书"是中国人的基本信念、信仰，是中国人的安身立命之道，是家传户诵之学，哪怕是乡间不识字的劳动者，也是自觉实践其中做人的道理。其中的"仁爱"思想，"己欲立而立人，己欲达而达人""己所不欲，勿施于人"等等格言，一直到今天，不仅是中国人做人的根本，而且是全人类文明中最光辉、最宝贵的精神财富。

原载《中山大学学报（社会科学版）》2007年第6期

化当然为必然：朱熹思想的内在趋向

杨国荣

在沟通天道与人道的同时，又以当然为人道的价值内涵，这一理论进路构成了理学的基本特点之一；作为理学的重镇，朱熹的哲学同样体现了以上趋向。然而，对"气"与"理"的不同侧重，同时也使理学的不同系统形成了各自相异的思想路向。在主张气为本源的张载那里，与太虚即气的本体论立场前后一致，天道的考察具体展开为对实然的确认，天道与人道的统一，则具体地表现为当然与实然的沟通；与之相应，以天道为人道的前提，同时意味着以实然为当然的根据。相对于此，在本体论上，朱熹将关注的重心由气转向理。"气"与"空""无"相对，体现的是现实的存在（实然），"理"则首先表现为必然的法则，以"理"为第一原理，同时呈现出化当然为必然的趋向。理学中的以上趋向虽然发端于二程，但其充分的展开，则完成于朱熹。从历史的视域看，朱熹哲学在理学衍化中的理论意义，应当从以上背景加以考察。

一

较之张载强调气的本源性，朱熹首先将关注之点指向理气关系："天地之间，有理有气。理也者，形而上之道也，生物之本也；气也者，形而下之器也，生物之具也。是以人物之生，必禀此理，然后有性；必禀此气，然后有形。"（《答黄道夫一》，《晦庵先生朱文公文集》卷58；以下引该书，简称《文集》）这里的气与理分别近于质料因和形式因，人物则指作为具体对象的个人及其他事物，对朱熹而言，理决定了某物之为某物的本质（性），气则规定了事物形之于外的存在形态（形），具体事物的存在既依赖于理，也离不开气。在这里，理与气的关系无疑呈现了统一的一面，朱熹以二个"必"（"必禀此理""必禀此气"）强调了具体事物形成过程中理与气的不可分离性。不过，理与气的这种统一，主要限于经验领域的具体事物：惟有既禀理、又禀气，经验对象的发生与存在才成为可能。在从经验的层面理解理气关系的同时，朱熹又从形而上与形而下的维度，对理气关系作了总体上的规定：气为形而下之器，理则是形而上之道。从内涵上看，道具有超越具体对象的普遍品格，作为形而上之道，理相应地构成了存在的普遍根据或本源（生物之本）；器是处于特定时空中的有限事物，以气为器，意味着将气等同于有限的经验对象；所谓生物之具，便既指事物构成的质料，也指具体事物本身。理气与道器的以上对应，显然蕴含了对理气关系的另一种理解。

在关于理气是否有先后的问题上，对理气关系的不同理解得到了具体的展示："或问：'必有是理，然后有是气，如何？'曰：'此本无先后之可言。然必欲推其所从来，则须说先有是理。然理又非别为一物，即存乎是气之中，无是气，则是理亦无挂搭处。'"（《朱子语类》卷1；以下凡引该书，简称《语类》）理气"本无先后"，是就经验领域的具体事物而言，在这一层面，理并非别为一物，而即在气之中。然而，从形而上与形而下的视域看，则理又具有对于气的优先性，所谓"必欲推其所从来"，便是从形而上的角度立论，在此层面，理为万物存在的根据，因而"须说先有是理"。以上关系，朱熹同时从本原与禀赋之分加以解释："若论本原，即有理然后有气，故理不可以偏全论。若论禀赋，则有是气而后理随以具，故有是气则有是理，无是气则无是理。"（《答赵致道》，《文集》卷59）本原是就本体论而言，禀赋则涉及经验领域具体事物的发生或生成。在本体论上，理作为生物之本，具有更为本源的性质，故为先；在经验领域，特定事物的生成则既需理，又离不开气，故理气无先后。类似的辨析在朱熹那里可以一再看到："或问先有理后有气之说。曰：'不消如此说。而今知得他合下是先有理后有气邪？后有理先有气邪？皆不可得而推究。然以意度之，则疑此气是依傍这理行，及此气之聚，则理亦在焉。盖气则能凝结造作，理却无情意，无计度，无造作，只此气凝聚处，理便在其中。且如天地间人物草木禽兽，其生也莫不有种，定不会无种子白地生出一个物事，这个都是气。若理则只是个净洁空阔底世界，无形迹，他却不会造作，气则能酝酿凝聚生物也，但有此气则理便在其中。"（《语类》卷1）"问：'有是理便有是气，似不可分先后。'曰：'要之，也先有理，只不可说是今日有是理，明日却有是气也，须有先后。且如万一山河天地都陷了，毕竟理却只在这里。'"（《语类》卷1）从经验领域具体事物的存在看，理气都不可或缺，故对理气不必分先后（"不消如此说"），但是，气作为形而下之器，是有限的、特殊的，其凝结造作表现为时间中的过程，理作为形而上之道，则同时具有超验特定时空的品格，表现为一个"净洁空阔""无形迹"的世界；气在时间中凝结造作的万物尚未出现，理作为超越时间的"净洁空阔"世界已存在（"要之，也先有理"）；同样，时空中的万物都归于消亡（"万一山河天地都陷了"），时空之外的理却依然存在（"毕竟理却只在这里"）。

不难看到，在理气关系上，关于理气无先后与理气有先后的不同表述既非朱熹理学系统中简单的内在矛盾，也不是如一些论者所言，表现了朱熹在早年与晚年的不同思想，事实上，同样的观念，在其早年与晚年都可看到；以上所引论述，便同时出自其不同的时期。从更实质的意义上看，理气关系不同的内涵与不同的考察视域具有对应性，这种不同主要便表现为经验视域与形上视域之别。经验的视域涉及时空关系中具体事物的生成与存在，形上视域则指向存在的根据与本原。对朱熹而言，在经验领域，具体事物的生成既以理也以气为其必要前提，理与气在此意义上无先后之分；从形上之域看，理超越于具体时空，构成了存在的普遍本原与根据，作为超时空的存在本原，理既存在于气以及万物化生之前，又兀立于气以及万物既陷之后。"或问理在先气在后。曰：'理与气本无先后之可言，但推上去时，却如理在先，气在后相似。'"（《语类》卷1）这里的"本无先后"是就经验之域而言，"推上去"或"推其所从来"（《语类》卷1），则是从形上之域加以追问，与之相应的便是理气"本无先后"与"理在先，气在后"的二重认定。

理气关系的二重规定既肯定了气作为生物之具的意义，又突出了理在本体论上的优先性。与后者相应，朱熹将注重之点更多地放在理之上。从理气有无先后的问题转向存在的具体形态，首先便涉及事物的同与异的关系问题：天下万物，既千差万别，又有共同或普遍之性，如何理解这种存在形态？从理为万物之本的前提出发，朱熹对此作了如下解释："论万物之一原，则理同而气异；观万物之异体，则气犹相近而理绝不同也。气之异者粹驳之不齐，理之异者偏全之或异。"（《答黄商伯四》，《文集》卷46）"万物之一原"体现的是物之"同"，对朱熹而言，物的这种"同"乃是以理之"同"为其根据，在这里，"理"主要被理解为万物的普遍本质。与"万物之一原"相对的是"万物之异体"，后者涉及的是不同类的事物或事物的不同类，这种不同，同样由理所决定，朱熹将"物之异体"与"理之不同"联系起来，便表明了这一点。张载曾提出"阴阳之气，散则万殊"，其中包含以气的聚散说明事物的差异（万殊）之意。然而，气的聚散主要涉及质料的构成，这一层面的异同，似乎尚带有外在的性质。相对于此，朱熹强调"观万物之异体，则气犹相近而理绝不同"，则表现出从"理之不同"理解"物之异体"的趋向。较之以气为出发点，从理的角度理解事物的同异关系，在理论上无疑更深入了一层。

理与物的以上关系，在"有血气知觉"与"无血气知觉"等不同存在形态之间的比较中得到了进一步的阐述："天之生物，有有血气知觉者，人兽是也；有无血气知觉而但有生气者，草木是也；有生气已绝而但有形质臭味者，枯槁是也。是虽其分之殊，而其理则未尝不同。但以其分之殊，则其理之在是者不能不异。故人为最灵而备有五常之性，禽兽则昏而不能备。草木枯槁则又并与其知觉者而亡焉，但其所以为是物之理则未尝不具耳。若如所谓才无生气便无此理，则是天下乃有无性之物，而理之在天下，乃有空阙不满之处也，而可乎？"（《答余方叔》，《文集》卷59）这里区分了有生命且有知觉、有生命但无知觉、曾有生命但生命已终结等不同形态的事物，作为不同的存在形态，它们无疑体现了"分之殊"，但"殊"之中又有"同"，后者主要表现在它们内含共同之"理"（"其理则未尝不同"）。然而，既为"分之殊"，则内在于其中的理又有差异（"其理之在是者不能不异"）。通过理之同与理之异的以上分疏，朱熹一方面肯定了不同存在形态中理的特殊性以及事物之殊与理之异的联系，另一方面又确认了理的普遍存在：即使失去生命之物（所谓"枯槁"），仍有其理。与之相应，理既规定了存在的特殊形态，又从普遍的方面制约着事物。

理对物的二重制约，在理一分殊说中也得到了体现。"理一分殊"的提法最早出自程颐，所谓"《西铭》明理一分殊，墨氏则二本而无分"①。这一语境中的"理一分殊"主要与道德原则及其作用形式相联系。朱熹对此作了引申，使这一命题同时具有本体论的意义。在解释太极与万物的关系时，朱熹指出："二气五行，天之所以赋授万物而生之者也。自其末以缘本，则五行之异本二气之实，二气之实，又本一理之极；是合万物而言之，为一太极而已也。自其本而之末，则一理之实，而万物分之以为体；故万物之中，各有一太极，而小大之物，莫不各有一定之分也。"（朱熹《通书注·性理

---

① 《二程集》，北京：中华书局，1981年，第609页。

命章》）太极是理的终极形态（所谓"一理之极"），由经验对象（末）追溯存在的本原，则万物源于五行，五行产生于阴阳二气，二气又本于太极，故太极为万物的最终本源；自终极的存在向经验领域下推，则太极又散现于经验对象。在这里，"理一"意味着理为万物之本，"分殊"则表明理在具体的事物之中规定着具体事物，二者从不同方面体现了理的普遍制约。

尽管"分殊"在逻辑上蕴含着对多样性的肯定，但作为"理一"的展开，它（分殊）主要又表现为理本身的存在方式和存在形态，其意义首先也体现在理对万物的规定之上。也正是由此出发，朱熹在确认理一分殊的同时，一再强调理一的主导性："天下之理万殊，然其归，则一而已矣，不容有二三也。"（《答余正甫》，《文集》卷63）"万理本乎一理。"（《语类》卷27）本体论意义上的存在是如此，社会伦理实践的领域也是这样："世间事虽千头万绪，其实只一个道理，理一分殊之谓也。"（《语类》卷136）质言之，无论是本体论之域，抑或社会伦理的世界，理一与分殊最终展示的都是理的普遍制约与主导性。

二

作为存在的第一原理，理同时表现为必然的法则，所谓"理有必然"（《己酉拟上封事》，《文集》卷12）。当然，在朱熹那里，突出作为必然法则的理，并不仅仅在于确认天道之域中对象世界变迁的必然性，与张载、二程一样，朱熹对天道的考察最后仍落实到人道，在这方面，理学确乎前后相承。就理的层面而言，天道与人道的相关，具体表现为所以然与所当然的统一："至于天下之物，则必各有所以然之故，与其所当然之则，所谓理也。"（《大学或问上》）"所以然"表示事物形成、变化的内在原因或根据，如上所提及的，在理学的论域中，它与"必然"处于同一序列，理之"所以然"，相应地也被表述为"理之所必然"（参见《语类》卷74）；"所当然"则既指物之为物所具有的规定，也与人的活动相联系，表示广义的当然之则：所谓"理所当然者"，同时便指"人合当如此做底"（参见《语类》卷60）。以"所以然"与"所当然"为理的双重内涵，表明理既被理解为"必然"，也被视为"当然"。与之相应，对理的把握（明理）也同时指向二者："所谓明理，亦曰明其所以然与其所当然者而已。"（《答吴伯丰》，《文集》卷52）事实上，朱熹确乎一再地在理的层面上，将必然与当然联系起来。从实践的层面看，理首先与人应物处事的过程相关："要得事事物物、头头件件各知其所当然而得其所当然，只此便是理一矣。"（《语类》卷27）这里作为"理一"的"所当然"，便是社会领域（首先是伦理领域）的当然之则，而这种当然之则按朱熹之见同时具有必然的性质，在谈到格致诚正、亲亲长长的关系时，朱熹便表达了这一点："故不能格物致知以诚意正心而修其身，则本必乱而末不可治，不亲其亲、不长其长，则所厚者薄而无以及人之亲长，此皆必然之理也。"（《大学或问上》）是否修身而立本、是否由亲其亲长其长而及人之亲长，所涉及的本来是社会伦理领域中的当然之则，但在朱熹看来，其间又内含必然之理；必然与当然在此亦彼此交融。

较之张载以实然（气化流行）为当然之源，朱熹将当然纳入理之中，似乎更多地注意到当然与必然的联系。当然作为行为的准则,与人的规范系统相联系,从具体的实践领域看,规范的形成总是既基于现实的存在(实然),又以现实存在所包含的法则(必然)为根据,对象世界与社会领域都存在必然的法则,规范系统一方面体现了人的价值目的、价值理想,另一方面又以对必然之道的把握为前提;与必然相冲突,便难以成为具有实际引导和约束意义的规范。朱熹肯定当然与必然的相关性,无疑有见于此。然而,如前所述,当然同时又与人的目的、需要相联系,并包含某种约定的性质。就规范的形成而言,某一实践领域的规范何时出现、以何种形式呈现,往往具有或然的性质,其中并不包含必然性。同时,规范的作用过程,总是涉及人的选择,人既可以遵循某种规范,也可以违反或打破这种规范;这种选择涉及人的内在意愿。与之相对,作为必然的法则(包括自然法则),却不存在打破与否的问题。规范与法则的以上差异,决定了不能将当然等同于必然。

以当然为必然的逻辑结果,首先是赋予当然以命定的性质。在对理之当然与理之所以然作进一步界说时,朱熹指出:"理之所当然者,所谓民之秉彝,百姓所日用者也。圣人之为礼乐刑政,皆所以使民由之也,其所以然,则莫不原于天命之性。"(《论语或问》卷8)"秉彝"含有天赋、命定之意,以理之所当然为"民之秉彝",意味着将当然规定为天赋之命,当朱熹强调"所以然,则莫不原于天命之性"时,便进一步突出了这一点:所以然与所当然彼此相通,"理之所以然"原于天命之性,同时也表明"理之当然"来自天所命之性。当然与"性""命"的这种联系,使循乎当然成为先天的规定,而当然本身也似乎由此被赋予某种宿命的性质。

作为先天之命,当然常常被置于超验之域:"说非礼勿视,自是天理付与自家双眼,不曾教自家视非礼,才视非礼,便不是天理。非礼勿听,自是天理付与自家双耳,不曾教自家听非礼,才听非礼,便不是天理,非礼勿言,自是天理付与自家一个口,不曾教自家言非礼,才言非礼,便不是天理。非礼勿动,自是天理付与自家一个身心,不曾教自家动非礼,才动非礼,便不是天理。"(《朱子语类》卷114)"天理付与"也就是天之所与,在界定仁道规范时,朱熹更明确地点出了此义:"仁者,天之所以与我,而不可不为之理也。"(《论语或问》卷1)作为天之所与,规范已不仅仅是一种当然,而且同时具有了必然的性质:所谓"不可不为",便已含有必须如此之意。事实上,朱熹确实试图融合当然与必然,从其如下所论,便不难看到此种意向:"及于身之所接,则有君臣、父子、夫妇、长幼、朋友之常,是皆必有当然之则,而自不容已,所谓理也。"(《大学或问下》)"自不容已"表现为一种必然的趋势,将当然之则理解为"自不容已"之理,意味着以当然为必然。作为自不容已的外在命令,天理同时被蒙上某种强制的形式:遵循天理并不是出于自我的自愿选择,而是不得不为或不能不然,所谓"孝悌者,天之所以命我而不能不然之事也"(《论语或问》卷1),即表明了此点。不难看到,在道德实践的领域,以当然为必然,总是很难避免使规范异化为外在的强制。

三

从普遍之道(必然与当然)转向人,便涉及对人性的理解。继张载、二程之后,朱熹也对天地之性（或天命之性）与气质之性作了区分。天地之性或天命之性本于理："盖天命之性，万理具焉。"（《中庸或问上》）气质之性则源自于气："气积为质，而性具焉。"（《语类》卷4）作为人性之中的规定，天命之性所具之理主要以社会伦理原则和规范为其内容："盖天命之性，仁义礼智而已。循其仁之性，则自父子之亲，以至于仁民爱物，皆道也；循其义之性，则自君臣之分，以至于敬长尊贤，亦道也；循其礼之性，则恭敬辞让之节文，皆道也；循其智之性，则是非邪正之分别，亦道也。盖所谓性者，无一理之不具。"（《中庸或问上》）仁义礼智等伦理原则体现的是人作为道德主体所具有的本质，它展示了人之为人的普遍规定，以此为内容的天命之性相应地表现为"一"，气质之性作为气积而成者，则更多地体现了感性的多样性："气禀之性，犹物之有万殊，天命之性则一也。"（《答万正淳》，《文集》卷51）不难看到，天命之性（天地之性）与气质之性之别，突出的是人的普遍伦理本质（所谓"一"）与多样的感性规定（所谓"万殊"）之间的区分。

与具体事物之中理气相即而不相分一致，天命之性（天地之性）与气质之性在具体的个人之中也无法彼此分离："若无气质，则这性亦无安顿处。"（《语类》卷4）如同理需要以气作为承担者一样，天命之性也依托于气质之性。另外，气质之性本身又有待提升与成就，在这一意义上，二者呈现互相依存的关系："性非气质，则无所寄；气非天性，则无所成。"（《语类》卷4）在朱熹以前，二程已有"论性不论气，不备；论气不论性，不明"之说①，朱熹的以上看法无疑与之前后相承。对天命之性（天地之性）与气质之性相关性的以上肯定，同时也注意到了人的理性本质与感性规定之间的联系。

然而，按朱熹的理解，气质之性的作用，主要便在于安顿天命之性，从目的与手段的关系看，这种作用更多地呈现手段的性质。就气质之性本身而言，它则似乎缺乏内在的价值意义："性只是理，然无那天气地质，则此理没安顿处。但得气之清明，则不蔽锢此理，顺发出来，蔽锢少者发出来，天理胜；蔽锢多者则私欲胜。便见得本原之性无有不善，孟子所谓性善，周子所谓纯粹至善，程子所谓性之本与夫反本穷源之性是也。只被气质有昏浊，则隔了。故气质之性，君子有弗性者焉，学以反之，则天地之性存矣。故说性须兼气质说方备。"（《语类》卷4）"天地间只是一个道理，性便是理，人之所以有善，有不善，只缘气质之禀各有清浊。"（《语类》卷4）气质之性固然为天命之性提供了安顿之处，但作为手段与目的意义上的联系，二者并未达到内在的、实质层面的统一，天命之性即使被安顿在气质之性上，也是各自平行，所谓"气自是气，性自是性"："未有此气，已有此性；气有不存，而性却常在。虽其方在气中，然气自是气，性自是性，亦不相夹杂。"（《语类》卷4）就气质之性自身而言，它始终有昏有浊，这种昏浊规定同时构成了恶（不善）产生的根源，从而更多地呈现负面的意义。也正是在此意义上，朱熹接受并进一步发挥了张载"气质之性，君子有弗性者焉"之说。

与性相联系的是心。对应于天命之性与气质之性的分野，朱熹区分了道心与人心。

---

① 《二程集》，第81页。

关于道心与人心的涵义，《中庸章句·序》中有一具体阐述："心之虚灵知觉一而已矣，而以为有人心道心之异者，则以其或生于形气之私，或原于性命之正，而所以为知觉者不同，是以或危殆而不安，或微妙而难见耳。然人莫不有是形，故虽上智不能无人心；亦莫不有是性，故虽下愚不能无道心。"在此，人心与道心分别以形气和性命为源，"形气"与气质层面的规定相联系，体现了人的感性存在；"性命"则相应于天命之性，并从伦理之维展示了人的理性品格。"形气"作为感性的存在，涉及特定之欲；"性命"则以普遍之理为内容："此心之灵，其觉于理者，道心也；其觉于欲者，人心也。"（《答郑子上》，《文集》卷56）可以看到，对"心"的以上论析既不是着眼于心理学，也非本于认识论，它的关注之点，主要在于人的社会伦理规定，后者未超出广义的当然之域。

作为现实的存在，人既呈现形气之身，又以性命或义理所体现的伦理品格为其普遍规定，与之分别相联系的人心和道心，也构成了内在于人的二个方面，无论圣凡，都不例外："道心是义理上发出来底，人心是人身上发出来底，虽圣人不能无人心，如饥食渴饮之类；虽小人不能无道心，如恻隐之心。"（《语类》卷78）一方面，饥而欲食、渴而欲饮，这是体现感性需要的欲求，以之为内容的人心，虽圣人亦不能免；另一方面，作为伦理的存在，人总是具有基本的道德意识（如恻隐之心），以之为内容的道心即使在道德境界并不很高者（所谓小人）中亦可发现。道心与人心的如上并存表明，对人心的现实存在，不能以虚无主义立场加以对待。

然而，现实的存在所呈现的主要是实然。实然并不能等同于应然或当然，同样，现实之"在"也有别于应然之"在"。按朱熹的理解，人心由于源自"耳目之欲"，因而有其伦理意义上的危险性，而道心则基于义理，从而能够保证所思所为的正当性："知觉从耳目之欲上去，便是人心；知觉从义理上去，便是道心。人心则危而易陷，道心则微而难著。"（《语类》卷78）事实上，当朱熹肯定道心出于"性命之正"并将人心与"形气之私""危殆而不安"联系起来时，已蕴含对人心与道心的不同价值定位。由此出发，在肯定人心实际地存在于人的同时，朱熹又要求确立道心对人心的主导性："饥欲食渴欲饮者，人心也；得饮食之正者，道心也。须是一心只在道心上，少间那人心自降伏得不见了。人心与道心为一，恰似无了那人心相似，只是要得道心纯一。"（《语类》卷78）"饥欲食渴欲饮者，人心也"，这是实然；"须是一心只在道心上""只是要得道心纯一"，等等，则属应然（当然）。在朱熹看来，饥欲食渴欲饮这一类的人心固然是现实的存在（实然），对此不能完全无视，但承认这一事实并不意味着人"应当"停留于或自限于这种"实然"，毋宁说，从应然或当然的层面看，人恰恰"应当"超越以上存在形态，所谓"须是一心只在道心上""恰似无了那人心相似，只是要得道心纯一"，侧重的便是这一点。不难注意到，在承认实然（人心的现实存在）的同时，又强调实然与当然的区分，构成了朱熹论道心与人心的基本立场之一。

与实然和当然相联系的，是必然。如前所述，朱熹所理解的理具有当然与必然二重涵义，当然之则往往同时被视为不得不然的必然法则。一方面，以理为内涵，道心既表现为当然之则的内化形态，也被赋予某种必然的性质。另一方面，人心按其自身的发展之势而言，蕴含着"危殆而不安"的趋向，这种趋向在朱熹看来也具有必然性："人心亦未是十分不好底，人欲只是饥欲食、寒欲衣之心尔，如何谓之危？但既无理义，如何不危！"（《语类》卷78）所谓"既无理义，如何不危"，所强调的便是：一旦离开了源于理义的道心，则人心必然走向危殆。由此，朱熹强调："必使道心常为一身之主，而人心每听命焉，则危者安，微者著，而动静云为，自无过不及之差矣。"（《中庸章句·序》）在这里，道心对人心的主导性，进一步被规定为道心对人心的主宰，而这种主宰同时呈现无条件的、绝对的性质："必使道心常为一身之主"之"必"，便突出地表明了这一点。实然与当然之分，在此已开始引向当然与必然的沟通：人心"应当"超越现实形态而合于道心，被强化为人心"必须"无条件地听命于道心。

当然与必然的以上交融，不仅在规范的意义上使道心对人心的制约具有某种强制的性质，而且也在本体论的意义上蕴含了对人的存在形态的规定，后者具体表现为化人心为道心："盖以道心为主，则人心亦化而为道心矣。"（《答黄子耕》，《文集》卷51）对人心与道心关系的这种理解既与理气之辨前后一致，也与气质之性和天命之性的分疏彼此呼应：化人心为道心，在某种意义上即可视为变化气质的逻辑引申。对人心如此转化的结果，在逻辑上意味着将人主要规定为理性的化身，所谓"恰似无了那人心相似，只是要得道心纯一"，便已多少蕴含此意，而"圣人全是道心主宰"（《语类》卷78），则从理想人格的层面表达了同一意向。在"道心纯一""全是道心"的形态下，人的多方面存在规定似乎难以得到适当定位。

四

对性（天命之性和气质之性）与心（道心和人心）的辨析与定位，其意义并不仅仅限定于心性本身，从更广的视域看，它所指向的是人的存在及其行为。作为儒学的新形态，理学关注的中心问题之一是人格的成就与行为的完善。如何成就理想的人格并达到行为的完善？在朱熹关于心性的看法中，已蕴含着回答以上问题的思路。如前所述，天命之性与道心都以理为本，如果说，天命之性主要从本体论的层面突显了人作为理性存在的品格，那么，道心的内容则更直接地表现为实践理性。以天命之性优先于气质之性、道心主宰人心的理论预设为前提，朱熹将关注之点更多地指向道问学。

从肯定理为存在的第一原理出发，朱熹首先将成就人格与明理或穷理联系起来："夫天生蒸民，有物有则。物者，形也；则者，理也。形者，所谓形而下者也；理者，所谓形而上者也。人之生也，固不能无是物矣，而不明其物之理，则无以顺性命之正而处事物之当，故必即是物以求之。知求其理矣，而不至夫物之极，则物之理有未穷，而吾之知亦未尽，故必至其极而后已，此所谓格物而至于物则物理尽者也。物理皆尽，则吾之知识廓然贯通，无有蔽碍，而意无不诚、心无不正矣。"（《答江德功》，《文集》卷44）意之诚、心之正，属成就人格或成就德性，知求其理，则是成就知识，朱熹认为一旦"知识廓然贯通"，便可以达到"意无不诚、心无不正"，显然以成就知识为成就德性的条件。不难看到，这里展示的，是一种由知而入德的进路。

朱熹所理解的穷理或明理，既指向天道之域，也包括人道之域；既涉及小学层面的日常之理，也关乎大学层面的形上对象。能否把握广义的理，则不仅与个体的德性相关，而且也制约着天下国家之治："理有未穷，故其知有不尽。知有不尽，则其心之所发必不能纯于义理而无杂乎物欲之私，此其所以意有不诚，心有不正，身有不修，而天下国家不可得而治也。昔者圣人盖有忧之，是以于其始教为之小学，而使之习于诚敬，则所以收其放心，养其德性者，已无所不用其至矣。及其进乎大学，则又使之即夫事物之中，因其所知之理推而究之，以各到乎其极，则吾之知识亦得以周遍精切而无不尽也。若其用力之方，则或考之事为之著，或察之念虑之微，或求之文字之中，或索之讲论之际，使于身心性情之德，人伦日用之常，以至天地鬼神之变，鸟兽草木之宜，自其一物之中，莫不有以见其所当然而不容已与其所以然而不可易者。"（《大学或问下》）从自然现象到社会领域，从个体的性情到人伦日用，穷理的过程展开于各个方面，与之相联系的是"知识亦得以周遍精切"。这一过程不仅仅体现了天道与人道的统一，而且在更内在的意义上突出了人格成就中的自觉原则，后者的实质内容，是通过把握"所当然"与"所以然"而达到实践理性层面的道德自觉，由此进一步提升内在的德性。由穷理致知而正心诚意、养其德性，无疑将由知而入德的进路具体化了。从理学的演化看，在朱熹之前，二程已一再强调通过致知而诚意："未致知，便欲诚意，是躐等也。"[1] 由知而入德的进路，与之显然前后相承。

成就德性的方式，同时关联着成就德行。以"知识廓然贯通"、"知识"周遍精切为正心诚意、成就德性的前提，决定了达到行为的完善也离不开穷理而致知的进路。与德性成就过程一样，这里的穷理，也主要指向"所以然"与"所当然"："穷理者，欲知事物之所以然与其所当然者而已。知其所以然，故志不惑；知其所当然，故行不谬。"（《答或人》，《文集》卷64）在此，天道与人道、当然（所当然）与必然（所以然）同样彼此交融，行为的正当（行不谬），以自觉地把握当然之则（知其所当然）为前提，而当然与必然（所以然）的合一，则使行其当然成为人的定向：知其必然而一意行此，故可超越游移、彷徨、疑惑（志不惑）。

作为伦理的存在，人无疑包含理性的品格，明其当然并进而行其当然，构成了道德主体的内在规定。正是对当然之则的自觉把握，使人能够在不同的存在境遇中判断何者当为、何者不当为，并由此作出相应的选择，而对当然之则的自觉意识，则基于广义的认识过程。如前所述，当然不同于实然与必然，但又非隔绝于后者（实然与必然），对当然之则的理解和把握，也相应地涉及以上各个方面。无论是对当然之则本身的理解，抑或对其根据的把握，都无法离开致知的过程，道德的主体也正是在这一过程中，逐渐形成了自觉的伦理意识，并由此区别于自然意义上的存在。就道德实践而言，完美的道德行为不同于自发的冲动而表现为自觉之行，这种自觉品格既关乎"应该做什么"，也涉及"应该如何做"，前者与当然之则的把握相联系，后者则进一步要求了解行为的具体背景，二者在不同的意义上关联着广义的"知"。二程及朱熹以致知明理为成就人格与成就行为的前提，无疑有见于以上方面。

然而，在强调道德主体及道德行为应当具有自觉品格的同时，二程和朱熹对德性形成过程及道德行为的多方面性和复杂性未能给予充分的注意。明其当然或明其理固然是成就德性的一个方面，但仅仅把握当然，并不能担保德性的成就：理或当然之则作为知

---

[1] 《二程集》，第187页。

识的对象，往往具有外在的性质，这一层面的知识积累与内在人格的完善之间，存在着逻辑的距离。朱熹认为一旦"知识廓然贯通"，则"意无不诚、心无不正"，既不适当地突出了理性的意义，也似乎将问题过于简单化了。

从实践之域看，道德行为诚然具有自觉的品格，但过于强调理性的自觉，往往容易忽视道德行为的其他方面。在二程那里，已可看到这一趋向。在谈到明理与循理的关系时，二程曾指出："学者固当勉强，然不致知，怎生行得？勉强行者，安能持久？除非烛理明，自然乐循理。"① 这里所说的"乐"，有乐于、愿意之意，"乐循理"也就是自愿地遵循当然之则。然而，对二程而言，"乐循理"同时又以"烛理明"为前提：一旦明理，便"自然乐循理"，所谓"烛理明"也就是自觉地把握当然之则。这样，自觉之中，便似乎已蕴含自愿。类似的思想在朱熹那里得到了更明确的表述："要须是穷理始得。见得这道理合用恁地，便自不得不恁地。……且如今人，被些子灯花落手，便说痛，到灼艾时，因甚不以为痛？只缘知道自家病合当灼艾，出于情愿，自不以为痛也。"（《语类》卷22）"合用恁地"也就是应当如此，知道合当如此，是一种理性的明觉，出于情愿则属意志的自愿选择，朱熹认为知道了"合当"如此，同时也就是"出于情愿"，显然将自愿纳入了自觉之中。自觉对自愿的如上消融，既以穷理过程为前提，又与消除自主的选择相联系，所谓"自不得不恁地"，便意味着别无选择。

以理为存在的第一原理，朱熹上承二程，既表现出某种构造形上世界图景的超验趋向，又延续了儒学沟通天道与人道的传统。通过理气关系的辨析，朱熹在肯定理为超验本原的同时，又对形上之理与经验领域中具体事物（分殊）的关系作了考察，从而在不同的层面确认了理为存在的普遍根据。作为存在所以可能的根据，理又被赋予所以然与所当然二重涵义，与之相联系的是融当然于必然，正是在这里，以理为存在的第一原理的内在涵义得到了真正的展示。当然与必然的沟通既使当然之则的规范意义得到强化，也突出了人的理性本质：明理（把握所当然与所以然）与循理（遵循当然之则）都以人是理性的存在这一预设为前提，而天命之性对气质之性的超越、道心对人心的主宰，则在不同的层面确立了理性本质的这种优先性。当然和必然、天命之性和道心分别从外在与内在二个方面展开了普遍之理，后者（理）在人格的成就与行为的成就中具体地表现为自觉的原则，在以自觉的原则确证人不同于其他存在之本质规定的同时，朱熹又或多或少表现出以自觉原则消解自愿原则的趋向。

原载《中山大学学报（社会科学版）》2009年第1期

---

① 《二程集》，第187—188页。

自西徂东:平等观念史的西来脉络

高瑞泉

在观察中国人的观念世界之近代转变的时候,以往我们常常会说这一时期西方传来了自由、平等、博爱等等观念。深入的考察会告诉我们,这样的判断虽然并无大错,但是对于说明中国人的现代观念之形成,尚失之笼统。例如,现代人视为基本价值之一的"平等"并不是现代人所独有的观念,尽管古代人的"平等"与现代人的"平等"可以说是两种不同的平等。事实上,"平等有许多形式,而平等主义也有程度的不同"[①]。在汉语文献中,"平等"是一个古已有之的词语。这反映出中国人与其他古老的民族一样早就具有了人类的普遍相同性意识。正如恩格斯说的那样:"一切人,作为人来说,都有某些共同点,在这共同点所涉及的范围内,他们是平等的。这样的观点自然是非常古老的。但是近代的平等要求与此完全不同;这种平等要求更应当是从人的这种共同特性中引申出这样的要求,一切人,或至少是一个国家的一切公民,或一个社会的一切成员,都应该有平等的政治地位和社会地位。要从这种相对平等的原始观念中得出国家和社会中的平等权利的结论,要使这个结论甚至能够成为某种自然而然的、不言而喻的东西,必然要经过而且确实已经经过了几千年。"[②] 用现代人的权利平等的要求去看古代中国,当然不能说是平等的社会,但是,在一个不平等的社会里,依然存在着承认一切人都有某种共同点或齐一性,因而在此向度上具备平等这类观念。譬如儒家一贯有对社会财富分配贫富悬殊的批评以及基于性善论的"圣凡平等"论,后者与道教认为"普得济度"、佛教的人人能成佛一样,都包含了某种"平等"的形上学。无论成圣,还是得道、成佛,都意在追求绝对的存在,因此平等是泯除一切差别的超越的境界。就其超越的境界而言,我们可以称之为高调的平等理论。现代平等观念最基本的面相是基于个人权利的法权平等,是平等的政治学和平等的社会学。它们就其成熟的形态而言,最初出现在西方,属于西方近代社会原生的思想观念。中国人之形成此类平等观念,确实在"西学东渐"之后,但我们还是不清楚两种方向不同的平等观念何以在不长的时间中就完成了更替或者嬗变的过程。

这里有某些应当注意的方法论问题。研究中国现代观念世界,通常会发现三个基本的来源或脉络,第一个自然是中国传统的观念,第二个是中国人在现代语境下的思想创

[①] 罗尔斯:《正义论》,上海:上海译文出版社,1991年,第585页。
[②] 《马克思恩格斯选集》第3卷,北京:人民出版社,1995年,第444页。

造，第三个是西方思想即现在说的"西学东渐"。作为现代价值系统中重要一环的"平等"亦复如此。像本文这样讨论近代中国人的平等观念与西方思想的关系，属于广义的比较研究。前面之所以说近代中国的启蒙主义者（以戊戌时期为高峰）接受了西方的自由、平等、博爱等价值，其说法失之笼统，是因为这种判断带有很大的直观性。思想的演变和发展并不是若干要素之间的算术法则可以处理的。诚然，中国思想先驱的平等观念之形成过程中的一个重要环节，是他们接受了西方思想的影响，但是要成为可以清晰而精确地描写的历史，却并不容易。因为"影响"一词其实是比较研究中最困难的论域之一，要精确地描写出甲受乙的某种"影响"，按照昆廷·斯金纳（Quentin Skinner）说的那样，在逻辑上至少要满足三个条件：（一）我们知道甲读过乙的著作；（二）排除了甲读过和乙类似的其他著作；（三）甲不可能在没有受到其他作者的影响下，自己提出相关的学说。在我看来，最后一个条件尤其重要，也尤其困难：因为一般说来，人们在类似的语境下可能产生类似的思想，古话所谓人同此心，心同此理，认识论上的反映论坚持的这一点只要不强化成必然性，就并不能被完全无视。人类追求平等的心理是如此深厚，"亚里士多德原则"是从积极的方面说明人类心理服从进化论的法则，弗洛伊德则早就用嫉妒心理来解释主张人人平等的正义感的起源，把平等待遇的要求解释成对于嫉妒心理的一种妥协①。当然，观念虽然也属于思想，但是单个的观念与成系统的思想还是大有区别。"平等"观念作为一个历史的范畴，与对此观念的系统论证以及由此推动的哲学争论，更是大有区别。因此，我在这里初步描写的，只是中国人的现代平等观念形成过程中的西学东渐这一脉络而已，以前人们早有论列，但是我觉得今天依然可以去探视观念史研究中更深刻的层面。因而，我们的问题就变为：在中国人的平等观念的现代嬗变过程中，西方思想的传播是如何发生的，发生了何等作用？本文将着重通过在平等观念"自西徂东"的过程中，对基督教传教士活动的考察来回答上述问题。

一

我们讨论平等观念的"自西徂东"，已经包含了对平等观念加以分类的预设：平等观念不仅有古今之分、东西之别，还有宗教和世俗的分别。当我们将中国人的现代平等观念的形成与西学的传播联系起来的时候，需要考察的既有西方的宗教，又有西方哲学和政治伦理思想。中国人最初接触到的西方平等观念，是由耶稣会传教士带来的宗教观念，它与我们现在视为基本价值的个人权利的平等，既有联系，又有很大的不同。

按照普特南的说法，平等观念是犹太宗教对西方文化独一无二的贡献，它甚至与犹太法典的某些特征有关，而现代人的平等观念乃是从宗教根源中分离出来的东西。从《圣经》中可以获得如下三方面的平等观念：1.在道德的重要性方面，人类是平等的；

---

① 许多人会赞成平等诉求是妒忌的伪装的结论，但是不平等的制度不会消除而只能更多地激发人的嫉妒心。正如长期得不到尊重、自尊心一再受挫的人很难真正尊重他人。平均主义是否会纵容人的嫉妒心理，同时又使得社会丧失发展的动力，也是一个并不容易回答的问题。根本的问题是如何区别嫉妒心与正义感，以及它们与合理的社会制度之间的关系，即什么样的社会制度最宜于养成平等之为人的美德。这些似乎都尚未澄明。

2.最没有天赋、成就最少的人都是值得尊敬的；3.每个人的幸福和痛苦有着同样的道德重要性。与此相承，康德则以为"我们都处于同样的困境，我们都有如何生活这个问题反思我们自身的潜能"。因而人在自由思想上是平等的。① 类似的意思弗洛姆也说过：

> 宗教意义上的平等，不仅意味着我们都是上帝的孩子，人人都具有相同的人性—神性的本质，我们大家都是一体的（eins）；而且还意味着，个体之间的差异恰好应得到尊重：我们虽是一体的，可我们每一个人同时也是独一无二的造物，是一个自为的宇宙。②

普特南还正确地指出从柏拉图、亚里士多德甚至从希腊文化时期那里了解到的希腊伦理学中，并没有普遍的人人平等的概念。这一点，是与中国古代儒家伦理非常类似的。不过，亚里士多德已经将平等作为一个概念来讨论，它是和交换关系相联系的，并且区分了（几何）比例的平等和算术（比例）的平等，前者是基于德性或优点的平等，是贵族以及寡头制的平等；后者是基于自由身份的平等，是民主制的平等。中国儒家则以另一种方式讨论人与人的同一性，以及某些可能与现代平等诉求相似的观念。关于这一点，我另有文章来讨论③，此处不能详述。

基督教在中国的传播，16世纪晚期的耶稣会传教士到来以前，虽然历史已经有两次重要的记载，但只是晚明的这一段，有重要的思想史意义。对于基督徒而言，这不是一场成功的传教，尤其在有关平等的问题上。这一点很容易理解，因为不管我们可以如何对儒家系统作若干向度的诠释，古代儒家社会是一个等级社会，不但"三纲五常"是所谓无所逃于天地之间的秩序，而且人们通常将劳心与劳力、君子与小人、男人与女人的等级分别看做是天经地义的。所以基督教传入中国之初必然造成伦理冲突，对此法国人谢和耐已经说过：

> 由于基督教伦理把永恒拯救所依靠的宗教义务与世俗义务对立了起来，所以它必不可避免地会成为冲击的根源。但从中国人一方面来看，不可想像会有任何矛盾：在义务方面的任何冲突都可能会解决，因为它们属于同一种天理。
> 基督教的伦理则是平均主义和抽象的，认为所有的人在上帝面前都平等。中国人的伦理则仅仅关心既是等级的又是互为补充的关系，而宇宙本身似乎为此提供了例证：阴和阳、天和地都互相结合并互为补充。阴和阳、天

---

① ［美］希拉里·普特南：《实在论的多副面孔》，北京：中国人民大学出版社，2005年，第44页。
② 转引自刘小枫、陈少明主编：《荷尔德林的新神话》，北京：华夏出版社，2004年，第147页。
③ 我在《平等观念在儒家系统中的三个解释向度》一文中讨论了这个问题，见香港中文大学哲学系举办的"中国哲学研究的新方向——香港中文大学哲学系创系60周年暨唐君毅先生百岁冥寿国际学术研讨会"（2009年5月）会议论文。

和地、男和女、君和臣……之间的关系也相似。①

在同一本书中，作者引用了若干材料，说明像当初与佛教的冲突一样，主要在忠孝这一传统伦理的核心问题上，基督教与中国人的观念格格不入。譬如当时中国人批评基督教：

> 今玛窦独尊天主为世人大父、宇宙公君，必朝夕慕恋之、钦崇之。是以亲为小而不足爱也，以君为私而不足敬也。率天下为不忠不孝者，必此之言夫。（《破邪集》卷5，第3—4页）②
>
> 据彼云，国中父母死。不设祭祀，不立宗庙。惟认天主为我等之公父，薄所生之父母，而兄弟辈视之，不然则犯天主之教诫。将斩先王之血食，废九庙之大飨，以诏民从之耶？（《破邪集》卷5，第29页）③

当时中国人对于基督教传教活动中妇女与男子的共同参与也颇为反感，以为有伤风化。这一点甚至为孟德斯鸠所觉察：

> 贞节的愿望与女子们教堂中集聚、她们与宗教使者的必要交往、她们参与圣事、亲耳听她们忏悔、临终涂圣礼、一夫一妻制的婚姻，所有这一切都打乱了当地的风俗习惯和礼仪举止，而且同时又打击到了宗教和法律。④

外国研究者注意到的是中国社会整体性的反应，同时也是正统儒家的反应。基督教原来有所谓"上帝面前人人平等"的观念，这是普遍的平等，又是灵性的平等：就其普遍平等而言，不同于中国儒家的三纲五常；就其灵性平等而言，又是指它的平等观念有一个超越的神学的根据，这种神学根据与儒家性善论所认定的性分平等在超越的层面其实并没有根本的差别。近代中国人很容易就将这两者等同起来，但是似乎有些费解的是，当时中国社会主流明显拒绝了这种解释。这种现象需要一种知识社会学的解释。⑤

耶稣会传教士的传教活动似乎还有另一面的结果，即在某些儒学异端那里，基督教

---

① ［法］谢和耐：《中国与基督教——中西文化的首次撞击》增补本，上海：上海古籍出版社，2003年，第143页。在此有一些与普通指责儒家伦理的不平等有所不同的解释，是所谓儒家伦理"既是等级的又是互为补充的关系"的说法，这与后来郝大维等对儒家伦理的平等要素作社群主义的解释，即强调平等是parity，似乎有某种关系。
② ［法］谢和耐：《中国与基督教——中西文化的首次撞击》增补本，第143页。
③ ［法］谢和耐：《中国与基督教——中西文化的首次撞击》增补本，第168页。
④ ［法］孟德斯鸠著、张雁深译：《论法的精神》，北京：商务印书院，2005年，第18页。
⑤ 熊十力那样的文化保守主义者也说："以性分言之，人类本性本无差别。故佛说一切众生皆得成佛。孔子曰：'当仁不让于师。'（言仁德吾所固有，直下担当，虽师之尊，亦不让彼之独乎仁也。）孟子曰：'人皆可以为尧舜。'此皆平等义也。而今人迷妄，不解平等真义，顾乃以灭理犯分为平等。人道于是乎大苦矣。"（《十力语要》卷3）这说明，在超越的意义上承认平等，近代中国人没有困难，但是第一，它不在上帝的信仰之下，第二，它不能自动转变为社会平等的规范。

的平等观念发生了某种程度上可以称作迂回的影响。这主要是在对于朋友一伦的新解释中出现的。

检索先秦儒家文献，可以看到，至少在"朋友"一伦关系中，平等事实上成为一个重要的原则[①]。我这里用"事实上"这个词，是为了说明即使在孔孟那里，平等还不是一个自觉的价值。这一点我们可以通过与亚里士多德友谊论的比较来显明。在《尼各马可伦理学》中，亚里士多德用两章来谈论"具体的德性"之一的"友爱"，在朋友一伦中更多地讨论了平等：作为一个伦理原则来讨论，它包含在"公正"之中。作为工商业社会的哲学家，亚里士多德已经注意到"平等"与交换有关，所以他说："货币是使得所有物品可以衡量和可以平等化的惟一尺度。因为若没有交易就没有社会，没有平等就没有交易，没有衡量尺度就没有平等。"[②]他区分了算术（比例）平等和（几何）比例平等，在他的语言中，几何比例的平等或基于德性或优点的平等，是贵族制或寡头制的平等；算术（比例）的平等，即基于自由身份的平等，是民主制的平等[③]。在这个基础上，他来讨论朋友之间的平等关系。孔孟所说的朋友关系大致接近于"基于德性或优点的平等"，他们注重朋友之间的"信义"，但"信"的现实基础应该是交换关系，平等正是基于自由身份的个人之间的契约之所以成立的条件。孔孟并没有将"平等"上升为一个概念来讨论，特别没有将处理朋友关系的原则上升为优先的准则。对于儒家来说，朋友一伦无论如何也不可能超过亲亲、尊尊的原则而成为首要的原则。

明白这一点，我们可以进而明白明代来华传教士利用"友道"的阐发所获得的某种成功，既有中国传统基础，又对此作出了突破。利玛窦曾经撰写《交友论》，并获得李贽等中国士大夫的赞赏，甚至手抄若干份，分发他人阅读[④]。按照传统的理解，"君臣、父子、夫妇、昆弟、朋友，虽是总属人伦，而主敬、主恩、主别、主序、主信，其间各有取义"，"信"可能转变为契约关系，即平等的关系。少数接受基督教传教士"友道"的士大夫，用"友道"来总领五伦，实际上用平等颠覆了传统伦理。冯应京《刻交友论序》说："嗟夫，友之所系大矣哉。君臣不得不义，父子不得不亲，夫妇不得不别，长幼不得不序，是乌可无交？"[⑤]冯应京的这种思路，在其他中国文人的议论中得见，如陈继儒说："人之精神，屈于君臣父子夫妇兄弟，而伸于朋友，如春行花内，风雷行元气内，四伦非朋友不能弥缝。"[⑥]清初学者张安茂则以友道为五伦之"经纬"："君臣父子与夫妇昆弟之道者惟友也，得友而四伦以正，失友而四伦以乖。故五伦之有友，犹星辰之有经纬，素质之有彩绘，名由之成，事由之立，所系不綦重哉！"[⑦]这里我们可以听到戊戌志士谭嗣同以朋友一伦代替五伦的先声。

---

① 详细的论证，请参见拙文《平等观念的儒家传统资源》，《社会科学》2009年第4期。
② 亚里士多德：《尼各马可伦理学》，北京：商务印书馆，2003年，第143页。
③ 见《尼各马可伦理学》译者廖申白的注解，第148页。
④ 许苏民：《李贽评传》，南京：南京大学出版社，2006年，第55-56页。
⑤ 冯应京：《刻交友论序》，朱维铮主编《利玛窦中文著译集》，上海：复旦大学出版社，2001年，第116页。
⑥ 陈继儒：《友论小叙》，朱维铮主编《利玛窦中文著译集》，第119页。
⑦ 张安茂：《述友篇序》，转引自李志军《西学东渐与明清实学》，成都：四川出版集团、巴蜀书社，2004年，第204-205页。

不过，我以为，晚明儒学异端的平等观念，很难完全归结为基督教的东传。当时社会生活的巨大变迁，实际上已经处于"王纲解钮"的边缘，晚明文学和戏曲可以告诉我们这一点。李贽多少已经有男女平等的思想，泰州学派将孟子"人皆可以为尧舜"发展为"满街皆是圣人"的断语，性分平等已经从成圣的可能性，演化为存在的真实性。从孔子开始，儒家对朋友之道有比较多样化的论述，"以文会友，以友辅仁"规定了朋友之道不仅有理智的意义，更有道德的价值。孔孟所说的朋友关系大致接近于"基于德性或优点的平等"，儒家德治和为帝王师的理想，使得甚至君臣之间也可以被理想化为某种朋友关系①。所以，也许比较稳健的说法更为可取：在传统纲常发生危机的情况下，西方基督教的观念与中国儒家本来有相当弹性的"友道"相结合，使得"平等"在少数士大夫中获得了前所未有的优先性。思想世界的这一转变尚需我们对那个时代更阔大的思想谱系的研究来进一步探索。

二

在近代中国，最早试图用"平等"作为价值去改变现存秩序的，是洪秀全和太平天国。如果说在明代耶稣会传教士的传教活动中，某种"平等"观念激发了儒家异端的话，晚清时代基督教的"平等"观念则给儒家社会的叛逆提供了灵感。因为洪秀全从基督教那里借来一个天父上帝，它是一切价值的源泉：

> 天下总一家，凡间皆兄弟。何也？自人肉身论，各有父母姓氏，似有此疆彼界之分；而百姓同出一姓，一姓同出一祖，其源亦未始不同……从何以生？从何以出？皆禀上帝一元之气以生以出，所谓"一本散为万殊，万殊总为一本"。……此圣人所以天下一家，时廑民吾胞之怀，而不忍一日忘天下。②

这使我们想起洛克《政府论》的论证策略，强调人类作为上帝的创造物所处的"自然状态"，本是一种平等状态。洪秀全同时还利用了中国本土的传统资源，既包含儒家民胞物与的人伦情怀，又运用了传统哲学的"理一分殊"说。不过，洪秀全平等论毕竟与古代平等观不同，不仅是因为他使用了基督教的创世说，用一种外在超越的方式使"平等"获得了终极关怀上的根据，而且是因为他并没有仅仅停留在抽象的领域。正如恩格斯说的那样，古代基督教曾经是社会不平等的某种形式的辩护："基督教认为一切人只有在一点上是平等的——同是生于原始罪恶中的那种平等——这是与它曾经作为奴隶和被压迫者的宗教之性质完全适合的。"③佛道和儒家都主要停留在存在论层面论证"平等"。洪秀全则要利用"平等"来改变世界的现存秩序，提出了其社会行动纲领《天朝田亩制度》，要建立以平均分配田地为基础的绝对平等的社会，即实行按人口平

---

① 见拙文《平等观念的儒家传统资源》，《社会科学》2009年第4期。
② 《原道觉世训》，见《太平天国印书》，南京：江苏人民出版社，1962年影印本。
③ 恩格斯：《反杜林论》，北京：人民出版社，1956年，第106页。

均分配田地，好坏各半、全国统筹、丰荒相通，其最终目标是"务使天下共享天父上主皇帝大福，有田同耕，有饭同吃，有衣同穿，有钱同使，无处不均匀，无处不饱暖"。

太平天国的"平等"乌托邦在双重意义上失败了：在理论上，借助神学的方式来论证平等之价值，不能被中国士绅所接纳；在实践上，不仅《天朝田亩制度》从来没有真正实现过，而且其领导层的特权和腐败，制造了包括神权政治在内的新的不平等。太平天国借助外来宗教的形式，应该是包裹在基督教外衣下的平等观念不能迅速被中国人接受的原因之一。譬如曾国藩《讨粤匪檄》所谓太平军引起"开辟以来名教之奇变"，相当部分即指"自其伪君伪相，下逮兵卒贱役，皆以兄弟称之；惟天可以称父"这种人伦的平等观念，而这恰恰正是上帝面前人人平等这种神学平等观念的实践尝试。冯友兰先生在《中国哲学史新编》第6册的自序中也说：

> 中国所要向西方学习的是西方的长处，并不是西方的缺点，洪秀全和太平天国所要学习的是西方中世纪的神权政治，那正是西方的缺点。西方的近代化正是在和这个缺点的斗争中而生长出来的。中国所需要的是西方的近代化，并不是西方中世纪的神权政治。洪秀全和太平天国如果统一了中国，那就要使中国倒退几个世纪，这是我对洪秀全和太平天国的评价。这个评价把洪秀全和太平天国贬低了，其自然的结果就是把它的对立面曾国藩抬高了。曾国藩是不是把中国推向前进是可以讨论的，但他确实阻止了中国的倒退，这就是一个大贡献。①

冯友兰先生的假设有多少历史的真实性，是可以讨论的。在他的问题后面，文化保守主义排斥基督教的倾向也是明显的。不过这不应该成为我们根本否定太平天国时期"平等"观念本身之意义的理由。特别是我们注意到平等观念本身是近代一系列革命的结果，革命的价值歧义与此历史现象的客观结果的复杂关系，都决定我们应该将一种理论的内在价值与其当下的实践效果做必要的分离。事实上，对于太平天国在观念世界引起的变化，另一类人物却给予了高度的肯定。在谈到三民主义的平等内核时，孙中山先生说：

> 吾人今欲改造新国家，当实行三民主义。何谓三民主义？即民族、民权、民生之主义是也。民族主义即世界人类各民族平等，一种族不能为他种族所压制。……民权主义即人人平等，同为一族，绝不能以少数人压制多数人。人人有天赋之人权，不能一君主而奴隶臣民也。民生主义，即贫富均等，不能以富等〔者〕压制贫者是也。但民生主义在前数十年，已有人行之者，其人为何？即洪秀全是。洪秀全建设太平兵〔天〕国，所行制度，当时所谓工人为国家管理，货物为国家所有，即完全经济革命主义，亦即俄国之今日均产主义。②

---

① 冯友兰：《中国哲学史新编》第6册，北京：人民出版社，1988年。
② 《孙中山全集》第6卷，北京：中华书局，1981年，第56页。

在太平天国那里失败了的经济平等的诉求，又在孙中山这样的后继者那里复活了。考虑到孙中山本人是基督徒，对于洪秀全从洋上帝那里获取的平等观念，应该是不陌生的。对于中国现代平等主义者而言，他们通常都会将自己的思想谱系上溯至洪秀全。孙中山先生是一个代表，毛泽东是另一个代表，他们都不会赞成冯友兰先生的论断。

当然，冯友兰先生又说曾国藩的过失在于开创并推行了以政带工的近代化方针，而不是西方的以商带工的现代化道路，结果又延迟了中国的近代化。这从另一个角度说明，即使不是神权政治的外衣，就以个人权利为核心的现代平等观念之产生所需要的社会条件来说，曾国藩的时代也并不具备。马克思说过："作为纯粹观念，平等和自由仅仅是交换价值的交换的一种理想化的表现；作为在法律的、政治的、社会的关系上的发展了的东西，平等和自由不过是另一次方的这种基础而已。"① 因此，从根本上说，19世纪中叶，时代还没有提供"平等"观念的现实基础，"交换价值的交换"尚未得到必要的发展。这恐怕是西来的"平等"观念尚为中国人所严厉拒斥的根本原因。

三

历史就是如此吊诡，镇压太平天国的曾、左、李诸人推动了最初的现代化进程，三十多年以后，它收获的结果之一却是"平等"观念的胜利。平等不仅戊戌变法时期在知识精英中广为流布，而且辛亥革命后开始转变为部分法律制度，并在"五四"启蒙运动中渐渐进入更多人的日常生活，以后又成为社会主义运动的核心价值之一。这证实了亚历克斯·卡里尼克斯所说的："作为一种具体的社会和政治的要求，平等是拉开现代社会序幕的一系列重大革命的产儿。"② 我们同时又可以说：平等是近代一系列社会革命的动因。因此，平等与革命心理学和大众心理学有关，可以从它去研究平等观念的产生和衍变，此处不能赘述。

从西学东渐的层面考察，基督教的传播依然是重要的环节。中国人对中西文化的关注，在鸦片战争以后大约经历了一个由"师夷之长技以制夷"，经过"中学为体，西学为用"，到要求进行全盘性社会变革的过程，所以像"平等"这样涉及政治、伦理等基本价值的观念，只在19世纪末才比较集中地进入中国人的视野。换言之，就西方平等观念的传播而言，有一个从西方宗教到"西学"即广义的西方政治文化的演变过程。根据对《万国公报》不太完全的考察，可以大致描绘出这一历程的轮廓：西方传教士中的自由派从比较单纯的传教，转变为更多地参与到中国政治经济和社会的变革中，以及更倾向于传播与此相关的"西学"③。在"平等"这一涉及中国传统伦理最敏感、最核心的

---

① 《马克思恩格斯全集》第46卷，北京：人民出版社，1965年，第197页。
② ［美］亚历克斯·卡里尼克斯：《平等》，南京：江苏人民出版社，2003年，第25页。
③ 《万国公报》于1868年创刊时曾名为《中国教会新报》，1872年更名为《教会新报》，1874年方更改为《万国公报》，英文为 *Globe Magazine*。朱维铮先生认为："从刊物编撰者的主观意向来看，则所更刊名的非宗教化，所署名衔的纯中国化，又无疑是在传递一个明白的信息，即未来的《万国公报》，将越出'宣教'的领域，更多地面向中国的公众，尤其是面向中国的士大夫。"（《〈万国公报文选〉导言》，北京：三联书店，1998年，第3页）经过1883年以后约6年的停刊，1889年复刊的《万国公报》的英文名字变为 *The Review of the Time*。在其三十余年的印行过程中，对中国士大夫产生了重要的影响。

部分，呈现出逐渐扩展的趋势。

最初，传教士大致从批评中国的恶俗陋习开始，传播男女平等的观念。所以，就平等的具体形式而言，男女平等一开始就是传教士所极力主张的善目。他们常常说的有："一夫一妻之为正理"①"泰西之制，男女并教""即今泰西诸国，女学与男学并重，女教与男教兼行"②。值得特别提出的是花之安的《自西徂东》，这是一本由外国传教士撰写、在当时有很大影响的书。它的英文书名为 *Civilization, China and Christian*，最初连载于《万国公报》（自1879年到1883年），1884年在香港正式出版单行本。作为一个德国传教士，花之安虽然没有在书中直接地论证平等的原则和价值，但是他对19世纪中国社会和文化弊病的批评，尤其是在"严禁买卖奴婢"③"禁溺女儿"④等章节，常常贯彻着"平等"的原则。他已经相当全面地提出了男女平等的主张，包括一夫一妻制下的夫妻平等⑤、男女受教育的机会平等、反对妇女缠足的陋习，以及男女平等地享有财产继承权⑥，所有这些，在19世纪七八十年代的中国，一定给传统士大夫以很大的冲击。

平等观念是现代政治和伦理的基本原则，《万国公报》一开始就把它与民主政治联系在一起。光绪元年五月，《万国公报》发表林乐知的《译民主国与各国章程及公解堂议》，文章称：

> 按泰西各国所行诸大端，其中最关紧要而为不拔之基者，其治国之权属之于民，仍必出之于民，而究为民间所设也。推原其故，缘均是人也。仰观于天，俯察于地，其有待于日以暄之者同此日也。其有待于风以散之，雨以润之同此风同此雨也。即寒必需衣，饥必需食，温饱之情无贵贱一也。不观人之耳目手足乎？或为君，或为臣，耳目手足无所加焉。降而至于小民，耳目手足无所损焉。因恍然于治国之法亦当出之民，非一人所得自主矣。⑦

---

① 艾约瑟：《泰西妇女备考》卷497，光绪四年六月十四日，引自《万国公报文选》，第458页。

② 张书绅：《中西书院之益》（光绪八年正月二十二、二十九日），引自《万国公报文选》，第498-508页。

③ "四海无非兄弟，万民均属连枝，推爱人如己之深心，不啻身臂之一体，又安忍奴婢视之乎？"（花之安：《自西徂东》，上海：上海书店出版社，2002年，第72页）

④ "夫生男生女，事本寻常，固不必轻男重女，望作门楣，亦不可轻女重男，忍戕生命。"（《自西徂东》，第78页）

⑤ "溯夫开辟之初，上帝造一男一女，置为夫妇，是既示以夫妇之正道，匹偶之正理矣。修身者果能准上帝立夫妇之义，则修之于家而夫义妇顺，行之于身而夫唱妇随，天伦真乐，甘苦同之，不亦夫妇之伦两得哉？是故夫妇为体之敌，为身之对，古人云：'妻者齐也。'思其义，察其理，则男之不当有二色，亦犹女子不当有二夫，其义本自昭然矣。"（《自西徂东》，第128页）

⑥ "故西国法律，妻可以告夫，而夫亦可以告妻，以夫妇无分上下，但当问其合理与否耳。且官府更宜保护妇女，以女子软弱，易被凌虐也。凡父母有产业者，女子虽出嫁，日后亦得与兄弟均分家财，此父母至公之心，不若中国重子而轻女也。至于寡妇虽有子，亦能有权料理家业，子贤则与之，不肖则制之，以免其败家破产也。"（《自西徂东》，第80页）

⑦ 原载《万国公报》第340册，引自《万国公报文选》，第437页。

在这里，人的相同性是诉之于常识和直观的。这与他们原先或者本来应该运用的从"上帝面前人人平等"的神学原则做出的政治推论似乎颇有不同。不过如果我们进一步考察，就会发现那只是一种宣传的策略。这在傅兰雅所翻译的《佐治刍言》呈现出十分有趣的面貌。

《佐治刍言》于1885年首次出版，作为一本根据自由资本主义原理出发编纂的政治经济学初等教科书①，它十分自然地贯穿了与其原理相匹配的平等观念。洛克是出发点："一国之人无论贵贱皆当视为平等，故个人生命与其自主自重，及所管产业，国家皆应一体保护，其理然也。"②第2章《人生职分中应得应为之事》，一开头就说：

> 第九节　天既赋人以生命，又必赋人以材力，使其能求衣食以自保其生命。顾人既有此材力，必当用力操作，自尽职分。若不能自主作事，则材力仍归无用，大负上天笃生之意矣。故无论何国、何类、何色之人，各有身体，必各能自主，而不能稍让于人。苟其无作奸犯科之事，则虽朝廷官长，亦不能夺其自主之本分，即如平等人与他人立一合同，议定若干时为之服役，或帮作工艺，其所议年限亦不得故违常例。且限内虽不得不帮人操作，然其身体仍归自己作主，其所得工资必归本人享用，即其家事亦仍归本人经理，雇工人皆不能与闻。是以国家所定律法、章程，具准人人得以自主，惟不守法者，始以刑罚束缚之。③

如果我们将它与其英文原著对照的话，可以很容易地看到，译者不但将从洛克以来自由主义的政治学说——人是生而平等地享有自由、财产权和自尊的——用全面但却比较委婉的方式做了表达，而且将中国士大夫最敏感的"上帝""自由"等改变成"天""上天""自主"等中国人比较习惯的词语④。

下面的引文同样告诉我们，傅兰雅在那个时代传播平等观念的过程中，有意无意地

---

① 《佐治刍言》的英文底本是英国人钱伯斯兄弟（W. & R. Chambers）编辑的教育丛书的一种，名为Political Economy，即政治经济学，1852年出版（W. & R. Chambers: *Political Economy*, Edinburgh: William and Robert Chambers, 1852）。根据编者的自述，因为是面对初等教育的对象，"在这里，政治经济学从一门学科被简化为一些原理，其中涉及的各社会组织的定义，并不十分严密"。见叶斌《点校说明》，《佐治刍言》，上海：上海书店出版社，2002年。
② 《佐治刍言》，第11、5页。
③ 《佐治刍言》，第11、5页。
④ 9. While God has given man the gift of life, he has also given him the capacity to support that life, provided he duly employs the means. This capacity for exertion, however, would be useless without liberty to use it. Accordingly, every human being, of whatever colour or country, has, by a law of nature, the property of his own person. He belongs to himself. In ordinary language, man is born free. This freedom he is not at liberty to sell or assign. Neither, in justice, can anyone take away his personal freedom, so long as he conducts himself properly and does not injure his neighbours. A man may enter into a contract to server another for a reasonable length of time, for hire; but in doing so he still retains the property of his own person, enjoys the fruits of his own industry, and no one is entitled to intrude on his domestic arrangements. In law, this degree of freedom is illiberty—that is to say, liberty secured by the laws and subject to the regulations of the civil government.

将"平等"的概念用中国人可能接受的方式解释：

> 第十节　凡国内设立律法，欲令众人皆得益处，则必使国内之人上下一体，始能无弊。故婴儿丐子之生命，必与壮年富贵之人一样慎重，则贫家最少之产业，亦当与高爵人之产业，同为国家所保护，而不容分轻重于其间也。故无论何种人皆应自立主见，作何种事业可以度日，作何种乐事可以养身，而为之上者亦当听其自然，使人人各得自主之益。虽天之生人，其才智与际遇不能一概而论，或为富贵，或为贫贱，或有权柄而治人，或无权柄而受治于人，然其所以治人与受治于人者，仍是君民一体之理，其于人之生命，与夫自主、自重，及所管产业等事，均无妨碍也。①

所谓"国内之人上下一体"，英文是 all men are to be regarded as upon one level，后面一个"君民一体之理"，不过是 equality of consideration 的曲译②。同样的，与平等价值相关的诸如"自由公民的联合"这样的观念，也必须弱化。所以"The idea of a perfect society supposes an assemblage of free citizens, each contributing his labours for the benefit of the whole, and receiving an appropriate remuneration, and each respecting those laws which have been ordained for the general benefit."这样的段落被翻译成了"今有若干人聚成一会，或成一国，欲其兴利除弊，诸事完善，则必使人人俱能自主，人人俱能工作，方能十分富庶"③。

随着中国社会政治格局和思想潮流的变迁，戊戌变法前后，《万国公报》开始用平等的价值公开批判中国传统的政治、伦理：

> 是故儒教之所以为历世所崇奉，而不至于废斥者，根据莫先于三纲。一君为臣纲，关系于国者也。一父为子纲，关系于家者也。一夫为妻纲，关系于男女者也。是三纲取政治法律风俗伦理，而一概包举之，以陶融中国于专制之国，专制之家。重重积压之下，至成一种有君无民，有长无幼，有男无女，至不平等，至不自由，永无释放，永无进步之教化。④

---

① 《佐治刍言》，第5、6页。

② 10. In the formation of laws for the general good, all men are to be regarded as upon one level. The life of the youngest infant and the humblest beggar is a like sacred with that of the strongest and the richest man. The smallest piece of property of a poor man is not less entitled to protection than the estate of the noble. All men are also entitled to freedom of personal movement, to freedom in the choice of an occupation, to freedom in the choice of a musement. That self-respect or self-love with which all for wise purposes are inspired, is likewise to be protected equal. Men, indeed, by reason of their very diverse endowments and opportunities naturally fall in to grades, some attaining to a great influence over others. But this does not in the least interfere with that equality of consideration which is due to the life, liberty, self-respect, and tangible possessions of all.

③ 《佐治刍言》，第5、6页。

④ 范祎：《论儒教与基督教之分》，载《万国公报》第182册，光绪三十二年，引自《万国公报文选》，第167页。

它们甚至讨论到经济平等的问题：

> 当今之患，不在不足而在不均。至究其所以不均者，则由于富者占地太多，彼贫无立足之小民，非向乞怜不能存活。……夫天之生人也，无厚无薄，无贵无贱，要皆一视同仁，不使有一夫之失所。是以日月之照临也，雨露之滋润也，太空之气与人呼吸也，自然之利之任人所求也，皆无阻止占据于其间也……均则皆无大富。生斯世者皆得含哺鼓腹于光天化日之中，岂非太平气象哉？①

总体说来，19世纪晚期传教士在传播西方平等理论的时候，是将它与民主、自由等现代性价值一并介绍的，但是就其主流而言，西方传教士，即使是自由派的传教士，通常也反对激进的政治革命，而主张渐进的社会改良。戊戌时期深受康梁等人重视的李提摩太就是代表。

与此成为对照的是，卢梭和法国革命所代表的激进的平等派，也开始传入中国，不过它除了曾经影响到谭嗣同那样个别激进主义者以外，其主要的影响却发生在20世纪初，由于它已经超出了单纯的传教士之所为，同时，对于当时的中国士大夫而言，平等是一个崭新的政治原则，他们尚未认识到平等有诸种不同的形式和程度，只是将它视为来自西方的新观念。囿于篇幅，这里就不再详论。

四

在考察平等观念"自西徂东"的历史时，中国人并不是以洛克式的"白板"去接受洛克式的平等的。明代耶稣会传教士利用交友之道在儒家传统中所具有的根基，来曲折地传达其宗教平等观念；洪秀全等将基督教的平等观与"大同""理一分殊"等儒家思想元素结合，来建立其乌托邦；戊戌期间，主导当时思想主流的人物，通常都是将中国古代文化中所可能进行现代平等论诠释的因素，不仅有儒家的思想，更包括佛教和道家、道教的思想，以及包括基督教在内的西学所诉求的平等观念，做一种巨细无分的综合。包括康有为、梁启超和谭嗣同在内，当时接受平等观念的中国士大夫大抵都是如此。

前文说过，基督教"上帝面前人人平等"为西方人世俗的平等所提供的神学根据，与儒家性善论所认定的性分平等，在超越的层面其实并没有根本的差别。儒家不但有王门后学"满街皆是圣人"那样激进的圣凡平等，而且一向包含着某种平均主义的倾向。不过儒家本质上是为等级关系辩护的。中国佛教无论在佛法平等、成佛的可能性等等问题上，都比儒教更倾向平等，因为其基本的关怀是出世的，而不是伦理的。道教可能有更激进的平等观念，所以道教的经典如《太平经》与汉末黄巾军农民起义有精神上的关系，《后汉书》称"张角颇有其书"，王明先生以为是重要的证据②。有些道教派别，譬如创立全真道的王中孚甚至将平等看成其基本的原则和目标，即"道德之祖，清净之

---

① 马林、李玉书：《富民策》，载《万国公报》第114册，光绪二十四年六月，引自《万国公报文选》，第598—600页。

② 王明：《太平经合校》，北京：中华书局，1960年，前言。

元"。佛教似乎没有这样强烈、激进的社会功能。佛教在中国历史上，更多的是给人以逃避社会伦理的出路，而不是改造社会的方式。

不过，问题是为什么到戊戌时代，原先很少致力于救世的佛教，原先更重视修身的儒教（如重在"杀心中贼"的王学），都一起成为接纳"平等"的观念前提，都一起变成了伦理变革的理论资源了呢？换言之，这场变革并未停留在思想世界，而是导向了根本上改造社会生活和制度的革命。

这启发人们思考，为什么戊戌时代的中国人比较容易接受基督教的平等观？甚至我们应该问的是，为什么戊戌时代的士大夫讨论"平等"观念的时候已经毫无困难似的，譬如康有为干脆说"人类平等是几何公理"。换言之，平等在他那里已经是价值前提了。他在构造体系的时候曾经模仿欧几里德几何的方法，根据"实理"去推断"公法"，即所谓"实理明则公法定"。实理是从经验事实中抽取而又不受时空限制的真实法则。公法之公，一是公共，二是普遍必然性，三是公推之公。康有为以为，人各有自主之权，"此为几何公理所出之法，与人各分原质以为人，及各具一魂之实理全合，最有益于人道"①。谭嗣同主张用朋友一伦来代替五伦，因为它体现了平等和自由。在注意到平等观念"自西徂东"的传播以外，也许我们应该从当时中国人面临的新的世界图景、新的社会生活和新的社会秩序去寻找答案。

在这个向度，我们可以发现：第一，民族矛盾促成了国家平等的要求。在古代以中国为中心的朝贡体系中，中国人没有民族平等的意识是正常的，历久不衰的"夷夏之辨"即是证明。鸦片战争打破了"中央王国"的世界图景，但是西方人以平等为价值，却从来不平等地对待中国人。地位的落差和新观念的刺激使得一百多年来的中国人在是否能得到平等待遇上极其敏感。第二，社会阶级或阶层从原先的士农工商，渐渐成了士商农工，甚至成为商士农工（后来我们更多地说"工农"）。新的阶层的出现，新的知识分子，作为相对更独立的个人而存在，譬如新闻记者、报纸编辑、出版从业人员、医生、大学教师。第三，宗法制度的瓦解，大家庭让位于核心家庭，农民离开土地和家族的保护——同时也是束缚——来到大城市变成工人。在大机器生产的场所（如纺织厂）里，男女在一起劳动，并不会被认为有伤风化。在现代城市中，女人可以和男人一样独立谋生。所有这些，都是现代化所带来的深刻的变革。新的生活方式是新观念的真正土壤，交换关系的逐渐确立占据着更深刻的决定地位。这个时候，人们可以达到这样的意识：所谓平等，是对人的价值等同、尊严和权利等同的思想的表述，平等意味着每个人有着平等权利来控制自己的生活和影响他们的社会。从这个意义上说，平等开始变为"中国人的思想"。换言之，平等之所以成为中国人的价值，不但因为一种学说的传播，更因为在新的社会条件下人们可能提出新的生活诉求。它应该在生活、实践的变化与观念的生产、传播的辩证关系中获得理解。

原载《中山大学学报（社会科学报）》2009年第6期

---

① 《康有为大同论两种》，北京：三联书店，1998年，第7页。

王国维与康德哲学

李明辉

一、王国维研究康德哲学的历程

多年前,笔者曾发表《康德哲学在现代中国》一文①,详细讨论中国知识界自19世纪末以来吸纳康德(Immanuel Kant,1724—1804)哲学的历程。在该文中,笔者将康德哲学传入中国的过程分为三个阶段:在第一阶段,其传入主要凭借日文书刊之转介,以康有为(1859—1927)、梁启超(1873—1929)、章太炎(1869—1936)等人为代表;在第二阶段,中国知识界不再以日文书刊为媒介,而是开始直接阅读德文原典,甚至有人亲赴德国学习康德哲学,其代表有蔡元培(1868—1940)、张君劢(1887—1968)、郑昕(1905—1974)等人。到了第三阶段,现代中国最具影响力的三大思潮——马克思主义、自由主义与新儒学——鼎立之势已形成,它们对康德哲学各持不同的立场。但该文有一项阙漏,即忽略了王国维(1877—1927)对康德哲学的吸纳与评介。本文之作,即是要弥补这项阙漏。

依照这三期的区分,王国维对康德哲学的吸纳介乎第一阶段与第二阶段之间。因为一方面,他像康有为、梁启超、章太炎等人一样,藉由日本学者的著作来了解康德哲学;但另一方面,与康、梁、章不同的是,他可以阅读康德著作的英、日文译本。

王国维通日文及英文,这证诸他所翻译的各种日文及英文著作。罗振玉于1898年(光绪二十四年,戊戌)3月在上海创立东文学社,这是近代中国第一所日文专科学校。王国维是该校的第一批学生,当时22岁。他在该校就读的两年半期间,除了学日文之外,亦学英文②。1902年(光绪二十八年,壬寅)2月,他在罗振玉的资助下,赴日本东京留学,"昼习英文,夜至物理学校习数学。留东京四五月而病作,遂于是夏归

---

① 此文收入黄俊杰编《中华文化与域外文化的互动与融合》(一),台北:喜玛拉雅研究发展基金会,2006年,第89-134页。其删节版以《康德哲学与现代中国思潮》为题,刊于北京《世界哲学》2002年增刊,第159-174页。此文另有德文版 Ming-huei Lee: "Kants Philosophie im modernen China", in Monika Schmitz-Emans (Hg.), Transkulturelle Rezeption und Konstruktion. Transcultural Reception and/et Constructions transculturelles. Festschrift für Adrian Hsia (Heidelberg: Synchron Wissenschaftsverlag der Autoren, 2004), S. 27-46。

② 《静庵文集续编·自序一》云:"盖余之学于东文学社也,二年有半,而其学英文亦一年有半。时方毕第三读本,乃购得第四第五读本,归里自习之。日进一二课,必以能解为度,不解者且置之。"见姚淦铭、王燕编《王国维文集》第3卷,北京:中国文史出版社,1997年,第471页;以下引用此书,简称《文集》,连同卷数及页码,直接标注于引文后面,不另用脚注。王国维的原著无现代标点,故引用时不完全依照《文集》之标点。

国"①。但是在其传记资料中,迄今并无任何关于他学习德文的证据。因此,我们有理由推断:王国维阅读康德与叔本华(Arthur Schopenhauer,1788—1860)的著作,系根据英译本,并参考日译本。

王国维研究康德哲学的过程并不顺利,而是历经了一番波折。在《静庵文集续编》的《自序一》中,王国维对这个过程有详细的叙述。他谈到他在东文学社的求学生涯时写道:

> 是时社中教师为日本文学士藤田丰八、田冈佐代治二君。二君故治哲学。余一日见田冈君之文集中有引汗德、叔本华之哲学者,心甚喜之。顾文字暌隔,自以为终身无读二氏之书之日矣。〔……〕留东京四五月而病作,遂于是夏归国。〔……〕自是始决从事于哲学,而此时为余读书之指导者,亦即藤田君也。次岁春,始读翻尔彭之《社会学》、及文之《名学》、海甫定《心理学》之半。而所购哲学之书亦至,于是暂辍心理学而读巴尔善之《哲学概论》、文特尔彭之《哲学史》。当时之读此等书,固与前日之读英文读本之道无异。幸而已得读日文,则与日文之此类书参照而观之,遂得通其大略。既卒《哲学概论》《哲学史》,次年始读汗德之《纯理批评》。至《先天分析论》,几全不可解。更辍不读,而读叔本华之《意志及表象之世界》一书。叔氏之书,思精而笔锐。是岁前后读二过,次及于其《充足理由之原则论》《自然中之意志论》及其文集等。尤以其《意志及表象之世界》中《汗德哲学之批评》一篇,为通汗德哲学之关键。至二十九岁,更返而读汗德之书,则非复前日之窒碍矣。嗣是于汗德之《纯理批评》外,兼及其伦理学及美学。至今年从事第四次之研究,则窒碍更少,而觉其窒碍之处大抵其说之不可持处而已。此则当日志学之初所不及料,而在今日亦得以自慰藉者也。(《文集》,Ⅲ:470—471)

在这段文字中,"汗德"即康德,所提到的著作之作者、原书名及出版资料如下:

1)"翻尔彭之《社会学》":Arthur Fairbanks(1864—1944),*Introduction to Sociology*. New York 1896.

2)"及文之《名学》":William Stanley Jevons(1835—1882),*Elementary Lessons in Logic: Deductive and Inductive*. London 1870②.

3)"海甫定《心理学》":Harald Höffding(1843—1930),*Outlines of Psychology*. Translated by Mary E. Lowndes, London:Macmillan, 1891③. 此

---

① 《王国维文集》第3卷,第471页。关于王国维赴日的时间,几种传记与年谱的说法互有出入;本文根据袁英光、刘寅生编《王国维年谱长编(1877—1927)》,天津:天津人民出版社,1996年,第27页。

② 此书有王国维的中译本,题为《辨学》,1908年由益森印刷局出版。

③ 此书有王国维的中译本,题为《心理学概论》(上、下册),1907年由商务印书馆出版。

书之原文为丹麦文，在作者的共同参与下，由F. Bendixen根据丹麦文本第2版译为德文，即*Psychologie in Umrissen auf Grundlage der Erfahrung*（Leipzig：Fues's Verlag，1887），英译本再由此一德文本译出。

4）"巴尔善之《哲学概论》"：Friedrich Paulsen（1846—1908），*Introduction to philosophy*. Translated by Frank Thilly，New York：Henry Holt，1895. 此书之原文为德文，题为*Einleitung in die Philosophie*（Berlin：Hertz，1892）.

5）"文特尔彭之《哲学史》"：Wilhelm Windelband（1848—1915），*A History of Philosophy*. New York：Macmillan，1893. 此书之原文为德文，题为*Geschichte der Philosophie*（Freiburg i. Br.，1892）.

王国维自述：他读这些书时，"与日文之此类书参照而观之"。由此我们可推断：他阅读康德与叔本华的著作时，也是将英译本与日译本对照着读。这里提到康德的《纯理批评》①与叔本华的《意志及表象之世界》②《充足理由之原则论》③《自然中之意志论》④。但我们不知道王国维当年阅读康德与叔本华的著作时，用的是哪些英译本与日译本。

根据王国维的这番自述，他前后有四次研究康德哲学。第一次是他就读于东文学社时，由田冈佐代治的著作引发了他对康德哲学的兴趣。当时他的日文与英文能力均不足，故无法进行研究。第二次是他从日本归国后的第二年，即1903年⑤。他开始读康德的《纯粹理性批判》，读到《先验分析论》（"Transzendentale Analytik"）⑥时，完全不能理解。他便改读叔本华的《作为意志与表象的世界》。此书第1册的附录是《对康德哲学的批判》（"Kritik der Kantischen Philosophie"）。王国维透过这个附录才理解康德哲学。他第三次研究康德哲学，是在他29岁时，即1905年⑦。由于透过叔本华对康德哲学的批判，他这次不再感到《纯粹理性批判》之难解。他还提到：除了读《纯粹理性批判》之外，他还"兼及其伦理学及美学"。他第四次研究康德哲学，则是在他写这篇自序时，即1907年。由于上一次打下的基础，这次他更能理解康德哲学，窒碍之处更少。

---

① 即《纯粹理性批判》（Kritik der reinen Vernunft，1781，2. Aufl. 1787）。
② 即《作为意志与表象的世界》（Die Welt als Wille und Vorstellung，1819/1844）。
③ 即《论充足理由律的四重根源》（Über die vierfache Wurzel des Satzes vom zureichenden Grunde，1813）。
④ 《论自然中的意志》（Über den Willen in der Natur，1836）。
⑤ 王国维是在1902年夏季自日本返国。他在上引的《自序一》中，先是说："次岁春，始读翻尔彭之《社会学》〔……〕"，接着说："次年始读汗德之《纯理批评》。"这很容易让人误以为他是在1904年开始读康德的《纯粹理性批判》。但在《静庵文集》的《自序》中，他却明白表示："癸卯春，始读汗德之《纯理批评》，苦其不可解。"（《文集》，III：469）癸卯年是1903年。
⑥ 王国维称之为"先天分析论"，系将 apriori 与 transzendental 二词混为一谈。
⑦ 王国维在《静庵文集》的《自序》中说："今岁之夏，复返而读汗德之书。嗣今以后，将以数年之力，研究汗德。"（《文集》，III：469）此序作于光绪三十一年（1905）。

上文提到王国维在第三次研究康德哲学时，"兼及其伦理学及美学"。究竟他读了康德的哪些伦理学与美学著作呢？对此，王国维本人并未交代，但我们可由一项间接的资料约略推知。在《教育世界》第126号（1906年6月）刊出一篇未署名的译稿《汗德详传》。文末有译者跋语曰："右英人阿薄德之汗德小传，揭于其所译汗德伦理学上之著作之首者也。"（第93页）此篇可断定为王国维所译①，发表之时正是他第三次研究康德哲学之次年。跋语中提到的"阿薄德"系指爱尔兰康德专家 Thomas Kingsmill Abbott（1829—1913），而所谓"其所译汗德伦理学上之著作"则是指他所译的 *Kant's Critique of Practical Reason and Other Works on the Theory of Ethics*。此书的第1版于1813年出版，最后一次增订是1883年的第3版。王国维所根据的可能是1889年的第4版或1898年的第5版，《汗德详传》则是摘译自阿薄德置于该书译文前面的"Memoir of Kant"。阿薄德的这个译本包含康德下列著作的翻译：

1）《道德底形上学之基础》（Grundlegung zur Metaphysik der Sitten, 1785）；

2）《实践理性批判》（Kritik der praktischen Vernunft, 1788）；

3）《道德底形上学》（Metaphysik der Sitten, 1797）第1部《法权论之形上学根基》：《前言》与《道德底形上学之导论》，第2部《德行论之形上学根基》：《前言》与《德行论之导论》；

4）《单在理性界限内的宗教》（Die Religion innerhalb der Grenzen der bloßen Vernunft, 1793）第1卷：《论人性中的根本恶》；

5）《论一项出于人类之爱而说谎的假想的权利》（"Über ein vermeintes Recht aus Menschenliebe zu lügen", 1797）；

6）《论俗语"事急无法"》（"On the Saying 'Necessity Has No Law'"）：这是康德的论文《论俗语所谓：这在理论上可能是正确的，但不适于实践》（"Über den Gemeinspruch: Das mag in der Theorie richtig sein, taugt aber nicht für die Praxis", 1791）中的一个注解②，标题是阿薄德所定的。

由此我们可以推断：除了相关的日文资料外，王国维对康德伦理学的理解主要来自阿薄德的这个英译本。

上文提到，王国维于1903年第二次研究康德哲学时，读到《纯粹理性批判》的《先验分析论》，完全不能理解；后来读叔本华《作为意志与表象的世界》一书的附录《对康德哲学的批判》，才找到理解康德哲学的关键。这个问题背景需要略加说明。在《纯粹理性批判》的《先验分析论》中，最难理解的是《纯粹知性概念之先验推证》（"Tranzendentale Deduktion der reinen Verstandesbegriffe"）一节。"纯粹知性概

---

① 参阅佛雏《王国维哲学译稿研究》，北京：社会科学文献出版社，2006年，第207-224页。
② Kants Gesammelte Schriften（Akademie-Ausgabe, 以下简称KGS）, Bd. 8, S. 300 Anm.

念"即是范畴。康德在该书第2版全面重写了这一节。这一节之两个版本间的关系是康德研究中一个最难解决的课题。不过,一般认为,第1版比第2版容易理解。叔本华在《对康德哲学的批判》中提到:他阅读《纯粹理性批判》第2版时,觉得该书充满了矛盾;及至读了第1版,发现这些矛盾都消失了①。在叔本华的时代,大部分通行的《纯粹理性批判》不像现在一样,两版并陈,而是只刊印第2版的文字。因此,叔本华特别强调:

> 没有人在仅读了《纯粹理性批判》的第2版或其后的任何一版之后,就自以为了解此书,并且对康德的学说有一个清晰的概念;这是绝对不可能的:因为他只读了一个残缺的、变质的、在一个程度上不真实的文本。②

我们可以想见,叔本华阅读《纯粹理性批判》的经验有助于王国维突破其理解障碍。

二、王国维关于康德的著作

在此首先要指出:所谓"王国维的著作"一词可以有不同的涵义。依严格的意义来说,这当然是指他自己所撰、且已署名的著作。就哲学著作而言,已收入《静庵文集》(1905)及《静庵文集续编》(1907)中的相关论文自然属于这类著作。这些论文大部分均曾刊于《教育世界》。《教育世界》是罗振玉在上海所创办的刊物,从1901年5月创刊,到1908年元月停刊为止,共出刊166期。王国维自始就积极参与该刊的编务,并担任撰稿人,因此他的大部分哲学著作均刊于该刊。佛雏搜集了《教育世界》中王国维署名及未署名的哲学论文而未收入《静庵文集》及《静庵文集续编》者,共有署名者4篇、未署名者40篇。他将这些论文编成《王国维哲学美学论文辑佚》(上海:华东师范大学出版社,1993年)。姚淦铭与王燕所编的《王国维文集》第3卷收录了其中的43篇③,周锡山所编的《王国维集》(北京:中国社会科学出版社,2008年)第1、2册则全部收录。在这44篇论文中,有不少是王国维从英文或日文翻译(包括编译与节译)的论文,严格说来,不能算是他自己的著作,只能说是译作。这些译作必须与王国维表达自己思想的论文加以区别。

本文不拟讨论王国维的全部哲学论文与译作,而将讨论范围局限于与康德哲学有关的论文与译作。笔者将这些论文与译作分为三类:(一)王国维的译作中与康德哲学有关者;(二)王国维自己的论文中直接涉及康德哲学者;(三)王国维借用康德的概念讨论中国哲学的论文。第一类著作包含:

1)《汗德之哲学说》(未署名,刊于1904年5月《教育世界》第74号)

---

① A. Schopenhauer: Die Welt als Wille und Vorstellung, in Schopenhauer: Sämtliche Werke (Darmstadt: Wissenschaftliche Buchgesellschaft, 1989), Bd. I, S. 586f.
② 同上注,S. 587.
③ 未收录的一篇是《哥罗宰氏之游戏论》,原因不详。

2）《汗德之知识论》（同上）

3）《德国哲学大家汗德传》（未署名，刊于1906年3月《教育世界》第120号）

4）《汗德详传》（阿薄德原著，译者未著名，刊于1906年5月《教育世界》第126号）

5）《哥罗宰氏之游戏论》（未署名，刊于1905年7月至1906年1月《教育世界》第104—106/110/115/116号）

6）《哲学概论》（桑木严翼原著，译者署名，收入《哲学丛书初集》，上海：教育世界社，1902年）

7）《西洋伦理学史要》（西额维克原著，译者署名，刊于1903年9—10月《教育世界》第59—61号，后收入《教育丛书三集》，上海：教育世界社，1903年）

第二类著作包含：

1）《汗德像赞》（收入《静庵文集续编》）

2）《汗德之事实及其著书》（未署名，刊于1904年5月《教育世界》第74号）

3）《汗德之伦理学及宗教论》（未署名，刊于1905年5月《教育世界》第123号）

4）《述近世教育思想与哲学之关系》（未署名，刊于1904年7月《教育世界》第128—129号）

5）《叔本华之哲学及教育学说》（刊于1904年4/5月《教育世界》第75/77号，后收入《静庵文集》）

6）《古雅之在美学上之位置》（收入《静庵文集续编》）

第三类著作包含：

1）《孔子之美育主义》（未署名，刊于1904年2月《教育世界》第69号）

2）《论性》（刊于1904年1—2月《教育世界》第70—72号，后收入《静庵文集》）

3）《释理》（刊于1904年7—9月《教育世界》第82/83/86号，后收入《静庵文集》）

4）《原命》（刊于1906年5月《教育世界》第127号，后收入《静庵文集续编》）

我们先讨论王国维的第一类著作。根据钱鸥的考证，《汗德之哲学说》与《汗德之知识论》二文均译自日本学者桑木严翼（1874—1946）《哲学史要》一书［东京：早稻田大学出版部，明治三十五年（1902）］的第6编第1章《カントの理性批判》，而《汗德之知识论》则译自该章第38节《认识の对象》①。但钱鸥未说清楚的是：《哲学史要》一书并非桑木严翼自己的著作，而是德国新康德学派哲学家文德尔班（Wilhelm Windelband）的 Geschichte der Philosophie（Freiburg i. Br.，1892）一书之译本。桑木严翼曾担任东京帝国大学、京都帝国大学哲学教授，其思想方向继承德国新康德学派之西南学派（巴登学派），文德尔班即属于此派。王国维在《静庵文集续编》的《自序一》中提到：他从东京回国后，读"文特尔彭之《哲学史》"。他所读的，或许便是桑木严翼的日译本。又《德国哲学大家汗德传》一文系根据日本学者中岛力造所编的《列传体西洋哲学史》下卷［东京：富山房，明治三十一年（1898）］第5编第2章所撰。《汗德详传》一文之出处，上一节已有说明。

至于《哥罗宰氏之游戏论》一文，"哥罗宰氏"是指意大利教育学家 Giovanni Antonio Colozza（1857—1943）②。此文系译自日本教育学家菊池俊谛（1875—1967）所译的《コロッツァ氏游戏之心理及教育》［东京：育成会，明治三十五年（1902）］一书，而该书列为石川荣司所编的《续教育学书解说》第1册③。事实上，这是哥罗宰的 Psychologie und Pädagogik des Kinderspiels（Altenburg：O. Bonde，1900）一书的翻译。此书经作者的授权，由 Chr. Ufer 从意大利文译为德文，再由菊池俊谛从德文译为日文。王国维译文的第一篇《自心理学上解释游戏》第8节《游戏之分类》论及康德的游戏说如下：

> 汗德亦尝论及游戏，彼于所著《审美理性批判》中论美术曰："人以是为游戏，而自视为快乐之作业。"此外就自由而多方之感情的游戏，亦尝论之，而分之为三种：一、关于胜负者；二、关于音乐者；三、关于思考者。汗德本未就游戏之全体，特别研究，故其分类自未完全。然今援举之，亦非无价值之说也。④

所谓"审美理性批判"即是《判断力批判》。哥罗宰所引述的康德之言当是脱胎于该书§43所言："人们将前者〔自由的艺术〕看成彷彿它只是作为游戏，亦即作为本

---

① 钱鸥：《王国维与〈教育世界〉未署名文章》，《华东师范大学学报》哲学社会科学版2000年第4期，第121页。
② 自从佛雏在《王国维哲学美学论文辑佚》（第424页）中将哥罗宰误作德国哲学家 Karl Groos（1861—1946）之后，其余的研究者多沿袭其错误，且不知菊池俊谛之文系译自哥罗宰之书，人云亦云，一错再错，令人浩叹！又佛雏的《王国维哲学美学论文辑佚》及周锡山的《王国维集》，不知何故，仅节录此文之首章。
③ 此书原为单行本，后收入石川荣司所编《教育学书解说》增补改订版［东京：育成会，明治三十九年（1906）］。此译稿之出处承蒙陈玮芬与张季琳女士代为查出，特申谢忱。
④ 《教育世界》第105号（光绪三十一年乙巳7月上旬第13期），第51—52页。

身就令人适意的活动,而能得出合乎目的的结果(成功)。"①接着提到的三种游戏即该书§54所谈的"运气游戏"(Glücksspiel)、"音调游戏"(Tonspiel)与"思想游戏"(Gedankenspiel),即赌博、音乐与机智②。

此外,该译文的第二篇《教育史上之游戏》第13节即是《汗德之游戏说》③。此节根据康德的《论教育学》讲义(Über Pädagogik, 1803)介绍康德关于游戏与教育之关系的看法。

桑木严翼的《哲学概论》于明治三十三年(1900)由东京专门学校出版部出版,王国维随即将它译为中文。此书第5章《哲学の问题:(一)知识哲学》第16节《认识の本质:实在论と观念论》论及康德的知识论,特别是其"物自身"(Dingansich)的概念,而将此概念视为"汗德之学说中最暧昧者"。此书第6章《哲学の问题:(二)自然哲学》第20节《自然の理想——宗教哲学及美学》亦论及康德美学④。

《西洋伦理学史要》是译自英国哲学家西奇威克(Henry Sidgwick, 1838—1900)的 Outlines of the History of Ethics for English Readers (London: Macmillan, 1886)。此书共有4篇,分别为:(一)《伦理学之概观》;(二)《希腊及希腊罗马之伦理学》;(三)《基督教及中世之伦理学》;(四)《近世之伦理学殊如英国之伦理学》。王国维略去第三篇,仅译出其余3篇。其第四篇论及康德的自由意志论⑤。

第二类著作系王国维所撰(非译作)。其中,《汗德像赞》是一篇三十六行的四言颂辞,所以赞颂康德。《汗德之事实及其著书》简单介绍康德的生平及著作。《汗德之伦理学及宗教论》简述康德的伦理学与宗教哲学。后两篇论文均是介绍性的文字,当系取材自相关的日文或英文资料,谈不上王国维自己的观点。《述近世教育思想与哲学之关系》介绍近代西方哲学家(包括康德)的教育思想,也谈不上王国维自己的观点。表达王国维自己的观点的是《叔本华之哲学及教育学说》与《古雅之在美学上之位置》二文。

《述近世教育思想与哲学之关系》一文介绍培根(Francis Bacon, 1561—1626,王国维译为"柏庚")以来西方教育思想的发展,其中有5段介绍康德的教育哲学,所占篇幅最多。

《叔本华之哲学及教育学说》一文固然旨在介绍叔本华的学说,但王国维在此文中系以康德哲学为参照背景,来介绍叔本华的哲学观点。因为王国维认为:

> 自希腊以来,至于汗德之生,二千余年,哲学上之进步几何?自汗德以降,至于今百有余年,哲学上之进步几何?其有绍述汗德之说,而正其误谬,以组织完善之哲学系统者,叔本华一人而已矣。而汗德之学说,仅破坏

---

① Kritik der Urteilskraft, KGS, Bd. 5, S. 304: "Man sieht die erste so an, als ob sie nur als Spiel, d.i. Beschäftigung, die für sich selbst angenehm ist, zweckmäßig ausfallen (gelingen) können."
② 同上注,S.331.
③ 《教育世界》第115号(光绪三十一年乙巳12月上旬第23期),第34-36页。
④ 关于桑木严翼此书的内容,参阅佛雏《王国维哲学译稿研究》,第3-34页。
⑤ 参见佛雏《王国维哲学译稿研究》,第73-76页。

的，而非建设的。彼憬然于形而上学之不可能，而欲以知识论易形而上学，故其说仅可谓之哲学之批评，未可谓之真正之哲学也。叔氏始由汗德之知识论出而建设形而上学，复与美学、伦理学以完全之系统。然则视叔氏为汗德之后继者，宁视汗德为叔氏之前驱者为妥也。（《文集》，Ⅲ：318）

> 汗德之知识论，固为旷古之绝识，然如上文所述，乃破坏的，而非建设的，故仅如陈胜、吴广，帝王之驱除而已。（《文集》，Ⅲ：325）

在王国维看来，康德是叔本华的先驱，叔本华则是在康德所奠定的基础上，完成了真正的哲学。

王国维在文中举一例来说明叔本华对康德的这种既继承又批判的关系：

> 于是汗德矫休蒙之失，而谓经验的世界，有超绝的观念性与经验的实在性者，至叔本华而一转，即一切事物，由叔本华观之，实有经验的观念性，而有超绝的实在性者也。故叔本华之知识论，自一方面观之，则为观念论，自他方面观之，则又为实在论，而彼之实在论与昔之素朴实在论异，又昭然若揭矣。（《文集》，Ⅲ：319—320）

"休蒙"即是英国哲学家休谟（David Hume，1711—1776）。康德基于"现象"（Erscheinung）与"物自身"（Ding an sich）的区别，主张时间、空间与范畴仅适用于现象，不能适用于物自身，故同时具有"经验的实在性"（empirische Realität）与"先验的观念性"（transzendentale Idealität）。因此，他的知识论立场一方面是"经验的实在论"，另一方面是"先验的观念论"。叔本华则将康德认为人类无法认识的物自身等同于意志，因而倒转康德的观点，主张"先验的实在论"，同时即是"经验的观念论"。

《古雅之在美学上之位置》一文则在康德美学的基础进一步提出"古雅"之说。康德在《判断力批判》中讨论两种审美判断，即关于"美"（das Schöne）的判断与关于"崇高"（das Erhabene）的判断。王国维将"美"与"崇高"分别译为"优美"与"宏壮"。至于"古雅"一词，则是王国维所创，非康德原有的概念。笔者用王国维自己的语言，将其主要观点归纳为以下几点：

1）"优美"与"宏壮"均是形式之美，"古雅"则是第二层的形式，可谓之"形式之美之形式之美"。

2）"优美"与"宏壮"均可存在于艺术与自然中，"古雅"则仅存在于艺术中。

3）关于"优美"与"宏壮"的判断均是先天的，故是普遍的；关于"古雅"的判断则是后天的、经验的，故是特别的、偶然的。

4）"古雅"一方面是"低度之优美"，另一方面是"低度之宏壮"，但又"在优美与宏壮之间，而兼有此二者之性质"。

5）康德说："美术是天才之艺术。"但中智以下之人，亦可由修养而创造"古雅"。

这篇论文充分显示出王国维融会康德美学以建立理论的能力。

三、借用康德的哲学概念诠释中国哲学

王国维对哲学的贡献，除了发挥康德的哲学理论之外，主要在于他借用康德的哲学概念来诠释中国哲学。他在《哲学辨惑》一文中便明白表示："欲通中国哲学，又非通西洋之哲学不易明矣。〔……〕异日昌大吾国固有之哲学者，必在深通西洋哲学之人，无疑也。"（《文集》，Ⅲ：5）

在《孔子之美育主义》一文中，王国维一开始便引述康德在《判断力批判》中所述品味判断（Geschmacksurteil）的第一环节（Moment），即在质方面的规定：

> 美之为物，不关于吾人之利害者也。吾人观美时，亦不知有一己之利害。德意志之大哲人汗德，以美之快乐为不关利害之快乐（Disinterested Pleasure）。（《文集》，Ⅲ：155）

但是王国维深具慧识地指出：孔子的美育主义毋宁更接近德国诗人席勒（Friedrich Schille，1759—1805，王国维译为"希尔列尔"）的观点。他引述文德尔班《哲学史》中的说法：

> 〔……〕如汗德之严肃论中气质与义务对立，犹非道德上最高之理想也。最高之理想存于美丽之心（Beautiful Soul）其为性质也，高尚纯洁，不知有内界之争斗，而唯乐于守道德之法则，此性质唯可由美育得之。（《文集》，Ⅲ：157）①

接着他下一结论：

> 此希氏最后之说也。故无论美之与善，其位置孰为高下，而美育与德育之不可离，昭昭然矣。（同上）

在康德的伦理学中，人的道德主体是理性主体，它与感性主体间存在着永远无法消弭的紧张性。故对康德而言，我们人类只能出于敬畏（Achtung）而服从道德法则，而不能自愿服从道德法则（所谓"乐于守道德之法则"）。在这个意义下，"义务"（Pflicht）与"爱好"（Neigung）是对立的。席勒虽不否认理性主体与感性主体间的紧

---

① 引文见W. Windelband: *A History of Philosophy*（New York: Harper & Row, 1968, 2nd Edition），p. 602。

张性,但是他强调:藉由道德情感与审美情感之协调,这种紧张性最后会消除,而达到"优美心灵"(schöne Seele,王国维译为"美丽之心")的境界。此时,"义务"与"爱好"亦统一起来,而成为"对义务的爱好"(Neigung zur Pflicht)①。这其实便是孔子所谓"从心所欲,不踰矩"的境界。王国维就在这种境界中看到孔子与席勒不谋而合的观点:

> 此时之境界:无希望,无恐怖,无内界之争斗,无利无害,无人无我,不随绳墨而自合于道德之法则。一人如此,则优入圣域;社会如此,则成华胥之国。孔子所谓"安而行之",与希尔列尔所谓"乐于守道德之法则"者,舍美育无由矣。(《文集》,Ⅲ:157—158)

《论性》一文分析由孔子至陆象山的人性论。特别的是,此文的分析架构与问题意识均来自康德的知识论。王国维写道:

> 今夫吾人之所可得而知者,一先天的知识,一后天的知识也。先天的知识,如空间、时间之形式,及悟性之范畴,此不待经验而生,而经验所由以成立者。自汗德之知识论出后,今日殆为定论矣。后天的知识,乃经验上所教我者,凡一切可以经验之物皆是也。二者之知识皆有确实性,但前者有普遍性及必然性,后者则不然,然其确实则无以异也。今试问:性之为物,果得从先天中或后天中知之乎?先天中所能知者,知识之形式,而不及于知识之材质,而性固一知识之材质也。若谓于后天中知之,则所知者又非性,何则?吾人经验上所知之性,其受遗传及外部之影响者不少,则其非性之本来面目,固已久矣。故断之曰:性之为物,超乎吾人之知识外也。(《文集》,Ⅲ:242—243)

王国维为了证明其"人性不可知"的主张,根据康德的知识论架构设定了一个两难论证。笔者将其论证形式表列如下:

> 大前提:关于人性的知识不可能来自先天(因为藉由先天的途径,我们只能得到知识的形式,而不及于其材质,而人性却涉及知识的材质),亦不可能来自后天(因为后天知识会受到遗传及外在因素的影响,而无法把握人性的本然状态)。
> 小前提:关于人性的知识或来自先天,或来自后天(经验)。
> 结论:我们无法认识人性。

---

① 关于康德与席勒在这个问题上的争论,参阅拙作《四端与七情——关于道德情感的比较哲学探讨》,台北:台湾大学出版中心,2005年,第27-48页;简体字版,上海:华东师范大学出版社,2008年,第20-36页。

接着，王国维将中国传统的人性论区分为三类：两类基于经验，一类超乎经验。基于经验的人性论面对善、恶对立的经验事实，很容易导致善恶二元论。王国维写道："夫经验上之所谓性，固非性之本，然苟执经验上之性以为性，则必先有善恶二元论起焉。"（《文集》，Ⅲ：243）善恶二元论虽不违背经验上的事实，但无法满足人类知识统一性之要求，故其他的人性论随之而起。王国维写道：

> 故从经验上立论，不得不盘旋于善恶二元论之胯下。然吾人之知识，必求其说明之统一，而决不以此善恶二元论为满足也。于是性善论、性恶论，及超绝的一元论（即性无善无不善之说，及可以为善可以为不善说），接武而起。（《文集》，Ⅲ：243）

王国维将孔子所言"性相近也，习相远也""唯上智与下愚不移"的观点与告子"生之谓性"的观点同归于"超绝的一元论"。"超绝的一元论"依然是"从经验上推论之，故以之说明经验上之事实，自无所矛盾也"（《文集》，Ⅲ：244）。这种观点虽然能满足知识统一性之要求，但依然要面对经验知识无法认识"性之本来面目"的难题。

至于孟子的性善论与荀子的性恶论，王国维同视之为"超乎经验之外而求其说明之统一"的理论。这种理论的困难在于：

> 至超乎经验之外而求其说明之统一，则虽反对之说，吾人得持其一，然不至自相矛盾不止。何则？超乎经验之外，吾人固有言论之自由，然至欲说明经验上之事实时，则又不得不自圆其说，而复返于二元论。故古今言性者之自相矛盾，必然之理也。（《文集》，Ⅲ：243—244）

> 至执性善、性恶之一元论者，当其就性言性时，以性为吾人不可经验之一物故，故皆得而持其说；然欲以之说明经验，或应用于修身之事业，则矛盾即随之而起。余故表而出之，使后之学者勿徒为此无益之议论也。（《文集》，Ⅲ：252）

康德在《纯粹理性批判》的《先验辩证论》中指出：当我们将范畴应用于经验界之外时，就会产生两个相互矛盾的命题，而陷于纯粹理性之"背反"（Antinomie）。在王国维的设想中，性善或性恶之一元论也会遭遇相同的难题，而为了摆脱这理论困境，最后还是不得不回到二元论的立场。

从我们今日的眼光来看，王国维套用康德的知识论架构来诠释中国传统的人性论，未免过于简化而显得生硬，可以商榷之处不少。但要评断此中的是非得失，所牵涉的问题范围过广，超出了本文的目的，故只能就此打住。

《释理》一文是从比较的观点进行概念史的分析。王国维将中国传统哲学的"理"与西方传统哲学的"理性"（logos/ratio/reason/raison/Vernunft）相提并论，进行比较。他的分析预设了叔本华对康德的修正观点。王国维的分析有两个主轴，即"理"之广义与狭义的解释，以及其主观义与客观义。

王国维所谓"理之广义的解释"，是指"理由"之义；所谓"理之狭义的解释"，是指"理性"之义。就"理之广义的解释"而言，他完全接受叔本华在《论充足理由律的四重根源》中所讨论的四种"充足理由律"：

> 至叔本华而复就充足理由之原则，为深邃之研究，曰：此原则就客观上言之，为世界普遍之法则；就主观上言之，乃吾人之知力普遍之形式也。世界各事物，无不入于此形式者，而此形式可分为四种：一、名学上之形式，即从知识之根据之原则者，曰：既有前提，必有结论。二、物理学上之形式，即从变化之根据之原则者，曰：既有原因，必有结果。三、数学上之形式，此从实在之根据之原则者，曰：一切关系由几何学上之定理定之者，其计算之成绩不能有误。四、实践上之形式，曰：动机既现，则人类及动物不能不应其固有之气质而为惟一之动作。此四者，总名之曰"充足理由之原则"。此四分法中，第四种得列诸第二种之形式之下，但前者就内界之经验言之，后者就外界之经验言之，此其所以异也。要知第一种之充足理由之原则，乃吾人理性之形式，第二种悟性之形式，第三种感性之形式也。（《文集》，Ⅲ：255）

第一种形式表达的是逻辑的必然性，涉及叔本华所谓的"认识之充足理由律"（Satz vom zureichenden Grunde des Erkennens）①。第二种形式表达的是自然的必然性，涉及叔本华所谓的"变化之充足理由律"（Satz vom zureichenden Grunde des Werdens），也就是通常所谓的"因果律"②。第三种形式表达的是数学的必然性，涉及叔本华所谓的"存有之理由律"（Satz vom Grunde des Seins）③。第四种形式表达的是道德的必然性，涉及叔本华所谓的"行动之充足理由律"（Satz vom zureichenden Grunde des Handelns/principium rationis sufficientis agendi），或简称为"动机律"（Gesetz der Motivation）④。对于第四种形式，叔本华强调：它所涉及的也是一种因果性，但却是一种特殊的因果性，因为"动机是从内部来看的因果性"⑤。正因此故，王国维才说："第四种得列诸第二种之形式之下。"

至于"理之狭义的解释"，王国维首先根据叔本华的观点，将"理性"界定如下：

> 夫吾人之知识分为二种：一、直观的知识；一、概念的知识也。直观的

---

① A. Schopenhauer: Über die vierfache Wurzel des Satzes vom zureichenden Grunde, in Schopenhauer: Sämtliche Werke, Bd. Ⅲ, S. 173 & 182.
② 同上注，S. 48 & 182.
③ 同上注，S. 129 & 182.
④ 同上注，S. 173 & 182.
⑤ 同上注，S. 173.

知识，自吾人之感性及悟性得之；而概念之知识，则理性之作用也。直观的知识，人与动物共之；概念之知识，则惟人类所独有。（《文集》，Ⅲ：256）

这里的"悟性"一词即是康德所谓的 Verstand，如今多译为"知性"。这个定义包含对康德观点的修正，因为康德将直观的知识仅归诸感性，而叔本华则认为："经验直观本质上是知性的工作，而感官仅在其感觉中为知性提供大体上贫乏的素材。"①

接着，王国维又根据叔本华的观点批评康德的理性观。他在文中写道：

> 汗德以理性之批评为其哲学上之最大事业，而其对理性之概念，则有甚暧昧者。〔……〕其下狭义理性之定义也，亦互相矛盾。彼于理性与悟性之别，实不能深知。〔……〕要之，汗德以通常所谓理性者谓之悟性，而与理性以特别之意义，谓吾人于空间及时间中，结合感性以成直观者，感性之事；而结合直观而为自然界之经验者，悟性之事；至结合经验之判断，以为形而上学之知识者，理性之事也。自此特别之解释，而汗德以后之哲学家，遂以理性为吾人超感觉之能力，而能直知本体之世界及其关系者也。〔……〕至叔本华出，始严立悟性与理性之区别。彼于充足理由之论文中，证明直观中已有悟性之作用存。吾人有悟性之作用，斯有直观之世界；有理性之作用，而始有概念之世界。故所谓理性者，不过制造概念及分合之之作用而已。由此作用，吾人之事业已足以远胜于动物。至超感觉之能力，则吾人所未尝经验也。彼于其《意志及观念之世界》及《充足理由》之论文中，辨之累千万言，然后"理性之概念"灿然复明于世。（《文集》，Ⅲ：256—257）

其次，王国维论及"理"之主观义与客观义。他首先指出：

> 〔……〕"理"之解释有广狭二义。广义之理，是为理由；狭义之理，则理性也。充足理由之原则，为吾人知力之普遍之形式，理性则知力作用之一种。故二者皆主观的，而非客观的也。然古代心理上的分析未明，往往视理为客观上之物，即以为离吾人之知力而独立，而有绝对的实在性者也。（《文集》，Ⅲ：257—258）

在中西哲学家当中，都有人将这种主观之"理"客观化、实在化，而赋予它以形上的意涵。在中国传统哲学之中，王国维将朱子的学说归于此类。但在王国维看来，这只是一种"假定"，"不过一幻影而已"（《文集》，Ⅲ：257，260）。其弊在于：论者将其由实物抽象而得的概念误认为一个实在之物。在这个脉络中，王国维肯定孟子以"理"为"心之所同然"，也盛赞王阳明"心外无理"之说，认为："我国人之说

---
① 同上注，S. 100.

'理'者，未有深切著明如此者也。"（《文集》，Ⅲ：259）

再者，凡赋予"理"以伦理学意涵者，也是犯了同样的错误，而将伦理学上的理由（即动机）误认为一种客观的性质。因此，王国维在文末总结说：

> 惟理性之能力，为动物之所无，而人类之所独有，故世人遂以形而上学之所谓真，与伦理学之所谓善，尽归诸理之属性。不知理性者，不过吾人知力之作用，以造概念，以定概念之关系，除为行为之手段外，毫无关于伦理上之价值。（《文集》，Ⅲ：265）

总之，王国维否定"理"之客观义，显然呼应叔本华在《作为意志与表象的世界》一书开头所言："世界即是我的表象。"（"Die Welt is meine Vorstellung."）①

最后，王国维在《原命》一文中讨论中国传统思想中"命"的概念与问题。针对"命"的概念，他区分两种观点："其言祸福夭寿之有命者，谓之定命论（Fatalism）；其言善恶贤不肖之有命，而一切动作皆由前定者，谓之定业论（Determinism）。"（《文集》，Ⅲ：266）接着，他指出："我国之哲学家，除墨子外，皆定命论者也，然遽谓之定业论者，则甚不然。"（同上）他以孟子为例，认为"孟子之为持定命论者，然兼亦持意志自由论"（同上）。Determinism一词，现在一般译为"决定论"。王国维对这两个语词的用法与目前的一般用法正好相反：目前我们一般将 fatalism 理解为完全否定自由意志的观点，而将 determinism 理解为有可能与自由意志相容的观点。

接着，王国维将问题转到西方哲学中关于自由意志与决定论的争论上。在这个脉络中，他谈到康德在《纯粹理性批判》的《先验辩证论》中讨论的第三组背反，即自由与自然底必然性之背反②。康德藉由现象与物自身之区分来化解这组背反：一方面将先验的自由（transzendentale Freiheit）归诸物自身的领域，而肯定一种"自由底因果性"（Kausalität durch Freiheit）；另一方面又将自然底必然性归诸现象的领域，而维持因果律的普遍有效性，藉此使自由与自然底必然性得以并存③。就在这个脉络中，康德提出了人的"双重性格"——即"智思的性格"（intelligibler Character）与"经验的性格"（empirischer Character）——之说，并且以"智思的性格"作为能负道德责任的主体④。

对于康德调停自由意志与决定论的方式，王国维在文中作了大体可靠的介绍：

> 于是汗德始起而综合此二说曰：在现象之世界中，一切事物必有他事物以为其原因，而此原因复有他原因以为之原因，如此递演，以至于无穷，无往而不发现因果之关系。故吾人之经验的品性中，在在为因果律所决定，

---

① Schopenhauer: Sämtliche Werke, Bd. Ⅰ, S. 31.
② Kant: Kritik der reinen Vernunft（以下简称 KrV）, hrsg. von Raymund Schmidt（Hamburg: Felix Meiner, 1976）, A444—452/B472—480（A＝1781年第1版，B＝1787年第2版）
③ KrV, A532—558/B560—586.
④ KrV, A538—541/B566—569.

故必然而非自由也。此则定业论之说真也。然现象之世界外，尚有本体之世界，故吾人经验的品性外，亦尚有睿智的品性。而空间、时间及因果律，只能应用于现象之世界，本体之世界则立于此等知识之形式外。故吾人之睿智的品性，自由的，非必然的也。此则意志自由论之说亦真也。故同一事实，自现象之方面言之，则可谓之必然，而自本体之方面言之，则可谓之自由。而自由之结果，得现于现象之世界中，所谓无上命法是也。即吾人之处一事也，无论实际上能如此与否，必有当如此、不当如此之感。他人亦不问我能如此否；苟不如此，必加以呵责。使意志而不自由，则吾人不能感其当然，他人亦不能加以责备也。今有一妄言者于此，自其经验的品性言之，则其原因存于不良之教育、腐败之社会，或本有不德之性质，或缺羞恶之感情。又有妄言所得之利益之观念，为其目前之动机，以决定此行为。而吾人之研究妄言之原因也，亦得与研究自然中之结果之原因同。然吾人决不因其固有之性质故，决不因其现在之境遇故，亦决不因前此之生活状态故，而不加以责备。其视此等原因，若不存在者然，而以此行为为彼之所自造，何则？吾人之实践理性，实离一切经验的条件而独立，以于吾人之动作中生一新方向。故妄言之罪，自其经验的品性言之，虽为必然的，然睿智的品性不能不负其责任也。此汗德之调停说之大略也。（《文集》，Ⅲ：268—269）

此所谓"经验的品性"即"经验的性格"，所谓"睿智的品性"即"智思的性格"，所谓"无上命法"即"定言令式"（kategorischer Imperativ）。

对于康德化解第三组背反的方式，以及人的"双重性格"之说，叔本华极为赞赏，誉之为"这一伟大的精神、甚至人类曾经产生之最优美且思想最深刻的东西"，是"康德对伦理学最伟大而辉煌的贡献"，是"人类的深邃思想之一切成就中最伟大的成就，它与先验感性论同为康德声誉的冠冕上之两颗大钻石"[①]。但是王国维对叔本华的这番评价显然有所保留。他写道：

叔本华亦绍述汗德之说，而稍正其误，谓动机律之在人事界，与因果律之在自然界同。故意志之既入经验界，而现于个人之品性以后，则无往而不为动机所决定。惟意志之自己拒绝，或自己主张，其结果虽现于经验上，然属意志之自由。然其谓意志之自己拒绝，本于物我一体之知识，则此知识，非即拒绝意志之动机乎？则"自由"二字，意志之本体果有此性质否？吾不能知。然其在经验之世界中，不过一空虚之概念，终不能有实在之内容也。（《文集》，Ⅲ：269）

王国维在此将叔本华在《论充足理由律的四重根源》中关于"行动之充足理由律"

[①] A. Schopenhauer: Die beiden Grundprobleme der Ethik, in Schopenhauer: Sämtliche Werke, Bd. Ⅲ, S. 621, 704 & 706.

（动机律）的说法极端化，将人的动机（包含道德动机）亦纳入因果关系中，因而质疑意志之自由。

在此文的结尾，王国维表达了他自己对这个问题的看法：

> 然则吾人之行为，既为必然的，而非自由的，则责任之观念又何自起乎？曰：一切行为必有外界及内界之原因。此原因不存于现在，必存于过去；不存于意识，必存于无意识。而此种原因又必有其原因，而吾人对此等原因，但为其所决定，而不能加以选择。如汗德所引妄言之例，固半出于教育及社会之影响，而吾人之入如此之社会，受如此之教育，亦有他原因以决定之。而此等原因往往为吾人所不及觉，现在之行为之不适于人生之目的也，一若当时全可以自由者，于是有责任及悔恨之感情起。而此等感情，以为心理上一种之势力故，故足为决定后日行为之原因，此责任之感情之实践上之价值也。故吾人责任之感情，仅足以影响后此之行为，而不足以推前此之行为之自由也。余以此二论之争，与命之问题相联络，故批评之于此。又使世人知责任之观念，自有实在上之价值，不必藉意志自由论为羽翼也。（《文集》，Ⅲ：269）

王国维显然认为：道德责任与决定论可以相容，而不必预设意志之自由。这项观点不但与康德的伦理学观点完全对立，也与叔本华的相关观点有出入。

从我们现在的眼光来看，王国维借用康德的哲学概念诠释中国哲学之尝试未免仍显得生硬，但是他对康德哲学的理解显然远远超过他同时代的康有为、梁启超与章太炎。无怪乎他在《论近年之学术界》中讥评梁启超介绍康德哲学之文[①]说："如《新民丛报》中之汗德哲学，其纰缪十且八九也。"（《文集》，Ⅲ：37—38）但无论如何，我们对外来文化的吸纳是一个长期的过程，需要诸多世代不断的努力。就中国人对康德哲学的吸纳而言，王国维在他的时代已贡献了一份可观的成果。

原载《中山大学学报（社会科学版）》2009年第6期

---

① 梁启超曾于1903至1904年在《新民丛报》第25、26、28、46/47/48号分期发表《近世第一大哲康德之学说》一文。

虚己以游世

——早期希腊哲学的非自然哲学解读

关子尹

> "我想人所真要求的，还是从那里来，再回到那里去……"
> ——唐君毅：《怀乡记》①

一、早期希腊哲学的定性问题

研习哲学的我辈，常常有一种想法，认为西方哲学在萌芽之初，发展出来的主要是以物理自然为对象的"自然哲学"。这种想法在西方其实也属于主流，我们只要稍微翻阅一些主要的哲学史著作，便可得证。以德国学者文德尔班（Wilhelm Windelband）为例，他在《哲学史教程》中，便把希腊哲学分为三个时期，即"宇宙论时期"（kosmologische Periode）、"人事论时期"（anthropologische Periode）和"系统化时期"（systematische Periode）。其中的"宇宙论时期"，便包括了辩士学派（Sophists）之前的所有哲学理论。所谓"宇宙论"，顾名思义，是指关于"宇宙发展过程或宇宙变化"的一些理论②。除了"宇宙论"这个名称外，"自然哲学"（Naturphilosophie, philosophy of nature）这个称谓亦是史家们如 Eduard Zeller、Friedrich Überweg、Karl Vorländer、Frank Thilly、Alfred Weber、Theodor Gomperz、G. S. Kirk、Charles Kahn、Jonathan Barnes 等所习于使用。被定性为"宇宙论"或"自然哲学"的早期希腊哲学，一般难逃两种命运：第一种命运是被视为一些原始的，亦即未发达的自然科学（primitive science），故相对于后世愈益发达的科学而言，往往被视为一些粗浅的学说而被忽略；第二种命运是被目为只知外驰于经验世界的现象而尚未能内省于人类自我的心智，因此相对于后来系统地发展出来的学说（如柏拉图和亚里士多德）而言，早期希腊哲学蕴涵的一些深刻的智慧也往往被忽略，而其作为"自然哲学"

---

① 唐君毅：《中华人文与当今世界》下册，台北：学生书局，1988年（全集初版），第453页。原文均为"那里"。

② Wilhelm Windelband, *Lehrbuch der griechischen Philosophie*, 16. Auflage, ed. Heinz Heimsoeth (Tübingen: Mohr, 1976), pp. 24, 56.

以外的其他可能解释也大大地受到限制①。

二、亚里士多德对早期希腊哲学的解读

这种把早期希腊哲学只定为自然哲学的做法，追本溯源，可以算到亚里士多德头上。查亚氏论及早期希腊哲学家时，除了通行的φιλόσοφοι（philosophers）用语外，曾多次称之为φυσιολόγοι（physiologoi）②。由于这个称谓出于"自然"（φύσις）一词，所以可理解为"自然的研究者"，或权称之为"自然哲学家"，这就是后世所谓 natural philosopher 的根据所在。由此可见，希腊自毕达哥拉斯至柏拉图一直在酝酿的这个本代表智慧一般的"哲学家"理念，在亚里士多德对希腊早期学说的诠释里，明显地被收窄为对"自然"的认识和理解上去。

从概念的发展上看，希腊文κόσμος和φύσις这两个概念是今日西方现代语言中"世界（宇宙）"和"自然"之所本，不过这两个字在古希腊文化中其实有很深刻的意义（后详）。亚里士多德把前人称为 physiologoi 时，到底有没有掌握到其中可能的深刻意义呢？就这个问题，多年前 Harold Cherniss 在《亚里士多德对先苏格拉底哲学的批评》一书中的分疏可资参考。Cherniss 指出亚氏由于太着意建立自己的哲学体系，在论列前人时完全不是从一信实的角度作历史描述，而只藉着与前人理论的对比突显自己学说的优胜之处，从而支持自己的学说。Cherniss 以很严厉的措词，指出了亚里士多德的解释犯了七种错误：（一）顺着自己的论证的不同需要，断章取义地引述前人的观点，使前人学问的全貌无法显出，甚至显得前后矛盾；（二）随意直接借用前人的用语，但只在讲自己所想的（如以"like to like"去讲自己的潜能到现实的过渡），弄至前人概念面目全非；（三）由于无心的误解，记忆的匮乏，或他人的讹传（包括乃师柏拉图）而产生误会；（四）把旧日的理论放在今日的理论平台上或以新的概念谈论，导致新旧理论混淆；（五）把自己当代的哲学观念常识（如生成与变化）想当然地设想为前人的哲学常识；（六）大胆地设想前人理论的"必然前提"和"必然结论"，并由此以为可重建前人学说的原貌；（七）随己意的不同需要，随机地对多位前辈哲人的关系加以揣测，但又形成前后矛盾的讲法。③由于 Cherniss 全书的讨论巨细无遗，故他以上的批评

---

① 此外，早期希腊哲学也常被定名为"先苏格拉底哲学"，此中涉及的许多争议，虽亦与本文课题有一定关系，但作者于一篇旧作中已作分疏，本文便不再赘述。参见关子尹《西方哲学史撰作的分期与标名问题》，载《语默无常——寻找定向中的哲学反思》（香港：牛津大学出版社，2008年），第272-320页；特别是该文第三部分"分论"的A—vi节，第287-290页。另见该书的简体字版（北京：北京大学出版社，2009年），第251-297页。

② Aristotle, Met. 986b14, 990a3, 1062b22; De An. 426a20; Phys. 203a17, 203b16; Part. An. 641a7. Physiologoi 一语最好不要译作 Physiologists，以免与一般所谓的"生理学家"相混。Physiologoi 在亚里士多德以后还偶尔被使用，如Empedocles，甚至康德都曾用过。康德在《第一批判》中常提到的 Physiologisch 和 Physiologie 虽与亚氏所指者理论层次有别，但其之以经验自然为对象则一。

③ 见Harold Cherniss, *Aristotle's Criticism of Presocratic Philosophy*（Baltimore：The Johns Hopkins University Press, 1935）, pp. 352-357. 同时参见 Werner Jaeger 及 Richard Walzer 二人对 Cherniss 是书的书评。Jaeger 的书评见 *The American Journal of Philology*, Vol. 58, No. 3（1937）pp. 350-356；Walzer 的书评见 *The Philosophical Review*, Vol.48, No.6（Nov.1939）, pp. 640-643.

几乎都有充足的论据支持。尽管如此，我还是认为 Cherniss 太过执著于"史家"可以并只应作"客观理解"这一想法，因而限制了"史家"同时作为一"哲学家"的角色。故他对亚里士多德的批评在许多细节上虽然都能成立，但整体而言，却有扼杀对历史文本作有创意的哲学解释之嫌①。

从解释学的观点看，我认为上述问题要从两方面看才较为持平。首先，我认为亚里士多德从自己哲学的角度出发，其实完全有权利援用前人的各种概念和学说以处理其重视的哲学议题，宋儒陆九渊不是有"六经皆我注脚"之说吗？从亚里士多德的角度看，其最重要的哲学议题，是如何在柏拉图轻视经验的氛围下重新订立吾人对经验现象的信任，如何为经验研究订立理论规模与规范。因此，他建立范畴论作为经验的静态与动态的描述基础，对各种意义的运动与变化作出全面的研究，提出四因说为经验事物的构成提供解释，又广泛地以潜能和现实的相对观念把物理自然、生物世界、人类心智、伦理政治等领域贯彻成一带目的性的和有发展意味的整体。换言之，作为一哲学家，亚里士多德是西方古代足与柏拉图分庭抗礼的一位"究天人之际"的哲学巨擘。只是，作为一位对早期希腊哲学的诠释者而言，他未免过于"吝啬"，以为前人的贡献只止于"自然哲学"，前人的工作只像分阶段地为其"质料"（ὕλη）概念铺路。

其次，2003年冬天，笔者在中山大学一次有关"哲学史"的演讲中曾指出，正如康德说吾人根本不可能有所谓"物自身"的掌握一样，哲学史家治史时也根本不能假定有所谓绝对客观的"哲学史自身"作为绝对客观的绳墨。我还尝试指出，哲学史的诠述可以从一些较有文献和历史脉络为根据的"实质"材料开始，再发展出反映史家独特见解的一些"虚灵"的诠释。或可说："虚灵哲学史最引人入胜的，是其可随机而发，和有无穷的重塑可能。虚灵的哲学史再没有对错的问题，而只有无意义抑有意义的问题，和意义有多深刻的问题。"②因此，我们对亚里士多德关于早期希腊哲学的解释并非不可以批评，但理由不应该只是说他的解释是否客观，而是其解释是否有意义和有多少意义。本文希望做到的，就是要问：从早期希腊哲学一些较实质的材料（如其留下来的残篇）出发，我们能否看出其背后较虚灵的"微言大义"？

三、非自然哲学解读的基本问题与本文的策略

我们今日谈论"非自然哲学解读"，并不妄言绝对客观的理解，反而应该承认这种解读必然地带有我们自己的观点。当然，所谓"多一事不如少一事"，为免这种解读被"奥坎剃刀"清除，我们必须做到一点，就是要说明"非自然哲学解读"所揭示的意义如何异于、多于甚至优于传统的"自然哲学解读"。有鉴于此，对早期希腊哲学作"非自然哲学解读"之前，有几个基本态度要先予说明：

（一）本文的撰作虽然明显地是要冲着亚里士多德的传统说话，但笔者并没有说亚

---

① 关于哲学史家的角色的反省，参见关子尹《西方哲学史撰作的分期与标名问题》，特别是其中的"引论"与"通论"部分。又参见 Tze-wan Kwan, "The Role of the Historian of Philosophy: Some Phenomenological Reflections"，于香港中文大学哲学系现象学与当代哲学资料中心主办 "Phenomenology and History of Philosophy" 国际会议（2006年1月23—24日）发表，不日出版。

② 见关子尹《西方哲学史撰作的分期与标名问题》，载前揭书（香港版），第319–320页。

氏循 physiologoi 一观点理解希腊哲学完全错误。事实上，早期希腊哲学甚至孕育了不少自然科学的根苗，如天文学、物理学（包括电、磁）、生物学、医学等知识。

（二）"非自然哲学解读"并非要证成希腊早期哲学没有"自然哲学"的意味。笔者只希望指出单纯的自然哲学观点并不能把这个阶段的希腊哲学精神完全揭露。

（三）循非自然哲学的角度对早期希腊哲学进行解读并非笔者首创。事实上，古往今来已有不少西方学者尝试从"非自然哲学"的视角解释早期希腊哲学，而这些解读涉及的正是意义多寡的问题而非简单的对错问题。

（四）笔者今天重审"非自然哲学解读"的课题，除了要对西方就有关议题的一些蛛丝马迹加以整理外，最重要的，是要指出从"自然哲学"观点解放出来后，早期希腊哲学显出的许多重要关怀，直可与中国哲学相表里。揭示了这一种关联，则早期希腊哲学在其"自然哲学"的外衣下，其涉及的领域和其蕴涵的哲学智慧，其实远比所谓的"自然哲学"普遍和深远。

（五）最后，笔者或应多作一项按语：在当代哲学家中，后期的海德格尔无疑对早期希腊哲学极为重视，并且也循一广义的"非自然哲学"观点对这阶段的希腊思想重新诠释，并达至重要成果[1]。笔者对海德格尔这方面的解释亦曾稍有涉猎，将来亦有再作重点处理的意愿。不过本文却不打算过于倚重海德格尔的学说，理由有二：其一，海德格尔对早期希腊哲学的处理，与亚里士多德一样，完全是以一己的哲学议程（philosophical agenda）为依归。当然，如上所指，我认为海氏是完全有权利这样做的；但是，从我们自己的角度看，如果我们对亚里士多德的解释要有保留的话，则几乎基于同样的理由，我们对海德格尔的"先苏阅读"亦应持有同样的戒心。这种戒心于处理海德格尔时甚至要特别加强，因为海德格尔的解释背后所根据的"存在思维"或"同一性思维"，除极富争议外，更迹近奥密。其二，笔者心目中对早期希腊哲学的"非自然哲学解读"虽然亦与海德格尔的解读方式有一定相通之处，但完全可以独立于海德格尔而得以进行。避开了晚期海德格尔过于玄秘的解读，或更能把早期希腊哲学的重要意义以较可亲的方式揭示。

上文提到文德尔班的《哲学史教程》，并指出其希腊哲学阶段的三分最误导之处，

---

[1] 海德格尔全集中有关 Anaximander 的材料，已出版者主要有：（1）"Der Spruch des Anaximander（1946）", *Holzwege*, Gesamtausgabe, Band 5, ed. F.-W. von Herrmann（Frankfurt/Main：Klostermann, 1977/2003）, pp. 321–373；（2）"Das anfängliche Sagen des Seins im Spruch des Anaximander（1941）", part 2 of *Grundbegriffe*, Gesamtausgabe, Band 51, 2. durchgesehene Auflage, ed. Petra Jaeger（Frankfurt/Main：Klostermann, 1991）, pp. 94–123；（3）"Anaximander（1926）", section 16, *Die Grundbegriffe der Antiken Philosophie*, Gesamtausgabe, Band 22, ed. Franz-Karl Blust（Frankfurt/Main：Klostermann, 1993, 2004）, pp. 53–54。未出版的材料从略。关于 Heraklit 的材料也有：（1）"Logos（Heraklit, Fragment 50）（1951）"及"Aletheia（Heraklit, Fragment 16）（1954）"两篇文章，*Vorträge und Aufsatze（1936—1953）*, Gesamtausgabe, Band 7, ed. F.-W. von Herrmann（Frankfurt/Main：Klostermann, 2000）, pp. 211–234, 263–288；（2）Heidegger 与 Eugen Fink 合开的 Heraklit-Seminar, 见 *Seminare（1951—1973）*, Gesamtausgabe, Band 15, ed. C. Ochwadt, 2nd edition（Frankfurt/Main：Klostermann, 2005）；（3）Heraklit.1. *Der Anfang des abendländischen Denkens*（Summer semester 1943）/2. Logik. *Heraklits Lehre vom Logos*（Summer semester 1944）, 3rd edition, ed. M. S. Frings（Frankfurt/Main：Klostermann, 1994）。

是让人误以为希腊哲学要到了很后的辩士时代（Sophists）才有所谓"人事"的转向；换言之，就是以为在此之前希腊哲学只是"宇宙论"或"自然哲学"，其间即使有关乎人事的反思，也只是点缀云云。今天提出"非自然哲学阅读"，就是要驳斥这一种讲法。本文要指出：希腊哲学自开始以来，人事即已经是关怀的焦点。要顺希腊哲学的发展全面证明这一点，并不是很容易的事，本文能做到的，是选四位哲学家来分析，即阿纳芝曼德（Anaximander）、赫拉克利特（Heraklit）、恩培多克勒斯（Empedokles）和德谟克利特（Demokrit）①。不过，为求返本溯源，我打算反其道而行，即逆转时序，从德氏开始分析，而把阿氏放到最后。

四、德谟克利特原子论背后的"存在"议题

德氏及同样出身于 Abdera 的 Leukipp 的原子学说，向来被视为西方唯物论的源头②。唯物论在哲学理论中，明显是自然哲学色彩最浓厚的一支。如果以年代计算，德谟克利特比苏格拉底和一些辩士都稍晚，所以"早期希腊哲学"一标名本已不太适用③。不过，正由于世人对德氏作为自然哲学家的地位鲜有怀疑，则如从他身上也可以证明其实有明显的"非自然哲学"色彩，对于本文的诉求，会有一定的支持。

谈到德谟克利特的学说，首先要考虑的是"原子"概念。如众周知，这个概念是近世英国化学家道尔顿（John Dalton，1766—1844）向德氏借用的。然而为什么要提出原子的讲法呢？我们只要看希腊文 ἄτομος 一字便可得解。查这字可分拆为 ἀ-τομος 两部分。此中，后半是"分解""分割"的意思，而前面的 ἀ 是一否定词（privative），前后合起来是"不可分"的意思。道尔顿之所以对"原子"一词独垂青眼，正是要表达物质的终极单位是不可分割的这一点。不过我们必须考虑，公元前数百年的德氏，在毫无实验依据的情况下，其实并不是凭经验观察去"发现"原子的存在，原子其实彻头彻尾是概念思维的结果，也即是一设想下的观念。德氏从"不可分"去设想物质的极致，与其只出于对自然世界作解释的兴趣，更大程度上是要直接回应人对生死的疑惑。吾人目睹死亡代表了生命的终结，而人的死亡，一如物的毁败，终将以四分五裂、土崩瓦解告终。崩毁的历程是否将无尽止地进行，直到万劫不复，甚至形神俱灭？大概就在这种极度的

---

① 本书引用的早期希腊哲学家材料，见迪尔斯编《先苏格拉底诸哲残篇》希德对照版，Herman Diels, *Die Fragmente der Vorsokratiker. Griechisch und Deutsch*, 5. Auflage, ed. Walther Kranz, 3 Bände（Berlin：Weidmannsche Buchhandlung，1934）。由于该书于每一哲学家名下所收的残存材料都分别按"生平/学说（A）"及"残篇（B）"排列，故本文于征引先苏格拉底诸哲的残篇时，为求简明，均只于引文后注明 B 系列中的编号，除了特殊需要外，不再另行列出页数；这样读者如用 Diels 较新的版本时，由于编号不改，便较容易查取有关材料。此外，本文也参考了依据 Diels 版本的德文译出的英译本：*Ancilla to the Pre-Socratic Philosophers*, trans. Kathleen Freeman（Cambridge，MA：Harvard University Press，1957）。除 Diels 的经典版本外，笔者也参考了 Jaap Mansfeld, Die Vorsokratiker I/II. Griechisch/Deutsch（Stuttgart：Reclam，1983/1986）。

② Friedrich Albert Lange 的《唯物论史》（*Geschichte des Materialismus*）即主要从德氏开始讨论。

③ 文德尔班便干脆把德谟克利特归入"系统时期"，见 Windelband, *Lehrbuch der griechischen Philosophie*, p. 90。

疑惑下，"不可分"这一设想便为德氏带来了莫大的安慰。因为只要设想事物（包括人的躯体）最后都由顾名思义为不可分的原子组成，则无论我们经验中的崩解如何难堪，却都有穷尽之时，即最后大不了化为原子，而只要到了这一阶段，不但进一步的崩解再不可能，而且藉着原子于"空无"（κένον）中的"舞动"，新的物质、新的生命将可以重新开展。由此看，原子概念在其自然哲学的外衣背后，实直指生死等终极关怀①。

上面提出的对"原子"概念的存在解读（existential interpretation），特别是说"不可分"概念是要对治万物包括人类的崩解与死亡，骤听起来或会令人觉得笔者在以今度古。面对这一反诘，可作两项回应。首先，死亡带来的恐惧与威胁，是人类最普遍的处境，根本没有古今东西之别，例如明代一位道人便有"万有等埃腐，云胡劳死生"②之叹。其次，这一种解释，即使在西方也早在离德谟克利特不太远的卢卡瑞修斯（Titus Lucretius Carus, ca. 99—ca. 55 BCE）的著作中便已有所反映。我们从卢氏对伊壁鸠鲁（Epicurus）的推崇和他对原子论的热衷来看，他可说是德氏原子论的再传门人。在《论自然》（De Rerum Natura）一书中，卢氏一再指出原子论有助吾人在不用诉诸迷信的条件下排除对死亡的恐惧。在说明原子论比前人的元素说优胜之处时，卢氏指出："[前人]没有为事物的分解立下极限……以至事物不能得免于毁灭……或得以于死亡的利齿之下逃离湮灭的命运。"③在卢卡瑞修斯《论自然》短短的一本小书里，"死亡"一词使用了80次之多。在谈论原子论祖辈的德谟克利特时，卢氏满怀敬意地说："当风霜岁月告诫德谟克利特，说他的心智和记忆早已运作迟缓；德即坦然向死神引颈就戮。"④由此可见，德谟克利特藉着原子论而得以参透死亡这一说法，实由来已久，殊非笔者以今度古⑤。

德谟克利特的学说有一定的自然哲学色彩，这是无可置疑的。德氏在以"原子"和"空无"所构成的"物理学"的基础上，却进一步以"原子"的概念解释物理以外的其他领域，如心灵、感觉、认知、社会、道德等等。原子论之所以被视为"唯物"论的先河，是因为其意图把上述如心灵领域的所有问题都化约（reduced）到"原子"的运动予以解释——故人的灵魂被视为许多如火一般细微的原子的结集，感觉被视作外物漫射出来的原子对吾人心灵原子的冲击（参εἴδωλον），思想被视为灵魂原子间的交互影响，死亡代表灵魂原子的完全离开身体，苦乐被认为不外是灵魂原子振动的激烈或和谐等等。最重要的，是德氏虽以原子论为理论的起点，但其终极的归趋却是教人在原子的世界中如何追求"心境美好"（εὐθυμίη，B—3，B—191）、"心境平静"

---

① 基于这一原因，迪尔斯《先苏格拉底诸哲残篇》中德谟克利特名下的 B 系列各条之前冠以一小题"论死后的生命"（über das Leben nach dem Tode）。见该书 Band 1, p. 130。
② 张宇初：《次韵苏素庵杂诗》，《岘泉集》卷8，参《正统道藏·正一部》网络材料；其中所引上句作"万事等埃腐"，疑为"万有"之误。又该诗收于《文渊阁四库全书》明诗初集85卷，其中"万有"一词之用得证。
③ Lucretius, *The Nature of the Universe*（Harmondsworth: Penguin, 1951）, Book I, 1.844, pp. 51-52。
④ Lucretius, *The Nature of the Universe*, Book III, 3.1039, p. 128。
⑤ 关于 Lucretius 和原子论与自然科学的关系，可参见 Benjamin Farrington, *Greek Science: Its Meaning for Us*（Harmondsworth: Penguin, 1949, 1966）, pp. 248-260。

（εὐσταθέες，B—191）、"生活有度"（βίου συμμετρίηι，B—191）、"心灵宽大"（μεγαλοψυχίη，B—46）、"自我节制"（σωφροσύνη，B—208、210、211）等精神价值。世称为唯物论代表的德氏，出人意表地力称："吾人应该关注自己的心灵多于身体。因心灵的完善可以纠正身体的不足，反过来肉身强健而缺乏智慧却不会让灵魂得到较好的照料。"（B—187）诚然，德氏这个宏大的企图无法回避一些基本的理论困难。困难的关键在于：众多原子的散漫的运动本来建立在随机性和偶然性（τύχη）上，则德氏学说所追求的带有目的性（τέλος）的心灵价值如何可获得保证？换另一讲法，原子论对自然世界的物理构成或可以提供一描述性（descriptive）的处理，但德氏有关心灵、道德、社会等见解却涉及规约性（prescriptive）的范畴，就在这一方面，原子论的效力的严重不足便完全显露出来。但尽管如此，德谟克利特创立原子论的怀抱之不止于提供一自然哲学，而直指人的终极存在方式和价值，仍是清楚确凿的。

德谟克利特学说之触及哲学的"存在"议题和人生于世的终极关怀固如前述。不过，基于种种原因，德氏于后世的影响实在有限。今日世人倘若知道有德氏其人，绝大多数都是因为现代物理学发展出原子理论的缘故[1]。在整个西方哲学传统中，对德氏的哲学理论加以重点注意的，简直绝无仅有，其中，马克思写的博士论文"Differenz der demokritischen und epikureischen Naturphilosophie"几乎是惟一的例子。只是，马克思书中为了要维护伊壁鸠鲁的学说，而对德氏物理学说以外的其他思想的评价有过于低贬之嫌。相比之下，德国文学史上的韦兰德（Christoph Martin Wieland，1733—1813）的一部奇书，却在历史的白眼之下为德谟克利特讨还了"公道"。韦兰德这部书名《阿布达拉人史纲》（*Geschichte der Abderiten: Eine sehr wahrscheinliche Geschichte*）[2]，阿布达拉人（Abderites）是指德谟克利特出生地 Abdera 的民众。这部讽刺意味极浓的书共分五章，头一章即描述作为哲学家的德谟克利特如何被乡愿及闭塞无知的民众所轻视，甚至于被怀疑为精神不健全；第二章则说乡人为求找出真相，结果劳动了世称名医的 Hippocrates 去为德氏诊病，结果 Hippocrates 凭其阅历与智慧，很快便证明德氏不但心智完全正常，而且深感彼此志趣相投，直可视为理想中的"世界人团队"（Orden der Kosmopoliten）的同路人，并且还说精神有问题的反而是阿布达拉民众云云。韦兰德其实是德国文学史上所谓"教育小说"（Bildungsroman）的鼻祖[3]，这部著作根本是

---

[1] 例如说，希腊进入欧盟前用的旧货币德拉马（Drachma），无论硬币或纸币，都曾有德谟克利特肖像加上原子模型的设计。

[2] 参见 Christoph Martin Wieland, *Geschichte der Abderiten* (Leipzig: Reclam, 1974), 英译见 *History of the Abderites*, trans. Max Dufner (Bethlehem [Pa.]: Lehigh University Press, 1993)。此外参见 James M. van der Laan, "Christoph Martin Wieland and the German Making of Greece", *The Germanic Review*, Vol. 70, No. 2 (1995), pp. 51-56。

[3] 参见 Martin Swales, *The German Bildungsroman from Wieland to Hesse* (Princeton: Princeton University Press, 1978); Michael Beddow, *Studies in the Bildungsroman from Wieland to Thomas Mann* (Cambridge: Cambridge University Press, 1982)。

以借古讽今的手法,反映与鞭挞人类社会众生相的愚昧①。当然,韦兰德的神来之笔对德谟克利特或许过誉,但他对德氏的这种迥然不同的容受方式,起码暗示了他理解中的德氏之学并非简单的自然哲学。

五、恩培多克勒斯四元素学说背后的神话世界

从哲学史的角度看,恩培多克勒斯的思想上接主张世界由单一"原质"(ἀρχή)构成的米利都学派,下开安纳萨哥拉斯的"万物种子说"和德谟克拉特的"原子论"传统,故常被称为"新自然哲学家"(Jung-Naturphilosophen)。就世界物理构成的问题,恩氏提出了"元素"的说法。查"元素"的希腊文是στοιχεῖα,原意是"字母",即 alphabet 中的 letters 解;此外,他有时也用"根本"(ριζώματα)一词。恩氏提出了"四元素"说以解释宇宙的构成问题,由于用的是复数,所以可说开启了"多元主义"(pluralism)的先河②。多元观点的提出,主要是要克服一项理论困难,就是单一的"原质"(Urstoff)对世界现象的分殊性和复杂性较难提供一充分合理的解释。"四元"以其为多数故,已不是所谓原质,而是所谓"基质"(Grundstoffe)③。四元的"四",既不多也不少,故一方面保留了一定的"基础性",另一方面也保证了起码的"分殊性"。

四元素指的是地、水、火、气。从表面看,四元诚然带有一定的物理色彩④。最重要者,四元被设想为世界万物所由出,其化约的色彩,与德谟克利特不遑多让。例如恩氏一段残篇直言:"万物都出自它们[四元],以往是如此,现在是如此,将来也是如此,无论是树木、男人或女人,是走兽、飞禽或水产鱼类,乃至长生和最尊贵的诸神。总之存在的只有它们[四元],但藉着它们的穿梭荟萃却足以构成迥殊的事物,它们的变化多端的混合方式,种种的差别乃得以产生。"(B—21)由于四元素的学说后来也被亚里士多德采纳了,而且"元素"这个概念,一若"原子"概念,结果也成为了后世的科学语言,所以,从自然哲学观点去了解和评价恩氏的学说,基本上是难以推倒的。尽管如此,别忘记了我们关心的议题是:恩氏只是自然哲学家吗?

尽管恩培多克勒斯四元说无可否认地带有浓厚的自然哲学色彩,但我们不应忽略,四元素其实同时背负着鲜明的神话根源(mythological origin),最重要的是这些神话色彩与恩氏哲学理论的其他细节都息息相关。例如,恩氏残篇中有一条向我们透露"白骨"是由哪些元素混合而成的。这一残篇相传的"原文"是以如下方式表达的:"在土造成的坩埚里加上八分中的两分 Nestis,再加上四分 Hephaestus,在 Harmonia 的胶漆神奇的粘合下,白骨即便产生。"(B—96)要知此中涉及的元素,除了土被直接指明

---

① 韦兰特惟恐 Abderiten 一书求讽刺德国当代文化的著作目的不够清楚,竟然在书后附上一篇带"后跋"性质的短文,并名之为"Der Schlüssel zur Abderitengeschichte",扬言阿布达拉人后来散落世界各地云云。

② 四元素的说法除了在希腊被接纳外,与印度哲学中的"四大",可谓不谋而合。

③ 注意 Grundstoffe 使用的是复数。参见 Walther Kranz, *Die griechische Philosophie: Zugleich eine Einführung in die Philosophie überhaupt* (Birsfelden-Basel: Verlag Schibli-Doppler, 1976[?]), p. 73。

④ 从今天的物理学眼光看,"火"虽不能视为物质,但这是很晚才形成的认识。西方除了早期希腊哲学的"火元素"和较后德谟克利特的"火原子"的想法外,到了18世纪还有"燃素"(phlogiston)的理论。

外，水和火分别以神话中的 Nestis（Persephone）和 Hephaestus 代表。在正式列举四元素（四根）的一段残篇中，被列出的也正是四位天神："且听万物的四大根本：闪耀的宙斯（Zeus），赋予生命的赫拉（Hera），还有艾冬尼奥斯（Aidoneus）和以泪水汇成世间泉源的聂斯蒂斯（Nestis）。"（B—6，A—33）

四元相应于希腊四位天神：

火：Zeus
气：Hera
水：Nestis（Persephone）[①]
土：Aidoneus（Hades）

在神话里，他们的关系可谓千丝万缕，其中，Zeus 和 Hera、Persephone 和 Hades 是两对配偶，而 Zeus、Hades、Hera 和 Persephone 的母亲 Demeter 又是兄弟姊妹关系。Persephone 是 Zeus 与 Demeter 所出，而冥王 Hades 又把侄女 Persephone 俘掳到地府作妻子，使作为母亲的 Demeter 因伤心欲绝而无心于掌管农作，致令大地失收。为解决这一危机，神王 Zeus 乃出面斡旋，让兄长 Hades 俾 Persephone 归宁以慰母怀，但由于 Persephone 在离开地府前吃了石榴种子，故每年有泰半时间要返回地府云云。Persephone 每年这样往返天界与地府之间，传说就是从此"四时"更替、寒暑相代的原因[②]。回到恩培多克勒斯的宇宙论学说，他之所以提出"爱"（φιλία）与"恨"（νεῖκος）去说明变化的动力，也正是"四元素"说背后"爱恨交缠"的神话关系的孑遗。另外，上述看来荒诞不经的故事，其实正反映了希腊人如何藉着神话对自然界中温和与严厉两种对立的自然力量，以及万物的生成与刑杀等现象加以说明。查早在恩培多克勒斯之前，阿纳芝美尼斯（Anaximenes）便曾以"冷""热"两种自然力量去说明自然变化，今恩培多克勒斯反以和物理相去甚远的"爱""恨"去说明，其实代表了神话势力的反扑。

恩氏提出的"循环"概念（κύκλον，B—17、B26），其实也是从"爱""恨"两种力量的永无休止的此消彼长（B—16）去设想的。更有进者，恩氏甚至以"恨意"的高张去说明希腊传统中连毕达哥拉斯、赫拉克利特和柏拉图都一致认同的轮回转世观念。在世称 Lehre von der Reinigung 卷帙中一段残篇的末后，恩氏甚至直认自己即是饱受轮回之苦的一个例子："……我就是这样的一个人，啊，我这个出于不智而怀着恨意的和被神放逐的流浪者！"（B—115）正如佛家针对轮回寻求"涅槃"的解脱，对恩氏来说，针对"轮回"的恨，似乎也应有某一种解脱。不过，这问题在他传世的残篇中没有很清楚的理论说明，反而一项和恩氏有关的传说，似乎可以带出一些深刻的反思。

[①] 依据希腊传统，冥后 Persephone 的名字不宜直宣，故常别称之为 Kore（The Maiden）或 Nestis。

[②] 这种借神话说明如季节等自然秩序的做法其实并不独见于希腊，其他例子有巴比伦的 Epic of Gilgamesh。在这史诗中，女神 Ishtar 为拯救丈夫 Tammuz，曾往地府历尽波折，但最终只能让 Tammuz 每年的一半时间回到阳间云云。

恩培多克勒斯最令人震撼的，是有关他的死亡的传说。根据 Diogenes Laërtius 转述柏拉图门人 Heraclides of Pontus 的说话，恩氏有一回凭其起死回生的精湛医术治好了一妇人，族人为他欢聚祝捷，但该晚夜里恩氏竟踪迹杳然，后来有在场者意会恩氏已投身于 Aetna 火山的烈焰之中，并因此已飞升为神云云①。Diogenes Laërtius 在简略地叙述这一传说时，明显地语带怀疑，并且暗讽恩氏只在借故遁世，其故弄玄虚为的只是把自己神化。近年英国著名学者 Anthony Kenny 曾详细分析恩培多克勒斯其人其行在西方文化中的整个认受史（reception history）②。Kenny 指出，两千年来引述恩培多克勒斯的学者虽然不少，但直接对恩氏蹈身于火山烈焰的传说回应者却并不多。Kenny 最后重点分析了英国诗人 Matthew Arnold（1822—1888）为恩培多克勒斯写的诗篇，这是后文也会稍微触及的，不过我们应该知道，西方近世在 Arnold 之前不久，早有一大名鼎鼎的诗人曾对恩培多克勒斯的传说独投青眼，这就是德国的荷尔德林（Friedrich Hölderlin, 1770—1843）。

相对于 Diogenes Laërtius 世俗的嘲讽，荷尔德林对恩培多克勒斯如神话一样了结生命的传说（mythological end），作了很浪漫而且寓意深远、取态正面的理解与评价。总体而言，荷尔德林认为恩氏蹈入火山这一壮举，为的是以最彻底的方式回到宇宙的怀抱。荷氏在他的生命未踏入狂乱的最后几年一再计划撰写名为《恩培多克勒斯之死》（Der Tod des Empedokles）的现代悲剧。在荷氏的构思中，该剧有五幕之多，作为新一代的创作者，荷尔德林并没有自限于传承下来有关恩氏的有限材料。从他为五幕剧写的一份草议中，荷氏把恩氏营造为一位在亲人、学生、社群的种种包括爱、恨、尊敬、猜疑等烦扰的关系中力图遗世独立的人物。荷尔德林为这部悲剧写了长短不同的三个稿本，但全部都未能写完超过第二幕。不过，荷氏在1797年前后，即悲剧构思的早期，便曾以 "Empedokles" 为题写了一首颂诗，该诗短短几行，即为其心中的悲剧一锤定音。现把该诗译出并附原文于后：

Empedokles（1797）
Friedrich Hölderlin③

你在寻找生命，在你的寻找中	Das Leben suchst du, suchst, und es quillt und glänzt
一把熊熊圣火自大地深处向你相觑	Ein göttlich Feuer tief aus der Erde dir,
你在颤栗着的渴望中	Und du in schaudernden Verlangen

---

① Diogenes Laërtius, *The Lives and Opinions of Eminent Philosophers*, Book VIII, pp. 68-69.

② 参见 Anthony Kenny, "Life after Etna: Empedocles in Prose and Poetry", in *From Empedocles to Wittgenstein: Historical Essays in Philosophy*（Oxford: Clarendon Press; New York: Oxford University Press, 2008）, pp. 14-28。Kenny 先后提到了 Lucretius, Horace, Tertullian, Abelard, Montaigne, Burton, Milton 等例子。当然，我最不解的是 Kenny 完全不提德国的 Friedrich Hölderlin，后详。

③ 参见 Friedrich Hölderlin, *Selected Verse*, with an introduction and prose translation by Michael Hamburger（Harmondsworth: Penguin, 1961）, p. 12。

投身于艾特拿山的烈焰里去	Wirfst dich hinab in des Aetna Flammen.
一若女王的傲慢	So schmelzt' im Weine Perlen der übermuth
直要把珍珠在美酒中溶化	Der Königin; und mochte sie doch! hättst du
诗人啊，你可会把你的瑰宝	Nur deinen Reichthum nicht, o Dichter
也投于圣杯的醇酿里权作献祭	Hin in den gährenden Kelch geopfert!
我的圣洁的殉道者	Doch heilig bist du mir, wie der Erde Macht,
你就这样被大地的力量带走	Die dich hinwegnahm, kühner Getödteter!
我也甘愿无视爱的挽留	Und folgen möcht' ich in die Tiefe,
追随英雄直往大地的最深幽	Hielte die Liebe mich nicht, dem Helden.

在荷尔德林上面这短短的诗篇里，最令人激赏的，是第一节与第二节的类比关系。此中，他把"生命"喻作"珍珠"和"瑰宝"，"艾特拿火山"喻作"圣杯"，"烈焰"喻作"美酒"和"醇酿"，而"投身"之壮举则喻作"献祭"。这是何其深刻的比喻！我常认为，恩氏自蹈火山的传说，如只当作一般的自杀行为，简直是匪夷所思，因为人即使要自毁也大可选择比较简单和较不怖栗的做法。所以，自蹈火山的行为必须升华到一涉及生命和宇宙终极道理的层次，才有真正的"说服力"。荷尔德林就是这样凭他诗意的比喻和随着第三段引出的一种"呼召"，把该剧撰作的缘由，指向了"藉着自愿的死亡让自己与无尽的自然合而为一"（durch freiwilligen Tod sich mit der unendlichen Natur zu vereinen）①这一终极境界。

继而让我们看看英国诗人 Matthew Arnold 五十年后对同一传说如何诠述。值得留意的是 Arnold 直率地把恩氏的了结生命的传说与有神话根源的四元素联系起来。让我们欣赏 Arnold 诗句中最相关的部分：

Empedocles on Etna（1852）
Matthew Arnold②

哪里来的元素	To the elements it came from
万物亦将返归	Everything will return—
我们的肉身归于土	Our bodies to earth
我们的血归于水	Our blood to water
体温归于火	Heat to fire
呼吸归于气	Breath to air
	（Act 2，lines 331—335）

---

① Friedrich Hölderlin, "Plan zum Empedokles（Frankfurt）", Empedokles（Stuttgart: Reclam, 1960）, pp. 15–18.

② Matthew Arnold, "Empedocles on Etna", *The Poetical Works of Matthew Arnold*, ed. C. B. Tinker and H. F. Lowry（London: Oxford University Press, 1957）, pp. 406–443, Act 2, lines 404–417, p. 441.

我终于明了，啊！你这四种元素	And therefore, O ye elements! I know—
［……］	［…］
舞动吧！咆哮吧！你这火焰的海	Leap and roar, thou sea of fire!
我的灵魂要发亮以与你相聚	My soul glows to meet you.
在我变得软弱之先	Ere it flag, ere the mists
在胆怯与阴霾的迷雾	Of despondency and gloom
再把我的灵魂驾驭之先	Rush over it again,
接纳我吧！拯救我吧！	Receive me, save me!
［他投身入火山口中］	[He plunges into the crater]
	（Act 2, line 404[…], lines 409—416）

Arnold 除把恩培多克勒斯的死与"四元素"相提并论外，最有趣的是上引诗句中赫然出现了"哪里来的元素，万物亦将返归"这段几乎和希腊更早期的阿纳芝曼德的残篇如出一辙的文字（下详）。又如上所述，Anthony Kenny 最近曾撰文引起了学界对 Matthew Arnold 的恩培多克勒斯解读的关注。Kenny 和另一位学者 C. D. Blanton① 在谈论 Arnold 的诗作时，都指出了 Arnold 后来正式出版自己的诗集时，刻意把"Empedocles on Etna"一作品删除，并由此带出进一步的反思，不过本文大概不必就 Arnold 这一项决定进一步追究。我们只希望指出，一位于西方向来被视为自然哲学家的恩培多克勒斯，却原来可以作如此"另类"的解读。

六、赫拉克利特论"与道相应"

赫拉克利特的思想世称难懂，早在古希腊世界已享有"奥晦者"（der Dunkle, ὁ σκοτεινός）的名声。但赫氏的思想在西方哲学传统二千多年来名家辈出的映照下，地位仍举足轻重，是鲜有怀疑的。后世学者中最看重赫氏的，当然要数黑格尔。黑格尔哲学把西方一直酝酿的"辩证逻辑"发展到了颠峰，但在论及赫氏时，便曾直言："赫拉克利特学说中没有一句话是我不能收纳入我的逻辑之中的。"② 其推崇备至，由此得见。

如果说亚里士多德只从一"自然哲学"的视角去了解赫拉克利特的话，则黑格尔的理解显然远胜于亚氏。亚里士多德在其《形而上学》中，起码两次暗指赫拉克利特所谈的"火"（πῦρ）是指一种原质③。相对之下，黑格尔清楚地指出：赫氏再不能像泰利斯（Thales）等前人一般以水或气等具太初物质（das Erste）意义的"原质"来谈论

---

① C. D. Blanton, "Arnold's Arrhythmia", in *SEL Studies in English Literature 1500—1900*, Vol. 48, No. 4, Autumn 2008（downloadable from Project Muse）.

② 黑格尔：《哲学史演讲集》Ⅰ，Hegel, *Vorlesungen über die Geschichte der Philosophie I*, in *Werke*, Band 18（Frankfurt/Main: Suhrkamp, 1971），p. 320。

③ 参 Aristotle, Met. 984a, 1067a。

宇宙①，赫氏的"火"反映的其实是"宇宙"作为一恒变的"抽象的历程"②，或可说"火"就是赫氏指的"逻各斯"③。换言之，黑格尔并不如亚里士多德一样只从小眉小眼的地方去了解赫拉克利特。然而，黑格尔的精彩之处还不止于此。我认为最值得欣赏的，是黑格尔在谈论赫氏的自然哲学之余，已很明确地指出赫氏思想会带出"意识"或"个人灵魂"与"宇宙历程"的关系问题，而这正是本文最关心的。不过，尽管如此，我自己对黑格尔的历史解释却仍有一些保留，而且这和我对海德格尔的保留如出一辙④。为什么这样说呢？就是我们在欣赏黑格尔的同时，必须知道，他的解释明显地是从其颇带封闭意味的"思辨哲学"（speculative philosophy）立场出发的，故他论个体与自然的关系时，便有"思辨原则"之意味。因此，除非我们乐于当一个Hegelian，否则，在善用黑格尔的解释之余，其实可多从人类切身的存在处境去思量，这样的反思，可能比完全追随黑格尔的解释更为新鲜活泼⑤。

为了对赫拉克利特"自然哲学"思想背后的"非自然哲学"议题予以揭示，下文将从赫氏留下来的残篇中抽出部分予以分析。赫拉克利特的残篇，东一句西一句地有如天马行空，真有一点像庄子说的"卮言曼衍"⑥。总体而言，赫氏学说可总合为以下七点，彼此又环环相扣，显出了湛深的义理。

（一）宇宙恒变

承接着米利都学派和毕达哥拉斯有关自然的反思，赫拉克利特基本上继承了前人对自然（φύσις，nature）或世界的探讨，但也得同时面对前人理论遗留下来的困难与挑战。关于米利都学派理论核心的所谓"原质"（ἀρχή）概念所涉及的困难，将于下一节追溯到阿纳芝曼德时才全面谈论。目前且先指出，赫拉克利特基本上放弃了宇宙有一"原初质料"（Urstoff，original stuff）的观念，进而也不认为宇宙或世界有一"原初状态"（Urzustand，original state），而只从宇宙的"恒动恒变"去设想世界的秩序。后世视为赫氏哲学标志的"万物流变"（πάντα ῥεῖ）⑦，或常被引用的名句"人不能两度涉足于同一条河流"（B—91），虽然都意会了一动态的世界观，但还未足以完全表达赫氏认为世界恒古即如此的意思。

世界恒古以来即变动不居这点，赫拉克利特残篇中第B—30条有清楚的表述：

> 一个世人所共享的世界秩序并不由任何神祇或由人所创造。它恒古以来是，现在是，将来也是一永劫的灵火，它按规则燃烧，也按规则熄灭。（B—30）

---

① ② ③ 黑格尔：《哲学史演讲集》I，*Werke*，Band 18，p. 328，329，338.

④ 参见作者很"大胆"的一篇文章："Hegelian and Heideggerian Tautologies"，*Analecta Husserliana*，Vol. 88（Dordrecht：Springer，2005），pp. 317–336。

⑤ 在黑格尔之后，对赫拉克利特思想中的"非自然哲学"成分最能深契，而又能避免黑格尔思辨哲学控制的，要数20世纪早期的米绪（Georg Misch）。米绪是狄尔泰（Dilthey）的女婿和最出色的学生，他最突出之处是能充分从东西比较的角度了解古希腊哲学。参见 Misch，*The Dawn of Philosophy : A Philosophical Primer*，edited in English by R. F. C. Hull（London：Routledge & Kegan Paul，1950）。

⑥ 《庄子·天下》。

⑦ 这话 Diels-Kranz 未收入《先苏格拉底诸哲残篇》中，只由柏拉图和亚里士多德转述。

"火"在赫拉克特的残篇中有两种用法：一方面，火可与水、土、气等并称，作为自然世界中多元的质料中的一种（后详）；另一方面，火又可被单独地推举出来代表一恒变的宇宙，黑格尔说赫氏的"火"反映了宇宙作为一恒变的"抽象的历程"，甚至说"火"就是"逻各斯"，即是此意。无论第一种或第二种用法，赫氏的"火"都已不再可能是那单一的"原质"！如果"火"根本上是宇宙恒变的"象征"，则这一恒变的内容又是什么呢？

（二）冲突与和谐

赫拉克利特基本上继承并发展了前人阿纳芝曼德和毕达哥拉斯的想法，认为世界的变化是恒古以来即充斥着种种对立的，故宇宙的历程就是这些对立面纷呈交替的过程，但对立与冲突（πόλεμος，strive）却不妨碍世界总体而言可展现为和谐（ἁρμονία，harmony）：

> 彼此相争的事物的荟萃（συμφέρον）和分道扬镳的事物中会有最美的和谐。（B—8）
>
> 世人多不明了，分别的事物也是彼此相应的，和谐生于对立紧张，一如弓，一如琴。（B—51）
>
> 隐藏的和谐比可见的和谐还更优胜。（The hidden harmony is stronger [or, "better"] than the visible.）（B—54）

此中，"和谐"（ἁρμονία）这个中心观念出自日常用语的ἁρμός（harmos），这字原意指的是木匠用的"榫"（Fuge，fugue）。榫的结构要倚仗"对立面"适当的"咬合"，但由此可产生最巧夺天工的建筑。除了建筑外，琴音的乍高乍低①、弓弦的或紧或缓，都同样涉及某一意义的对立和谐。这些对立和谐其实都不难懂，因为它们都属于所谓"可见的和谐"。作为哲学家的赫氏，谈论"对立和谐"当然志不在此，他真正要劝勉世人去关注的是"隐藏的和谐"。然而什么是隐藏的和谐呢？这一点虽然从常识上看并不是显而易见（故言其隐藏），却一点也不神秘。赫氏大意是指世人眼中的种种差别和对立，在一更高的宇宙眼光下其实是统一与和谐的。然而这个道理的基础在哪里呢？

（三）宇宙果报（cosmic retribution）

对立与冲突乃世上常见的事，为什么要视之为一和谐？为了对"冲突"与"和谐"的关系达成真正的理解，赫拉克利特把问题提升到宇宙果报的层次去说明，让世人明白这一现象的普遍，到了一种不可规避的程度。当然，所谓"宇宙果报"的思想，早在赫氏之前已由阿纳芝曼德以精警的方式提出（后详），但且让我们先看看赫拉克利特如何表述：

---

① 这种道理，赫拉克利特的前人毕达哥拉斯，也在音乐结构上得到体验。参见 Diels 书中的 Pythagorean School 残篇。又德国音乐之父巴赫（J. S. Bach）有名的"赋格曲"（Fugen，fugues），其原义即指"榫"，而赋格曲中的对位法（counterpoints）最能显出音乐中的"对立调和"观念。

火活于土的死，气活于火的死，水活于气的死，土活于水的死。（B—76）

不朽而朽，朽而不朽；此生于彼之死，彼存乎此之殁。（B—62）

往上之途与往下之途乃属同一。（B—60）

骤眼看来，"宇宙果报"一观念有一点 oxymoron 的味道，因为在一般理解下，"宇宙"是一物理自然概念，而"果报"则是人事社会的事情。二者到底如何能相提并论呢？这是一极重要的问题。人类社会中的果报同时具备"报"和"果"两层意思。"报"是报复（retaliation），从社会法制上看，是把犯罪者绳之于法，作为其所犯的过错的制裁①，从而对因其过错而受害的一方作出直接或间接的"抵偿"。由于犯错被视为报应之由，所以把报称为"果"。对罪行按其严重及性质相回报的处理方法，旧约圣经传统即有"以眼还眼，以牙还牙"（an eye for an eye, a tooth for a tooth）的讲法，中国古代的"约法三章"如"杀人者死，伤人及盗抵罪"②，其理如一。这一意义的"果报律"（lex talionis）最大的特点是犯错和制裁双方的行动都可追溯到人类的意志上去，所异者只是个人报复是直接的意志决定，最终会引出冤冤相报的问题，而法律制裁则是间接的意志决定，虽避免了冤冤相报，但对人的行为只能作消极的约束，即有所谓"法施已然之后"③的限制。然而，赫氏学说中的"宇宙果报"却已逾出了人事的领域，而直接涉及自然现象的相代。"宇宙果报"的观念与其说是把自然现象从一带人事色彩的观点了解，不如说是反求把人事社会的差别因果带到宇宙的观点去重新思考。宇宙果报和人世的果报最大的分别，是前者不涉及意志的问题，因而能超越种种由于人类意志而生的"计算"。

（四）个人观点的超越——宇宙的无私

赫拉克利特一再指出：世人一般习于只注意事物的对立面，而看不到对立背后的更高的和谐，其所以如此，是因为世人但知从个人的观点去计算。在个人的观点下，由于涉及利害得失成败荣辱，事物的差别都成了重要的考虑，所谓得则以喜，失则以忧，但同时地，个人的心境亦随之而被左右。所以，赫拉克利特正面地对个人观点下的好坏得失作了反思，但与其停滞在个人观点打转，他直接地提出了一宇宙观点下的好坏得失去作比较：

对神而言，一切事情都是美的，善的，和公义的，但人们却假定一些事情不公正，一些事情公正。（B—102）

神就是昼与夜，就是寒与暑，就是战争与和平，就是饱与饥。但祂就像火一样在嬗变，而火会随着与其相混的熏烟而被世人随其所好而命名。（B—67）

永恒的时间（αἰών）就如一玩骰子游戏的孩童，君王的权柄掌握在一孩童的手中。（B—52）

---

① 事实上"报"字的甲骨文和金文都是从"幸"（不是"幸"）从卪从又，即以手（又）把一蹲下的人（卪）的双手放进桎梏（幸）之中，表示绳之以法。

② 见司马迁：《史记·高祖本纪》。

③ 见司马迁：《史记·太史公自序》。

在上引三段文字中，头两段重点在于指出人世观点下的善恶好坏都可从一"神"（实指一非人格意义的宇宙）的观点下被包容为同一；而在最后这一段极尽隐晦而且备受争议的残篇中，αἰών是指世界永恒的时间。黑格尔本着他对赫拉克利特思想中对立终将得以调和的"辩证"的体会，对赫氏的时间观念更作了以下的分析："时间，就其所能被知觉而言，乃纯粹的变化。时间乃一纯粹的改变，是纯粹的概念，是由绝对对立的和谐所产生的简单的［存在］（das Einfache, das aus absolut Entgegengesetzten harmonischist）。"①

世上的事物有大小、多寡、高下、寿夭等种种差别，固是常识，若从个人利害的观点看，则私意自所难免。正在这一关键上，赫氏指出从一宇宙的层面看，则根本没有私心的可能。由是观之，上引残篇在谈论宇宙的"时间"时提到的"孩童"和"投骰"其实都是对世情的比喻。投骰子是指"随机"（randomness），孩童是指"无机心"（unabsichtlich, non-intentional）。对赫氏而言，这一意义的"时间"，正如黑格尔清楚指出：无疑像宇宙中"最抽象的观照"，也即宇宙中最无私的一见证者的意思②。赫氏之所以要把人从世俗和个人的观点引向一宇宙的观点，正是要以宇宙的无私对治人世的私心。尼采在诠释赫氏B—52残篇时，即说："在世界中，只有艺术家或孩童的游戏才可跟宇宙的演生与崩解和跟宇宙中的建设与摧毁相比拟，此中并无所谓道德责任，一切都是永恒地和同一地天真（in eternally identical innocence）。永劫的灵火就像孩童或艺术家一般在天真地游戏、建立与摧毁，并在这一永恒中运化不息。"③

这种对宇宙变化无私心可言的体会，绝非赫拉克利特和尼采所独见。我们只要对中国哲学稍有认识，便知这一意念的无私，俯拾皆是。其中，最经典的莫过于《礼记》里子夏和孔子关于"三无私"的对话：

> 子夏曰："三王之德，参于天地，敢问：何如斯可谓参于天地矣？"
> 孔子曰："奉三无私以劳天下。"子夏曰："敢问何谓三无私？"孔子曰："天无私覆，地无私载，日月无私照。奉斯三者以劳天下，此之谓三无私。"④

此外，老子言："天道无亲，常与善人。"⑤ 吕不韦说："天无私覆也，地无私载也，日月无私烛也，四时无私行也，行其德而万物得遂长焉。"⑥ 郭象注《庄子·大宗师》时说："虽天地之大，万物之富，其所宗而师者，无心也！"⑦ 宋儒二程不约而同

---

① 黑格尔：《哲学史演讲集》Ⅰ，Hegel, *Werke*, Band 18, p.329。
② 见黑格尔：《哲学史演讲集》Ⅰ，*Werke*, Band 18, p.330。原文是："Die Zeit ist Anschauung, aber ganz abstrakt." 这句话在 Haldane 的英译中被省略掉！
③ 参见 Eugen Fink, *Nietzsche's Philosophy*, trans. Goetz Richter（London/New York：Continuum, 2003），p.32。
④ 《礼记·孔子闲居第三十》。其中"天无私覆，地无私载"，亦见于《庄子·大宗师》。
⑤ 《老子》第79章。
⑥ 《吕氏春秋·五曰去私》。
⑦ 郭象：《庄子注》。

地提到所谓"天地无心而成化,圣人有心而无为"①,亦展示了同样的意思。此中的所谓无亲、无私或无心,是从象征宇宙时间的天地日月而讲的,其与人世间起于旦夕的私心与私意,形成了一鲜明的对照,这都为我们对赫氏学说最重要的一环的解读留下了伏笔。

(五)睡梦与醒觉——大梦与大觉

要超越个人的观点,无视于个人的得失荣辱,当然不是容易的事。要真的做到这一点,则个人的心志总要有个安放的场所。就这样,赫拉克利特的思想进入了最高妙的境界,就是教世人放下一己的固执,把自己的心智提升到一宇宙的层次,以便"与道合一"。要说明这个理论关键,让我们先仔细研读以下几段残篇:

> 对于醒觉中的人来说,只有一个众人共同分享的有秩序的世界,但人们一旦睡着了,便都离开这个世界,而进入其各自的世界中去。(B—89)
>
> 对于世人,他们虽醒而不知自己在做何事,一如他们睡着而忘记了自己的作为。(B—1)
>
> 在夜里,吾人因目不能视而要燃点灯火;人生于世上,睡着时固如死者,即使醒过来也犹如睡着的人。(B—26)
>
> 吾人的一言一行不应犹如在睡梦之中。(B—73)
>
> 因此,我们应当跟随那大公而普遍的"逻各斯",但道理虽然是普遍的,世人却大都习惯了独立独行,都以为自己对事情有独到的理解。[Therefore one must follow (the universal Law, namely) that which is common (to all). But although the Law is universal, the majority live as if they had understanding peculiar to themselves. B—2]
>
> 不要听从我,要听从天道,顺应天道,认同一即一切,即便是聪明。[When you have listened, not to me but to the Law (Logos), it is wise to agree that all things are one. B—50]

以上所引六段残篇中,头四段有一个共通点,就是都好像在比较"睡梦"与"醒觉"两种生存状态。其中B—89最容易理解,因为它指的只是以醒觉是真、睡梦是幻这一项"常识"。然而,余下B—1、B—26、B—73三段残篇便不那么好懂,因为此中赫氏好像在说人生日常醒觉的世界,在某一观点下看犹如一梦境,以至其真确性也成了疑问。这显然与人的常识相悖,但当我们进而细读至上引残篇第五、六段时,这一份疑窦便得以纾解。因为B—2和B—50其实都在比较"世俗的理解"与"天道的体悟"这两个认知层面。只要细心推敲便不难发觉,赫氏所指者,是吾人平素一觉醒来自以为千真万确的世界,在一更高的觉解下看,其实只是一"世俗的理解"。故归根到底,上引几个残篇总共涉及了如下三个认知状况:

---

① 《朱子语类》卷1:"问:天地之心亦灵否?还只是漠然无为?曰:天地之心不可道是不灵,但不如人恁地思虑。伊川曰:天地无心而成化,圣人有心而无为。"此外,见同书卷27及卷74。

A. 梦境
B. 日常生活（世俗理解）
C. 天道（逻各斯）体悟

如把几段残篇综合起来观察，我们发觉赫氏以三个认知状态为基础，无形中提出了一个很微妙的类比关系，指出了可分别从"人世"与"天道"两个观点去了解所谓的"梦"与"觉"。这个类比关系① 可表达为：

A : B = B : C

我对这一"公式"的解读是：世人睡梦中会各自做自己的千秋大梦，但一旦醒来，便要回到一共同的真实的世界。这常识的分别，是世人醒后都不难懂的。然而，当吾人在日常世界中各执己见和各行其事时，却鲜有人能洞察吾人这个平素习惯了以为清楚确凿的日常世界，说不定只是另一个更大的梦境。只是世人明白睡梦的虚假者多，而洞悉尘世大梦的幻妄者寡② 。吾人必须要从这大梦中醒觉，才知天道流行的世界是更真的世界。

这一对世界的真幻的观解，中国传统中最经典的体验必数《庄子·齐物论》中"且有大觉而后知此其大梦也"③ 一议。这句箴言，北宋的陈景元有非常精审的注解："至人以生死为大梦，超生死为大觉；众人以魂交为梦，形开为觉。"④ 在陈景元这个解释中，"众人"与"至人"就是上述的两种观点，而"魂交为梦"和"形开为觉"、"大梦"和"大觉"四个词表面上似乎反映了四种认知状况，但严格而言，其实只是三种，也即上述的A、B、C，因为"众人"眼底下视之为"形开为觉"的世界，就是"至人"慧解下的"大梦"。唐代李白有"处世若大梦，胡为劳其生"⑤ 之诗句，前句正是指"形开（处世）"恍同于一场"大梦"。

因此，庄子关于梦与觉的辩证的立说经过了陈景元的注解，可表达为：

大梦 : 大觉 = 睡梦 : 醒觉
└至人┘　　　└众人┘

---

① 赫拉克利特学说中存在着某些隐晦的类比关系这一观点，多年前德国学者Eberhard Jüngel曾作讨论，并强调赫氏的类比是借"对立"（Gegensatz）而得以建立的。作者的解释虽与Jüngel不尽相同，但受其启发是肯定的。见Jüngel, *Zum Ursprung der Analogie bei Parmenides und Heraklit* (Berlin: de Gruyter, 1964).

② 值得一提的，是这种以日常经验中的真幻（如"鲜花皎月"之真对比于"镜花水月"之幻）类比地引导吾人认识超感性世界与感官世界的真幻的理论策略，后来便被柏拉图利用来说明其理型论。参见柏氏《理想国》中的"线条比喻"：Plato, Rep. Book Ⅵ, 509f.

③ 《庄子·齐物论》。

④ 焦竑《庄子翼》卷1引北宋陈景元（碧虚子）《道德南华二解》语。句中"大梦""大觉""魂交""形开"当然全都是庄子的用语。

⑤ 李白：《春日醉起言志》。

由于日常的"醒觉"恍如"大梦",故可符号化为:

B∶C＝A∶B

按数学的基础常识,这等于是说:

A∶B＝B∶C

也即是说:

睡梦∶醒觉 ＝ 大梦∶大觉
└众人┘　　　　└至人┘

这一番"转换"看似烦琐,但却清楚地显出,只要吾人能道破处世犹如大梦这一大关键,即能亲证"众人"到"至人"这一项"超越"。这一点慧解,赫拉克利特和庄子真可谓英雄所见略同,其在中国甚至渗透到文学中。除上引李白的名句外,明代罗贯中借孔明的吟咏道出"大梦谁先觉,平生我自知"①,更把梦的"未醒"与"将觉"向人生的未来投射,把"梦"的生命存在感受表达得更为淋漓尽致。由此可见,大梦、大觉的思考是"无间东西"的。为了进一步显出赫拉克利特思想的最深刻之处,我们对赫氏的 Hen Panta(一即一切)和 Homologein(与道相应)等观念要有进一步的掌握。

(六)一即一切(Hen Panta)

"一即一切"出于上引赫氏B—50残篇,希腊文原作Ἑν πάντα,其中的hen(ἕν)是"一",panta(πάντα,按:复数)则指"万物"(all);"一即一切"也就是"万物皆一"的意思。所谓"物各有则",万物之为万物,当然有其各自的特殊道理,但这样地从常识的角度观解万物,往往是吾人患得患失之由。因此,万物皆一的洞悉,必须是经过了思想的一个彻底的觉悟与转化,方为可能,这就是赫氏思想的精要所在。这一议题,我们在《庄子·德充符》篇里,几乎可找到完全的呼应:

> 自其异者视之,肝胆楚越也;自其同者视之,万物皆一也。夫若然者,且不知耳目之所宜,而游心乎德之和;物视其所一而不见其所丧,视丧其足犹遗土也。②

庄子这段引文的前半旨在指出"众人"眼底下一般只着意于事物的差别,故可以把像肝、胆一般紧密的东西都看到如楚、越一般悬殊,但若改从"至人"的眼光去看,其实万物本是同一。引文的后半则进一步点明,若要看出"万物皆一"这一至理,吾人

---

① 罗贯中:《三国演义》第38回。
② 《庄子·德充符》。

必须放弃"耳目"的爱恶（即下文所指的"八情"），让心智依从于德性，那样便再不会只着眼于差别，也便再不会那样计较于得失（所丧），甚至可达到一种忘我的境界，失掉一条腿只像失落一块泥土一样。此中，庄子"丧足如遗土"这项比喻，从常人的观点看简直匪夷所思，因其背后所要求的"忘我"必定要到了炉火纯青的境界方可。无独有偶，西方哲学史中，在斯多葛（Stoics）这个最受赫拉克利特影响的传统中竟然真的出了伊彼泰德斯（Epictetus）这样一位人物。传说作为奴隶的伊氏因故被主人扭捏其腿，他竟笑语曰："若再扭捏，腿或将断。"主人见其泰然之状益发恼怒，在倍加用力之下，伊氏的一腿应声而断，却只赢来伊氏淡然回应曰："吾岂不早语汝腿之将断耶！"① 中国与早期希腊以"寓言"谈"忘我"，竟然可以吻合到这一种境界，实在发人深省。

"一即一切"的主要关键，全在那"一"字已成为了那包容一切、消弭一切的"太一"，这一种识见，除庄子外，老子也有很深的体会。老子说："昔之得一者：天得一以清，地得一以宁，［人得一以生，］神得一以灵，谷得一以盈，万物得一以生，侯王得一以为天下正。"② 又庄子说"通于一而万事毕"③，其理如一。

"一即一切"的智慧，并不独见于赫氏和老庄，也渗透进文学之中。如苏东坡即有文曰："盖将自其变者而观之，则天地曾不能以一瞬；自其不变者而观之，则物与我皆无尽也。"④ 东坡此语最深邃之处，是把物我差别的一暂，都纳入宇宙一体造化的无尽之中予以化解。除此之外，东坡先生的一首七绝更直接地回应了庄子的学说："欲将同异较锱铢，肝胆犹能楚越如；若信万殊归一理，子今知我我知鱼。"⑤

在西方，这种与天地一体的思想虽谈不上是一种主流思想，但其影响却不绝如缕，古代先有斯多葛派的遗风，中世纪有波拿文都拉（Bonaventura）和一众"密契论"者（Mystics），近世有斯宾诺莎（Spinoza）。斯宾诺莎的学说虽因政教的压迫及身而殁，但经百年蛰伏，终于透过莱辛（Lessing）的推崇见知于后世⑥，其一并携带着的"万物皆一"的智慧，除对哲学带来冲击外，还大大影响了德国浪漫文学。赫拉克利特的 Hen Panta 观念的另一种形式 Henkai Pan，结果成为最能激发整体论（holism）哲学与文学思想的理念。单单在现代德国文化史中，诸如莱辛、费希特、谢林、黑格尔、荷尔德林、叔本华、尼采等巨擘都对此理念极为热衷，形成了以主体性哲学为中心的所谓现代性"主流"思想背后的一股不可忽视的"逆流"，这一股风气，到了当代哲学的海

---

① 故事见早期希腊教父俄利根（Origen）著：*Contra Celsus*, Book Ⅶ, Ch. 53, trans. Frederick Crombie。引见 *Ante-Nicene Fathers*, Vol. 4., ed. Alexander Roberts, James Donaldson, and A. Cleveland Coxe（Buffalo：Christian Literature Publishing Co., 1885）; revised and edited for New Advent website by Kevin Knight, http://www.newadvent.org/fathers/0416.htm。
② 《老子》第39章。
③ 《庄子·天地》。
④ 苏轼：《前赤壁赋》。
⑤ 苏轼：《濠州七绝·观鱼台》。
⑥ 参见 Friedrich Heinrich Jacobi, *Über die Lehre des Spinoza in Briefen an den Herrn Moses Mendelssohn* (Breslau, 1785), Digitale Bibliothek, Band 2, Philosophie von Platon bis Nietzsche, p. 80。

德格尔的"同一性思维",终于再度开花结果①。

（七）"与道相应"（Homologein）

把赫拉克利特思想的所有要素集合起来,便引出了最重要的一点——"顺应天道"。这一种体会最主要的根据当然仍是上引B—50残篇:"不要听从我,要听从天道,顺应天道,认知一即一切,即便是聪明。"句中的"天道"即希腊文的Λόγος或"逻各斯",指的是宇宙亘古不易的规律。正如上述,对于赫拉克利特来说,这规律就是不断从对立中显现和谐。其所以对立者,是万物之间处处呈现出差别,其所以和谐者,是万物无论如何对立,都属同一造化。

Homologein（ὁμολογεῖν）是一个动名词,也可以从字面上了解为"相随而说"（to speak along with）,也即"同意"（agreement）的意思。其中,homo 一语根是"相同"或"相随",-logein 由于出自 Logos,固也可以深入一点指出其中有"与道相应"之意。由于赫氏要引导吾人同意的天道或"逻各斯"就是"一即一切"的道理,因此 homologein 也有"与道合一"之意。对赫氏来说,人对一己观解的万物差别相的执著实乃一切困惑之源,故顺应天道去观解万物皆一,实为对治个人执著于得失荣辱的不二法门。依此而看,赫氏学说的主旨,其实就是借天地悠悠之体验去破除世人的"自矜"（ὕβλις, arrogance）（B—43）,归根究底就是藉着自然的观照以破解吾人生命存在中的迷执的问题。

后来王船山解《庄子·齐物论》时,即对庄子学说所要对治的世道人心有很精到的分析。船山先生在解释"大知闲闲,小知閒閒;大言炎炎,小言詹詹"一段时,即一针见血地指出"万有不齐者,知之所自取"②,可谓鞭辟入里。在解"其寐也魂交,其觉也形开,与接为构,日以心鬭"时又说:"夫魂交而不知知之所自往,形开而不知知之所自来……乃以是其所是,非其所非……要皆不出于一隙之知,念念相续,言言相引,无有知其所自萌者,抑无有欲知其萌者,颠倒于八情之中……"③其中"颠倒"二字,实把庄子提到的"喜怒哀乐,虑叹变慹"八种"情感"之为人类一切存在困惑之由,描写得入木三分。在解"人之生也,固若是芒乎"一语时,船山则说"然而因知立言,因言立辨,以心鬭物,以物鬭心,相刃相靡,形化心亡而后已"④,更把知与言、心与物等骤看似是"纯理论"的课题背后的生命存在意涵显露无遗。

针对世人的这些负累,《庄子》书中提出了许多"工夫"方面的反思。最重要的,

---

① 关于海德格尔哲学和道家哲学的关系,见关子尹《海德格尔的"同一性"思维与道家哲学》,《现象学与人文科学（第2期）:现象学与道家哲学专辑》（2005）,第211-259页。
② 王夫之:《庄子解》,香港:中华书局,1976年,第13页。
③ 王夫之:《庄子解》,第13-14页。"八情"之说,是船山的讲法,指的是《庄子·齐物论》中的"喜怒哀乐,虑叹变慹",故甚明了。不过,嵇康亦早提出"八情"之说:"夫喜怒哀乐爱恶欲惧人之有也。"（见《嵇中散集》卷7）此外,亦有论者认为庄子随即提到的"姚（浮躁）佚（放纵）启（张狂任性）态（作态）"亦属情的类别,参见孙雍长注译《庄子》,广州:花城出版社,2000年,第17页。
④ 王夫之:《庄子解》,第15页。

当然是借孔子与颜回的对话先后提出的"心斋(齐)"①和"坐忘"两种境界:

  回曰:"敢问心齐(斋)。"仲尼曰:"若一志,无听之以耳而听之以心,无听之以心而听之以气!听止于耳,心止于符。气也者,虚而待物者也。唯道集虚,虚者,心斋也。"②

  曰:"回坐忘矣。"仲尼蹴然曰:"何谓坐忘?"颜回曰:"堕肢体,黜聪明,离形去知,同于大通,此谓坐忘。"③

  从《周易》的传统看,古人早有所谓"洗心"④之说。庄子今言"心斋",即要做到心亦无所用,即放弃成见,任世间万象自然地展现而虚心接受之;所谓"坐忘",在庄子的笔下,就更指连孔子也愧未能达至的那种"离形去智,妙悟自然"的得道境界。由此可见,庄子学说的最大特色,就是淡化一切俗世眼中的差别,一至于泯生死、等寿夭、齐是非、通人我,藉此以同于大通,以与万化冥合。人生如真的到了这一境界,就能得到真正的自由,便大概能如庄子所说的,达到"安时而处顺,哀乐不能入"或"县解"⑤的地步。放之于人生世上的处境来看,就是所谓:"人能虚己以游世,其孰能害之!"⑥可见庄子立说宗旨与早期希腊哲学特别是赫拉克利特的"与道合一"议题的一致,简直到了丝丝入扣的地步。

七、阿纳芝曼德B—1残篇的微言大义

(一)米利都学派三家有关"宇宙论"的共同问题

  阿纳芝曼德是希腊古代另一位上至天文、下至地理无不通晓的博物学家,但长久以来只被视作希腊哲学破晓时期的米利都学派(Miletus School)三位代表中之一员。由于论者大都认为米利都学派的主要贡献,是提出"宇宙间或世界中的初始(ἀρχή)是什么"这个问题,故人们对阿纳芝曼德的认识与评价,大都只集中于他对此问题的回答之上。至于ἀρχή这个概念,学界一般也都只从物质意义入手,把它译作Urstoff、original stuff,或中文的"原质",也即"太初之物"(das Erste)。在这一理论要求

---

  ① "斋"是一形声字。金文见春秋晚期"蔡侯盘"(CHANT—10171—6),其他古文字形见"诅楚文""居延汉简(甲920)"等。《说文》:"斋,戒,洁也。从示,齐省声。"从许慎的解释看,斋应原指古人行宗教礼仪之前禁食以自洁之举,从"示"是指希望透过斋戒以通神明。在古代,斋又常写作"齐",如《庄子·齐物论》中即有"是祭祀之齐,非心齐也"一语。此外"马王堆·五十二病方"中亦有"必善齐(斋)戒"之说。"齐"的原义是"禾麦吐穗上平"意义的"齐整",其用作解"斋"只是同音假借的关系。
  ②《庄子·人间世》。
  ③《庄子·大宗师》。
  ④《周易·系辞上》:"蓍之德圆而神,卦之德方以知,六爻之义易以贡,圣人以此洗心,退藏于密。"又下文"圣人以此齐戒"一语孔颖达疏:"正义曰:圣人以易道自齐自戒,谓照了吉凶,齐戒其身。洗心曰齐,防患曰戒。"
  ⑤《庄子·养生主》及《庄子·大宗师》。
  ⑥《庄子·山木》。

下，如众周知，米利都学派三家对所谓"原质"问题分别作出如下处理：

泰利斯：原——水（ὕδωρ）
阿纳芝曼德：原质——无边际的不确定者（ἄπειρον）
阿纳芝美尼斯：原质——气（πνεῦμα καὶ ἀήρ）

其中，把"水"和"气"理解为宇宙"原质"，虽然很快便显出理论上的困难（下详），但毕竟简单易懂；夹在泰利斯和阿纳芝美尼斯中间的阿纳芝曼德提出的 apeiron（ἄπειρον），其意义却从来都令人感到扑朔迷离。由于米利都学派三家向来均被视为"自然哲学家"，所以，apeiron 这个概念也很容易被学者从一素朴的"自然哲学"观点去理解。以这种态度了解阿纳芝曼德，最早的例子当然也是亚里士多德。亚氏在他的《形而上学》中谈论阿纳芝曼德的 apeiron 概念时，便指其"稠于火而轻于气"[①]，其理解之受制于"自然哲学"视角，是毫无疑问的。

阿纳芝曼德存世的材料虽然短少，但在 Diels-Kranz《先苏格拉底诸哲残篇》阿氏卷宗下编号B—1的一段中，便即以 apeiron 的界定为起点展开讨论。如要明白阿氏这个界定，如要明白这一界定与B—1残篇全段的理论关系，如要掌握阿纳芝曼德界定的优点和对相关的学说有真正深刻的理解，我们必须对一个关键的观念——κόσμος——稍加说明。Κόσμος 虽未出现于B—1残篇，但在理论上必须假定，而且它对后来希腊哲学的发展意义深远。所以如此，是因为米利都三家各施各法地对 ἀρχή 作界定，其实就是要回答一个派内共宗的问题："世界（κόσμος）的初始（ἀρχή）是什么？"（What is the ἀρχή of κόσμος？）

Κόσμος 这个概念，一般解作包罗万象的"宇宙"或"世界"，在西方便被翻译为拉丁文的 mundus、法文的 lemonde、德文的 dieWelt 和英文的 world 等。作为一哲学概念，κόσμος 在文献上可追溯到毕达哥拉斯传统和赫拉克利特的残篇；但就理路而言，这个概念必早已被米利都等早期学说所假定[②]，并且成为希腊哲学家长久经营的重点。纵观κόσμος长久以来在哲学中的使用，其所指的"世界"，意涵极为丰富，总体而言，起码涉及三个层次的意义：

（1）内容义：网罗宇宙万象的世界整体（Inhalt，content）
（2）历程义：运作变化中的世界万象（Vorgang，process）
（3）原则义：按照一定秩序或规律运作的世界万象（Prinzip，principle）

---

① 见 Aristotle，*Met.* 988a。亚氏的这种理解，黑格尔亦已有所注意。不过，黑格尔的转述稍有不符合亚里士多德原典。在《哲学史讲演集》中，黑格尔曾说亚氏把 apeiron 设想为"稠于气而稀于水"（Hegel，*Werke*，Band 18，p. 211）。同书稍后的地方，黑格尔又指其为"细于水而粗于气"（*Werke*，Band 18，p. 215）。黑格尔的转述虽不准确，但对亚氏学说的理解基本无误。
② 如 Werner Jaeger 便说阿纳芝曼德学说代表 "discovery of cosmos"。参见 Jaeger，*Paideia*，I，p. 160，引见 Charles H. Kahn，"The Usage of the Term Kosmos in Early Greek Philosophy"，in *Anaximander and the Origins of Greek Cosmology*（New York：Columbia University Press，1960），p. 219。

我们对κόσμος作这一理解，可以从概念的字源找到根据。古希腊语中κόσμος一字的由来比哲学文献所载者要早许多，直可追溯到史诗传统的 Hesiod 和历史传统的 Herodotus。其原初并不解为"世界"，而是用以指谓日常生活中的"装饰"或"装饰品"（ornaments, decoration, embellishment, dress, esp. of women）①。这个原本意义，直到今天仍在西方语文的 cosmetics 一字保留下来。当然，古人要把自己或家居装扮或美化，并不一定要涂脂抹粉或贴金镀银，最简单的做法，就是把自己或家居弄得整齐有序。这一点从希腊日常用语中早有κοσμέω这个解作"整理秩序"、"排列"（to order, to arrange, to set an army in array）②的动词可见。至于哲学家以κόσμος一词去指谓"世界"，其实是颇后期的事③。不过有一点最清楚，就是哲学家们从日常用语中偏偏选上κόσμος这个词去刻划"世界"，必因为其理解的世界是一套秩序的缩影，而此中所指的秩序只能表现于世界万象所经历的变化和支配这变化的原则之中④。

（二）Ἀρχή概念的意涵和阿纳芝曼德 apeiron 概念的理论优点

米利都学派的ἀρχή概念，所指的是世界的ἀρχή，因此必须有效地回应世界有三重意义的考虑。由于ἀρχή一词最初也不单纯地指一些物质，而有"开始"或"源头"（beginning, origin）的意思，因此我们可设想，顺着世界的三重意义，ἀρχή也可有以下三层意涵，而且在每一层次上都表现出某一意义的"原初性"：

（1）内容义：世界万象的原初物质（Urstoff, original stuff）
（2）历程义：世界万象的运化起点（world beginning）
（3）原则义：世界万象的原始规律（original principle）

一旦把上述道理说清，我们即可见到阿纳芝曼德 apeiron 概念比泰利斯和阿纳芝美尼斯理论都优胜的地方。观乎ἀρχή概念在西方很快便被放弃这一点，可见其一定是受到许多理论难题所困扰。这些难题，其实都和ἀρχή的三层意义有关，情况大概如下：

第一道难题：单一的原质如被指定为属某一种性质，则难以想像其如何能化生万物。这个难题对于"水""气"二种原质特别明显。例如，铁石如何可从水、气等得以"凝聚"而成？这对古人而言，肯定煞费思量！因此，后来安纳萨哥拉斯（Anaxagoras）提出"万

---

① 英文解释全引见 Liddell & Scott, *Greek English Lexicon*, 6th edition（Oxford：Clarendon, 1869），p. 875。该字典条目下这种用法的例子出自 Hesiod、Herodotus、Aeschylus、Pindar、Xenophon、Isocrates、Plato、Aristotle等。

② Liddell & Scott, *Greek English Lexicon*, p. 874.

③ Liddell & Scott 字典中提到κόσμος用以指"世界"要到 Pythagorean 传统才出现，后来Xenophanes、Parmenides、Empedocles等人继承了这一用法。但据其他文献所得，埃奥尼传统的阿纳芝美尼斯和赫拉克利特亦已有使用κόσμος概念。

④ 以上有关κόσμος的反思，即使放诸当代哲学也有一定意义。因为后世学者日益明了"世界"归根究底而言只可以是一结构性的概念，其目的是为人类的存在提供"定向"而已。胡塞尔的 Welt als Horizont 构想即把这一要点表达得淋漓尽致。参见 Tze-wan Kwan, "Husserl's Concept of Horizon：An Attempt at Reappraisal", in Dermot Moran and Lester Embree, eds., *Phenomenology : Critical Concepts in Philosophy*, Vol. 1, Phenomenology：Central Tendencies and Concepts（London：Routledge, 2004），pp. 304–338；reprint of *Analecta Husserliana*, Vol. 31, ed. A.-T. Tymieniecka（Dordrecht：Reidel/Kluwer, 1990），pp. 361–398。

物种子说"（σπέρματα, spermata）时的理据便是："毛发如何可出自不是毛发的东西？肉如何可出自不是肉的东西？"（Diels-Kranz, Anaxagoras, B—10）

第二道难题：世界的变化历程如果能追溯到一原始的起点，则这起点之前到底是什么一回事？这个困难，对于从不相信叫自空无中创世的希腊人来说，尤其明显。后来直到康德时提出的"二律背反"（Antinomie），所要处理的也包括这困难。正如上面所论，赫拉克利特提出的"火"并不是当作"原质"去理解，故称其为"永劫的灵火"。赫氏的哲学立场是以"逻各斯"作为一亘古变动不居的历程，去取代一原初起点意义的 ἀρχή。

第三道难题：若果有一最初的变化原则，而这一原则要等到世界历程的起点才可于原质上生效，则此原则的推行是否需要一原初的启动者去主持？这个早晚会产生的思想一旦产生，哲学家以后便没有安宁的日子可言了。事实上，赫拉克利特避过了原质的构想而以恒古恒动的逻各斯取代，一定程度已摆脱了这困难。反而我认为后来的亚里士多德可能是重新碰上这个理论困难①。明白了阿纳芝曼德学说所面对的种种困难，他提出的 apeiron（ἄπειρον）概念的相对优点便终于大白。要说明其中缘由，我们必须对B—1残篇作深入解读。

（三）阿纳芝曼德B—1残篇的阅读

由于B—1残篇文意晦涩难明，其解读向来众说纷纭。为求便捷，让我们把两段较有权威的译文列出以利参考。

A. Diels-Kranz 版本，Freeman 英译：

[1] The Non-Limited (to apeiron) is the original material of existing things; [2] further, the source from which existing things derive their existence is also that to which they return at their destruction, according to necessity; [3] for they give justice and make reparation to one another for their injustice, according to the arrangement of time.②

B. Eduard Zeller 版本，Palmer 英译：

[1] The Beginning of that which is, is the boundless, [2] but whence that which is arises, thither must it return again of necessity; [3] for the things give satisfaction and reparation to one another, for their injustice, as is appointed to the

---

① 在亚里士多德哲学中，"四因"说中的"动力因"希腊原文正是 ἀρχή。动力因问题如只限于人为事物的追溯上，并不会产生很大的理论困难。但如果追溯到整个存在的第一因，则理论困难便很明显。事实上我认为这正是整个亚里士多德哲学最成问题的地方。

② Diels-Kranz, Herakleitos, B—1；英译据 Freeman, p. 19。Diels 的德文原译为："Anfang und Ursprung der seienden Dinge ist das Apeiron (das grenzlos-Unbestimmbare). Woraus aber das Werden ist den seienden Dingen, in das hinein geschieht auch ihr Vergehen nach der Schuldigkeit; denn sie zahlen einander gerechte Strafe und Buß e für ihre Ungerechtigkeit nach der Zeit Anordnung."

ordering of time.①

根据希腊原本、Diels-Kranz 的德译及上引两种英译，我们可提出如下汉译：

[1] 存在的初始是那无边无际的不确定者；[2] 万物自哪里生来，便要按照必然性的安排往哪里归去；[3] 因为事物要为其生来的不公义彼此偿还公义，而此一切将依时间的秩序而进行。

我在征引B—1残篇时，故意把该段文字分为三部分，是要指出B—1残篇已对"世界"的三重意义作出了极巧妙的回应。总体而言，阿纳芝曼德 apeiron 这个概念本身已是可圈可点。apeiron 前的单定冠词（τό）意会 apeiron 必须整体地当一实词理解，循上下文的理路看，其指某一意义的物质是毫无疑问的。查 A-peiron 一词从结构上看是一 negative concept，即对有关属性不予正面确定，而以一否定词（privative）ἀ-从反面对某些性质施以约束以构成该词的意义，而其要约束的就是解"边界"的 peras（πέρας）②。因此，apeiron 也可了解为无固定形体，以至无固定性质，或根本的"没有决定性"（das Unbestimmte, the undetermined）③，其基本意思就是"不确定"④。这个"不确定"的意义，虽然主要就质料上讲，但因为质料没有确定性，使得随后论及的"变化历程"和"变化原则"也沾上了"不确定性"，但这不确定性同时也蕴涵了"可塑性"和"抽象性"⑤。这正是阿纳芝曼德B—1残篇最精彩之处。

循这一思路，我们可对阿纳芝曼德B—1残篇作具体解释如下：

第一，由于 apeiron 意义的原初质料形状性质都不确定故，首先便避免了难以设想具有

---

① Eduard Zeller, *Grundrisse der Geschichte der griechischen Philosophie*, 7. Auflage（Leipzig：O. R. Reisland, 1905）, p. 35. 英译见 *Outline of the History of Greek Philosophy*, trans. L. R. Palmer（New York：Meridian Books, 1955）, p. 43。由于阿氏的残篇是由 Theophrastus 辗转相传的缘故，Zeller 的德文原译部分是使用间接引述法："Als den Anfang（ἀρχή）von allem bezeichnete er das Unbegrenzte（ἄπειρον）, d. h. die unendliche Masse des Stoffes, aus der alle Dinge entstanden seien und in die sie durch ihren Untergang zurückkehren, um'einander Busse und Strafe zu zahlen für ihre Ungerechtigkeit nach der Ordnung der Zeit'."不过，在上引书中，Zeller 采纳的解释，正好是本文要挑战的"自然哲学解读"诠释态度。

② 后来亚里士多德叙述毕达哥拉斯言及宇宙中的"十项对立"中第一项正是 apeiron-peras。见 Aristotle, *Met*. 985b—986a。

③ 甚至黑格尔也是循 das Unbestimmte 这个观点去诠释字面上本解为"无边际"（das Unendliche）的 apeiron。参见《哲学史演讲集》Ⅰ，*Werke*, Band 18, p. 210。尼采 *Die Philosophie im tragischen Zeitalter der Griechen* 一书亦作如此理解。Diels 把 apeiron 译为"das grenzenlos-Unbestimmbare"亦出于这一考虑。我把 apeiron 译为"那无边无际的不确定者"，是参考了诸家的说法。

④ 也有学者把 apeiron 解作"无法逾越"的意思，所指的是从人的观点看为广阔无垠和无所不包解，姑备一说。参见 Kahn, "The Apeiron of Anaximander", in *Anaximander and the Origins of Greek Cosmology*, 同上，pp. 231 ff.。

⑤ 谈宇宙之初始，除了从质料上讲外可从其他角度考虑这一点，中国哲学亦提供了极有趣的案例。《列子·天瑞篇》："昔者圣人因阴阳以统天地，夫有形者生于无形，则天地安从生？故曰：有太易，有太初，有太始，有太素。太易者，未见气也；太初者，气之始也；太始者，形之始也；太素者，质之始也……"由此可见，"原质"并非谈论"初始"的惟一考虑，甚至并非首要考虑。

固定性质的单一的原质能化生万物的理论难题，而吾人乃能设想本来无决定性的原质，只要获得某一种决定性或约束，便能成就具有该种性质或约束的某物①。这个从"不确定"而"确定"的宇宙运化过程，也有学者借"析出"（ἐκκρίνεσθαι，Ausscheidung，separation）②概念来表达。更重要的，是 apeiron 如何被设想为一至广大无外的整体，则便已为希腊哲学日后的"一即一切"思想铺了路。

第二，在谈及宇宙变化时，阿纳芝曼德并没有具体地描述一物理的变化历程，而只是形式地和抽象地指出，事物从哪里生来，便要往哪里死去，并且指出，这种安排受到"必然性"（χρεών）的约束，根本没有讨价还价的余地。这一点，是后来赫拉克利特最心契而恪守者。

第三，B—1第三段处理的是解释上述的世界历程背后的原则和意义。在解释时，阿纳芝曼德用上了极富于道德意味的用语，如以"不公义"（ἀδικίας）指事物的生成，以"公义"（δίκην）指既生事物的死亡；我们要特别注意，此中的公义或不公义并不涉及个人的动机或意志，甚至不涉及人格意义的"天志"，而只是彻头彻尾的"宇宙公义"（cosmic justice）。在这一意义的公义下，"既生物"与"将生物"的死生替代，就是所谓的"赔偿"（reparation），或更准确地讲，就是所谓"宇宙果报"，这一点后来被赫拉克利特完全继承过来。B—1残篇第三部分除了提出万物生死代谢是一种宇宙律则外，最后还加上一个很深刻的观察："一切按时间的安排进行。"这一句话是补充说：物物的生死替代于时间无尽的长河中自有其安排。上文谈到黑格尔在解释赫拉克利特的"时间"时，也正是按此意把时间比喻为宇宙中"最抽象的观照"。

（四）凯尔森和尼采笔下的阿纳芝曼德

以上对阿纳芝曼德B—1残篇的解释，肯定并非笔者所独见。在形成这一理解的过程中，有两位哲学家对笔者最有启发，他们就是凯尔森（Hans Kelsen，1881—1973）和尼采（Friedrich Nietzsche，1844—1900）。凯尔森是近世的重要法学家，他早年曾出版《社会与自然》（*Society and Nature*）一书，该书引用了许多社会学研究成果，力图指出希腊古文化中的"果报原则"（Principle of Retribution）不但贯串了整个希腊神话时期，而且对自泰利斯以降的重要哲学家都有影响，包括了本文讨论的所有四位哲学家③。凯尔森的书虽然受到社会学界群起的攻击④，但我认为凯氏正好把哲学界长久地

---

① 除了上引亚里士多德《形而上学》中记载的毕达哥拉斯"十项对立"头一项的 apeiron-peras 外，柏拉图《蒂迈欧篇》（*Timaeus*）中 amorphon-morphe 的对比关系，都提供了对世界事物的构成的说明，其中以 peras 约束 apeiron 或以 morphe 约束 amorphon 基本上都可以理解为阿纳芝曼德按上述我们解释下的意念的活用。

② 参见 Eduard Zeller, *Grundrisse der Geschichte der griechischen Philosophie*，同上，p. 36。

③ Hans Kelsen, *Society and Nature, A Sociological Inquiry*（London: Paul, Trench, Trugner, 1946）, pp. 233-246。

④ 参见 Talcott Parsons 对 Kelsen 著 *Society and Nature* 一书所作的书评，*Harvard Law Review*, Vol. 58, No. 1（1944）, pp. 140-144。此外，也有学者提出以原始思维看世界不能"无限上纲"，例如，Aron Gurwitsch 即质疑 Kelsen 如何能从"果报原则"导生牛顿的"第三运动定律"云云。见 Gurwitsch, "Review of Kelsen's Society and Nature", *Isis*, Vol. 36, No. 2（Jan., 1946）, pp. 142-146。

忽视的一些关于古代希腊哲学的议题展示于世人眼前。他谈论果报原则，正如书名所显示，是暗示古代希腊人设想一己与自然中的万物之共存，宛如构成一宇宙的社群，而世人与其只知按一己的私意独立独行，不若先认清楚自己与宇宙万物的这种关系。

至于尼采，其著作中有一本乏人问津的小书，名为《希腊人的悲剧世代的哲学》①。我们都知道，对黑格尔来说，早期希腊哲学的两大巨擘要数赫拉克利特与巴门尼底斯（Parmenides）。尼采在《希腊人》一书中也认为赫氏与巴氏代表了两种形态迥异的学说。二者之中，尼采对前者的欣赏远甚于后者，他称赫氏的思想为"宇宙游戏的一品赏性的感知"②，而把巴氏思想中的"存在"称为"最冷酷和一无所指的概念"（kältester nichtssagen der Begriff）③。至于阿纳芝曼德，尼采的嘉许更是明显。在不短的篇幅中，尼采对阿纳芝曼德作了许多高度肯定的按语，今以特别重要和与本文论题息息相关者，略举数则以明其志：

> 阿纳芝曼德再不是以一纯为物理的方式去探求世界起源的问题。
> 当他看到无数事物的生成造成了必须偿还的不公义时，他即果断地插手于伦理学中最为深奥的和棘手的难题。他是第一个从事这工作的希腊人。
> 阿纳芝曼德"视"这个不公义的世界为对万物原始同一的傲慢的叛逆，遂逃遁至一形而上的壁垒中，并据此探首远眺，以其目光审视寰宇。经过良久的缄默与沉思，终于开腔向苍生诘问：你的存在何价？④

观上引数语，若论对希腊早期哲学进行"非自然哲学解读"的先行者，尼采肯定当之无愧。更奇特地，在书中第9节一处，尼采要于古希腊埃奥尼（Ionian）和伊利亚（Eleatic）两种不同形态的哲学理论之间划一道分水岭，并因而也要枚举两个最有代表性的人物时，他竟出人意表地列举了阿纳芝曼德以代表埃奥尼传统，使之与代表伊利亚传统的巴门尼底斯相对立，其对阿氏的重视不言而喻⑤。尼采固然也极欣赏赫拉克利特，但他对阿纳芝曼德的"青睐"至此，到底原因何在？我认为是因为他觉得阿纳芝曼德B—1残篇言简意赅的一句话，已把后来赫拉克利特思想的基本要素蕴涵于其中了⑥。

（五）《黄帝四经》论"生杀"

上一节我们谈赫拉克利特的"一即一切"和"与道相应"思想时，曾以庄子的学说相印证。今既指出了赫氏学说的精神宗取于阿纳芝曼德，则阿氏与中国哲学是否也有相通之处呢？这个问题的答案绝对是肯定的。要知赫氏之"与道相应"和"一即一切"

---

① Nietzsche, *Philosophie im tragischen Zeitalter der Griechen*, Sämtliche Werke, Band 1（Berlin：dtv/de Gruyter, 1980）.

② Nietzsche, *Philosophie im tragischen Zeitalter der Griechen*, p. 833.

③ Nietzsche, *Philosophie im tragischen Zeitalter der Griechen*, p. 844.

④ 三段引文均出自 Nietzsche, *Philosophie im tragischen Zeitalter der Griechen*, p. 820。

⑤ Nietzsche, *Philosophie im tragischen Zeitalter der Griechen*, p. 836。

⑥ 关于阿纳芝曼德与赫拉克利特学说的紧密相通，除尼采之外，Theodor Gomperz 亦曾言及。见Gormperz, *Greek Thinkers: A History of Ancient Philosophy*, Vol. 1, trans. Laurie Magnus（London：John Murray, 1901, 1964）, p. 63。

等慧解主要的理论前设，其实是宇宙万物交替递嬗的"无私"；而其对世人由于"差别相"而起的"私心"的劝化，最后亦以宇宙的无私为据。无私这一点，赫氏学说虽有涉及，但只以"孩童"等较隐晦的暗喻表达，远不如阿氏"哪里生来，哪里死去"和"彼此偿还公义"等论点那样直接有力、透彻感人。从比较的观点看，中国儒道两家所言的"三无私"对这个问题早有着笔。庄子述惠施之说时的"日方中方睨，物方生方死"①，亦与阿氏B—1残篇的第二部分谈"死生代谢"相应。不过，若论中国古籍中最能与阿氏的B—1残篇节节相应的，还应数上世纪70年代才于马王堆出土的《黄帝四经》②中的几段文字：

> 天地无私，四时不息。③
>
> 天下太平，正以明德，参之于天地，而兼覆载而无私也，故王天下。④
>
> 始于文而卒于武，天地之道也；四时有度，天地之李（理）也；日月星晨（辰）有数，天地之纪也。三时成功，一时刑杀，天地之道也；四时而定，不爽不代（忒），常有法式，天地之理也；一立一废，一生一杀，四时代正，冬（终）而复始，人事之理也。⑤

《黄帝四经》自面世后，学界多视之为主张"无为而治"的"黄老之学"的文献，这看法固有其道理，但如从一比较哲学的眼光看，上引文句与本文处理的"非自然哲学解读"课题之相应，实令人击节赞叹。引文除重申了中国传世文献多次论及的"天地无私"外，更提出"王天下"一议，撇开其中的"黄老"意味不谈，"王天下"的条件在于能效法天地之无私，也即引文中所谓的"参之于天地"。此中的"参"除了一般理解下的"参悟"外，其实更可解作"三（叁）"，也即天地之外人的第三位⑥。"参之于天地"就是让吾人去效法天地，这一点与赫拉克利特 homologein 委实互为表里。至于第三段引文的"三时成功，一时刑杀"⑦，特别是"一立一废，一生一杀"等语，与阿纳芝曼德的"哪里生来，哪里归去"更可谓异曲同工。引文中《黄帝四经》的作者从"天地之理"说到"人事之理"，其让吾人效法天地的要求，与前引文的宗旨如出一

---

① 《庄子·天下》。
② 《黄帝四经》见"马王堆老子乙本卷前古佚书"，图像见香港中文大学 CHANT 资料库。
③ 《黄帝四经·经法·国次》。
④ 《黄帝四经·经法·六分》。
⑤ 《黄帝四经·经法·论约》。
⑥ 参见陈鼓应《黄帝四经今译今注》，台北：商务印书馆，1995年，第139页。
⑦ "三时成功，一时刑杀"中的"三时"指春、夏、秋三季，可取得有用成果；"一时"指冬季，是万物休竭之时。此议并不独见于《黄帝四经》。传世文献中，《鹖冠子·泰鸿》有："三时生长，一时杀刑；四时而定，天地尽矣。"又《春秋繁露·阴阳义》有："是故天之道，以三时成生，以一时杀死。"

辙①。这可以说是《黄帝四经》诸篇最发人深省之处，世人从中大概不难取得超越生死的智慧的钥匙！

（六）阿纳芝曼德结合赫拉克利特与中国哲学的重要启示

藉着凯尔森和尼采有关早期希腊哲学的反思，我们得见希腊哲学中"自然哲学"背后的"非自然哲学"议题其实根深蒂固。特别是尼采的观察指出，在这传承当中，阿、赫二人的渊源尤其紧密，乃至于其思想可以结合起来评论。总体而言，阿纳芝曼德的思想言简意赅地预演了赫拉克利特的思想。两人都透露了一种生命哲学，都在引导吾人思考自身在世界或自然中应处的地位。早期希腊哲学虽然广泛地被定性为"自然哲学"，但赫拉克利特残篇中的一句话——"我要透察自己"（B—101），似乎才是其"自然哲学"背后的终极关怀所在。

从人的存在处境看，吾人各自对生命和生活有一己的期待是很自然的，而各人终将各有自己的际遇也是很明显的。人生在世，由于悦生恶死，加上自利之心，世界的美丑好坏，一般都以一己之得失荣辱去量度。这么一来，便无可避免地招来了乍喜乍忧、患得患失的心境，为一己罗织成无尽的苦。面对这一境地，中国儒释道三家各有对治之途。儒家是透过"舍己""忘我"，甚至"反求诸己"而指向"化成天下"；释家以"破我执"而求"涅槃寂静"；道家则主"虚己"以达"逍遥游"；其取法不同，却都涉及生命中"自我"的检讨。此点和希腊古训 know thyself 实有相通之处。今观乎早期希腊哲学这些"非自然哲学"成素的鲜活，则西方哲学与中国哲学的距离便显得远较我们一般想像的为接近②。

我们曾指出，早期希腊哲学中的"果报"并非人为的果报，而是宇宙的果报。在这有如自然秩序般的"果报"世界中，一切尽都"自然而然"，一切都没有讨价还价的余地，命限跟前，人只能听从其如如的展现。正如儒家和道家借天、地、日月的运行而言其为"三无私"，道家如郭象所言的"无心"，上古希腊世界观中人的际遇也根本没有人格意义的"神旨"（divine providence）可以从中作梗，故日后令基督教传统困扰不堪的"辩神论"（theodicy）困难在早期希腊哲学中根本不会出现。尼采直称"辩神论对希腊世界来说从来都不是一个难题"（Eine Theodicee war darum niemals ein hellenisches Problem）③，可谓一语中的。从这一点看，早期希腊哲学（乃至其影响所

---

① 参见 William Th. de Bary and Richard John Lufrano, *Sources of Chinese Tradition: From 1600 Through the Twentieth Century*, 2 vols. (New York: Columbia University Press, 2001), p. 242。书中，狄百瑞等即把《黄帝四经》的哲学议题定性为"建立在天道宇宙论和人的自我培育的伦理生活上的一种调和论"（a syncretism that is grounded in a cosmology of the Way and an ethos of self-cultivation）。

② 在西方，这种"与道合一"的思想，除了见于 Anaximander 和 Heraclitus 外，后来仍代出人才，如 Stoics、Plotin、Meister Eckhart、Nicholas Cusanus、Giodano Bruno、Spinoza 等都是例子。至于黑格尔，我认为也有一定"形似"，虽然真正的精神迥殊。有关问题可参见 Georg Misch, *The Dawn of Philosophy*，第5章。另参见牟宗三先生讲述《分别说与非分别说以及"表达圆教"之模式》，载《中国哲学十九讲》（台中：东海大学辑印本，出版年份缺），第304页。

③ Nietzsche, "Die Dionysische Weltanschauung", from *Basle nachgelassene Schriften*（1870—1873）, *Sämtliche Werke*, Band 1 (Berlin: dtv/de Gruyter, 1980), p. 560.

及的斯多葛派①等）这一种从"参透宇宙"而达至"与道合一"的境界，便更是远于基督教而近于中国与东方②。

如果我们对东西哲学这种鲜为吾人注意的邻近性仍有疑惑，则除了上引材料外，让我们再看《黄帝四经》以下一段引文，便自会发现，其中言及人于天地之间所能参悟的智慧，与本文"非自然哲学"解读下的早期希腊哲学的终极关怀的遥相呼应，简直到了令人惊讶的地步。

> 故执道者之观于天下也，必审观事之所始起，审其刑（形）名。刑（形）名已定，逆顺有立（位），死生有分，存亡兴坏有处，然后参之于天地之恒道，乃定祸福死生存亡兴坏之所在。③

这段引文最后言"乃定祸福死生存亡兴坏之所在"，很明显地是对"人"而说的。因为如单就天地而言，其虽也有刑杀，但刑杀只是自然而然的递嬗，而且既言其"恒道"，便更无祸福可言。"祸福"是从人的个别观点才可以讲的。祸福之暇思，最能摧残吾人之心志，今《黄帝四经》上引的一段文字，也是以一"参"字教吾人效法天地，从而超越"祸福死生存亡兴坏"的桎梏。

八、结语

（一）解魅与归魅的超越

本文在处理四位早期希腊哲学家时，从最晚出的德谟克利特谈起，然后上溯恩培多克勒斯和赫拉克利特，最后才讨论最早的阿纳芝曼德，这种逆转时序的做法，其实有特别的理由，在总结之前，容再稍加解说。要知本文提出的"非自然哲学解读"，当然是针对亚里士多德把早期希腊哲学家视为"自然哲学家"（physiologoi）而出发的。在亚氏的解读下，早期希腊哲学的主要论题基本上被理解为世界或自然物质的构成问题，此所以亚氏这么强调前人学说和他自己的"质料"（ὕλη, matter）理论的关系。当然，亚里士多德哲学本身并非只重视质料，而也重视形式，而且其哲学课题更广涉物质世界以

---

① 斯多葛派的 Zeno of Citium 便同样提出了"与自然相应和"（homologoumenos tei phusei）。Diogenes Laërtius, Book Ⅶ, 87＝SVFI, 179, 引见 Jonathan Barnes, *The Presocratic Philosophers*（London: Routledge, 1982）, p. 133。

② 早期东方教父中的亚他那修（Athanasius of Alexandria, 298—373）曾大力针砭有如伊壁鸠鲁等学说只凭偶然性（in a chance fashion）去说明世界。亚他那修是后世天主教追封的主要理论家之一，他反对伊壁鸠鲁，当然是因为要为基督教带目的论意味的"神旨"辩护。亚他那修提出的争议，一方面印证了尼采上引句子所暗指的基督教神学与上古希腊"与道合一"学说之间存在的强大张力，另一方面也反映了从基督教讲"神旨"的立场难以理解"天地无私""无心"等思想的正面的和积极的意义。不过，这个问题涉及极深刻的反思，容将来再予详论。［按：亚他那修对伊壁鸠鲁的批评是就读于耶鲁大学神学院的李经讳君所指出，资料见 Athanasius, "Erroneous Views of Creation Rejected", *Selected Works and Letters*（Christian Classics Ethereal Library）. http://www.ccel.org/ccel/schaff/npnf204.vii.ii.ii.html.］。

③《黄帝四经·经法·论约》。

外的心灵、伦理、政治，甚至目的等问题。但亚氏对古人这一种颇"吝啬"的解释，却导致后世对早期希腊哲学的真正关怀产生很大的限制与曲解。"非自然哲学解读"就是要突破这一种限制和纠正这一种曲解。

德谟克利特世称"唯物论"的鼻祖，我特别从德氏开始讲，是因为他的学说不单容易诱人循"自然哲学"的角度去理解，甚至还在一定程度上带有今天所谓的"物理主义"（physicalism）的理论色彩，也就是一种把物质以外如心灵或意识等问题都化约到一"物质"的层次去解释的哲学倾向。由于物理主义其实也涉及许多不同考虑，所以当代的物理主义讨论带出了"个例物理主义"与"类型物理主义"（token vs. type）及"化约物理主义"与"非化约物理主义"（reductive vs. non-reductive）等区别。用今天的标准看，德氏以原子和空无（空间）作为物理基础，进而把灵魂、感觉、认知、道德，乃至社会关系都化约到原子于空间中的运动去解释这一种学说，甚至可比拟为物理主义学说中较为极端的 reductionistic type physicalism[①]。即使如此，德氏学说于物理理论背后的强烈人生哲学诉求还是不能完全掩盖，这一点除了见于德氏的残篇，我们藉着卢卡瑞修斯和韦兰德先后对德氏学说的反思，得到了进一步的肯定。

相对地说，恩培多克勒斯的学说并没有德氏学说的物理主义色彩那么极端，但其作为"自然哲学家"的身份却不容置疑，而一般学者都以其"四元"学说作为后世物理化学中的"元素"理论的先河。这一种理解虽有其理据，但也大大地限制了吾人对恩氏学说的理解。所以我们还是要问：恩氏"只是"自然哲学家吗？循这条思路，我们借助荷尔德林和阿诺尔德对恩氏"四元说"背后自蹈火山的神话的诗意的诠释，又得以窥见其中"藉着自愿的死亡让自己与无尽的自然合而为一"这一弦外之音。再往上溯求，我们发现，这个由恩培多克勒斯死亡的传说带出的"与自然合一"的议题，原来在更早的赫拉克利特的学说中早已有重点的提示。当然，本文讨论的四位希腊哲学家中，赫拉克利特是真正的重点所在，但最有趣的是在赫氏的学说中，我们除了清楚地找到早期希腊哲学的"非自然哲学"材料外，还几乎可以找到庄子哲学的影子，让本文的写作主旨得以确立。再往上古追溯，我们终于谈到阿纳芝曼德，就传世理论的丰富而言，阿纳芝曼德当然远不及赫氏全面，但经过仔细分析，阿氏以一段残篇言辞之寡，已言简意赅地为后来赫氏的主要精神定调。这一历史渊源的证立，让本文为早期希腊哲学的"非自然哲学"探源的工作从根本处得以证立。藉着分析赫氏上溯到阿氏的传统，我们清楚地见到，所谓"原质"学说等简单框架，根本不足以范围早期希腊哲学的深度与广度，因为其中所涉及的关于人生意义的反思、生命态度的转化（Einstellungsänderung, change of attitude）、与大化相合的境界等可以通向东方哲学的议题，根本逾出了亚里士多德所谓

[①] 参见 Daniel Stoljar, "Physicalism", *The Stanford Encyclopedia of Philosophy* (Fall 2009 Edition), ed. Edward N. Zalta, http：//plato.stanford.edu/archives/fall2009/entries/physicalism/。另参见 Jaegwon Kim, *Philosophy of Mind*, second edition (Cambridge, MA：Westview Press, 2006)，见 "Token Physicalism and Type Physicalism"（pp. 101-105）及结论 "The Limits of Physicalism"（pp. 299-304）两节。

的 physiologoi 或今天所谓的物理主义者（physicalist）的学说所能处理的范围[①]。在本文非自然哲学的解读下，我们清楚得见，尽管早期希腊哲学的确以"自然"或"世界"为思想对象，但所谓的φύσις或κόσμος却并非只有物质层次的考虑，而是涉及人生于世上最为切身的存在考虑。

瑞士心理学家荣格（C. G. Jung）在《原型和集体无意识》一书中有以下精警的话：

> 原始人的心智并不在"制造"神话，而是在"体验"神话。神话是前意识心理的原始启示，是对无意识心理事件不自觉的陈述，而绝非只是物理流程的一些寓言。对一个没有科学头脑的人来说，一些物理意义的寓言无异一些不切实际的戏言。相反地，神话实具有极为鲜活的意义……它们不仅代表而且确实是原始民族的心理生活。原始民族失去了它的神话遗产，即会像一个失去了灵魂的人那样立即粉碎灭亡。一个民族的神话是这个民族的活的宗教，失掉了神话，不论在哪里，即使在文明社会中，也总是一场道德灾难。[②]

随着文化的进展、理性的发用，人们很自然地从一神秘的世界观转移到一"解魅"的科学理性的世界观中，但得到了科学的同时，世人却要承受初民世界观的"魅力"的丧失。当然，此中所谓"得失"，本难一概而论，也往往随境而迁和因人而异。最简单实际的考虑是：世人如果活在一经过"解魅"的科技世界中而又能活得安然自在的话，则解魅便谈不上有没有"代价"，也根本不会构成一严峻的问题。但观乎现代文明发展出所谓"后现代挑战"和所谓"单向人"（one-dimensional man）等议题，我们很清楚看到现代科技文明的确付出了沉重的代价，的确为现代人的生活罗织了种种挥之不去的困惑。

现代人活于世上的一些很主要的困惑，是生活世界的支离和生命意义的迷失，当然，此中涉及许多复杂的因素，有些是个人的，有些是群体的，但追本溯源，都多少和自然的解魅有关。既然如此，则我们是否可于"解魅"之余设想某一程度的"归魅"，以便为吾人的生活世界重新赋予意义。"归魅"（reenchantment）这个概念其实就是韦伯所指的"解魅"（disenchantment）的反面，也即对人类原本奥秘的、与天地一体的、富于感受的和带有赞叹的世界观的重新体验。reenchantment 的概念在西方学界已

[①] 有关物理主义整体而言的限制问题，参见 Jeffrey Poland，*Physicalism. The Philosophical Foundations*（Oxford：Clarendon Press，1994）。在"Challenges to the Acceptability of Physicalism"一节，作者对物理主义提出了八点反对，其中最后一项即指："物理主义是不完整的；它无法避免地要对存在的一些侧面放弃解释（例如：心灵、意义、价值）。"（分别见第287、339、344页）

[②] Carl Gustav Jung，*The Archetypes and the Collective Unconscious*，trans. R. F. C. Hull（London：Routledge & Paul，1969），Paragraph 261，p. 154. 中译出本文作者。

悄悄地酝酿多时①，今日我们把它诠释为"归魅"，首先是指吾人今日以科学理性对待自然世界之余，或可对自然重新投以一分神话一般的敬意；再者，"归魅"又暗指吾人一旦重新检讨自己对自然所应取的态度，或能藉此于"后现代困境"之中为人类的存在重新找到"归宿"！

今日我们以"归魅"与"解魅"相提并论，绝非简单地鼓吹以"归魅"取代"解魅"，而是要超越二者。换言之，我们绝不要以为只要回到一远古的世界观，今日吾人面对的困惑即能自动"悬解"。在文明发展和理性发达的过程中，一个古意盎然的世界观的"解魅"，乃至随之而来的科技理性的发展，自有其必要和意义，现代文明出现了危机，那是人类的一些新的挑战，这些挑战都不是单纯的"怀古"甚至"复古"所能解决的，因为解魅后的人类理性根本不可以装作能单纯地回到以往的蒙昧。我们今日从当代的视角重温远古希腊哲学的"非自然哲学"议题，为的是揭示其中一些对于人类来说具有普遍意义的存在处境和根本疑难，这些处境的普遍性与艰难处，在于其不但跨越世代，甚至跨越文化。我们的工作不是"复古"，而是要"温故知新"，即透过再认识这些普遍处境，再面对这些艰难，去发现当代文明挑战的真正原委，并藉此揣度解决疑难所涉及的关键。至于今时今日人类理性如何能自我教育去面对由理性自己一手造成的文化危机，或要用一些什么方法与理论资源去解决新一代的困难，则是进一步的文化哲学议题，已非本文所能涵盖。

本文在有限的篇幅中，大抵已清楚地指出，向来以客观外在自然的认知与掌握为要务的西方哲学，其实自古以来即存在着一股"非自然哲学"的"逆流"。它之所以是一逆流，是因为它即使以"自然"为探索的对象，但这种探索的最终旨趣，却又不只在自然本身，而在于反思人在自然中所应抱持的态度，所以说到底，是寓生命哲学于自然哲学之中。由于此中触及的是一些共通的、无间东西的处境，所以本文的有关讨论，其实也可视为东西哲学会通的一个重要平台。本文能做到的，只是抛砖引玉，至于如何循各种不同方位深入研究有关课题，发掘其中更多的微言大义，则有赖哲学同道们的共同努力。

（二）"同一"与"分别"的共济

笔者两年前在一篇名为《从大克鼎和史墙盘中的"哲"字看哲学》的文章里，指出了"哲"字中的"折"除了可当作音符外，还有语义考虑的可能，即可从"折"引出"断疑"的意义。所谓断疑，又可指理论上的"概念的区分"和实践上的"行为的抉择"。这一分别的要求，除可与古文献如《论语》的"辨惑"，《易传》的"当名辨物，正言断词""居子以慎辨物居方""德之辨"等呼应外，甚至可与希腊哲学柏拉图和亚里士多德中的diairesis（division）、proairesis（choice）相通。"分别"这种普及于全人类的意向在中国思想亦为固有，实在清楚不过。

相应地，本文在探讨早期希腊哲学时，借天道的体验等义理的说明，指出了西方哲

---

① 参见以下几本很有代表性的著作：（1）Morris Berman, *The Reenchantment of the World*（Ithaca：Cornell University Press, 1981）；（2）David Ray Griffin, ed., *The Reenchantment of Science: Postmodern Proposals*（Albany：SUNY Press, 1988）；（3）Alister McGrath, *The Reenchantment of Nature: The Denial of Religion, and the Ecological Crisis*（New York：Doubleday, 2002）。

学即使在这萌芽的阶段，已清楚地表现了"同一"的要求。这种"同一观"又隐然带出一种超越俗世得失利害的世界观与生命观，其高逸处，堪足与中国道家学说相表里。西方哲学思想后来的发展虽号称以"分析""分别"为主，但在重分析的大传统中，源自上古的"同一观"却如细水长流般下开了斯多葛派、密契论、斯宾诺莎，甚至黑格尔、谢林、海德格尔等种种不同形态的"同一"学说。

研习哲学者常有一种想法，认为东西方文化各异，因而哲学也各有风格，其中一般认为西方重视"分析"或"分别"，中国则重视"综合"或"同一"。说中西哲学各有特色和重点当然错不到哪里，但仔细观察下，我们可指出，分析、综合都有许多不同的形态，而从大处看，分析和综合其实都是人类心智的一些共通的意向，故实在不必死板地把二者两极化地拨予西方或东方。我常认为，"分别观"和"同一观"这两种迥殊的"心法"堪称为普世哲学智慧之"二极"，根本是东西无间的。诚然，哲学智慧的发展与推进首重"区别"或"分解"，种种哲学概念的产生和理论的形成大都源于区别，但哲学智慧的分别观发展到了一定阶段，却又往往显出"同一"的要求，而这往往是哲学智慧高度成熟的表现。

所谓"分别"与"同一"，牟宗三先生曾借用佛家的说法，提出"分别说"与"非分别说"以作讨论①。对牟先生来说，分别说和非分别的对立虽由佛家提出，但其道理却遍及中、西、印三大传统。在西方，牟先生以黑格尔②为主要代表，在中国，则主要数庄子③，在印度，则举般若传统和传入中国后的天台圆教。牟先生在解释般若时指出，非分别说的般若无诤法与分别说并不在同一层次上相反，而是"异层而不同方式者之对反"④。这和我们上面借庄子"众人"与"至人"的关系说明赫拉克利特言人世的分别与天道的同一的关系一样。我们甚至可说，在不同程度上，般若、庄子乃至赫拉克利特三者都有藉着自我的超越，以达至"化除封限，去掉执着"⑤的境地。然而，"同一"的慧解虽有其高逸的一面，但又不能撇开了"分别"的理解而孤立地构成真正的智慧。相反地，"同一"必须能针对"分别"，并被理解为"分殊底终极的同一"，而且必须于超越分别之余又能如如地安立分别，方能构成真智慧。这个道理，和佛学二谛学说中"凡夫即佛""烦恼即菩提"⑥"生死即涅槃"⑦"贪欲是涅槃"⑧等见解可谓异

---

① 参见牟宗三《中国哲学十九讲》，第16讲；另见《佛性与般若》第2册附录《分别说与非分别》，台北：学生书局，1989年修订5版，第1187–1214页。
② 牟宗三：《中国哲学十九讲》，第288页。当然，本文则希望指出在西方"非分别"的元素实可远溯于上古。
③ 牟宗三：《中国哲学十九讲》，第297、303页。
④ 牟宗三：《佛性与般若》，第1205页。
⑤ 借牟先生语，见《中国哲学十九讲》，第304页。
⑥ 这个课题最有禅味的表达方式莫如六祖惠能于《坛经·般若品》中的"凡夫即佛，烦恼即菩提；前念迷即凡夫，后念悟即佛；前念著境即烦恼，后念离境即菩提"（大正藏T48：350b）。
⑦ "生死即涅槃"见吉藏《大乘玄论》卷3（大正藏T45：47c）、《涅槃经游意》等。天台智者大师更把二说结合为"体生死即涅槃名为定，达烦恼即菩提名为慧"，语见《法华玄义》卷9。
⑧ 原见《诸法无行经》（大正藏T15：759c），又引见龙树《释摩诃衍论卷》（大正藏T32：620b），又见智顗《法华经文句纂要》（续藏经X29：659c）。

曲同工。有关这个问题，本文限于篇幅，无法从理论上细谈。

退一步说，"分别"虽有构成迷执的可能，但当知哲学传统的立说，宗教传统的立教，乃至对世间事物事态的理解与掌握，以及一切知识和观念的开展，莫不有赖于"分别"。故为了避免迷执而要放弃分别，无异于因噎废食。这个理论关键，如回到本文的议题上，也可用一较浅近的方式说明：早期希腊哲学所表现的"同一观"，陈义固高，但归根究底而言，只适宜用来"对治"人世间因为利害与计算而造成的迷执，而不能或不宜用以"取代"人世间的种种"分别"。因为世上固然有不少差别容易引人走向迷执，如寿缘的长短、利益的多寡、名分的高低等等，但与此同时，世上却另有许多分别是义理之所在，是不能假"同一"之名大而化之的，例如，一个人行事原则的有或无、人与人之间的善意或敌意、一个社会制度的公义或不公义、责任的承当或搪塞等，都是一些应予计较的分别。或者说，"同一观"的体会，显然有助于吾人得以一更超脱的视角观看世界和观照生命，但有谓"君子以同而异"[①]，在同一观之下，分别并不一定须要完全取消，有些甚至即使一息尚存也不应轻言放弃。至于哪些分别可不予计较，哪些分别必须坚持，此中的判准，涉及的是生命又一层次的智慧，其中并无常规可以依循，因为这正是人生无尽的挑战！

原载《中山大学学报（社会科学版）》2010年第4期

---

① 《周易·睽·小象》。又荀爽有"大归虽同，小事当异"一语，亦可资思考。引见李鼎祚《周易集解》卷8，《文渊阁四库全书》电子版。

"理一分殊"释义

景海峰

"理一分殊",语出程颐(1033—1107),是其对《西铭》本义做进一步阐发和推论时的概括性用词,意指张载(1020—1077)所提出的"天地之塞,吾其体;天地之帅,吾其性",以乾坤为天地万物之父母,万有一体、民胞物与的思想,揭示出了人性的形而上根据,将宇宙天地和人伦道德有机地融合为一体,实现了社会的自然化和自然的人性化。从义理而言,"理一分殊"之旨,关涉到普遍性与特殊性、同一与差异、抽象和具体、一般和个别等义,与中国传统哲学中的一多之辨、体用之论、总别和同异之议(六相圆融)均有关系,因为其辞锋所向,直指儒家天道性命学说的核心部分,所以在宋代道学大兴之后,成为理学家们最为津津乐道的用语,甚至成了第二期儒学发展史上的一个标签。《宋史·道学传一》谓:两汉之后,儒无真传,"千有余载,至宋中叶,周敦颐出于舂陵,乃得圣贤不传之学,作《太极图说》《通书》,推明阴阳五行之理,命于天而性于人者,瞭若指掌。张载作《西铭》,又极言理一分殊之旨,然后道之大原出于天者,灼然而无疑焉"[①]。这里即明确点出了"理一分殊"对于理学而言,犹如基石一般的作用。此一标志性的成就,经过程颐的表彰和朱子的弘扬之后,彰显于世,理学主流皆肯定理一分殊之旨是"扩前圣所未发,与孟子性善、养气之论同功","其言至简,而推之天下之理无所不尽"。清初大儒陆世仪(1611—1672)在其《思辨录辑要》卷28赞叹道:

"理一分殊"四字,古圣贤教人只在此处说来说去,但未曾明明指出,学者终无把握。自张子《西铭》发其意,程子遂提出此四字示人,真是千圣千贤传心要诀。凡看道理到疑难隔碍处,只提起此四字,便如利刃在胸,迎风辄解,直是受用不尽。

理一分殊,备受亲睐,端在于其道出了人伦道德的宇宙自然依据,凝聚了儒家天道性命之学的诸多关窍,特别是解释了道德秩序及其理想的形而上根据问题,为儒学发展的本体论视域开拓了空间,将以血缘关系为纽带的自然道德原则提升为更具有普遍意义的社会伦理观念,实现了儒家道德哲学从宇宙论论证走向本体论叙事的重大转折。

---

① 〔元〕脱脱等:《宋史》第36册,北京:中华书局,1985年,第12710页。

一、《睽》与"一贯"

"理一分殊"论域的基点是事物的多样性和统一性问题，所思考的重心是世界的部分与整体的关系。在宋儒之前，释家于此用力颇深，有很多的创获。佛教各派大谈体用问题，精思于一多关系，像华严宗的"四法界""六相"诸说，对于此类问题的阐发，已经达到了相当高的理论水平①。关于宋初诸儒所受佛教之刺激和启发，甚或是种种的影响，此处暂不论列，我们还是从儒家思想的内在理路来寻找线索。

《易》有"太极"观，言"天下之动，贞夫一者也"，对世界的统一性有非常深刻的洞见；又强调"天下同归而殊途，一致而百虑"，考量到了事物的复杂性和多样性的问题。就易卦而言，《睽》所象征者，颇能透显出个中消息来。检寻《朱子语类》卷72，便有将《睽》与"理一分殊"联系起来的一段对话：

> 问：《睽》"君子以同而异"，作理一分殊看，如何？先生云：理一分殊是理之自然如此，这处又就人事之异同上说。盖君子有同处、有异处，如所谓"周而不比，群而不党"是也。大抵《易》中六十四象，下句皆是就人事之近处说，不必深去求他。此处伊川说得甚好。②

这里，朱子不愿拘泥于《易》象的就事论事，而是期望着由切近具体的人事向普遍性的理境之跃升，所以将学生的注意力引向小程子的提点③，但《睽卦》之义终是与此一问题有所关联的。

睽本为乖离之意，《睽卦》下兑上离，离为火，兑为泽，《象》曰"火动而上，泽动而下"，意即水火难容，两相乖违。《彖传》解为"天地睽而其事同也，男女睽而其志同也，万物睽而其事类也"，则强调宇宙万物既有其睽，也有其合，而且睽中有合。本来天高地卑，阳阴不同，天地相睽，但天地又相交，才能生育万物，这是睽而有合。男刚女柔，内外有别，异性分职，但男女必相配，才能成家室、育子女，是为睽中有合。万有存在，物性不齐，睽然釐然，但万物又有其共同之处，具有普遍性，这又是有睽有合之情状。同为解"睽"义，《象传》谓"君子以同而异"。汉代易家荀爽（128—190）曾经发挥此句，曰："大归虽同，小事当异，百官殊职，四民异业，文武并用，威德相反，共归于治，故曰'君子以同而异'也。"④ 意为总体上是相同的，而具体有别，大的目标是一致的，而方式不一样，正所谓同归殊途、一致百虑是也。小程

---

① 参阅方立天《中国佛教哲学要义》下卷第24章第4节《华严宗的事事无碍论》，北京：中国人民大学出版社2002年，第684-703页。魏道儒《中国华严宗通史》第4章第2节《法藏与华严学的新进展》，南京：江苏古籍出版社，1998年，第134-160页。

② 〔南宋〕黎靖德编、王星贤点校：《朱子语类》第5册，北京：中华书局，1986年，第1829页。这段话又见于《文公易说》卷8，此据。

③ 朱子不愿将《睽卦》义与"理一分殊"等同，还在于他断定《睽》"皆言始异终同之理"，诸爻"多说先异而后同"，这与他强调的"圣人未尝言理一，多只言分殊""理不患其不一，所难者分殊"明显不一样。《睽卦》重视异而同，而朱子更关注同而异。

④ 〔唐〕李鼎祚：《周易集解》卷8，北京：中国书店，1984年影印本，第4页。

子《周易程氏传》卷3亦用了《中庸》的"和而不流"来解之，谓："不能大同者，乱常拂理之人也；不能独异者，随俗习非之人也。要在同而能异耳！"① 就现代人的理解而言，对于此"以同而异"意，高亨先生的诠解颇为确当：

> 同异二字皆是动词。同是综合相同之事物，异是分析相异之事物，"同而异"谓综合事物之同而又分析其中之异。《睽》之上卦为离，下卦为兑。离为火，兑为泽。然则《睽》之卦象是"上火下泽"，正如《象传》所云"火动而上，泽动而下"，两相乖离，是以卦名曰"睽"。同一泽也，上有火炎，下有水流，是同中有异。同中有异，乃宇宙事物之普遍规律。君子观此卦象及卦名，从而观察研究，综合事物之同而又分析其中之异。故曰："上火下泽，睽。君子以同而异。"②

《睽》卦所蕴含的不相容性、差异性，揭示出了同和异这对矛盾不离不即的复杂性和相互依赖的深刻性，正是在求同与存异的两难选择中，人们认识到了同与异两个方面都需要关照到，而不可偏执。于《睽》，《彖》辞较为强调差异中的同一性，而《象》辞却不忽略同中之异，综汇《彖》《象》，两意兼得，方为周全。故清人李道平谓："天地之理，平陂往复，变动不居。故《彖传》于睽时见其同，是以君子不敢小视睽也。《象传》于同中见其异，是以君子不敢苟为同也。"③ 这是的当之论，也是比较全面和理想的说法。

就易道的本体意义而言，一般儒者可能更倾向"于睽时见其同"，从事物的同一性来解释《易》理，特别是它的太极观。现实社会当中，大一统的政治祈愿就更容易将《睽》义的复杂性给忽略掉，而反过来强求其同。如清初康熙帝在习《易》时，其"深明经世之道"的眼光当中，"于同中见其异"的一面就完全被抹杀了：

> 大抵天下事物皆本于一，其后散而分之，有似乎睽然，实未尝不合，所谓理一分殊，此即太极之旨，无穷功用所从出。常人徇末而忘本，拘于形气之私，嗜欲好恶纷争，侵夺不相为下，遂终于睽而不合。（〔清〕牛钮等编：《日讲易经解义》卷9）

这里将理一分殊完全归于太极之一，只强调其本而忽视其末，并且把形气之私、嗜欲侵夺的发生看作是"分殊"的结果，就未免走向极端了。《睽》的乖离义所呈现出的矛盾性和复杂性，恰恰说明了事物的普遍性是建立在多样性的基础之上的，于睽方能见其同，所谓太极不是平面的一，而是包含了差异、对立、背反等诸种因素的一。

就多样性与统一性而言，儒家尚有"一贯"之旨，亦关涉到对于这个问题的思考。

---

① 〔北宋〕程颢、程颐著，王孝鱼点校：《二程集》第3册，北京：中华书局，1981年，第890页。
② 高亨：《周易大传今注》，济南：齐鲁书社，1979年，第336—337页。
③ 〔清〕李道平撰、潘雨廷点校：《周易集解纂疏》，北京：中华书局，1994年，第358页。

《论语》载,孔子对其弟子曾参说"吾道一以贯之",曾子以"忠恕"解之①。至于何为"一以贯之",历代的解释颇多歧义。概括而言,大抵有三种:一者,倾向于抽象义理或者从宇宙本体立意者,尽量强调其统一性的含义。如玄学家王弼《论语释疑(辑佚)》谓:"贯,犹统也。夫事有归,理有会。故得其归,事虽殷大,可以一名举;总其会,理虽博,可以至约穷也。譬犹以君御民,执一统众之道也。"②皇侃《义疏》所谓"譬如以绳穿物,有贯统也",以及佛家用万法归一的理念来理解,皆接近于此意。

二者,沿着曾子"忠恕"的引申往前发挥,注重道德主体的建构,以宋明诸儒为代表。如朱子《集注》谓:"圣人之心,浑然一理,而泛应曲当,用各不同。""夫子之一理浑然而泛应曲当,譬则天地之至诚无息,而万物各得其所也。"③陈淳(1159—1223)在《北溪字义》之"一贯"条中,对此做了进一步的阐发:

> 一只是这个道理,全体浑沦一大本处;贯是这一理流出去,贯串乎万事万物之间。圣人之心,全体浑沦只是一理,这是一个大本处。从这大本中流出见于用……凡日用间,微而洒扫应对进退,大而参天地赞化育,凡百行万善,千条万绪,无非此一大本流行贯串。
>
> 自其浑沦一理而言,万理无不森然具备;自其万理著见而言,又无非即此一理也。一所以贯乎万,而万无不本乎一。④

清儒焦循(1763—1820)的解释亦接近于此,其《雕菰集》卷9《一以贯之解》说:"孔子言'吾道一以贯之',曾子曰'忠恕而已矣'。然则'一贯'者,'忠恕'也。'忠恕'者何?成己以及物也……舜于天下之善,无不从之,是真一以贯之。以一心而容万善,此所以大也。"⑤

三者,强调"事"的层面,从具体性来理解和解释"一贯"之旨,这尤以清代朴学家为著。如阮元(1764—1849)《论语一贯说》一文认为:"孔子呼曾子告之曰:'吾道一以贯之。'此言孔子之道皆于行事见之,非徒以文学为教也。"⑥所谓"行事",即是庸德庸言、孝弟忠信、言行相顾之实际也,而非虚理。简朝亮(1852—1933)亦谓:"其言政之有九经也,言三达德之行五达道也,皆曰所以行之者一也,是一以贯之也。"⑦

上述三解,以朱子的影响为最。《朱子语类》卷27认为"夫子言'一贯',曾子

---

① 见《论语·里仁》:"子曰:'参乎!吾道一以贯之。'曾子曰:'唯。'子出,门人问曰:'何谓也?'曾子曰:'夫子之道,忠恕而已矣。'"另一处见《论语·卫灵公》,孔子对子贡说:"予一以贯之。"后人所辩,多环绕前者。
② 〔魏〕王弼著、楼宇烈校释:《王弼集校释》,北京:中华书局,1980年,第622页。
③ 〔南宋〕朱熹:《四书章句集注》,北京:中华书局,1983年,第72页。
④ 〔南宋〕陈淳著、熊国桢等点校:《北溪字义》,北京:中华书局,1983年,第31-32页。
⑤ 〔清〕焦循著、刘建臻点校:《焦循诗文集》上册,扬州:广陵书社,2009年,第164页。
⑥ 〔清〕阮元著、邓经元点校:《揅经室集》,北京:中华书局,1993年,第53页。
⑦ 〔清〕简朝亮:《论语集注补正述疏》,北京:北京图书馆出版社,2007年影印本,第122-123页。

言'忠恕'，子思言'小德川流，大德敦化'，张子言'理一分殊'，只是一个"①，也就是说，"一贯"之旨，别无他解，众圣如一；而且通过阐发"一贯"之义，来区别儒、释，批评心学，坚守儒家道德理想的具体性和实践性。朱子形象地比喻"贯"如散钱、"一"是索子，释氏"没一文钱，只有一条索子"。《朱子语类》卷27说："不愁不理会得'一'，只愁不理会得'贯'。理会'贯'不得，便言'一'时，天资高者流为佛老，低者只成一团鹘突物事在这里。"②从理一分殊而言，理一即是"一贯"之"一"，分殊便是"一贯"之"贯"，先要理解和把握"贯"的道理，才能识别和解释"一"的真谛，从"分殊"入手，才能达到"理一"的境地。其后的朱子学者，大多都能坚持"分殊"的先在性，并以此种立场来抵制和批判心学一系的偏颇。如明代理学大家罗钦顺（1465—1547）就曾指出："所谓理一者，须就分殊上见得来，方是真切。佛家所见亦成一片，缘始终不知有分殊，此其所以似是而非也。"③清初复兴朱子学的重镇陆世仪也直截了当地说道："识得理一，未是一贯；识得分殊，方是一贯。今人才望见理一门面，即以为一贯，此浅陋之甚者也。须于分殊中，识得理一，始可到一贯地位。"（《思辨录辑要》卷28）这明显是针对晚明炽盛的王学风气而发的。

朱子的"散钱"与"索子"喻是讥讽释氏的，也捎带到道玄一派，因为皇侃《疏》即是以玄学理路来解"一贯"的，有所谓"以绳穿物，有贯统也"之语。朱子弟子陈埴（学者称潜室先生）的《木钟集》发挥朱子"一以贯之，犹言以一心应万事"的说法，认为"《易》所谓'何思何虑，殊途而同归，百虑而一致'者，正圣人一贯之说也"，强调由一心贯万事，"如绳索之贯钱"（《宋元学案》卷65《木钟学案》）④。此种过度的诠释已经偏离了朱子的本意，而倒向了道玄一脉。所以到了清代，王夫之（1619—1692）起而校正之，其《读四书大全说》有云："潜室倒述《易》语，错谬之甚也。《易》云'同归殊途，一致百虑'，是'一以贯之'。若云'殊途同归，百虑一致'，则是贯之以一也。释氏'万法归一'之说，正从此出。"他指出：这其中的差别犹如"一线千里"，《易》的道理好比是种下一粒粟，生出无数粟来；而倒过来说，"则是将太仓之粟，倒并作一粒，天地之间，既无此理，亦无此事"⑤。大易学家焦循后来梳理《易》学史，更是将道玄一脉之倒述《易》语时所形成的误解或者错解的老根给挖了出来。其《雕菰集》卷9《一以贯之解》说：

---

① 〔南宋〕黎靖德编、王星贤点校：《朱子语类》第2册，第678页。
② 〔南宋〕黎靖德编、王星贤点校：《朱子语类》第2册，第674页。这里，朱子也言"一是一心，贯是万事"，"一以贯之，犹言以一心应万事"，并不否定心的重要性，甚至根本性；但与佛家、陆氏不同的是，他强调"万事"的基础性和前提性，没有"万事"，"一心"何应？不能离开"万事"来空谈"一心"。所以清人陈澧《东塾读书记》卷2评论："宋儒好讲'一贯'，唯朱子之说平实"，"……若陆氏之学，只是要寻这一条索，却不知道都无可得穿"，如释氏一般。参见黄国声主编《陈澧集》第2册，上海：上海古籍出版社，2008年，第21页。
③ 〔明〕罗钦顺著、阎韬点校：《困知记》卷下，北京：中华书局，1990年，第41页。
④ 参见〔清〕黄宗羲原著，〔清〕全祖望补修，陈金生、梁运华点校《宋元学案》第3册，北京：中华书局，1986年，第2092-2093页。
⑤ 〔清〕王夫之：《读四书大全说》卷4，北京：中华书局，1975年，第251页。

《易传》曰:"天下何思何虑?天下同归而殊途,一致而百虑。""何思何虑",言何为乎思,何为乎虑也。以途既殊,则虑不可不百,虑百则不执一也。何晏引此解"一以贯之"而倒其文,以为"殊途而同归,百虑而一致",申之曰:知其元,则众善举矣。韩伯康注《易》曰:"少则得,多则惑。途虽殊,其归则同,虑虽百,其致不二。苟识其要,不在博求,一以贯之,不虑而尽矣。"《庄子》引《记》曰:"通其一而万事毕。"此何晏、韩康所出也。夫通于一而万事毕,是执一也,非一以贯之也。贯则不执矣,执则不贯矣。执一则其道穷矣,一以贯之,则能通天下之志矣。①

玄学家引老庄思想来注《易》,偷梁换柱,已经转换了儒家"一贯"之旨的本意,从而造成了后学的混乱。孔子之"一以贯之",当不同于老庄,不离开具体性来谈普遍性,更不是将"贯"摄归于"一",成一抽象性的本体。

二、以《西铭》为中心

从《睽》卦义理和"一以贯之"之辨,我们可以看到儒家对事物的多样性和统一性的关系,已经有较为中和的理解和把握,也不乏其深刻之处。若然,在抽象的义理层面上,"理一分殊"只不过是"一贯"之旨的另外一种表述而已,似无新意。那么,这个观念何以能够如此地受到推崇,并且成为宋明理学的标牌性语言,道理何在?让我们先来看《西铭》:

乾称父,坤称母;予兹藐焉,乃混然中处。故天地之塞,吾其体;天地之帅,吾其性。民吾同胞,物吾与也。大君者,吾父母宗子;其大臣,宗子之家相也。尊高年,所以长其长;慈孤弱,所以幼吾幼。圣其合德,贤其秀也。凡天下疲癃残疾、茕独鳏寡,皆吾兄弟之颠连而无告者也。于时保之,子之翼也;乐且不忧,纯乎孝者也。违曰悖德,害仁曰贼;济恶者不才,其践形,唯肖者也。知化则善述其事,穷神则善继其志。不愧屋漏为无忝,存心养性为匪懈。恶旨酒,崇伯子之顾养;育英才,颍封人之锡类。不弛劳而底豫,舜其功也;无所逃而待烹,申生其恭也。体其受而归全者,参乎!勇于从而顺令者,伯奇也。富贵福泽,将厚吾之生也;贫贱忧戚,庸玉女于成也。存,吾顺事;没,吾宁也。(《正蒙·乾称》)②

这是张载为"开示学者"而书于学堂之上的"双牖"之一,有铭记之意,又名《订顽》,意在于训导,仅短短的三百余字。这段话经过二程的大力推举之后,迅速成为道

---

① 〔清〕焦循著、刘建臻点校:《焦循诗文集》上册,第165页。按,文中"韩伯康""韩康",当为"韩康伯"。
② 〔北宋〕张载:《张载集》,北京:中华书局,1978年,第62—63页。

学的开山法语，形同警句。大程子说："《西铭》某得此意，只是须得他子厚有如此笔力，他人无缘做得。孟子以后，未有人及此。得此文字，省多少言语。"①小程子道："《订顽》之言，极纯无杂，秦汉以来学者所未到。""醇然无出此文也，自孟子后，盖未见此书。"②因为其地位崇高，备受瞩目，故尔解人蜂起，众说纷纭。"在历代对《西铭》的理解中，大程的'仁孝之理'、小程的'理一分殊'以及朱子对'理一分殊之旨'的再阐释，都属于传统的看法，在理学中也属于经典性的看法。"③陈俊民先生认为："理一分殊"并非《西铭》之本旨，"而是程朱理学的宇宙理本论在《西铭》机体上绝妙的附会"④。理一分殊能否构成《西铭》的主旨另当别论，至少在原文中并无此一概念，而它的显豁，完全是由于程颐特别诠释的结果，则殆无异议。

据《宋史·道学传二》载："关西张载尝著《西铭》，二程深推服之，时疑其近于兼爱，与其师颐辨论往复，闻理一分殊之说，始豁然无疑。"⑤当时，小程子用《西铭》来开导弟子，杨时（1053—1135）颇有疑问，其寄伊川先生书曰："《西铭》之书，发明圣人微意至深。然而言体而不及用，恐其流遂至于兼爱。"（《杨龟山先生集》卷16）意谓张载只言"乾父坤母"，而不及于血亲之父母，脱离了仁爱的具体性，和墨氏讲的"兼爱"无别。程颐《答杨时论西铭书》用了"理一分殊"的道理来解释《西铭》之旨，以区别儒、墨，并对儒家的道德本体论做了精妙的发挥：

《西铭》之为书，推理以存义，扩前圣所未发，与孟子性善养气之论同功，岂墨氏之比哉？《西铭》明理一而分殊，墨氏则二本而无分。分殊之蔽，私胜而失仁；无分之罪，兼爱而无义。分立而推理一，以止私胜之流，仁之方也。无别而迷兼爱，至于无父之极，义之贼也。子比而同之，过矣。且谓言体而不及用。彼欲使人推而行之，本为用也，反谓不及，不亦异乎？⑥

这里讲明了"分"与"无分"的道理。"分"是人的具体性，是个体生命的自然境况，与血亲之系、欲望之私连在一起，私而失仁，则人禽莫辨，故必推之于义理，上升到一种道德的普遍性，才能够确立人之为人的根本，这就是理一。"无分"则从根本上抹杀了人之存在的具体性，使得爱无从挂搭，必使之沦为漫无边际的无义之人。所以《西铭》讲的"乾父坤母"，并没有割弃人的具体性，而是将人性论方面的"用"和"体"联系起来了，这与墨氏的"兼爱"是根本不同的。经过伊川的启发之后，杨时

---

①② 《河南程氏遗书》卷2上，〔北宋〕程颢、程颐著，王孝鱼点校：《二程集》第1册，第39，22、37页。
③ 丁为祥：《虚气相即——张载哲学体系及其定位》，北京：人民出版社，2000年，第167页。
④ 陈俊民：《张载哲学思想及关学学派》，北京：人民出版社，1986年，第89页。
⑤ 〔元〕脱脱等：《宋史》第36册，第12738页。
⑥ 《河南程氏文集》卷9，〔北宋〕程颢、程颐著，王孝鱼点校：《二程集》第2册，第609页。

"始豁然无疑，由是浸淫经书，推广师说"，遂成为洛学大宗①。

小程子的启发和杨时之悟解，不一定是就《西铭》而说《西铭》，而是借着对《西铭》的诠解，讲出了儒家道德宇宙本体论和人生价值根源论的关键，用"理一分殊"的道理较好地发挥了天人合一的思想，为理学的人生观和价值观找到了较有说服力的宇宙论说明和本体论证辞。所以，朱子反复强调要从整体上来把握《西铭》的意义，"《西铭》要句句见理一而分殊"，"《西铭》通体是一个理一分殊，一句是一个理一分殊"（《朱子语类》卷98）②。正像张栻（1133—1180）所说的：

> 《西铭》书，横渠所以示人至为深切，而伊川又以"理一分殊"赞之，言虽至约，而理则无余矣。盖乾之为父、坤之为母，所谓理一者也。然乾坤者，天下之父母也，父母者，一身之父母，则其分不得不殊矣。故以民为同胞、物为吾与者，自其天下之父母者言之，所谓理一者也。然谓之民，则非真以为吾之同胞，谓之物，则非真以为我之同类矣，此自其一身之父母者言之，所谓分殊者也。又以其曰同胞、曰吾与、曰宗子、曰家相、曰老、曰幼、曰圣、曰贤、曰颠连而无告，则于其间又有如是等差之殊哉！但其所谓理一者，贯乎分殊之中，而未始相离耳。此天地自然、古今不易之理，夫子始发明之，非一时救弊之言，姑以强此而弱彼也。③

所以"理一分殊"不只是讲明了一般的道理，而是为人伦日用的具体性奠定了形而上天道之依据，使仁爱的个体行为和天下大同的最高理想紧密地结合在一起，父母即乾坤，乾坤即父母，实现了人类的普遍性与个别性的体用一如。《朱子语类》卷98说："《西铭》一篇，始末皆是理一分殊。以乾为父，坤为母，便是理一而分殊；'予兹藐

---

① 宋元学案》卷25《龟山学案》，〔清〕黄宗羲原著，〔清〕全祖望补修，陈金生、梁运华点校：《宋元学案》第2册，第944页。《河南程氏粹言》卷1记有杨时本人的解释："杨子曰：'时也昔从明道，即授以此书，于是始知为学之大方，固将终身服之，岂敢疑其失于墨氏比也？然其书，以民为同胞，鳏寡孤独为兄弟，非明者默识，焉知理一无分之意哉？故恐其流至于兼爱，非谓其言之发与墨氏同也。夫惟理一而分殊，故圣人称物，远近亲疏各当其分，所以施之，其心一焉，所谓平施也。昔意《西铭》有平施之心，无称物之义，疑其辞有未达也。今夫子开谕，学者当无惑矣。'"（〔北宋〕程颢、程颐著，王孝鱼点校：《二程集》第4册，第1203页）这是杨时的自辩或自我反省。又，清人魏裔介《兼济堂文集》卷16《西铭理一分殊解》："龟山先生《上程子书》曰：'《西铭》发明圣人之微意至深，然言体而不及用，恐其流遂至于兼爱。'而程子答之曰：'《西铭》明理一而分殊，墨氏则二本而无殊。'龟山第二书曰：'前书所论《西铭》之书，以民为同胞，长其长、幼其幼，以鳏寡孤独为兄弟之无告，盖所谓明理一也。然其辞无亲亲之杀，非明者嘿识于意言之表，乌知所谓理一而分殊哉！'伊川先生读之曰：'杨时也，未释然。'乃朱子谓：'龟山语录有曰，《西铭》理一分殊，知其理一，所以为仁，知其分殊，所以为义。犹孟子言亲亲而仁民，仁民而爱物，其分不同，故所施不能无差等耳！'此论大非答书之比，当其年高德盛而所见始益精欤！"（〔清〕魏裔介著、魏连科点校：《兼济堂文集》，北京：中华书局，2007年，第421页）这也说明了杨时思想之转变。

② 〔南宋〕黎靖德编、王星贤点校：《朱子语类》第7册，第2522、2523页。

③ 转引自〔南宋〕李幼武补编《名臣言行录》外集卷4，《四库全书》史部"传记类一"。

焉，混然中处'，便是分殊而理一。'天地之塞吾其体，天地之帅吾其性'，分殊而理一；'民吾同胞，物吾与也'，理一而分殊。逐句推之，莫不皆然。"① 用"理一分殊"来理解《西铭》之旨趣，进而阐明天道自然和人伦日用的关系，使自然道德化，道德亦成为天然的存有，则天下莫不顺遂。清初理学名臣魏裔介（1616—1686）的《西铭理一分殊解》一文说道：

> 余观《西铭》大意，大抵以天地为父母，以民物为胞与，以大君为嫡宗，以大臣为家相，乃直指仁体。发明人生之初同出于天地之意，初非以生我之父母言之，谓天下之百姓与己之兄弟同胞无异也。其曰："凡天下疲癃残疾、茕独鳏寡，皆吾兄弟之颠连而无告者也。"则亦承上文而言之耳。程子言理一而分殊，正是此意。所以朱子曰："乾称父，坤称母，道是父母，固是天气而地质。然与自家父母，自然有个亲疏，从这处便理一分殊了。等而下之，以至为大君、为宗子、为大臣、为家相，其理虽一，其分未尝不殊。民吾同胞，同胞里面，便有理一分殊底意；物吾与也，吾与里面，也有理一分殊底意。"又曰："乾坤者，天下之父母也；父母者，一身之父母也。则其分不得而不殊矣，故以民为同胞、物吾与也。自其天下之父母者言之，所谓理一者也。然谓之民，则非真以为吾之同胞，谓之物，则非真以为吾之同类矣。此自其一身之父母者言之，所谓分殊者也。"详味朱子此言，又何有兼爱之疑哉？至于纲领，在其体其性之言，总令人求仁，不失乾父坤母之所赋予，为天地克肖之子而已。②

宇宙论重构是第二期儒学的重要工作，通过周敦颐的《太极图说》、张载的《西铭》及程颐对"理一分殊"的诠释，儒家的自然本体观不但越发精细，而且其人文道德的意涵也更为突出，因之与汉儒阴阳五行的路数便大异其趣了。

在"理一分殊"的论辩中，除却天人合一的道德色彩之外，就一般与个别、同一和差异的"事理"而言，理学主流可能更为重视"分殊"的价值，这也构成了理学派和心学派的差别。宋元之交的许谦（学者称白云先生，1270—1337）的《白云文集》有记："昔文公初登延平之门，务为侗佝宏阔之言，好同而恶异，喜大而耻小，延平皆不之许。既而言曰：'吾儒之学所以异于异端者，理一而分殊也。理不患其不一，所患者分殊耳。'朱子感其言，故其精察妙契，著书立言，莫不由此。"③ 的确，朱子"道问学"的精察事理之精神，使之更为重视的是"分殊"，而不是"理一"。《朱子语类》

---

① 〔南宋〕黎靖德编、王星贤点校：《朱子语类》第7册，第2522、2523页。
② 〔清〕魏裔介著、魏连科点校：《兼济堂文集》，第421–422页。
③ 《宋元学案》卷82《北山四先生学案》之"仁山门人"部分，〔清〕黄宗羲原著，〔清〕全祖望补修，陈金生、梁运华点校：《宋元学案》第4册，第2758页。此处所据，当是《延平答问》中的"吾儒之学，所以异于异端者，理一分殊也。理不患其不一，所难者分殊耳"。又，李清馥《闽中理学渊源考》卷5有记："盖延平之言曰：'吾儒之学，所以异于异端者，理一分殊也。理不患其不一，所难者分殊耳。'此其要也。"

卷27说：

> 圣人未尝言理一，多只言分殊。盖能于分殊中，事事物物，头头项项，理会得其当然，然后方知理本一贯。不知万殊各有一理，而徒言理一，不知理一在何处。圣人千言万语教人，学者终身从事，只是理会这个。要得事事物物，头头件件，各知其所当然，而得其所当然，只此便是理一矣。①

这一重"分殊"的传统，为后续的大多数理学家所继承。据《宋元学案》卷82《北山四先生学案》记载，许谦曾问学于朱子后学金履祥（学者称仁山先生），在仁山的开示当中，亦特别强调了"分殊"的要点，这才使得许氏能够渐入于圣门：

> 仁山因揭为学之要曰："吾儒之学，理一而分殊，理不患其不一，所难者分殊耳。"又曰："圣人之道，中而已矣。"先生由是致其辨于分之殊，而要其归于理之一，每事每物求夫中者而用之。居数年，得其所传，油然融会。②

后来的明清儒者当中，讲"居敬穷理"的一派，莫不如是。譬如，曹端（1376—1434）《曹月川先生语录》说："天地之间，人物之众，其理本一，而分未尝不殊。以其理一，故推己可以及人；以其分殊，故立爱必自亲始。"③胡居仁（1434—1484）《居业录》曰："一本而万殊，万殊而一本，学者须从万殊上一一穷究，然后会于一本。若不于万殊上体察，而欲直探一本，未有不入异端者。"④张履祥（1611—1674）《备忘录（补遗）》谓："先儒谓理一处无功夫，功夫全在分殊上。今之学者多好言理一，而薄分殊为琐细支离，恶得非异端之害？"⑤这里皆强调了"分殊"的基础性和重要性。

与理学主流不同的是，心学一派特别彰显"理一"。陆九渊认为，明理"不可以无其本"，为学"必先立乎其大"，把握住了理的根本，才能识得万物。陈白沙（1428—1500）《论前辈言铢视轩冕尘视金玉》说："君子一心，万理完具。事物虽多，莫非在我。"⑥这个"我"便是心中之一理。王阳明《传习录》讲心体"虚灵不昧，众理具而万事出"，心是"理一"，含具万物，"心外无理，心外无事"⑦。受到阳明学的影

---

① 〔南宋〕黎靖德编、王星贤点校：《朱子语类》第2册，第677-678页。
② 〔清〕黄宗羲原著，〔清〕全祖望补修，陈金生、梁运华点校：《宋元学案》第4册，第2756页。
③ 〔明〕曹端著、王秉伦点校：《曹端集》，北京：中华书局，2003年，第213页。
④ 《明儒学案》卷2《崇仁学案二》，〔清〕黄宗羲著、沈芝盈点校：《明儒学案（修订本）》上册，北京：中华书局，2008年第2版，第38-39页。
⑤ 〔清〕张履祥著、陈祖武点校：《杨园先生全集》下册，北京：中华书局，2002年，第1213-1214页。
⑥ 〔明〕陈献章著、孙通海点校：《陈献章集》上册，北京：中华书局，1987年，第55页。
⑦ 〔明〕王守仁著、吴光等点校：《王阳明全集》上册，上海：上海古籍出版社，1992年，第15页。

响，黄宗羲（1610—1695）评判重"分殊"还是讲"理一"，做了一个辩证的调和。其《宋元学案·北山四先生学案》按语，评点金履祥、许谦师徒强调"分殊"为"为学之要"时说道：

> "理一分殊，理不患其不一，所难者分殊耳"，此李延平之谓朱子也。是时朱子好为侗侗之言，故延平因病发药耳。当仁山、白云之时，浙、河皆慈湖一派，求为本体，便为究竟，更不理会事物，不知本体未尝离物以为本体也，故仁山重举斯言以救时弊，此五世之血脉也。后之学者，昧却本体，而求之一事一物间，零星补凑，是谓无本之学，因药生病，又未尝不在斯言也。①

只求本体、讲"理一"而不理会事物，固为大病；但只一味地说"分殊"而"昧却本体"，也不无过。所以，"理一分殊"要辩证地看，孰轻孰重，因时而发，根据不同的时代背景和学术风气而随机调整。

三、从罗钦顺到陆世仪

"理一分殊"的道德论含义和本体论意蕴始终存在着内在的张力，杨时为"一本""二本"所困，众儒激辩"理一"和"分殊"的关系，皆表明了这一点。由"太极""乾坤"统合宇宙万物，包括人自身；反过来，人的精神又可以贯注于天地之间，用道德主体性来解释和顺应这个复杂的世界。就同一性和普遍性而言，"理"为根本，于物象存有可名为"太极"、名为"气"或"器"，于人的主体性则曰"心""良知"或"道"，而其整全性和统一性则是一如的。多样性和特殊性如何融贯于"理"，上达或者遂适"理"的性质，与"理"联系在一起，情况就要复杂得多，有的重"理一"而不讲"分殊"，有的则特别提举"分殊"，众说纷纭，莫衷一是②。朱子重视"分殊"，是就事理上讲，与他的"格物致知"学说是一致的；而讲到本体之义，则有"太极"观和"月印万川"诸说来回护。到了明代，理学家们试图将天地万物之理和人伦日用结合起来，从总体上融通"理一分殊"之旨。薛瑄（1389—1464）认为："理一"与"分殊"是不能够分割的。"理一"之理是"分殊"之理，不能设想有一个不包含"分殊"的理；而"分殊"即是理的表现，没有离开"理一"之普遍性的"分殊"。他说：

> 统天地万物为一理，所谓"理一"也；在天有天之理，在地有地之理，

---

① 〔清〕黄宗羲原著，〔清〕全祖望补修，陈金生、梁运华点校：《宋元学案》第4册，第2759页。
② 出入于甘泉、阳明两家门下的唐枢（号一庵）描述当时的情景是："有谓理虽一而分实殊者，专重分上，将何处作把柄去殊得？有谓理则一，分则殊者，是两重临境，当感如何互相下手？有谓分虽殊而理惟一者，专重理上，或堕侗侗虚见。"他认为这些都是因为"以私智穿凿，不立纯体，便厚薄高下大小倒置，随在不停当"，所以遂标出"讨真心"三字为的（《明儒学案》卷40《甘泉学案四》引唐枢《语录》，〔清〕黄宗羲著、沈芝盈点校：《明儒学案（修订本）》下册，第964页）。

在万物有万物之理，所谓"分殊"也。"理一"所以统乎"分殊"，"分殊"所以行乎"理一"，非有二也。（《读书录》卷7）①

"理一"犹一大城子，无不包罗，其中千门万户、大衢小巷，即所谓"分殊"也。"理一"所以统夫"分殊"，"分殊"所以分夫"理一"，其实一而已矣。（《读书录》卷1）②

这里特别强调了"理一"和"分殊"的不可分离性，"理一分殊"是一个整体，不可作二事解。而从思想系统上对"理一分殊"加以运用，并且深化了其理论内涵的，当推罗钦顺和陆世仪二人。

作为朱子学后劲的罗钦顺（号整庵）早年受佛教影响，对禅学颇下过一番体证的功夫，精思达旦，参悟真切。按照高攀龙的说法："先生于禅学尤极探讨，发其所以不同之故，自唐以来排斥佛氏，未有若是之明且悉者。"黄宗羲亦赞道："先生之功伟矣！"（参见《明儒学案》卷47《诸儒学案中一》）③可见整庵之于禅学，绝非泛泛光景，其排佛亦真能深达到骨髓矣。他对"理一分殊"的领会，是在经过了由佛入儒、千难百折的迂回之后才达到的，所以不只是明了一个道理，而是发自身心的真切体知，是从禅学的启发、佛教（华严）的理境得了大彻大悟，再来反观儒家的穷理尽性至命之学，做一深刻的反思和融会之后，才能够成就的结果。正像刘宗周（1578—1645）述其为学历程所描绘的：

先生之学，始由禅入，从"庭前柏树子"话头得悟。一夕披衣，通身汗下，自怪其所得之易，反而求之儒，不合也，始知佛氏以觉为性，以心为本，非吾儒穷理尽性至命之旨。乃本程、朱格致之说而求之，积二十年久，始有见于所谓性与天道之端，一口打并，则曰："性命之妙，理一分殊而已矣。"（《明儒学案师说》）④

佛氏固然于"一即一切，一切即一"的道理有深刻的理解和精细的阐释，就事相而言，殆无余蕴；但如何与人的身心性命相契合，获得存在的真实感，却没有说服力。罗钦顺还是反求诸于理气说，用气的变化来解释"理一分殊"的道理，将抽象的"理"融贯于事事物物之中，把具有普遍意义的天道自然之理和切实受用的身心性命之学结合起来。他说：

愚尝寤寐以求之，沉潜以体之，积以岁年，一旦恍然，似有以洞见其本

---

① 〔明〕薛瑄著、孙玄常等点校：《薛瑄全集》，太原：山西人民出版社，1990年，第1208页。
② 〔明〕薛瑄著、孙玄常等点校：《薛瑄全集》，第1039页。
③ 〔清〕黄宗羲著、沈芝盈点校：《明儒学案（修订本）》下册，第1108页。
④ 〔明〕刘宗周著、戴琏璋等编：《刘宗周全集》第4册，台北："中央"研究院中国文哲研究所筹备处，1997年，第620页。

末者。窃以性命之妙，无出"理一分殊"四字，简而尽，约而无所不通，初不假于牵合安排，自确乎其不可易也。盖人物之生，受气之初，其理惟一，成形之后，其分则殊。其分之殊，莫非自然之理，其理之一，常在分殊之中。此所以为性命之妙也。语其一，故人皆可以为尧舜，语其殊，故上智与下愚不移。圣人复起，其必有取于吾言矣。①

在这里，"理"是气之理，不是与具体性悬隔的抽象之理，"理"的"一"与"殊"是气之变化的结果，天道自然以"气"形之，离开"气"就无从谈论"理"。这样，"气"就好像是一个挂搭处，"理一分殊"的意义在气之形迹上才能够呈现出来，天道与性命的统一性也只有在这个前提下才能实现。

"理气为一"的本体观不但摆脱了理气二分所造成的困境，将普遍性和具体性之间的张力圆融消解，使得天道宇宙能够在一个完整的、包含了多样性的系统当中得到解释；而且能把人生论的性命问题融贯起来，放在一个有机联系的框架里面来理解，所谓"在天为命，在人为性，论其所主为心"，天人一气贯下。宋儒在讲心性问题时，将人性分为"天地之性"和"气质之性"，用二分法来解决性善、性恶之困，张载首出，二程继之。程颐坚守孟子性善论的立场，认为性无不善，恶乃才质使然。"性无不善，而有不善者，才也。性即是理，理则自尧、舜至于涂人，一也。才禀于气，气有清浊，禀其清者为贤，禀其浊者为愚。"②这里，性命的复杂性仍呈现了歧出而不得圆一。罗钦顺认为，这一矛盾还是需要在"理一分殊"的理解当中才能够得到消除。他说：

"理一分殊"四字，本程子论《西铭》之言，其言至简，而推之天下之理，无所不尽。在天固然，在人亦然，在物亦然；在一身则然，在一家亦然，在天下亦然；在一岁则然，在一日亦然，在万古亦然。持此以论性，自不须立天命、气质之两名，粲然其如视诸掌矣。但伊川既有此言，又以为"才禀于气"，岂其所谓分之殊者，专指气而言之乎！朱子尝因学者问理与气，亦称伊川此语说得好，却终以理气为二物，愚所疑未定于一者，正指此也。③

用"理一分殊"的道理来理解人性，则善恶之歧、天命气质之异，均可以得到化解，而不必判若楚汉，分之为二。"……乃复从事于伊川之语，反复不置，一旦于'理一分殊'四字有个悟处，反而验之身心，推而验之人人，又验之阴阳五行，又验之鸟兽草木，头头皆合。于是始涣然自信，而知二君子之言，断乎不我欺也。"④理气为一，于人性而言，善之本和禀气之才也不是两件物事，而是一体之两面，一而二，二而一，二之则不是。这个道理所依照的即是"理一分殊"之旨，所谓"天下之理，无所不

---

① 〔明〕罗钦顺著、阎韬点校：《困知记》卷上，第7页。
② 《河南程氏遗书》卷18，〔北宋〕程颢、程颐著，王孝鱼点校：《二程集》第1册，第204页。
③ 〔明〕罗钦顺著、阎韬点校：《困知记》卷上，第9页。
④ 〔明〕罗钦顺著、阎韬点校：《困知记续》卷上，北京：中华书局，1990年，第67页。

尽", 放之四海而皆准。

整庵之后, 对"理一分殊"有深刻体悟并大加阐释的是陆世仪（号桴亭）。生当明末心学盛极而滥之时, 于王学末流之弊端有切肤之痛, 深感道学衰微、人心极浮而亟思救挽的桴亭先生, 在晚年的回顾中, 将其学思历程划为四期:

> 仪于性学工夫, 不啻数转。起初未学时, 只是随时师说, 有义理之性, 有气质之性, 亦喜同禅和方外谭说, 不睹不闻, 无声无臭, 父母未生前, 无始以前真己。及至丁丑下手做工夫, 着实研穷, 始觉得禅和方外固非, 分性为二者亦非, 于是得力于理先于气一言。于理气之间, 尽心体验, 始知太极为理, 两仪为气, 人之义理本于太极, 人之气质本于两仪, 理居先, 气居后, 理为主, 气为辅, 条理划然。然终觉得性分理气, 究未合一。既而悟理一分殊之旨, 恰与罗整庵先生暗合, 便洒然觉得理气融洽, 性原无二。然未察到人与物性同异处也。既而知人与万物之所以同, 又知人与万物之所以异, 于禽兽草木上, 皆细细察其义。理气质于朱子"论万物之一原, 则理同而气异, 论万物之异体, 则气犹相近而理绝不同"二语, 大有契入, 于是又识得天地万物本同一体处。然而性善之说, 则终以先入之言为主, 以为孟子论善, 只就天命之初"继之者善"处论, 未敢说到"成之者性"。直至己亥, 偶与两儿言性, 始觉得"成之者性"以前着不得"性"字, 既说"成之者性", 便属气质, 既属气质, 何云性善？于是旷览夫天人之原, 博观于万物之际, 见夫所为异异而同同者, 始知性为万物所同, 善惟人性所独, 性善之旨, 正不必离气质而观也。于是取孟子前后论性语, 反复读之, 始知孟子当时亦只就气质中说善, 而程朱以后, 尚未之能晰也。于是又取孟子以前孔子、子思之言按之, 无不同条共贯; 又取孟子以后周、程、张、朱之言观之, 周则无不吻合, 程、朱则间有一二未合, 而合者常八九也。然未敢与世昌言, 至庚子讲学东林, 而始微发其端, 至丙午论性毗陵, 而始略书其概。然而性与天道难言之矣, 世之学者尚未见第一二层, 而遽与之言第七八层, 安得不骇而欲绝乎！予故稍笔于此, 以志予三折肱之概。（《思辨录辑要》卷27）

第一阶段是随顺时论, 性分两途, 莫辩儒释; 第二阶段致力于理学, 追维朱子, 主理先气后; 到了第三个时期则悟入"理一分殊"之境; 接着便有了反复推研、夐然自得的第四层以上。在这整个过程当中, 对"理一分殊"之旨的体会和把握, 实起到了纲纽的作用。

受罗钦顺的影响, 陆世仪认识到了强分理气的弊端, 认为"理一分殊"的道理是理解"理"与"气"关系的不二门径。他说: "予自庚辰, 初见得'理一分殊'四字, 受用不尽, 以为天地万物万事, 无一处无理一分殊, 自谓独得之秘。及读整庵先生《困知记》, 语若合符节, 今读文清语录, 亦如之。又宋金履祥诲其门人许谦, 亦言天地间道理, 只理一分殊。乃知道理至极处, 先贤开发, 必无余蕴, 所争者, 工夫至与不至、识与不识耳。"（《思辨录辑要》卷31）这条线索，自宋元以来，不断地有先贤续接，至整庵则光大昌明，为解决天道宇宙的本体问题、厘清同一性与多样性的关系提供了较好的思路。"'理一分殊'四字最妙，穷天地，亘古今，总不出此四字。会得此四字，然后知当然、所以然之理，然后可与立、亦可与权，千变万化，不离规矩。予自庚辰夏始会得此四字，尝以之旷观天地古今，无有不贯。因念尧夫遇物皆成四片，此只是于阴阳老少处看得熟，然未若见得理一分殊亲切，则遇物一片，亦可千万片，亦可觉得四片，终落气数也。整庵《困知记》，其言若出于一，先生真先得我心者。"（同上卷28）陆世仪用"理一分殊"的道理来重新思考和梳理道学史上的一些重大问题，如天道人道、理气同异、性命性情、居敬穷理等等，无不前后相互呼应吻合，真有一通百通的感觉。所以他说："以理一分殊观天地间万物，真是千奇百怪，又却是一理浑然。""只提起此四字，便如利刃在胸，迎风辄解，直是受用不尽。"（同上卷25、28）

陆世仪还讨论了"理一分殊"和"一本万殊"这两个概念之间的关系，指出了它们的不同①。当时，王门后学、罗洪先的弟子胡直（1517—1585）坚持"心即理"的主张，认为人心之理与天地万物之理是一致的，故尔一心备万物，如果没有一心为本，而徒向万物求理，则彼与我了无关涉，所以他提出了"心造天地万物"的说法，并对讲"分殊"的一派加以驳议。其《衡庐精舍藏稿》卷30说：

> 问："理一分殊，宋儒语之审矣，苟非有分殊，鲜不入墨氏兼爱乎，子弗之然，何耶？"曰：非无分殊也，谓分殊，即所以为理也。夫理，条理也，唯其条理，固无不一，亦无不殊。今以理一分殊对举言之，似乎理与分为二物，理不可以分言，言分不可以理言也。一与殊为二事，一者不复能殊，殊者不复能一也。其旨岐矣。故不若曰一本万殊，则浑而未尝不析。

属于浙中王门的张元忭（1538—1588）更是明确地将此"一本"定位为心，用"心"来解释孔门的"一贯"之旨。其《张阳和集》卷1说："万事万物皆起于心。心无事而贯天下之事，心无物而贯天下之物，此'一贯'之旨也……谓'一贯'之外另有学问，非也。谓'一贯'之教，独私于颜、曾，而门弟子不闻者，非也。谓曾子之学终有异于颜子，非也。心无二，故学无二；二之，非也。"这样，心学一派便主张用"一本万殊"来理解天道宇宙，而"一本"往往就落实在吾心上，成一绝对的观念论。也有居中讲和的，试图将"理一分殊"和"一本万殊"这两个观念，各安其位。譬如湛若水的弟子洪垣于此处就颇有调停之意，其《理学闻言》说："万殊一本是理，理一分殊是

---

① 在这之前，一般人于此并无分别，往往混用。如程颐谓："天下之理一也。虽物有万殊，事有万变，统之以一，无则能违也。""天下之志万殊，理则一也。"（皆见《周易程氏传》）朱子讲"理一分殊"，有时也用"一本万殊"："万殊便是这一本，一本便是那万殊"，"不是一本处难认，是万殊处难认"（《朱子语类》卷27）。薛瑄云："统体一太极，即万殊之一本；各具一太极，即一本之万殊。"（《读书录》卷1）黄宗羲更喜欢用"一本万殊"，"学者于其不同处宜着眼理会，所谓一本而万殊也"（《明儒学案·凡例》），但其"一"不甚确定，有时指"心"，有时作"气"讲。陆世仪特别区分这两个概念，指出其不同，显然与晚明的学术语境有关，当时的王门后学多以心为本，讲心统万殊，而桴亭辨之，确有矫正之意。

功，分殊即在理一中。有感应，无分合，内外兼该，是贯处，盖一则内外兼该也。若云以一理贯万事，是二之矣。"①这样，"一本万殊"概念所引发的学理，对"理一分殊"之旨无形中就构成了一种挑战，而陆世仪则明确地应答了这个难题：

> 沈孝恭问："理一分殊，即一本万殊否？"曰：不同。一本万殊，犹言有一本，然后有万殊，是一串说下；理一分殊，犹言理虽一而分则殊，是分别说开。譬之于水，一本万殊者，如黄河之水出于一源，而分出千条万派，皆河水也；理一分殊者，如止是一个水，而江河湖海各自不同也。又譬之树，一本万殊者，如庭前之梅只有一根，而长出千枝万叶，皆此根也；理一分殊者，如同是一梅而千叶，单叶绿萼红葩各自不同也。从此处体认自然有得。(《思辨录辑要》卷28)

桴亭认为："一本万殊"容易造成从属关系的理解，往往是就整体与部分而言，这便与"理一分殊"之旨的辩证圆融性相去甚远，甚或恰成对反，所以绝不能混为一谈。其后，清初复兴朱子学的另一大家陆陇其（1630—1692）的《松阳抄存》卷上对此有过评论："陆桴亭谓：'一本万殊，犹言有一本，然后有万殊，是一串说下；理一分殊，犹言理则一而分则殊，是分别说开。譬之于水，一本万殊者，如黄河之水出于一源，而分出千条万派，皆河水也；理一分殊者，如止是一水，而江河湖海自不同也。'其说极明。但桴亭以'理一分殊'解'一贯'，愚却未敢以为然。'一贯'是'一本万殊'，不是'理一分殊'。"他承认桴亭严格区分"理一分殊"和"一本万殊"的做法，但对于"一贯"之旨所对应者，究竟是两个观念之中的哪一个，却提出了不同的看法。这说明，围绕着"理一分殊"的问题，兼及"一贯""一本万殊"等义，不但理学、心学二派的观点相去甚远，就是同属于朱子学阵营中的人物，其看法也难尽相同。

四、现代理解

从"理一分殊"的观念演变史和其丰富内涵来看，这个概念在宋明理学中至少含备了三重功能或担当三个角色：一是表达儒家传统的仁爱主义和亲亲原则，深化了其道德主体性的普遍主义蕴含和形而上根源性的意思，具有别兼爱、辟佛老的旗帜性意义；二是将仁爱的差别义转换成为同一性和多样性的关系问题，从普遍与特殊、抽象与具体等义理层面探讨了总别、一多的内蕴，既吸收和消化了佛教（特别是华严宗）的学说，也借此开拓出儒家天人合德的深层理境；三是由此将人伦道德问题和天地自然之序做了一番新的贯通，超越了汉儒天人感应观的素朴性和直观性，将儒家天人合一的思想提升到一个新的境界，不但为道德理想主义奠定天道自然的根据，同时也为天地宇宙的德性化、人文化理解打开了表达的空间。

就《西铭》的主题而言，其"民吾同胞，物吾与也"的思想是直承孟子的，可以说是"亲亲而仁民，仁民而爱物"之说的进一步推演和扩展。而尊长慈幼，悯乎"颠连

---

① 《明儒学案》卷39《甘泉学案三》，〔清〕黄宗羲著、沈芝盈点校：《明儒学案（修订本）》下册，第928页。

而无告者",也不出"老吾老,以及人之老;幼吾幼,以及人之幼"的仁爱之心和"推恩"逻辑的范围。这个仁爱,发于一心,是为主体,亦是推而扩之、达于无限的同心圆之圆心,犹如水之涟漪的原点,人的道德主体性由此而得到确立。但仁爱的具体性是体现在人的道德实践层面的,即人伦日用活动,所以仁爱不只是一个抽象的义理,更是一个社会生活中无处不在的事相,这就是亲亲或者孝道。陈亮(1143—1194)在解《西铭》时,即特别强调了这个"以身体之"的道理。《陈亮集》卷14《西铭说》说:"《西铭》之书,先生之言,昭如日星,而世之学者穷究其理,浅则失体,深则无用。是何也?是未尝以身体之也。"所谓"以身体之",就是在"定其分于一体"的前提下,将"仁孝之道平施于日用矣"①。"理一分殊",不离道德实践,说到底是个仁孝的道理。这也就是大程子所说的:"且教他人读书,要之仁孝之理备于此,须臾而不于此,则便不仁不孝也。"② 所以,后来就有"《孝经》一书,乃《西铭》理一分殊之说所自本"的说法,便是将这一层意思给特别地突显了出来。王夫之注《西铭》,也表达过类似的看法:

> 张子此篇,补天人相继之理,以孝道尽穷神知化之致,使学者不舍闺庭之爱敬,而尽致中和以位天地、育万物之大用,诚本理之至一者以立言,而辟佛、老之邪迷,挽人心之横流,真孟子以后所未有也。③

承续儒家的人文主义,彰显仁爱孝道之传统,以辟佛老,扭转风气,确为宋初儒者的志向,周张二程,念兹在兹。《西铭》中包含这一层意思,当是题中应有之义,只是藉着"理一分殊"的道理,将仁孝之道的形而上根据及其普遍意义做了更为精致的表达。

程颐对《西铭》所作的创造性诠释,在文意方面似有歧出,但就义理而言,却是一种突破性的提升,将人伦道德领域的问题拔举为哲学本体论话语的论议,使得"理一分殊"命题具有了更为广阔的理境,特别是经过朱子及其后续理学家们的不断努力,添砖加瓦,使之内涵的丰厚性和理论的深刻意义日渐地突出。在一定意义上,《西铭》是专为道德伦理而设,宇宙本体问题则归诸《正蒙》。二程舍彼就此,将张载之哲学系统横挑为二,推举前者,而对讲气论的一套却毫无兴趣,直斥为"清虚一大"④,用"性即

---

① 〔南宋〕陈亮:《陈亮集》,北京:中华书局,1974年,第167-168页。
② 《河南程氏遗书》卷2上,〔北宋〕程颢、程颐著,王孝鱼点校:《二程集》第1册,第39页。
③ 〔清〕王夫之:《张子正蒙注》卷9,北京:中华书局,1975年,第314-315页。
④ 二程对张载气论做了尖锐的批评,《遗书》《粹言》中皆见。随举几条:"立清虚一大为万物之源,恐未安,须兼清浊虚实乃可言神。道体物不遗,不应有方所。"(《河南程氏遗书》卷2上,〔北宋〕程颢、程颐著,王孝鱼点校:《二程集》第1册,第21页)"形而上者谓之道,形而下者谓之器,若如或者以清虚一大为天道,则乃以器言而非道也。"(《河南程氏遗书》卷11,〔北宋〕程颢、程颐著,王孝鱼点校:《二程集》第1册,第118页)"以气明道,气亦形而下者耳。"(《河南程氏粹言》卷1,〔北宋〕程颢、程颐著,王孝鱼点校:《二程集》第4册,第1182页)"子厚以清虚一大名天道,是以器言,非形而上者。"(《河南程氏粹言》卷1,〔北宋〕程颢、程颐著,王孝鱼点校:《二程集》第4册,第1174页)。

理"来代之，推导出一个一本之"理"来。而这一创造性的转换工作，实为理学成立本体论学说的关键，将自然性的宇宙本体转化成了人文性的道德本体，所以程、朱牢牢地抓住不放，踵事增华，才使得理学思想大放光芒。在这个过程中，"理一分殊"观念起到了非常重要的作用，可以说是一个理论转换器，既消除了周、张之早期本体构想由自然论入手所带来的困境，也将天道根源问题巧妙地融贯到了道德主体的阐释当中，天人不二，体用一如。尽管后来不时地还有气论的挑战和心学之激荡，但"理本"的原则性及形而上本体的意义，却从未动摇过。

宋初，儒学面临着"道之不一久矣"（王安石语）的局面，理学家急于要找到一个能够统贯诸多线索的理念，建构一套可以包容万有的哲学体系，以抗衡佛老，清整自家门庭。这个系统，既能将儒家思想的道德主体性挺立起来，以别于他宗，又能够超越佛教，把天地自然之序和人伦道德秩序有机地融合为一体，获得本体与实践相结合的优位性。当时的儒者，本于"一贯"之旨，皆集思于这个可以包容无限的大理念上。石介（1005—1045）在《怪说》中，走传统的"道统"路线，讲"尧、舜、禹、汤、文王、武王、周、孔之道，万世常行不可易之道也"①。周敦颐（1017—1073）著《通书》，试图用"诚"来解释《周易》和《中庸》的精神，找到儒家思想的根本性。司马光（1019—1086）更倾向于用"中"这个概念，他说："夫中者，天地之所以立也，在《易》为太极，在《书》为皇极，在《礼》为中庸，其德大矣至矣！"②故"中和"的理念是儒家经典的中枢，可以把儒学的各种问题贯穿起来。在诸多的构想当中，张载的本体观无疑是较具有创发性的一种，他本于"气化"之原理，既讲天地自然，也讲人伦日用，将宇宙万物、人类社会及道德理想统归于一个大系统中。作为道学正脉的二程学说，与张载的思想相互激荡，同中有异，其对《西铭》的创造性诠释，引发出了一个"理一分殊"的大道理来，可能就是他们之间思想接引之关系的最好例证。二程所描述的"理"，既是天地万物的根源，又不离万物而存在，具有普遍而超越的绝对性，又容纳于一事一物的具体性当中，从宇宙自然到人类社会，从物质世界到精神世界，皆不违此"理"，皆合乎此"理"，思维和存有达到了高度的统一性，这无疑为两宋以后的新儒学发展奠定了重要的本体论基础。

综上所述，"理一分殊"在整个理学系统中是一个非常重要的概念，那么于今而言，它对于我们认识和理解这个纷繁复杂的世界又有什么启迪和帮助呢？当代新儒家的主要代表人物刘述先教授早在十多年前就已经注意到了这个问题。他写了《"理一分殊"的现代解释》一文，指出：这个概念可以帮助我们分析当今所面临的种种问题，体会中西方文化相遇之后所发生的碰撞与融合过程当中的某些关节点，"当我们赋与'理一分殊'以一全新的解释，就可以找到一条接通传统与现代的道路"③。从现代哲学的理解而言，所谓"理一"，就是无穷不可测的天道，是至诚无息的超越性无限，是具有永恒价值的终极关怀对象；而"分殊"，则是在有

---

① 〔北宋〕石介著、陈植锷点校：《徂徕石先生文集》卷5《怪说下》，北京：中华书局，1984年，第63页。
② 〔北宋〕司马光：《温国文正司马公文集》卷62《答景仁论养生及乐书》，四部丛刊本。
③ 刘述先：《理想与现实的纠结》，台北：台湾学生书局，1993年，第172–173页。

限的、特殊的条件底下的具体表象，是致曲之道所显现出来的万事万物。也就是说，超越性的"理"是同一的，具有普遍性，但它的表现则要具体化，必须依时空条件以及实际的情况而有所不同，呈现出一定的差异性来。从理念层次来看，注重整体性思维的中国文化较为重视"理一"，而精于分析之道的西方文化则更看重"分殊"；古典文化形态大多讲究"理一"，而现代的文化潮流则反其道行之，多侧重于"分殊"。所以在中西文化会通的今天，特别是在现代科技发展的大时代背景下，如果不考虑到现实的社会条件而只讲终极性的理念，又没有具体落实的方法，只有价值理想，而没有工具理性的支撑，那么再好的观念也是要落空的。所以，儒家思想现代转换的重要工作之一，便是要重新理解和诠释"理一分殊"的意义，在现代文化的语境下呈现其永久价值。

反思和检讨传统文化的缺失，儒家之"理一分殊"观确有重需考量之处，但审视的另一面，其意义却又是瑕不掩瑜的。因为价值迷失和工具理性的膨胀是当今社会所面临的棘手问题，"理"不复为一而成为多，义理世界渐渐失去了同一性，甚至于无"理"可讲，本根意识的杂乱无章或者消解，使得社会的同构性趋向减弱，每个生命都成为无所依归的个体原子，本能式的个人主义大行其道。在这种情况下，我们不能不讲"理一"，只有回到人与人、人与社会、人与自然的存在性关联当中，在休戚与共的一体关系之中，才能够重新找回渐次失落的意义本源，而维持价值理性的同一性。也只有这样，才能够摆脱工具理性一家独盛的局面，从物欲主义的桎梏当中解放出来，重新获得存在的真实意义。但"理一"不能脱开"分殊"来讲，而必须要置于"分殊"当中，在具体的情景下，在万事万物的个别性存有里面来明"理"。现代社会是多元文化主义兴盛的时代，理性取代了威权，个性解放和公民权利已逐渐成为社会共同体价值系统的中心，尊重个人意志，保障个体自由，是国家和社会公权力得以存在的合法性基础。所以，公共理性必然是建立在无数个人意志博弈的基础之上的，是无数的个人意见的最大公约值，这就和传统社会里面的帝王意志或者是由圣人先知来独自操盘的情景完全不同，故需要一套被牟宗三先生称之为"理性之架构表现"或"外延的表现"之类的东西，才能够具体地实施。而后工业时代和后现代文化的问题是，个体性泛滥无度，一人一议，十人十议，每个人都有自己的价值标准，往往堕入无"理"可言的相对主义或者虚无主义。这就需要寻求达致共识的新途径和新方法，诸如伽达默尔所说的"共通感"，或是哈贝马斯所倡导的"商谈"，便均是运思于此。儒家所谓"一体之仁"的基本认知，实已包含了某种预设，"理一分殊"的圆融性恰恰是在个体生命的这一共有特质上实现的，而作为实践智慧的"仁学"，也为这一普遍的感通性和开放性提供了无限的可能。

原载《中山大学学报（社会科学版）》2012年第3期

功夫伦理初探

倪培民

宋明儒学家们用"功夫/工夫"① 一词相当准确地捕捉到了先秦儒学乃至整个中国哲学的总体特征。与今天大多数人所理解的作为武术的功夫不同,在宋明儒家那里,"功夫"是一个包括了时间/努力(工夫)、方法(功法)、能力(功力)和成效(功效)的概念簇的总称。如果要给这个功夫概念下一个总体的定义,或许可以说是"生活的艺术"。武术显然可以作为生活艺术的一个部分、一个范例,因为武术绝不只是打斗,而是身心修炼的方式。功夫远远不只是武术,它可以涉及生活的各个方面。传统中国哲学所关注的核心,正是生活之道,或者不妨说是生活的艺术。与执著于追求真理认知的西方哲学传统不同,传统中国哲学是从对于生活之道的关联来看待一切的。功夫这个概念很好地联接了身与心、行为和行为者、艺术与人生。当我们把功夫概念运用到西方所熟悉的各个哲学领域的时候,其影响之深远可以不无夸张地导致"功夫认识论""功夫形上学""功夫伦理学""功夫社会政治哲学"等。这些论域或许在中国传统哲学里面已经存在,但就其与西方哲学的相关理论进行对话互动而言,却还非常有限。在本文中,我将对功夫伦理这一论域做出一些初步的探索,以期引发进一步的讨论。

一、功夫与道德②

功夫与道德是一种什么样的关系?对这个大问题的探讨,或许可以从这样一个比较具体的问题来切入:坏人能不能有好功夫?

假设李连杰的武功高于成龙,这并不意味着李连杰一定比成龙更加道德。我的中文水平或许高于一般的美国人,但这并不等于我比他们道德上更加优秀。伦理学家们一般都会同意,道德所涉及的是有关道德义务或责任的范围,而功夫涉及的是生活的艺术,后者是"道德中性的"——这有别于"不道德",它指的是与道德无关。道德与功夫属于两个不同的范畴。有些道德上的美德可能与功夫能力重合,对此我们将在后面详细讨论,但道德与功夫的区别明显地显示于它们不相重叠之处。例如我们可以谈论烹饪的功夫、绘画的功夫、跳舞的功夫、演讲的功夫。所有这些都与道德没有任何明显的关

---

① 宋明儒家经常把这两个词不加区分地交换使用。按照当今的习惯,我仅在"时间""人工"和"努力"的意义上使用"工夫",而在其他诸如功力、功法和功效等含义上均用"功夫"。

② 为避免误解,让我先说明本文中所使用的"道德"一词,指的是作为责任的道德;而本文中所用的"伦理",指的是更加广义的"善",它也许与我们的道德责任有关,也许没有。

连。我们既不能说不会做饭是缺乏道德美德，也不能说厨艺优秀是道德美德。其实功夫几乎涵盖了生活的所有领域，但道德只涉及其中一小部分。正如乔尔·库普曼（Joel J. Kupperman）所说："一个人生命当中的大部分内容都是在传统道德规范意义上中性的；也就是说，生活当中牵涉到道德选择和道德行为的内容，只在一个人生命当中占很小的一部分。"①

按照康德的观点，道德涉及无条件的、绝对的责任，而与道德无关的善恶是有条件的，依赖于个人喜好。比如说，"不要说谎"在作为一个道德责任的时候，它是无条件的，没有余地。如果我们加上一个条件，说"如果你希望人家信任你，那就不要说谎"，这就变成了一个"假言命令"，成了基于你想获得别人信任这个条件的手段。当我们评价一个道德律令的时候，我们使用的词语是"对"或"错"；但评价一个假言命令的时候，我们使用的词语是"有效"或"无效"。"不说谎"完全可以被视为一个功夫指令，以获取人的信任，但是作为一种达到目的的手段，它在性质上不属于道德范围。一个使用诚实作为功法的人，可以说是聪明的，但不能说是道德上优秀的，当然也不是在道德上错误的——他在这一点上是"道德中性"（amoral）的。这也是为什么科塔宾斯基（Tadeusz Kotarbiński）把研究幸福生活的学问称为"幸福学"（felicitology），与严格意义上的伦理学区分开来的原因②。这个区分完全符合康德的观念。按照这个观念，效用主义（utilitarianism，或称功利主义）严格来说不能成为道德理论。根据效用主义的总原则，即"追求所有相关者的最大程度的幸福"的原则，我的英语能力方面的缺陷也可能被看作是一个道德上的缺陷，因为它没有能够使与我相关的人得到最大可能的幸福。如果我们把伦理等同于道德，这样的结论确实是很荒谬的。为解决这一问题，效用主义哲学家穆尔（J. S. Mill）提出了一个区分道德和他称为"单纯的审慎（simple expediency）"的标准。穆尔划分两者的标准是：如果在某件事上，我们认为那个未能尽可能导致所有相关者幸福的人理应受到惩罚，那么这件事就是不道德的；如果我们认为此人做的事情虽然不好，但不至于要接受惩罚，那么这就是单纯的不够审慎的问题。这个标准是他从日常语言的用法当中总结出来的。"我们不会把任何事情称作为不道德，除非我们的意思是做这件事情的人应当为此受到某种惩罚——如果不是法律的惩罚，那就是其同类的舆论谴责；如果不是其同类的舆论谴责，那就是他自己的良心责备。""责任是一个能够向一个人索要的东西，就像索取债务一样。除非我们认为能够向一个人索取它，否则我们不称它为他的责任。"③ 因为我们一般不认为你不能讲一口流利的中文就应该受到惩罚，因此，即使你因此而未能最大限度地使所有相关者得到幸福，我们还是不说你是不道德的。我们谴责在道义上是错误的行动，但我们对于那些因功夫欠佳而未能带来更多幸福的人，只能表示遗憾、失望或者怜悯。

---

① "Confucius and the Nature of Religious Ethics", in *Philosophy East and West*, 21: 2 (1971), 192.

② Tadeusz Kotarbiński, "The ABC of Praxiology", in *Praxiology and Pragmatism*, ed. by Leo V. Ryan, C. S. V., F. Byron Nahser, Wojciech W. Gasparski (New Brunswick and London: Transaction Publishers, 2002), 25.

③ J. S. Mill, *Utilitarianism*, ed. by George Sher (Indianapolis, IN: Hackett, 1979), 47.

质言之，功夫和道德属于不同的范畴。功夫的善是非关道德的。完全可以设想一个道德恶劣的人可以比一个道德高尚的人有更好的功夫。希特勒可以说是具有功夫的——制造人类灾难的功夫。其实这并不像乍一听上去那么荒唐，因为这和说希特勒可以有比甘地更好的体能没有两样。希特勒之恶，不在于他动员大量追随者的能力，而在于他把这种能力用来做什么。在一头牛的眼里和素食主义者的眼里，《庄子》里的庖丁应该受到谴责。不管怎样，他的解牛技能依然可以被看作是优秀的功夫——那种与道德无关的技艺的优秀。

与康德伦理学和穆尔的效用主义伦理学相比，亚里士多德的德性伦理学没有提供一个明确区分道德善与非道德善的标准。亚里士多德把能够做到避免过与不及的"中庸"（the mean）的能力称为伦理德性（*ethike arête*），这在英语中通常被翻译为"道德的美德"（moral virtue）。在亚里士多德的心目中，我们有道义上的责任吃得不多不少，穿得不冷不热，甚至有道义上的义务获得足够的饮食男女的愉快，否则就会被认为在道德上是有缺陷的。这听起来至少有点怪。这种怪异不是因为亚里士多德缺乏判断力，而是因为概念的变化①。在亚里士多德的术语中，"ethike"是由*ethos*（习俗、倾向性）和*techne*（技艺）合成的复合词。这种词源显示，这个词的原义是以习惯或倾向性的形式存在的技艺。至于"arête"，它意味着卓越的功能，而不是局限于道德义务所要求的德性②。由于"美德"一词如今已经加载了浓重的道德含义，因此"*arête*"实际上更适合于被理解为"技能"。如阿姆森（J. O. Urmson）所说："亚里士多德的中庸不是作为一项道德义务而制定的规范，而是作为优秀人品的定义的一个部分。"③ 由此可见，*ethike arête* 应是"优秀的生活技艺"，或简单地说，就是"功夫"。在亚里士多德伦理学中，*arête* 与道德义务的关系是由其目的论的形上学提供的：由于形上学意义的本质决定了我们应该如何去生活，而那些德性能力能够帮助我们按照那种方式去生活，所以我们有责任去培养这些德性能力。我们在多大程度上有义务去开发和运用一个德性能力，取决于它在多大程度上有助于实现我们先天预定的目的。

像希腊字 *arête* 一样，中文的"德"在字源学的意义上也是指道德上中性的品性和能力④。它最初是指一个人天赋的或来自鬼神的魅力，因而具有当君主的合法性。后来，"德"开始被视为一种可以由自己培育的品性。在儒家的经典中，德进一步被赋予道德的含义，但它从来不局限于道德上的义务。

有自由主义倾向的人可能会责怪亚里士多德和孔子把道德的范围扩展得过宽，他们

---

① See J. O. Urmson, "Aristotle's Doctrine of the Mean", in *American Philosophical Quarterly*, 10：3（July1973），223.
② 亚里士多德说："按照一般的观点，*arête*是提供和保持好的事物的那种功能，或者是提供许多巨大利益，在所有情况下对所有的事物都有利的功能。"（*Rhetoric*, 1366a36—b1, in *The Revised Oxford Translations of the Completed Works of Aristotle*, ed. J. Barnes, Princeton University Press, 1984）
③ Urmson, "Aristotle's Doctrine of the Mean", 223.
④ 葛瑞汉 A. C. Graham 就将"德"翻译为能力 potency（见其 *Disputers of the Dao*. Open Court, La Salle, IL：1989，13），阿瑟·威利 Arthur Waley 将"德"翻译为力量 power（见其 *The Way and Its Power*. New York：Grove Press, 1958）。

会要求把生活方式的选择留给个人的偏好。另外一些人可能会责怪康德和其他有类似想法的伦理学家把伦理学限制得太窄,局限到了仅仅是有关道德责任的范围,从而使人生当中在道德善以外的广大领域脱离了伦理学关注的范围。我们可以同意康德,不把生活的艺术作为道德责任,但我们不应把伦理学局限在研究道德责任的范围,如库普曼所说的那样,将其外面的广阔领域变成一个"皇帝的新衣"上的巨大破洞。尽管有尼采的冲击和亚里士多德德性伦理的复兴,这个破洞依然被许多人所忽略。忽略这个破洞可以给人一种舒适感,因为它会保留一个巨大的无需关顾的自由区域。按照那种伦理学,人们所需关心的一切仅是库普曼称作"重大时刻"的那些状况,比如母亲与媳妇同时落水应当先救母亲还是先救媳妇、是不是应该举报一个朋友的罪行、可不可以对恐怖袭击嫌疑人使用酷刑等等。由于一个人很少会面临这类情况,人们通常认为我们的伦理学课堂里讨论的那些道德两难问题虽然有趣,但与每个人的实际生活没有多大的关系。正是由于这一原因,探讨功夫伦理能帮助人们认识到:虽然功夫的善与道德的善不同,但它与人生的质量有很大的关系。

二、道德与功夫的重叠

如果功夫不同于道德,为什么功夫大师经常强调道德,并对他们的追随者规定严格的道德守则?这在武术当中尤其如此[①]。武馆的道德规约通常都非常严格,违规者甚至会被逐出山门。对此,通常的解释是:那些规约是维护正常武功修习的必要条件,更重要的是为了确保功夫的恰当应用。正因为坏人也可以具有功夫能力,所以需要道德规范来制约修习者不会滥用其所学。

道德一方面可以提供功夫修习和恰当运用的外在条件,另一方面也可以与功夫有更内在的关联。一个道德律令可以作为功夫的指导,一种道德的美德也可以作为一个取得功效的功力。例如,诚实通常被看作是一种道义责任,但它也可以是功夫修炼的指导。一个具备诚实美德的人,也是一个拥有能够取得信任的功夫之人。反之,一个不诚实的人也是缺乏取信于人的功夫的人[②]。通常我们认为孝是一个人对父母的道义责任,但它是"为仁之本"(《论语》1·2),有助于发展我们更广的同情心和实现和谐的人际关系的能力。很难想象任何道德上的美德不同时是功夫的能力。我们可以合理地认为:所有的道德美德都是能够使人生变得美好的功夫能力;同样,所有的道德恶劣品性都可以被认为是功夫的欠缺。一个好人之好,就是在相关的方面具有功夫;一个坏人之坏,也就是在相应的方面缺乏功夫。这里我不是在主张所有美德的统一性。一个人可能具有诚

[①] 例如,少林武术就有"武德十戒":一戒立志不坚,徒染虚名;二戒轻浮虚夸,不知深浅;三戒心胸狭窄,不纳忠言;四戒狂妄自大,唯我独尊;五戒逞强斗狠,虚荣好胜;六戒舌无禁忌,议人之过;七戒虚担师名,误人子弟;八戒铜臭之躯,奸商气息;九戒自矜自赏,故步自封;十戒不敬师道,无情无义。武当武术也有五戒:不得杀生,不得偷盗,不得邪淫,不得荤酒,不得口是心非。

[②] 严格说来,诚实的德性是获得信任的一个条件,虽然不能说是必要条件[见 J. L. Mackie 关于因果条件的论述,"The Direction of Causation",*Philosophical Review*,75:4(Oct. 1966),441-466]。一个不诚实但却有着完美演技的人或许会比一个诚实然而不善于表达的人获得更多的信任。诚实作为一种获取信任的功夫,就像一种艺术手段是创作一个艺术品的功法一样。逻辑上,一个猴子的随机跳跃创作出一幅超过莫奈的画作也并非完全不可能。

实的美德而没有慷慨的美德；此人因此也就有取信于人的功夫，而没有获取他人帮助的功夫。一个人可能对他人是残酷的，但又是一个爱子女的父亲；此人因此而没有获取他人支持的能力，但仍会有引发其子女亲情的能力。

如果确实是这样的话，道德良善就变成了功夫的内在组成部分。这里所说的内在，是指它不仅仅是规范功夫的应用（比如，"你不得说谎"的规范禁止一个医生欺骗他的病人），也不仅仅是为修炼提供有利条件（比如，一笔捐赠使人能够继续修炼）。正如胆固醇的适量是健康身体的构成要素，一种道德上的美德将会同时是一种功力，是功夫本身的构成要素，比如儒家的仁就同时是调动周围的人以致于宇宙能量的功夫。

这与我们前面说的道德与功夫属于两个不同的范畴并不矛盾。自由女神像既可以是艺术作品，也可以作为纽约市的标志。这取决于你如何看待它。同样，一个相同的品性特征既可以被看作是道德上的美德，也可以被看作是功夫。使用弗莱格（Frege）的术语，我们可以说：就指称而言，它们只是同一个"体"的两个属性；就其属性或者含义而言，功夫仍然不同于道德，因为道德是有关责任的，功夫却不是。"什么是道德的"与"什么能够增进功夫"将得到外延相同的答案，但它们的内涵还是不同的。

当我们将道德的美德和功夫的能力划分为不同类别的时候，功夫能力在这个意义上与行恶的本事没有本质的不同。在这种分类的框架下，功夫能力与道德之善的重合只是巧合。用康德的话来说，这里的功夫能力恰好与它们相应的道德美德相"符合"（in accord with）。我们有理由相信，它们之间的关系不是单纯的巧合。道德美德之所以被看作是道德的，可能正是因为它们是保证生活质量所必不可少的底线，它们因此才被看作是人的责任。毕竟，在好多事情上，人们需要毫不含糊的"可以"或"不可以"（道德的无条件律令），而不是假言命令式的功夫推荐（"如果你想要获得功夫，就该如此这般"）。在这一问题上，功夫伦理学会同意穆尔的观点，即我们日常生活中奉行的道德原则之所以会成为原则，正是因为总体而言，它们是效用的基本保障。

当然，人们并不总是做出相同的判断，更不会总是做出正确的判断。这可以解释人们为何有不同的道德原则。我们的某些功夫判断可以非常恰当地被认为是对或错，而另一些更像美学的口味，没有正确和错误可言，只是不同而已。这两个极端之间不存在清晰的界限，答案很可能取决于主观性和具体情况（这一点我们会在后面予以讨论）。从功夫的角度看，所有这些都可以得到很好的理解，而不导致逻辑的不一致。

三、超越道德

上述分析表明，我们也可以从人的成长的角度来看道德与功夫。让我们借用庄子的例子并略加修改，来说明这个问题①。如果你在一个拥挤的市场里不小心踩了别人的脚，你会为你的举动做出正式道歉。但是，如果你不小心咬了自己的舌头，你需要给自己一个正式的道歉吗？为什么不一样？为什么我们很少对自己动用道义责任，而通常认为道德只是处理人际关系的？这个简单的事实表明：越是与你亲近的人，越不需要动用道德责任。道德只是在功夫结束的地方发生作用。中国有句古话："小隐隐于野，大隐

---

① 庄子的例子是"蹍市人之足，则辞以放骜，兄则以妪，大亲则已矣"（《庄子·庚桑楚》）。

隐于市。"一个功夫不高的人需要隐于山林来避免与人发生冲突，来保持自己的心境的安宁，而一个有高功夫的人，可以安处闹市而与周围的人和睦无争①。

今天，大多数人都赞成文化的多元而反对用单一的普世系统来独霸天下。正如库普曼指出的：当人们主张多元化的时候，他们通常引用的是诸如动物的权利、尊重宗教习俗、同性恋婚姻之类的例子。而那些主张普世价值的人往往会引用大规模屠杀、强奸之类的例子。对于后面这类例子，人们能够容忍多元化的层度就大大降低了②。情况似乎是：有一个"道德的核心"，是人们普遍觉得应该遵守的，不能够被归结为道德中性的生活艺术。实际上恰恰相反。当我们从功夫的角度来看，那个道德核心地带的问题恰恰是最容易通过功夫修炼或者通过法律来解决的。即使是最低限度的教育和修炼，都会大幅度减少那些令人发指的罪行。在那些问题上，也比较容易达成全球禁止这些罪行的普遍共识。道德规范则通常适用于那些既没有达到需要法律禁止，也不属于能够通过常识性的功夫知识就可以防止的有害行为。我们一般不需要制定道德规范来禁止我们虐待自己，因为我们很少（即便有的话）发现有人缺乏这种生活的基本功夫知识。正因为此，我们觉得有必要推广功夫伦理，以便人们可以看到，道德的提升不仅与功夫的提升完全一致，而且正是功夫提升所要求的。通过这种认识，人们将不是因为外部强加的道德约束而行善去恶，而是像《大学》说的"如好好色，如恶恶臭"一样，自然地行善去恶。

如果我们同意上述《庄子》和《大学》的观点，那么功夫修炼的一个理想目标就是减少对道德的依赖，扩大通过功夫修炼来生成和谐的人际关系。作为生活的指导，功夫伦理将建议：在理想的情况下，不仅道德的对错不会不停地占据我们的思想，而且所有的价值都应该"被遗忘"。此处"遗忘"的意思是它已经融化在我们的血液中，成为我们的倾向性，或者说是第二天性，成为我们不用去想着它的功夫，而不是时刻惦记着的原则或道德律令。真正的好人不是需要控制自己"我不应该欺负孩子来取乐"的人，而是那种欺负孩子取乐的念头根本就不会出现的人。让我们再次引用《庄子·天地》：

> 至德之世，不尚贤，不使能；上如标枝，民如野鹿；端正而不知以为义，相爱而不知以为仁；实而不知以为忠，当而不知以为信。

儒家的理想一点也不比这样的境界低。虽然很多人有一种错误的观念，认为儒家的核心是建立制约人的道德原则和规范，其实儒家的最高目标是"从心所欲不逾矩"和"游于艺"（《论语》2·4，7·6）。孟子说："由仁义行，非行仁义也。"（《孟子》8·19）这两者的不同在于：当你行仁义时，你的目的是为了道德，你的行为是出自你的理性，而不是出自你的心；当你由仁义行的时候，你不是为了道德而行，而是顺从自己的心意在仁义的道路上行。这就是《道德经》第38章说的："上德不德，是以有

---

① 在其 *The Moral Fool*（New York：Columbia University Press，2009）一书中（第44—47页），汉斯-格奥尔格·穆勒（Hans-Georg Moeller）引用庄子的例子，并且提供了更多的例子，来说明在生活的大多数领域中，道德都是多余的。

② Joel J. Kupperman，*Ethics and Qualities of Life*（New York：Oxford University Press，2007），120.

德；下德不失德，是以无德。"

即便是康德的伦理学，也可以从这个角度予以同情地解读。康德并不是说我们所有的行动都必须出于道德的理性动机，而不能出于心理倾向性。按照康德的理论，出于爱的道德中性行为丝毫没有什么不好。康德只是想说明在何种条件下我们才能正确应用道德的判断。如果德雷莎修女所做的一切都是出于爱，而不是出于道德上的义务，其实更好（虽然是在道德中性即"功夫"的意义上的"更好"）。如果她是为了道德上的义务去做善事，而不是出于她的爱心，我们会说她作为一个人仍不够完美。

当然，这是在谈到美德的最高境界的情况。对我们大多数人来说，我们还没有达到美德的充分体身化，因此我们仍然需要时不时地调动道德责任的动机。例如在战争当中，面对既没有足够的爱，也没有法律的机制去阻止残酷的情况下，或在经济交往中，面对一个非常有诱惑力却不应得到的利诱的时候，就需要道德责任的约束。这恰恰是因为人们尚没有修炼到使道德观念失去其必要性。

所以，坏人能不能有好的功夫呢？我们的第一个答案是肯定的，因为功夫和道德属于两个不同的范畴：一个是关于生活的艺术，另一个是关于道德的责任。这只是从理论上讲，也就是说从范畴归属而言，功夫和道德不同类。我们的第二个答案是否定的，因为在现实生活中每一个道德上的善或恶都对应各自的功夫能力或缺失。有理由认为，道德的善和恶之所以获得它们的道德地位，正是因为它们各自完善或伤害人生的功能。从这个意义说，道德者的良善正是其人的功夫。现在，我们的第三个和最后的答案是：不仅坏人无法具有良好的功夫；好人，只要他们仍需要调用道德责任，其相应的功夫就还不够完美。真正的功夫大师是道德中性的。

四、功夫伦理与德性伦理或品性伦理

功夫伦理显然非常强调人的修炼。在这方面，它和德性伦理的确很相似。库普曼指出：与孔子和其他亚洲哲学家之重生活风格和礼节仪态的培养相比较，西方的伦理学家们在过去两百年来，注意力都集中在那些需要做出重大道德决断的"大时刻"，而将人们生活当中大部分的每时每刻的生命弃置一边，使其成为一个"自由发挥的区域"[①]。虽然人们相互交往的多数情况不涉及道德上的问题，但它们依然可能是令人遗憾的或者是值得称赞的，依然会影响到生活的价值和美。康德的伦理学和效用主义的道德理论在很大程度上忽视了人们的道德选择是怎么随着时间的推移而逐步积累、整合，从而规定了一个人的生命轨迹，似乎人的道德选择只是受着理性的控制，并且永远都是苦涩的无乐趣的义务，而不是生活之美好的组成部分。心理学和人类的共同经验告诉我们：一个人对一个道德状况的反应，在很大程度上是在他做出决断以前就已经被他的品性所决定了。库普曼指出：人们的直觉以为，所谓道德就是在面临选择的时候做出正确的决断，但其实相反，道德更多地是培养一个人的品性，以至于他的选择范围越来越小，因为不道德的事情已经对他来说变得不可想象而被排除在选项之外。"在极端的情况下，比如

---

① Joel J. Kupperman, *Learning from Asian Philosophy* (New York: Oxford University Press, 1999), 167–169, 136.

说一个儒家圣人，将会无需做任何选择，因为各种不值得考虑的行为已经不再是活的选项。"①

所有这些似乎都指向了德性伦理。但是，库普曼更倾向于"品性伦理"（character ethics）。他注意到孔子提过一种美德通常也有与之相伴的缺陷："好仁不好学，其蔽也愚；好知不好学，其蔽也荡；好信不好学，其蔽也贼；好直不好学，其蔽也绞；好勇不好学，其蔽也乱；好刚不好学，其蔽也狂。"（《论语》17·8）如果确实是这样的话，发展德性就有其天然的局限性。品性伦理却不是关注一个个孤立的德性。它关注的是培养作为整体的品性，因此不太可能导致把各个德性分裂隔离的毛病。

这种见解与功夫的观点相当一致。任何功夫老师都会欣然同意：品性的全面培养对增进功夫具有重要意义。实际上像亚里士多德那样的德性伦理学家意识到，美德的恰当运用需要有实践智慧的指导，因此"功夫"一词也许能比"德性"更好地抓住他的理论的精髓。假设有一个少年，他具备了诚实、慷慨、同情、勇敢等各种美德，却还缺乏一定程度的成熟，不知道在各种具体的情境当中如何恰当地运用他的美德，这个少年有可能总是做错事情！

更重要的是，功夫的视角为德性提供了一个有说服力的根据。德性伦理学的一个难题是如何去解释某种品性特点是好的，属于美德，而另外一些品性特点是不好的，属于恶习。无论是经验的论证还是先验的论证，都无法确定一颗橡树籽的德性应当是使它能够成为一棵橡树的品性特点，还是使它能够成为松鼠（作为松鼠的食物）的品性特点。在休谟提出"是然"与"应然"的区别以后，任何试图纯粹以事实（是然）来作为价值（应然）的理据的努力似乎都是注定要失败的。没有一种理论能够无可争辩地仅仅以某些事实为依据来确定人应该如何。它们的最终依据必须在某种程度上取决于人们对于"优秀"的看法。这些看法不仅在历史上和文化上没有必然性可言，因此也就只能是多元的，而且甚至是个人的、具有无限的变体样式。功夫伦理学把优秀的生活看作是艺术，从而为对于"优秀"的理解开启了多元性和创造性的空间。它并不依赖于任何关于人性的形上学理论来作为理据，尽管它承认形上学的信念可以引导人类的生活方向②。一个接受亚里士多德形上学的人显然将更加努力地培养自己的理智，而一个遵循儒家关系型形上学的人会更加注意学习礼仪和协调人与人的关系。虽然互相矛盾的事实陈述不能同真，但相互竞争的关于优秀的理解却可以像不同的艺术风格一样共存。

虽然功夫伦理与德性伦理或品性伦理更为相似，但它并不因此而遮蔽规范对于美好人生的重要性。孔子直到七十岁才达到从心所欲不逾矩的境界，这表明在此之前，他还是需要"矩"来约束自己的。儒家思想以倡导传统的礼著称，而礼之被看作恰当的行为

---

① Joel J. Kupperman, *Learning from Asian Philosophy*（New York: Oxford University Press, 1999），167-169，136.

② 参见 Peimin Ni: "How Far is Confucius an Aristotelian?—Comments on May Sim's Remastering Morals with Aristotle and Confucius"（in *Dao, A Journal of Comparative Philosophy*, S2009, VIII 3, 311-319）及 "A Comparative Examination of Rorty's and Mencius' Theories of Human Nature"（in *Rorty, Pragmatism, and Confucianism*, edited by Yong Huang, New York: State University of New York Press, 2009, 101-116, with Rorty's response, 285-286）。

规范,不是没有理由的。在一个人成为圣人,能够酌情灵活应用"权"(权变)的艺术以前,传统的礼仪是必要的导引。与一个社会的法律条规一起,礼仪使人们的行为变得更加有规则和负责任。如孟旦先生所说:"我在买房的时候,宁可信赖法律要求卖方提供房屋检查报告,而不愿意依赖卖方的诚实人品。"①

与此同时,功夫伦理能够克服规范伦理面临的众所周知的困难,如规则的僵硬性。例如,著名的"道德金律"的局限性早已为人所知。如果按照其正面表述,"己所欲,施于人",一个喜欢受贿的人就不仅可以,甚至有义务向其他人行贿;一个希望爬到邻居的妻子的床上的人就不仅可以,而且有义务要爬到她的床上。如果按照其反面表述,"己所不欲,勿施于人",教师将不能给学生低分数;同样道理,"一个罪犯也可以以此为由,与惩罚他的法官去争辩"②。不管是否有办法找到一个能够避免上述困难的道德金律的表述法,功夫伦理会对道德金律做出非常不同的解释。它会将道德金律看作本质上是一个功夫的指导,一个帮助人成长的指南。就像汽车驾驶手册里的条目不是让你无视道路条件而不折不扣地严格遵循,而是作为有效的方法,帮助人获得驾驶的能力。一旦那些条目在实践过程中转化为驾车者的能力,驾驶者将达到一个自由的阶段,并能酌情决定是否按照标准的驾驶程序来操作。道德律是作为对错的标准强加给行为者的(不论是来自他人还是来自行为者自身的意志)。功夫视角却将前述的"道德金律"作为修炼的方法,当作能够使人掌握生活艺术的规劝。就像关于驾驶技术的指导也许在最初会作为严格的律令一样来教给学生,其目的却不是要限制那学生驾驶的自由,而是恰恰相反,要允许那学生能够得到驾驶的自由,并最终能运用其"权"的艺术③。

五、功夫伦理是一种效用伦理吗?

如果我们把效用定义为包括所有的好的效果,那么,功夫伦理可以被理解为效用伦理(虽然我会解释为什么最好不要这样理解)。我们不会仅仅因为一个人有提供美味的意愿就称他为好厨师。康德的"善良意志"可能本身就是善的(good-in-itself,而不是

---

① Donald J. Munro, "Unequal Human Worth", in Brian Bruya ed. *The Philosophical Challenges from China*, Boston: MIT Press, 2015, 145.

② Kant, *Grounding for the Metaphysics of Morals*, trans. James W. Ellington (Indianapolis: Hackett, 1981), 37n23.

③ 《论语》9·30。这也解释了《论语》的一些明显的不一致性。例如,它一方面教导"道德金律"(《论语》12·2),另一方面又说君子"无适无莫,义之与比"(《论语》4·10);一方面告诉人们要"主忠信"(《论语》1·8,9·25),"人而无信,不知其可也。大车无輗,小车无軏,其何以行之哉"(《论语》2·22),另一方面又说"言必信,行必果,硁硁然小人哉"(《论语》13·20)。放在功夫的镜头下,我们看到:对道德金律和"信"的遵守,最终应该基于"权"(权衡)的能力。在能够做到这点之前,遵从那些规范恰恰是使人能够培养出"权"的能力的条件。参见倪培民:*On Confucius*, Belmont: Wadsworth, 2002, 29-33;《孔子——人能弘道》,上海:上海人民出版社,2010年,第58-60、146页。请注意,这里我只使用了"规范性规则"作为范例,但大多数宗教仪式的规则是"构成性规则",即不仅规范适当的行为,而且是构成相关活动本身之条件的规则。比如,在道路的右边行驶是规范性规则,没有这项规则依然可以有行驶的活动;象棋的规则就是构成性规则,因为没有了那些规则就不可能有象棋活动本身。在构成性规则的活动中,学习规则的重要性更加显而易见,因为不然的话,就没法进行相关的活动。

因为引导到其他好的结果才被认作是善的），但功夫的"善"不是简单的"本善"，而是相对于功效而言的"有利于""适宜于""擅长于""专精于"。

然而，我们需要仔细将功夫伦理与一些粗糙的效用主义区别开来。其中的一种是工具主义，即把功夫仅仅看作是满足任何意愿的"技术"或"工具"。功夫与其说是技术，不如说是希腊人所说的 techne（技艺）①。技术通常被看作是为了实现某种实用目的而被人"运用"一下，似乎与作为主体的人没有任何关系。我们一般认为自己可以使用一种技术而不影响到我是谁（尽管这也是可以质疑的）。功夫却显然意味着人的转变②。网上一篇呼应我的《纽约时报》文章③的博文，对此表述得比我更好：

> 成为一个功夫大师（无论是武术大师还是烹饪大师）不只是成为掌握了某一套武打技术或者烹饪技术的技术师。毕竟，我们不是毫无理由地把武术看作是艺术，而不只是技术，把武术大师称作武术家，而不只是武术技术员。一个人不可能正确地练习功夫而不使自己开始以某种特定的方式来看世界，并且使自己发生转化。掌握功夫之于获取一种全新的世界观，并让这一世界观来转化你的为人，一点也不逊色于获取特定的武术技巧。④

换句话说，学习功夫就是学习成为一个更好的人。重复前面说过的：一个坏人在相应于他的坏的方面，不能有好的功夫！

另一种粗糙的效用主义是把效果看作任何最后占上风的——物竞天择，优胜劣败。历史上有不少先进文明被落后文明征服的例子，如好斗的斯巴达征服了民主的雅典，游牧的蒙古横扫了文化上成熟得多的宋朝。对非音乐的耳朵，巴赫的乐曲无非是一些噪

---

① 不同的是，历史上 techne 在希腊人那里主要是指家庭层面的农业和奴隶的活动，不是在自由领域的希腊政治生活当中存在，因此它只适合于较低的阶级；上层阶级，即那些"自由人"，则在人文（liberal arts）的领域活动。另一个历史的限制是，它被放在与知识 episteme 相对的位置。虽然两者都需要有对于原理的认识，但知识对应的是理解，而 techne 对应的是制作。相比之下，"功夫"一词可以用来涵盖所有的生活艺术，无论是家庭的还是公共领域的，或者是无关乎特定利益的还是出于特定实际利益考虑的。

② 这也是为什么尽管功夫哲学与实用主义有相当程度的类似，我还是不想把功夫哲学归结为实用主义。实用主义本身是一个非常复杂的阵营，很难被看作是一个划一的理论，因此本文难以涉及这个题目而不把问题过于简单化。实用主义的名称来自希腊字 πράγμα，意思是"行为"。这个词更容易把注意力引向行动及其后果，而不是作为行为主体的人。值得我们注意的是，实用主义者当中最强调教育的杜威都没有能够重新构建他的哲学词汇以适应主体转化的需要。事实上，杜威把他的哲学称作"工具主义"（instrumentalism），似乎说明西方哲学中难以找到像"功夫"那样没有受到主客体二分法模式影响的词汇。我不认为实用主义可以归结为粗糙的工具主义，而且 pragmatism 翻译为中文的"实用主义"也有不当之处。我们可以探讨实用主义与功夫取向的异同，但用它来取代"功夫"不仅削减了功夫本身的优点，还会把实用主义所携的种种包袱带到功夫取向当中。

③ "Kung Fu for Philosophers", in the *New York Times forum* "The Stone", December 8, 2010. （http://opinionator.blogs.nytimes.com/2010/12/08/kung-fu-for-philosophers/）

④ 博客 "Yoga in the Dan of Dragon", December 9, 2010. 作者 Nobel, "The Yoga of Kung fu and the Kungfu of Yoga", http://yogadragonden.blogspot.com/2010/12/yoga-of-kungfu-and-kungfu-of-yoga.html，retrieved June 30, 2014。

音；对未经训练的眼睛，毕加索的画一似儿童的涂鸦。如果用全民投票来判断其价值，它们很难受到市场的青睐。事实上，世界上许多非物质文化遗产，正是因为很少有人能够了解它们的价值，而面临灭绝的危险和需要保护。

上面引过的那篇博文提到：在电影《猛龙过江》开始的地方，李小龙主演的角色把武打描述为功夫高手之间的舞蹈。换言之，武术里面的"优秀"不仅仅在于战胜对手，而更多的是其展开方式中的高妙与美。在这里，功夫的展现本身成为了目的①。

当然，我们可以把功夫展现的所有"优秀"都包含到"效用"的含义中，如行为的艺术风格、对人的转化作用，甚至包括康德伦理学所依据的自由意志的展示。即使这样，也不会使效用主义与功夫伦理完全一致，因为在实践当中坚持效用主义并不总是带来最好的效用！经验告诉我们：一个人如果不停地在想着他正在做的事情是否对他或对这个世界带来好处，他反而会把事情弄砸。

这对功夫来说似乎是一种普遍的情况。作为技艺的道德可能就属于这种特殊的种类，即当你用它来获得某种效用的时候，你必须不把效用当作你的动机。只有在不把效用放在心里的时候，它才最有效。"如果我们所做的大多数事情都出于与效用无关的动机，如传统的道德义务、爱情、对朋友的忠诚、奉献的精神等等"，这个世界和其中的每一个人都会更好②。孟子对直愣愣求利的梁惠王说："王何必曰利？亦有仁义而已矣。"（《孟子》1·1）欲求利而不行仁义，如"缘木而求鱼"（《孟子》1·7）。其实许多宗教的道德教义都包含这一洞见。在基督教中，善行会帮助一个人进天堂，但人不应当是为了进天堂才做善事。在佛教中，做善事是达到涅槃的路径，但为了达到涅槃而做善事，反而达不到涅槃。《道德经》第7章说："圣人后其身而身先，外其身而身存。非以其无私邪？故能成其私。"庄子教导我们"无用之用"。我们还可以加上：为了获得最佳的结果，我们甚至不应过多地关注什么是正确的做法，而应该多关注一些如何成为一个更好的人。德性伦理的一个最有力的论据就是好的行动通常来自好的行为者；效用主义最大的问题之一就是不够重视行为者的培养，因此它无法达到最佳的效用。

这个论证显示：即使我们重新定义效用主义，将其"效用"定义为"包括一切由相关行为所导致的善"，效用主义依然不是完全可取的理论。这种效用主义理论是不彻底的效用主义，因为它往往会把自己的原则排除在需要考虑其效用的名单之外。功夫伦理则更加彻底。在功夫的角度看来，所有的伦理学理论，无论是原则主义的责任伦理、效用主义伦理，还是德性伦理，都成了虽然互相有别，但却不是互不兼容的指导。它们都有各自的功效，也都有各自的局限③。

---

① 这是功夫视角与实用主义视角的另一个微妙的差别。功夫直接就是艺术或艺术的能力。在艺术和实用的行为本身是分裂的概念框架中，"实用主义美学"［这是理查德·舒思特曼（Richard Shusterman）的术语］总是像实用主义关于美学的理论，而不是直接就是把人生当作艺术的理论。

② Joel J. Kupperman, *Ethics and Qualities of Life*（New York：Oxford University Press, 2007），170-171. 无为的功夫艺术也蕴含了同样的关于效用主义之局限性的洞见。

③ 功夫伦理视角的这个特点，恰恰与那些否定其他非实用主义伦理之价值的实用主义相区别。后者受二元分裂思维框架的局限，反而不如功夫伦理更实用主义。

六、功夫的视角是否意味着道德相对主义或主观主义？

功夫伦理看待问题的角度不涉及对道德真理的肯定或否定。因为这个特点，它与道德实在论和道德怀疑论或任何其他类似的"主义"没有矛盾。功夫视角评估的是一个品行是否有利于卓越的生活，而不是某个品行是否符合道德真理。尽管人们对于什么是"优秀"的看法可以有不同并可能是主观的，功夫的效应却是可以客观地判断的。一个人赞同人格的独立性，这可能是主观的，但人在心理上是否倾向于社会性，生活在一个和谐的社团环境里是否比生活在孤独中更有利于健康，以及什么功夫会有效地创造团结或独立，却是可以客观地做出调查的。有关好坏对错的各种观念会被视为不同的建议，根据它们是否符合一个人的"优秀"观念来判断它们是否有效。那些相信道德真理的人可以把马丁·路德·金的"梦想"当作道德真理的表达，而那些不相信道德真理的可以说：它只是一个梦，虽然是一个美丽的、我们应该争取实现的梦。双方都可以使用功夫的视角，来探讨我们需要怎么做才能使这一梦想变为现实。这就是为什么功夫伦理并非是赞同道德相对主义和主观主义，它实际上超越了判断道德命题是否真理的问题。

这样的观点会不会减低马丁·路德·金的"梦想"的力量？如果马丁·路德·金说"这仅仅是我的梦（不是真理），你可以有你的梦"，这难道不会使其失去效力？如果希特勒想把他的"优秀"观念灌输给每一个人呢？功夫伦理会不会使文明撤防，使我们无法战胜希特勒呢？如果我们不相信他在道德上是错误的，而仅仅是代表了一个对于"优秀"的不同看法，我们如何能战胜邪恶？

这些都是合法的和非常重要的问题。但请注意：这些恰恰都是从功夫的角度提出的问题！它们不是说马丁·路德·金的梦想是道德上的真理，而是说不将它作为道德上的真理将使它失去效用；它们不是说希特勒在道德上是错的，而是说如果不那样看，我们就会解除武装，丧失击败他的功夫！其实人们经常用这样的理由来为实在论意义上的道德真理辩护。这样的论点并不证明道德真理，而是说为了解决这个世界的各种迫切的问题，需要道德真理的观念。这样的论证通常比试图直接证明有道德真理的声音更令人信服。

功夫视角并不把有关道德真理的信念看作是不相干的，也不会妨碍人对道德真理有坚定的信念，因为相信或不相信道德真理显然会有实际的功夫意义。我们不妨从功夫的角度对相关观念的实际意义做一大致的浏览。

从功夫的角度看，坚定地相信道德真理是有好处的，而且是必要的。在教育方面，我们要毫不含糊地告诉孩子们什么是对的、什么是错的，而不是过早地引导他们去怀疑所有的价值观，否则他们就会无所适从，并会容易受到不良的影响（我相信没有一个当父母的会认为在孩子尚未成熟到一定程度时就让他们去读尼采是个好主意）。在选择导师的时候，我们必须要对导师有一定的信任，才能从他那里学到东西。如果你怀疑师父所教的一切，执意要在绝对无可置疑的条件下才接受师父所教的功夫，我们便不能进入那能够允许功夫显示其有效性的状态。在许多其他事情上，也有这种情况。在使用一种语言的时候，我们就必须假定其他人也在与自己一样的意义上使用这种语言，否则我们之间的交流就是不可能的。在认识世界的时候，我们必须假设自然界的一致性。例如火总是能烧伤人的，虽然严格说来，我们所知道的充其量只是迄今为止火是能够烧伤人的，而不知道将来会怎样。在科学领域，我们必须依赖于某种范式，否则我们将无法进行任何科学研究，虽然科学哲学已经揭示没有绝对唯一的科学范式。在体育运动中，我们必须假定规则是公平的，否则就没法开始比赛。在法律制度中，我们必须假定法律是公正的，否则法官没法做出任何判决。这里，有一种被托马斯·里德（Thomas Reid）称为"轻信"（credulity）和被汉斯-格奥尔格·穆勒（Hans-Georg Moeller）称为"对偶然性的盲点"（the blindness for the contingency）的东西，使所有这些系统能够运作①。

在承认信念的这一积极价值的同时，功夫视角也会提醒我们保持开放的态度。认识到自己的价值观念的可错性，也是有益的和必要的。就像在认识论中我们不得不怀疑绝对真理的存在，我们在伦理学的领域中保持对绝对道德标准的适度怀疑也是合理的。任何人都不可能超越一切特殊的成长背景和超越每个道德判断出现的特定环境。这意味着，即使我们同意有道德真理，我们可能仍然只能依赖伯纳德·威廉姆斯（Bernard Williams）和托马斯·内格尔（Thomas Nagel）所说的"道德运气"而碰巧站在了正确的立场上。有人甚至可能会争辩说：如果我们把自己的道德立场作为绝对真理，我们可以为任何行为找到理由，包括令人发指的行为。可以说，人类历史上大多数令人发指的残酷行为都是在实施某种"道德真理"的名义下发生的。

功夫的视角将帮助我们认识到：开放的态度和确定的信念之间是辩证的关系，而不是相互矛盾的关系。这一辩证的关系，或如我的同事斯蒂芬·罗教授所说的"开放的肯定性"（open-definiteness），要求我们在没有充分理由去怀疑的情况下坚守我们的信仰，同时意识到自己的局限性，愿意听取和考虑其他不同的观点，并且当不同的观点足以推翻我们的信仰的时候，愿意改变自己的观点。这种开放的肯定性是一门艺术，因此它本身就是功夫。

由于功夫伦理看的是理论的实际影响，而不是命题的逻辑一致性，它会带来伦理学领域整个场景的变化。曾经被看作是相互矛盾的理论在功夫的视角下很可能成为互补的观点。例如，劳伦斯·科尔伯格（Lawrence Kohlberg）衡量道德进步的标准假定：可以运用普世原则来为自己的道德选择提供理由的人，是道德上最为成熟的。这种理论把抽象理性思维和理性交流的能力放在最高层次。道家哲学却建议我们把婴儿当作榜样，因为婴儿是简单的、自然的，能自发而有创造性地对各种情境做出反应。这种能力大多数成年人不再拥有。这两种互相矛盾的观点可以很容易地在功夫视域下融合在一起。这两种能力，即为自己的道德抉择找到有普遍性的理由与对道德选择做出自然的和有创造性的反应的能力，对于引导到一种好的生活都是有价值的。研究表明：随着年龄的增长，人的理性思维能力会增加，但创造力会下降。鉴于这些事实，我们可以让儿童跟从成人学习理性思维，同时鼓励成年人花更多的时间来与儿童为伴，从他们那里找回自己的童真。

当然，不管你有多开放，肯定还是会有一些分歧是无法通过展示其实践效果来消除

---

① Moeller, *The Moral Fool*, 117.

的。在你摆出所有的事实和理由以后，人们仍然可能持有不同的最终价值。例如，有些人宁可以丧失更多的生命为代价，也要让正义得到伸张；另外一些人则宁愿放过一些确证了的罪犯，也不希望看到进一步的伤害发生。有些人可能会更喜欢理性的生活，而另一些人可能选择生活的激情。有些人可能会更喜欢有个性和独特性，哪怕在别人眼里他们会显得另类；而其他人则喜欢随大流，被人们接受。在这里，差异将不再被看作是相互冲突的真理陈述，而是不同的生活风格。按照功夫的视角，所有道德的理论，无论它是功效主义，是康德的责任伦理，还是佛教伦理，都会成为人生的不同取向。功效主义会引导人追求幸福，康德伦理会鼓励人坚持普遍理性，而佛教伦理则引向清静。通过这样的审视，我们未必可以达到一个统一的结论，确定哪一个人生的取向一定是更好的取向。实际上，更可能的情况是我们最终依然会保持"相互竞争的优秀观"，但这并不总是一个令人遗憾的不得不接受的事实；像色彩绚丽的艺术风格一样，多样性是我们应该拥抱和珍惜的礼物。

七、结束语

以上所述只是功夫伦理的基本理念框架。简而言之，功夫伦理是可以从中国传统哲学中读出来的伦理观，它从生活艺术的角度去看待一切。这个伦理观的核心是这样一个基本理念：与德性伦理相似，它不是理所当然地把人看作是理性选择的主体，而是把伦理学看作是关于主体修炼转化的学问，以使人成为生活的艺术家。这种修炼包括训练自己的身体和情感，而不仅仅是思考的能力。在修炼的最高境界，一个人能够艺术地生活（这当然包含了"恰当地"生活），而不需要经过犹豫而做出合适的选择。成为一个道德的人将不再是履行令人痛苦的道德义务；相反，这将是追求一种米哈伊·奇克森特米哈伊（Mihály Csikszentmihályi）称作"流"（flow），而孔子和庄子称作"游"（游于艺、逍遥游）的状态。在这种状态中，人能够完全沉浸于他所做的事情，能够"发而皆中节"并且"乐在其中"。这种观点将伦理学的范围恢复到整个人生，而不仅仅是一些牵涉道德责任选择的"重大时刻"。它也把伦理学的目的恢复为对优秀的永无止境的向上追求，而不是一个贫乏的、归约到仅仅是不做错事的道德底线。

虽然像德性伦理学一样，功夫伦理的方法不提供一个确定对错的明确公式（难道用一个公式去整齐划一地应答所有的伦理问题本身不是很成问题吗？），更没有为所有伦理问题提供明确的答案（有哪一种理论能够做到这一点呢？）。它指向了一个对问题本身更加成熟的认识：实际生活的世界是极其复杂的、动态的，它不能被编进一个固定的程序模式。伦理学归根结底是培养生活的能力，就像培养一门艺术的行家，能知觉到和恰到好处地应对不断变化的情况。出于这一原因，学习伦理也像学习艺术一样，需要以模拟大师的榜样作为基本的方式。

与德性伦理不同的是，功夫伦理并不因此而低估规范的重要性，因为它是一个人达到完美的生活艺术之前所不可或缺的。但是，通过指出规范归根结底是防止邪恶的措施，虽不完善却不可或缺，功夫伦理避免了规范伦理学常见的把道德律令僵硬化、绝对化的问题。同时，它摆正了道德和功夫之间的关系。虽然在概念上道德有别于功夫，但功夫为道德提供最终的理由。从这个观点出发，"是然"与"应然"之间、自身利益和他人利益之间、道德中性的动机和道德上的责任之间也就没有了不可逾越的鸿沟。关爱他人也就是关爱自己的生命。

通过把伦理当作为艺术，功夫伦理避免了常见的认为只有真理命题（无论是形上学的、宗教的、生物学的，还是心理学的真理命题）可以成为德性之理据的假设（尽管它并不拒绝真理命题在功夫当中的作用）。它为文化上具体的、历史上偶发的、对个人而言独特的想象力和创造性打开了空间，并因而能够接受多元主义而不同时落入道德相对主义和主观主义的陷阱。正如我们所看到的，它允许我们既能保持坚定的价值承诺、对传统的继承、对师表的信任，同时又能是开放的，欢迎差异性和创造力。

事实上，通过把伦理当作是开发生命的艺术，功夫伦理体现了后现代思想的一系列真知灼见，即强调特殊性、情境、身体的维度、过程和创造性，但又不像许多后现代理论那样走向纯粹的解构。它为我们重新评估、重新解释和重新构建所有现有的理论提供了建设性的基础，即把它们都看作是不同的功夫建议和功夫流派。就像一个格式塔转换，看起来很熟悉的东西一旦置于功夫视角之下，就会出现不同的、新的面貌。有了这个视角，我们可以看到：尽管人类的各文明传统都产生了伟大的生活艺术功夫大师，但人类作为整体还很难被看作是一个成熟的成年人的社团，更谈不上是生活艺术家的社团。我们需要争取道德底线的普遍共识，但不能把达成道德的普遍共识作为全球对话唯一可能的积极成果[①]。这种对话将更像武林大会中的不同功派，他们既彼此竞争，也相互学习。这种交流所要得到的最后成果不是所有功派都皈依为同一个功派，而是开发相互的了解，增进相互的尊重、友谊和各自的进步。

原载《中山大学学报（社会科学报）》2018年第6期

[①] 在1993年芝加哥的世界宗教大会上，代表四十多种不同信仰传统和精神社团的二百多位宗教界领袖通过和签署了一份由德国学者孔汉斯（Hans Küng）起草的文件，标题为《走向全球伦理宣言》，意在建立一个道德规范的全球共识。这是一项伟大的成就。

第三辑

外国哲学

康德伦理思想述评

章海山

"有两种东西，我们愈时常、愈反复加以思维，它们就给人心灌注了时时在翻新、有加无已的赞叹和敬畏：头上的星空和内心的道德法则。"① 这是经常被人们引用的康德的名言，康德也正是把自己的一生献给于大自然和人类精神世界奥秘的探索上，献给了德国的思想启蒙运动。康德的生平虽然平淡无奇，然而他却是德国伟大的思想革命的开创者。恩格斯曾经这样评价康德所起的历史作用："在法国发生政治革命的同时，德国发生了哲学革命。这个革命是由康德开始的。"② 在德国伦理思想方面的革命，也是由康德开始的。他把道德的来源从神移到了理性的基础上，力图向人们指出一条达到道德而幸福的道路。

康德伦理思想的调和特征

西方伦理史上，尤其在近代对伦理学上的一些根本性的问题，即道德来源、德行与幸福的关系，自由与必然等问题，有过长期的争论，存在根本对立的看法。康德综观了历史上各派的观点，认为它们都有片面性，不是科学的道德学。他要建立一个超越各派伦理思想体系的独创的伦理学，找出一个具有普遍性和必然性的道德法则。

关于道德来源问题，康德把历史上各派的看法基本上分为两大派：一派从经验引出道德原则；另一派从神的意志引出道德。康德认为这两派都没有真正找到道德的来源。

从经验引出道德原则的派别，康德主要指的是以苦乐为标准的英国和法国的功利理论。认为这种功利理论从人的感觉苦乐中引出道德来，完全依赖于经验，因而道德原则是没有必然性的。同时它又以人的自爱自利、个人的欲望和幸福为根据，因而这些都是主观的，也就没有普遍的有效性。康德指出从感觉经验引出的道德原则，是"一个依主观为转移的必然法则（作为自然法则）一到了客观上就成为一个完全偶然的实践原理，而且能够并且也必然随着主体不同而十分差异，因而也就永远不能供给一个法则；……"③。

从神的意志引出道德原则的派别，康德主要指的是宗教神学的道德观。康德说："……而神的意志（如果人们单把'契合神意'作为意志的对象，而不需要先行于、独

---

① 《实践理性批判》，商务印书馆1960年版，第164页。
② 《马克思恩格斯全集》第1卷，第588页。
③ 《实践理性批判》，商务印书馆1960年版，第24页。

立于神的观念以外的实践原理）所以能成为意志的推动原因，只是因为我们期望由于契合神意就会得到幸福。"① 这就是说，道德原则来源于人的理性，而人的理性是先于和独立于神的，神不能作为道德来源。那些把神意作为道德来源的人，也无非是要求得到个人的幸福，因此得出的道德原则是没有普遍性和必然性的。

康德得出结论：道德原则既不能从外部经验世界，也不能从神意中引出，而只能从人的意志（理性）本身引出，这种道德原则既有普遍有效性，又有客观必然性。

关于德行与幸福的问题，康德指出，在这个问题上，古代有伊壁鸠鲁派与斯多葛派的争论。伊壁鸠鲁派把幸福作为道德的最高原则，幸福是目的，德行是手段；斯多葛派则把德行看作是目的，德行本身即是幸福。在近代，英国和法国的功利理论者主张幸福即德行，唯理论者和宗教神学认为德行即幸福。康德认为这两派的观点，各有一定的合理性，又各有其片面性。因为在他看来，最高的道德境界——至善，必须是德行（第一元素）和幸福（第二元素）相结合，这种结合又是永远无法达到的②。

关于自由与必然的问题，康德指出，近代也有两种对立的观点：宗教神学家和唯理论伦理思想家认为人的意志是自由的；法国唯物主义者认为人是自然的产物，人都是服从自然必然性的，人是没有自由的。康德对两者都不赞同，认为它们各执一个片面，而不懂得自由与必然的统一。按照康德的观点，人作为自然的产物，是服从自然必然性的，没有自由；人作为道德的主体，是受意志自身规律支配的，人是自由的。可以通过假设一个有理智的上帝的存在，使自由与必然统一起来。

康德曾经长期在这两派伦理思想之间动摇、徘徊和探索。卢梭的伦理思想启发了康德。康德说，牛顿发现了杂多的世界的规律性；卢梭在变动不定的人性各种表现形式中，发现了人的本质。卢梭帮助他去探索人的内心世界，使他看到了人的价值。康德这样说："我自以为我的求知欲极为强烈……有时我想：这一切将给人类带来荣耀，因此我鄙视那些知识极端贫乏的庸俗之辈。卢梭纠正了我这种看法。炫耀自己的特长这种心情消失了：我学会了尊敬人。"③ 康德接受了卢梭的人是自己和社会的主人的思想；接受了卢梭从良心引出道德原则的观点。卢梭启发了他应当找出一个普遍的道德原则。但是，康德并不同意从人的本能、情感，即良心中引出道德来。康德指出他与卢梭的区别在于："卢梭的方法是综合法，他是从原始状况的人出发的；我的方法则是分析法，我的出发点是文明化了的人。"④ 文明化的人是不应当从人的本能中引出道德原则的，因为文明化的人是有知识文化的，所以应当从人的理性本身引出道德原则来。

康德的一个重大功绩，是他看到了伦理思想史上两大派别的对立，指出了它们之间对立的主要点，并且力图解决这些矛盾，对如何把辩证法引进伦理学也作了初步的尝试。这对于我们研究伦理思想发展的规律，是颇有启发的。可是，康德只是正确地提出了问题，却不能正确地解决问题。

形而上学的思想方法依然贯穿于康德的整个伦理思想体系。他把世界分裂为经验世

---

① 《实践理性批判》，商务印书馆1960年版，第41–42页。
② 《实践理性批判》，商务印书馆1960年版，第129–130页。
③ 转引自阿尔森·古留加《康德传》，商务印书馆1981年版，第46页。
④ 转引自阿尔森·古留加《康德传》，商务印书馆1981年版，第50页。

界和本体世界，同样也把人分裂为感性存在者和理性存在者。他认为人是一个双重存在者，人作为感性存在者，属于经验世界，受自己欲望的支配，追求幸福，由自然必然性支配，人只有相对价值；人作为理性存在者，属于本性世界，超越了经验世界，只受理性自身创立的法则支配，是自由的，人有绝对的价值。人的本质在于理性给人创立的道德法则，人的无限价值也就在于此。在康德看来，只要把人分割为双重存在者，看到人在不同领域中，有不同的表现和追求，也就可以解决两派的对立。列宁指出："康德哲学的基本特征是调和唯物主义和唯心主义，使二者妥协，使各种相互对立的哲学派别结合在一个体系中。"[①] 在伦理学上，康德的调和特征也是非常明显的。实际上，他是把两派对立的伦理观点结合在一个体系中，主观地形而上学地把它们捏合在一起，并没有真正把辩证法贯穿进去。因为康德是把人的理性看作人的本性，从理性自身引出道德原则来，实质上仍然属于理性主义伦理思想路线。康德不过是想在这个基础上把两派对立的观点调和起来。

先验的普遍道德律和善良意志

康德建立了一个真善美的庞大思想体系。在他的整个思想体系中，伦理学高于哲学。他认为，人首先为自己立法，成为自己的主人，才能够为自然立法，成为自然的主人。因此，道德的价值高于知识的价值，研究人的内心世界的科学高于研究宇宙的科学。在康德看来，人的价值在于道德法则，它使人区别于动物，使人独立于全部感性世界。因此，康德认为伦理学的研究方法，不应当从外部经验世界开始，而应当从一个具有普遍必然性的又与经验无关的道德法则开始，然后才运用它去说明人的具体行为。也就是要采用从一般到个别、从抽象到具体的方法。康德自己这样说明他的研究方法："我们必须从不受经验所制约的一种原因性的原理出发，然后才能企图对这样一种意志的决定动因确立一个概念，并确立这些概念在对象上、最后又在主体和其感性上的应用。"[②] 这段话清楚地概括了康德伦理思想的特色及其遵循的途径。

康德的伦理学从具有普遍性和必然性的道德律出发，这种普遍道德律应当排除一切经验的内容，并且不受经验的制约。把道德中的具体内容彻底清除，只剩下形式本身，这就是先验的普遍道德律。康德称它为形式道德，认为它是整个伦理学的基础和前提。

先验的普遍道德律从何而来？康德作了主观唯心主义的回答。他认为它是从纯粹理性即人类的精神意识中来的。在道德世界（即本体世界）中，人作为道德的主体，纯粹理性表现为实践理性。康德说："我们如果假定，纯粹理性在其自身就能包含一个实践的、即足以决定意志的动机，那末就算有了实践法则的存在了。"[③] 意思是说，纯粹理性在道德世界中，有不依赖任何经验而由自己决定自己意志的能力。这种意志自律或意志自决的能力，就是实践理性，道德法则就是从中而来的。康德认为这是不需证明，也无法用经验证明的事实。他说："道德法则是作为我们所先天意识到而又必然确实的一

---

① 《列宁选集》第2卷，第200页。
② 《实践理性批判》，商务印书馆1960年版，第14页。
③ 《实践理性批判》，商务印书馆1960年版，第17页。

个纯粹理性事实给与我们的。"① 道德法则不从人们的社会实践活动中去寻找根据，反而从人的意志自身去寻找，用精神去说明道德现象，当然是无法证明的，因此，只好作为一个康德式的事实肯定下来。

先验的普遍道德律排除了一切经验内容，出于纯粹理性自身，所以它是普遍的、必然的，是无条件地适用于一切时代、一切民族的道德律。康德称它是适用于一切人的绝对命令。普遍的道德律或绝对命令有三条：

第一条律令是："这个原则就是：我一定要这样行为，使得我能够立定意志要我行为的格准成个普遍规律。"② 意思说，一个人每做一件事的时候，要促使你做这件事的意志，成为一条人人都必须遵守的准则。或者说，你的任何一个行为，必须遵守一条人人都共同遵守的道德准则。康德举了四个著名的例子来说明这条律令。这四个例子归纳起来，有对人和对己两个方面。即对人要遵守不撒谎、帮助人的准则。例如一个人明明无力还钱，在向别人借钱的时候，却满口允诺按时还钱。康德认为这样撒谎不能成为人人遵守的普遍准则，如果成为普遍准则，社会上就不存在信用和遵守信约了。对自己则要遵守爱惜生命，发展自己才能的准则。例如，自杀不能成为一条普遍准则，如果能够成立，那末人类社会就无法存在下去了。康德的四个例子正好暴露出他的纯粹形式道德律的致命弱点。他认为普遍道德律是没有任何经验内容的。但是实际上并不存在任何脱离社会经验内容的道德律。所以康德在举例的时候，又偷偷地运进了经验内容。这说明任何道德律一旦离开了具体的社会内容就无法成立，也无法说明。康德的根本错误，在于他把道德形式与内容对立地割裂开来，在具体说明的时候又把经验内容偷运进来。另外，我们从康德的例子本身，也说明他的道德律不是永恒不变的。如在钱财问题上不撒谎，一旦不存在财产的时候，这条道德律令也就失效了。黑格尔曾经正确地指出过康德的这一局限。

第二条律令是："你须要这样行为，做到无论是你自己或别的什么人，你始终把人当目的，总不把他只当做工具。"③ 这条律令就是要把人当作目的，不能当作手段。世界上万物都是手段，唯有理性存在者——人，作为道德主体，是自己的主人，决不是供人驱使的手段。康德仍然举第一律令的四个例子来说明第二律令。他认为，根据这一律令，人对自己应当保存生命，发展自己的才能；对他人应当不侵犯他人的自由和财产，增强他人的幸福。虽然人是目的这一律令很抽象，然而从康德举的具体例子，可以看出这一律令具有非常现实的内容，它要求保存生命，发展自己的才能，要求自由享用自己的财产，不受他人侵犯。如果我们同爱尔维修等人的观点相比较，可见康德说出了与爱尔维修相同的主张。不过爱尔维修是从人是感性存在者引出这一结论，而康德则是从人是理性存在者引出这一结论。两人是殊途同归。

第三条律令是："意志的第三个实践原则就是：'个个有理性者的意志都是颁定普遍律的意志'这个观念——这个原则就是使意志与普遍的实践理性相调和的最高条

---

① 《实践理性批判》，商务印书馆1960年版，第47页。
② 《道德形而上学探本》，商务印书馆1957年版，第16页。
③ 《道德形而上学探本》，商务印书馆1957年版，第43页。

件。"①这就是所谓"意志自律"。这条律令的意思是，普遍的道德律令是由人的意志（即理性）自身所颁布订立的，所以才具有人人遵守的普遍有效性，正因为意志自律才使人成为目的。这样，康德通过意志自律就把第一律令和第二律令统一起来了。康德一冉强调人的价值就在于人的意志自律，它使人自由、伟大和有尊严，因为人服从于自己理性制订的规律，而不是服从于外部世界的必然性。这样的人组成一个系统。康德称它为"目的国"。它不同于自然的必然王国，而是一个自由王国。人人都是目的，个个都自由而有尊严。但是康德认为"目的国"在现实世界中却永远无法实现。

康德伦理思想的革命进步意义，主要体现在第二、三律令中。康德把道德建立在理性的基础上，反对把人作为供奴役的工具，认为人应当是自己的主人，享有自由和财产权。康德在《论"这在理论上可能是正确的，但是它对实践毫无用处"这句俗语》这篇文章指出，在合法状态下的公民："1. 社会中的每一个分子，作为人，都是自由的。2. 社会中的每一个分子，作为臣民，同任何一个其他的分子，都是平等的。3. 一个普通的政体中的每一个分子，作为公民，都是独立的。"②康德在这里表述了德国资产阶级要求个性解放、自由发展和追求财富的强烈愿望，其阶级实质与法国启蒙思想家的伦理思想是一样的。而康德是用特有的抽象形式来表达的。他的道德律令与经验世界无关，与人的现实利害无关，而是出自纯粹理性的意志自律，是先验地建立起来的。马克思、恩格斯曾经深刻地指出："在康德那里，我们又发现了以现实的阶级利益为基础的法国自由主义在德国所采取的特有形式。……康德把这种理论的表达与它所表达的利益割裂开来，并把法国资产阶级意志的有物质动机的规定变为'自由意志'、自在和自为的意志、人类意志的纯粹自我规定，从而就把这种意志变成纯粹思想上的概念规定和道德假设。"③而且康德还把资产阶级建立共和国的要求——目的国，推向彼岸世界。

我们从康德的为义务而义务的善良意志说中，也可以看出他的伦理思想的特有形式。康德认为由于普遍道德律令出于人的意志自身，所以人必须也必然会遵守这个律令。"实际上有个绝不依赖任何一个动机，只凭自身的权威就可以发绝对的命令的实践规律，并且遵守这个规律就是义务。"④人遵守道德律令就是尽义务，义务不是出自人的爱好、情感和欲望，也不是出自人的利害考虑，与经验世界毫无关系，纯粹出于人的理性自身。因而人人都会尽义务，即使一个天份极低的人也会很容易地去尽义务。康德继而认为一个为义务而行事的意志就是善良的意志，善良意志与人的利益、欲望完全无关，纯粹按照道德律令来行事。康德只要求意志去符合普遍的道德律令，把这种意志称为善良意志，完全不管行为的实行情况和效果。因此，这是一种典型的纯动机论。康德这样说："这里的问题并不在于结果，只在于问意志是怎样被决定的，和什么才是它（作为一个自由意志）的准则的动机。因为意志只要合于纯粹理性法则，那末，这部批判便不关心于它的实行能力究竟如何，也不关心于是否真有那样一个现实的世界依照

---

① 《道德形而上学探本》，商务印书馆1957年版，第45页。
② 引自周辅成编《从文艺复兴到十九世纪资产阶级哲学家政治思想家有关人道主义人性论言论选辑》，商务印书馆1966年版，第637页。
③ 《马克思恩格斯全集》第3卷，第213页。
④ 《道德形而上学探本》，商务印书馆1957年版，第39页。

这个可能世界的立法准则发生。"① 这就是说，只要动机好，意志善良，就是最有德行了，效果如何完全不用去管。康德的纯动机论的善良意志完全适合于德国资产阶级软弱的状况。在英国和法国资产阶级已经夺取政权，成为统治阶级，而德国的资产阶级则只是把革命的要求停留在思想上，并不敢采取行动。这就使得"康德只谈'善良意志'，哪怕这个善良意志毫无效果他也心安理得，他把这个善良意志的实现以及它与个人的需要和欲望之间的协调都推到彼岸世界。康德的这个善良意志完全符合于德国市民的软弱、受压迫和贫乏的情况"②。马克思、恩格斯对康德的伦理思想的阶级实质和局限，作出了最为中肯的分析。

善恶概念与道德感情

康德确立了普遍道德律令之后，接着还研究了道德律令与人的行为本身的关系以及对主观心理的影响。他认为，道德律令与行为本身发生关系就产生了善与恶的概念，对主观心理的影响就产生了道德感情。

先有道德法则，然后才有善恶概念，善恶概念取决于道德法则。康德说："善恶概念不应当在道德法则之前先行决定（虽然从表面上看来善恶概念甚至应当作为这个法则的基础），而只应当在它以后并借着它来被决定。"③ 因此，善恶与人的苦乐感觉无关，与人的利益以及外部事物无关。康德一方面反对感性主义的善恶观，另一方面也反对宗教神学的善恶观，指出善恶与神的意志也是无关的。善恶概念取决于道德法则，道德法则来源于纯粹理性，所以归根到底来源于人类理性。根据善恶的这种性质，他认为，"善或恶则永远意味着对意志的一种关系——就意志受理性法则所决定而把某种东西作为它的对象而言"④。康德的意思是说，善恶只涉及人的行为本身，凡是行为符合道德律令的就是善；凡是违反道德律令的就是恶。而与行为的效果，以及由行为产生的苦乐感觉，或与由行为产生的福利或不幸都是完全无关的。因此不能以它们来作为判断善恶的标准。善恶的判断标准在于与利益无关的道德法则。康德举例说，古代一个斯多葛派在激烈疼痛的时候，高呼不论疼痛怎么折磨我，我永远不把它当作恶。这种行为本身虽然不能产生减轻病痛的效果，但行为本身却是善的，因为行为本身表示了人在逆境中的勇气。可见，康德的善恶观实质上是他的纯动机论的另一种表现。

康德认为，当道德律令影响人的主观心理的时候，就产生了一种道德感情。道德感情有两种作用：（1）从消极方面看，道德感情对于追求个人利益和幸福的自爱心加以限制。他承认自爱是人的天性，不能完全消灭，只能加以限制。（2）从积极方面看，道德感情使人对道德律令产生一种敬重心，因而自觉地去遵守律令。这时候，道德律令不再是一种绝对命令，而变成了人的自觉的动机。因此，"它的作用并不在于评价行为，也不在于作为客观道德法则自身的基础，它只是把这个法则作为自己准则的一个

---

① 《实践理性批判》，商务印书馆1960年版，第46页。
② 《马克思恩格斯全集》第3卷，第211–212页。
③ 《实践理性批判》，商务印书馆1960年版，第64页。
④ 《实践理性批判》，商务印书馆1960年版，第61页。

动机"①。敬重心并不是快乐感,而是一种奇特的道德情操。它使人觉得自己的内心高贵,感觉到人的价值和尊严。总之,有了敬重心这种道德感情,使人的动机符合于道德律令,它使一切人能够自觉地遵守道德律令。在这里,康德强调人的价值和尊严,在于人是否遵守道德律令的。对人的评价也应当根据这点。康德的这些思想,否定了封建等级制按门第来评价人的标准,具有一定的反封建意义。

善恶观和道德感情,是康德的纯动机论的善良意志的具体运用,完全把它们与人们的社会生活和道德实践活动割裂开来,使它们只是停留在思想领域之中,完全不计苦乐和利益。因此,它们必然是极其软弱无力的,在实际生活中也是行不通的。当时法国的资产阶级正在为现实的利益攻打巴士底狱,而康德则大谈敬重心,大谈不计利益的善恶。这正说明了当时德国资产阶级的软弱保守。当然,我们还要指出,康德看到了道德中精神因素和自觉性的重要性,包含着一定的合理思想,而这一点正是感性主义伦理思想所忽略的。

至善的道德理想

至善是道德的最高境界,也是康德整个伦理思想的归宿点。康德想解决伦理学中关于德行与幸福关系这样一个根本性的问题,并且力图把两者统一起来。德行与幸福的关系是西方伦理学史上一个重大的争论问题。这个问题对康德来说,也是一个难题。他认为人作为感性存在者,作为自然界的一部分,人要追求物质利益,追求幸福,这是正当的权利;人作为理性存在者,作为道德世界的主体,人与经验世界和物质利益无关,只追求德行。如果从不同领域去看人,德行与幸福没有矛盾,然而实际上人却是双重存在的统一,人既要追求幸福又要有德行,这样就陷入了实践理性的二律背反。

康德认为至善是德行和幸福相结合。它包括两个元素:一个是最高的、绝对无条件的善,就是德行;另一个是完整性、圆满性,就是幸福。因为德行与感性世界、人的利害无关,所以人的德行在现实生活中并不能产生幸福。又因为幸福只与人的利害有关,所以幸福又不能产生德行。康德悲观地说:"我们纵然极其严格地遵行道德法则,也不能因此就期望,幸福与德性能够在尘世上必然地结合起来,合乎我们所谓至善。"②因此,德行与幸福的结合只有在超感性的本体道德世界中才是可能的,在现实感性世界中则是无法解决的矛盾。在这里再一次表明康德把伦理学看得高于哲学,把实践理性看得高于理论理性。

康德指出,要在道德世界中,把德行与幸福结合起来,必须假设灵魂不朽和上帝存在。所谓灵魂不朽的假设,康德认为是"假设了有理性的存在者的存在和人格无止境地延续下去时(这就是所谓灵魂的不朽)"③。康德在这里说的灵魂已经不是宗教意义上的灵魂,而是把它改造为道德上的人格和类的本性。按照康德的说法,作为个人短暂的一生是无法达到绝对的最高的善的,这就要假设有理性的人类无限地延续下去,有可

---

① 《实践理性批判》,商务印书馆1960年版,第77–78页。
② 《实践理性批判》,商务印书馆1960年版,第116–117页。
③ 《实践理性批判》,商务印书馆1960年版,第125页。

能达到无条件的绝对的善。另外要假设上帝的存在，也就是假设一个有理性、全善的上帝是自然的原因，所以自然包含有道德目的性，从而使自然界向道德世界过渡。这样幸福就产生德行，德行也可以产生幸福，幸福与德行就结合起来了。康德讲的上帝也不完全是宗教神学意义上的上帝，"假设神的存在，在道德上乃是必要的"①。"这种道德的必要只是主观的，即只是一种需要，而非客观的，即它本身并非一种义务。"②上帝不是道德的根据，相反，道德第一，上帝第二，上帝服从于道德上的需要，只是至善的一个必要条件。康德把上帝从自然界赶了出去，在道德世界中又把它请了回来。但是这个上帝已经不是宗教原来意义上的上帝了。因此把康德伦理思想说成是信仰主义伦理思想，是欠妥当的。

康德提出要把幸福与德行结合起来，这是一个深刻的思想，可是他解决这个问题竟是如此肤浅。马克思主义伦理学认为，德行与幸福是统一的。一个有道德的人是一个幸福的人；一个幸福的人，必然是道德高尚的人。二者统一的基础应当是人们的社会生活实践，因此在现实生活中二者是完全可以统一起来的。康德却把二者的统一推到彼岸世界，还要求助于上帝和灵魂的不朽。虽然康德的上帝和灵魂已经不是宗教意义上的上帝和灵魂，但毕竟是对宗教神学的一种让步和妥协，为信仰主义保留了一定的地盘。十八世纪法国启蒙思想家爱尔维修、霍尔巴赫等人，直截了当地要求在现世把德行与幸福统一起来，把无神论与伦理思想结合起来。如果把康德与他们相比较，那末康德伦理思想的战斗性和革命性就显得逊色得多。

从总的看来，康德的伦理思想在当时德国的历史条件下，主要起着革命的进步作用，在伦理领域中开始了一场革命。人是目的，意志自律反映了资产阶级要求成为统治阶级的迫切愿望，也起着反对封建专制主义和宗教神学伦理观的启蒙作用。但是，由于德国资产阶级不够强大，不敢与人民联合起来采取行动，这反映在康德思想上，就表现为大讲不计利益的绝对命令，把政治上和现实利益上的要求变为纯粹抽象形式的道德假设，不像同时代的法国启蒙思想家那样从道德中直接引出政治革命的要求。这种区别，反映了法国和德国两国资产阶级处于不同的发展阶段。

康德伦理思想中包含了一定的辩证法因素，看到了伦理学上，自由与必然、德行与幸福以及动机与效果等范畴的对立。然而，康德却用了形而上学的方法来解决这些矛盾。他把世界分裂为双重世界，把人分裂为感性存在者和理性存在者的双重存在者，又把这些对立统一的道德范畴人为地放在不同的领域中，然后把它们捏合在一起。他最后不得不假设上帝的存在，来解决这些矛盾，为信仰主义留了地盘。形而上学和主观唯心主义在康德伦理思想中，占着主导地位。康德的重大功绩在于提出了问题，而不在于他解决问题的方法。

原载《中山大学学报（哲学社会科学版）》1984年第2期

---

① 《实践理性批判》，商务印书馆1960年版，第128页。
② 《实践理性批判》，商务印书馆1960年版，第128页。

物质客体论（上）

张华夏

本文的目的，是要探讨辩证唯物论的物质论的基本范畴之一——物质客体范畴。一提出物质客体范畴，我们立刻面临一系列的问题：什么是物质客体？应不应该将物质客体理解为物质实体与物质属性的统一？为什么割裂与混淆物质实体和物质属性就会产生唯心论、多元论和机械唯物论？这样提出问题和分析问题是不是搞了一个"本体论的物质定义"？物质客体范畴与物质范畴的关系又如何？物质客体范畴是不是物质论范畴体系的细胞？物质客体范畴与辩证唯物主义的其他范畴特别与物质论的其他范畴的关系又如何呢？要解决这些问题难度是很大的。本文也远没有完全解决以上问题，只是打算对这些问题的解决提出一些初步的、不成熟的想法，以求教于读者。

本文严格采用辩证逻辑的由抽象到具体、由分析到综合的方法，并使用集合论和状态函数等数学方法，作为"辩证的辅导工具和表现方式"① 来分析上述问题。用集合论、数理逻辑、抽象代数等数学工具来解决本体论问题的思想，是由阿根廷理论物理学家和自然科学唯物主义者 Mario Bunge 在 *The Furniture of the World* 一书中提出来的。本文也试图用这些方法来分析辩证唯物主义范畴，也许会引起极大的争议。不过现代数学早已越出了只研究数量关系和空间形式的范围，其中一些数学分支越来越成为一般的思维形式和演绎推理的科学，为什么不能应用于哲学呢？马克思说："一种科学只有在成功地运用数学时，才算达到了真正完善的地步。"② 当代科学的发展证实了马克思的论断。数学和自然科学的方法以一种不可阻挡的趋势渗透到哲学社会科学里来。在辩证唯物论的研究中，如果盲目地拒绝一切数学方法，那我们的思想很可能停留在十九世纪。

一、物质客体范畴是物质论的逻辑细胞

要运用从抽象上升到具体的逻辑方法分析物质论的范畴体系，首先就要解决这个上升过程的逻辑起点或逻辑细胞问题。任何一门成熟学科的逻辑体系，都有自己特定的逻辑细胞。例如机械力学中的质点运动，热学中的分子，化学中的原子，有机化学中的碳氢化合物的结构，生理学中的细胞，遗传学中的基因，大脑生理学中的神经元，政治经济学中的商品等。这些逻辑细胞有着几个基本的特征：（1）它包含了该研究领域的最简

---

① 恩格斯：《自然辩证法》，人民出版社一九七一年版，第3页。
② 转引自保尔·拉法格《忆马克思》，见《回忆马克思恩格斯》，第7页。

单、最基本和最普遍的规定；（2）它所反映的对象构成了该研究对象的最基本的单位或元素，成为该对象领域的统一性的基础，如同动植物机体中的细胞一样；（3）它蕴含了该对象及其发展过程的一切矛盾的"胚芽"，该学科的以后的范畴排列，体现了这矛盾"胚芽"的展开。马克思在研究资本论的时候，就是依照这几条标准找到了资本主义政治经济学的细胞：商品。马克思说："资本主义生产方式占统治地位的社会财富，表现为庞大的商品堆积，单个的商品表现为这种财富的元素形式。因此，我们的研究就从分析商品开始。"这种分析，就是分析"经济的细胞形式"，就是在"显微镜下"对经济细胞的"解剖"①。

物质论的研究对象是整个物质的世界，它必然也有自己的逻辑细胞。什么是物质论的逻辑细胞呢？依照上述的标准，我们看到，我们面对着的整个世界，从基本粒子到总星系，从无生命自然界到人类社会，表现为无限巨大的由各种物质客体相互作用而形成的体系。很显然，单个的物质客体表现为这个世界的细胞形态或元素形式，因此，物质论的研究应从分析一般物质客体开始。这就是说，物质客体范畴符合上述作为逻辑细胞的第（2）条标准。物质客体范畴是否包含了物质论研究领域的最简单、最基本和最普遍的规定呢？回答是肯定的。物质客体的第一个最基本的"规定"就是它具有客观性；第二个最基本的"规定"就是它本身是实体（作为属性的载体）；第三个最基本的"规定"就是它具有属性和状态。这些都是物质世界最基本"规定"。这就是说，它符合上述作为逻辑细胞的第（1）条标准。物质论有许多范畴，物质、物质存在形式、物质系统、物质层次、物质形态等，其中物质系统是发展了和展开了的物质客体，物质层次是发展了和展开了的物质系统，物质形态是发展了和展开了的物质层次。所以物质客体的分析揭示了物质世界一切矛盾的胚芽。这就是说，它具备了作为逻辑细胞的第（3）条标准。

有些同志认为，物质论范畴体系的逻辑起点或逻辑细胞应该是物质概念或辩证唯物论的物质定义，而不应该是物质客体范畴。对这种看法我们应该有所分析。的确，标志不依赖于我们意识而存在的客观实在的物质概念是人类对物质世界的认识从具体到抽象发展的结果。人类最初建立的是关于物质的单一概念，即把物质看作是"水""火""气"之类的具体物质形态（古希腊唯物主义阶段）。进而人们建立关于物质的特殊概念，即把物质看作某一物质层次或某些物质层次的实体或属性，例如将物质看作是原子、质量或实物（近代唯物主义阶段）。最后达到列宁所说的"物质抽象"，即更深刻、更完全地反映物质世界以及各种物质客体共同本质的物质普遍概念：标志着客观实在的哲学范畴（辩证唯物主义阶段）。作为由具体到抽象认识过程的结果的辩证唯物论的物质概念，揭示了物质世界最简单、最基本和最普遍的"规定"，因而符合作为物质论逻辑细胞的第（1）个条件。但是，物质概念，是关于世界本原的概念，即关于世界的本原是精神还是自然界的问题。它是从物质与精神的关系上来说明物质是什么。所谓物质就是说的离开人的意识而存在的整个世界。所以物质概念是个整体概念而不是整体的组成部分的概念。它是整个有机体而不是细胞。至少在物质概念中还

---

① 《马克思恩格斯全集》第二十三卷，第8、47页。

没有将整体与组成元素，将有机体与细胞划分开来。因此，严格说来，物质概念不符合作为物质论逻辑细胞的第（2）个条件。物质论的逻辑细胞不是整个客观实在的物质世界，而是作为物质世界的基本组成单元的物质客体。事实上，除了逻辑学、心理学之类的有关思想世界和精神世界的学科之外，一切科学的逻辑细胞都是某种特定的物质客体。上面谈到的力学中的质点、热学中的分子、化学中的原子、有机化学中的碳氢化合物、遗传学中的基因、神经生理学的神经元、政治经济学中的商品，都无一不是某种作为单元的特殊物质客体。辩证唯物主义将所有这些特殊的物质客体概念加以抽象概括，建立一般物质客体概念，作为物质论的逻辑细胞，这就体现了物质论的逻辑起点和各门科学的逻辑起点的一致性、精确性，并尽可能做到象马克思所说的数学和"自然科学的精确性"以及与科学的一致性，特别是与现代自然科学的一致性。这两点应该是建立物质论范畴体系的两个基本原则。物质客体论的阐述应该符合这两个基本原则。

不过我们千万不要将物质概念和物质客体概念对立起来，在外延上，物质概念包含了物质客体的概念；在内涵上，物质概念是从一切物质客体的共同属性中概括出来的。物质概念所反映的客观实在性是一切物质客体的最根本属性，因此分析物质客体应首先分析物质客体的这个最根本的属性。如果阐明物质客体概念时，对客观性概念不作详细分析，那是因为在物质论范畴体系中，把物质概念当为物质客体概念的先行概念已经作了分析，并且在所有的哲学教科书中也都是这样。而本文也作这样处理，不再论证。本文将物质客体看作是物质实体和物质属性的统一，对这两个范畴比较详细地分析。

又有一些同志认为，既然物质概念在外延上包含了物质客体概念，在内涵上揭示了一切物质客体共同的属性——物质性，因此不需要物质客体的范畴。这也许是目前流行的辩证唯物主义教科书中没有专门分析这个范畴的理由。当然，物质范畴极为重要，极为根本。它是辩证唯物论的基石，又是分析其他一切哲学的范畴的前提和基础。但是，物质概念高度抽象，它并不能回答物质论当中的一切问题。请看下列一些问题："时间与空间是不是物质？""能量或质量是不是物质？""过程是不是物质？""信息是不是物质？""生产关系是不是物质？""文明礼貌是不是物质？"

要回答这类问题，我们常常陷入二难推理中。说它们不是物质吧，它们的确是客观真实的存在，是符合物质定义所提出的标准的。因为物质是标志客观实在的范畴。"客观实在"一词，无论英文的 Objective reality 还是俄文的 Объéктиʼвная реалность，都不过是客观真实的存在或客观现实的意思，并没有实体的意思。所以，我们不应顾名思义，说"客观实在"一词，有个"实"字，是指实体之义，时间、空间、能量、信息之类既然不是实体，所以也就不是物质了。它们显然是属于客观实在这个物质大范畴的，但说它们就是物质也有明显的困难。因为实体和属性有区别。时间、空间、能量、信息等东西不能独立存在，不能离开物质承担者而存在，所以不能当作客观存在的独立对象看待。这就是说，不能将它们与物质等同看待。这个二难推理，不是我们臆想出来的。在五十年代讨论时间、空间问题的时候也曾提出过。后来讨论海森堡的唯能论的时候又有这问题。七十年代和八十年代哲学工作者或自然科学工作者讨论物质和信息，也同样回避不了。东德哲学家 G. 克劳斯和我国哲学工作者郭宝宏、覃恩曾将这个二难推理鲜明地表述如下：G. 克劳斯说："很清楚，不能简单地把信息归结为意识，因为信息存在于意识之外。同样也不能把信息归入物质，因为信息是与各种物质载体（声波、电信号系统、磁带的一定状态等等）联系着的。一方面，信息是由物质成分构成的；另方面，信息毕竟不能归结为物质。"① 郭宝宏、覃恩写道："如果说信息的本质是物质的，尽管它在自然界、社会和思维中到处存在，人们却找不到一般信息的实体；如果说信息本质是精神的，信息的表现却不能用精神现象来概括，有时（例如通信系统中）只有通过不同形式的能量作用才能表现出来。"②

这里我们不讨论上述的问题在问题的逻辑或问句的逻辑上是否发生错误，即它是否犯了谓词逻辑类型与主词要求的逻辑类型不相符合这种"类型混淆"的逻辑句法错误（例如"曹操是不是一个质数？"这个问句就犯了类型混淆的逻辑句法错误）。这里我们关心的问题是无论对于正确提出上述问题，还是正确解答这些问题，我们的范畴都不够用。为了正确提出和正确解答上述这些问题，需要引进标志物质承担者的物质实体范畴以及与此相对应的物质属性范畴和作为实体与属性的统一的物质客体范畴。有了这些范畴我们便可以对上面这些问题作出最一般的回答："时间和空间不是物质实体，而是物质的存在方式或物质的普遍属性（广延性和持续性）"，"质量不是物质实体，而是物质的一种基本形态（实物）的普遍属性"，"过程不是物质实体，而是物质客体的状态的一种变化，归根结蒂也是物质属性的变化"。至于信息是什么，这个问题目前还有许多争论。N. 维纳说，"信息就是信息，不是物质也不是能量"。这个看法就其反机械论来说，不是没有道理的。信息虽然是客观存在的，但它不是物质实体。物质客体（或物质系统）具有信息，不象肝脏具有胆汁那样具有物质实体性，也不象肌肉具有动作那样具有能量。信息是一切物质客体或物质系统都具有的一种普遍属性，是事物之间相互联系的一种普遍方式，这种属性与方式揭示了物质客体或物质系统内部的有序程度以及组织结构。当信息从一个载体转到另一个载体时，后一载体的信息反映了前一载体的性质与状况。因此信息是物质系统固有的反映特性。无论这种看法正确与否，信息不是物质实体而是物质的一种属性，这一点则是没有疑义的。可见，正象商品具有使用价值和价值的二重性一样，物质客体也可以划分为两个方面：物质实体和物质属性。有了这两个范畴，我们对物质的概念分析便可以深入进行下去。"生产关系是不是物质呢？"生产关系不是物质实体而是人与人之间的物质关系。至于文明礼貌也不是物质实体而是社会主义公民这个社会实体或社会客体应该具有的一种属性。总而言之，物质客体这个范畴是必要的而且是基本的。有了这个范畴，物质范畴才能由整体下降到局部，从抽象上升到具体。

在辩证唯物主义诸范畴的相互关系问题上，我们要注意两个方面的情况。一方面由于物质概念高度抽象，需要对物质世界的细胞形态即对物质客体进行剖析，进一步论证物质的其他规定，把它们作为中介，才能一步一步地没有逻辑跳跃地上升到愈来愈具体的范畴。另一方面，又有一些哲学范畴，由于自身规定的充分具体性，需要一些比较抽象的范畴做先行概念，作为定义和逻辑前提，才能一步一步地下降到愈来愈抽象的范

---

① 《自然科学哲学问题丛刊》一九八〇年第三期，第67页。
② 《哲学应当应战》，见《甘肃日报》一九八〇年十二月三十日。

畴，中间不出现逻辑的空隙。例如，在认识论中需要讨论认识主体和认识客体、自然客体和人工客体。可是，无论认识主体还是认识客体、自然客体还是人工客体，它们都首先是物质客体。如果不剖析物质客体，就不能很好地论证主体与客体、自然客体和人工客体。又如在某些流行的辩证法教科书中，系统范畴，已经成为一个重要的哲学范畴。但是，无论物质系统还是物质系统的元素，都首先是物质客体，物质客体这个概念要在系统概念的定义项中出现。又如，我们常常将意识定义为高度组织起来的物质属性。可是，什么叫做"高度组织"，什么叫做"属性"呢？这并不是不言而喻，无须论证的。再如，有些哲学教科书仿照黑格尔将质定义为内在规定性，将量定义为外在规定性。可是什么是规定性呢？这也非理所当然，而是需要在物质属性或物质性质范畴中进行分析。我们说，无论什么事物的运动都采取两种状态：质变状态和量变状态。可是什么叫做状态呢？我们又说"一切事物、一切现象、一切对象都存在着矛盾"，可是什么叫做"事物""对象""现象"呢？所有这些问题都有待于对物质世界的细胞作显微解剖，才能从抽象的物质范畴一步一步上升到辩证唯物主义的诸具体范畴。精确的哲学的范畴排列必须组成抽象——演绎体系，其中先行范畴在加上一些具体条件（或辅助假设）之后，能演绎地推出随后的范畴，以这种逻辑的严格性实现范畴由抽象上升到具体的排列。所以，无论从哪一个方面看，物质客体的范畴是不可缺少的。

二、物质客体的实体

恩格斯在《自然辩证法》一书中说道："我们面对着的整个自然界形成一个体系，即各种物体相互联系的总体，而我们在这里所说的物体，是指所有的物质存在，从星球到原子，甚至直到以太粒子，如果我们承认以太粒子存在的话。"[①] 恩格斯这里所说的"物体""物质存在"以及其他地方讲的"各种特定的、实存的物质"[②] 就是我们这里所说的物质客体。物质客体，是整个物质世界的各个相对独立的组成部分或相对独立的存在物。从现代科学的观点看，夸克、基本粒子、原子核、原子、分子、生命大分子、细胞、宏观物体、天体、生命有机体、人、社会、家庭、阶级等，都是物质客体。物质客体可以作下列的区分：（1）自然物质客体和社会物质客体。上面所说的各种社会形态、家庭、阶级、政党、军队等是社会物质客体。人类本身既是自然客体又是社会客体。（2）天然物质客体和人工物质客体。人工客体又称为人工自然。马克思说"自然并没有制造出任何机器、机车、铁路、电报、自动纺棉机等等。它们都是人类工业的产物"，它是"人类头脑的器官"是"物化了的智力"[③]。（3）认识的主体和认识的客体。从认识论的角度看，物质客体可以划分为两类：一类是认识主体，认识主体就是人，作为自然物质客体和社会物质客体的人；另一类是认识的客体，即在认识主体之外的一切物质客体。（4）从物质形态或运动形态来进行分类：物质客体可以划分为物理客体、化学客体、生物体、各种社会有机体等。

---

① 恩格斯：《自然辩证法》，人民出版社一九七一年版，第51页。
② 恩格斯：《自然辩证法》，人民出版社一九七一年版，第233页。
③ 《政治经济学大纲》第三分册。

在上述的物质客体分类中,我们为什么不把时间、空间、能量、质量、信息等称为物质客体呢? 不是因为它们不是客观的东西,而是因为物质客体除了必须客观存在之外,还必须具备两个方面:物质实体方面和物质属性方面。而上述这些东西所指称的只是物质属性方面,不包含物质实体方面,所以不能称为物质客体。任何物质客体都包含实体和属性这"二重性"。例如,一块铜,它由铜原子组成。这块由铜原子组成的"基质"或"基体"就是铜的实体。这个实体所具有的一定的形状、体积、质量,它所具有的延展性、光泽性、于1083℃溶解,它是一种良导体,它是稀有金属,等等,就是铜的属性。又如,一个人有他的身高、体重、肤色等物理属性,有新陈代谢、血液循环、肠胃消化、生儿育女等生物化学属性和生物学属性,还有感觉、思维、意志、情感等心理属性……而由一定器官、一定生命物质组成的"物质基础"即人体本身就是人的实体。前面讲到军队,军队之所以为物质客体,是因为它具有一定政治素质和军事技能的士兵以及武器装备等物质实体方面,以及作为阶级斗争工具的各种属性。帝国主义也是一种物质客体,生产与资本的高度集中,银行资本与工业资本合而为一,向外输出资本进行侵略与扩张,以及寄生性、腐朽性等等,就是它的属性。而一定的垄断经济组织及其经济实力则组成它的"物质基础",这就是帝国主义的实体。因此,一般地说,所谓物质客体的属性指的是物质客体的性质、关系、数量、行为、状态等标志物质特征的东西。而所谓物质客体的实体就是这些物质属性的"基础""基质"或"物质承担者"。每当人们考察物质客体的某一种属性的基础,追寻它的根源时,事实上都将物质客体划分为实体与属性这两个方面。所以实体与属性、质料与形式是一对古老的哲学范畴,被恩格斯誉为"古代世界的黑格尔"[①]的亚里士多德,早就将物质客体看作是物质实体与属性的统一了。他在《物理学》中写道"万物既是实体又是数量又是性质"[②]。当然,将物质客体划分为实体与属性两个方面,并不意味着有脱离一切属性的纯实体存在。阿那克亚曼德的"无限者",巴门尼德的"纯存在",柏拉图的"无形式物质",亚里士多德的"原始质料"或物元以及黑格尔的"免除了任何规定性的有"[③],都不过是一种纯粹的虚构。这种虚构是否象力学中的质点一样有纯理论的意义,我们暂且不谈。现实世界中的一切物质实体都是具有特定属性的物质实体。我们之所以需要这个哲学范畴就是为了给一定事物的属性指明它的"物质基础""实在基质"或"主体"。因而物质实体范畴也只有相对于属性才有意义。

我们不仅需要从实体与属性的联系上来了解物质实体范畴,而且要从实体与属性的区别上来了解物质实体范畴。物质实体与物质属性有着原则区别。这种区别可以归纳如下:

(1)物质实体是第一性的。它是基础,是本原;物质属性是附着于或从属于物质实体的,是物质实体的表现,因而是第二性的东西。属性总是存在于实体之中,而不是实体存在于属性之中。例如,这张纸是白的。纸是这张白纸的基质或实体,而白则是附

---

① 《马克思恩格斯选集》第三卷,第59页。
② 亚里士多德:《物理学》中译本,第18页。
③ 黑格尔:《逻辑学》上卷,第68页。

属于这张纸的。虽然物质属性和物质实体都是客观的存在，但物质属性是不能独立存在的，也就是说，它不能离开担当者而独立存在。而物质实体是可以独立存在的，也就是说，它无须别的担当者而存在。白是不能离开纸或其他担当者而存在。但是纸是可以不需要别的担当者而独立存在。所以，亚里士多德称实体为"第一存在"或"完全意义的存在"，称属性为"第二存在"或"不完全意义的存在"，不是毫无道理的。

（2）物质实体之间是可以发生直接的相互作用的，而物质属性之间或一物质客体的属性对另一物质实体之间不能发生直接的相互作用。例如，物体的碰撞、天体之间的吸引、基本粒子之间的相互作用、生物与环境的相互作用，都是实体之间的相互作用。这种相互作用可能是间接的，例如，地球与太阳的相互作用是通过引力场或引力波而发生相互作用，但引力场或引力波也是物质实体，所以物质实体之间是可以发生直接的相互作用的。但属性之间不发生直接的相互作用。它们之间如果说有相互作用的话也只能通过实体而发生相互作用。意识、心灵是人脑这个物质实体的一种特殊属性，它是不能直接作用于其他物体的。现代心灵学臆想出所谓"意念致动""传心术"，设想不通过实体的精神作用和精神相互作用，完全是一种奇谈。意识的作用只能通过具有意识的人来实现。马克思说，"批判的武器当然不能代替武器的批判，物质的力量只能用物质的力量来摧毁"①，就是这个意思。同样，信息之间也不能发生直接的相互作用。它们只有通过物质载体（物质实体）发生相互作用。我国生产关系的社会主义性质无疑地会对生产力发生巨大的促进作用，但是这种作用是要通过社会主义劳动者这种社会实体而发生作用。

（3）某一物质客体的实体是某种完整的统一整体，而某一物质客体的属性则是分化了的、分解了的众多的东西。例如，一个玻璃杯，从实体上说是个统一整体。但从属性上说却是众多的东西。列宁说道："玻璃杯既是一个玻璃圆筒，又是一个饮具，这是无可争辩的。可是一个玻璃杯不仅具有这两种属性、特质或方面，而且具有许许多多其他的属性、特质、方面以及同整个外界的相互关系和'中介'。玻璃杯是一个沉重的东西，它可以作为投掷的工具。玻璃杯可以用来压纸，可以用来装捉到的蝴蝶，玻璃杯可以作为带有雕刻或图画的艺术品。"②

（4）在一个物质客体的概念模型中，在概念和判断正确反映物质客体及其属性的限度内，物质实体用主词来表示，物质属性用谓词或命题函数来表示。例如，在"雪是白的"这个判断中，实体（雪）处于主词的地位，属性（白）处于谓词的地位，可以用命题函数W（ ）表示，这里W表示白，于是"雪是白的"就写成W（雪）。大家知道，函数不能没有定义域，定义域中的元素就是物质实体。需要指出的是，这个问题揭示了辩证法、认识论和逻辑的统一。物质世界的细胞即物质客体自身的矛盾：实体与属性的矛盾，反映到逻辑中，构成了逻辑的细胞，最简单的命题的内部矛盾，即主词与谓词的矛盾。

（5）实体是属性的基础与根源，属性是实体的表现这个事实，还在人们认识的过

---

① 马克思：《黑格尔法哲学批判》导言，见《马克思恩格斯选集》第一卷，第9页。
② 《列宁选集》第四卷，第452页。

程中清楚地表现出来。人们在认识物质客体时,首先认识的是物质客体的某些属性,它的某些性质和关系。只有这种认识发展到一定阶段,才能揭示或发现这些属性的根源,这些属性的物质担当者。一旦人们认识了这种物质的实体,人们在认识物质客体的历史上便发生了巨大的飞跃,人们便以这种实体知识为指导,进一步揭示物质客体的属性,特别是它的本质属性以及本质属性的有机统一:物质客体的本质和基本规律。例如,人们对于电的某些性质,打雷、闪电、电的极性、正电荷负电荷、正电流负电流等,早在古代就知道了。到了十九世纪七十年代,由于"阴极射线"的发现,人们对于电的属性有了更多的了解,知道阴极射线在无外界干扰时直进,在外加磁场下偏转,它能使许多物质发磷光等许多性质。但恩格斯认为,这时人们对于电这种物质客体的认识还是很零乱的,"象一群游牧的骑者一样,分散地向未知的领域进攻","在黑暗中胡乱摸索",这是因为还不知道"什么是电运动的真正物质基础,什么东西为运动引起电现象","一个象道尔顿的发现那样能给整个科学创造一个中心并给研究工作打下巩固基础的发现,现在还有待于人们去探求"。①恩格斯所预期的,就是一八九七年电子的发现。可见,认识到了物质客体的某些属性不等于认识物质客体的具有基础性和整体性的实体,而一旦认识了物质实体,就反过来大大推动对物质属性的认识,使人们有可能认识物质客体的本质和基本规律,并解决前一认识阶段碰到的各种疑难。关于这个属性—实体—属性的认识过程,以及认识实体在这个认识过程中的作用,坂田昌一讲得十分清楚。他指出,"在1930年前后,当最初试图从量子论来研究原子核问题时,就遇到了下述种种的困难。例如,在 β 放射性中能量守恒定律之被否定,和关于核内电子的自旋及统计的并合律之被否定等。此外,恰好在这个时期建立起来的狄拉克的电子论也被负能的困难所烦扰,海森堡和泡利的量子场论也出现了发散的困难。这些困难后来几乎全部由于中子、中微子、阳电子、介子等未知基本粒子的发现或导入而获得了解决"。这就是"在理论中导入新的实体"的意义。量子力学的哥本哈根学派的哲学错误就在于否认这种物质实体认识的意义,而武谷三男的三阶段论(即认为人类对于自然界的认识是按照现象论—实体论—本质论这三个阶段循环往复,以螺旋形发展的辩证过程)的主题正是将物质属性与物质实体区别开来。论证实体知识是必不可少的。②

应该指出,物质实体范畴以及物质实体是物质属性的基础和载体的观念,一直是唯物主义的支柱之一。在历史上首先明确提出实体与属性范畴的亚里士多德,虽然他动摇于唯物论和唯心论之间,但是他提出这对范畴,其目的就是为了反对柏拉图的"理念世界"以及毕达哥拉斯学派的"万物皆数"和巴门尼德的"万物皆一"。他们颠倒了属性和实体的关系,把属性与实体分离开来当作是万物的根源,进而又把思想这种特殊属性看作万物的根源。亚里士多德问道:"如果万物都是数量,或者都是性质,那末是否有实体存在呢?"事实上,数、一、性质、形式、理念等,不能独立存在。他说"除了实体之外,没有一个别的范畴能独立存在,所有别的范畴都被认为只是实体的宾词"③。

---

① 《自然辩证法》,一九七一年版,第96、101页。
② 《坂田昌一物理学方法论论文集》,第93-97页。
③ 亚里士多德:《物理学》中译本,第18页。

这就给柏拉图和毕达哥拉斯学派的唯心论以有力的批判。但后来他又认为属性可以和实体分离开来，形式可以和质料分离开来，存在着先于实体的属性和先于质料的纯形式，破坏了他原来的物质实体观念，于是他又陷入唯心主义。

在近代，比较具体地分析实体范畴的是斯宾诺莎。斯宾诺莎把实体看作整个客观存在的自然界。他认为实体是自己存在的，是不借助于别的东西而存在，并且只有通过自身而被认识的东西，实体自身是自身的原因。① 实体是无限的又是唯一的。除了自然界不可能有别的实体存在。正是由于区分了实体和属性，认识到实体是属性的基础，斯宾诺莎才能够作出不可能有作为精神实体的上帝存在的结论，并提出了广延与思维不过是实体的两种属性的思想，否定了笛卡儿将物质与精神看作两种平行独立实体的二元论。但是斯宾诺莎将实体与千千万万的具体事物（"样式"或"分殊"）分割开来，把实体看作是孤立的、永恒不变的，而且是不可分的东西。他说"实体按其本性必先于它的分殊而存在"，"一个实体不能为另一个实体所产生"，"实体是不可分的，即使是有形体的实体，只要它是实体也是不可分的"。② 十八、十九世纪形而上学唯物主义基本上继承斯宾诺莎的实体观。他们都企图否认各种物质实体的质的多样性，把实体统统归结为不可分、不可入、有固定质量的永恒不变的原子本身。辩证唯物主义反对这种形而上学的实体观，认为：（1）物质客体或物质实体决不是不变的，"承认某些不变的要素'物的不变的实质'等等，并不是唯物主义，而是形而上学的即反辩证法的唯物主义"。"从恩格斯的观点看来，不变的只有一点，那就是人的意识（在有人的意识的时候）反映着离开它而存在和发展的外部世界。而空洞的教授哲学所描述的任何其他的'不变性'任何其他的'实质'、任何'绝对的实体'，在马克思和恩格斯看来，都是不存在的。物的'实质'或'实体'也是相对的，它们只表现人对客体的认识的深化。"③（2）不存在离开具体物质形态或物质类型的物质实体或"实体自身"，不应该将物质实体理解为只是物体、实物或原子等物理实体。物质实体这个概念不但概括了基本粒子、原子、分子、实物和场等物理实体，而且概括了象劳动者、阶级、民族、国家、家庭、生产方式那样的社会实体，它们是各种社会属性的物质承担者。生产关系本身不是社会实体，它是作为社会实体的社会成员的物质关系。它们与包括劳动者和生产工具在内的生产力的有机的统一，组成一种新的社会实体——生产方式。总之，辩证唯物主义摒弃那种把物质实体理解为举它是重的，踢它是有阻力的，摸它是硬梆梆的那种实体概念，而只将物质实体看作是标志着物质属性的客观承担者或载体的哲学范畴。

有些同志认为，辩证唯物主义扬弃了形而上学的实体概念，吸取其合理的内核，建立起科学的物质概念，因而无须再使用实体概念。这个看法并不够全面。辩证唯物主义之所以除了物质概念之外，还需要物质实体概念，那是因为，划分唯物论和唯心论的界限，除了必须划清物质和意识的界限之外，还需要划清实体和属性的界限，或者说为了划清物质和意识的界限，也需划清实体和属性的界限。一切唯心主义，特别是现代唯心

---

① 斯宾诺莎：《伦理学》，第3页。
② 斯宾诺莎：《伦理学》，第4-6页。
③ 《列宁选集》第二卷，第268页。

主义都带有混淆物质实体和属性,颠倒它们的相互关系的特征。下面我们举出几个典型的例子来说明这个问题:

(1) 原性学说或唯性质论

所谓原性学说是这样一种学说,把属性看作是物质实体或物质客体的根源,而物质实体或物质客体则看作是属性的表现或属性的总和。以在唯物论与唯心论之间左右摇摆而称著的亚里士多德曾经主张,一切物质由水、火、土、气四元素或四实体组成。这一方面,他是有朴素唯物论思想的。但他后来又将一切物体,包括水、火、土、气看作由冷、热、干、湿四种属性组成的,这四种不同属性组合成万物,于是他陷入了实体是属性总和,性质决定实体的原性论观点。这种观点如果不算唯心论的话,至少也算作是一种准唯心论。中世纪的炼金术家将这种思想发展为三原性学说,即认为一切物质都是由可熔性、可燃性、光泽性三种性质组成。这些性质的不同比例的组合便构成千差万别的物体。他们试图用化学的方法,改变这些性质的比例,改变这些性质的总和,使之由一种物质实体变成另一种物质实体,由贱金属变成贵金属。正是这种属性组成实体,实体是属性总和的思想,引导他们对各种物质进行燃烧、煅烧、熔解、煮沸、蒸发、结晶……以图制造黄金,盲目摸索了一千多年。积一千多年的失败教训,到了波义耳以后,化学家才觉悟到黄金这种实体之所以是黄金,不是因为它黄色、比重大以及有特殊光泽等等。恰好相反,黄金之所以有黄色、比重大、有光泽,那是因为它的实体是黄金而不是铁。这个实体及其元素是不能用化学方法改变的。不是性质或属性决定物体、组成物体,而是物质实体具有性质。没有实体,属性根本不会存在。实体是基础,属性是表现。将实体看作是属性总和的唯性论比形而上学不变实体观落后了一个时代。它和科学的唯物主义相距更远。一切唯性论最后总是要走上唯心主义的。炼金家的原性论最后只好求助于神秘的"第五性质"即"在天上"的哲人之石来组成物质。一切唯心主义都同时具有混淆和颠倒实体与属性关系的特征。他们到达唯心主义或者引导人们到达唯心主义通常都分两步走。第一步颠倒实体与属性的关系,将物质实体归结为属性或属性的总和,从而否定物质实体的真实存在。第二步是将属性的载体转移到精神中,使精神获得唯一实体的地位,或者将属性缩减为唯一属性,即精神属性。毕达哥拉斯的数学唯心主义,开始也是一种唯性论,颠倒实体与作为属性的数量之间的关系,主张数先于万物,数生点,点生线,线生体,体生万物。数支配了世界的"秩序"与"和谐"等等。①但后来这个学派与柏拉图学派合流,明确地将数的载体转移到永恒的理念中去。柏拉图认为现实世界的圆和直线是不重要的,只有直线与圆的永恒理念才是值得沉思的②。唯心主义者贝克莱宣扬的唯心论也是有两个步骤:(1)实体归结为性质,即颜色、滋味、气味、硬度、形状等;(2)性质归结为感觉,从而得出"物是感觉要素的复合"这个结论,尽管这两个步骤在贝克莱那里没有明显地划分。

(2) 海森堡的唯能论

现代物理学有几个重大的发现,这就是:①发现质能联系或质能转化公式 $E=mc^2$;

---

① 《西方哲学原著选读》上卷,第19—20页。
② 《自然辩证法通讯》一九五九年第四期,第12页。

②发现了"反粒子"和"反物质"。正粒子和反粒子碰击,"湮灭"为高能辐射;③现代高能加速器以高能粒子"打碎"各种粒子,产生"级联簇射",即一个高能粒子打碎某一粒子之后,能从碎片中产生许多乃至千千万万和所由得来的粒子相同的粒子。海森堡由此颠倒了物质实体和作为实体的一种属性——能量的相互关系,得出了能量是世界的本原,能量是唯一的物质实体的结论。他说,"$E=mc^2$,可见质量转化为能量,所以物质转化为能了"。他又说,"在能量足够大时,所有的基本粒子都能嬗变为其他粒子,它们能够仅仅从动能中产生,并能湮灭而转化为能量,譬如说转化为辐射。因此,这里实际上有了对物质统一性的最终证明,所有的基本粒子都由同一种实体制成,我们可以称这种实体为能量或普遍物质"①。他还说,"能量不仅是使万物保持运动的力,而且象赫拉克利特的哲学中的火一样,是构成世界的基本材料。物质之所以存在,是由于能量采取了基本粒子的形式"②。海森堡的这个观点,无论在科学上还是哲学上都是站不住脚的。因为:第一,狭义相对论的一个推理$E=mc^2$,可以解释为质量与能量之间相互等价和相互转换。但质量和能量都不是物质实体而只是物质属性,所以都不说明物质实体转变为能量或能量转化为物质实体。第二,基本粒子可以转化为光或"湮灭"成辐射。但光子和正负电子对一样,都是具有一定属性的实体。基本粒子并没有转变为纯粹的能量。第三,在高能粒子碰击某粒子,按照质能守恒定律转变为许许多多同样的粒子,这也是物质实体转变物质实体,决不意味着由能量创生物质。作为属性的能量决不能脱离物质担当者(不论粒子还是场)而存在。混淆物质实体与属性,颠倒它们之间的关系,设想这种幽灵般的纯粹能量,就是向唯心主义前进一大步。列宁说:"想象没有物质的运动的这种意图,偷运着和物质分离的思想,而这是哲学唯心主义。"③海森堡正是这样,从脱离物质实体的能量出发,想象出能量依一定的数学结构构成基本粒子。最后海森堡干脆连能量的客观存在也忘记了,变成万物由数学思想的结构构成。他说:"现代物理学的基本粒子,象柏拉图哲学中的正规几何体那样,是为数学对称性的要求所规定的。它们不是不灭的和不变的,所以严格说来不能称之为实在物。我们毋宁说它们是一些基本数学结构的简单表现。这种数学结构是人们在努力不断分解物质时所设想出来的,而这种结构也确实为基本自然规律提供了内容。所以,对于现代科学来说,最初是形式,是数学模型而不是物质的东西。既然数学模型归根到底是理性上的概念,所以人们可以引用浮士德的话来说'意义为万物之始'。"④

(3)卡尔·波普"三个世界"的多元论

另一个混淆实体与属性的案例,就是卡尔·波普的三个世界说。一九六七年波普在第三届世界科学哲学大会上提出了三个世界的理论。世界1是物理客体或物理状态世界,包括无生命界、有生命界以及人工物质的物质基础。世界2是意识状态世界或精神状态世界,包括思想、感觉、想象、记忆等心理过程。世界3是思想的客观内容世界,即人类精神产物世界或人类文化世界。

---

① 海森堡:《物理学与哲学》中译本,第103页。
② 海森堡:《严格自然科学基础近年来的变化》中译本,第182页。
③ 《列宁全集》第十四卷,第283页。
④ 海森堡:《严格自然科学基础近年来的变化》中译本,第182页。

波普承认，世界1产生世界2，世界2产生世界3。在这一方面，他有唯物论的因素。可是他认为三个世界都是独立的实体。这就混淆了实体与属性，导致多元论和唯心论。首先，我们来看他的世界2。世界2是意识状态世界。意识是不能独立于进行思维和意识的大脑而存在的。因此"世界2"只是大脑这个实体的功能与属性。但是波普及其合作者艾克尔斯在《自我及其脑》中就把自我（世界2）和脑（属于世界1）的相互作用看作是"独立实体之间的相互作用"。这种作用发生在属于第一世界的大脑中的"联络脑"与第二世界的交界面上。"联络脑"里有许多小至10^{-16}cm的"微型组件"，它象收发报机一样向自我意识与精神发送大量加工过的信息，并接收经自我意识的精神修改、整合的信息。自我意识能"扫描"联络脑中神经元的模式的排列，主动与之通信联络。这里意识成了信息的载体。它以实体的资格与联络脑发生收发报的作用。作为属性的精神被实体化了。这就不能不走上多元论和唯心论，无怪乎波普说"笛卡儿是我们的先驱"。其次，再来看世界3。世界3是作为社会意识的思想，例如，科学的理论体系、图书馆、杂志、书报的思想内容等。把它们划分出来进行研究，反映了科学、文化在社会发展中的作用的增长。但是这些文化思想，并不是客观存在的实体，不能脱离社会的人而独立存在。可是波普认为"理论离开了人还有它自己的存在"，有"没有认识主体的认识论"存在，"在人类毁灭之后"世界3仍继续存在。于是"有一类柏拉图式的自在的书、自在的理论、自在的问题，自在的问题状况、自在的论据等等的第三世界"[①]，这就导致唯心论了。

总之，唯心主义特别是现代唯心主义各个流派都显出了颠倒物质实体和物质属性之间的相互关系的特征。当然，划分唯物论和唯心论的根本标准，是看它们对于思维与存在、精神与自然界的相互关系，即何者为第一性问题，作如何的回答。但是实体与属性的相互关系，即何者为基础的问题显然是划分唯心论和唯物论的一个辅助标准。如果说颠倒思维与存在的相互关系是唯心论的充分必要条件的话，那么颠倒实体与属性的关系至少也是唯心论的必要条件。至于正确处理实体与属性的关系，则如同正确处理思维与存在的关系一样，是坚持唯物主义的充分必要条件。物质实体范畴之所以重要，原因就在这里。

原载《中山大学学报（哲学社会科学版）》1985年第3期

---

① 海森堡：《严格自然科学基础近年来的变化》中译本，第182页。

物质客体论（下）

张华夏

三、物质客体的属性

要阐明物质客体范畴，还必须进一步分析属性范畴。这里所讲的属性就是物质客体的属性亦即物质实体的属性。不可能有脱离物质客体（或实体）单独存在的属性，属性总是属于实体，刻划客体特征、特性的东西；同样客体（实体）也不能脱离属性而存在。人们认识客体，也就是认识客体的属性。莱布尼兹说，凡物莫不相异，即宇宙间没有任何两个全部属性都相同的客体，这可以算是一个定律[①]。全部属性相同的客体就是同一个客体，所以，认识了某一特定客体的全部属性，也就是完全认识了特定客体本身。属性范畴对物质客体论之所以重要，原因就在这里。关于属性范畴，已有许多不同的学科从不同的角度进行研究。例如，形式逻辑从概念的内涵上，数理逻辑从谓词或命题函数的形式上，辩证唯物论从质、量等范畴上讨论属性范畴。

我们的任务就是要对这些研究作综合的考察，澄清其中的一些歧义。

什么是物质客体的属性呢？各门科学都使用过许多词来表示。为：性质（Property）、特性或品格（Trait）、特征（Characteristic）、特色（Feature）、特质、特点等等。从各门科学使用的这些词的含义来看，所谓物质属性是一个很广泛的范畴，它就是物质客体的规定性。凡能表示一个物质客体的性质、关系、功能、行为、状态等并因而使物质客体与另一些物质客体彼此相似又与别的一些物质客体彼此相异的一切东西都是该物质客体的属性。正是属性将事物分为不同的门、纲、属、种、类。在哲学和逻辑学中，对于极为广泛的范畴，常常不采取属加种差的方法下定义，而是用相关概念加相互联系特征的方法下定义。例如，对于物质和意识这对极为广泛的范畴，如果要下定义，各通过对方（相关概念）来下定义：物质是意识的外部源泉（客观实在），意识是物质的反映。列宁说："对于认识论的这两个根本概念，除了指出它们之中哪一个是第一性的，实际上不可能下别的定义。"[②] 同样，对于实体与属性这对极广泛范畴也只能这样下定义："实体是属性的物质担当者""客体是具有属性的东西"；而"属性是实体所具有的东西""属性是表征客体的东西"等。

问题不在于如何定义物质属性，而在于如何阐明它。为了阐明它，首先要解决一个问题：如何描述物质属性，用什么逻辑形式来表现它，每一个物质客体，有许多属

[①] 见黑格尔《小逻辑》一九六二年商务印书馆，第260-261页。
[②] 《列宁选集》第二卷，第146页。

性，人们必须分别地表现这些属性。由于集合论和数理逻辑的发展，我们已经有可能运用数学的工具来表述物质属性，建立有数学形式的物质属性理论。在一个物质客体的概念模型中，在概念和命题反映物质客体及其属性的限度内，主词表现着对象，即独立存在的物质客体的个体，而谓词或命题函数表现了物质客体的属性。这里我们来分析几个实例：

例1："雪是白的"这个命题表现了物质客体（雪）及其属性（白）。"是白的"这个谓词可用命题函项$W(\ )$来代表。$W(\ )$不是命题，只有在括号中填上个体词才是命题。例如填上"纸"，就是"纸是白的"，就表现了纸的白色属性。所以个体是可以变的，用x代表个体变元，它的变化范围就是命题函数$W(x)$的定义域。这里命题函数$W(\ )$表现物质客体的性质，是一种反映关系。在数学上可用集合论的映射来表示。它将个体集S：（雪、纸等）映射到含有谓词"是白的"的命题集P_1中，即

$$W: S \to P_1$$

例2：能思维的性质可以表现为命题函数T，它是由人的集H到包含谓词T的命题集P_2的映射，即

$$T: H \to P_2$$

例3：能制造工具的性质，可以用命题函数M来表现，不过这里定义域已经不只是人的集，而是有序对(x, y)的集。这里$x \in H$，是人；$y \in I$，是工具，函数M是

$$M: H \times I \to P_3$$

P_3是含M的命题集。$H \times I$是集H与集I的笛卡儿积。

例4：物体x具有质量M可以用命题函数M来表示。不过这里函数的定义域不仅包含物体个体集，而且还包括参考系、时间、质量单位等。M的表达式是

$$M: B \times F \times T \times U_M \times R \to 含M的命题$$

这里M表示质量，B表示物体集，F表示参考系集，T表示时间集，U_M表示单位（如克、磅等）集，R为实数集或实数集的子集。这里质量大小可用数目来表示。作为数学函数的质量$M: B \times F \times T \times U_M \to R$，其函数值$M(b, f, t, u, r)$表示一个特别物体$b \in B$相对于给定参考系$f \in F$，在时间$t \in T$里，用质量单位$u \in U_M$计算的质量$r \in R$。而作为命题函数的质量$M$不过是将上述映射到一个语句集中。

因此，某一类物质客体的某种物质属性可以由谓词或命题函项A来表示。其一般形式为：

$$A: S \times T \times \cdots \cdots \times Z \to 含A的命题P的集$$

这个函数，又称为性质表现函数。它表现了物质客体具有某种性质。这个性质表现函数式，是M. 邦格在《世界的内容》一书中提出来的。不过，这里需要注意几点：（1）"某个客体x具有性质"也可以直接用将客体集映射到性质集的性质函数来表示。这里之所以要迂回地用命题函数来表示，那是为了尽可能运用已有数学工具，即谓词演算工具，而避开在数学上定义"具有"的关系。同时，这个性质表现函数，虽然本身是命题函数，但当有必要时可以很方便地还原为其他非命题函数或将其他非命题函数表示为命题函数。例如任何一个数学函数如$y=f(x)$，$x \in X$，$y \in Y$可以写成$F(x, y)$，即可表现为命题函数的形式：

$$F: X\times Y \to 含F的命题$$

不过，这里要注意，$F(x, y)$ 并非数学函数，而是命题函数。$F(\cdot, \cdot)$ 是二元谓词。又如，$\sin x = y$，可写成 $\sin(x, y)$，表现为命题函数

$$\sin: R\times R \to 含\sin的命题P$$

这里 R 是实数集或实数集的子集。（2）在 $A: S\times T\times \cdots \times Z \to 含A命题$ 这个性质表现函数的一般式中，为了表现物质客体的性质，在 A 函数的定义域中，其笛卡尔积的项中必须至少有一个是物质客体集或其子集 S。（3）在 A 函数中，清楚地表明物质属性不能脱离客体而存在。因为很显然，表现属性的 A 显然是属于或断言客体即物质客体集 S 的元素的。这个物质客体就是性质表现函数的定义域。函数不能没有定义域，这就表明属性不能脱离客体。

下面，我们要对物质客体的属性进行分类，在分类中要运用到 A 函数。依据辩证法、认识论和逻辑学的观点，物质属性可以分为下列七大类：

1. 固有属性和偶有属性

固有属性乃是某类物质客体都具有的属性。而偶有属性是某一类物质客体中，某些客体具有而另一些物质客体不具有的属性。例如，人有两条腿、两只眼睛，这是正常人类固有的属性，而蓝眼睛、白皮肤、黄头发则不是人类固有的属性，而是人类偶有的属性。上述性质函数表达式：$A: S\times T\times \cdots \times Z \to 含A命题$ 中，所表现的正是 S 类事物的固有属性。因为这里 S 可以看作是我们所要认识的某事物的类。但 S 类事物的偶有属性不能用此式表现，只能用

$$A_1 = S_1\times T\times \cdots \times Z \to 含A_1命题$$

来表示。这里 $S_1 \subset S$，是 S 的一个真子集。对于集合 S_1 的补集 $\sim S_1 = S - S_1$ 中的元素 s'，$A_1(s', t, \cdots)$ 是假的。

2. 一般属性和特殊属性

首先，我们要研究某类事物的一般属性和特殊属性。所谓该类事物的特殊属性就是该类事物都具有而其他类事物不具有的属性。而所谓该类事物的一般属性就是该类事物和其他类事物共有的属性。例如，人类的特殊属性是能制造工具，有语言和思维的能力，能直立行走，有耳珠等等。而人类与其他高级动物共有的属性，如有脊椎、心脏、血液循环、高级神经系统等等，则是人类的一般生理属性。某类事物的一般属性和特殊属性都是某类事物的固有属性，因而都可以用 $A: S\times T\times \cdots \times Z \to 含A命题$ 来表示。只不过其中一般属性也可以用

$$A: S_2\times T\times \cdots \times Z \to 含A命题$$

来表示。其中 $S_2 \supset S$，S 是 S_2 的真子集。

其次，我们再来研究某类事物的元素的一般属性和特殊属性。由命题函数 A 表现的某类事物的属性，无论是一般属性还是特殊属性，对于该类事物的元素来说，都是一般属性。A 函数在某元素上的特殊值则是表现该元素的特殊属性。例如，时间、质量、速度、位置等是一切物体元素的普通属性或一般属性。而某个特定时间、在某条马路的特定位置上，以每小时30公里行驶有十吨重等，则是某个特殊客体汽车的特殊属性。一般地，S 类物质客体的元素的一般属性由 $A: S\times T\times \cdots \times Z \to 含A$ 的命题来表示，S 类物质客体的元

素s的特殊属性由命题函数的值$A(s, t, \ldots z)$表示。这里$s \in S$, $t \in T$, $z \in Z$等。

3. 基本属性与派生属性

某类物质客体诸属性之间并不是等量齐观同样重要的。某些属性是基本的属性而另一些属性则是派生的属性。所谓物质客体的基本属性或本质属性乃是有主要决定意义的属性，即它规定和制约着其他属性并不由其他属性决定的属性。而派生属性或非本质属性则是由本质属性决定的属性。例如，直立行走和能制造工具都是人类特有的特殊属性，但能制造工具这种属性是基本的或本质的属性，而直立行走则是派生的或非本质的属性。因为正是由于人类制造工具，进行劳动，才需要解放双手，于是决定、规定了人类的直立行走。如果人能制造工具的性质用命题函数$I(x)$来表现，而人能直立行走的性质用命题函数$W(x)$表现，则这里用逻辑来表现的这两个属性的关系就是：$I(x) \vdash W(x)$。又如，生产与资本的集中、银行资本与工业资本的结合、资本输出、国际垄断和向外扩张等五大特征或五大属性是帝国主义的基本属性或本质属性，帝国主义的其他属性都可以从这些基本属性加上一些辅助条件而推导出来，因此是从属的或派生的属性。又如，基本粒子的电荷、质量、自旋、奇异数、平均寿命等是它们的基本属性，它决定了该粒子的基本行为。这些属性不能还原为其他属性，却决定着其他的非基本的属性。物质客体的属性是无限的，而物质客体的基本属性则是有限的。人们要认识某一物质客体，主要就是要认识它的基本属性及其内在联系。

物质客体的基本属性与派生属性或本质属性与非本质属性，是按照属性对物质客体的重要程度而划分的。对这个属性的"重要程度"或"属性权重"尚无一种定量测量方法。一般说来某属性P_1的表现函数$A_1(x)$如果能够推出属性P_2的表现函数$A_2(x)$即$A_1(x) \vdash A_2(x)$，则P_1的属性权重大于P_2的属性权重。若$A_1(x)$, $A_2(x)$, $A_3(x) \ldots A_n(x)$, ∪辅助条件$\vdash A_1'(x)$, $A_2'(x)$, $A_3'(x) \ldots A_m'(x)$，则$A_1(x)$, $A_2(x)$, $A_3(x) \ldots A_n(x)$表现该物质客体的基本属性，$A_1'(x)$, $A_2'(x)$, $\ldots A_m'(x)$表现该客体的非基本属性，$A_1(x)$, $A_2(x)$, $\ldots A_n(x)$所表现的基本属性$P_1(x)$, $P_2(x)$, $\ldots P_n(x)$之间的内在联系构成该客体的基本规律，基本属性和基本规律的总和便构成该物质客体的特殊本质。很显然，本体论上的基本属性与非基本属性的划分，是认识论和逻辑学上的公理方法的客观基础。公理方法中的初始概念和初始命题反映着物质客体的基本属性和基本规律，导出命题和导出概念反映着物质客体的非基本属性和规律。

以上三种划分，在相当大的程度上反映着人们对物质客体的认识过程。人们要认识某类物质客体，首先要划分偶有属性和固有属性，撇开偶有属性，把握其固有属性，再进而将固有属性区分为一般属性和特殊属性，从特殊到一般，又由一般到特殊，着重把握该类物质客体的特殊属性，最后还分出本质属性和非本质属性，用本质属性来解释非本质属性，一步步地建立该物质客体的概念模型。

上述三种划分所揭示的性属的外延关系可表示为：

$P \supset P_i \supset P_s \supset E$

其中P为物质客体的属性，P_i为固有属性，P_s为特殊属性，E为本质，$\supset$表示包含关系。

4. 内在属性和关系属性

内在属性（又称为性质）与关系属性（又称为关系）的区别与联系问题，这是需要研究的一个比较困难的问题。

所谓某物质客体的内在属性指的是它自身固有的属性。这种属性只由该物自身来确定或决定，而不是由该物与他物的相互关系来确定或决定。例如，铀的天然放射性，这种性质只由铀原子内部来决定，由内部产生，与铀与其他物质的关系无关。又如智商是一个人的智力的内在属性，与人所处的环境和所受的教育无关。又如，一个国家的人口、一个分子中的原子数等等也是该物质客体的内在属性。在物质客体的内在属性中最为重要的是它的组成的属性和它的结构的属性。这个问题要在物质系统论中才能展开。

内在属性一般可用一元性质表现函数来表示。例如，

放射性：原子→含放射性一词的命题

智商：人→含智商一词的命题

当然，也不是说，用多元谓词来表达的就一定不是内在属性。但是，物质客体的内在属性的特点是：在它的表现函数中，在其定义域的笛卡儿积集的各项里，只有一项属于不作为参考系的物质客体集。该笛卡儿积的其他各项，是参考系集或其他数量关系集，它们只是用来表现该物质客体的内在性质并不决定该物质客体的内在性质。例如，一定的质量是某物体的一种内在属性，因为它并不是由该物体与其他物体的相互关系中产生，而只是在这种相互关系中表现，质量表现函数是：

$M: B \times F \times T \times U_M \times R \to$ 含 M 命题

这里 F 是参考系集，它也可能是物质客体集。但只是作为参考系的物质客体集，不作为参考系的物质客体集仍然只有一个，即 B。这就决定了质量物体的一种内在性质。这种性质在物体与参考系的关系中表现出来，甚至同一物体，在不同的参考系中有不同的物体质量表现形式，但参考系不能决定物体是否具有质量这种性质。T 是时间集，U_M 是单位集，R 是数集，都不是物质客体集。它们的作用也是表现该物质客体的质量性质。

一般地说，设有 S 类物质客体，则其内在属性由

$A: S_i \times T \times \cdots \times Z \to$ 含 A 命题

来表现。

所谓物质客体的关系属性就是由该物与他物的相互关系和相互作用产生和决定的物质客体属性，如果不存在这种相互关系和相互作用，也就不存在这种属性。关系属性有时又称为外在属性或外在规定。不过，"外在"一词容易引起误解，以为所谓外在规定性是可有可无的属性（偶性）或非本质属性，或者是下面谈到的量的属性。为了避免这种误解，我们暂不使用这个词。

还应指出，事物的关系属性的物质载体不仅是某物本身，而且包括相关的其他事物。这种属性是由某物与他物协同承担的。这种属性对于某物说来就是它的功能与行为。因此，关系属性必须用多元谓词来表现，而且在这个表现函数的定义域的笛卡儿积中必须至少包含两个物质客体集。例如，可溶性是溶质的关系属性，其表现函数是：

可溶性：溶质×溶剂→含有可溶性一词的命题

另外，人的行为也是人的一种关系属性，其表现函数是：

人的行为：人 × 环境 → 含有行为一词的命题

这两个表现函数的定义域中都至少有两个物质客体集。此外，化学中研究的物质的化学性质，多半都是属于关系性质，即某种物质与另一种物质发生化学反应关系的性质。而物理学中研究的物质性质也有相当一部分属于关系性质，如颜色、光泽、比重、导电性、硬度等等。一般地说，所有 S_i（$1 \leq i \leq m$）的关系性质由

$A: S_1 \times S_2 \times \cdots \times S_m \times T \times \cdots \times Z \to$ 含 A 的命题来表现

内在属性与关系属性的区别是相对的。对于某一物质客体来说是关系属性的东西，而从一个包含了相互关系物质客体在内的更大的物质客体来看，就变成内在属性了。例如地球受太阳的吸引力，对于地球来说是关系属性，但对于太阳系来说则是内部属性。同样，对于某一物质客体来说是内在属性的东西，对于该物质客体的内部组成元素来说，也就可能成为关系属性。例如，铀的放射性对铀原子来说是内在属性，但对于铀原子核的核子来说，则是关系属性，是由原子核内运动着的质子、中子等基本粒子之间相互作用而产生的属性。

内在属性与关系属性是密切联系着的。一般说来，内在属性是关系属性的依据，而关系属性是内在属性的表现。马克思说："一物的属性不是由该物同他物的关系产生，而只是在这种关系中表现出来。"① 这里讲的属性就是内在属性，而这里讲的关系，就是我们所说的关系属性。

5. 第一性质和第二性质

所谓事物的第一性质（第一属性）乃是在人们感觉器官之外的事物固有的属性，包括物质客体的内在属性以及非感觉器官的物质客体之间的关系属性。而所谓第二性质（第二属性）就是事物与感觉器官相互关系的性质，用性质表现函数来识别，便是：对于

$A: S_1 \times S_2 \times \cdots \times S_m \times T \times \cdots \times Z \to$ 含 A 的命题，

如果 S_m 是感觉器官集，则 A 表现了第二性质，否则 A 表现第一性质。

例如，物质客体的声、色、香、味、冷、暖、硬、软之类的性质就是物体的第二性质。因为，它们都不是物体自身单独具有的性质，而是物体与感官相互作用中产生的性质或属性。当然，物体自身能发出电磁波，反射电磁波，这些都是物体自身固有的，但这些并不是颜色，没有感官，物体就无所谓颜色，颜色并不单独存在于物体之中。但另一方面，声、色、香、味这些东西也决不是感觉器官自身固有的性质，如果没有物质客体，感官是不会产生出第二性质的。所以，第二性质实质上是主体与客体之间的关系性质，说它单纯是客体性质不对，说它单独是主体性质更不对。关于这个问题，伽利略、波义耳、牛顿等人的观点基本上是正确的。牛顿说："光线并没有颜色。在它们里面没有别的东西，只有某种激起这样或那样颜色感觉的本领或倾向。正象声音一样，它在钟和乐器弦线或其他发音体中不是别的，只是一种颤抖运动，在空气中，不过是从发音体发出的这种运动的传播，而在感觉中枢中则是以声音形式出现的这种运动的一种感觉；所以颜色在物体中也不是别的，只是一种能把这种或那种光线比别种光线更多的反射

---

① 《马克思恩格斯全集》第二十三卷，第72页。

出来的倾向；在光线里面，它们不过是把这样或那样运动传播到感觉中枢中去的倾向，而感觉中枢它们则是以颜色形式出现的这些运动的许多感觉。"[①] 洛克说："第二种性质，正确说来，并不是物象本身所具有的东西，而是能借其第一性质在我们心中产生各种感觉的那些能力。"[②] 不过洛克对于第一性质的理解并不完全正确。他认为："第一性质不论在什么情形之下，却是和物体不能分离的；物体不论产生了什么变化，外面加于它的力量不论多大，它仍然永远保有这些性质。"[③] 只有像不可入性、广延、形相、可动性才是第一性质。

自然科学并不否认物质客体的第二性质。它最初撇开第二性质，将研究第二性质的任务交给心理学，而自己则集中力量研究第一性质；后来它又转过来研究第二性质，但却力图用第一性质来解释第二性质，即认为：

$$A_1(x) \cap 感觉器官生理构造理论 \vdash A_2(x),$$

这里 $A_1(x)$ 表现第一性质，$A_2(x)$ 表现第二性质。例如认为物体的颜色是眼睛看到的光线，声音是耳朵听到的声波，用光的波长解释颜色，用声的频率解释音调等等。

6. 可观察属性和不可观察属性

除了物质客体的第二性质是可观察属性之外，物质客体还有许多内在属性和关系属性是可观察属性。例如前面所说某溶质的可溶性，不是第二性质，但却是可观察的属性。宏观物体的形状、大小也不是第二性质，但也是可观察的属性。可观察属性又可以分为狭义可观察属性和广义可观察属性两种。所谓狭义可观察属性是正常人在一定环境下通过感官能直接感觉到的物质客体的属性。例如，颜色、声音，可见物体的形状、大小等等。但是，在自然科学中，对"可直接观察"的理解通常要广一些。所谓可观察属性，除了指可以直接用我们的感官观察之外，还包括用简单仪器观察到、用简单方法能测量到的一切物质客体的属性。例如，摄氏100 ℃的温度，从狭义的观点来看，是不可观察的属性，因为谁也不可能直接感觉到100 ℃。在100 ℃的条件下神经系统根本不存在。但是从自然科学的广义观点看，我手中有一个简单仪器即温度计，我如此简单如此直接地测得温度100 ℃，所以我可以称它为可观察属性。又如，从狭义的观点看，电流强度一般是不可观察的，因为人们用电流计测量电流强度，所观察到的只是指针的偏转。电流强度的属性是要依据自然科学的定律，由此而推导出来的。不过，自然科学家可以这样说：是的，不过推导如此简单，仪器也不复杂，我们可以广义地称电流强度为可观察属性。一般地，凡是通过感官或简单仪器可观察到的属性，都可以叫直接可观察属性，形式地说，凡 $A: S_1 \times S_2 \times \cdots \times S_m \times T \times \cdots \times Z \rightarrow$ 含 A 命题的命题函数的值 $A(s_1, s_2, \cdots, s_m, t\cdots)$ 可用感觉或简单仪器判明其真假时，则 $A(s_1, s_2, \cdots, s_m, t\cdots)$ 所对应的属性为可直接观察属性。

但是，也有一些属性，例如，分子、原子、基因、核力场之类的实体之属性，是不可直接观察的。我国一本最通用的物理学教科书写道："每一个运动的分子或原子都有

---

① 《牛顿自然哲学著作选》，第119-120页。
② 《人类理解论》，第101页。
③ 《人类理解论》，第101页。

它的体积、质量、速度、能量等。这些个别分子所具有的量称为微观量,用实验直接来测定这些微观量是很困难的,而且一般是不可能的。"① 这些微观属性一般都是不可直接观察的属性。然而,可直接观察属性和不可直接观察属性的区分是相对的和历史的。这里存在着一个由可直接观察属性到不可直接观察属性的连续统,并且随着科学技术的发展不可直接观察的属性将会转变为可直接观察属性。不过这个划分仍然是极端重要的。它是认识的经验层次和理论层次划分的基础。

7. 质的属性和量的属性

上述六种划分十二种属性都可以划分为质和量两种。有些辩证唯物主义教科书将质定义为"事物内部固有的规定性",而将量定义为"事物外在规定性"即关于事物的大小、规模、速度等程度的规定性。这种定义不够确切。事实上,事物的量也可以是事物内部固有的规定性(属性)。质和量的区别只在于:量是事物的这样一种属性,它可以度量、可以用数值来表示。而质是不能度量、不可以用数值来表示的。形式地说,在性质表达函数

$A: S_1 \times S_2 \times \cdots \times S_m \times T \times \cdots \times Z \to$ 含A的命题中,当$Z=R^P$时,其对应的属性是量的属性,否则便是质的属性。这里R为实数集,P为自然数。

上述划分,从第4点到第7点,也在一定程度上反映了人们的认识程序:人们要认识某类物质客体总是先认识它们的第二性质再进而认识它们的其他关系属性,然后才认识它们的内在属性。人们的认识也总是从可观察属性到不可观察属性,从质的属性到量的属性。这些属性之间在外延上的相互关系可以表示如下:

(1) $P \supset P_r \supset P_2$

(2) $P \supset P_0 \supset P_2$

其中P为物质客体的属性,P_r为关系性质,P_0为可观察属性,P_2为第二性质,$\supset$为类的包含关系。

以上的属性分类中,我们没有专门作出现象与本质的划分。这是因为这两个词的含义是很不确定的。人们可以将现象理解为第二性质而将本质理解为第一性质,也可以将现象理解为关系属性而将本质理解为内在属性。人们有时甚至可以将现象理解为特殊属性而将本质理解为一般属性,人们更可以将现象理解为偶有属性将本质理解为固有属性。人们特别可以将现象理解为非本质属性而将本质理解为本质属性(这是本体论看法)或将现象理解为可直接观察属性而将本质理解为不可直接观察属性(认识论观点)。也正因为这样上述七种划分中已经包含了物质客体的现象与本质的划分,包含了认识从现象到本质的内容。

一切物质客体的属性,都有其适用的范围(或适用域)。如果某一种属性记作P_i,则该属性的适用范围可以记作$\varphi(P_i)$。所谓属性P_i适用范围$\varphi(P_i)$就是具有P_i的所有物质客体的集合。例如,静止质量的适用范围是实物,温度、热、压力这些性质的适用范围是客观物体,社会主义经济性质的适用范围是社会主义公有制。研究属性的适用或属性的域是十分重要的。将一种性质扩大到它的适用范围之外就要犯混淆事物的错误。

---

① 《物理学》第一册,高等工业学校物理学编写组编,第109页。

一种性质的适用范围，就是具有该属性的类，简称为属性的类。这个概念对于理解物质客体的规律有重大的意义。某类物质客体的各种属性之间，并不是彼此孤立的，而有着有机的联系。这种有机的联系反映到属性的类上就是说诸性质P_i的类之间不是无关的，它们之间总是相交的或包含的。当两种属性的类中一类包含另一类时，我们就称这两种性质之间存在着有规律的联系。形式地表示，即是说，

若P、$Q \in P$，是物质属性，

则当$\varphi(P) \subseteq \varphi(Q)$或$\varphi(Q) \subseteq \varphi(P)$时，我们就称$P$、$Q$之间存在着有规律的联系。根据谓词逻辑，上式的等价式可以写成

$$(x)L(X):(x)(P_x \rightarrow Q_x) \text{ 或 } (x)L(X):(x)(Q_x \rightarrow P_x)$$

读作：对于所有的x，如果x具有性质P，则x也具有性质Q，或者相反。这就是科学规律陈述的基本逻辑形式。这里$L(x)$表示关于x的规律陈述。自然科学和社会科学的普遍必然规律的表述都采取这种逻辑形式或可化归为这种逻辑形式的复合。例如，热膨胀定律可以表述为"对于任何物体x，如果x被加热，则x就会膨胀"。生物新陈代谢规律可表述为"对于任何物体x，如果x是由蛋白质-核酸多分子体系组成，则x是有新陈代谢的"。这里全称符号(x)表示，两种属性P、Q之间联系的普遍性，蕴涵符号$\rightarrow$表示P、Q之间联系的必然性。因为只要P_x真则

$$(P_x \rightarrow Q_x) \ \& \quad P_x \backepsilon Q_x, \ \backepsilon$$

是严格蕴涵即必然联系。这与规律乃是事物的内在的普遍必然的本质联系这个传统定义基本上是一致的。物质客体属性论对物质属性之间类的关系的研究为科学哲学对科学规律的逻辑形式的研究提供了一个本体论基础，并使传统的规律定义更加精确。

四、物质客体及其状态

前面，运用我们的抽象力，将物质客体划分为实体和属性两个方面，并分别讲了它们各自的特征。在这一节中我们要沿着从抽象上升到具体，从分析上升到综合的思路，建立内容更为丰富的物质客体范畴和物质客体的状态范畴。

综合前面的分析，所谓物质客体是什么呢？所谓物质客体就是离开人们的意识独立存在又能为人们的意识反映的物质世界的组成单元，这种组成单元是物质实体和物质属性的具体的历史的统一。而所谓实体与属性的具体历史的统一，显然包含下列几个意思：

（1）没有脱离具体物质属性的物质实体，每一种具体物质属性都刻划着某一物质实体，因而认识某个物质客体就是认识它的各种属性的总和。但是，我们能否因此就将物质客体定义为某种物质属性的总和呢？不行。

（2）没有脱离物质实体的属性，每一种物质属性都要有一个载体，一个物质的担当者。独立存在的不是属性，而是具有属性的实体即客体。恩格斯说："存在的不是质，而只是具有质并且具有无限多的质的物体。"[①] 马克思说："物体、存在、实体是同一种实在的观念。决不可以把思维同那思维着的物质分开。物质是一切变化的主

---

① 《自然辩证法》，第210页。

体。"① 例如，决不能将能量与物体分开，将质量与实物分开，将思维与大脑分开，将花香与香花及其分子分开，等等。实体与属性在具体事物中是统一的。

（3）在任何物质客体的描述中，在任何物质客体的概念模型中，都必须包含两个项。一项是表现物质实体或物质客体 x 的概念集 M，另一项是表现物质属性或物质性质 $P(x)$ 的概念集或命题集 F。于是物质客体 $\langle x, P(x) \rangle$ 的概念描述或概念模型 $X_m = df \langle M, F \rangle$。例如，物理学要描述一个机械粒子，首先要有一个概念集来表现粒子。例如，要用空间中一个质点来表示，于是这个概念集便是 $M = F \times T$。这里 F 是参考系集，T 是时间集。某一种质点就是 $m(f, t)$。其次要有一个性质表现函数集 F。这里 $F = \langle \mu, \pi, \varphi \rangle$，是三元函数，定义在 $M = F \times T$ 上。$\mu(f, t)$ 表示质量例如 $M = M_0 / \sqrt{1 - \frac{v^2}{c^2}}$ 之类；$\pi(f, t)$ 表示位置，如 $S = \frac{1}{2} at^2$ 之类；$\varphi(f, t)$ 表示作用在质点 m 上的力，如 $force = m \frac{dv}{dt}$ 之类。于是这微粒的理论模型就是一系列运动方程，具体地体现了物质实体与物质属性的统一。

（4）在事物发展的过程中，实体和属性都是不断变化的。在这变化过程中，实体比起属性来说是相对稳定的因素。一个物质客体可以失掉它的某些属性，获得某些新的属性而实体仍然不起变化，即还没有从一种实体变为另一种实体。这表现了实体与属性的区别性。但是属性的变化到了一定的程度，这变化波及了基本属性，于是发生了整个实体的变化，从一种物质客体变为另一种物质客体。这又体现了物质客体与物质属性的具体的历史的统一性。

一个物质客体的各种属性之间不是游离的和孤立的，而是相互联系的。它们的总和表现了物质客体的特定状态。所以物质客体的实体与属性的具体历史统一，就表现为任何物质客体在任何时刻都处于一定的特殊状态中。这个客体的一切变化和过程，都无非是从一种状态到另一种状态的迁移或变换。因此状态这个概念对于表征物质客体来说是一个极为重要的哲学范畴，但是，有人说，由于量子力学测不准关系的发现，量子不可能处于一定的状态中，因为如果它有精确的位置状态就不可能有精确的动量状态，反之亦然。这种看法是不正确的。诚然，量子不是处于经典的状态中，它不可能既有精确的位置又有精确的动量。但它却是处于位置与动量的概率分布的状态中。任何一个物质客体在任何一个时刻都处于一定状态中，普天之下，概不例外。它不处于这样一种状态，就必然要处于那样一种状态。例如，一个系统可以不处于稳态之中，但它必然处于暂态之中。一个热力学系统不处于平衡态，就处于非平衡态（或者是接近平衡态，或者是远离平衡态）。一个原子不处于基态，就处于激发态。一个人体不处于健康状态，就必然处于病态之中。一个国家一旦不处于和平状态，就进入战时状态。一个简单事物只有几种状态（例如，开关电路只有0态与1态），而一个复杂事物有许多种乃至无限种状态。总之，状态范畴是描述物质客体的一个基本的和综合性的范畴。所谓某一物质客体

---

① 《马克思恩格斯全集》第二卷，第164页。

的状态就是在给定时间、一给定参考系下这个物质客体的全部具体属性的总和或集成。例如，某一特定时刻一个物体的确定位置和确定动量组成该物体在该时刻的机械运动状态。一定质量气体在特定时间里的温度、压强和体积的数值组成该系统在该时刻的热力学状态。

物质客体的状态通常用状态函数来加以描述。设某一K类物质客体有n个固有属性。依上节所述，每一个属性可以由一个性质表达函数$F_i: M \to V_i$来表现。不过，这里的表述和上节所述有些不同。这里V_i是非命题函数，主要是用数学量和物理量来表示。这样，将物质客体的所有性质表达函数集中于一个n重有序组中，我们便得到给定客体的状态函数：

$$F = \langle F_1, F_2, \cdots F_n \rangle: M \to V_1 \times V_2 \times \cdots \times V_n$$

现在我们来分析一下这个状态函数式。

首先，这里的状态函数符号F表达了K类物质客体的固有属性的总和。例如，在热力学中，某一类热力学系统的状态函数就是由压强（P）、体积（V）和温度（T）这三种性质表达函数来表示。由于P，V，T相互联系，如果取P，V为状态变量，则该类热力学系统的状态函数可表现为$T = T(P, V)$。而F的每一组特殊值$F(a) = \langle F_1(a), F_2(a), \cdots F_n(a) \rangle$表现了$K$类物质客体中某个物质客体在特定参考系下的各种特殊性质的总和，即特定客体的特殊状态。例如，特定气缸里气体的压力、体积、温度的具体数值就表现了它的特殊状态。

其次，M是K类物质客体状态函数的定义域。它是某些集合的笛卡儿积。这些集合包括了K但又不限于K。例如，它还可以包括K类物质客体的环境集2^E，这里环境事物的集合是E，某一个特殊客体的环境是E的子集，所以它们组成的幂集是2^E），参考系集F，时间集T等。

再次，我们再来看值域V_i，它是物质客体状态函数第i个函数F_i的值域，表现了物质客体的某种性质。在它们是数学量或物理量的限度内，其量值常取实数集R的某个子集。于是我们有$F: K \times 2^E \times F \times T \times \cdots \to R^n$

上式表明，与环境项$e \in 2^E$上有着相互作用的物质客体$k \in K$的状态函数相对于参考系$f \in F$在时间$t \in T$的值

$$F(k, e, f, t, \cdots) = \langle a, b, \cdots n \rangle \in R^n$$

就是k在t时的状态。这里a，b，$\cdots n$是该客体的诸性质表达函数的值。

从状态变量或状态函数F_i的值域分析可以看出，每一个状态变量都有一个变化的范围，这就是它所表现的性质的可能取值的范围。同样一个K类，物质客体的总体状态F也有它的变化范围或可能取值范围。这个可能取值的范围即全部状态变量值域的集合，我们称之为该物质客体的状态空间，记作$S(K)$。$S(K)$上任意一点代表K类物体的抽象可能状态。但由于F的各组分之间，即F_1，F_2，$\cdots F_n$之间有规律地相互联系着，相互约束着，并非在V_i中的每一个值都是该客体该性质的现实的（或合规律的）可能状态。例如，在气体动力系统中，单看容积（即不考虑容积这种性质和其他性质的联系），它的可能状态从V的极小值即0到∞。单看温度可能状态由$-273°C$直至∞。压力的可能状态即可能取值范围是0至∞。但是，由于这些性质变量之间相互约束，容积一定时温度

很高而压力极小或温度一定时容积很大而压力亦很大的状态，即违反$PV=nRT$（这里n是摩尔数，R是普适气体恒量）的状态是不可能的。所以并非任何P、V、T的三组数值都能组成为该物质客体有现实可能性的状态，即合乎规律的状态。一个事物的所有合乎规律状态的总和，就是合乎规律的状态空间。合乎规律的状态空间只是可想象的状态空间$S(K)$的一个适当的子集，记作$S_L(K)$。例如，气体动力系统中，可想象的状态空间是$(R^+)^3$，合规律状态空间是$(R^+)^3$的一个子集，这里R^+代表正实数。这样，K类物质客体的每一个有现实可能性的状态就用笛卡儿n维空间R^n的某个区域的一个点来表示，而状态变化的过程即由一种状态变到另一种状态的过程，就用状态空间的轨线来表示，而不变的物质客体就由n维空间的一个不变点来表示。这就是物质客体状态的动态几何模型。

下图可以帮助我们形象地理解状态空间、合规律状态空间、状态空间中的轨线这些概念。图中描绘了只有两个状态函数组分F_1、F_2的物质客体。这里$F(a)=\langle F_1(a), F_2(a) \rangle$是某一给定$K$类物质客体的现实可能状态。虚线所围的空间是状态空间。实线所围空间是现实可能状态空间（合规律状态空间）。随着时间推移，$F(a)$点在$S_L(K)$内移动。它由S沿g移到S'，划出一条状态空间轨线，表示K类物质客体的状态变化的过程。

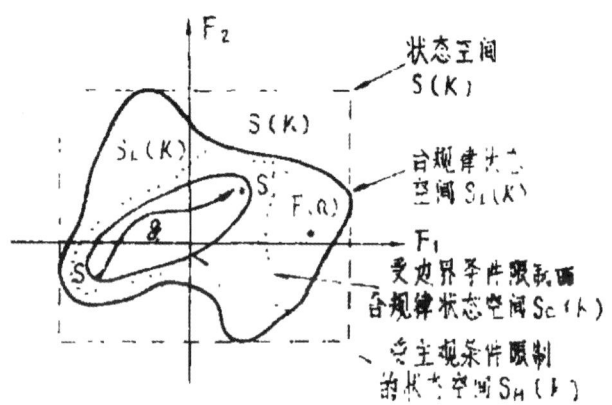

由于物质客体状态和状态函数以及状态空间的概念是表征物质客体的综合性概念，因而可以利用它们来分析许多哲学范畴。下面我们运用这个概念来分析规律性、可能性、现实性、偶然性及其相互关系。

依据辩证唯物主义的物质属性论，所谓规律就是物质客体属性之间的普遍的、本质的、必然的联系，而在物质客体状态论中，可以给上述定义补上一个规定：正是这种联系限制着物质客体状态空间取值的范围，从而约束了物质客体的变化，规定了它的存在和发展的严格一定的秩序。例如，万有引力定律就是任何物体中固有的两种普遍性质，质量和引力之间的恒定联系：$F=K\dfrac{m_1 m_2}{r^2}$，正是这种联系限制着物体的位置、速度这些变量和函数的取值范围。日出、日没，四季循环这些规则性和严格秩序就是由此而来。又如理想气体状态方程反映了热力学气体系统中几种普遍性质（P、V、T）之间的联系：$PV=nRT$，从状态空间的观点看，正是这种联系限制着、约束着系统状态函数的取值范围，从而决定了该系统的行为方式。所以，我们可以将规律理解为对某类物质客体的状态空间的某种客观存在着的约束和限制。例如，速度是某类客体（物体）的一种状态函数。对这个变量的取值客观上存在某种限制，如 $v \leqslant c$（c 为光速），就是事物的速度不能超过光速的定律。又如，$S=\frac{1}{2}gt^2$ 之所以有资格被称为落体的定律，就是因为这里存在着一种本质的联系约束着 S 的取值。规律是状态空间的限制，这个断言刻划了客观规律性的一种基本特征。

运用状态空间的概念和规律性的概念，我们可以说明可能性与现实性的范畴。物质客体的发展，有种种可能性。对于这个命题，从状态空间的观点看，就是说物质客体的状态变量 F_i，有种种可能的取值。如果不考虑规律对这种可能取值的限制，则这个可能取值的范围就是 F_i 的值域。凡是在值域中的值，就是该物质客体的可能性质，不过这样看的可能性是一种逻辑上的、数学上的可能性，即所谓形式的或抽象的可能性。重要的范畴不是抽象的可能性，而是现实的可能性。所谓现实可能性就是物质客体的合乎规律的运动、发展的趋向，它是从必然性和规律性中产生出来的可能性。用状态空间的观点来分析，物质客体的合规律状态空间中的值，就是该物质客体的现实可能性质。人们的实践活动不应该以抽象可能性为根据，而应该以现实可能性为根据。但现实可能性不等于现实性。现实性是实现了的可能性。从状态空间的观点来看，它只是状态空间中的一条轨线。因此，从可能性变为现实性，必定是对合规律状态空间进行进一步的约束和限制，使之变成一条轨线。这里有几个约束因素必须加以研究：第一个约束因素是规律发生作用的条件。例如，水向下流的规律受堤防的限制变为水利，受堤防失修的条件制约变为水灾。受这些边界条件限制的状态空间，是进一步缩小了的合规律状态空间，称为合规律合条件状态空间，记作 $S_c(K)$（参看上图），是 $S_L(K)$ 的一个真子集。第二个约束的因素是人的主观能动性。合规律合条件的状态空间，是人的主观能动性活动的舞台。在社会生活中和在技术领域内，人的主观能动性的发挥，进一步限制合规律合条件状态空间的范围。合规律合条件的状态空间仍然是很大的，仍有各种非常不同的可能实现的情况，所以主观能动性仍大有可为。毛泽东同志说："指导战争的人们不能超越客观条件许可的限度期求战争的胜利，然而可以而且必须在客观条件的限度之内，能动地争取战争的胜利。战争指挥员活动的舞台，必须建筑在客观条件的许可之上，然而他们凭借这个舞台，却可以导演出很多有声有色、威武雄壮的戏剧来。"[①] 经过主观能动性的活动之后，状态空间范围又进一步缩小至 $S_H(K)$（参看上图）。第三个约束因素是各种偶然因素。它们进一步约束状态空间范围，使它能变成一条现实的空间轨线。状态空间的概念使可能性与现实性的范畴分析更加精确。

原载《中山大学学报（哲学社会科学版）》1985年第4期

---

① 《毛泽东选集》（一卷本）一九六四年版，第468页。

西方哲学史中"观念"范畴的演变

徐文俊

纵观西方哲学史，我们发现：同一个哲学名词，在不同的哲学家手中，其用法和涵义常常不尽相同，有时甚至是大相径庭的。而这些差异，却又不是随意的，而是有规律的。研究这些哲学名词概念在哲学史上的发展演变，揭示这种演变的联系和规律，是把哲学史研究引向一个更深层次的任务。我们只有准确地弄清哲学家们所使用的名词概念的涵义，才能把握不同哲学观点之间的真正分歧，也才能正确地评判历史上哲学家对哲学问题的解决的功绩和局限性，从而在一个侧面揭示哲学发展的历史。也只有这样，才能使哲学之作为哲学的特有品格显示出来。

此外，中西哲学比较已经成为目前哲学研究的热门课题。但目前的研究大多限于哲学流派、学说、观点等方面的比较、参照，而对于哲学范畴、概念，尤其是范畴、概念的历史变迁以及由于语言的不同而引起的概念差异性的比较，则还不多见。

基于以上认识，本文试图对"观念"这一重要哲学范畴的历史演变作一粗略的考察，以引起对这方面研究的兴趣。

"观念"一词译自希腊文 idea 或 eidos（因印刷厂无希腊字，只好转用拉丁字。下同）。idea（名词）出于动词idein，原义是"看"，转为名词idea时，它的意思就是"所看见的"，"所看见的"转义为"形状"。最早把这个词作为自己哲学的基本范畴的是古希腊哲学家柏拉图，他以此构筑了一个客观唯心主义体系[1]。关于柏拉图的idea的译名，国内历来存在各种意见，有译作"观念""概念""理型""理念"的，也有译作"形""相""理式""意式""原型"的，现在一般译为"理念"[2]。

柏拉图是为了解决世界的本原问题而提出"理念"论的。柏拉图的所谓"理念"，其实就是同一类具体事物的共性。他认为，理念是具体事物的原型或模式，它们先于、脱离和独立于具体事物而存在，是永恒的和真实的存在，而客观具体事物则是理念的不完善的复制品或摹本。具体事物有生有灭，而理念则永恒不变。具体事物之所以存在，

---

[1] 在柏拉图之前，有些哲学家、几何学家、医学家也曾在不同的意义上使用过 idea 这个词。关于这一点，外国和我国的一些学者曾经作过考证（参阅叶秀山《苏格拉底及其哲学思想》）。笔者认为，尽管柏拉图之前这个词已有人在各自的领域中使用过，但最先把它作为哲学基本范畴的当推柏拉图。

[2] 参阅柏拉图《巴曼尼德斯篇》（陈康译），商务印书馆1982年版，第39-47页；亚里士多德《形而上学》（吴寿彭译），商务印书馆1959年版，第16页；《国内哲学动态》1981年第10期，第8页。

是由于它们"分有"了理念。一类有着共同名字的事物，它们"分有"一个共同的理念。例如，一个美的人，一朵美的花，它们之所以美，是由于有一个美的理念，它们分有了美的理念。"一件东西之所以美，是由于美本身（即理念）出现在它上面，或者为它所分有。"①

这里我们可以看到，在柏拉图那里，理念不是神或人心中的思想，"理念"一词所表示的乃是离开物质世界而独立存在的实体。这是典型的客观唯心主义。列宁针对柏拉图的理念论指出："原始的唯心主义认为，一般（概念、观念）是单个的存在物，这看来是野蛮的、骇人听闻的（确切些说：幼稚的）、荒谬的。"②

柏拉图在后期对自己的前期理念论作了许多修改，其中有一点，对"理念"一词的历史演变是起了很大作用的。在他的晚期著作《蒂迈欧篇》中，柏拉图认为神是以理念作为模式来创造世界的。《蒂迈欧篇》中的这一思想，对古代晚期和中世纪的宗教神学和经院哲学产生了巨大的影响。新柏拉图主义者普罗提诺、亚历山大里亚学派的斐洛和教父奥古斯丁等人根据《蒂迈欧篇》中的这一思想，把"理念"发展为宗教的概念。最有代表性的是希腊神学家、亚历山大里亚的克莱门特（150？—215？），他曾经十分简明地把"理念"定义为"上帝的思想"③。理念虽然还是完善的和永恒的世界模式，但它们已经不是独立的存在，而是存在于上帝的心中。

到了中世纪繁荣时期，在经院哲学系统化的过程中，一些神学家利用亚里士多德的学说来改造以柏拉图的观点为根据的经院哲学，"理念"一词便进一步被发展为存在于人心中的模式、蓝图或计划，而不仅仅存在于上帝的心中。13世纪的经院哲学家托马斯·阿奎那就是这样。他利用了亚里士多德的形式质料学说和伊本·西拿的温和实在论的观点来改造"理念"的涵义，他说："理念这个词的意思是指任何一个行为者心里所想到的形式，他打算按照这个形式去创作一个外部作品。"④可见，现在"理念"不仅是上帝心中的思想，而且也是人心中的思想。它们不是象柏拉图所说的那样，是客观独立存在的东西，而是存在于认识主体之内的东西。把 idea 移入人心，表明这个概念的涵义和用法开始发生重大的演变，已经背离了柏拉图的用法，即把这个词从客观的意义转变为主观的意义。这种转变是很自然的。我们知道，"理念"作为事物的共性，是存在于具体事物之中，不能离开具体事物而独立存在的。人是无法用眼睛看见它的，只有靠心灵的观照，在思想中才能把握它，只有思想才能将它从具体事物中抽象出来，在思想中它就是"概念""观念"。所以，在这个意义上，中文便把这个词译为"观念"。

理念（idea）这个词直到16世纪即文艺复兴晚期才被一些人文主义者引进法语和英语。当时，这个词在用法上有两种涵义：其一，它指的是事物的模型或模式；其二，它指的是人心中的思想，即观念。法国16世纪著名作家拉伯雷（1495—1553年）在他的《巨人传》中曾经在第一种意义上使用过 idea（法文译为idée）这个词。他写道："有

---

① Plato：*Phaedo*，100B. 见《古希腊罗马哲学》，商务印书馆1982年版，第177页。
② 《列宁全集》中文版，第38卷，第420-421页。
③ Clement of Alexandria：*Stromateis* V，iii，16.3.
④ Aquinas：*Quaestiones Quodlibetales* IV，I，1c.

许多人婚后幸福，他们的婚姻仿佛闪耀着天国喜乐的理念（idée）和形象。"①这里理念的意思就是存在于我们这个物质世界之外的模型或形式，这无疑是因袭了柏拉图的用法，反映了文艺复兴的特点，即所谓恢复古希腊的文化。不过，另一方面，在第二种意义上，即在主观思想或内心的表象（mental representation）的意义上使用这个词，在16世纪也是相当普遍的。例如，法国16世纪作家蒙台涅（1533—1592年）就曾在这种意义上使用这个词，他写道："经过长期交流之后，使他自己鲜明地牢固地树立起关于普鲁塔克思想的一般观念（a general idea）。"②

到了17世纪，"观念"（idea）一词成了近代资产阶级哲学认识论的基本范畴，它指的是内心的影像（mental image）、表象或思维的对象，是存在于主观的东西，而不是象柏拉图的"理念"那样指的是独立存在的世界模式。近代唯理论哲学的创始人笛卡儿首先在内心的影像的意义上使用了观念一词。他说："我心中的这一切观念中间，除了向我自己表象我自己的那个观念以外，……还有另外一个观念向我表象一位上帝，以及另外一些观念表象一些有形体而无心灵的东西。"③可是在另外一些地方，笛卡儿又把"观念"了解为理智的一种活动或思想方式。可见笛卡儿对"观念"一词的用法是不确定的。笛卡儿把观念分为三类：一类是天赋的观念，一类是外面来的观念，一类是人自己制造出来的观念。笛卡儿的"天赋观念说"实际上承认在人心以外存在着独立的观念，人的灵魂在投生时把这些观念带了进来。当然，笛卡儿有时也把天赋观念看作是天赋的认识能力，对此我们不可全盘否定。

霍布斯也主张观念就是表象，但不同意笛卡儿的唯心主义观点，他说："当我想到一个人的时候，我是给我自己描述一个由颜色和形状组成的观念或肖像，……关于上帝，我没有观念。"④霍布斯进一步认为"一切观念最初都来自物本身的作用，观念就是事物的观念"，"我们通过种种感官，对于对象的种种性质，得到种种观念"⑤。这就在唯物主义经验论的立场上表述了观念的涵义：观念就是对事物的感性表象。

在17世纪，最系统、最详细地论述经验论之观念理论的是洛克。洛克说："心灵在自身中知觉到的东西，或知觉、思想、理智的直接对象，我称之为观念。"⑥心灵中的东西全部都是观念。洛克并没有把感性观念和理性概念区别开来。一方面，他认为观念就是事物的性质或能力在理智中的感觉或知觉；另一方面，他又把抽象概念也当作观念。狭隘经验论使他不懂得感性认识和理性认识的质的区别。他把观念分为"简单观念"和"复杂观念"，简单观念是人们通过感觉或反省得来的单纯的观念，复杂观念是人的理智对简单观念进行结合、联系和分离而得到的复合观念。他的简单观念其实就是感觉表象，复杂观念有些实际上是理性概念。他认为，从感觉获得的简单观念都是与实在的事物一致的，但并不是说它们都是实在物体的映像。我们关于事物的第一性的质的

---

① 拉伯雷：《巨人传》上册，上海译文出版社1931年版，第466页。该书把idée译为"理想"。
② Montaigne：*Essays*，Ⅱ，4.
③ 笛卡儿：《第一哲学沉思集》第三个沉思。参阅商务印书馆1986年中译本，第43页。
④ Hobbes：*The Third Set of Objections*，Objection 5.
⑤ Hobbes：*Humane Nature*，Ⅱ，2.
⑥ 洛克：《人类理解论》上册，商务印书馆1983年版，第100页。

观念（如体积、广延、形相、动静、数目等）是真正的肖像，具有客观原型；我们关于事物的第二性的质的观念（如色、声、香、味等）并无客观原型，仅仅是物体中的一些能力作用于我们的感官而产生的观念，这些观念虽然被认为也是肖像，但其实不是。洛克认为，一切观念——不论是不是肖像，都来源于经验。而我们的知识不外是对于两个观念是否相符合的知觉。

由此可见，idea一词的用法，从柏拉图发展到17世纪，已经产生了根本性的演变。它已经不是在世界的独立原型的意义上被使用，而是在人的感性表象或主观思想的意义上被使用。它已经从客观的意义转变为主观的意义，由本体论方面的范畴演变为认识论方面的范畴。

在18世纪法国唯物论哲学中，"观念"一词的涵义基本上与17世纪英国经验论哲学中的"观念"涵义相似，很多哲学家关于观念的理论都受到洛克的影响，并在唯物主义方面发展了洛克的学说。例如，霍尔巴赫指出："感觉、知觉、观念等名称所表示的，只是作用于外感官的物体在外感官上产生印象时内感官中所发生的一些变化。……当内感官把它们联系到产生它们的对象上去的时候，则称之为观念。"① 据此，他给观念下了一个明确的定义："观念就是造成感觉和知觉的那个对象的影像。"② 可见，观念是基于感性的表象。爱尔维修则曾经鲜明地表示自己的理论与洛克的联系："由于洛克的教导，我们知道我们的观念，从而我们的精神，是赖感官得来的。"③ 狄德罗把感觉和观念作了区分，他认为感觉是模糊的，观念是清楚的，观念之所以清楚，是由于理性参加进去，主观起了一定的作用。但观念还不是理性认识，观念是从感性过渡到理性的中介。狄德罗的这一观点比他的前人和同一代人都要高出一头。

19世纪德国古典唯心主义的创始人康德在自己的哲学中抛弃了17、18世纪经验论对idea（德文译为idee）一词的用法和意义，要求恢复这个词的理性概念的涵义，恢复对这个词的柏拉图用法。他认为，理念（即理性概念）是一种无条件的绝对完满的东西，在经验中并没有任何事物能同它完全符合。理念是理性为了推理的需要、思辨的需要、统一经验知识的需要而树立起来的概念，是理性用来指导理智所得到的知识达到绝对统一的指导性原则，是理性主观自生的先验的概念，而不是有实际存在的对象与之相应的理性概念。因此，康德虽然恢复了"理念"一词的柏拉图用法，但康德的"理念"与柏拉图的"理念"的涵义还是有很大不同的。首先，柏拉图的"理念"是为了解决世界本原问题而提出来的；而康德的"理念"则是从主体的认识能力的需要出发而设定的。其次，柏拉图认为理念世界有无数的理念，每一类个别事物都有相应的理念，理念是"类"或"型"，是某一类事物的原型，因而各个理念是有限的，而康德则认为理念是无限的、绝对的、最完整的统一体，这样的统一体有三个，即灵魂、世界、上帝。并且，柏拉图是把所有概念都一律作为理念；而康德则把纯理智概念和纯理性概念作了区分，把从对经验的反省、判断中得来的纯理智概念称为范畴，把从推论中得来的纯理性概念才看作是理念。第三，柏拉图认为物质世界的个别事物分有了理念而存在，理念是

---

①② 霍尔巴赫：《自然的体系》上卷，商务印书馆1964年版，第100页。
③ 转引自罗素：《西方哲学史》下册，商务印书馆1976年版，第267页。

客观独立存在的；而康德则认为理念在经验世界中没有相应的事物，理念是同任何实在对象无关的主观概念。第四，柏拉图认为理念是理性认识的对象，人可以通过回忆而获得灵魂在投生之前在理念世界中所获得的关于理念的知识；而康德则认为理念是超越于经验——"现象"之外的，它们是不可认识的，人的认识只能在"现象"范围之内。可是，在人心中存在着一种要把相对的、有条件的知识综合成为绝对的、无条件的知识的自然倾向，这就是所谓"理性"。而当理性去追求理念时，却常常用理智的范畴和感性的直观形式这些有限的经验的东西来套"无限的理性概念"。这就不可避免地要陷入错误或不可克服的自相矛盾（二律背反）之中，因此，理念是人的认识所根本达不到的"理想"。

德国古典唯心主义哲学的集大成者黑格尔以"理念"作为哲学的最高范畴，创立了一个庞大的客观唯心主义体系。黑格尔认为，康德要求恢复"理念"这个词的理性概念的涵义，这是康德的功绩。但是，黑格尔不同意康德割裂理智概念和理性概念的观点，反对康德把理念（或思想）看成仅仅是某种主观的、偶然的东西，而赋予"理念"以新的涵义。黑格尔指出："一般说来，理念不是别的，就是概念，概念所代表的实在，以及这二者的统一。单就它本身来说，概念还不是理念，尽管概念和理念这两个名词往往被人用混了。只有出现于实在里而且与这实在结成统一体的概念才是理念。……在概念与实在的统一里，概念仍是统治的因素。因为按照它的本性，概念本身就已经是概念与实在的统一，就从它本身中生发出实在，作为它自己的实在，这实在就是概念的自生发，所以概念在这实在里并不是把自己的什么抛弃了，而是实现了自己。因此，概念在它的客观存在里其实就是和它本身处于统一体。概念与实在的这种统一就是理念的抽象的定义。"①黑格尔给理念下定义的这段话表明，第一，理念是最高级最完善的概念，即理念是概念与实在的统一（亦即主观与客观的统一），在这种意义上，列宁曾经指出应把黑格尔的理念读作人的认识或真理；第二，在概念与实在的统一里，概念是统治的因素，因为实在本身就是从概念异化出来的。这段话的重点说明理念是至高无上的实在，正如黑格尔在另一个地方所指出的："一切存在的东西只有在作为理念的一种存在时，才有真实性。因为只有理念才是真正实在的东西。"②理念是一切事物的本质，是第一性的，客观世界是这个理念的异化（即表现），一切都由它而产生，一切都要回复到它的自身。

必须指出，黑格尔对"理念"一词的用法和涵义在很多方面是不同于柏拉图的。柏拉图认为理念是多，而黑格尔认为理念是一；柏拉图的理念是纯粹的不包含矛盾的概念，是和具体事物分离的空洞的抽象物，黑格尔的理念则是概念和实在的统一；柏拉图认为理念是永恒不变的，黑格尔则认为理念是一个矛盾发展的过程。所以，无论康德还是黑格尔，尽管他们提出要恢复"理念"的柏拉图用法，但他们都没有真正完全回归到柏拉图那里去。他们试图通过改造"理念"这一范畴，克服柏拉图的作为客体的"理念"和17、18世纪哲学中作为主体内的"观念"的理论片面性，从而把主体和客体、思维和存在统一起来。

---

① ② 黑格尔：《美学》第1卷，商务印书馆1979年版，第135、141页。

黑格尔认为，理念在逻辑发展的最高阶段是绝对理念。绝对理念是以理念本身为对象的，它既是主观的，又是客观的，它把一切都统一起来了，一切矛盾都和解了，因此它也就是绝对真理。由此看来，如果说，黑格尔关于"理念"一词的涵义是恢复了柏拉图的用法的话，那么，黑格尔关于"绝对理念"的思想则是来源于亚里士多德的。黑格尔自己也指出了这一点："现在理念自己以它本身为对象了，这就是纯思或思想之思想，亚里士多德早就称之为最高形式的理念了。"① 也就是说，"绝对理念"就是亚里士多德的"纯粹形式"，即作为"不动之推动者的神"。

马克思指出："在黑格尔看来，思维过程，即他称为观念（即理念——引者）而甚至把它变成独立主体的思维过程，是现实事物的创造主，而现实事物只是思维过程的外部表现。我的看法则相反，观念的东西不外是移入人的头脑并在人的头脑中改造过的物质的东西而已。"② 马克思主义哲学认为，观念是客观事物在人心中的反映。在用法和涵义上，"观念"一词有时指对个别事物的感性认识，有时则和"概念""思想"等词同义。

综上所述，idea这个词，从大的方面来说，主要有两种用法和涵义，一是指客观独立的实体，二是指存在于主体内的东西。作为客观独立实体，有人认为它是事物的"类""型"，即一般或共相，是绝对纯粹的世界本原，而有人则认为它是概念与实在的统一；作为主体内的东西，有时候它指的是感觉表象，有时候则指理性概念，或者一身二任。各种不同的涵义和用法，毫无例外都与哲学家对哲学基本问题的解决有着直接或间接的联系。

从上面的考察中我们还发现，idea这个词在西方哲学史中包含了如此丰富的涵义，在中文里竟找不到一个与之相应的词，以致在不同的意义上我们只好用不同的词来翻译它。这个贯穿西方哲学两千多年的词，在译成中文时，却变成了两个甚至更多的词，这样一来，原来的思路中断了，原来的意义走样了。我们得到的启示是：语言的差异不能不是思维方式差异的表现。这一点，有待于从事中西哲学比较研究的朋友们的进一步研究。

原载《中山大学学报（哲学社会科学版）》1988年第1期

---

① 黑格尔：《小逻辑》，商务印书馆1981年版，第422页。
② 《马克思恩格斯全集》中文版第23卷，第24页。

关于科学发现机器的研究

鞠实儿

一、科学发现机器的存在与结构

长期以来，人们对逻辑方法在科学定律发现过程中的作用一直颇多非议。在科学哲学界、逻辑学界，几乎所有人都否认科学发现机器的存在[1]。（注：在70年代末，人工智能学界最典型的看法是，在承认定律发生机器存在的同时否认归纳评价机器的存在，参见[3][4]，新近的文献表明，从80年代中期以来，人工智能学界开始倾向于承认上述两种机器的存在，参见文献[5]。）否定科学发现机器存在的主要原因是：（1）由于没有能够明确把握认识论与逻辑学的区别，因而不能对发现者的认识特征作恰当的描述；（2）由于没有能够充分理解"不可解性"的逻辑特点，因而不能正确理解休谟问题逻辑学范围内正面解决不可能这一结论及其意义[2]。以下，我们将在解决上述问题的基础上，研究科学发现机器的存在与结构。

为了方便与明确起见，我们首先阐明一些基本概念。令 x 是发现者，它或为机器或为人类专家（至于 x 是否为群体，本文不作规定。） x 在时刻 t_i 的知识存贮为 B_{xti}，它的评价函数为 $P_{xti}(p,q)$，其中 $0 \leq i$，p、q 分别属于 B_{xti}。

定义1：科学定律、假说 q 的发生是指 q 的第一次出现或被想到。x 在 t_j 时刻产生或发生假说 q 的判据为：当且仅当 $t=t_j$ 时，存在 $q \in B_{xtj}$，使得 $B_{xtj} \supset B_{xti}$，其中 $i<j$。（注：给出形式上更为复杂但更准确的判据是可能的，但对于本文而言，定义1足够了。）

定义2：科学假说的（认知价值）评价是指从给定证据 p 出发，对已知假说 q 的（认知）合理性的估计和评定。x 在 t_j 时刻对假说 q（认知）的合理性判据为：x 在 t_j 时给定评价指标 $b>0$，对于 p、$q \in B_{xtj}$ 有 $p_{xtj}(P,h) \geq b$。（关于认知价值和其它价值之间的关系参见文献[6]）

定义3：科学发现是指具有某种（认知）合理性的科学假说的发生。更确切地说：x 在 t_j 时发现假说 q 当且仅当 x 在 t_j 时产生 q 的判据和 q 的合理性判据同时得到满足。

定义4：如果一个论证前提为真时结论可能为真，那么它是归纳论证。它的特征是结论包含前提中不存在的信息。

定义5：如果一个论证前提为真时结论必然为真，那么它是演绎论证。它的特征是结论不含有前提中不存在的信息。（注：可以利用定义4、5中所例举的特征分别为归纳和演绎下定义，参见文献[7]。）

定义6：一个能够实现归纳论证（推理）的算法称为归纳机器，当它具有发现（评价）功能时称为归纳发现（评价）机器。

依据上述定义，科学发现实质上是B_{xti}满足q发生判据和评价判据的扩充，于是问题便成为：逻辑机器能导致上述扩充吗？

为解决此问题，首先考虑B_{xti}的结构与特点。

其一，B_{xti}的容量。所有已知的发现者的体积是有限的，若B_{xti}能存贮无穷个思想状态（或称项目），那么必然能找到一个区域，在该区域中有两个项目，它们之间存在无穷个项目（类似于单位区间上任意两个有理数或实数之间的关系），因此，为了存贮和提取项目必须假定x具有无穷的识别能力。然而，上述假定与物理学的基本原理相反[8]。因此，从数学和逻辑学角度，将无穷集合作为B_{xti}的模型是不适当的。这样就有

有穷性原理：B_{xti}只能存贮和理解有穷多个不同的项目。（同上）

其二，B_{xti}的认识功能和特点。由于B_{xti}的容量有穷，那么，其容量必有最小上界N；另一方面，概念的外延构成集合，从逻辑的角度看，这个集合或为无穷集或为有穷集。因此，从有穷性原理可推出

不完全性原理：当概念的外延构成无穷集合或其成员个数大于N的有穷集合时，B_{xti}不可能存贮上述概念或由上述概念作主词构成的全称判断在逻辑学中所具有的全部信息。

事实上，从逻辑的观点看：恒星这一概念的外延由古往今来所有的恒星构成，但是在任何时刻、任何x的知识存贮中只能具有一部分恒星的信息。因此，从认识论的角度说，恒星这一概念是被不完全地把握的。显然，不完全性原理与我们对自身认识能力的直觉是完全一致的。综上所述，如果不对逻辑学所表述的推理过程加以认识论或科学方法论的限制，那么它们在认识或科学方法论意义上是不可实现的，因而也不能用来说明任何认识过程。以下，我们将从上述两原理出发，研究逻辑方法的发现功能。

在逻辑学的范围中，构造假说q的方法有两种，它们均具有发现功能。

其一，演绎法。令D为任意演绎法，t_i时x用它从前提$p_1 \cdots p_n$出发得到结论q。当在逻辑学范围中$p_1 \cdots p_n$的合取p的信息量超过B_{xti}的上界N时，q的信息量只是部分地出现在B_{xti}中。另一方面，从逻辑上说，结论q是对p中所含内容的例示，这种内容的例示有可能落在B_{xti}中，也可能落在它之外。当x在B_{xti}的基础上运用演绎法在t_j时得到q，而q恰落在B_{xti}之外，这时$B_{xtj} \supset B_{xti}$，其中$q \in B_{xtj}$，那么依据定义1，x在t_j时产生新假说q。例如：当我们用演绎法作预测时，上述情况便发生了。另一方面，从逻辑上说，当x知道q时，q是对p中所含内容的例示，D是非放大性推理，如果p是充分地可相信或为真时，q也是充分地可相信或为真。因此，对于给定b，必有$P_{xti}(p, q) \geq b$，依据定义2，q是合理的。最后，由于在一定条件下演绎推理是能行的，因此，依据定义，逻辑上具有非放大性但认识论上却具有放大性的演绎发现机器是存在的。（注：在认识论的范围内，运用定义5中特征给演绎论证下定义便是不恰当的，此外，在文献[11]例1的基础上，我们可以构造文中所述的演绎发现机器。值得一提的是：严格地说Blachowicz在文献[9]中利用反馈机制构造的程序不是演绎的。）

其二，归纳法。归纳法主要有三种类型：枚举法、类比法、排除法。根据定义4，即使在逻辑学范围中，归纳推理的结论q已经具有超出前提的信息了，它不言而喻地具有发生功能。文献[4][5]表明，已经存在一系列实现上述归纳法的算法。因此，同

一般人想像的情况恰恰相反，归纳发现机器理论中的哲学难题不是如何去产生一个新假说，而是如何去说明由归纳产生的新假说的合理性。后一问题就是著名的休谟问题。Hume、Popper的工作表明：在形式合理性观念下，对休谟问题作正面回答、为归纳合理性作辩护是不可能的。但是文献〔2〕中已证明：在上述合理性观念下，对休谟问题作反面回答、否定归纳的合理性同样是不可能的。因此，休谟问题在形式合理性观念下是不可解的。然而，在经验科学中存在着另一种合理性观念——启发式合理性观念。在这一观念下，我们能依据已被接受的背景知识，选取一组相对于背景知识明确无误的条件，在这组条件下确定与之对应的归纳方法；对它的合理性作局部辩护，正面解决休谟问题[10]。在此基础上，可以建立起定量的假说认知合理性评价方法即$P_{xti}(p, q)$函数，检验归纳产生的新假说是否满足合理性判据。最后，目前已经建立起来的定量的评价方法都可以用初等函数表达，在相当高的精确度内将假说评价所涉及到的运算在计算机上实现是完全可能的。由此，虽然通用的归纳发现机器不存在，但是，局部合理的归纳发现机器是存在的。

根据有关定义和对逻辑方法的发现功能的分析，一个完备的发现机器必须同时具有导致知识内容增长和对新思想的合理性作评价两种功能。因此，从理论上说，从现有的经验原理和数据出发推出新假说的发现机器应该包括两个部分：其一，假说发生机器，它从已知数据或原理中推出新假说q，或者搜索蕴含在数据之中的一般关系和特征；其二，假说评价机器，它将输入假说发生机器的数据p作为证据，对新假说q作评价，输出满足合理性判据的q。从逻辑上说，一个导致假说发生的机器不必同时又是导致假说评价的机器，它们在运行上存在着时间上的顺序并不导致矛盾。但是，从实际可行性来说，为了使发生机器的运行能收敛于所求的合理的结果，降低机器运行的计算复杂性，采用评价机器或评价方法去约束发生机器的运行是必要的。（注：如果不采用评价方法约束发生方法，那么机器就有可能盲目输出一系列不合理的结果。）这就是说有必要建立发生与评价合一的发现机器。在这种机器中，发生的结果必然合理。由于演绎发现机器的特点是：逻辑上具有非放大性，认识论上具有放大性，因此，一旦演绎算法产生一个新假说，它必然是合理的，因为演绎发生方法本身具有证明、评价能力。所以，演绎发现机器是发生与评价合一的，类似地。如果归纳发生方法也能具有评价力量，那么它也有可能产生必然具有某种合理性程度的假说。由于在给定的条件下归纳方法具有合理性，因此归纳发生方法使得输入的数据p对结论q提供证据支持，这样，在一定条件下归纳发生机器的输出便具有某种合理性。[11]同时，我们还可以利用对归纳发生的结果进行定量评价的方法来改进归纳发生机器，使之总能输出满足合理性判据的假说。因此，发生与评价合一的归纳发现机器是可能的。

综上所述，我们论证了发现机器的合理性与存在性，并且阐明了它的组成部分和各部分之间的关系。以下，我们将把J. Conen的工作与H. Simon的工作结合起来，对归纳发现机器作具体的研究。

二、一种完备的归纳发现机器

近年来，恢复Bacon传统的工作在两个方向上进行：Simon在Bacon的基础上发展出具有学习功能的Bacon系统系列；Cohen则在Bacon的基础上建立了具有评价功能的非Pascal归纳概率系统。本文将把上述两项研究结合起来，构造发生与评价合一的归纳发现机器，并对它的完备性作论证。

我们首先描述Bacon$_4$系统的基本规则和使用条件。它的条件有：要求用户提供变化的独立项即相互独立的自然变量，所要考察的应变量和对上述变量进行研究的实验条件。它的基本规则有两条：其一，共变律或趋向指示器；其二，递归律。在相应条件下，采用上述规则Bacon$_4$搜索到许多满足重要自然科学定律的数学模式。仔细分析搜索过程，我们可以发现的总体结构：

$$f_{n-1}(a_1a_2a_3a_4\cdots a_n) \qquad L_{n-1}$$
$$\vdots \qquad\qquad \vdots$$
$$f_3(a_1a_2a_3a_4)\cdots a_n \qquad L_3$$
$$f_2(a_1a_2a_3)a_4\cdots a_n \qquad L_2$$
$$f_1(a_1a_2)a_3a_4\cdots a_n \qquad L_1$$
$$a_1a_2a_3a_4\cdots a_n \qquad L_0$$

其中$a_1\cdots a_n$是自然变量，它们的变素为a_{ij}，$1\leq i\leq n$，$1\leq j\leq m$，它作为初始数据出现在L_0层；$f(a_1a_2\cdots a_n)=f_{n-1}(A_{n-2}a_n)-A_{n-1}$是Bacon$_4$从初始数据中搜索到的自然变量所满足的函数关系[11]。将上述结果外推后，再把变量和它们之间的函数关系用一个全称条件句表述有：

$$\forall x\forall_{a1}\cdots\forall_{an}\,[\,(a_1(x)\wedge a_2(x)\wedge\cdots\wedge a_n(x))\,]\rightarrow f[a_1(x)a_2(x)\cdots a_n(x)]\cdots(*)$$

（*）式是Bacon$_4$在初始数据中发现的关于自然规律的假说。[11][12]另一方面它也就是Cohen假说评价模式所要处理的可检验陈述。依据Cohen对可检验陈述的有关术语规定，（*）式前件称为V_1谓词，后件称为目标谓词，其中V_1谓词由n个项合取而成，故记任一合取项为V_{1i} $1\leq i\leq n$。又设（*）式的相关变量有N个，依规定，V_1为相关变量序列的第一项，将其余各项按相关性大小排列，则有相关变量序列$V_1V_2\cdots V_N$。现在利用Cohen方法对（*）式评价。检验t_1：在控制其余$V_i(2\leq i\leq N)$不出现的条件下，先固定$a_i(2\leq i\leq n)$的取值，令$a_i=a_i'$，其中$a_i'\in R_i$（R_i是二阶变元a_i的变域），使a_1历遍R_1；然后固定$a_i\in R_i(3\leq i\leq n)$，令$a_i=a_i'$，使$a_1$、$a_2$历遍$R_1$及$R_2$；……最后使每一个$a_i(1\leq i\leq n)$历遍$R_i$。检验$t_2$：控制$V_1V_2$，使含包在$V_1V_2$中的变素的所有物理可能的组合逐次出现，同时控制$V_i(3\leq i\leq N)$不出现。……检验$t_N$：控制所有$N$个变量，使它们所有可能的组合逐次出现。如果（*）式通过由t_i构成的实验检验，我们说它得到的归纳支持分级至少为$i/(N+1)$，用符号表示就是$S[(*)E]\geq i/(N+1)$，其中E标记由实验报告构成的证据。[13]

Simon的Bacon$_4$系统与Cohen的非Pascal评价模式都是在Bacon排斥法基础上发展起来的，它们在结构上显然具有相似之处，这种相似具有重要的意义。事实上，将t_1检验程序与Bacon$_4$程序作比较，它们之间明显地存在两个相似之处：其一，依据Bacon$_4$程序的条件，它同t_1一样先验地假定了实验的可重复性及对相关变量认识的完全性，否则它就不可能设计它自己的完备因子实验、合法地使用实验数据[13]。其二，$Bacon_4$程序的搜索过程与t_1检验过程的形式结构是一致的，换句话说它们都具有Bacon归纳方法特有的金字塔式的结构，这种结构使得下列情况出现：如果将t_1的数据资料输入$Bacon_4$系统，并用来产生定律，那么所得的（*）式必满足或通过t_1；另一个明显的情况是：如果将$Bacon_4$系统所处理的数据输入t_1，并用来检验（*）式，那么（*）式通过t_1。于是有一个值得注意的结论：如果$Bacon_4$系统的数据资料与t_1数据资料具有相同的评价力量，那么附加外推程序后的$Bacon_4$系统除了具有模式识别、外推等功能外，同时还具有某种评价功能。因此关键问题是两者之间是否有差别。事实上，尽管它们都先验地确定了相关变量的序列，可是先验的背景知识不同。前者是在对（*）式前件所涉及到的自然变量的认识的基础上先验地确定相关变量V_i $2 \leq i \leq N$，后者是在认识到（*）式的基础上确定它们的。因此，如果（*）式足够新颖，那么前后两者确定的序列会有所不同，这就是说（*）式的出现导致发现新的相关变量V_{N+1}。这一情况的直接后果是：前后两种条件下实验结果一般不相同，数据的评价力也不同，（*）式一般不可能通过t_1。但是这种情况一般是不存在的。其理由如下：一般说来，新的相关变量只有通过进一步的实验才能被发现。如果凭（*）式先于实验就能断定新的相关变量的存在，这说明两方面的问题，如果这种断定是有理由的，那么运用$Bacon_4$程序时对实验的重复性和相关变量的完全性的先验估计是错误的，该领域尚未成熟到可运用$Bacon_4$来解决问题的程度。实际上，对于一门较为成熟的学科而言，想要先验地断定一种新的相关变量是不可能的，这相当于先验地发现一种新的经验事实。如果这种断定是建筑在没有经验基础的猜想之上，那么相反的猜想同样也成立——根本就不存在什么新的相关变量。另一方面，依据运用$Bacon_4$的先决条件，我们对相关变量的完全性和实验的重复性的认识是相当有把握的，因此，没有必要对（*）式作发现后的验证即重做t_i。因为，如果不引进新的相关变量，重复实验的数据只能说明原有证据的可靠性、可重复性，并不提供更为严峻的检验。最后，如果问题所属学科的发展揭示出新的相关变量，对先前实验结果的可靠性发生怀疑，那么依据$Bacon_4$和t_1各自的假定，需要改变的不仅是t_1，输入$Bacon_4$的数据也要改变，两者是同步的。综上所述，在Cohen评价系统和$Bacon_4$系统的预设之下，$Bacon_4$程序的结果必然通过检验t_1，获得$P[（*）]=1/(n+1)$的归纳概率。

最后，我们依据Cohen评价系统进一步改进$Bacon_4$系统。首先考虑相关变量序列$V_1V_2\cdots V_N$，其次依据相关变量序列顺序，要求实验给出下列形式的数据组：1. 控制$V_i(2 \leq i \leq N)$使之不出现，给出有关$V_{11}V_{12}\cdots V_{1n}$的数据，记（1）；控制$V_i(3 \leq i \leq N)$使之不出现，给出有关$V_{11}V_{12}\cdots V_{1n}V_2$的数据，记（2）；…n从实验中给出$V_{11}V_{12}\cdots V_{1n}V_2\cdots V_n$的数据，记（N）。然后依据上文中已提到的$Bacon_4$处理数据（1），得结果（*）。再下一步的工作是在$Bacon_4$系统中添加下列程序：1. 考虑（*）与数据（2）的符合情况，如果两者一致，则考虑（*）与数据（3）；如果不一致，选出导致不一致的V_2的变素，将它否定后作为合取项加入（*）式的前件，两种情况下都改写（*）式为$(*)^1$。2. 考虑$(*)^1$与数据（3）的符合情况，如果一致，则考虑$(*)^1$与数据（4）；如果不一致，选出导致不一致的V_2V_3变素的组合，否定后作为合取项加入$(*)^1$的前件，两种情况下都改写$(*)^1$为$(*)^2$；…最后得到的$(*)^n$将与全部实验数据一致[11]。依据Cohen评价系统检验系列$t_i(1 \leq i \leq N)$的构造和上文讨论结果，经进一步改进后的Bacon$_4$系统的输出必通过检验t_N，获得$p[(*)^N]=N/(N+1)$的归纳概率分级。

综上所述：由于Cohen评价系统与Bacon$_4$系统在使用条件与形式结构方面的一致性，改进后的Bacon$_4$系统同时具有假说发生和评价两方面功能。另一方面，Simon的工作已经表明：Bacon$_4$系统确实有能力独立产生科学假说。因此，建立局部合理的、完备的（发生与评价合一的）归纳发现机器是可行的。

三、结论

1. 关于知识存贮的有穷性原理与不完全性原理表明：不加限定条件地运用逻辑学、数学方法来描述认识过程是不恰当的。本文运用上述两原理分析了演绎推理的认识功能，指出逻辑上具有非放大性，认识论上具有放大性的演绎发现机器是存在的。

2. 由于在形式合理性观念下，休谟问题不可解；在非形式合理性观念下，相对于一定的条件，不同的归纳逻辑得到局部辩护。因此，归纳逻辑是多元的，不存在通用的归纳发现机器。然而，本文对Bacon$_4$系统的改进说明：建立局部合理的、有效的和完备的归纳发现机器依然是实际可行的。

3. 科学发现机器由假说发现与评价两种机器组成，为了使机器能够在耗费较小的条件下搜索到目标，采用评价方法约束假设发生机器是必要的。本文对Bacon$_4$的改进表明，上述方法是一种可行的、合理的机器学习系统计方法。

4. 哲学家宁愿承认存在着评价的方法，而不愿承认发现的逻辑方法；相反，人工智能学者宁愿从事产生新假说的算法研究，而将评价方法留给哲学家[4]。然而完备的发现机器必须同时具有发生和评价两种功能。因此，哲学家与人工智能学者的沟通与合作，对于进一步发展科学发现机器理论具有重要意义。

参考文献

[1] Pera, M. Induction Methods and Scientific Discovery, On Scientific Discovery, M. D. Crmek edited, 1981, 141-165.

[2] 鞠实儿：《论休谟问题与科学研究活动启发式程序重建纲领》，《自然辩证法通讯》1988年第5期，第1-9页。

[3] Simon, H. Models of Discovery and Other Topic in Methods of Science, D. Reidel Pub-Co, 1977, 326-336.

[4] Michalski, R. A Theory and Methodology of Inductive Learning, Machine Learning, Vol.1, edited by R. Michalski etc. Springer-Verlag, 1983, 83-134.

[5] Michalski, R. Understanding the Nature of Learning, Machine Learning Vol. 2, edited by R. Michalski etc. Morgan Kaufmann Pub. Inc., 1986, 1-43.

[6] Levi, I. Decisions and Revisions, Cambridge Univ. Press, 1984. ix-xii.

[7] Salmon, W. The Foundations of Scientific Inference, Univ. of Pittsburgh Press, 1967. 1-40.

[8] 王浩：《数理逻辑通俗讲话》，科学出版社，1983年，第196-208页。

［9］Blachowicz, J. Discovery and Ampliative Inference, Philosophy of Science, 56 (1989), 438–462.

［10］鞠实儿：《论归纳逻辑的局部辩护和适用范围》，《自然辩证法通讯》1989年第5期，第1-8页。

［11］鞠实儿：《论归纳机器》，《自然辩证法研究》1990年第3期，第12-24页。

［12］Simon, H. Rediscovery, Chemistry With the Bacon System, Machine Learning Vol. 1, edited by R. Michalski etc, Springer-Verlag, 1983, 307–330.

［13］Cohen, J. The Probable and the Provable, Oxford Univ. Press, 1977, 129–166.

原载《中山大学学报（哲学社会科学版）》1990年第3期

意义的分析：实在论与反实在论的争论

张志林

一、争论的背景和焦点

（一）毫无疑问，分析哲学的出现是20世纪哲学的一个显著特点。那么，什么是分析哲学呢？当代著名分析哲学家塞尔（J. R. Searle）以简洁的表述作了这样的界定："对分析哲学的最简单的表征是它主要致力于意义的分析。"[①]对意义的分析主要涉及语言、思想和世界的关系。由于分析哲学家普遍地把对思想的探索化归为对语言的探索，所以语言与世界的关系成了意义分析的核心问题。众多分析哲学家持有一种基本信念，即语言的基本特征显示了世界的基本特征，因而研究语言的基本特征是揭示世界的基本特征的有效途径。本文所论实在论者与反实在论者均持有这一基本信念。

（二）任何一种语言都由一些语词及由这些语词按特定句法所构成的语句组成。因此，对语言意义的分析涉及语词和语句的意义。分析哲学的先驱弗雷格（G. Frege）提出的如下纲领性原则已为多数分析哲学家所接受："决不孤立地寻问一个词的意义，而只在一个命题的语境中寻问一个词的意义。"[②]分析哲学家通常称此原则为"语境原则"（the contextual principle）。本文所论实在论者和反实在论者均接受这一原则。

弗雷格按上述原则别出心裁地把一个语句看作一个复合名称。他认为，作为复合名称的任何语句必以真或假作为其所指。换言之，他主张在分析语言的意义时，在逻辑上必须坚持排中律（the law of excluded middle）：就命题逻辑而言，任一语句表达的命题P或真或假，没有第三种可能，即$P \vee \sim P$；就一阶谓词逻辑而言，对于任何变项表达的个体X，要么具有性质Q，要么不具有性质Q，没有第三种可能，即$\forall X [Q(x) \vee \sim Q(x)]$。用另一等价的说法，弗雷格主张在分析语言的意义时，在语义学上必须坚持二值原则（the principle of bivalence）。本文所论实在论者接受弗雷格的这一主张，而反实在论者拒斥这一主张。

弗雷格还主张一个语句的意义取决于它据以指定为真的那些条件，因为语句作为复合名称，指的就是这些成真条件付诸实现的意思。卡尔纳普（R. Carnap）对这一主张作了更明确的表述："了解一个语句的意义就是了解这个语句在哪种可能的情形下是真

[①] J. R. Searle，《美国当代哲学》，载单天伦主编《当代美国社会科学》，社会科学文献出版社，1993年。

[②] G. Frege, *The Basic Laws of Arithmetic: Exposition of the System*. Berkeley：University of California Press，1965，P. X.

的，在哪种可能的情形下是假的。"① 本文所述实在论者遵循这一研究途径，反实在论者则反对这一研究途径。

（三）戴维森对一个系统地分析语言意义的理论的恰当性条件作了深入的探讨。他认为，一个恰当的意义理论必须具备如下条件：②

　　A. 赋义性条件：一个恰当的意义理论必须能为自然语言L中的任何一个语句S提供意义的解释；

　　B. 构成性条件：一个恰当的意义理论必须能说明S是怎样根据L的有限语词和规则组合而成的；

　　C. 证明性条件：一个恰当的意义理论必须能证明可由有限的公理合乎逻辑地衍推出L中的无穷语句；

　　D. 检验性条件：一个恰当的意义理论必须能得到经验的检验。

对这四个条件本身，本文所述实在论者和反实在论者没有太多争议，但对什么样的意义理论才能满足这些条件则各执一端。争论的焦点可以归结为三个问题：

Q1：以真理概念作为意义理论的中心概念是不是合适的选择？或者说，成真条件语义学是否能够成立？

Q2：恰当的意义理论是否必须承认客观事实的独立存在？或者说，真理符合论是否能够成立？

Q3：恰当的意义理论是否必须承认语句真值的独立存在？或者说，排中律或二值原则是否普遍有效？

本文所论实在论者对三个问题作出了肯定的回答，而反实在论者则相反。

二、实在论：真理-意义分析

（一）以戴维森为代表的实在论者在分析语言的意义时，采取了三大策略。第一个是：在阐明语言的意义时，把内涵表达方式逻辑地转换成外延表达方式。按奎因（W. V. O. Quine）的说法，这是一种"语义上升法"（semantic ascent）。

戴维森认为，根据语境原则，对任一语词W意义的分析都必须以对由W和别的语词合适地组成的语句S意义的分析作为先决条件。恰当的意义理论凭借所论语言L中特定的形成规则，能够说明由W和别的语词构成S的合适性。由此，构成性条件便能得到满足。进而言之，用语句S取代构成S的语词W，用语句P取代表达W意义的任意语词M，便可将"W意谓着M"之类的表达形式转换成下述语句类型：

（1）S意谓着P（S means that P）。

从结构方面看，S是表征一个语句合适形式的描述句，而P是S所描述的分句，that便是其标记。从意义方面看，P是对S的意义的表达。但是，戴维森认为这里的"意谓着"一词不能恰当地表征"语句意义"这一概念，因为它是一个语义模糊、多义的内涵

---

① R. Carnap, *Meaning and Necessity: A Study in Semantics and Modal Logic*. Chicago：University of Chicago Press，1956，P.10.

② 参见A. C. Grayling, *An Introduction to Philosophical Logic*. Sussex：The Harvester Press Limited，1982，P. 222；张志林《语言与实在》，载《自然辩证法通讯》，1994年第5期。

的表达式。为了把它变成一个语义清晰、单义的外延表达式，戴维森主张代之以"是f当且仅当"这一表达式，其中f是任何形式的谓词。这样，（1）就转换成了如下双蕴涵形式的外延表达式：

（2）S是f当且仅当P（S is f if and only if P）。

至此，所谓语义上升已经完成。由于戴维森对Q1作了肯定回答，所以他认为根据自然语言L中任意谓词"是f"和初始谓词"是真的"在塔斯基（A. Tarski）规约T的限制下，对L中任何语句都满足相同的条件，可以断定二者具有相同的外延。因此，（2）可以逻辑等值地转换成塔斯基的规约T：

（3）S是真的当且仅当P（S is true if and only if P）。

在戴维森看来，根据（3），赋义性条件能够得到满足，因为只要陈述一个语句的成真条件，就等于解释了这个语句的意义。此外，因为任何语句均可化归为（3）式语句，亦即说（3）具有公理性质，所以证明性条件也可得到满足。

（二）反用和扩展塔斯基的真理论是戴维森的第二个策略。所谓"反用"是说，塔斯基把真理概念作为须用"满足"来定义的概念，而戴维森认为真理是一个可用于定义"意义"的初始概念。"满足"表征一个对象序列与一个语句函项的关系。例如，3和2构成一个对象序列3＞2，若x＝3，y＝2，则该对象序列满足语句函项x＞y。由此，便可得到一个（3）式的语句："'3＞2'是真的当且仅当3＞2。"它是规约T "'x＞y'是真的当且仅当x＞y"的一个实例。戴维森在批评塔斯基时指出："满足概念与谓词的指称概念极为相似——实际上，我们可能会将一个谓词的所指定义为满足这个谓词的那类实体。困难在于一种绝对的真理理论没有真正说明满足关系。例如，当这种理论最终表征'x飞翔'这个谓词的特征时，它仅仅告诉我们说，有一个实体满足'x飞翔'当且仅当那个实体飞翔。"① 戴维森认为真理概念是一个初始概念，它不必依赖指称或满足概念来定义，倒是后两个概念必须依赖真理概念才能得到解释。因此，他实际上认为塔斯基犯了本末倒置的错误。由此出发，戴维森力主在解释语言与世界的关系时要取消指称或满足概念的作用。②

所谓戴维森对塔斯基理论的"扩展"是说，塔斯基把规约T的运用范围限制于形式语言系统，而戴维森将它扩展到自然语言系统。塔斯基反对扩展的理由在于他认为有两大困难：第一，自然语言在语义方面的封闭性容易造成悖论（例如著名的"说谎者悖论"）；第二，自然语言在语义方面的模糊性容易导致语言形式的不可规定性（例如著名的"索引性难题"）。对第一个问题，戴维森的回答是：悖论主要产生于自然语言中量词的辖域过宽。例如，一个克利特岛的人宣称："所有克利特岛的人都在说谎话。"如果其中"所有克利特岛的人"宽松到包括宣称者本人，那么就会造成悖论。戴维森认为，首先，这一事实并未表明不能提出一个关于自然语言中语句为真的明确界定，比如限定量词辖域就是一条有效途径；其次，我们至少可以先把注意力集中于那些不易产生悖论的部分，然后扩展到整个自然语言系统。实际上，戴维森的回答是：意义理论的目

---

① D. Davidson, *Inquires into Truth and Interpretation*. Oxford: Clarendon Press, 1984, P. 217.
② 参见张志林《语言与实在》。

的不是要改造自然语言，而是要阐明其意义。至于自然语言的语义模糊性，他认为借助上述语义上升法即可得到消除。例如，对于自然语言牵涉使用者（u）和时间（t）的"索引性"（indexicality）问题，可作这样的处理：把真理界定为话语（utterance）的谓语，而不是语句（sentence）的谓词。于是，（3）便可被扩展成

（4）（u）（t）S是真的当且仅当P。

据此，只要结合说话者u及他说出某一语句的时间t进行语境分析，他所说出的话的意义就能按规约T得到解释。依戴维森看来，这使上述检验性条件能得到满足。

（三）戴维森的第三个策略是"宽容原则"（the principle of charity）。一般说来，那些说话者对于独立于语言的客观事实会取得一致的意见。戴维森在贯彻这一原则时，实际上以对Q2和Q3的肯定回答作为先决条件。在他的一系列论证中，有三点值得注意：首先，他多次重申奎因认识论的整体论观点：从根本上说，语言所表达的信念是作为整体与经验世界发生关系的。因此，"一切充当一个信念的证据或对该信念作出辨明的东西都必须来自该信念所从属的同一个信念整体"①。其次，戴维森既反对传统对照式的真理符合论，又反对传统割断语言与世界纽带的纯粹融贯论。他试图在二者之间辟出一条重建真理符合论的新路，别出心裁地提出了两个口号："无对照的符合"及"融贯导致符合"②。他明确宣称："我极力主张，对一个人的言语、信念、欲望、意义以及其他命题态度的正确理解导致这样一个结论：一个人的大多数信念必定是真的，因而可以作出一个合理的推论，即只要一个人的任何一个信念与其余的大多数信念是相融贯的，它就是真的。"③最后，戴维森反对在语言与世界之间插入感觉、印象、所与之类的中介，主张摒弃图式—实在二元论。他认为，"给定图式和实在的二元论这个教条，我们就有概念相对性以及相对于一个图式的真理。没有这个教条，这种相对性就会荡然无存。当然，语句的真理性仍然是相对于语言的，但它是尽可能客观的。在抛弃图式和世界的二元论时，我们并未抛弃世界，而是重建了我们与熟悉的对象的无中介的接触"④。

三、反实在论：证实-意义分析

（一）"反实在论"（antirealism）的命名方式表明它是针对"实在论"（realism）而提出的相反观点。因此，反实在论的建树必定会通过对实在论的批判显示出来。

对于Q2，达米特（M. Dummett）认为，正确理解和使用语言所需要的事实不是独立自在的，而必须是能够被人发现、接近、研究和证实的。他认为任何形式的真理符合论都立足于如下原则："如果一个陈述是真的，那么就必须具有使其为真的根据。"⑤尽管乍看起来这是无可争议的，但实在论者宣称独立自在的"客观事实"是语句真理性的根据却是武断的。只要看看他们怎样运用上述原则就可见其荒唐所在了：他们首先选

---

①②③ D. Davidson, "A Coherence Theory of Truth and Knowledge", D. Henrich (ed.). *Kant oder Hegel?* Stuttgart: Klet-Cotta, 1983.

④ D. Davidson, *Inquires into Truth and Interpretation*. Oxford: Clarendon Press, 1984, P. 217.

⑤ M. Dummett, "What is a Theory of Meaning? (Ⅱ)", G. Evans and J. McDowell (eds.), *Truth and Meaning*. Oxford, 1976.

择不同语句类的真理概念，然后由此反推实在的性质；换言之，所谓"客观事实"的性质原来是真理概念的衍生物。况且，我们知道有这样的情形：人们并不认为反事实语句（counter-factual sentences）为真有什么"客观事实"作根据，却又往往接受它们为真。虚拟语句和描述无限域中对象的语句也有类似情形。正是基于这些分析，达米特对Q2作了否定回答。

关于Q3，达米特指出：自然语言中存在大量无真值而有意义的语句（比如宣布、允诺、命令等语句），所以排中律或二值原则不是绝对普遍有效的。为了在理论上揭示排中律或二值原则的局限性，达米特的策略是把数学直觉主义创始人布劳威尔（L. E. J. Brouwer）对数学的看法推广到自然语言。布劳威尔对数学提出了三点原则性的看法：1. 不存在实际的无穷总体（实无穷），无穷只是一种变化和生成着的东西（潜无穷）；2. 排中律只适用于有穷集，而不适用于无穷集；3. 只有具体给出一种构造某一数学对象的方法（证明），该对象才有存在的理由。在达米特看来，自然语言涉及的无限域中的对象也是潜在的，其存在的理由也在于具体给出构造它们的方法（证实），二值原则在此丧失了有效性。注意，这里的"证实"（verification）类似于布劳威尔的"证明"（proof）或"构造"（construction），其要旨是强调语句真假的实际可断定性，而反对语句真值独立自在的主张。

现在，根据对Q2和Q3的否定性回答，达米特便可对Q1作出否定回答了：既然不能根据独立自在的"客观事实"来判定独立自在的语句真值，当然戴维森派主张的成真条件语义学就难以成立了。依达米特看来，合乎逻辑的结论是：成真条件语义学不能满足戴维森本人提出的意义理论的四个恰当性条件。

（二）达米特认为，成真条件语义学失败的根本原因在于它预设了一个享有时间特免权的神目观察者和判定者，提出了一种超越的真理观，忽视了人们的语言实践。他强调，我们只有置于时间之中，从人们对语言表达式的实际可判定性（effective decidability）入手，才有可能提出一种恰当的意义理论。

然而，必须注意，证实论语义学并不承诺这样的观点：每一个可理解的语句必定是实际地加以判定的。达米特的追随者格雷林（A. C. Grayling）指出："根据证实论观点，理解一个陈述在于能够识别什么是对它的证实，也就是说，在于能够识别什么最终确定它为真。这并不意味着我们在每一种情况下都必须具有判定陈述真值的方法；它只是意味着一旦碰巧具有确定一个陈述真理性的方法时，我们必须能够识别出来。"[①] 在达米特看来，实际的判定（decision）或证实（verification）与可判定性（decidability）或可证实性（verifiability）分别表征了理解语言的两个要求：前者有助于解释人们是怎样获得语言的（获得性要求），后者除此之外还有助于解释语言使用者关于所用语言的隐含知识是怎样的（显示性要求）。

（三）达米特从语句真值的可判定性来看真理概念，有时把真理解说为一种"辨明"（justification）。从实在论者逐步转变成反实在论者的帕特南（H. Putnam）则干脆

---

① A. C. Grayling, *An Introduction to Philosophical Logic*. Sussex: The Harvester Press Limited, 1982, P. 245.

径直把真理定义为"理想的辨明"(ideal justification)。用他的话来说,"真的东西就是在最佳条件下能得到辨明的东西,而最佳条件通过许多错综复杂的方式随特定的论断、语境和兴趣为转移"①。

经过如此修正,真理概念势必在意义理论中发挥重要的作用。这就是达米特仍然主张保留真理概念的理由。具体说来,他认为真理概念对恰当的意义理论有两点重要作用:第一,它有助于间接证实所需演绎推理保真性的解释;第二,它有助于解释语句的含义(sense)、语力(force)和寓意(point)的区分,从而说明人们对语言中断定性话语意义的理解。②这里所谓"含义"主要是指语句的成真条件,"语力"指该语句的特定使用(如断定、命令、疑问等),而"寓意"指此语句使用者的意向或目的。

鉴于上述情况,格雷林认为达米特对成真条件语义学的否定是不彻底的。他认为"真理"不是一个直截了当的证实论概念,因而主张代之以"正当理由"(warrant)概念。简言之,格雷林认为,对于恰当的意义理论,"真理"是一个多余的概念。"为了说明为何如此,让我们对正当理由作一个最低限度的表征:它是某种依赖于说话者在特定场合有根据地断定(或者说依赖语力来使用)一个语句时对该语句的使用的东西,而说话者作出断定的根据产生于一种赋予他的语句含义的证实程序。"③由此,间接证实概念便可无需"真理"而归结如下:对某个陈述的间接证实仅仅通过证实其他陈述而满足其证实条件。如果陈述之间有一种推断关系,那么便可成功地获得"保值的"(value-preserving)的演绎推理。这里用"保值"而不用"保真",表明正当理由及其否定不同于真及假。实际上,正当理由及其否定相当于直觉主义逻辑中的可证性及其否定。同样,还可无需"真理"地对含义、语义和寓意作出区分:了解一个语句的含义就是了解在什么条件下有正当理由使用它,了解语力就是了解在特定场合是否有正当理由保证断定、命令、疑问等用法有效,了解寓意就是了解在什么正当理由下说话者恰当地说出的语句恰好能实现他的意图。根据这些分析,格雷林认为,证实的目的是要获得正当理由,而不是得到真理:以真理概念为基础的成真条件语义学不是恰当的意义理论,只有以证实或正当理由概念为基础的辨明条件语义学才是恰当的意义理论。

简略地说,反实在论者认为,实在论的成真条件语义学由于预设了超越真理的存在,所以它宣称能满足意义理论的四个恰当性条件是空洞的,只有用可证实或可辨明的真理或正当理由概念取代超越的真理概念,才能建构起真正能满足四个恰当性条件的意义理论。至于反实在论者对实在论者成真条件语义学不能满足意义理论四个恰当性条件的逐条批判,皆可由对超越真理观的批判加以描述。限于篇幅,此不详述。

---

① H. Putnam, *Realism and Reason*. Cambridge: Cambridge University Press, 1983, P. 280.
② 参见M. Dummett, "What Does the Appeal to Use Do For the Theory of Meaning?", A. Margalit(ed.), *Meaning and Use*. Reidel, 1979, PP.125-128。
③ A. C. Grayling, *An Introduction to Philosophical Logic*. Sussex: The Harvester Press Limited, 1982, P. 289.

四、评论与建议

（一）本文所论两派的争论至少反映了分析哲学发展的三点主要新动向：

第一，早期分析哲学家大多认为自然语言本身的语义模糊和句法粗糙使它难以有效地准确表达思想，因而试图凭借数理逻辑构造严密的"理想语言"，并以此对自然语言加以改造。罗素（B. Russell）和卡尔纳普就是典型代表。但是，至少从维特根斯坦（L. Wittgenstein）——尤其以他后期哲学为代表——开始。越来越多的分析哲学家认为自然语言本身是完善有序的，哲学中的混乱不是来自自然语言本身，而是来自哲学家们对自然语言的误用。因此，意义分析的目的不是改造自然语言，而是描述自然语言。如果说戴维森还多少带有试图改造自然语言的痕迹，那么达米特就更明确地表示他的目的只是合理地描述人们对自然语言的使用了。简言之，本文所述争论加强了分析哲学家从注重人工语言研究向注重自然语言研究的转向。

第二，早期分析哲学家偏向于从语形学和语义学角度探讨语言的意义，也即说，他们主要从语言内部结构和语言表达式与所表达的对象之间的关系的角度进行探讨，而对语言使用者这一因素有所忽视。至少从维特根斯坦提出"语言游戏"（language-game）概念及奥斯汀（J. L. Austin）提出"言语行为"（speech-act）概念开始，越来越多的分析哲学家认为意义分析必须考虑人对语言的使用情况，开辟了语用学的研究思路。实际上，这是对弗雷格语境原则的扩展。戴维森强调"真理"是话语的谓词，达米特强调含义、语力和寓意的区分，都是这一趋势的具体表现。

第三，早期分析哲学以逻辑实证主义为代表，极力拒斥形上学。至少从奎因对逻辑实证主义的批判开始，越来越多的分析哲学家认识到形上学对意义分析的重要性。本文显示，Q2、Q3成为争论焦点表明所述争论双方具有不同的形上学立场。就实在论而言，如普拉茨（M. Platts）所说，"实在论体现了一幅关于独立存在的、可用我们的语言加以描述的、有些难以对付的世界的图景，而我们是以一些（至少）超越我们目前确定那些描述是否为真的能力的方式来描述世界的"[1]。这里揭示了实在论的两个形上学观点：其一，意义理论必须预设独立自在的"客观事实"或世界；其二，意义理论必须预设独立自在的语句真值或超越的真理概念。可以看出，这些正是对Q2和Q3的肯定性回答。反实在论恰恰是从批驳这两个要点入手反对实在论的（参考上文）。那么，反实在论蕴涵的形上学立场是什么呢？达米特有时似乎倾向于接受相对主义的观点，[2]而格雷林则力主观念论。[3]应该注意，这里的相对主义强调可理解的世界不是独立于语言描述者的，观念论则强调了可理解的世界不是独立于经验主体的。正因如此，反实在论者才倾向于对Q2和Q3作出否定性的回答。

（二）戴维森在论证成真条件语义学时，表现出两点严重的缺陷：1. 他的立足点是反用和扩展塔斯基的真理论来解释意义概念，更准确地说，他是用真理概念吸纳意义

---

[1] M. Platts, *Ways of Meaning*. London: Routledge & Kegan Paul Ltd., 1979, P. 237.
[2] M. Dummett, *Truth and Other Enigmas*. Massachusetts: Harvard University Press, 1978, P. 373f.
[3] A. C. Grayling, *An Introduction to Philosophical Logic*. Sussex: The Harvester Press Limited, 1982, P. 280f.

概念。关键在于他断定：在自然语言L中，根据初始谓词"是真的"对任意谓词"是f"的逻辑等值代换，便可衍推出L中无穷多的语句。这里的基本预设是：排中律或二值原则对可数语句有穷集和无穷集是普适的。由此，指涉有穷语句集的存在式∃x[F(x)∧∼G(x)]与指涉无穷语句集的全称式∀x∼[F(x)∧∼G(x)]互为矛盾式，而且下述两个逻辑蕴涵式同时成立：

(a) ∼∃∼x[F(x)∧∼G(x)]→∀x∼[F(x)∧∼G(x)]
(b) ∼∀∼x∼[F(x)∧∼G(x)]→∃x[F(x)∧∼G(x)]

如果XF(x)指涉一个可数有穷语句集，那么依次考察其中所有语句在原则上是可能的，因而(a)、(b)均成立。但是，如果XF(x)指涉一个可数无穷语句集，那么(b)难以成立，因为对其中的一个语句，我们可能无法识别证明它为真或假的能行方法。可是，戴维森完全未考虑这种情况。在此问题上，达米特对他的批评是合理的。2.戴维森宣称塔斯基真理论支持了他那无对照式的真理符合论或意义实在论。可是，塔斯基本人却说："我们可以接受真理的语义学概念，而不必放弃我们可能已经持有的任何一种认识论态度；我们依然可以是朴素的实在论者、批判的实在论者、观念论者、经验论者或玄学家，也就是说，我们仍然可以坚持我们以前所持有的任何一种哲学立场。"① 因此，塔斯基真理概念的中立性使戴维森的宣称失去了根基。

以达米特为代表的反实在论者在论述过程中也有两点不足：1.他们批判实在论时无视戴维森关于真理是话语的谓词这一见解。公正地说，戴维森也像达米特一样，试图结合语言使用者的因素来分析语言的意义，只是二者的哲学立场不同罢了。2.格雷林主张消去真理概念，而代之以正当理由概念来分析语言的意义，似乎无助于揭示真理与意义的关系。

（三）依我看，意义分析必须考虑四个相关因素：语言使用者（U）借助语言（L）来表达思想（T）和描述世界（W）。对语言意义的分析和判定应该具有客观的标准。由此出发，我提出如下建议性的思路：

首先，U可以用L来表达他的主观意愿，当这意愿能被辨明时，它就是L的一种意义。例如，在婚礼上，当主持者问新郎是否愿娶新娘为妻时，新郎答道："我愿意。"新郎用这话语有效地完成了一种言语行为，其具有意义的判别性标准是"恰当性"。

其次，U可以用L来表述一种客观思想（T），当这思想能被辨明时，它就是L的另一种意义。我们用一个陈述语句来刻画一条科学定律，便属于这种情况。在这种情况下，意义的判别性标准是"真理性"。

最后，U可以用L来描述世界（W）的状况，当这种描述状况能被辨明时，它就是L的又一种意义。比如在日常生活中，我们常常向别人讲述一件事情。此时，意义的判别性标准是"指实性"。

不用说，这里的恰当性、真理性和指实性是关键。对它们的解释需要占用大量

---

① A. Taiski, "The Semantic Conception of Truth", H. Feigl and W. Sellars (eds.), *Readings in Philosophical Analysis*. New York, 1949.

的篇幅，本文只是为了大致勾画出我的思路，在此不打算详加论述了。可以说明一句：我的新建议能有效地克服实在论和反实在论的不足，同时又吸收它们的一些合理观点。

牛津大学Rom Harré教授曾阅读本文初稿，提出了若干修改意见，谨此致谢。

原载《中山大学学报（社会科学版）》1996年第1期

依傍理性走向对神的信仰

——托马斯·阿奎那真理论的探讨

张 宪

一

托马斯·阿奎那（Thomas von Aquina 1224—1274）无疑是中世纪最重要的哲学神学家。他所处的13世纪，欧洲经院哲学已经进入繁荣时期。但是，早就由教父哲学中理性辩护主义和信仰主义的矛盾所挑起，后又在经院哲学初期辩证法与反辩证法的争论中进一步展开的哲学和神学、理性和信仰的相互关系这一中世纪哲学的基本问题却还没有获得解决。正统的神学家要把理性变成信仰的驯服工具，把哲学当作神学的附庸。以奥古斯丁（Augustinus 354—430）为代表的早期经院哲学把神学当作真正的哲学，或者把哲学当作神学的理性内容与论证方法，其旨趣与后来大阿尔伯特要复兴的提倡理性研究、重视科学实验的亚里士多德（Aristotle 384—322 B. C.）哲学精神迥然不同。托马斯正是在这样一种历史背景下开始思考神存在的证明、人的认识的可靠性、存在与本质、形式与质料、人与灵魂等一系列的神学哲学问题，希望能重新调整神学与哲学的关系。他一方面肯定神学和哲学是两门不同的学科，明确划分它们的界限，另一方面又坚持神学引领哲学的传统立场。他明确认为哲学理性不是用来批判神学信仰的，恰恰相反，我们只有依傍哲学理性，才能服从神学信仰的引领，一步步地走向神、归依神。

托马斯颂扬理性，尤其重视哲学的研究，这集中体现在他对真理问题的思考中。我在下面的分析首先涉及托马斯神学哲学中本体论真理（ontologische Wahrheit）和判断式真理（Urteilswahrheit）、神理解的真理和人理解的真理的关系。通过这种分析表明托马斯真理论中的一些特点，如：走向神的知识的双重性道路以及超自然真理的实在性；作为超自然启示内容的关于神的自然真理；纯粹超自然真理的启示的妥当性（Zweckmaessigkeit）；信仰真理（Glaubenswahrheit）和认知真理（Erkenntniswahrheit）之间的统一；以及服务于信仰的人的理性。

二

在《神学大全》《反异端大全》和《论真理》这些著作中，托马斯对真理都有非常条理的分析和清晰的表述。从他整个的思路来看，他首先把真理放在与诸如"存在者的""某物的""好的"这样一些最先的规定（Erstbestimmung）的联系中来考查。就是说，被称之为"真实的"东西，本身应该在对最先的概念（Erstbegriffe）的分析中表明出来。① 为了能全面正确地理解托马斯的真理概念，我们可以先从这么三个方面来看。第一，我们要看一下，什么是真理的本质规定（Wesensbestimmung）所源出，并在其中得以说明的东西。对此，托马斯说过这样的话："奥古斯丁在《独自的对话》（Soliloquia）一书中说：'真实的东西就是它所是的东西'。但是，只有存在的东西才是它所是的东西。因此，'真实的东西'的意思说的完全就是如'存在者'那样的东西。阿维申那（Avicenna）的形而上学认为，'每件事物的真理都从某一特定方面表示它的存在的性质'。归纳他有关的几个定义可看出，'真实的东西与它所是的东西的存在不可分离'。"② 第二，真理是通过存在的事物和人们对它的理解这种相互适应的存在方式被定义的。我想引用托马斯的几段话来说明这一点。他说，"正如伊萨克（Isaak）所说：'真理是某种事物和对它的理解之间的相适应。'安瑟伦（Anselm）也在他的《论真理》中谈到，'真理是那种通过精神而把握的正确性'——就是说，在一定的相适应的意义上所说的正确性。那位哲学家（指亚里士多德——作者注）在他的《形而上学》卷四中还说过：'当我们说是就是时，不是就是不是时，我们就在定义真实的东西。'"③ "真理通过理解与被认识事物之间的相适应而在我们的理解中。但是，同样性的原因是统一，如《形而上学》卷五所表明的那样。"④ "事情就是这样，真理本来就在理解中。但是，它其次又在那些通过对其作原本的比较说明从而获得理解的事物中。"⑤ 第三，真实的东西又是在这种相适应的直接效果中，也就是说在认识结果中被定义的。具体存在性（Seiendheit）、真理和认识活动是如此紧密地相互关联，真理概念的解释能够在其中逐一地进行。托马斯说："希拉利乌斯（Hilarius）这样来定义：'真实的东西是那种揭示和说明存在的东西。'（Verum est manifestativum et declarativum esse）奥古斯丁在他的《论真正的宗教》中指出，'真理是这样的东西，在其中，那种东西就是它所是的、所被表明的东西'。在同一部著作中他又说，'真理是这样的东西，我们根据它才能对在我们之中的事物加以判断'。"⑥

这样，我们首先就清楚了：根据托马斯的看法，真理在本来的意义上来说就是我们关于事物的真理。同时，它又是与人的认识有关。因此，真理既在事物本身也在认识活动的精神中被探询和发现。⑦ 首先，"事物的真理"意味着，作为被造物的事物，本来就是根据神原创发性认识被创造出来的；"事物的真理"正是从形式上存在于这

---

① 见Prof. R. Imbach，*Deus est intelligere*，*Universitaetsverlag*（《论神的理智》），Freiburg, Schweiz，1972，SS.51-135；Prof. J. Pieper，*Wharheit der Dinge*（《论事物的真理》），章三，Koeselverlag，1954。

②③ 参见托马斯的*Von der Wahrheit*（《论真理》），hrsg. von A. Zimmermann，Felix Meiner Verlag，1986年，S.3-11，9。

④ 参见托马斯的*Summer gegen die Heiden*（《反异端大全》），hrsg. von K. Albert，Bd.1，Darmstadt，1974，S. 231。

⑤ 参见托马斯的*Summer der Theologie*（《神学大全》），hrsg. von J. Bernhart，Bd.1，Kroener，1985，S. 16。

⑥ *Von der Wahrheit*，S. 11-13. 不难看出，托马斯从这三方面切近真理问题，显然是受到了奥古斯丁、阿维申那、依萨克、安瑟尔、亚里士多德和希拉利乌斯的理论思想的影响。

⑦ *Von der Wahrheit*，S. XVIII. 晚期的经院主义把"事物的真理"叫作"本体论的真理"。

种相符本身之中。"事物的真理"并不是事物的某种或许可以阙如的"特性"。这意味着，那种使事物具体存在出来的东西也一定是可以使事物成为真的东西。其次，真理可以通过与人的认识活动的联系来讨论。人的认识活动之所以为真，是因为它与"大量接受到的"（massempfangend）、前被给予的（vorgegeben）事物的客观实在性（Wirklichkeit）相一致。而且，人认识的真理（Wahrheit des menschlichen Erkennens）正是从形式上存在于这种相符本身之中。

在《神学大全》中，我们发现这两个真理的概念是联系在一起同时被加以表述的："如果事物是认识力的尺度和准绳的话，那么，真理就在于认识力本身与事物的相一致……然而，如果认识力是事物的尺度和准绳的话，那么，真理就在于事物与认识力的相一致。"① 为了理解托马斯如何从实在性的方面去思考认识的可能性，我们首先必须注意到，当被认识的东西已经与实在的东西相一致时，认识便达到了它的目的。（Omnis autem cognitio perficitur per assimilationem cognoscentis ad rem cognitam）② 因此，真理是认识着的理智和被认识到的事物之间的某种协定（Uebereinkunft）。这是真理的本来的含义。就是说，真理要以一种关系——即一种存在物与另一种存在物之间一致的关系——作为前提。换句话来说，当这种一致的关系实现时，某种东西便成为真的了。在托马斯看来，人理智的存在是这种一致关系实现的关键。所以，真理是理智作用的结果。理智是灵魂在一定程度上把一切存在物内在化地结合成一体的能力。③

那么，存在的种种不同从何而来？托马斯认为，我们加给存在的不同，就是某个存在物与另一个存在物的差别。上面提到的最先规定性就是我们对存在物所作的修饰，从而表明某物是此物而非彼物。这样，托马斯就把对真理问题的探讨与存在如何得以产生种种的不同、与否定的构造作用联系起来了。因此，对于他来说，真理在最先规定性的顺序中，就是此在物与人理智的关系。"真的"这个修饰性的形容词不仅在句子中，而且也在事物中。显然，托马斯的这种本体论是从人的经验出发来找到其根据的。我们问某物是什么时，根据的是我们使所有如此被追问的事物本身能得以经验的那种原始经验（Urerfahrung）。然而，激发起原始经验的却是变动不拘的个别事物。因此，我们是通过具体的存在物来窥见并理解真理的。托马斯援引他的精神导师亚里士多德的话来说，那种为我们所把握到的首要的东西（Das Erste）就是——存在的东西。或者换句话来说，存在的东西是被认识到的首要的东西。④

如果真理把存在的东西说成是存在的东西；如果这叫作，这种真理确实是在事物中的真理；或者干脆说，真实的东西代表了存在的东西本身并可以代替它；如果事物的真理就如事物本身的存在那样把握到，而且，并没有可以和必须被谈及的存在，那么，所有这一切首先就意味着，我们是通过认识活动的精神而把存在的东西说成是存在的东西的。这种与认识活动的精神发生的关系必定同样是事物本身的存在在其中得以说明的关

---

① *Summer der Theologie*，Ⅰ，21.
② *Von der Wahrheit*，Ⅰ，1.
③ Prof. R. Imbach, *Deus est intelligere*, Universitaetsverlag, Freiburg, Schweiz, 1972, S. 68.
④ Prof. Sokolowski在这里给我作了个眉批：这并不是说，我们在知道其它别的东西之前就理解了存在；而只是说，不管我们知道什么东西，我们总是知道它是存在的。

系。因此，当我们说某个存在的东西"有存在"时，其实我们的意思是说，这个存在的东西"与认识活动的精神产生关系"。不仅于此，存在的范围就是与精神发生关系的事物的范围。进一步说，没有不与精神发生关系的存在。"存在的东西若没有真实的东西就不能被设想，因为，如果所谓存在的东西与认识活动的精神毫不相干，或者不相一致的话，它就根本不能被设想。"① 然而，存在东西与认识活动的精神的相关性必须在认识活动本身加以实现。真理的本质得以体现的相互一致性的关系，是在认识活动的精神行为本身中实现的。

如果说，整个存在的东西与真理相称；如果说，这样的真理寓于存在的东西与认识活动的精神的相关性中；如果说，精神认识了存在是由于精神"具有"事物的本质形式（Wesensform），那么，一切存在的事物的真理恰恰就意味着，这些事物的独特性在于它们的本质形式被另一个事物、一个认识活动的本身所"具有"；在这种占有的认识部分所得（Erkenntnisteilhabe）中的事物的本质性（Wesenheit），也就是说，另一个事物的最固有的实在性，同样也就是认识活动的精神的实在性。一切存在的东西都是"精神的"，因为它们的本质就与作为它们的所有物的认识活动的精神内在地相联。也就是说，如果存在的东西的真理寓于它与认识活动的精神的联系中，另一方面，如果对象性的存在和认识活动的精神的关系在创发的认识活动的精神及其结果的相互关系中发现最令人满意的、最合乎本质的实现，那么，由此就可以推论说，根据其认识活动的精神来排列整合的每一个事物都绝对是真的，因为它的存在依赖这种认识活动的精神。就此而言，最本来意义上的真理可以由一种物的实在的东西表达出来。这种"事物的真理"作为实在东西的内在的形态（Gestalt）是寓于一种创发的认识精神中的原始形式（Urform）的复制。"由此，通过艺术被创造出来的事物叫作'真'，是因为我们认识活动的精神的排列整合。就是说，当一所房子根据活在建筑师傅精神中的形式复制出来时，它就叫作是'真'的房子。一篇讲演是'真的'，因为它是真的思想的文字。相似地，那些自然事物叫作是'真的'，因为它们获得与内在于神的精神中的本质概念（Wesensbilder）相同的东西。"② 在这里，"真的"这个词的多种含义要求我们注意，托马斯说的真理在不同情况下有不同的理解。首先，作为神的理解把握到的存在方式的真理，本身是不变的。其次，根据这种最先的、不可改变的真理而排列起来的事物的真理，是可以在经验事物的变化中加以改变的。那种与人的理解相称的事物的真理是可以改变的，而且不排除它甚至变成谬误的可能。

在我看来，托马斯的真理论更多地受到其精神导师亚里士多德的真理概念的影响。但是，他把亚里士多德哲学的这种形而上学进一步改造成为基督教哲学的形而上学，从而为真理论奠定了神学的基础。我们不难看到，托马斯同意亚里士多德说，认识与本质把握（Wesenserfassung）无关而与判断有关。判断是一种概念的连结或者分开。如果一个判断这样连结或分开本质概念（Wesensbegriffe），正如事件在实在性中那样被连接或者被分开，那么这就是真的。在这种作为判断特性的真理中，我们也许有本来意

---

① *Von der Wahrheit*，Ⅰ，1，注3。
② *Summer der Theologie*，Ⅰ，16，1。

义上对我们而言的真理。① 因为，亚里士多德说过，真理叫作，是之所是，非之所非。显然，托马斯是认同这种真理观的。② 用他的话来说，"真理是思维和存在之间的相一致"（veritas est adaquatio rei et intellectus）③。这个关于真理的定义可以看作托马斯的"本体论的真理"的定义。

尽管托马斯本人也接受感官知觉的真理（Wahrheit der Sinneswahrnehmung）、可定义的事物性（die definitorische Washeit）和本质概念，然而，他对亚里士多德的思想有所发挥，明确认为，感觉内容和本质性总是真的，因为无论具体的感觉还是把握本质的精神都是从对象本身直接地被宣示出来的。④ 这样，由神赋予事物的本质性就确实决定了可能的判断连结（Urteilsverbindung）。因为，判断不过是在感知的和精神的对象性把握（Gegenstandserfassung）中把实在性重新再现出来罢了。但这里要注意，这样一种情况又决定了事物的内在的抑或是本体论的真理。因为，"我们的精神可以知道的那些真实的事物，决定了我们的思维，正如亚里士多德的《形而上学》卷十所说的那样。但是，真实的事物又是通过神的精神——所有东西由此被创造出来——获得规定性的，正如艺术的东西是在艺术家的精神中被创造出来的那样。所以，神的精神既是规定着万物的本身同时又是被规定的（mensurans et mensurata）。相反，人的精神总是被规定而不是去规定的，就像它也是神的艺术品那样"⑤。

三

这样的分析告诉我们，首先，在托马斯看来，神的理解是最标准的、本身不可被度量的。其次，一个不依赖于人的实际理解如何的事物，本身既是标准的又是可被度量的。对通过人的理解的理论认识来说它是标准的，而对神的理解来说又是可度量的。最后，人的理解既是可被度量的又是标准的。因为，人的理解一方面要合符他不能造出的事物；另一方面，对于由人"艺术地"规划出来的事物来说，人的理解恰好又是标准的。所以，神理解的真理是唯一的尺度，世间万物必须通过它的度量并符合它的标准。相反，人理解的真理尽管也是万物的尺度，但它本身还要符合神的理解。

这样一来，我们就碰到了托马斯探讨真理问题的神学的和哲学的两个视角。托马斯又是如何处理这两个视角的关系？我们可以在他有关的著述中找到答案的两个要点。

我们先来讨论第一个要点。如上所述，托马斯把事物的内在的形态，即它的"形式"，看成是来自对神的永恒的"艺术"原形（Urbilder）的摹制。所以，一切事物的形式作为"理念"，都在神那里。进一步说，托马斯的这个思想有两个方面，而且可以换成这样的方式来表述：第一，它指的是，在一件事物的内在结构中包含了事实上的一种实存（Existieren），一种与它的本质建造（Wesensaufbau）相对峙的偶然性的不可还原的要素。如果本质建造反映了神的纯思，那么，由此通过需要说明根据的事实

---

① *Summer der Theologie*，Ⅰ，16，1和2。
② *Von der Wahrheit*，Ⅰ，1。
③ *Summer der Theologie*，Ⅰ，16，1。
④ *Summer der Theologie*，Ⅰ，17，1。
⑤ *Von der Wahrheit*，Ⅰ，2.

上的实存便表达了神的施与的意旨（Willenszuwendung）。要是我们本来就知道神创发的本质性范围，那么我们也许由此就不能决定，是否真的实存着这种被安排好的本质。所以，我们是无法预先知道神创造的意旨。第二，在事实上实存着的质料（Substanz）里，它们的此在（Dasein）的原则并不是质料的特征，首要地不是它们的"形式"，而是由这些东西得以真正地区别开来的此在方式（Daseinsart）。它与形式有关，就如动作与潜能有关一样。所以，它必须叫作在一个被给予的事物中的"形式的形式，一切完美性的完美性"①。就是说，在每一个存在的东西里头要区别开一种双重的存在根据（Seinsgrund）：一方面是特别地限制存在方式（Seinsart）的和给材料打上印记的形式，另一方面是造成本质的真实化、形式和现实性的那种存在。显然，这两方面多少都受到了亚里士多德本体论的影响。②

如果托马斯不仅从本质性，而且还从实存着的质料出发来表明，他首先是在质料的此在方式中，其次才是在它的普遍形式中找到它的根据的，那么，他肯定不单把具体事物的本体论结构弄复杂，同时也加强了其中的所谓传统的质料形式二元论的色彩。幸好，托马斯并没有这样作。人们也许可以说一个事物"有"存在，但也许不可以说它是它的存在。我们的语言表明，个别事物与它的本质，或者说，本质与它的此在，不是同样的东西。因为，我们完全不会说，人是人性（Menschsein）或者说人性是存在。所以，对于托马斯来说，在具体事物和它的本质之间，此外，在这种本质和它的存在之间事实上有着区别。只有神才是它的本质，即神性。而且，只有神才是那种纯粹的、自己出现的存在。

再来讨论第二点。托马斯说，"神认识的精神在事实上的实在性中和人认识的精神在可能性中必能认识所有的事物……因此，我们可以通过神的精神而不是人的精神——因为它只是可能的——在'真实的'事物的概念规定中断定事物已经被看到（Gesehenwerden）"③。"真实的东西由事物所说出，只要这些事物是与神的精神一致的，只要它们由于又将与人的精神一致而被规划出来。"④所以，事物的真理意味着它来自神的被认识性（Erkanntheit）和来自人的可认识性（Erkennbarkeit）。就是说，事物对于人的力量来说是可认识的；它们的通过神的被认识性也是可以为人所认识的。出自神道（逻各斯）的具有创造力的认识的神圣性，注入事物连同它们的存在中，就使得事物对于人的认识来说是可觉察把握的。

在我看来，托马斯的"事物的真理"处在两种理智，即引起这种真理的神的理智和接受这种真理的人的理智中间。诚然，他设想过人的理智不仅是接受的；"真理"对他而言首先不是存在东西的本质规定，而是陈述的真理（Satzwahrheit）。所以，他在作为存在东西与理智关系的本体论真理之外，还设置一个理论判断的真理概念。这样一来，人不仅有能力认识事物，而且也能认识事物和人关于事物的固有的概念之间的相称关系。就是说，人有能力超出对事物的素朴的观看，通过判断和反省来认识它们。换言

---

① *Summer der Theologie*，Ⅰ，3与4.
② Prof. Sokolowski告诉我，亚里士多德还没有这个Daseinsart（actus essendi）的思想。
③ *Von der Wahrheit*，Ⅰ，10.
④ *Von der Wahrheit*，Ⅰ，10.

之，人的认识本身不仅可以是真的，而且也可以是真理的认识。①

当然，对于托马斯来说，理智首要地是神的理智。人的理智不但受神的理智的指引，而且必须去认识神的理智。由于托马斯的工作，探询真理所涉及的所谓形而上学的问题就被插入到一种关于神的创发精神的基督教神学里头。如上所述，神的理解本身是最标准的尺度。这不仅是对对象性的事物而言，也是对作为事物认识主体的人而言。显然，托马斯理解人的认识和他对真理的接受同时也是受到奥古斯丁对创造物和创造者之间的区别的神学思想影响。② 综上所述，我们可以把托马斯关于真理探询的思路扭成三条。第一条，真实的存在与人的认识理解相称。第二条，我们是通过判断来说明真的或假的东西。第三条，事物被说成是"真的"这种说法，首先就与神的理解有关，然后才与人的理解有关。

中世纪的神学哲学家托马斯·阿奎那的真理论颇有特色，因为他对真理的探讨，是与对信仰和认识的统一的分析紧密相连的；而这种分析又是始终在神学哲学的双重视角关照下进行的。无庸置疑，托马斯是欧洲中世纪最具有科学理性精神的经院哲学家。托马斯真理论对今天思考真理问题有所启发的五个方面：（1）作为存在的真理。真理并不是存在的一种特定的方式，而是普遍的存在本身。（2）作为陈述有效性的真理。判断通过陈述宣示真理——虽然是不可缺少的，但对于真正存在东西的特征来说，却是不够的。（3）作为被启示的真理。真理通过被启示的方式而构成，所以，超越性和世界存在的统一是由启示表现出来的。（4）作为符合方式的真理方式。真理有可能在某种意义上变成非真理，非真理并不是永久的、不可分离的存在，而是有可能加以纠正而成为与存在相符的东西。（5）宗教信仰中的真理。宗教是超越精神的表现，宗教的真理是激活人类精神智慧的生力源泉，也为克服当今由工具理性化所带来的种种社会弊病提供了另一种价值观。

附：原文是我1992年在瑞士弗里堡大学学习时，在哲学系著名的中世纪哲学家英巴赫（R. Imbach）教授的指导下，用德文写成的。后寄给美国著名的现象学哲学家同时又是神学家的罗科洛夫斯基（R. Sololowski）教授，请他提出批评意见。他不但认真地阅读了我的文章，而且还用英文作了许多的眉批，这使我获益匪浅。由于原文较长，我只抽出其中的部分翻译成中文发表，就教于国内的中世纪哲学和神学方面的专家。

原载《中山大学学报（社会科学版）》2000年第4期

---

① *Summer der Theologie*，Ⅰ，16，2。
② 参见 K. Flasch, *Das philosophische Denken im Mittelalter*（《中世纪的哲学思想》），Reclam, 1986，SS. 324-340；也见他的 *Geschichte der Philosophie in Text und Darstellung-Mittelalter*（《哲学史资料选编——中世纪哲学》），S. 287。

《纯粹理性批判》中的本体概念

张志伟

西方哲学中的"本体"概念在汉语学术界虽然耳熟能详,但却是使用最混乱的哲学概念之一。经常有人望文生义,把本体论看做是研究本体的理论,实际上本体论(ontology)从词义上看其本义是"存在(to on)论(logos)"。也有学者把ousia译作本体,不过毕竟是少数[①]。更多的人则是从十分广泛的意义上使用"本体"概念的。按照约定俗成的原则,我们把ousia(substance)译作"实体",把"本体"的译名留给noumenon(noumena)。我们经常使用"本体"这个概念,却很少留意,其实这个概念从康德才开始使用于哲学,虽然它的词源是希腊语。

"本体"概念在《纯粹理性批判》中地位特殊。在康德看来,"存在"(to on, Being, Sein)不是宾词,"实体"(ousia, substance, Substenz)是知性范畴之一,"本体"(Noumena)则标志着认识的界限,虽然不可知但却是可思的,因而是与形而上学关系最密切的概念。因此,无论赞同还是反对康德批判形而上学的目的是为了重建形而上学这一论断,本体概念对于理解康德哲学都具有特殊意义。我们在此试图追问的是:康德为什么以及如何使用本体这个概念。

本文讨论康德的本体概念,这将涉及康德哲学中的一系列重要概念:对象、显象与物自体、先验对象、现象与本体、感觉世界与理智世界等等。我们不可能在一篇简短的论文中详细讨论这些概念,只是在需要的时候关注这些概念与本体概念之间的关联。康德集中论述本体概念是在《纯粹理性批判》"所有一般对象区分为现象和本体的根据"这一部分,相关的内容在第1版和第2版(包括《未来形而上学导论》中第32~34节)中有比较大的改动。在这一部分中重复性的内容很多,康德似乎始终纠缠于划分现象与本体的根据,其目的并不是讨论现象和本体的含义,而是为什么需要划分现象与本体。我们将首先明确本体与现象这一对概念的含义,然后分析本体与物自体和先验对象等概念之间的复杂关系,最后尝试追问康德提出现象与本体这对概念的目的何在,顺便讨论本体概念在康德哲学中的意义。

一、现象与本体

现象与本体、显象与物自体,这是两组对应的概念。一般说来,或者不十分严格地说,显象与物自体是相应于先验感性论的概念,现象与本体则是相应于先验分析论的

---

① 汪子嵩.亚里士多德关于本体的学说[M].北京:三联书店,1982.

概念。前者相对于感性，后者相对于知性。康德为了解决科学知识的普遍必然性问题（也是为了解决自由和形而上学的问题），放弃了知识必须符合对象的传统观念，而主张对象必须符合主体的先天认识形式，这就是所谓的"哥白尼式的革命"。如果知识必须符合对象，那么对象只有一个，亦即事物自身。如果事物需要通过我们的认识形式才能为我们所认识，事物就被分成了两个方面，一是事物受到我们的认识形式限制的"如其所显"，一是在我们的认识形式之外而不受限制的"事物自身"。康德称前者为显象（Erscheinungen, appearance），称后者为物自体（Dinge an sich, things in themselves，亦译作物自身或自在之物）①。由于我们的认识是通过我们的认识形式而成为可能的，所以我们只能认识事物对我们的显现，而不可能认识事物自身。物自体虽然不可知，但却可以也必须思想为显象的外在原因，否则显象就不成其为显象，因为显象总是某物的显象。虽然我们称事物自身为显象的原因，但由于它不是显象，因而不能为我们所认识。没有物自体，我们就不能说明显象，所以把它思想为显象的外在原因是合乎逻辑的，虽然我们不知道物自体是什么。

现象与本体这一对概念就比较复杂了。人们一般并不十分重视Erscheinungen与Phaenomena之间的区别，最明显的例子就是在《纯粹理性批判》（以下简称《批判》）的旧译本中均用"现象"译之，其实两者之间的区别还是很重要的，尽管康德本人在概念的使用上并不严格，经常混同着使用。康德在《批判》第1版中这样规定现象——"种种显象，就它们作为对象按照范畴的统一性被思维而言，就叫做现象"②，相关的规定还有一些③。这就是说，事物对我们的显现即通过直观而被给与我们的是杂多表象，而现象则是这些杂多表象经过范畴的综合统一而形成的经验对象。所以现象可以成为现象界，即由知性立法的作为"一切可能经验的总和"的自然界。康德关于现象的这一规定虽然在第2版中删去了，但这并不意味着康德不再区别显象与现象。因为现象这个概念其含义虽然并不复杂，但它却是感性与知性结合的产物。在某种意义上说，这两组概念之间的关系是：物自体（物）—显现（感性）—现象（知性）—本体（思想）。我们以后将讨论它们之间的关系。

通常我们说康德通过物自体不可知来批判形而上学，这样的说法其实并不十分准确，因为严格说来物自体并不是形而上学的对象。想一想柏拉图，他恰恰主张事物可感而不可知，理念可知而不可感。换言之，不是事物而是理念，才是形而上学的对象。所以，关于物自体的不可知论并不一定真正能够动摇形而上学的根基。对于我们的认识活动，康德引入了两种限制：先是以人类只有感性直观而限制认识的范围，继而以本体概念限制感性。结果就是：感性与知性是相互限制的。而其目的只有一个：形而上学的对象作为思想的对象并没有实质的内容，我们甚至不能称之为对象，因为并没有与之对应

---

① 关于Erscheinungen的翻译，蓝公武译作"现象"，韦卓民译作"出现"，李秋零译作"显象"。Erscheinungen还不是"对象"，所以译作"显现"可能更好，但也有问题，因为"显现"多做动词。故从李译。参见《纯粹理性批判》，蓝公武译本，商务印书馆，1982年，第14页；韦卓民译本，华中师范大学出版社，2000年，第19页；李秋零译本，中国人民大学出版社，2004年，第17页。
② 康德著.李秋零译.纯粹理性批判[M].北京：中国人民大学出版社，2004：243.
③ 康德著.李秋零译.纯粹理性批判[M].北京：中国人民大学出版社，2004：240，241，245.

的东西。康德在"关于区分现象与本体的根据"这一部分中反复说明的就是这个道理。因而,康德批判形而上学的根据主要不是关于物自体的不可知论,而是关于本体的不可知论。

"现象"概念是比较清晰的,"本体"概念则很难给出一个明确的规定。正如物自体是显象的根据,本体也是现象的根据。不同之处在于,我们把物自体规定为单纯的某物,而本体却是一个思想规定。Noumena这个概念来源于希腊语,词源是nous、noein,即思想。根据康德对本体概念的规定,显然意在突出其作为思想规定的意义。现象之为现象,应当以某种非现象的东西为根据,这是合乎逻辑的,否则就会自相矛盾。但正因为它是非现象的,所以不是认识的对象。康德在认识和思想之间划分了界限:认识(知识)是由感性和知性结合而形成的,纯粹思想的规定与感性无关,因而仅仅是思想的对象而不是认识的对象,我们甚至称之为"对象"亦容易引起误解,好像知性或思想可以有不同于感性的对象。于是,康德在第2版中特意区别了本体的两重意义:消极意义和积极意义。所谓本体的消极意义意指本体乃非感性直观的客体,既然本体是非感性直观的对象,那就等于承认有一种相应的非感性的直观形式,即理智直观,不过显然理智直观不是我们人类的直观形式,作为理智直观的对象的本体,就是本体的积极意义。"如果我们要把范畴应用于不被视为显象的对象,我们就必须以不同于感性直观的另一种直观来作为基础,而在这种情况下,对象就会是一个积极意义上的本体。既然这样一个直观,即理智直观,完全处在我们的知识能力之外,所以就连范畴的应用也绝不能超出经验的对象的界限。"因此,被我们称之为本体的,必须被理解为仅仅在消极意义上的本体[①]。

既然积极意义上的本体概念是不可能的,那么形而上学为什么会试图认识本体呢?康德分析了传统形而上学的认识论根源。感性与知性是两种不同的认识形式。如果我们从感性经验中抽去思想的因素(知性范畴),我们就不可能思想到任何东西:直观无概念是盲的。然而如果祛除了直观,虽然"思维无内容是空的",但毕竟还剩下了思维形式。因而知性很容易僭越,范畴有可能扩展到比感性直观更远的地方去,因为它们可以思维一般的客体,不过这并不能保证知性有不同于感性直观的对象的对象。因此,"本体概念纯然是一个界限概念,为的是限制感性的僭妄,所以只有消极的应用。但尽管如此,它却不是任意地杜撰出来的,而是与感性的限制相关联的,但毕竟不能在感性的领域之外设定某种积极的东西"[②]。

所以,本体概念作为非感性的"对象",假设了一种非感性的直观形式即理智直观的形式,这样的假设没有矛盾。问题是,我们人类只有感性直观的形式,而没有理智直观的形式。所以,本体概念只有消极的意义,它是一个"界限概念"(Grenzbegriff),标志的是感性的界限。在康德看来,一个本体的概念不仅是允许的,而且作为感性的限制概念也是必要的,它的作用是"通过把物自身(不作为现象来看)称为本体而限制感性"。然而同时知性也为自己设定了界限,我们不可能通过范畴

[①] 康德著.李秋零译.纯粹理性批判[M].北京:中国人民大学出版社,2004:243.
[②] 康德著.李秋零译.纯粹理性批判[M].北京:中国人民大学出版社,2004:247.

认识本体，而只能以一个不可知的某物的名义来思维它们①。

那么，如果知性非要去思想"本体"，会有什么后果？知识是通过感性与知性相结合而形成的，知性范畴只能做经验的使用，而不能做超验的使用，因为离开了感性提供的杂多表象，范畴就无用武之地。不过，关于范畴的"非法"使用，康德却有两种说法。其一是认为离开了感性，知性便无客观有效性，只不过是想像力或知性的游戏而已。其二则是强调，离开了感性，知性就仅仅是纯粹的形式，没有任何内容。康普·斯密认为这后一方面比较激进，与先验辩证论是兼容的②，但是在我看来恰恰相反。历史上那么多形而上学理论都是有"内容"的，只不过这些内容虽然符合逻辑，但却没有客观有效性，因为没有经验的依据。换言之，知性范畴非法地超验使用于经验范围之外，是完全可能的。这就是说，关于本体，知性是可以形成知识的，只不过不是科学知识，而是一些似是而非的伪知识。康德在先验辩证论中不厌其烦地批判形而上学的理性心理学、理性宇宙论和理性神学，目的就在于说明这个道理。

虽然康德一再说本体概念的功能是对感性的限制，但与其说是对感性的限制，不如说是对知性的限制。当康德说知性范畴只能做经验性的使用的时候，感觉经验便是知性的限制，而这个界限的"边界"就是"本体"。因为是知性而不是感性有可能僭越于感觉经验做超验的使用。在某种意义上，康德的意思是说，"本体"概念是感觉经验的"边界"，那是不可感但却可思的"对象"。所以本体概念因其不可感而成为感性的限制，但这不可感亦同样是知性的限制，或者说更应该是知性的限制，因为恰恰是不可感而可思这一点使得知性误以为它可以有不同于感性直观的纯粹思想的对象。

简言之，"现象"作为认识的对象，是感性与知性结合的产物，即范畴通过想像力综合统一感性直观提供的杂多表象而形成的经验对象。既然现象是由表象综合统一而形成的，现象就不是终极之物，一定有引起感性杂多表象的外部原因，我们虽然不能感知它，但却可以将其思想为感觉表象的基础而不至于陷入自相矛盾，这就是"本体"。从认识论上说，本体只有消极意义而没有积极意义，它是一个"界限概念"。

康德关于本体的学说不仅充满了矛盾，而且重复之处比比皆是。我们通过康德的文字甚至可以亲身体会到他反复言说却又说不清楚的困境。就此而论，或许维特根斯坦是有道理的，我们不可能思想语言的界限的那一边。当我们说清楚了语言的界限，就应该明白我们无论如何是不可能超越这个界限的，因而对于不可说的东西就必须保持沉默。相对于此，康德的困难在于，他一方面要限制认识，但另一方面还希望为界限的那一边留有余地。他的确试图以界限的那一边作为思想的世界，为人类理性确立积极意义上的本体。

二、本体、先验对象与物自体

关于现象与本体之区分这一部分，就篇幅而论，第2版比第1版少了近二成，删去的部分远比增加的要多。康普·斯密对康德关于现象与本体的学说总体上评价不高，这

---

① 康德著．李秋零译．纯粹理性批判[M]．北京：中国人民大学出版社，2004：248．
② 康普·斯密．康德《纯粹理性批判》解义[M]．武汉：华中师范大学出版社，2000：433．

一章"必须认为只是半批判的",即使第2版做了很大的修改,仍然不能充分表达最成熟的批判学说。① 我虽然并不认同康普·斯密的评价,而主张现象与本体的区分这一节跟康德的批判哲学是一致的,但这部分的确存在着一些问题。仅就两版的区别而论,康德在第2版中删去了先验对象的部分(这与康德删去了第1版中主观演绎部分有直接关系),突出了本体概念的消极意义和积极意义的区别。不过,修改后的这一部分仍然不够清晰。

本体等概念涉及到"对象"概念。在某种意义上说,对象概念是《纯粹理性批判》中使用得最混乱的概念之一。例如先验感性论一开始的定义:"通过我们被对象刺激的方式获得表象的能力(感受性)叫做感性","借助于感性,对象被给与我们","因为对象不能以别的方式被给与我们"②。显然,当康德把感性理解为"通过被对象刺激的方式获得表象的能力"的时候,这里所说的"对象"应该是物自体,而当康德说"借助于感性,对象被给与我们"的时候,这里的"对象"指的则是表象。

在某种意义上说,康德在认识论上的一大贡献就是区别了外在的对象和内在的对象,即意识之外的物与意识之内的对象,前者是不可知的物自体,后者则是知性范畴借助于先验想像力通过时间图型而构成的经验对象。如果知识必须符合对象,那么对象永远只是一个,问题仅在于我们的认识符合或者不符合于它,而在康德,这条路是走不通的。于是康德将知识与对象的关系倒转了过来,不是知识必须符合对象,而是对象必须符合认识主体的先天认识形式,从而以先验论的方式来解决科学知识的普遍必然性的问题。这一倒转使事物被划分成了两个方面,我们可以认识并且可以形成科学知识的是事物对我们的显象,物自体则是不可知的。而事物对我们的显象作为经验—表象的事物,乃认识中的对象。康德以这种方式来克服近代认识论的困境,这一困境是一方面承认心外有物,另一方面主张心中有观念且只有观念,由于我们不可能超越自身之外去对比知识与对象,因而我们永远无法证明我们的知识是否与对象符合一致。现在,康德以不可知论的代价"拯救"了知识,我们完全有可能在认识范围之内考察和证明知识与对象的一致性。

严格说来,我们可以讨论的只是认识的对象而不是物自体,笼统地把物自体和认识对象都称之为对象,很容易造成混乱。不过,康德自己使用对象概念并没有严格按照这个规矩,他有时称物自体为感性直观的对象,好像感官是可以感觉到物自体似的。讨论本体概念,康德有时说本体不是知性的对象,有时称本体为思想的对象。显然,如果把对象理解为认识的对象,那么说本体是知性的对象就是成问题的。实际上,康德关于本体概念的学说恰恰要在这个问题上做文章,他要说明本体不是感性的对象,因而应该是知性的对象,但是由于我们没有理智直观,因而也不是知性的对象,然而却又是可以思想的,只不过我们不能把它当做对象来思想,只能视之为"界限概念"。

康德在《纯粹理性批判》第1版中试图通过本体与先验对象的区别来说明本体的意义。有意思的是,先验对象与本体都具有经验性的使用和先验性的使用两种可能性,不

---

① 康普·斯密. 康德《纯粹理性批判》解义[M]. 武汉:华中师范大学出版社,2000:433,434.
② 康德著. 李秋零译. 纯粹理性批判[M]. 北京:中国人民大学出版社,2004:56.

同之处在于,"先验对象"概念只能做经验性的使用而不能做先验性的使用,"本体"概念则没有经验性的使用,只能做先验性的使用,这就是两者的区别所在。

康德这样规定先验对象:"显象是能够被直接给与我们的惟一对象,而在显象中直接与对象相关的东西就叫做直观。但这些显象并不是物自身,而本身只是表象,表象又有其对象,因而其对象不再能够被我们直观,故而可以被称为非经验性的对象,亦即先验的对象=X。"①"我们的所有表象都通过知性被与某一个客体相关联,而且既然现象无非是表象,所以知性就把它们与一个作为感性直观的对象的某物相关联;但这个某物就此而言只是先验的客体。但这意味着一个等于X的某物,关于它我们根本不知道任何东西,也(按照我们的知性如今的设置)根本不能知道任何东西,相反,它只能作为统觉的统一性的相关物用于感性直观中的杂多的统一性,知性凭借这种统一性把杂多结合在一个对象的概念中。这个先验客体根本不能被与感性材料分开,因为分开的话,就不剩下思维这个客体所凭借的任何东西了。因此,它不是知识的对象自身,而仅仅是在一个一般对象的概念之下的显象的表象,这个概念可以通过显现的杂多来规定。"②由此可见,先验对象作为"=X"的物自体,我们对它一无所知亦一无所思,所以不能有先验性的使用。但是,先验对象在认识中的经验性使用却又是必要的,它保证我们的知识有其对象,并且其对象在任何时候任何情况下总是同一的,我们可以称之为"对象概念"。换言之,知识总要有对象,其对象不能是物自体,我们只能视之为体现统觉之统一性的相关物。因此,虽然本体与先验对象都是思想规定,但是,"先验的对象不能叫做本体"③。因为本体概念与先验对象概念正好相反,它不能有经验性的使用,却具有先验性的意义。④

先验感性论的结果是,感性及其领域,亦即显象的领域,本身被知性限制在这一点上,即它并不关涉物自身,而是仅仅关涉物凭借我们的主观性状显现给我们的方式。既然如此,必然有某种就其自身而言不是显象的东西与显象相应。实际上,"显象"这个语词已经表示与某物的一种关系,这个某物的直接表象虽然是感性的,但就其自身而言,即便没有我们的感性这种性状,也必须是某物,亦即是一个不依赖于感性的对象。由此就产生了一个"本体"的概念,即一个虽然没有逻辑矛盾但却并无确定知识的非感性的思想对象,它"并不意味着关于某物的确定的知识,而是仅仅意味着关于一般而言的某物的思维"⑤。因此,本体是"一个根本不应当作为感官的对象、而是有关作为物自身(仅仅通过纯粹知性)被思维的事物的概念"⑥。我们人类只有一种直观形式,那就是感性直观的形式。由于我们只能通过感性直观接受事物对我们的显现,而事物自身不是感性直观的对象,它应当是非感性的因而是知性直观的对象。我们虽然有知性,但却没有知性直观的能力。所以,我们有一种以或然的方式扩展到比显象领域更远的地方

---

① 康德著.李秋零译.纯粹理性批判[M].北京:中国人民大学出版社,2004:147.
② 康德著.李秋零译.纯粹理性批判[M].北京:中国人民大学出版社,2004:244,245.
③ 康德著.李秋零译.纯粹理性批判[M].北京:中国人民大学出版社,2004:246.
④ 杨祖陶,邓晓芒.康德《纯粹理性批判》指要[M].长沙:湖南教育出版社,1996:222.
⑤ 康德著.李秋零译.纯粹理性批判[M].北京:中国人民大学出版社,2004:245.
⑥ 康德著.李秋零译.纯粹理性批判[M].北京:中国人民大学出版社,2004:247.

的知性，但却没有直观，甚至连能够使对象在感性领域之外被给予我们，并且使知性超出感性之外而被实然地应用的一种可能的直观的概念也没有。因此，本体概念纯然是一个"界限概念"。

由此可见，康德之所以在此讨论先验对象，主要目的还在于通过先验对象与本体的区别来说明本体概念的性质。与此相比，本体与物自体则具有更多的相同之处，他甚至有时将本体和物自体看做是同义语，例如《未来形而上学导论》中说"纯粹知性概念一旦离开了经验的对象而涉及物自体（本体）时，就毫无意义"（译文有改动）①，以至于人们在讨论康德哲学时对这两个概念也经常不做区别。实际上，本体与物自体还是有区别的。

在某种意义上说，物自体是相对于感性的，而本体则是相对于知性的。如果仅仅停留在感性上而不进展到知性，知识的问题是不可能得到解决的。例如关于空间与时间的先验阐明看上去证明了纯粹数学的普遍必然性，其实还是要等到先验分析论，数学的普遍必然性才能得到完全的证明，因为构成数学知识的先天形式是量和质这两组"数学性的"范畴。所以，显现与物自体的概念是初级的或过渡性的，需要在先验分析论中"补足"而完成：显象成为现象，物自体则成为本体。从这个意义上说，现象与本体应该是比显象和物自体更进一步的哲学概念。

康德经常说本体概念是用来限制感性的，其实应该说知性与感性是相互限制的。如前所述，感性不可能限制自己，因为感性是盲目"无知"的，感性的界限要由知性来划定，这就是本体概念。在某种意义上说，"知道"事物区分为显象和物自体两个方面并且为之划界的，不是感性而是知性。"划界"需要"思想"：在事物如其所显的背后（之外），有一个不可感（非感性）但可以思想的对象。这是由显象"证明"的，却是由知性确定的：显象之为显象表明它不是终极的存在，显象总是什么东西的显象。既然是非感性的不可感的东西，就是感性不能通达和接受的，对此只能思想。相对于事物的显象，事物自身不可感因而不可知，但却可以被思想为显象的根据，这里不存在矛盾，相反，不这样理解则会陷入矛盾。实际上，虽然物自体的概念是相对于感性的，但却只能是思想的对象。而作为思想对象的物自体亦即知性为感性设定的界限，就是本体概念。所以也可以说，本体概念来自物自体概念。

康德不是通常意义上的唯心论者。他承认心外有物，物自体的基本词义就是独立自存的物，但也正因为如此，物自体是不可知的。所谓物自体不可知，说的是我们的感官对事物自身的感觉乃是通过空间与时间这两个先天直观形式接受来的，因而感觉所及乃事物对我们的显现，至于事物自身是什么，我们不知道。问题是，这个"不知道"（不可知）不是通过感觉来确定的，正如休谟所说，感觉不可能感觉自己的来源。这就是说，我们实际上是根据我们所感知的只是事物对我们的显现而确定物自体的存在及其不可知的性质。就此而言，物自体是非感性的因而是知性的思想规定。既然物自体是感觉经验的来源但却不是感知的对象，它只能是知性（思想）的对象，或者说，其存在只能是一个纯粹的思想规定。

---

① 康德. 未来形而上学导论[M]. 北京：商务印书馆，1982：83.

相对于感性直观而言，物自体是其所与之表象的外部对象，亦即非感性的某物。物自体不可感，但却可以思想，虽然这种思想没有任何实质的意义，因为我们没有直观物自体的知性直观形式，但这并不能证明这种理智直观的形式是不存在的。所以，感觉经验必须以之为基础的物自体，具有非感性的思想的性质，这就是本体。我们没有理智直观，因而本体概念没有先验性的使用，不过我们没有理智直观并不意味着别的理性存在不具有理智直观，所以本体概念具有先验的意义。

所谓"感觉世界"亦即"现象界"，也就是作为"一切可能经验的总和"的自然界。"理智世界"的问题比较复杂。简言之，人是"有限的理性存在"，因而同时受到两种法则的影响。作为有限的自然存在物，自然法则是其必须遵守的法则。人又是有理性的存在，因而理性法则亦对他起作用。由于人首先是自然存在物，而理性法则影响的是人的理性，所以理性法则对人而言就表现为应该遵守但不一定遵守的道德命令。由此，我们可以设想存在着一个由有理性者自己立法自己遵守的理性王国，这个纯粹的理性世界就是"理智世界"。当然，在《纯粹理性批判》中，理智世界还只是一个消极的概念，这一点康德在《未来形而上学导论》中说得比较清楚。如果我们把构成事物的显象称为"感性存在物"（Sinnenwesen），物自体便是"理智存在物"（Verstandeswesen）或"思想存在物"（Gedankenwesen）。由"感性存在物"构成了"感觉世界"（Sinnenwelt），由"理智存在物"则构成了一个"知性世界"（Verstandeswelt）或"理智世界"（Intelligible Welt）①。在《批判》第2版中康德亦使用了"感性存在物（现象）"和"知性存在物（本体）"的说法。② 可见，康德在某种意义上把"本体"与"理智世界"看做是同义语。当然，正如本体概念在《纯粹理性批判》中只有消极意义一样，"理智世界"概念也是如此。"虽然概念确实允许划分为感性概念和理智概念，但把对象划分为现象和本体，把世界划分为感性世界和知性世界，却是在积极的意义上根本不能允许的；因为人们不能为理智概念规定任何对象，从而也不能把它们冒充为客观有效的。"③ 其中"在积极的意义上"是第2版加上去的，意在强调并非绝对不允许而是在积极意义上是不允许的。实际上，康德使用"理智世界"这个概念作为本体的同义语，更多地考虑的是本体概念在实践理性领域的积极意义。不过，讨论这个问题超出了《纯粹理性批判》的范围。

把显象与物自体和现象与本体这两组概念联系起来考察，这将有助于我们理解康德本体概念的意义。在某种意义上说，这两组概念构成了一个"系统"，贯穿了康德整个认识论的理论：一切知识来源于感觉经验，但仅仅有感觉经验还不够，主体自身还需有接受外部事物的刺激而形成杂多表象的感性直观形式，以及综合统一杂多表象形成经验对象，进而形成知识的认识形式。因此，外部事物（物自体）与感性直观相关，形成了杂多表象，亦即"显象"；知性范畴对显象进行综合统一，形成了经验对象，这就是"现象"。既然显象—现象均非终极之物，必有非感性的东西存在，我们虽然对它一无

---

① 康德.未来形而上学导论[M].北京：商务印书馆，1982：86-89.
② 康德著.李秋零译.纯粹理性批判[M].北京：中国人民大学出版社，2004：241-242.
③ 康德著.李秋零译.纯粹理性批判[M].北京：中国人民大学出版社，2004：247-248.

所知，但毕竟也必须将其思想为一般存在的某物，这就是"本体"。本体概念一方面提醒我们认识的对象只是现象，在现象之外还有东西存在，从而防止我们把一切都当做现象；另一方面则约束我们的认识仅以现象为对象，不要超越经验做非法的使用。所以，本体概念是康德认识论不可或缺的"界限概念"。

然而，如果本体概念的意义仅此而已，康德其实用不着非要"引入"本体概念，物自体完全可以满足他的要求。实际上，康德的本体概念另有所用，本体概念在认识领域不可能具有的积极意义，在实践理性的领域是可能实现的。我们的主题虽然是"《纯粹理性批判》中的本体概念"，但要说清楚本体概念尤其是它的积极意义，还需"超越"《纯粹理性批判》。因此在某种意义上，我们把下面的讨论作为对主题的补充。

三、本体与自由

我们在这一节讨论本体概念的"积极意义"，这种积极意义在理论理性领域是不能允许的，而在实践理性领域却得到了充分的"证明"。这就涉及到了康德在哲学中引入本体概念的目的问题。康德引入本体概念的目的何在？一方面是揭示形而上学陷入困境的根源，批判形而上学，这也可以看做是从先验分析论向先验辩证论的过渡；另一方面更重要的是为了给形而上学开辟一条生路。前者是《纯粹理性批判》的工作，后者则是《实践理性批判》的任务。

康德通过本体概念的产生揭示了形而上学陷入困境的根源。虽然知性离开了感性直观不可能形成有效的知识，但它毕竟是独立于感性的认识能力，所以有可能将其作用扩展到感觉经验的范围之外。由于感性直观的对象自身不再是感性的，这就使知性有了思想非感性的对象的可能性，并且将物自体看做是理智直观的对象，本体概念由此而产生。加之知性范畴的先验性使它不满足于仅仅做经验性的使用，而把超验的领域看做是其真正的用武之地。于是在不知不觉间，它就在经验大厦旁边建立了一个远比经验大厦规模庞大的副厦，填充的当然都是思想存在物。[1] 显然，仅就本体概念所指称的"对象"而言，它是现象的基础和根据。于是，形而上学家们在构成感性世界的感觉存在物或现象之外，设想了可以构成理智世界的思想存在物（本体），并且把现象视为假相，而将实在性只给予了本体。[2] 现象乃假相，本体是实在，这可以看做是康德之前的形而上学的基本观念。康德的本体概念对于纠正形而上学的错误具有重要意义。他并不排斥本体的"存在"，只不过在他看来本体不是认识的对象。就此而论，康德颠覆了形而上学自柏拉图以来的基本观念：现象并非假相而具有客观实在性并且是科学知识的对象，本体则是不可知的，仅仅是思想的规定。因此，康德的认识论革命同时也就是形而上学的革命。

按照西方哲学自柏拉图以降的主流观念，世界划分为现象与实在（本质），两者相对的是感觉（经验）与思想（理性）。现象是相对、偶然的感觉经验，普遍一般的本质共相才是知识的对象。这种把感性认识与理性认识割裂开的思路注定了认识论问题无

---

[1] 康德. 未来形而上学导论[M]. 北京：商务印书馆，1982：89.
[2] 康德. 未来形而上学导论[M]. 北京：商务印书馆，1982：86.

法得到解决的命运。在认识论问题上，康德的态度是调和经验论与唯理论，他的确致力于感觉与思想的结合。然而这样一来，他就使认识论从客观性转向了主观性。就传统观念而论，以客观实在为对象的是思想，感觉经验则是主观的，而按照康德，感觉经验与知性范畴的结合构成了具有客观性的对象和普遍必然性的知识，单纯的思想则是纯粹主观的。虽然《纯粹理性批判》出版时被看做是巴克莱式的感觉唯心主义，的确是人们的误解，但是从另一个角度看，康德与巴克莱并非没有共同之处。巴克莱曾经表白自己不是要把实在变成主观的观念，而是要维护观念的实在性，康德也是如此。只不过康德不是依靠上帝，而是依靠作为先天认识形式的知性范畴。现象的客观性是通过限制而获得的：物自体作为感觉经验的源泉，本体作为经验的界限。在此界限之外，那是不可知但可思的领域。

然而如前所述，如果只是为了限制知识，有物自体就足够了，本体概念显得有些多余。我们只有感性直观这一种直观形式，这就限制了知性直观本体的可能性。知性范畴作为先天认识形式，仅在经验范围内有效，超越经验属于非法的使用。要想获得这些结论，似乎用不着本体概念。由此推论，本体概念还应该有另外的用途。仅就显象与物自体和现象与本体这两对概念而论，我们可以得到这样的关系：物自体—显象—现象—本体。物自体作为思想的"对象"就是本体，而这一转换便从一般性的"某物"转向了"思想"。康德虽然强调对于我们的知性来说，物自体作为非感性的理智直观的对象这一"积极意义"是不可能的，因为我们有知性但却没有知性直观（理智直观），所以，知性有先验性的意义而无先验性的使用。① 但是，本体概念在限制范畴超越经验的同时，毕竟假定了理智直观的可能性，这实际上为知性提供了存在的根据：显象—现象需要有物自体为前提，知性范畴则需要有纯粹理性之理智世界为根据。尽管这是不可能通过认识来证明的，因为它的可能性恰恰是超越的，但是假设理智世界的存在则是合乎逻辑的。

那么，康德如何证明本体或理智世界的积极意义？显然，当康德通过不可知论从反面消极地"证明"本体概念的合法性的时候，这就从根本上断绝了从认识论上证明本体概念的积极意义的可能性，这正是康德"限制知识，为信仰留地盘"的基本原则。不过，它毕竟从消极意义上表明一个理智世界是可能的。如果我们能够证明人类理性完全有可能排除经验的限制，按照某种理性原则而行动，那就证明了本体或理智世界的实在性。康德曾经这样描述自由与道德法则之间的关系：自由是道德法则的"存在理由"，道德法则乃是自由的"认识理由"。② 只要有自由，即使是消极的自由，道德法则便有其可能性。如果道德法则是存在的，那么就证明了自由的实在性。同理，只要有本体，即使是消极意义上的本体，人类在自然属性之外还有理智的本性就是可能的。

于是，下一步的工作就是证明理性可以不依赖甚至可以排斥经验的限制，按照理性的法则活动，这就是《实践理性批判》的任务。就此而论，康德要完成的是两个任务：一方面以本体概念的消极意义为一个理智世界提供可能性，另一方面证明人类理性的确

---

① 康德著.李秋零译.纯粹理性批判[M].北京：中国人民大学出版社，2004：241.
② 康德著.韩水法译.实践理性批判[M].北京：商务印书馆，1999：2.

可以按照理性法则行动而实现自由，因此而归属于一个理智世界。① 换言之，本体概念在认识论上只有消极意义而没有积极意义，不过有此消极意义就已经足够了，因为认识论上的消极意义可以为实践理性或伦理学上的积极意义提供可能性。因此康德说："逾越经验对象，因而就作为本体的事物而言，思辨理性就完全正当地被剥夺了知识的一切肯定的因素。——然而，理性也做出了如下成就：它稳固地建立了本体概念，亦即稳固地建立了思维本体概念的可能性，乃至必然性，譬如，它不顾一切非难，使从否定方面来观察的自由之认定保存下来，而与纯粹理论理性的那些原理和限制完全相容。"② 在此我们提到了"自由"。在某种意义上说，本体概念的积极意义就体现在自由之中，这就是我们不得不超出《纯粹理性批判》考察本体概念在《实践理性批判》中的积极意义的原因。

《纯粹理性批判》与《实践理性批判》之间的关系，涉及到两种因果关系，亦即必然与自由的关系问题。我们知道，康德从《纯粹理性批判》向《实践理性批判》过渡是通过先验辩证论之第三组二律背反的解决实现的。世界究竟是完全服从于自然的因果关系，还是有必要在自然因果关系之外假设某种自由的因果关系，构成了理性宇宙论的第三组二律背反。康德的解决办法是按照批判的基本观点，把世界分为两个方面，一方面作为现象，一方面作为物自体。这样一来，从现象的角度看，世界上只有一种自然法则必然地起作用，那就是自然的因果律。然而，现象既然是现象，我们就必须假定在现象之外有某种作为现象的原因的物自体，亦即某种自由因，这就是"本体的原因"（causa noumenon）。在康德看来，我们虽然不能确定地证明世界有一个作为自由因的本体，但是的确存在着一种"绝对开始一种活动的本体的原因"，这就是人的意志，因为我们可以有按照"应该"而开始的道德活动。由此，我们便从关于自然的说明，转向了对人类理性自身的说明：事物对我们来说被划分为显象（现象）和物自体（本体）两个方面，人也是如此。而且实际上我们只能把本体思想为现象的根据，但却可以确证人的意志对于人的行动的本体作用。于是，原本由现象（自然）而引出的本体概念，其真正的积极意义就体现在人（理性）之上。人是本体与现象的统一体。现象是其自然的存在，本体则是意志。因此，《实践理性批判》的任务就是考察"纯粹理性是否自身就足以决定意志，抑或它只有作为以经验为条件的理性才能成为意志的决定根据"，其实也就是对自由的证明③。当然，即使在实践理性领域，康德的态度也是非常谨慎的，他并不认为有限之人类理性的意志本身就是本体，而是从人类理性引申一纯粹理性乃至一个理智世界，主张惟有当人的主观意志按照对一切有理性者都有效的客观法则而行动的时候，他才会因为自律（自己立法自己遵守）而成为理智世界的成员。换言之，这个超感性的理智世界（纯粹理性）是人的本体。由此可见，康德实际上完成了两个转换：其一是从物自体（物）到本体（思想），其二是从本体到自由。本体概念在这两个转换中处于关键性的地位。

---

① 康德著. 韩水法译. 实践理性批判[M]. 北京：商务印书馆, 1999：47-48.
② 康德著. 韩水法译. 实践理性批判[M]. 北京：商务印书馆, 1999：45.
③ 康德著. 韩水法译. 实践理性批判[M]. 北京：商务印书馆, 1999：13.

如前所述，康普·斯密对康德关于现象与本体的学说评价不高，认为它充其量也就是"半批判的"。的确，本体概念在思辨理性中只有消极意义，而在实践理性领域则具有积极意义，这里存在着康德称之为"前后不一贯"的问题，他亦称之为"批判之谜"："为什么我们能够在思辨里面否定各种范畴超感性应用时的客观实在性，而鉴于纯粹实践理性的客体却又承认这种实在性；设若我们只依名称来认识这样一种实践的应用，那么这一点初看起来必定是前后不一贯的。"这种"前后不一贯"表现在："一方面，在理论知识中被否定，而在实践知识中却又受肯定的那些用于本体的范畴的客观实在性；另一方面，那个自相矛盾的要求，即既把自己看做自由的主体，使自己成为本体，又同时因自然的意图使自己成为自己经验意识中的一个现象。"然而，所有这一切都因实践理性之道德法则的证明而得以解决了。①

不过，康德的本体概念的确存在着叙述方式的问题。如果把康德的理性批判转化为维特根斯坦式的语言批判，恐怕康德的困境便可以得到某种解释了。康德与维特根斯坦都是要给理性（思想）划界，但维特根斯坦意识到我们不可能给思想而只能给思想的表达即语言划界，否则我们就有可能陷入"思想界限的那一边"的矛盾。所以，对于前期的维特根斯坦来说，思想、语言、世界和自我具有相同的边界，它们是重合的。这就意味着，不可知便不可思亦不可说。康德则不同，他在认识的领域之外特意为思想保留了一块地盘，而且恰恰是因为不可知才是可思的。问题是，康德意义上的"思想"由于没有对象，因而与认识相比具有太强的主观性和不确定性，除非我们能够把思想确定为高于认识并且其自身就具有客观实在性的能力或境界，但是如此一来，如何与独断论划清界线就成了问题。从另一个角度看，如果康德的"思想"不是"向上"而是"向下"，那倒有可能引出海德格尔的"源始境域"。

原载《中山大学学报（社会科学版）》2005年第6期

---

① 康德著. 韩水法译. 实践理性批判[M]. 北京：商务印书馆，1999：3-5.

灵光烛照下的中西哲学比较研究

——利玛窦《天主实义》、龙华民《灵魂道体说》、马勒伯朗士《对话》解析

许苏民

从1595年至1708年,西方学者有3部中西哲学比较研究的代表作,即利玛窦的《天主实义》、龙华民的《灵魂道体说》和马勒伯朗士的《一个基督教哲学家和一个中国哲学家的对话——论上帝的存在和本性》(简称《对话》)。这三部著作,皆畅论中西哲学之异同,富有引人入胜的精神魅力。他们都一致认为,中国哲学与西方哲学一样,都是遵循探索万物本体、追问终极原因、推究善恶之原的思路,因而同具哲学形上学的基本特征,但二者也存在着一些微妙的差异。《天主实义》认为,先秦儒学的思维方式与西方哲学相同,而宋明理学则不同。《灵魂道体说》认为中国哲学的道体说与基督教哲学的灵魂说相比,有一些具体规定方面的欠缺,势必导致"屈人伦于物类"的归宿。马勒伯朗士的《对话》认为中西哲学的根本区别在于:西方哲学强调一切有限的物质的存在都是不完善的,人自身的局限性使得其不可能认识并拥有终极的绝对真理;而宋明理学则认为圣人或圣王是绝对真理的化身,由于这一"理"的观念总是与现存的有限事物的秩序相依存,所以它在本质上是唯物论和无神论的。他们的观点,或因对中国哲学了解不够全面而不免有所偏蔽,结论过于武断,但也有不少真知灼见,有助于总结理论思维的经验教训。其中所蕴涵的对于人类哲学思维发生之必然性及中西哲学之共性和殊性的认识,对于我们深刻认识人类哲学思维的规律,推进中国哲学研究,具有深刻的启迪意义。

一、利玛窦:《天主实义》

利玛窦(Matteo Ricci,1552—1610),字西泰,意大利人。1582年(明朝万历十年)来中国,1610年(万历三十八年)5月在北京逝世,在中国居住28年。其《天主实义》一书,于1595年(明万历二十三年)初刻于南昌。[1] 在该书中,他以与一位中国学者对话的形式,比较系统地阐明了关于中西哲学之异同的观点。

第一,中国哲学和西方哲学都是遵循着超越有限而追求无限去探寻万物之本原和终极原因的思路,批评宋明理学陷入了把"依赖者"凌驾于"自立者"之上、以"理"为万物之本原或终极原因的理论思维误区,阐发了"理卑于人""无此物之实,即无此

---

[1] [法]费赖之著.冯承钧译.在华耶稣会士列传及书目[M].北京:中华书局,1995:41.

理之实"的观点。《天主实义》是从阐明"天主之称,谓物之原"的西方哲学原理开始的。① "天主"是人们追寻万物之本原、万物之根柢和终极原因的产物。人们追求超越有限而达于无限,必然要超越一切有限存在的事物,而将万物的本原追溯到无限的空间和时间上的"无始无终者",这正是哲学的思维方式。追溯万物之存在的最初之"所以然",就不能不讲到亚里士多德的"四因说":"试论物之所以然,有四焉。四者为何?有作者,有模者,有质者,有为者。夫作者,造其物而施之为物也;模者,状其物置之于本伦,别之于他类也;质者,物之本来体质所以受模者也;为者,定物之所向所用也。"② "物之作者、模者、质者、为者",即动力因、形式因、质料因、目的因。利玛窦从中国古代《六经》和先秦儒家典籍中搜检出大量的讲到"上帝"的词句,加以引证,并认为中国人所说的"上帝"与基督教的"天主"相同,中国哲人同样在追根寻底地探求"物之原"。之所以如此,是因为中国古代哲人也明白亚里士多德所讲的"四因":"四之中,其模者、质者,此二者在物之内,为物之本分,或谓阴阳是也;作者、为者,此二者在物之外,超于物之先者也,不能为物之本分……使无天主掌握天地,天地安能生育万物乎?则天主固至上无大之所以然也。故吾古儒以为所以然之初所以然。"③

利玛窦极力反对宋明理学。他根据亚里士多德的学说,把万物区分为两类,一类是自立者,一类是依赖者,认为理是依于物而存在的,决不是万物的本原。"夫物之宗品有二:有自立者,有依赖者。物之不恃别体以为物,而自能成立,……斯属自立之品者。物之不能立,而托他体以为其物,……斯属依赖之品者。"④ 中国古代的公孙龙辨"白马非马",利玛窦则致力于辨析"马"与"白"的关系,"马"是自立者,"白"是依赖者。正如"白"依赖于"马"而存在,"理"是依赖于"物"而存在的:"若太极者,止解之以所谓理,则不能为天地万物之原矣。盖理亦依赖之类,自不能立,曷立他物哉?中国文人学士,讲论理者,只谓有二端,或在人心,或在事物。事物之情,合乎人心之理,则事物方谓真实焉。人心能穷彼在物之理,而尽其知,则谓之格物焉。据此两端,则理固依赖,奚得为物原乎?"⑤ 宋明理学明显陷入了把"依赖者"凌驾于"自立者"之上、以"理"为万物之本原或终极原因的理论思维误区。

从区分"自立者"与"依赖者"的观点出发,利玛窦认为,人是自立者,理是依赖者,孔子所提出的"人能弘道,非道能弘人"的命题与西方哲学"理卑于人"的观念相一致,而宋明理学以先验之"理"来支配人类生活的观念是错误的。"理卑于人。理为物,而非物为理也。故仲尼曰'人能弘道,非道能弘人'也。如尔曰'理含万物之灵,化生万物',此乃天主也,何独谓之'理',谓之'太极'哉?"⑥ 利玛窦为了确立"天主"的地位,运用"理依于物"的唯物主义学说,动摇了纲常名教的"天理"的绝

---

① [意] 利玛窦. 天主实义[C]//利玛窦中文著译集. 上海:复旦大学出版社,2001:12.
② [意] 利玛窦. 天主实义[C]//利玛窦中文著译集. 上海:复旦大学出版社,2001:12.
③ [意] 利玛窦. 天主实义[C]//利玛窦中文著译集. 上海:复旦大学出版社,2001:12-13.
④ [意] 利玛窦. 天主实义[C]//利玛窦中文著译集. 上海:复旦大学出版社,2001:18.
⑤ [意] 利玛窦. 天主实义[C]//利玛窦中文著译集. 上海:复旦大学出版社,2001:18.
⑥ [意] 利玛窦. 天主实义[C]//利玛窦中文著译集. 上海:复旦大学出版社,2001:20.

对权威,并通过"理卑于人"思想的阐发而在"上帝"的名义下弘扬了人的主体性。

第二,肯定先儒"不诚无物"之说与基督教哲学之一致,辨析"天主"之无形与道家之无形的区别,提倡"上达以下学为基""天下以实有为贵"的务实之学。中国先儒的"不诚无物"之说与以"物之原"为"实有"的西方哲学是一致的:"儒谓易有太极,故惟以有为宗,以诚为学。""夫儒之谓,曰有曰诚,虽未尽闻其释,固庶几乎!"①"无极而太极之图,不过取奇偶之象言,而其象何在?太极非生天地之实,可知已。"②作为天主教徒,利玛窦以"天主"或"上帝"为最高的存在,因而排斥"易有太极,是生两仪"的中国哲学本体论学说,但他毕竟承认中国古代儒家"以有为宗,以诚为学"与西方哲学的思路是一致的。从这一观点出发,孔子所讲的"下学而上达"、《中庸》所讲的"诚者物之终始"和"不诚无物"就成了利玛窦批评和排斥佛老学说的思想武器。利玛窦认为,主张"凡物先空后实,先无后有,故以空无为物之原"的佛老之说,不仅与先秦儒家的观点不同,也与西方哲学的观点相对立。"上达以下学为基。天下以实有为贵,以虚无为贱,若所谓万物之原,贵莫尚焉,奚可以虚无之贱当之乎!……物必诚有,方谓之有物焉,无诚则为无物。设其本原无实无有,则是并其所出物者无之也……试以物之所以然观之,既谓之空无,则不能为物之作者、模者、质者、为者,此于物尚有何着欤?"③有人问利玛窦,中国哲学所讲的空无,"非真空无之谓,乃神之无形无声者耳,则与天主何异焉"。利玛窦回答说,天主虽然无形,但有性、有才、有德,所以才能成为"四因",创造天地万物,"何得特因此形,随谓之无且虚乎!"他进而批评"以空无为物之原"的佛老哲学会导致道德虚无主义,指出,五常之德,无形无声,又怎么能说它是无呢?如果因为无形无声,遂以之为虚为无,"以此为教,非惟不能昭世,愈滋惑矣"④。

学者们通常认为,利玛窦对于"存有"和"虚无"的看法仅及于现实存在(Ontic)的层次,其所谓"有"仅为存在,所谓"无"仅为不存在;所以他就不能理解中国道家和大乘佛学学者把"虚无"看做是一种虚灵的精神境界的微妙学理,不能理解"无"并不是单纯的不存在,而是在功能性的意义上意味着精神的"自由"及"可能性"。⑤其实利玛窦亦未尝没有注意到这一点。佛老之学一方面以"空无"为本,另一方面又把"心"的作用讲得无比玄妙和神奇,可以认识一切、创造一切,可以"无入而不自得"。他并不赞成这种主观随意地夸大"心"的作用的观点:"智者之心,含天地,具万物,非真天地万物之体也,惟仰观俯察,鉴其形而达其理,求其本而遂其用耳……若止水,若明镜,影诸万物,乃谓明镜、止水均有天地,即能造作之,岂可乎?必言顾行乃可信焉。"⑥利玛窦讲的西方哲学形上学和先秦儒家学说也未尝不是一种心

---

① [意]利玛窦.天主实义[C]//利玛窦中文著译集.上海:复旦大学出版社,2001:15.
② [意]利玛窦.天主实义[C]//利玛窦中文著译集.上海:复旦大学出版社,2001:17.
③ [意]利玛窦.天主实义[C]//利玛窦中文著译集.上海:复旦大学出版社,2001:16.
④ [意]利玛窦.天主实义[C]//利玛窦中文著译集.上海:复旦大学出版社,2001:16.
⑤ 沈清松.利玛窦在华文化进路之哲学反省[C]//纪念利玛窦来华四百周年中西文化交流国际学术会议.台北:辅仁大学出版社,1983:638.
⑥ [意]利玛窦.天主实义[C]//利玛窦中文著译集.上海:复旦大学出版社,2001:41.

灵境界，但却并无佛老之学以世界和人生为虚幻的色彩，反倒从知行统一观的意义上凸显了心灵对于认识世界和指导行动的能动性。

第三，肯定孟子关于"人性与牛犬性不同"的论说合乎西方哲学的思考方法，但强调"人所异于禽兽者非几希"，批评宋儒的"性即理"之说把人性混同于其他事物。关于西方哲学探讨人性问题的基本方法，利玛窦说："欲知人性其本善耶，先论何谓性，何谓善恶。夫性也者，非他，乃各物类之本体耳。曰各物类也，则同类同性，异类异性。曰本也，则凡在别类理中，即非兹类本性。曰体也，则凡不在其物之体界内，亦非性也。但物有自立者，而性亦为自立；有依赖者，而性亦为依赖。可爱可欲谓善，可恶可疾谓恶也。通此义者，可以论人性之善否矣。"① 他认为西方哲学的人性论有清晰的逻辑思维的序列，即先论何为性，确认性为各物类之本体、同类同性、异类异性的事实；次论何谓善恶，确认可爱可欲谓善，可恶可疾谓恶；如此，才能进而讨论人性的善恶。

从这一观点出发，利玛窦认为孟子的思考方式合乎西方哲学"立人于本类，而别其体于他物，乃所谓人性也"的思考方式，与后来讲"性即理"的宋明道学家不同。"理也，乃依赖之品，不得为人性也。古有歧人性之善否，谁有疑理为有弗善者乎？孟子曰'人性与牛犬性不同'……是古之贤者，固不同性于理矣。"② 但他认为，就中国哲学而言，一般是缺乏西方哲学那样明晰的逻辑论证的序列的，儒学讨论性情问题就缺乏明确的方法论指导。"吾观儒书，尝论性情，而未见定论之诀，故一门之中，恒出异说。知事而不知己本，知之亦非知也。"③ 儒学的人性论之所以会有性善论、性恶论、性三品等不同的学说，歧义纷出，就在于缺乏共同遵守的逻辑规则。

宋明理学的"性即理"之说有把人性混同于鸟兽之性的嫌疑。中国学者辩解道："虽吾国有谓鸟兽之性同乎人，但鸟兽性偏，而人得其正。虽谓鸟兽有灵，然其灵微渺，人则得灵之广大也。是以其类异也。"利玛窦回答说："夫正偏大小，不足以别类，仅别同类之等耳。……明于类者，视各类之行动，熟察其本情，而审其志之所及，则知鸟兽者……出于不得不然，而莫知其然，非有自主之意。吾人类则能自立主张，而事为之际，皆用其所本有之灵志也。"④ 他认为以"正偏大小"这一程度性的概念来论灵性以区别人与鸟兽，是犯了混淆类别、概念不清的逻辑错误，程度性的概念只能用来说明同类事物内部的差别，不足以说明不同类别的事物的本质区别；而人之所以与禽兽不同类，在于人的生命活动的本质与禽兽不同，人具有"自主"性，能够"用其所本有之灵志"而"自立主张"。人的这一本质是任何其他种类的生物所不具备的，所以说"人所异于禽兽者非几希"⑤。

第四，孔子讲"推己及人"，承认"人己之殊"，与基督教哲学的观念相一致；而宋明理学所讲的"天地万物一体之仁"，则将导致"毕除仁义之理"的后果。基督教

---

① ［意］利玛窦.天主实义[C]//利玛窦中文著译集.上海：复旦大学出版社，2001：72-73.
② ［意］利玛窦.天主实义[C]//利玛窦中文著译集.上海：复旦大学出版社，2001：73.
③ ［意］利玛窦.天主实义[C]//利玛窦中文著译集.上海：复旦大学出版社，2001：72.
④ ［意］利玛窦.天主实义[C]//利玛窦中文著译集.上海：复旦大学出版社，2001：38-39.
⑤ ［意］利玛窦.天主实义[C]//利玛窦中文著译集.上海：复旦大学出版社，2001：32.

哲学的"造物者之旨",认为天地万物是"多",而不是"一",不可能"强之为一体"。"天主之为天地及其万物,万有繁然,或同宗异类,或同类异体,或同体异用。今欲强之为一体,逆造物者之旨矣。物以多端为美,……令天下物均红色,谁不厌之!或红,或绿,或白,或青,日观之不厌矣。如乐音皆宫,谁能聆之!乍宫,乍商,乍角,乍徵,乍羽,闻之三月不知味矣。外物如此,内何不然乎?"①明眼人一眼就可以看出,利玛窦在这里论述的是史伯和孔子所讲的"和而不同"的道理,而他之所以要阐述这一道理,目的是为了说明孔子的学理与基督教哲学的"造物者之旨"相一致。

利玛窦肯定孔子的"和而不同"观念,但却反对宋儒的"万物一体"之说。他认为如果"万物一体"是指万物之本原,那是可以说的;但如果说是"众物实为一物",把事物之间的差异看做是一种幻相,那就非常荒谬了:"前世之儒,借万物一体之说,以冀愚民悦从于仁。所谓一体,仅谓一原耳矣,如信之为真一体,将反灭仁义之道矣。何为其然耶?仁义相施,必待有二。若以众物实为一体,则是以众物实为一物,而但以虚相为之异耳。彼虚相焉能相爱相敬哉!"②"仁"字从"人"从"二","二"即意味着在我之外存在着他人,如此才可能有相爱相敬之理。他认为,孔子讲"推己及人"正是以承认"人己之殊"为前提的,如果否认了这一前提,实际上也就是对仁义之理的否定:"故曰为仁者,推己及人也;仁者以己及人也,义者人老老、长长也;俱要人己之殊。除人己之殊,则毕除仁义之理矣。设谓物都是己,则但以爱己、奉己为仁义,将小人惟知有己,不知有人,独得仁义乎?"③不承认"人己之殊",就会导致但知有己、不知有人,"但以爱己、奉己为仁义"的后果。

第五,早期儒家强调诚意,反对虚意、私意、邪意,合乎基督教哲学推究善恶之原的思考方式,而宋明理学以无善无恶为道的"灭意之说",乃是一种"欲人为土石"的学说。一位儒者对利玛窦说:"'毋意',毋善毋恶,世儒固有其说。"利玛窦认为,这是误解了孔子所说的"毋意"。"彼灭意之说,固异端之词,非儒者之本论也。儒者以诚意为正心、修身、齐家、治国、平天下之根基,何能无意乎?""君子所谓无意者,虚意、私意、邪意也。如云灭意,是不达儒者之学,不知善恶之原也。"④人之为善、为恶,皆起于人之自由意志,是为"善恶之原";而否认人的自由意志,主张"灭意",正是不知"善恶之原"的表现。后儒所谓"无善无恶心之体"之说,乃是来自老庄道家的学说,非但与西方基督教哲学不合,也不合乎中国先儒的学说;而将这种学说称为"理学",更是一种十分可悲的现象。"此学欲人为土石者耳,谓上帝宗义,有是哉!若上帝无意无善,亦将等之乎土石也。谓之理学,悲哉,悲哉!昔老庄亦有勿为、勿意、勿辩之语,然己所著经书,其从者所为注解,意固欲易天下而金从此一端。夫著书,独非为乎?意易天下,独非意乎?既不可辩是非,又何辩'辩是非'乎?辩天下名理,独非辩乎?则既已自相戾矣,而欲师万世也,难哉!""如以无意无善恶为道,是

---

① [意]利玛窦.天主实义[C]//利玛窦中文著译集.上海:复旦大学出版社,2001:46.
② [意]利玛窦.天主实义[C]//利玛窦中文著译集.上海:复旦大学出版社,2001:45.
③ [意]利玛窦.天主实义[C]//利玛窦中文著译集.上海:复旦大学出版社,2001:45.
④ [意]利玛窦.天主实义[C]//利玛窦中文著译集.上海:复旦大学出版社,2001:58,59.

金石草木之，而后成其道耳。"①

不可否认，利玛窦对宋明理学的批评确实道出了理学在理论思维上的某些缺陷和失误，但他所做出的结论，诸如讲"性即理"乃是把人性混同于禽兽之性、讲"天地万物一体之仁"将导致"毕除仁义之理"、讲"无善无恶心之体"之说乃是"欲人为土石"等等，实在只是他的推论，虽然合乎逻辑，却不合乎理学家的本意。从总结理论思维的经验教训看，哲学思维是不能不讲究严密的逻辑推理规则的。如果理学家们懂一点"明类辨故"的墨家形式逻辑，自然不会犯诸如"人物性本同，只是气禀异"②这种混淆人性与物性之区别的低级逻辑错误。理学家们主观上想凸现人的道德主体性，但逻辑思维的失误却使他们的善良意志走向了自身的对立面，这一教训实在值得中国哲学研究者们深刻记取。而利玛窦的上述言论，则为后来龙华民在《灵魂道体说》中批评中国哲学"屈人伦于物类"的极端而武断的观点埋下了伏笔。

二、龙华民：《灵魂道体说》

龙华民（Nicolas Longobardl，1559—1654），意大利传教士，1597年来华。1610年利玛窦神父病逝前，遗命龙华民为中国教区会长。1654年病逝于北京，在中国传教达58年之久。与利玛窦的中西哲学比较研究的立足点不同，龙华民不把早期儒学与宋明理学相区别，甚至也不把儒、释、道三教相区别，而是从总体上将中国的"道体说"与基督教的"灵魂本体说"做对比研究。他用汉语撰写的《灵魂道体说》③，就是一篇比较哲学研究的奇文。

《灵魂道体说》中最极端的观点，是批评中国哲学的道体说是一种"屈人伦于物类"的哲学，即今日人们所说的导致"物化"的哲学。陈寅恪1922年在柏林曾经对陈西滢发过一通妙论："说平常人把欧亚作东西民族性的分界，是一种很大的错误。欧洲人的注重精神方面，与印度比较的相近些，只有中国人是顶注重物质、最讲究实际的民族。"西滢先生说当时他觉得这是"闻所未闻的奇论，可是近几年的观察，都可以证实他的议论，不得不叫人惊叹他的见解的透彻了"④。陈先生的见解固然透彻，然而却并没有揭示其哲学本体论根源。新儒家要以儒学去反对现代社会的"物化"，可是龙华民竟然说，中国传统哲学，无论是儒学，还是道家和佛家，全都是物化的哲学！我们固然不能同意龙华民的武断结论，但仔细解析他如何通过中西哲学之比较来批评中国哲学本体论之欠缺的，或许能为说明中国人最重物质这一问题提供一种"千虑之一得"的解释思路。

第一，肯定西方哲学的"灵魂说"与中国哲学的"道体说"同具哲学形上学的四大特征，二者在学理上都属于哲学本体论的范畴。在柏拉图所开创的西方哲学的传统中，"神"—"灵魂"—"理念"—"思维着的精神"是同等层次的概念。"在作为自在自

---

① [意]利玛窦.天主实义[C]//利玛窦中文著译集.上海：复旦大学出版社，2001：59.
② 〔南宋〕朱熹.朱子语类[M].北京：中华书局，1994：58.
③ 著作年代不详。该书扉页有"汤若望、罗雅谷、傅汎际共订"的字样，按罗雅谷于1638年去世，则此文作于1638年（明朝崇祯十一年）前可知。
④ 西滢.闲话[J].现代评论，第3卷第65期（1926年3月6日出版）。

为的灵魂里，那作为自在自为的美、善、正义的理念，也具有自在自为的普遍性。这就是柏拉图思想的基本原则和普遍基础。"① 灵魂作为与"神"或"理念"同等层次的哲学概念，又与"哲学"的词源学意义"爱智"密切联系："为了昭示什么是爱，他必须阐明什么是神的灵魂和人的灵魂的性质。"② 龙华民继承这一传统，把"灵魂"作为西方哲学主流的最高概念。"夫人外有肉体，内有灵魂，二者相合，乃始成人。而之所以异于物者，固不在肉躯，而在灵魂，则灵魂贵矣。且灵魂宁独较异于物，兼更上肖造物大主，种种不一焉，则灵魂又最贵矣。"（《灵魂道体自序》）③ 人之所以高贵，就在于人有灵魂，这是人与物相区别的根本标志。

"道体"乃是贯通儒、佛、道三教的最高哲学概念。无论是儒家所说的太极，还是道家所说的大道，释家所说的佛性，虽然所用的名词不同，但指称的都是同一个对象，即都是以"道"为本体的："儒云物物各具一太极，道云物物俱是大道，释云物物俱有佛性，皆是也。所谓太极、大道、佛性，皆指道体言也。且前人又谓之太乙、太素、太朴、太质、太初、太极、无极、无声无臭、虚空大道、不生不灭。种种名色，莫非形容道妙耳。"（《道体解》）④ 这一见解是颇为深邃的洞见。一个"道"字，既可以理解为"理"（"形而上者谓之道"），也可以理解为"气"（"一阴一阳之谓道"，道即是一阴一阳）。"理本论"固然是以"道"为体，"气本论"亦未尝不是以"道"为体。老子的"道生一，一生二，二生三，三生万物"的命题，之所以或被人解为唯物论，或被人解为唯心论，就在于"道"的哲学范畴所具有的多义性和歧义性。但无论如何，以"道"为中国哲学的最高概念，是可以说得通的。"朝闻道，夕死可也"，中国人所追求的对于"道"的认识，同样具有"爱智"的意义。

龙华民肯定西方哲学的"灵魂说"与中国哲学的"道体说"同为哲学思维，因为它们都同样具有哲学形上学的四大基本特征。《论二者所同》一节中列举了"灵魂说"与"道体说"相同的4个方面：一是"溯其原来"，二者都具有追溯万物之本原的哲学意义；二是"要其末后"，二者皆为永久不灭；三是"论其体性"，二者皆属于一定之体，在本体论的意义上，二者皆无损益消长之异；四是"论其功力"："二者皆能实体乎物，盖道体本为形物之体质，一受形物之体模，即形物之全体成焉；灵魂本为人身之体模，一赋予人身之体质，即吾人之全体成焉。故曰：二者皆能体物也。" 既然中国学说与西方学说同具"遡其原来""要其末后""论其体性""论其功力"四大属性，则同属于哲学形上学无疑。然而，即使相同之中也有相异之处：灵魂本体是精神与物质二重化世界中至上的精神本体，所以可以纯一不杂；道体则是非二重化世界中的至上本体，是呈现于物质世界之中的，甚至其本身就是对物质世界及其运动规律的哲学抽象。虽然二者有此差异，但都是人类探寻万物之本原的哲学思维的产物，则是毫无疑义的。

第二，从概念上厘清"灵魂"与"道体"的确切含义，从抽象到具体地论说中西哲人分别赋予这两个概念的多方面的具体规定。龙华民首先对基督教哲学的"灵魂"概

---

① ［德］黑格尔著. 贺麟，王太庆译. 哲学史讲演录（第2卷）[M]. 北京：中华书局，1960：190.
② ［德］黑格尔著. 贺麟，王太庆译. 哲学史讲演录（第2卷）[M]. 北京：中华书局，1960：186.
③ ［意］龙华民. 灵魂道体说[M]. 上海：土山湾印书馆重刊本，1918.
④ ［意］龙华民. 灵魂道体说[M]. 上海：土山湾印书馆重刊本，1918.

念下了定义，并对这一定义做了由抽象到具体的学理阐述。"灵魂，神明之体，有始无终者。天主造之，赋予人身，为之体模，为之主宰，在世行善，受主圣宠，因而上天享福者也。"他进而对这一定义作了逐字逐句的解释，赋予"灵魂"概念以7个方面的具体规定：一，灵魂乃是纯粹的精神实体，"不着气质，不着色相，而其本体，神灵生活也"；二，灵魂具有思考和认知的能动性，"能思想，能通达，能知己，能知物"；三，灵魂作为精神本体，是"确然独立自存，不涉虚幻"的实有；四，灵魂为天主所造，"不归空无，不入寂灭，永存不坏"；五，天主创造灵魂为"匠成"，赋予人身为"受成"；六，灵魂是人之所以为人的"形式因"，使人的形体与精神皆不同于自然界的一切事物；七，灵魂是人身的主宰，"酬应事物，独有主张，行止由己，不受人强制也"（《灵魂解》）①。总之，灵魂是一个可以不依赖于物质而存在的指称纯粹的精神生活的哲学范畴，灵魂作为人生的主宰具有认识世界和认识自己的自主性和能动性，人生有限而灵魂不灭。这也是从苏格拉底、柏拉图、亚里士多德到基督教哲学的基本观点。

其次，什么是中国哲学所讲的"道体"？"道体，有体无为，造先莫先，一物不物，本无心意，本无色相，而万形万相，资之以为体质者也。"（《道体解》）②这一定义既合乎"理本论"者关于理"无情意，无计度，无造作"③的本质规定，也合乎"气本论"者关于"万形万相，资之以为体质"的论说。《道体解》一节同样逐字逐句地对这一定义做了解释：一是有体，"自存自立，不空不无，永远不灭"；二是无为，"自无创造，自无设施"；三是造先莫先，"先此者无一物，后此而始分万形万相也"；四是一物不物，"其体性始终，惟一不二"，"非人亦非禽兽草木金石等，所谓不我不物，而能物物者也"；五是本无心意，"自无主张，无肯、亦无不肯，听裁制于他物者也"；六是本无色相，"自无色，自无相，自不能生色生相，而色相之来，受之不能却也"；七是万形万相资之以为体质，"人物昆虫，凡有血气以及块然者，莫不资之以为体质"。其对中国哲学的道器关系的解释最为精彩："道与器相须为有无，本无先后。第以意逆之，不得不分先后。譬之日出照物，当其出时，即其照时，然可言自出而照，不可言自照而出。是谓原先后，非时先后。造先之先，盖原先后之先也。"（《道体解》）④正是在"原先后"而不是"时先后"的意义上，中国哲学的道体具有"造先莫先"的特征，与基督教立足于"时先后"的上帝创世说的哲学本体论论证迥然异趣。道体只具有逻辑上的先在性，而并不具有时间上的先在性。

龙华民认为中国哲学的道体实际上是一种自在的存在，人与一切物类一样无不秉受道体，因此，中国哲学所讲的人是混同于自然界的人，虽然儒家也讲"天地之间人为贵""人者，天地之心也"，但终归还在自然界之中，依然没有将精神从自然界中独立出来，不是西方哲学将世界二重化为"精神"与"物质"之二元对立意义上的超越的至上本体。宋明道学家所讲的"天理"，其实也就是儒学的"自然法则"（玄学家之所谓

---

① ［意］龙华民. 灵魂道体说[M]. 上海：土山湾印书馆重刊本，1918.
② ［意］龙华民. 灵魂道体说[M]. 上海：土山湾印书馆重刊本，1918.
③ 〔南宋〕朱熹. 朱子语类[M]. 北京：中华书局，1994：3.
④ ［意］龙华民. 灵魂道体说[M]. 上海：土山湾印书馆重刊本，1918.

"名教出于自然"），并不具有精神的超越性。他认为由于道体"本无心意"，因而实际上也受制于"色相"，而"理"亦受制约于"气禀"。这一观点也完全合乎佛教禅宗关于"欲知大道真体，不离声色言语"①以及朱熹关于"气之偏者便只得理之偏，气之塞者则自与理相隔"②、三代以下之所以"人欲流行"皆是理不能胜气所致的论说。理学的本体论论证既已确认理对于气的依存性，则愈是强调理的地位，也就愈是凸显出气的重要性。

第三，从学理上揭示"灵魂说"与"道体说"的五大区别。中西哲学的根本差异在于中国哲学以道为本体，西方哲学以灵魂为本体。《灵魂道体自序》云："顾乃今之称灵魂者，往往以道体当之，则何欤？岂水火黑白可互名欤？予谓名实之不称，无过是者。故草次兹篇，欲与向道君子，共识灵魂于道体之外，而孳孳汲汲，以求副其所以象肖天主者，庶不致屈人伦于物类，而上负宠界之恩云耳。"把"灵魂"误读为"道体"，是名实不符的表现，势必导致"屈人伦于物类"的结果；而之所以要明辨"灵魂"与"道体"的差异，正是为了使人不致成为"物化"的人。在《论二者所异》一节中，龙华民把中国哲学（实为宋明理学）的道体说与西方基督教哲学的灵魂本体说的区别展开为11个条目，并按照亚里士多德的三段论逻辑而展开的，每一个三段论的结论同时也是下一个三段论的前提，因而这11个条目实际上就是5个三段论式。

其一，从第1条到第3条，论证中国哲学的"道体说"是一个与物质不相分离、终古如斯、泯灭精神的个性差异的实体性范畴，而西方哲学的灵魂本体说则是一个与物质相分离、处于不断创造之中、强调个体精神之独立性的范畴。 龙华民认为，中国哲学的道体说讲的是消解了个性的实体性，而西方哲学的灵魂本体说则体现着个体精神的多样性："道体分之则为天地，散之则为万物，而天地万物，总一道体所成，无有殊异，故曰万物一体。灵魂不然，人各有一，各具全体，彼此各异，不共者也。"道体是一劳永逸的终古如斯，而灵魂本体说则强调永远创造的不断劳作："道体受天主之造，止原初一造，后不再造。灵魂当人各各受生之际，天主各各造之，或造于前，或造于后，自生民以来，无时不造也。"道体说强调的是道与物质不相分离的依存性，而灵魂本体说则强调个体精神的独立性："道体寄于物，不能离物而独立。盖道与物，原相为有无。无道，物不成；无物，道亦无着矣。……灵魂不然，与生俱生，不与生俱灭，在身离生，皆超然独立独存者也。"西方哲学从苏格拉底、柏拉图到亚里士多德皆讲"灵魂不灭"，基督教哲学更强调"灵魂不灭"的意义在于"上帝"将根据人在世时的善恶而对其进行赏罚；中国哲学则不同，朱熹讲人死后"归于空无"，纵然在世时做尽坏事，亦可以不受惩罚。

其二，从第3条到第5条，论证中国哲学的道体说使人重物质胜于重精神，而西方哲学的灵魂本体说则使人更注重精神生活。 既然道体说强调的是道与物质不相分离的依存性，而灵魂本体说则强调个体精神"超然独立独存"的性质，所以龙华民认为，中

---

① 普济.五灯会元[M].北京：中华书局，1984：1057.
② 〔南宋〕朱熹.答杜仁仲[C]//朱子全书（第23册）.上海、合肥：上海古籍出版社、安徽教育出版社，2003：3000.

国哲学的道体说本质上是"质体之类",而西方哲学的灵魂本体说本质上是"神体之类":"道体本为质体之类,而必借理气之精粗,阴阳之变化,以为形象。灵魂本为神体之类,自存自立,不系方所,不着色相者也。"道体说本质上以事物的物质形态为体,所以也就必然拘泥于物质,依赖于物质,而灵魂本体说讲的是可以不依赖于物质而独自存在的纯粹的精神生活,所以也就促使人们去追求学问和道德:"道体既属质体,则所受依赖亦质,如精粗冷热大小等是也。灵魂既属神体,则所受依赖亦神,如学问道德善恶等是也。"西方文化中的为求知而求知、为行善而行善的传统即由此而产生。

其三,从第5条到第7条,论证中国哲学的道体说使人缺乏个体的自我意识,而西方哲学的灵魂本体说则使人重视自我存在的价值和意义。龙华民认为,道体说认为天地万物与人皆同秉道体,而灵魂本体说则于天地万物中使人独秉神性:"道体充满于有形有气者,而为之骨子,即蝼蚁稊稗等物,各得充足,不欠不余。故曰可贵可贱,可约可散,道之数也。灵魂不然,天主独畀于人身,使为一身之主,百事之王,他物必不得而有之,此天地间受造之性,惟人最贵也。"按照亚里士多德哲学和基督教哲学的观点,神赋予草木以"草木魂",赋予禽兽以"禽兽魂",赋予人以"灵魂",灵魂是人所独有的,它使人具有了上帝的知善知恶的属性,因而在天地间一切事物的禀性中,人性最为尊贵。与此相反,中国哲学中则有"道在蝼蚁,在稊稗,在瓦砾,在土石,在屎尿"之说。中国哲学的道体说使人不具有自我意识,而西方哲学的灵魂本体说则使人探寻人生的终极价值:"道体冥冥,块然物耳,无有明悟,不能通达。灵魂则有明悟,而能通达天下之理,追究吾人自何处来,向何处去,并能识我性命根本之根本。以殚力昭事之,必敬必爱,罔或厌斁。此人之所由,大异禽兽者也。"他与利玛窦一样地认为,人之异于禽兽不是孟子所说的"几希",不是很小的微妙的差异,而是"大异"。只讲"几希",主观上是想要人致察乎纤毫微末之际,但客观上却不可能起到确立人的道德主体性的作用。

其四,从第7条到第9条,论证中国哲学的道体说使人缺乏既不受制于物,也不受制于人的自由意志,而西方哲学的灵魂本体说则使人具有"行止由己"的意志自由。由于道体说使人不具有自我意识,故只能消极地听从命运的安排,而灵魂本体说则凸显了自我存在的价值和意义,促使人摆脱强制去努力创造人生价值:"道体无意无为,听其使然而然,又不得不然,是谓有受造之能,而无创造之能。灵魂者自有主张,行止由己,不受强制于物。"灵魂不仅使人"不受强制于物",而且也不受强制于人,"酬应事物,独有主张,行止由己,不受人强制也"(《灵魂解》)①。道体说使人按照道体的规范过无为的生活,而灵魂本体说则承认人有自造功罪善恶的自由意志:"道体本为自如,无德无愿,亦无功罪。灵魂能行德愿,亦能负功罪焉。"自由意志使人可以在不同的道德价值面前自主地选择。

其五,从第9条到第11条,论证道体的无为属性屈人同物,使人性不明,因此绝对不可以把道体说与灵魂说混为一谈。基于有无自由意志的区别,由此便导出以下差异:由于道体说强调无为,故道体"自无福,自无祸,不赏不罚",人亦不必像对待"天

---

① [意]龙华民. 灵魂道体说[M]. 上海:土山湾印书馆重刊本,1918.

主"一样对"道体"怀有神圣的敬畏；而灵魂本体说则强调"灵魂则能行善恶，能受赏罚"，所以人要珍视自己的灵魂，对自己的行为负责任、担干系。通过对"与物同之道体"及"与物异之灵魂"进行以上辨析，龙华民得出结论："人奈何徇其与物同之道体，而忽其与物异之灵魂？又或以灵魂之美妙，并归道体，遂使人性不明，灵顽混杂？……如世论，徒以太极、大道、虚空等，为生造天地万物之本是也。夫以道体当灵魂，已屈人同物，而以道体当天主，则是屈至尊至神之主，下同于其所造之物也，此又惑之大者矣。"（《论灵魂之象肖》）[①]

龙华民从基督教唯灵主义的观点出发，将中国文化的道体论看成无神论的唯物主义来加以排斥，无疑是由基督教的独一性与排他性所导致的一种偏狭之论。其忽视中国早期儒家与宋明理学的区别，不了解中国古代哲人也有"人者，天地之心"（《礼记·礼运》）、"惟人万物之灵"（《尚书·泰誓上》）的论说，在学术上也犯了笼统武断的毛病；而从物质生活的层面上批评理学为"物化"的哲学，则明显不合乎实际。程朱理学的"物化"，在于使人物化成为专制政治伦理之"天理"的工具，而"天理"所规定的不同等级的物质生活待遇则使人努力追求爬到较高的社会等级上去，这就是为什么信奉程朱理学的中国读书人却偏偏最重物质的根源。可惜龙华民却并没有讲清这一点，但他试图探索中国人为什么最重物质的哲学根源，从学理上揭示中国哲学的"道"与物质不相分离的依存性，细致地辨析了"道体说"与"灵魂说"的差异，是达到了相当高的理论思维水平的。其缺点在于没有看到：强调"道"与物质不相分离的依存性的唯物论倾向，并不必然导致"物化"；将精神与物质或灵与肉二重化、强调"以精神制服物质"的唯心论，也未必就能完全避免"物化"。在现代唯物论的基础上，融合中国哲学注重心性修养与西方哲学注重个体精神的优长之处，或许是克服现代社会中"物化"现象的一种可供参考的思路。

三、马勒伯朗士：《一个基督教哲学家和一个中国哲学家的对话》

马勒伯朗士（Nicolas de Malebranche，1638—1715），17世纪法国笛卡尔学派的哲学家。在中西文化的问题上，他既和培尔一样，认为中国哲学是无神论；又和帕斯卡尔一样，对中国的无神论思想持反对的态度。在西欧的中国礼仪之争最激烈的时候，他发表了《一个基督教哲学家和一个中国哲学家的对话——论上帝的存在和本性》（1703—1708），系统论述了中国哲学与基督教哲学的差异，主要是中国哲学之"理"与基督教哲学之"神"的差异。

对于《对话》，前辈学者从不同的视角做过研究。早在1940年，朱谦之先生就在《中国哲学对欧洲的影响》一书中，专门介绍了《对话》的主要观点，肯定其关于中国哲学具有唯物论和无神论倾向的观点是正确的，对于后来产生的百科全书派的唯物论和无神论思想有一定的影响。《对话》中译者庞景仁先生则在1942年用法文撰写了题为《马勒伯朗士的"神"的观念与朱熹的"理"的观念》一书，认为《对话》曲解了朱熹关于"理"的观念，在朱熹的思想中，天或理"肯定是一种至高无上的人格，或者……

[①] ［意］龙华民.灵魂道体说[M].上海：土山湾印书馆重刊本，1918.

是一种人格神","它通过它的意志和命令统治着我们"①；中西哲学的根本区别在于，西方哲学建立在宗教的基础上，理性献身于信仰，而中国哲学则建立在道德的基础上，没有宗教信仰而只相信道德，虽然也赋予了"理"以人格神的意义②。日本学者后藤末雄在《支那思想之法国西渐》一书中也认为，马勒伯朗士对朱熹思想的批评，其实不过是把当时正在法国抬头的无神论，尤其是给法国哲学以很大影响的霍布士的唯物论与朱熹思想混为一谈了而已③。应该肯定，以上论述都具有合理性，都是从不同的视角和侧面对《对话》的正确解读。问题在于，马勒伯朗士为什么要把朱熹哲学理解为唯物论和无神论呢？《对话》中还有没有超出以往学者们的"视阈融合"以外的更为深刻的见解呢？还有，如何理解朱熹哲学的内在矛盾呢？这一切，当然还得从解析《对话》的文本做起，看它是如何辨析基督教的"上帝"与朱熹的至高无上的"天理"之区别的。

　　第一，基督教的"上帝"不是中国人所理解的"一个伟大的、有权力的帝王"，也不是中国人所理解的至高无上的"天理"，而是"把一切东西之中所有的实在性或完满性都包含在他的本质里的那个存在体，在全部意义上的无限存在体"④。马勒伯朗士从"我思故我在"的确实性推论出人真实地想像着的"上帝"的观念的确实性，赋予其永恒、无限、绝对和完满的精神实体的哲学意义。针对中国人把"上帝"理解为"一个伟大的、有权力的帝王"的观念，他以一个基督教哲学家的身份对中国哲学家说："不要在我们的学说上弄错了。……你们看做是我们的上帝的那位天上之王，不过是这样的或那样的一个存在体。我们的上帝就是没有任何条件、没有任何限制的存在体。他以一切有限精神所无法理解的一种方式把凡是有完满性的东西，在一切被创造的以及可能的东西中的全部有真正实在性的东西，都包含在他本身里。他在他本身里甚至也包含了万物中最末的、最不完满的东西的物质里面有实在性或完满性的东西。但是并不包含它的不完满性、它的限制性、它的无；因为在存在体里面没有无，在无限里没有任何种类的限制。"⑤因此，基督教哲学的"上帝"概念与中国人所崇奉的"伟大的、有权力的帝王"、中国哲学家所讲的"天理"概念的根本区别，就在于无限与有限、完满与不完满的对立：基督教的"上帝"在单纯的本质中包含了万有，是无限，是完满，而中国哲学之"天理"则是在物质之中，在万有之中，是有限，是不完满；基督教的"上帝"观念，决不是指某一个特殊的存在，他即是万有，既是一，又是多，而为其惟一的实在，而中国哲学家的"天理"所代表的社会秩序，与基督教的"上帝"的观念相比，只是"一个伟大的、有权力的帝王"所代表的秩序，这个帝王也只不过是某一个特殊的实在或"有限的实在"罢了，但一切有限的、特殊的存在都是不完满的。在基督教哲学看

---

　　① 庞景仁著.冯俊译.马勒伯朗士的"神"的观念与朱熹的"理"的观念[M].北京：商务印书馆，2005：116.
　　② 庞景仁著.冯俊译.马勒伯朗士的"神"的观念与朱熹的"理"的观念[M].北京：商务印书馆，2005：114-115.
　　③ 朱谦之.中国哲学对欧洲的影响[M].石家庄：河北人民出版社，1999：129.
　　④ ［法］马勒伯朗士著.庞景仁译.一个基督教哲学家和一个中国哲学家的对话[J].中国哲学史研究，1982，（3）.
　　⑤ ［法］马勒伯朗士著.庞景仁译.一个基督教哲学家和一个中国哲学家的对话[J].中国哲学史研究，1982，（3）.

来，人间的帝王（中国人之所谓"天上的帝王"的化身或"天子"）由于其有限性和不完满性，因而并不值得崇拜；中国哲学家之所谓"天理"也由于其总是与"一个伟大的、有权力的帝王"或"圣王"的观念相联系，同样具有有限性和不完满性，因而也并不具有绝对的权威。

第二，基督教哲学认为，人作为有限的存在者不能认识无限，人不能以永恒、无限、绝对的真理的化身自居，而中国哲学家则不然。马勒伯朗士继承了西方哲学关于人的局限性、人的认识能力的局限性的"理性幽暗意识"，认为人不可能认识作为至上的精神实体的"上帝"，不可能认识永恒、无限、绝对的真理，不可能达到中国的理学家所说的"一旦豁然贯通，则众物之表里精粗无不至，而吾心只全体大用无不明"的境界。"我们的上帝是一切皆是、无处不有、处处都在。你用不着费力气去理解为什么他是这样的。因为你是有限的，如果一个有限的精神能够理解他，那么无限的属性就不会是他的属性。"①上帝是普遍的永恒的存在，而人，作为特殊的有限的存在，他的"特殊的、可以改变的器官怎么能够看到或者表现常住不变的、对一切人都是共同的真理和永恒的法则呢？"②中国哲学家认为，"天理"是最高的智慧和永久的法则，人可以体验"天理"，认识"天理"，圣人可以"为天地立心，为生民立命"。马勒伯朗士回答说："智慧的生命是在真正的理中，理是光照智慧的生命之光。不过，这是有血肉之身的粗俗无知的人所不能理解的。"③只有上帝才是"至上的真理"，人的有限的生命对于真理的认识只能是有限的。上帝通过他的本质（不是绝对地，而是作为与万物相对地）把万物表现给我们，他在那里向我们揭示的只是人类知识以及就社会和保存我们的现时生命而言对我们是必要的东西，是相对的有限世界的至上法则。"由于人已经变成过于肉欲、粗鄙、受他们的激情的奴役，一句话，不可能恢复他们自己的本性以便认真地遵照这个至上法则，经常遵守这个至上法则，所以他们都需要我们圣教的光明的援助。"④因此，他批评中国哲学家说："不要把神性给人性化了。永远不要用你自己来判断无限完满的存在体"；更不要迷信你们的皇帝，"你们的皇帝和你是属于同一本性的，然而不要以为在同样的情况下他会和你自己一样地行动"，他有可能反乎人性地"采取你永远想不到的打算"；"因此，如果你想用行动来认识某一个东西，你就要向无限完满的存在体的观念请教"。⑤在马勒伯朗士看来，宋明理学家所自诩的"绝对真理"（"天理"），其实都不过是一些特殊的、有限的，而且注定要死灭的存在物的秩序而已，根本就不是什么绝对真理。

---

① ［法］马勒伯朗士著. 庞景仁译. 一个基督教哲学家和一个中国哲学家的对话[J]. 中国哲学史研究，1982，(3).

② ［法］马勒伯朗士著. 庞景仁译. 一个基督教哲学家和一个中国哲学家的对话[J]. 中国哲学史研究，1982，(3).

③ ［法］马勒伯朗士著. 庞景仁译. 一个基督教哲学家和一个中国哲学家的对话[J]. 中国哲学史研究，1982，(3).

④ ［法］马勒伯朗士著. 庞景仁译. 一个基督教哲学家和一个中国哲学家的对话[J]. 中国哲学史研究，1982，(3).

⑤ ［法］马勒伯朗士著. 庞景仁译. 一个基督教哲学家和一个中国哲学家的对话[J]. 中国哲学史研究，1982，(3).

第三，基督教哲学认为"神"是自由的、能动的、创造的独立存在，而中国哲学家则否认"理"的独立性，认为理是依存于物质之中的，"理既不明智，也无智慧"，"理并无自由，它之所以行动，只是由于它的本性的必然性"①。马勒伯朗士认为，中国哲学家把"理"看做是物体间的秩序与配列，自以为抬高了理的地位，而在基督教哲学看来，永恒、无限、绝对的实体实在是高于一切有限的、相对的事物的秩序的。他对中国哲学家说："你说理只能存在于气（物质）中。你以为理只在于构成世界的物体的各式各样的形状中，而理不过是形状与形状之间的秩序或安排吗？如果只是这样的话，那么你们的理也没有什么了不起。而气（物质）本身——实体中最末的也是最可怜的东西，倒是在你们所说的那么多好话的理之上。因为，肯定的是，实体比他的各式各样的安排要有价值得多，不死灭的东西要比能够死灭的东西有价值得多。"②而且，中国哲学的"理"范畴并不具有基督教哲学赋予"神"的明智和智慧，也不具有"神"所具有的自由的、能动的本性；而在基督教哲学中，人却可以在上帝之光的照耀下获得明智和智慧，以及自由和能动的本性。"无限完满的存在体是明智的。但是它本身就是明智。它是明智本身。它不是由于一种外来的、虚构的明智而成为明智的。它本身就是它的光明，并且是光照一切的智慧的光明。它是公正的，而且是根本的、原本的公正（义）。他是善良的，并且是善良（仁）本身。它是其他一切存在体所必然独立存在的一切，而一切存在体都是从它那里得到他们所有的一切实在性和完满性的。因为无限完满的存在体本身是自足的，而凡是它创造的东西都不停息地需要它。"③相反，中国哲学家一方面说"天理"无灵明知觉，另一方面又以"天理"为无上的明智和智慧，实在是自相矛盾。"如果理不认识它自己，不知道它所创造的东西，如果它既没有意志也没有自由，如果它是用一种盲目的冲动来做成世界的一切，那么，不拘它的作品是多么优秀，在你仍然把它置于物质（气）之下，我就看不出它为什么值得你对它赞美。"④总之，在马勒伯朗士看来，中国哲学家以"理"依存于物质，不像"神"那样乃是精神与物质的创造主，那么，"理"也就不是如"神"那样为永久不变的存在，并非是不灭之物。中国哲学的"理"所代表的宇宙秩序，实际上不过是一种在特定的历史条件下产生，又将在一定的历史条件下消亡的某种特殊的社会形态的秩序，是暂时的、有限的、相对的，因而是不完善的；而基督教哲学的"神"则代表着永恒、无限和绝对，是高于一切有限的存在物之上的至善。所以，从这一观点看，程朱理学所代表的中国官方哲学实在不过是唯物论、无神论罢了。

如何看待这一结论呢？平心而论，这一结论既在相当大的程度上是正确的，但又不

---

① ［法］马勒伯朗士著. 庞景仁译. 一个基督教哲学家和一个中国哲学家的对话[J]. 中国哲学史研究，1982，(3).
② ［法］马勒伯朗士著. 庞景仁译. 一个基督教哲学家和一个中国哲学家的对话[J]. 中国哲学史研究，1982，(3).
③ ［法］马勒伯朗士著. 庞景仁译. 一个基督教哲学家和一个中国哲学家的对话[J]. 中国哲学史研究，1982，(3).
④ ［法］马勒伯朗士著. 庞景仁译. 一个基督教哲学家和一个中国哲学家的对话[J]. 中国哲学史研究，1982，(3).

完全正确。在认知的层面上，朱熹如实肯定"天下未有无理之气，亦未有无气之理"，强调理"无情意，无计度，无造作"，甚至还说过"太极只是一个气"这样的话①，如此来看，确实不是唯心论和有神论。但在价值论的层面上，现实政治的需要却驱使他必须把"理"说成是至高无上的本体："若无太极，便不翻了天地！太极只是一个'理'字。"②明知"苍苍之谓天。运转周流不已，便是那个。而今说天有个人在那里批判罪恶，固不可"，但"神道设教"的现实政治需要却要求他必须讲"说道全无主之者，又不可"③，必须设定一个主宰者，说什么"帝者，天之主宰"（朱熹《周易本义》卷4《说卦传》），又说天之所以如此运转不息，"必有为之主宰者"，并称引庄子关于"孰纲维是，孰主张是"的论述，说"他也见得这个道理"④。一方面说"天地无心而成化"；另一方面又说"（天地）若果无心，则须牛生出马，桃树上发李花。他却又自定"⑤，"天地之心不可道是不灵，但不如人恁地思虑"⑥。晚明学者李之藻《天主实义重刻序》就认为朱熹关于"帝者，天之主宰"的论说既合乎古老的《易》理，也合乎基督教义："说天莫辩乎《易》。《易》为文字祖，即言'乾元''统天'，'为君为父'，又言'帝出乎震'，而紫阳氏解之，以为帝者，天之主宰。然则天主之义，不自利先生创矣。"⑦这是一位中国学者的见解，他是把朱熹看做有神论者的。然而，对于一位西方学者来说，要根据朱熹的那些自相矛盾的论述来判定其哲学思想的性质，是很困难的。马勒伯朗士显然更多地看到了宋明理学中所包含的唯物论和无神论因素，他所得出的结论，乃是将宋明理学中所包含的唯物主义因素来与基督教哲学的观念相比较的结果；而朱熹等理学家关于"理"先"气"后的论述、关于"理"不依赖于物质而永恒存在的论述，以及关于"帝"—"天理"—"天地之心"—"天之主宰"的有神论论述，则被他完全忽视了。

然而，讲到理学的有神论，又不能不把理学的"帝"（"天之主宰"）与西方哲学的"神"相区别，不能不看到二者之间的微妙差异。理学的最高主宰不叫"神"，"神"在理学中被规定为"气之精英者"⑧，"鬼神（'鬼神便是精神魂魄'⑨）不过阴阳消长而已"⑩，是有聚有散的。理学所尊奉的最高主宰，直接被称为"帝"或"天理"，它是非二重化的世界中的主宰，是可以为人所认识、为人间的帝王或圣人所代表的；而西方哲学的"神"，是二重化了的世界中的神，是人所不能完全认识、也完全不能代表的神。理学认为，作为最高主宰的"天理"既高高在上，又内在化为人所秉受的"道心"或"性"（"性即理"），只要以"道心"战胜"人心"，以"天理"制服

---

① 〔南宋〕朱熹. 朱子语类[M]. 北京：中华书局，1994：41.
② 〔南宋〕朱熹. 朱子语类[M]. 北京：中华书局，1994：2.
③ 〔南宋〕朱熹. 朱子语类[M]. 北京：中华书局，1994：5.
④ 〔南宋〕朱熹. 朱子语类[M]. 北京：中华书局，1994：1684-1685.
⑤ 〔南宋〕朱熹. 朱子语类[M]. 北京：中华书局，1994：4.
⑥ 〔南宋〕朱熹. 朱子语类[M]. 北京：中华书局，1994：4.
⑦ ［意］利玛窦. 天主实义[C]//利玛窦中文著译集. 上海：复旦大学出版社，2001：99.
⑧ 〔南宋〕朱熹. 朱子语类[M]. 北京：中华书局，1994：9.
⑨ 〔南宋〕朱熹. 朱子语类[M]. 北京：中华书局，1994：40.
⑩ 〔南宋〕朱熹. 朱子语类[M]. 北京：中华书局，1994：34.

"人欲",就可以"止于至善",成为圣人;而基督教哲学则认为,人由于其自身的局限性,是不可能成为圣人的。理学要在人间建立一个道德理想主义的世界,这个世界不在遥远的彼岸,而是在人类早期的历史上曾经存在过的("三代以上是天理流行"),问题只在于后人要改变"三代以下是人欲流行"的状况,承续三代圣人的道统,并将其落实到帝王的治统之中,实现"帝是理为主"①的圣王之治;而基督教哲学虽然也想在人世间建立天国,但又把天国(天堂)悬置在遥远的彼岸世界,它只是作为上帝对人在世行善的奖赏而存在,为的是安置善人们的灵魂。前者,以"帝"或"天理"的名义将人类社会的等级秩序神圣化;后者,则确信上帝面前人人平等。这些微妙的差别,《对话》中都没有提到。

不过,无论马勒伯朗士对中国哲学的一些微妙之处如何缺乏细致的了解,但他毕竟独具只眼地看出了中西哲学的一个最根本的区别:西方哲学强调一切有限的存在都是不完善的,不管是任何人,是皇帝还是圣人,也不管是任何社会秩序,无论这一秩序的设计者是如何地高明,都不可能是至善的、神圣的,因此,人不可能拥有绝对真理,而只有向着代表至真至善至美的"神"的境界永远追求;中国传统哲学则不然,在这里,圣人或圣王是至善的、神圣的,"理"所代表的社会秩序是至善的、神圣的,圣人可以自称认识和掌握了绝对真理,声称为天地立心、为生民立命,皇帝可以公然以绝对真理的化身自居,以"天地"和"生民"的当然代表自居,"惟辟作威,惟辟作福"。因此,像基督教哲学的那种观念,不仅中国的理学家们不能接受,而且更是宣称"道统在是,治统亦在是"②、集道统与治统于一身的清朝皇帝所绝对不能接受的。1724年清廷下令逮捕并驱逐西洋传教士、明令禁止基督教在中国的传播,中外学者多将此归结为所谓"中国礼仪之争",其实不然。基督教哲学不承认皇帝的精神领袖地位,他们认为人人都有"原罪",一切有限的物质的存在都是不完满的。清朝皇帝感到自己"作之君,作之师"的地位将被动摇,而传教士们又偏偏不肯像正统儒家那般圆融,也不肯像佛、道二教一样跪倒在皇权脚下寻求"宗教宽容",这就是清廷对西学采取"节取其技能而禁传其学术"③政策的根本原因。

"上帝"对人是一视同仁的,决不会只把哲学赐予西方民族。利玛窦、龙华民、马勒伯朗士等西方学者正是基于这一信念,并基于客观事实,在肯定中国哲学是客观存在的同时认为中西哲学又在具体学理的阐释上具有各自的特殊性。无论其对于中国哲学的理解是否全面和准确,其确信中西民族既同属人类则必同有哲学的信念、其尊重中国存在哲学之客观事实的态度,无疑是正确的。17—18世纪中国哲学对于西方的影响,推动了西方哲学摆脱"神学之婢女"的地位,而不再以"上帝"的名义来表征人类对于真善美的最高境界的追求,中国哲学的"天理"概念也被创造性地转化为启蒙者的至高无上的"理性法庭",哲学由此获得了它的前所未有的学科独立性。明清之际西方哲学的东传,也在逻辑思维和高扬人的主体性等方面启迪了中国哲人的思想,促使他们去克服宋

---

① 〔南宋〕朱熹.朱子语类[M].北京:中华书局,1994:5.
② 〔清〕爱新觉罗·玄烨.御制日讲四书解义序[C]//日讲四书解义.四库全书本.
③ 四库全书总目[M].北京:中华书局,1965:1081.

明理学的理论失误，从而丰富了中国哲学的思想宝库。回顾这一历史，对于我们今天在中西文化更为广泛的相互交流的时代条件下，正确看待某些西方学者对于"中国哲学合法性"的质疑，坚定不移地推进中国哲学的研究，不也是大有启迪的吗？

原载《中山大学学报（社会科学版）》2007年第2期

论尼采宗教批判的力度与局限

[德] 卫弥夏著，瞿旭彤译

本文将向大家介绍尼采宗教批判及其犹太-基督教批判的主要论点。与此同时，我试图指出，尼采的宗教批判，批判的不仅仅是宗教，他还力图揭示出西方哲学与形而上学思考的主要形式以及与之相关的根本的道德取向。尼采注意到，在西方的宗教取向及其关于实在与真理的一般思考方式之间，存在着一种深层次的联盟关系。他还发现，在（人的）宗教心态及其行为与奋争的道德取向之间，也存在着一种深层次的联盟关系。

在尼采眼中，上述两种联盟不仅糟糕透顶，而且会致人死地。他指出，在西方，举凡宗教的、哲学的、形而上学的和道德的取向，无一不受基督教及其世界观与认识论的毒害。正是基督教在宗教的、哲学的和伦理的取向方面的努力，导致了一种极度的方向迷失和取向错误（disorientation and misorientation），从而使得虚无主义由此滋生。

所谓虚无主义，即"最高价值的自贬自损"（the highest values devaluate themselves）。目标的普遍缺失，侵蚀了所有的心灵："关于'为什么'的问题找不到任何答案。"① 更高理智（的人）洞察到这些，而那些更低理智（的人）却被种种重要程度不一的"发展"欺骗和蒙蔽。这些更低的心灵相信"进步"②。而在"更高的理智层面"，堕落的征兆已被察觉和洞悉：就价值的所有衡量系统而言，不安无处不在。恐惧四处蔓延，我们可能不得不与一种普遍的"徒劳无功"生活在一起。这恰恰就是虚无主义。

尼采这种关于虚无主义的强硬修辞，如今鲜有共鸣。但是，他的立场在现今却颇为流行，特别是在欧洲顶尖的学术圈内。他本人则可能是当下学界最受欢迎的西方古典

---

① 参《欧洲虚无主义的历史》第3章片断（Drittes Capitel. *Zur Geschichte des europaeischen Nihilismus*），载于《尼采遗作：1885—1887年》，《尼采全集》（批判研究版）第12卷（Friedrich Nietzsche, *Nachgelassense Fragemente*. 1885—1887, Kritische Studienausgabe, herausgegeben von Giorgio Colli und Mazzino Montinari, Band 12），第292-293页。

② 据尼采残篇，相信进步的人以为生命/生活在不断上升，其实这只不过是自我欺骗而已。出处同上。——中译注

哲学家。哈贝马斯（Juergen Habermas）甚至将他称为"通往后现代的枢纽"①②。正如我将要论证的，尼采确实是一位通向我所谓的"破而不立的后现代主义"的引导者。尼采不仅察觉到古代哲学和中世纪思想的决定性弱点，也洞观到典型的欧洲现代思维方式中的关键性缺陷。在尼采的心灵中，究竟发生了什么？对许多当代知识分子来说，他对欧洲哲学、宗教特别是基督教的批判，为何如此令人着迷？接下来，我将向你们简要描述：在对西方基督教的思想和价值观以及一般的认知与道德心态的诊断中，尼采所展示出的强度与力度。不过，针对这些强有力的批判，我还将就其中的局限做出诊断。在本文的第二部分，我将指出，尼采的形而上学批判既没有也未能看到：在现代，特别是在20世纪，随着人类心智的发展，产生了一种新的形而上学，即一种普遍理论（general theory），这种理论既能顾及尼采的大部分关注，又未放弃一种哲学的，甚至一种特别的形而上学的取向。此外，我还将指出，尼采未能充分理解：在犹太-基督教的宗教和伦理传统之中，存在着一种道德的、法律的甚至政治的合理性和权力结构。这种合理性③和权力结构深深植根于古老的东方思想，直到如今，还在西方人道主义的道德织体中提供着最为重要的伦理支柱。

一、尼采批判西方哲学与宗教的力度

尼采严厉批判所有"两个世界"或者两个领域的思考形式，举凡地下与天上、现实世界与理念世界、主观领域与客观领域、个人的与公共的，或者其他任何的将实在仅仅分成两种维度的（思考形式）。特别是对基督宗教及其与各种旧式形而上学的联盟，尼采反复进行攻击，因为其中的人仅仅专注各式各样的彼岸世界。尼采批判任何分裂实

---

① 哈贝马斯（Juergen Habermas）：《关于现代[性]的哲学探讨：十二次演讲》（*Der philosophische Diskurs der Moderne. Zwoelf Vorlesungen*, Frankfurt：Suhrkamp，1985），第104页。[此书由哈贝马斯的学生曹卫东等人译成中文：《现代性的哲学话语》，人文与社会译丛，刘东主编，南京：译林出版社，2005年。笔者手头没有此译本。翻译过程均未参考相关中译本，下同，不再作注。笔者将书名译成"关于现代[性]的哲学探讨"的理由，可参本书前言："因此，新结构主义之理性批判所带来的挑战，构成了我如下工作的出发视角，即，我试图逐步重构关于现代的哲学探讨（Diskurs）。在这样的探讨中，现代性从18世纪晚期开始成为哲学的议题。"上引德文版，第7页。另外，"Diskurs"或许不必按照所谓通例译为"话语"。"die Moderne"可译成"现代"或"现代性"，"die Modernitaet"只当译成"现代性"。——中译注]

② 此语出自上书第三章标题"步入后现代：以尼采为枢纽"（Eintritt in die Postmoderne：Nietzsche als Drehscheibe），曹卫东将之译为"步入后现代：以尼采为转折"。"Drehscheibe"在德文中原指"陶匠所用的转盘"，可引申为"调整火车机车方向的转盘"，也可转义为"枢纽"，特别是"交通枢纽"。根据笔者的浅陋理解，在汉语语境中，"转折"强调方向的改变，而"枢纽"强调的是方向改变得以依托的工具或平面。也就是说，尼采不仅仅是引发后现代的一个开端，其自身的思想内容也颇为丰富，从而有可能导致不同的解释思路与方向，后现代的方向只是其中的一种而已，虽然哈贝马斯本人在此章中也颇为强调尼采对理性概念和启蒙辩证法的弃绝："随着尼采步入关于现代性的探讨，其中的讨论发生了根本性的变化。"上引德文版，第106-107页。——中译注

③ 当注意"reason"和"rationality"的不同。从上下文看，两者的语境和意涵略有不同，前者主要用于描述现代试图一统天下、整合一切的普遍理性，此理性一般为单数的，权且译为"理性"。后者主要用于描述后现代彼此分殊且又可能互相作用的不同进路和个殊理路，比如，不同的文化、不同的传统，具有不同的合理性，此合理性一般为复数的，权且译为"合理性"。——中译注

在的尝试，特别是那种牺牲当下现实生活、优先考虑另一方（彼岸世界）的分裂。在他看来，宗教、特别是基督教，正是这样做的。不过，尼采的批判并未就此止步。更确切地说，尼采的批判超越了惯常对宗教或简或繁的批判，比如费尔巴哈和马克思的宗教批判，因为尼采洞察到，在古典哲学中存在一种病毒，正是因为这种病毒，实在不仅被感知为（perceived），而且被当作分裂的实在。最后，根据尼采的看法，各种哲学和各种宗教、所谓的健全常识、所谓健全人的所谓健全思维（the so-called normal thinking of so-called normal people），无一不被这种分成两个世界的思考类型所毒害。

尼采表明，尽管人的思考对此未曾留意，但是，这样的两个世界的分裂却通过许多不同的方式得以出现。甚至连那些以一元方式（monistically）进行思考的人，也都会营造出一种潜在的两个世界的结构。想想看，不仅宗教信徒和哲学家热衷谈论那实在、那独一的实在（the reality, the one reality）①，而且大多数人都喜欢讨论终极模态与形式，以此应对那实在，并且试图以某种终极的方式揭示那实在。比如，他们谈论普遍理性（universal reason），呼求最终真理。正是藉着这种对整全性和最终性的诉求（比如，那独一的实在或那独一的理性），哲学家、宗教人士甚至所谓健全人构建了一个两重世界（a double world）。他们预设一个真实的世界，以对抗易造成误导或短暂即逝的表象；预设一个真实且最终的认知，以对抗有所欠缺的认识形式和模式。他们设立两种思考的等级，即两种思想家的等级：一些人可以获知整体和真理，另一些人却不能。这样的做法，被尼采称为幻象和欺骗。在晚期作品《偶像的黄昏或如何用铁锤进行哲学思考》（The Twilight of the Idols or How One Philosophizes with a Hammer）中，尼采描述了"那真实的世界"是如何最终成为谎言的。"我们必须废弃那真实的世界，为的是也废弃这明白可见的世界。"②

相对于所有或显或隐的构建两重世界的策略，尼采宣称，所谓"真实世界"或"普遍理性"这样的东西，根本就不存在。我们拥有的只是一种相对的、片面的认识，这种认识受制于我们所置身的处境和我们在世界中的位置。如下引文堪称尼采思想的典型表述："真理就是这样的一种错误，若不藉着它，某种特定种类的生物就无法存活。具有最后决定性的乃是对生命（是否具有）价值。"③ 真理恰恰就是错误的一种有效类型，它是人类一种成功的生存策略。按照尼采的说法，凡有关真理与错误的谈论，均易造成误导。我们并不占有事物的秩序，也没有世界的秩序，甚至连难以搪塞的事实这样的东西也不具有。我们所拥有的，不是所有这样的幻象和某种自以为真的认识，而仅仅是关于实在和世界的多种视角和解释："倘若视角因素得以扣除的话，那剩下的似乎还有一个世界。"④

尼采的（思想），包括上述观点在内，终止于一种我所谓的、蕴含相对主义的"破

---

① 此含义的"the"均暂译为"那独一的"。——中译注
② 《尼采便携文选》（The Portable Nietzsche, Walter Kaufmann ed., New York：Penguin, 1982），第185页以下。
③ "八十年代遗作"（Aus dem Nachlass der Achtzigerjahr），《尼采文集》（3卷本）（Friedrich Nietzsche in drei Baende, Karl Schlechta, Muenchen：Hanser, 1969）第3卷，第844页。
④ 《尼采文集》（3卷本），第3卷，第705页。

而不立的后现代主义"。不过，我想把各位的注意力（先）引向尼采立场中所隐含的一个重要洞见。大多数人只能以一元的或二元的思维模式和世界观进行思考。还有一部分人能运用三元结构的思考方式。至于那些得以摆脱上述思维模式的人，则极易受到来自破而不立的后现代主义及其关于"多样性（plurality）、分殊、理性"等含混言论的影响，从而丧失任何一种认知控制。诚然，尼采催逼我们摆脱旧式的、追求新的思考样式，而且，这种推动并不依赖于，我们是否愿意发展秩序与自由的更高的不同形式——这些形式在现今的全球化处境中颇为匮乏。但是，相对于种种模糊不清的社会的、学术的、宗教的"多样性"，尼采未能提出一种我所谓的"即破且立的后现代主义"（a hard postmodernism），即"结构化的多元主义"的种种形式。

尼采所攻击的，不仅仅是种种强劲的认知宣称和真理宣称，而且是西方传统中大多数的根本的道德宣称。尼采对宗教、哲学和一般文化的批判，不仅仅针对各种或显或隐的两个世界的思考方式——正如他所断言的，这种思考导致了错误见识的产生，并且因此孕育了虚无主义，而且还挑战种种太过现实（down to earth）的世界观——这些世界观来自人类试图适应其非常基本的生存与维生利益的努力。乍一看，上述挑战让人颇感迷惑。丹多（Arthur Danto），尼采作品最好的诠释者之一，曾谈及"一种非常复杂的哲学立场"①。尼采的立场确实颇为复杂，因为他从两条战线同时发动了对欧洲传统文化的攻击。一方面，凡是那些试图将众人引向种种极佳世界，并且提供各样宏大的分裂世界观的人，均受到尼采的批判，尼采的这一批判得到了不少人士的赞赏。另一方面，尼采也批判大众文化的种种生存策略，这又很容易让上述赞赏他的人士感到莫名其妙。对那些维护人类非常基本和具体的生存利益的道德，尼采为什么也会提出如此尖锐的批判？尼采为什么一边说"孩子们，保持你们对大地的忠诚吧"，另一方面却又攻击普通人关注自身基本需要，并以此忠于大地的种种努力？这种双重攻击本身，难道不是自相矛盾的吗？而且，为什么第二种批判，即对大众文化之生存策略的批判，也是一种宗教批判呢？

一方面，我们发现，尼采非常强烈地捍卫真实的经验，捍卫从当下现实视角出发的、与实在的应对。相对于种种宗教的、形而上学的抽象与思辨，相对于种种对普遍价值和普遍知识形式的时髦思考，上述捍卫确实值得强调。另一方面，我们看到，尼采极为尖锐地批判大众文化和群羊文化，并且猛烈攻击支持这种大众文化的宗教与哲学。尼采认为，尤其是基督教思想和犹太思想，为所谓"群羊心态"提供了支持。犹太思想，特别是基督教，在尼采的批判看来，乃是"怜悯的宗教"②。对尼采来说，对弱者、被践踏者和被隔绝者的关怀，乃是一种"对抗生命的罪"。不妨看看他在《敌基督：一种批判基督教的尝试》（The Antichrist: Attempt at a Critique of Christianity）中的如下文字："怜悯对立于那些……提高我们生命力的情感。它具有一种让人沮丧的效果。当

---

① 丹多（A. Danto）："尼采"（Friedrich Nietzsche），载于《哲学思考的经典作家》（Klassiker des philosophischen Denkens, herausgegeben von Norbert Hoerster, Band 2, Muenchen: DTV, 1982），第2卷，第230页以下。

② 在尼采的宗教批判中，"怜悯"一词用的是稍带贬义的"pity"，在犹太-基督教的传统中，"慈爱"一词用的则是"mercy"。下同，不再作注。——中译注

我们感到怜悯时，我们的强力就被剥夺了。同样地，磨难迫使生命损失强力；而且，由于怜悯，强力会损失得更多更快。怜悯让磨难成为可传染的。"按照尼采的看法，我们需要的不是怜悯与同情，而是一种对抗伦理，即对抗所有情感吁求的伦理，无论这些吁求来自自己，还是源自别人。

尼采认为，《圣经》的《旧约》，尤其是《新约》和基督教，都在宣扬一种怜悯的伦理，因此都会削弱生命的那些更强形式。藉着唤起强者的怜悯，弱者把强者向下拖曳，好让他们适应羊群心态。由此，尼采从两条战线对西方的宗教、传统和文明发动了攻击。一方面他抗议对彼世、理念世界和真实世界的种种固执，另一方面他反对旨在关怀弱者、微不足道者和受践踏者的宗教与伦理。相对于这两类被判为易造成误导的取向，尼采提倡一种相对主义的、自我批判的、植根当下现实的心态，然而，这种心态的宗旨却在于培养一种尊贵的、更高的精神与人格。尼采试图激发的，并不是仅仅宏大的理念，而是对抗堕落与虚无主义的更高生命形式。

在尼采看来，正是基督教，为上述两种错误取向提供了支撑。尼采对基督教的这一批判，不仅颇为严厉，而且极其尖锐。一方面，他看到，在基督教信仰与神学的各种形式中，存在着"教士的欺骗"，这种欺骗把人拖离此世、拖向种种虚幻的超现实（hyperreality）。另一方面，他又说道："我把基督教视为最为有害的引诱谎言，这种谎言存在至今，堪称邪恶的大谎言：我竭力提倡与它抗争。小市民道德（Kleine-Leute-Moralitaet）即万物的尺度：这是文化迄今为止出现的最令人恶心的退化。再加上这种把上帝悬搁于人类之上的理念！"① 上帝在耶稣基督里，特别是在被钉十字架的基督里的启示，这是基督教信仰所相信的，尼采对此的批判与其说丰富，不如说过多。

为了取代基督教的心态，即他所谓的"对抗生命的阴谋"，尼采提出过不少想法。这些想法虽颇具建构性，但却非常含混不清。他谈到"超人"，以此作为自己对人类未来的远象（vision）②。显然，藉着"超人"，尼采试图表达出人格与人类生命之形式的一种具体体现，这种具体体现值得人类付出一切努力，而且不会背叛他们。若仔细研读尼采的作品，不难得出如下结论：他强在诊断，弱在治疗。不过，在我看来，这样的批判还不够充分。我们更应该问的是：尼采如此批判西方哲学和犹太-基督教传统，究竟局限何在？

二、尼采批判西方哲学与宗教的局限

（一）从"独一"的形而上学到"一种"形而上学，即一种有意形塑的跨学科的交往理论（a consciously shaped interdisciplinary contact-theory）

直到如今，作为"通往后现代的枢纽"，尼采仍在学界散发着莫大魅力。尼采敏锐地洞察到，在现代（modernity）之中，含有一种深刻的内在冲突。（随着）现代（的演进），社会机制、科学和合理性出现系统化的分化，这些分化抗拒那包罗一切的普遍合一。由此，现代导致了一种持续的深刻冲突：一方面是追求独一理性、普遍的理性-

---

① 《尼采文集》（3卷本），第3卷，第568页。
② 参《尼采文集》（3卷本），第3卷，第271页、第271页以下、第628页、第771页。

连续统一体的激情，追求普遍伦理的激情——康德作品即是这种激情的伟大典范。另一方面则是追求分化的激情：社会系统的分化、科学的分化、文化领域和跨国全球共同体的非阶层性的分化。这种发展的标签即是后现代性（post-modernity）。请注意，后现代性不同于相对主义以及"多元、分殊或埋性"这样的虚弱修辞，这类修辞乃是那些贫乏的、（软弱的）后现代心灵的标志性特征。

为后现代的一整套心灵奠定基础的，并不仅仅是某些如尼采所说的哲学观念。许多文化和科学的成就以及许多受到压迫和遭遇痛苦的经历，都导向了这样一种信念与确信：世界是多处境的（poly-contextual），若要追求真理，就要有不同视角的不同进路。我们必须欢迎和培养这些进路，我们必须拥抱和培养多元化的境况（pluralistic settings）。现代性若想维持对真理、正义和尊严的奋争，就必须改变如下世界观，即压倒性地偏向于追求整合性的合一，必须严肃地对待不同的文化、不同的传统、不同的合理性，使之融入一种可容纳系统性差异的框架。我们为何不能把尼采接受为此世界观的真先知呢？

20世纪的思想产生了这样的一些理论，这些理论与尼采一样敏锐地洞察到，普遍的理性-连续统一体的观念，以及一元的和二元的世界观，所具有的问题，甚至所带来的欺骗。但是，这些理论并没有落入尼采的怀疑的相对主义及其对世界的警句式态度，而是提出了一些其他的可能选择。怀特海（Alfred North Whitehead）的工作即是其中的主要代表。怀特海是一位哲学家和数学家，1861年生于英格兰，曾先后在剑桥、伦敦和美国的哈佛大学任教。从《思想的组织》（Organisation of Thought）一书开始，不管是对哲学与科学理论，还是对所谓常识（构建出）的"简洁的、整齐的、小巧的、精确的世界"（怀特海语），怀特海就已表现出一种深深的不信任。在他看来，在我们用以操控"支离破碎的、含混不清的经验连续（continua of experience）"①的不同策略中，隐含着一种幼稚的教条主义，但是，精致的理论和一般的常识却未能严肃认真地考虑到这些。应对这样的挑战，怀特海的回应是，我们必须探究不同的思考模式，以及我们藉以接触世界的不同合理性。在他看来，接触世界的模式，既包括数学化的科学、历史的思考模式，也包括某一时代的（特定）宗教和特定常识，对于后者，我们可藉着阅读当时的经典文献有所了解。颇具讽刺且足够奇怪的是，这些探究实在的不同模式很难彼此达成沟通。然而，按照怀特海的看法，这个问题并非痛苦，而是有助于文化发展的馈赠。

在《科学与近代世界》（Science and the Modern World，1925年）一书中，怀特海描述了上述思考模式之间存在的一种微妙平衡，即它们如何相互激发，却又彼此批判，甚至可能互相压制。他认为，在现代之中，相对于宗教、艺术和伦理而言，自然科学占据主导地位。他一方面承认，数学化的自然科学这样占据主导地位，确实产生过不少积极的影响。另一方面，他也看到，就审美、伦理和宗教而言，却也出现了许多严峻的问题。他并未提倡一种普遍的宗教理论或一种形而上学，以重申这些不同思考方式的合

---

① 怀特海（Whitehead）：《思想的组织》（The Organisation of Thought，Westport：Greenwood，1975），第111页、第109页以下。

一,而是发展出一种桥梁理论(a bridge theory)。这种理论不仅尊重科学、宗教和其他进路彼此之间的差异,而且也试图在差异中寻求相对的共同。根据怀特海的看法,凭着独一的形而上学这样的东西,任何一种学术努力都是颇为有害的而且徒劳无功的。就此而言,怀特海会对尼采深表赞同。但是,与尼采截然不同的是,怀特海反对相对主义,并且试图证明,在追求知识的某一领域内所运用的基本概念,如何也可适用于另一知识领域。

按照怀特海的思路,不管是以宗教,还是以科学,或是以常识为进路探究实在,都可能产生某种形而上学。一旦我们发问,某一领域的思考形式所具有的基本概念,如何能成功地运用于其他领域,那么,我们所面对的正是来自某一(并非独一的)形而上学的挑战。在巨著《过程与实在:关于宇宙论的一篇论文》(*Process and Reality: An Essay in Cosmology*,1929年)中,怀特海发展出这样一种普遍理论。在许多不同的思想领域,其他的领袖型思想家也提出了类似的探究实在的多系统进路,比如,哈佛社会学家帕森斯(Talcott Parsons),杰出的比较宗教学家史密斯(Wilfred Cantwell Smith),怀特海自己的学生、哲学家和美学理论家朗格(Susanne Langer),朗格的学生、文化人类学家格尔兹(Clifford Geertz)①,深受帕森斯影响的、最伟大的德国社会学家卢曼(Niklas Luhmann)。就尼采对认识论、普遍理论和世界观的批判而言,所有这些思想家都有着敏锐的同感,但是,他们并不止步于相对主义,也未对科学与文化发展的现代潜能采取一种犬儒主义的(讽刺)进路。

诚然,怀特海的普遍理论是否应被称为形而上学,还存在争议。但是,关键在于,必须看到,针对尼采所提出的挑战,怀特海和其他一些优秀思想家均发出响应,并且在不同层面上区分和关联了(如下)两种理论类型。一方面,怀特海认为,数学、历史研究、神学思考和其他领域,专注的乃是各自不同的、类型独特的事实和经验。不同的认识和探究形式,系统地形成了不同领域、不同类型的经验与事实。与此同时,这些不同领域、不同类型的经验与事实,不仅为自己不同的专注提供了辩护(justify),而且证明了我们所谓"既下—且上"的独特进路(the specific approach, which have termed a "bottom-up" approach)② 所具有的潜能。另一方面,怀特海等思想家通过追问"一些普遍观念,这些观念并不依赖于对所有已发生事物的分析,但却与之相关"③,从而试图建立这样的理论,以关联两种或更多的认识领域。在此,来自旧式形而上学、宗教和哲学的威胁也就变得显而易见。含混不清的、自命不凡的观念,会让人脱离在现实世界中的现实经验。不断在至少两种认识领域检验这些普遍观念,当可对抗这种威胁。就此而言,我们不难理解,在全球范围内,为什么许多当代学者都对"跨学科"的研究工作充满了热情。

一种普遍理论,不管是否被称为形而上学,必须通过检验,证明自己确实是一种跨

---

① 以上即为所谓的"哈佛学派"(Harvard School)的主要代表。——中译注

② 所谓"既下—且上",粗浅言之,即一方面关注当下现实生活,从具体的研究领域和个殊理性出发,另一方面则抗拒相对主义、不失去对普遍的追求。——中译注

③ 怀特海(Whitehead):《形成中的宗教》(*Religion in the Making*, New York: New American Library, 1974),第82页。

学科的交往理论和改善常识的工具。在此层面，尼采对旧式欧洲思想的一般批判，在得到肯定的同时，也就被相对化了。仅仅因为哲学和神学的真理宣称是暂时的，尼采就否弃了这些宣称。我们不必和他一样。（其实）这些真理宣称颇有价值，尽管它们应当不断接受检验。

（二）反对混淆怜悯和慈爱：西方的社会核心价值系统所具有的力量

在尼采的另一条战线，即其对羊群心理和怜悯伦理的批判，尼采的哲学与宗教批判也能被相对化。若仔细研究《旧约》中的圣经法律传统（biblical law traditions）①，及其对欧洲文化的影响，我们就可清楚地发现，尼采对"怜悯宗教"的批判，不过是一幅拙劣的讽刺漫画而已。

《圣经》的法律传统由如下不同传统汇集而成："约书"②（《出埃及记》第20—23章）、《申命记》的法律文典、祭司文献。这一宏大整体包括不同的规定，比如，如何处理法律纠纷，如何关怀弱者（即慈爱：mercy）、如何敬拜。受法律规定的，不仅有人与人之间的关系，即（一般的）法律规范，还有强者与弱者之间的关系（即慈爱），以及人与上帝之间的关系（即敬拜）。上述法律形式的彼此分殊与相互作用，在所谓"约书"和其他的《圣经》法律传统中也有所显明。

对弱者、穷人、寡妇、孤儿、陌生人和其他有需要的人，都应以慈爱相待，这在耶稣的教导中也是一重要方面。颇为关键的是，应当理解，上述法律传统和耶稣的教导，都旨在于建立慈爱的常规化（a routinization of mercy）。所谓慈爱的常规化，要求的不仅仅是个人的一时兴起，不仅仅是某种情绪化的态度，也不仅仅是怜悯的感觉，而是关怀与扶助形式的制度化，这正是圣经（《旧约》）法律传统和《新约》教导的目的所在。慈爱，难道真如尼采所说，乃是弱者与被践踏者的一种策略，为的是拖垮人类的生命与文化，以至于让生命的毁坏形式赢得胜利？若更为仔细地研究犹太传统的各种内在理路（rationalities），不难发现，（实际情况）恰恰相反。其中要害在于，应当看到，在这令人印象深刻的法律与道德合理性中，不同的法律规范和不同的慈爱规范既彼此分殊，又相互关联。

它们之间的彼此作用回应了一个亟待解决的紧要议题，即，在规范思考的演进中，不管是在法律的发展中，还是在道德的发展中，人类如何可能一方面发展自己的规范，一方面又不给相对主义开一扇门？在法律与道德思考中，对确保各种期待（the security of expectations）殊为关键。关怀弱者，即慈爱，为法律朝向精细化和普遍化的各项发展提供了一种导向。慈爱不仅提供了一种关于进步的远象，同时也对抗着规范发展中（可能出现）的种种虚无主义态度。由此，这些发展得到了引导，这引导来自一种持续的强化，这强化即重视慈爱，对弱者和被排斥者的慈爱不仅被当作强而有力的，而且有助于加强公共生活的整体流动。另一方面，关怀弱者的法制化，（最终）指向的是建立社会服务机构（diakonical institutions）③ 和制度化的关怀形式，由此，个人生命和公共

---

① "法律"在中国基督新教的语境中常译作"律法"，下同。——中译注
② 这是"约书"在《旧约》中的狭义用法，语出《出埃及记》24：7。——中译注
③ 德国语境下的新教"慈善机构"，不过，其浓厚的新教色彩正日趋减弱。——中译注

生活均可得到加强。当然，这种宣称应当在（具体的）历史探究，在不同社会中法律形式的演进与社会服务成就的比较研究中接受检验。但是，即使此宣称不那么言之凿凿，也能对尼采的如下看法提出质疑：慈爱的宗教与道德只会带来虚无主义和文化衰败。此外，我们还可以看看，就西方社会的教育史、卫生保健和福利而言，尼采的悲观说法是否适用。

我们认为，人类在地球上的将来发展，需要正义、慈爱以及自由的宗教取向这样根本的构成性观念，但是，"人权"发展的历史、国际学界和政界关于"人之尊严"的复杂讨论却（一再）表明，我们所置身的道德、法律和政治领域不仅争论不休，而且聚讼纷纭。正如我们如今常被告知的，最佳者得胜的尼采式伦理和奥林匹亚伦理，似乎更适合由经济与媒体驱动的"全球化"的种种要求。但是，与上述说法或许截然相反的是，不少经济学研究证明，在所谓"全球化"中取得成功的经济发展，所谓"福利国家"的建制和教化，两者是相互兼容的。从以上研究成果，德国政府（应当）得到鼓励，继续持守既定的方针路线和自己的身份，即其自称的"法治国家"（Rechtsstatt）和"社会国家"（Sozialstaat），无论它（在此过程中）是否意识到，应当持守其身份与价值的基督教遗产。从上述研究成果，我们也（应当）得到鼓励，不去阻碍而是继续追求和巩固如下的演进路线，即这种演进的驱动来自正义、慈爱，以及与受真理限制的宗教自由之间的系统性互动。

当然，这并不意味着，我们将终止与尼采的讨论。在我们当中，依然还有许多贫乏却狂妄的形而上学思考和宗教思考；依然还有许多情绪化的道德心态，自以为能拯救世界，导致的却常常只是道德上的自以为是或令人困扰的危言耸听；依然还有不少陈旧乏味的哲学与形而上学，试图控制人的心绪和思想，却并未提供任何有益的、带来启发的洞见；依然还有不少道德和情绪化的道德主义，宣称提供帮助，却从未为那些真正的需要提供过任何服务。毋庸置疑，尼采的思想能继续有助于批判性地改善我们形而上学的和道德的健康水平。

然而，在颇有助益的泻药型（cathartic）批判之外，很难看到尼采有什么建设性的贡献，即，对西方宗教、哲学与道德思想的主要发展来说，很难说，他提供了一种真正的可能选择。就尼采的贡献而言，人们最有可能提到，他关于"生命的上升形式"和"超人"的评论。但是，即使是这些评论，也需要大量的改进和细化，以便成为西方宗教与哲学发展的一种可取且可靠的可能选择。

原载《中山大学学报（社会科学版）》2007年第6期

胡塞尔早期内时间意识分析的基本进路

倪梁康

> 从所有迹象看，液态的东西都要比固态的东西更古老些。
> ——伊曼努尔·康德

一、引论：现象学的时间意识分析

考察时间的角度和方式是多种多样的。如今人们首先听闻和熟悉的大都是现代自然科学的时间观。这个观察时间的角度和方式是在我们的时间观中最有影响力的，例如爱因斯坦的或者霍金的时间观。

另一种考察时间的角度和方式体现在哲学家的时间观中。哲学家的时间观不仅是自然科学时间观的先祖——例如柏拉图、亚里士多德、奥古斯丁的时间观，而且也仍然是与自然科学时间观并存的一种重要观察角度和方式——例如胡塞尔、柏格森、海德格尔的时间观[①]。

胡塞尔的时间意识分析自称为也被称为内时间意识的现象学分析。他把时间分析看作是"所有现象学问题中最困难的问题"[②]。在笔者看来，这也可以说是现象学研究中最纯粹的部分。在胡塞尔完成了各种还原之后所面对的是不含任何有效实在经验和存在设定的现象：纯粹意识及其流动。即便是海德格尔作为形而上学和一般存在论问题的存在与时间，在胡塞尔这里也只是一个被意识到的存在（Seinsbewußtsein）和被意识到的时间（Zeitbewußtsein）的纯粹现象学问题。

[①] 即使不考虑未发表的文稿，这三人也各有一部专著以时间为标题：柏格森发表于1889年的《时间与自由意志》（原名为《论意识的直接材料》，但在以后经柏格森本人授权的1913年英译本中改名为《时间与自由意志》）；胡塞尔发表于1928年的《内时间意识现象学讲座》（1893—1917）（此后在2002年出版的《关于时间意识的贝尔瑙文稿（1917—1918）》和在2006年出版的《关于时间构造的后期文稿（1929—1934）》，均为后人整理出版的胡塞尔遗稿）；海德格尔发表于1927年的《存在与时间》（特别要说明：它是20世纪哲学少数几本最重要的著作之一。这个题目，从传统的意义去理解，就是一个对立：存在是永恒的，时间是流动的。但在海德格尔这里，这个对立不存在，它的标题毋宁可以改作：存在即时间）。

[②] 胡塞尔：《胡塞尔全集》第10卷《内时间意识现象学》，海牙：1966年，第276页。以下凡引该书，均在正文中简称Hua X。其中用方括号［ ］标出的页码为《内时间意识现象学讲座》（图宾根：1980年，第2版）的页码，即该书在《哲学与现象学研究年刊》上初次发表时的初始页码。该页码在《胡塞尔全集》第10卷中以边码形式出现。

海德格尔本人的时间研究是否对时间问题的哲学研究产生了决定性的推动，对这个问题的看法目前在现象学研究界还未能达成一致①。但他在《内时间意识现象学》的"编者的前说明"中对胡塞尔的时间意识分析的"前说明"，至今看来还是极为内行的概括："贯穿在此项研究之始终的课题，是纯粹感觉素材的时间构造和作为此构造之基础的'现象学时间'的自身构造。这里的关节点是对时间意识的意向特征的析出和对意向性一般的不断增强的根本澄清。仅这一点——撇开个别分析的特殊内容不论——就已经使得下列研究成为对在《逻辑研究》中首次进行的意向性之基本昭示的一个不可或缺的补充。即使在今日，意向性这个表述也仍然不是一个口令，而是一个中心问题的称号。"②

海德格尔在这里谈到的"纯粹感觉素材""现象学时间"以及"意向性一般"、《逻辑研究》与《内时间意识现象学讲座》的内在关联等，事实上都言有所指，而且意寓颇深，并非当时一般人所能领会。

笔者在此对胡塞尔内时间意识现象学描述分析的三个层次的阐释，主要得自于自己在翻译《内时间意识现象学》过程中的体会与品味。在完成翻译之后，再读海德格尔的前说明，并对照自己的结论，才发现此中确有许多共通与相合之处，而且基本了解了海德格尔究竟想要说什么，感悟之余亦不禁感慨：海德格尔对胡塞尔思想的领悟力，实在是令许多后胡塞尔的思想家们望尘莫及的。

二、内时间意识：另一种意向性

海德格尔在上述"前说明"中谈及"意向性"，并且借助于这个问题而将胡塞尔的《逻辑研究》与《内时间意识现象学讲座》联系在一起。这一点在胡塞尔本人的文字中也可以找到佐证。他在几年后的讲座中曾对自己的《逻辑研究》回顾说："甚至整个回忆领域，因此还有本原的时间直观现象学的全部问题，在这部著作中都可以说是处于一种死寂的状态。"③之所以在《逻辑研究》中没有去触及（严格地说，只是泛泛地触及）回忆问题，乃是因为胡塞尔在那里所涉及的只是一般意义上的意向性，即意向活动及其意向相关项的关系问题，易言之，意识行为对意识对象的朝向。这个意义上的意向

---

① 看起来对此问题持否定回答的偏多，例如从笔者间接和直接的接触中，利科、德里达、黑尔德等人均若隐若显地表达过类似的看法，即海德格尔的时间分析没有提供比胡塞尔的内时间意识现象学更多的思想资源。香港中文大学的刘国英教授也深有同感。惟有笔者的同学S. Rombach在其论文《作为时间化的对象构造和存在筹划——论胡塞尔的诸对象类型之时间构造与海德格尔的诸存在方式之时间筹划》中表达了这样的观点："无论是对在海德格尔那里的存在者领会视域而言，还是对在胡塞尔那里的对象构造而言，时间都扮演着核心的角色。……尽管这里存在着实事上的接近和体系上的相似，胡塞尔和海德格尔自己并没有明确地相互引证。"（S. Rombach, "Gegenstandskonstitution und Seinsentwurf als Verzeitigung. Über die zeitliche Konstitution der Gegenstandstypen bei Husserl und den zeitlichen Entwurf der Seinsarten bei Heidegger", in Husserl Studies, Nr. 20, 2004, S. 25-41）

② 载于胡塞尔：《内时间意识现象学讲座》，图宾根：1980年，第2版，第1页。

③ 胡塞尔：《胡塞尔全集》第38卷《感知与注意力（1893—1912）文稿》（Wahrnehmung und Aufmerksamkeit. Texte aus dem Nachlass 1893—1912, hrsg. von Thomas Vongehr und Regula Giuliani, Dordrecht：2004），多特雷赫特，Kluwer Academic Publishers 2004年，第4页。

性，无非是指"意识总是关于某物的意识"。它的基本特征是横向指向的意向性。我们随后就会说明它的含义。

回忆与时间意识之间的特殊联系，使得胡塞尔在没有深入讨论时间意识、时间直观的现象学之前便不敢作为作者来贸然触动回忆现象，而只是在"内时间意识现象学讲座"中作为教师而与学生一起半公开地在时间意识的内在联系中展开对回忆和想像等的讨论。因为，如胡塞尔所说："回忆具有其作为内意识进程的统一，并且在内在时间的统一中具有其位置和延续。"（Hua Ⅹ，［447-448］）在没有解释内时间意识和内在时间问题之前，要想讨论回忆行为的意向性是徒劳无益的。

这里会出现一个问题：意向性与时间意识处在何种密切的关系之中，以至于在时间意识没有得到充分讨论之前，某些种类的意向性就无法得到深入的研究？还可以更具体些，意向性是处在时间意识之中的？或是时间意识具有自己特有的意向性？

在撰写《胡塞尔思想阐释》一书时，贝耐特、马尔巴赫、耿宁把"现象学意义上的普遍意识结构"归结为以下两个方面：其一，意向性；其二，时间意识①。这是因为，无论意识的种类有多么千差万别，无论它们具有哪些相应的构造成就，它们在以下两点上是共同的："一方面，它们是意向的意指，而另一方面，它们都是在内在时间性的河流中进行的。"② 这可以说是对上述问题的一种回答。

另一种回答是由海德格尔提供的，它离胡塞尔本人的立场似乎更近一些：所谓意识的两个普遍结构，实际上可以看作是意向性的两个构成部分。海德格尔在"前说明"中之所以能够说"这里的关节点是对时间意识的意向特征的析出和对意向性一般的不断增强的根本澄清"，也正是因为他在胡塞尔的时间意识讲座中找到了将时间意识纳入意向性范畴的理由：胡塞尔本人在其研究文稿中（后来作为《内时间意识现象学讲座》的第39节）把时间意识的意向性称作"纵意向性"（Längsintentionalität），相对于一般意义上的"横意向性"（Querintentionalität）。即是说，意识的最普遍结构是意向性，而意向性本身还有纵-横之分。

与"横意向性"相关的是意识活动在每个瞬间中完成客体化的过程，并构造出意识的相关项：意向的统一（单位）。这个意向的相关项只是在一个瞬间中的相关项，它并不是永恒不变的，而是不断地下坠。这时便涉及"纵意向性"。它关系到在一个瞬间与另一个瞬间之间的联系，关系到从一个显现到另一个显现的连续过渡。

这两种意向性可以通过"A-B"这样一个模式来展示。这里有对"A"的"横指向"，也有对"B"的横指向；而对A、B以及它们之间的"-"的指向则可以说是"纵指向"。它就是这里正在讨论的时间意识。

与"横意向性"相比，对"纵意向性"的分析要困难得多。这是胡塞尔《内时间意识现象学讲座》后于《逻辑研究》发表的原因之一。而且，从发生的顺序上说，虽然在

---

① 参见Bernet, B./Kern, I./Marbach, E.,《胡塞尔思想阐释》（E. Husserl: *Darstellung seines Denkens*, Hamburg: 1989），汉堡：1989年，第3章，第85-107页。

② 同上书，第85页。

前面的抽象模式中的A要先于-和B，但在A之前必定有一个"-"，才会使A得以显现出来。流动变化总是静止固持的前提。我们之所以能够确定静止和固持，是因为我们能够意识到流动和变化。这似乎是不争的事实。

然而，从研究的顺序上说，必须首先从对固定对象及其构成的把握入手，这与巴门尼德斯和柏拉图主张存在、真理、理念的固持不变是一致的①。也正因为此，胡塞尔早期在《逻辑研究》中放弃对时间问题的探讨，在几年之后才在《内时间意识现象学讲座》中进行相关的处理。整个早期的，即从《逻辑研究》到《纯粹现象学与现象学哲学的观念》第一卷中的工作，都只能算是对意识的静态构造分析，到中后期才开始转向对意识做发生解释的现象学研究维度②。这个维度与胡塞尔在时间意识现象学中对纵意向性的关注是一脉相承的。对此问题笔者还将在"时间·发生·历史"的专文中另作讨论。这里仅仅关注于胡塞尔早期的内时间意识分析，重现他当时的总体思路，并试图从中获得一些启示性的东西。

三、内时间意识分析的第一个层次：现象学时间

胡塞尔在早期的内时间意识分析中实际上严格地遵守了现象学的还原，即要求排除客观时间，即便他此时在其论述中尚未明确地表达出这方面的方法要求。也就是说，他对现象学还原方法的实际使用，事实上要早于他在1906—1907年期间对此方法的公开表达③。因此，胡塞尔在1928年出版的《内时间意识现象学讲座》中一开始就要求排斥客观时间，不把它当作有效的前设，这样才有可能回溯到原初的内时间意识之上。这与笛卡尔通过普遍怀疑而发现我思（ego）的做法是一致的。他说："诚然，如果我们谈的是对时间意识的分析，谈的是感知、回忆、期望的对象的时间特征，那么现在看上去就好像我们已经接受了客观的时间过程，而后基本上只去研究时间直观和本真时间认识的可能性的主观条件一样。但我们所接受的不是世界时间的实存，不是一个事物延续的实存，以及如此等等，而是显现的时间、显现的延续本身。但这却是绝对的被给予性，对它们的怀疑是完全无意义的。当然，我们以后还会接受一个存在着的时间，但这不是经验世界的时间，而是意识进程的内在时间。对一个声音过程的意识、对我刚听到的一个旋律的意识指明了一种相互跟随（Nacheinander），对此我们拥有明见性，而这种明见性使得任何一种怀疑和任何一种否认都显得毫无意义。"（Hua X，[369]）

这样一种还原的要求是明见合理的，因为既然胡塞尔要讨论的是一个问题，即时间

---

① 对此可以参阅杨适在《希腊哲学中的"存在"语词》一文中所做的相关出色评价："巴门尼德要求作为知识对象的存在静止不变惟一不二，并不是荒唐而恰恰是重大的发现。他的错误只在于否认了自然本身的运动变化本性和丰富多彩的本性。他的发现和错误都是够大的。这双重的后果激发了哲学家的思考，使希腊哲学得到了长足的发展。"（载《世界哲学》2004年第1期，第9页）

② 这里暂且撇开对时间意识现象学与发生现象学之间的区别不论（它是另一篇文章的讨论内容），而是把它们都看作是与静态描述现象学相对应的科学，即它们都以"纵意向性"为自己的课题，而最严格意义上的静态描述的现象学则是以"横意向性"为课题的。

③ 从文献上看，胡塞尔至少在1904年就已经把"还原"的概念与方法运用于时间意识分析。参见Hua X，187。

是如何形成的，他就不能把任何现成的关于时间的结论当作无可置疑的接受下来。这符合他的一贯的意识现象学的思路。在这个意义上，康德在讨论认识可能性问题时也已经自觉地使用了还原的方法。

如果我们不把这个默默的还原方法看作是第一个具体的分析步骤，那么胡塞尔接下来的内时间意识分析便可以归结为三个基本层次。

在完成对客观时间的排斥之后，胡塞尔面对的首要问题是：延续是如何被我们感受到的，时间感是怎样的？用胡塞尔自己的说法："我们究竟从何知道，我们具有一个关于以前的现在的延续意识？关于延续的意识：内容延续地被感知。"（Hua X，202）这个问题涉及对内时间意识之形成的描述。

在自然观点中，我直接面对事物，通过我们的统觉能力而将众多的感觉材料统摄为统一的意向相关项，亦即意向对象。这个意向对象并非不动、不变，而是处在持续的变化流动中。在统摄这个对象或那个对象时，我的目光所指向的是这个或那个对象，但我同时感到这个或那个对象以某种方式在滑离我的目光。这种滑离对象运动而产生的滑离，类似飞鸟脱出我的视线等，而且是对感觉材料本身之变迁的无法持守。这种滑离感并不是我的注意力所在，对象本身才是我的目光朝向，但这种滑离感或流动感却被我在意指对象的同时而意识到。它意味着：感觉到原有内容之清晰度的不断消失和新内容的清晰度的产生。胡塞尔也将这种感觉称作"时间感觉"或"现象学时间"："这条河流并不是我用钟表或瞬时计来规定的客观时间的河流，不是我在与地球和太阳的关联中所确定的世界时间的河流。因为这些都已被现象学还原所扫除。我们宁可将这条河流称之为前经验的或现象学的时间。它提供了对客观时间谓词之再现的原初代表，用类似的话来说就是：时间感觉。"（Hua X，[478]）它也相当于胡塞尔所说的"内时间意识"。

事实上，仅仅用滑离感来表达这个时间感觉还是不充分的，因为这种感觉并不仅仅是指意识到在目光中的东西的不断脱离，而且还包括意识到有新的东西持续滑入目光之中。用胡塞尔的话来说："没有一个[时间]相位可以被持守住。它只能被一再地重新创造出来。"（Hua X，199）"时间延续的各个点离开我的意识，就像当'我'离开空间中的静止对象时它的各个点离开我的意识一样。这个对象保留它的位置，同样，这个声音也保留它的时间，每个时间点都是不移动的，但它遁入到意识的远方，与创造者的现在的距离越来越远。这个声音本身是同一个声音，但那个'以此方式'显现着的声音则是一个越来越不同的声音。"（Hua X，[386]）

在这个意义上，我们在指向客体的同时，也始终非对象地意识到某种延续，某种相互跟随（Nacheinander）。它可以说是各个客体的绵延不断的远去和接近，也可以说是一些意识内容的不断含糊和另一些意识内容的不断清新。正是因为这种情况，客体才不是跳跃地、断续地显现出来，而是在延续中维持着一定的统一性。后面我们可以看到，它实际上就是统一的时间性。因此胡塞尔可以说："如果没有时间意识，旋律是无法被感知的。"（Hua X，374）

胡塞尔将这种非对象的"意识到"也称作"内感知"。这个名称并不合适，因为感知活动主要被用来说明"直接的对象化行为"。因此，胡塞尔在使用这个概念时必须加以特别的说明:"'内感知'的标题有双重含义。它在两方面意味着完全不同的东西,即一方面意味着对一个内在于感知的组成部分的感知,另一方面则意味着对一个内在的被观看之物的感知,但不是对一个块片的感知。"(Hua X,[480])这里所说的后一种内感知,是通常意义上的内感知,也可以称作反思或内在感知,它是指向对象的;而前一种感知,就是对感知本身之组成部分的感知,即对内时间、内延续的意识到,但以非对象的方式进行。

由于这种"时间感觉"或对"延续"的"内感知"或"觉知"(innewerden)伴随着所有的意向活动,因此胡塞尔也将它称作"原意识"或"自身意识"。之所以将它称作"原意识",乃是因为与以后可能进行的回忆和反思相比,它是在先的、原初的。这里的"原"是相对于以后进行的反思的"后"而言:内在时间是通过这种以后进行的反思才被确立的①;而之所以将它称作"自身意识",则是因为这种感觉是意识活动对自身延续的意识到。意识到"自身"(selbst)的延续,也就意味着对自身这个统一体的意识到,即便它还没有显现为主体。

我们之所以会有时间感,最根本的原因可能就在于我们的感觉、意识是流动的。因此,胡塞尔说:"明见无疑的是,对一个时间客体的感知本身具有时间性,延续的感知是以感知的延续为前设的,对一个随意的时间形态的感知本身也具有其时间形态。而如果我们撇开所有的超越不论,那么对于感知及其所有现象学构造成分而言所留存下来的就是它的现象学的时间性,这个时间性属于它的不可扬弃的本质。"(Hua X,[384])

这个"现象学的时间性",就是指被内意识到的体验的延续。它是内在时间(或主观时间)与外部时间(或客观时间)的基础。内在时间和外部时间的构造是胡塞尔时间分析中的第二步和第三步的内容,我们暂且不去讨论。在此之前,我们只需要注意,胡塞尔对内时间意识的描述,主要涉及两个方面:其一,"内在—时间客体如何于一个连绵的河流中'显现出来'、如何'被给予'的方式";其二,显现的"内在时间客体"与"显现着的时间延续本身"(Hua X,[386])这两者并不是两个独立的意识活动,而是同一个意识体验的两个方面:意识指向被给予的各个客体,同时内意识到贯穿在这些客体之中的延续。用前面提到"A-B"模式来说,"A"与"B"是意向活动的相关项,"-"则在此同时也被内意识到。如前所述,由于在内时间意识中还不可能谈及对象性的意向,因而这个代表延续的"-",不是一个客体或对象,而仅仅是指"特殊的意向性"或者说"特有种类的意向性"②。

四、内时间意识分析的第二个层次:内在时间(或主观时间)

在阐释了内时间意识的基本特点之后,胡塞尔所面对的第二个问题是:我们所说的

---

① 对此问题参见笔者的论文《胡塞尔哲学中的原意识与后反思》,《哲学研究》1998年第1期,第63-77页。
② Hua X,31、118. 也可参见笔者《现象学的始基——对胡塞尔〈逻辑研究〉的理解与思考》,广州:广东人民出版社,2004年,第172-173页。

主观时间是怎么一回事？这个问题涉及对内在时间之形成的描述。①

在谈及内在时间时，我们首先要将胡塞尔使用的"内在的"（immanent）与"内的"（inner）这两个术语区分开来。应当说，"内在的"对应的概念是"外在的"或"超越的"，而"内的"对应的概念则是"外的"。但这仅仅说明了它们的不同日常词义。胡塞尔在其术语使用中还赋予了它们以特别的意义，这个意义在《逻辑研究》中已经得到明确，对此尤其可以参见第二卷的附录"外感知与内感知"。现在他将这两个概念继续使用在其时间意识分析中。

简单地说，胡塞尔所说的"内意识""内感知"，常常是指一种非对象化、非客体化的行为。当他运用"内在感知"概念时，则往往将它理解为对象化、客体化的反思。即是说，"内感知"中的"内"与"内在感知"中的"内在"，体现着对象化和非对象化的区别。②

就时间意识的情况而言，在内时间意识阶段，时间尚未被对象化，内时间意识或延续的感觉只是伴随着意向活动，但本身不是意向活动的相关项。只有当我们进行回忆或反思，发现感知的客体以排列的方式处在一个连续的序列中，并且将目光集中于这个序列本身，从而意向地指向和构造出这个序列，使这个序列成为客体时，内在的时间才得以产生。因此，内在时间是反思构造的结果，是对象性的。

事实上，当我们在讨论内时间意识或延续的感觉以及它们在各个客体中的贯穿时，我们已经处在反思的维度上。这种反思把在原意识（或延续的感觉、对相互接续状况的意识到）中原先已经有所显露、但尚未被对象化的内在时间构造出来。这里涉及到原意识和后反思关系的一个基本层面。③ 因而胡塞尔说："这种反思是在一个时间意识的统一中进行的，如上所述，这个新被把握到的东西已经在此，它属于先前作为背景被把握到的东西，如此等等。"（Hua Ⅹ，[485]）但必须区分这里的两个"把握"（erfassen）概念。胡塞尔这里所说的第一个"把握"，即"新把握"，乃是对象化的内在反思的把握，而第二个"把握"，即"先前的把握"，则是非对象化的"内时间意识"的把握。

对内时间意识的对象化、课题化的把握、描述、分析，是时间意识现象学的主要任务。胡塞尔对过去、现在和将来的描述，以及在现在点上对滞留、原印象和前摄的描

---

① 黑尔德在对胡塞尔《第一哲学》下卷（1925年）的解释中也明确将"主观时间"等同于"内在时间"，并对立于"客观时间"。（参见K. Held: Lebendige Gegenwart-Die Frage nach der Seinsweise des transzendentalen Ich bei Edmund Husserl, entwickelt am Leitfaden der Zeitproblematik, Den Haag: Matinus Nijhoff, 1966, S. 125, 以及Hua Ⅷ, 471 f.）

② 详见笔者《胡塞尔现象学概念通释》，北京：三联书店，1999年，第239、246页。胡塞尔本人也用"内反思"或"内感知"这些不太合适的概念来标识这种内向的客体化行为："在特殊意义上的'客体化的'意指可以具有：1.'内反思''内感知'的特征。意指可以进入到意识之中，可以将内意识当作基质，这样，所有在内意识本身中隐含地现存的对象性都有可能被给予，它们会成为'对象'。以此方式，感觉成为对象，被理解为感性内容；而另一方面，所有在内意识中作为统一被构造起来的行为、能思（cogitationes）、内意识的意向体验都成为对象。2. 因而在内意识中我们也具有'意向的体验'，在此存在的有感知、判断、感受、欲望等等。"（Hua Ⅹ，[483]）

③ 关于这两者的关系，笔者在《胡塞尔哲学中的原意识与后反思》一文中做过详细论述。

述，都是对一个原先不是课题，只是附带地被留意到、意识到的体验部分的课题化。因此，原意识与后反思所含有的问题，在时间意识分析中也会出现。如笔者曾经归纳过的那样，具体而言，它会面临两个方面的质疑："一方面，人们对反思的优先权提出疑义，并且声言它植根于另一些更原初的结构之中，例如海德格尔对存在理解的偏好便属于这个方向；另一方面，例如萨特和其他哲学家认为，在反思的特征中可以确定出变异的因素——一种在原本的体验与后补的反思之间的变异。更具体地说，这种变异或者表明为一种由于反思而必然形成的添加，或者表明为一种通过反思而造成的无可避免的损耗。换言之，与各种原本意识（原意识）相比，我们借助于反思而追获的东西在一些人看来有了增多，在另一些人看来有了减少。反思据此而是一种篡改了原本生活的再造。"①

关于第一个问题，胡塞尔的回答是确定的。就时间意识问题而论，他的回答是：内时间意识是原生的、第一性的，反思对内在时间的构造是派生的、第二性的。"在这个意识［原意识］后面不再会有一个意识到它的意识，当下化则相反，即便是最原始的内在当下化［反思］，都已经是次生的意识了，它预设了它在其中被印象性地意识到的原生意识。"（Hua X，［442］）

在第二个问题上，胡塞尔承认，延续的感觉或内时间意识并不等同于在反思中被构造的内在时间："意识流的各个相位是在这同一条意识流的各个相位中现象地构造起自身的，后一类相位与前一类被构造的相位是不可能同一的，而且也不是同一的。"（Hua X，［436］）但他在原则上认为："由于原意识与滞留现存在此，所以就有可能在对被构造的体验以及对构造着的相位的反思中去观看，甚至觉知到（innewerden）那些例如在原意识中被意识到的原初河流与它的滞留变异之间所存在的区别。"（Hua X，［473］）因此他相信："构造者与被构造者是相合的，但它们当然不是在每个方面都相合。"（Hua X，［436］）他甚至有些过于激烈地批评反对派："所有那些针对反思方法而提出的指责，都可以解释为是对意识的本质构造的无知。"（Hua X，［473］）

也就是说，胡塞尔认为，对内时间意识的反思把握并不必然导致对其内容的原则性篡改。尤其是当这种反思是以本质直观的方式进行，因而把握到的是内时间意识中的常项，即意识流动的基本形式时，反思的"构造"不同于自然观点之构造的特点就很明晰：前者实际上不再能够被称作"构造"。这里可以引用笔者关于"原意识与后反思"文章中的结论："可以将那些所谓由方法反思所引起的纳入或添加忽略不计，当然这要有个前提：方法反思必须是以描述的、实项的方式进行，在它之中不能包含任何构造或超越的因素，而惟独只能是对那些原初在此并且如此原初在此之物的相应展示和实项描述。"②

这里需要特别补充的是，内在时间并非仅仅通过现象学的方法反思才得以产生，或者说，才被构造出来。若果如此，那么在现象学反思产生之前，就无内在时间和客观时间可言了。事实上，内在时间大都是通过自然的反思而形成的。这种自然反思就是指通

---

① 参见笔者《胡塞尔哲学中的原意识与后反思》一文，第63—64页。
② 参见笔者的专著《胡塞尔哲学中的原意识与后反思》，第77页。

常所说的回忆。因此，在胡塞尔的时间分析中，回忆扮演了一个极其重要的角色。他明确地说："回忆具有其作为内意识进程的统一，并且在内在时间的统一中具有其位置和延续。"（Hua X，[447-448]）在这个意义上，回忆在现象学的时间理解中是联结内时间意识和内在时间意识的一个纽带。

胡塞尔本人较少使用"内在时间意识"的概念。他只是在《内时间意识现象学》正文第31节中以及附录文稿第54号中提到"内在时间意识"，并说："时间意识（内时间意识）的构造显现本身落入（内在）时间。"（Hua X，369）以后他还在《形式的与超越论的逻辑学》中使用过这个概念（参见Hua XVII，292）。简单地说，内在时间意识无非是指以内在时间为意向相关项的行为。它是对象性的，不同于内时间意识的非对象性。内在时间意识是独立的意向活动，是以内在时间为课题、为对象的意向活动；内时间意识则不是客体化的行为，不是独立的意向活动，而只是其一个组成部分，只是伴随着意向活动的时间意识。

因此，在涉及内在时间时，胡塞尔使用"构造"的概念："内在的时间是作为一个对所有内在客体和过程而言的时间而构造起自身的。"（Hua X，[431]）构造概念一般是指对象性的、意向性的构造。即是说，内在时间在这个阶段上成为对象性的东西。

内在时间是一条由点（Punkt）、相位（Phase）、片段（Strecke）等等组成的时间流。它的每个原本的现在点都是由感知组成的。与感知相衔接的是回忆。但感知不是直接跳到回忆中，而是通过"滞留"（Retention）的过渡。胡塞尔常常把这种滞留称作"原生回忆"或"清新回忆"，这是导致他的时间分析被人误解的主要原因。他的描述给人的感觉似乎是时间有一个从感知到原生回忆，再到次生回忆（再回忆，即通常意义上的回忆）的延续过程，但他实际上早已看到，原生回忆或滞留（也包括前摄[Protention]）不是一个与感知、次生回忆并列的行为，而是感知的一个部分：它是现在点的时间晕。

这里需要重复说明：现在点的核心是原印象，滞留与前摄构成原印象的晕。它们共同组成感知—体现行为。某个意识内容，例如音乐会上听到的一段旋律，是逐点地被感知到、被意识到，然后逐渐下坠，直至不被意识到，或者说，直至进入无意识。胡塞尔也这样描述说："这个进程的一个清晰部分在向过去回坠时会'缩拢'（zusammenzieht）自身——一种与空间透视相类似的（在本原的时间显现之中的）时间透视。当时间客体移向过去时，它便缩拢自身并且同时就变得昏暗起来。"（Hua X，[387]）

这里还要再次强调，这个阶段上的内时间意识（原意识），不是指一种通常意义上的意向性，而至多是指"特殊的意向性"，或者说"特有种类的意向性"（Hua X，31、118）。换言之，我们可以将滞留、原印象和前摄称作三种特殊的意向性。它们意味着，时间性以三重方式被内意识到：滞留、原印象、前摄。用胡塞尔的话来说："在我还把捉着已流逝时段的同时，我也贯穿地经验着当下的时段，我也'附加地'——借助于滞留——接受它，并且还朝向将来的东西（在一种前摄中）。"（Hua X，118）

原则上我们随时可以通过回忆，即通过次生的回忆来再造这个旋律。原先听到的旋律"仿佛"再次被听到。回忆的声音与感知的声音可以是逐点相符的，每一次都有一个声音（或一个声音相位）处在现在点中。现在点中又有一个时间晕，它的核心还是原印象，滞留与前摄仍然构成原印象的晕。但一切都是以回忆的方式、再造的方式。

在现在点之外，任何行为活动都可以被看作是回忆、期待、想像这类再现行为的活动。在没有进行这些活动之前，除了现在点以外，一切都是无意识的。但这并不意味着：过去的点从意识中被消除出去了。所有在现在点上显现过的东西，原则上都可以通过回忆而在现在点上以变化了的方式再现。这个变化，一方面是指，回忆是以再现的方式重复感知，它的立义内容可以与感知相同，但立义方式却是本质不同的；另一方面还在于，回忆是以当下化的方式附带了时间的因素。就时间意识分析而言，后一个因素至关重要，正是通过对回忆的观察，内在时间的构造才得以彰显。

胡塞尔以声音为例做了如下的描述："这个声音和在这个延续着的声音的统一中的每个时间点都在'客观的'（即使是内在的）时间中有其绝对固定的位置。时间是僵化的，但它却又在流动着。在时间河流中、在持续向过去的下坠中，一个不流动的、绝对固定的、同一的、客观的时间构造起自身。这就是问题所在。"（Hua Ⅹ，［420］）

由于意识具有回忆的能力，因而它对内在时间的纵意向构造得以可能。胡塞尔曾说："这是一条惟一的意识流，在其中构造起声音的内在时间统一，并同期构造起这意识流本身的统一。尽管这看起来令人反感（开始时甚至是荒谬的），即意识流构造着它自己的统一，但情况的确就是如此。"（Hua Ⅹ，［434］）

五、内时间意识分析的第三个层次：客观时间

现象学的时间分析最后还面临第三个问题或任务，即描述客观时间的形成：我们如何会用客观的标准来衡量原本是内在的、主观的时间？

客观时间是指成为客体的时间，这个意义上的客体，是主体或诸主体构造的结果，因此是对所有主体都有效的时间、为我们的时间。但通常意义上的客观时间大多是指：独立于所有人类主体的时间、自在的时间。

胡塞尔所说的"客观时间"，常常也自觉或不自觉地包含这两种意义。主张排除客观时间（参见 Hua Ⅹ，第一节）时，他说："现象学的分析不会给人们带来丝毫对客观时间的发现。'原初的时间域'不是客观时间的一部分，一个被体验到的现在，就其自身而论，不是客观时间的一个点，如此等等。"（Hua Ⅹ，［370］）这是在通常的意义上使用"客观时间"一词，也是自然科学所要研究和讨论的时间。当他讨论"再回忆与时间客体和客观时间的构造"时（参见 Hua Ⅹ，附录四），当他把"客观时间"等同于"内在时间"时（参见 Hua Ⅹ，［420］），当他说"客观时间性每一次都是现象学地构造起自身，并且仅仅通过这种构造而作为客观性或客观性的因素显现给我们"（Hua Ⅹ，［384］）时，他是在自己的意义上使用"客观时间"一词，它基本上等同于主观时间或内在时间，因为在他看来，真正的客观性是在主观性之中，或者说，已经消融在主观性之中（参见手稿 B Ⅱ1，Bl. 25f.）。

胡塞尔曾将这两种客观时间称之为"一个在时间意识中被设定为客观时间的时间

与现实的客观时间"①,并认为确定这两者之间的关系"也许是一项有趣的研究",例如研究"对时间间隔的估计与客观现实的时间间隔是否相符,或者它们之间的差距有多大",如此等等。但是,他仍然认为,"所有这些都不是现象学的任务"(Hua X,[369])。

从现象学上看,后一种时间(即实在的客观时间)只能还原为前一种时间,因为现象学不讨论"按其本质不可被任何意识把握的对象",主张任何一种对象种类的存在都对应于它在其中被给予的经验种类,因而有别于"本体主义"②。

但是,主观时间和客观时间的关系,或者说,内在的时间和超越的时间之间的关系仍然是需要讨论的。例如,事实上我们可以说,对于每个人而言,主观时间(内在时间)始终是相同的。只有在与客观时间(外部时间)相比较时,我们才会说:我觉得时间走得真慢,或时间过得真快。

除此之外,即便这个在当时不构成现象学研究的主题,但从胡塞尔后期《欧洲科学的危机与超越论的现象学》角度来看,这个问题恰恰涉及到哲学观点与科学观点的根本差异问题。但这里不是专门论述这个问题的地方。

无论如何,就客观时间构造而言,胡塞尔认为:"从现象学上说:客观性并不是在'原生的(primär)'内容中,而是在立义特征中以及在属于这些特征之本质的规律性中构造起自身。"(Hua X,[372-373])这意味着,客观时间是意识活动的主观构造以及将被构造的内在时间外化的结果。它们之间存在着一定的可比性:"在两方面,即在内在的实在领域和超越的实在领域中,时间都是上述样式中的个体实在之无法扬弃的形式。我们在这里是在被知觉到的实在之物身上把握到时间性的因素,因此我们必须说:如果这是现在,或如果这延续是现在或是一个内在被给予之物的延续,那么时间因素本身就是内在被给予的,它又作为一个超越之物的时间样式超越地被给予。另一方面,'这时间'在某种意义上而且明见地显现为一种惟一的时间:从相应的时间样式来看,两个实在之物、两个事物、诸特性、诸进程在时间上可以是同一的。"(Hua X,274)

至此,我们可以更为清楚地看到本文第一节和第二节提出的胡塞尔时间意识分析的特征。除了在横意向性方面对意识的客体构造活动描述之外,现象学的另一个主要任务在于,在纵意向性方面对客体在其中被时间化的时间之构造进行描述。

对于整个意识分析的过程,胡塞尔在10年后的《笛卡尔式的沉思》中曾概括说:"这种使其他一切意识综合成为可能的普全综合的基本形式,就是无所不包的内时间意

---

① 此外,胡塞尔后期在《笛卡尔式的沉思》中也再次提到两种时间性——被构造的客体的时间性与构造主体的时间性:"每一个体验都有它的体验的时间性(Erlebniszeitlichkeit)。如果这个体验是一种在其中世界的客体呈现为我思对象(正如在骰子感知中一样)的意识体验的话,那么,我们就不得不把显现出来的、例如这枚骰子的客观时间性与显现活动(例如对骰子感知活动)的内时间性区分开来。这种显现活动在其时间片段和时间相位中流动着,而这些时间片段和相位本身是这同一枚骰子的不断变化着的呈现。"(Hua I,79)

② 参见 M. Scheler, *Der Formalismus in der Ethik und die materiale Wertethik*(《伦理学中的形式主义与质料的价值伦理学》),Bern und München 1980,S. 270。

识。它的相关项是内在的时间性（Zeitlichkeit）本身。据此，本我（ego）的所有可以反思方式发现的体验本身，自己就必定呈现为时间上有序的、时间上开始着和结束着的，呈现为同时的、相继的——在这个内在时间的始终无限的视域之内。时间意识与时间本身之间的区别，也可以被表达为内时间的体验或它的时态形式与它作为相应的多样性的时态显现方式之间的区别。"（Hua Ⅰ，81）这个概括可以看作是对他早期时间意识分析基本思路的一个总结，也可以看作是这里所做的对此思路之再现尝试的一个总结。

六、结语：时间意识的本质

胡塞尔时间意识分析的全部努力都可以归结为对以下问题的回答：时间意识的本质是什么？这个问题可以说是作为意识哲学的现象学对意识本质的进一步发问，即：意识中的时间因素意味着什么？

从胡塞尔的整个分析来看，意识的特点首先在于，它在清醒的状态下是不断流动的，也是不断连续的，同时它自己感觉到、觉知到这种流动和延续。它导致意识在构造自己的对象时赋予某些对象（具体对象、个体对象①）以时间客体的性质。胡塞尔因此认为："时间客体的本质就在于，它们对其质料的扩展超越出一个时间片段，而这种客体只能在那些正在构造着时间区别的行为中构造自身。"（Hua Ⅹ，[399]）

其次，时间意识与意识一般的模式有内在的关联：感知永远是在当下进行的意识行为，它的相关项是当下的时间客体；回忆和期待也是当下进行的行为，但它只能是以当下化的（vergegenwärtigend）方式进行，即它的相关项是非当下的时间客体。这些状况决定了：过去和将来是无法感知的，现在也是不能回忆的。它们在时间中有自己的固定位置，这些位置原则上不会变化，除非记忆发生偏差。

最后，时间意识必然伴随着三种意识行为：感知、回忆、期待。它们是内在时间三维结构（过去、现在、将来）的根源。这三种行为在进行中本身又具有一个三重的结构：滞留、原印象、前摄。它们是内时间意识的基本结构，是运动感觉和时间感觉的基本组成。双重的意向性是由它们三者一起构成的。所谓的"双重"，是指这个意向性一方面是服务于意向相关项、意识对象之构造的意向性，另一方面也是在意识流动中构造着内在时间统一的意向性；亦即前面所说的"横意向性"与"纵意向性"。

从胡塞尔早期的内时间意识分析能够得出的本质结论，或者说，他的分析所发现的先天规律还远不止以上三种。另外，在他中后期对时间的分析中还包含着更多的明察与启示，例如意识流的统一可以和应当被看作自我（自己）的统一，如此等等。

当然，尽管我们可以通过胡塞尔的工作而在时间意识问题的坎坷道路上有所迈进，但如笔者在胡塞尔《内时间意识现象学》的译后记中所说："在内时间意识或时间构造这个极为重要的现象学问题的分析上，胡塞尔从未对自己的思考努力感到完全满意过。无论是埃迪·施泰因，还是海德格尔，或是芬克，都没有能够通过自己的努力、通过对文稿的整理和加工而使得胡塞尔相信自己的时间研究可以付诸于公众。"②

---

① 这里暂时不去讨论无时间或超时间的观念对象之构造。
② 参见笔者《关于胡塞尔〈内时间意识现象学〉》，《中国图书评论》2007年第5辑，第81页。

因此，海德格尔的确有理由说："即使在今日，意向性这个表述也仍然不是一个口令，而是一个中心问题的称号。"① 另一个同样确然的事实在于，胡塞尔通过他的时间意识分析而在时间问题的黑暗中投入了一束光亮，以至于我们今天至少可以借他的乐观自信的表述来总结说："看起来这一切即使是如此困难，也仍然是可以理解的。"（Hua X，381）

原载《中山大学学报（社会科学版）》2008年第1期

---

① 胡塞尔：《内时间意识现象学讲座》，第1页。

哲学之为穷理

陈嘉映

倪梁康在《中国图书评论》2008年第4期发表了《思者的疑虑》一文（下称"倪文"），对我的《哲学 科学 常识》一书（下称"拙著"）做了一番评点。其中最大的篇幅用于讨论哲学的本性。梁康指出，拙著中讨论这一点的篇幅相对较少，推测其原因是我在这方面的思考尚多犹疑。梁康很有眼力。拙著的重心是讨论思辨理论到实证理论的概念方式转换，关于我对哲学本性的看法，虽提出了大的方向，但仍有很多端绪尚在摸索之中。拙著写作期间，直到现在，我一直在梳理这些端绪。就此而言，本不该急于把拙著就那样子发表。梁康明锐，抓住了弱处。就那样子发表，除了要完成项目的要求等外部原因，倒也是越来越觉得，在哲学思考中，本没有什么最终定型的东西，把东西抛出去，抛进一场对话，未始不是可行之方。今梁康俯就参与这场对话，让我深为感激。梁康提出的质疑，很多恰是在拙著出版之际和出版之后我集中思考的，现在虽然仍在摸索之中，希望思路已比当时稍清楚些。梁康的批评给我一个机会把这些思路择二三端写出，再就教于梁康及其他读者。

哲学的定义

> 哲学究竟是什么？陈嘉映的答案是：它是理性的反省，更具体地说，是以概念考察为核心的经验反省。他认为哲学从一开始就是如此。这我并不赞同。这个定义与哲学的原初者们所赋予它的意义相距甚远……——倪文

拙著谈到传统哲学，反复申说它建构普遍理论的旨趣，但它与现在的科学理论不同，因为它建构的是思辨理论，根据常理推想出来，其普遍性建立在概念之理上的普遍性，而不是通过概念建构-实证理论-验证获得的普遍性。这是我们今天反观哲学史-科学史得到的见识，并不是哲学的原初者的自我理解——他们通常不区分道理的普遍性和客观规律的普遍性。实际上，我的提法必须与实证科学方法对照才具鲜明意义。

讨论"哲学是什么"，原则上不能求助于定义方法，而须求助于透视思想史的诠释学方法。哲学本来笼统包括所有学问、知识、智慧，这个名称包揽一切，所以什么是哲学并不是一个尖锐的问题，它主要是在永恒知识与变易看法的框架中得到讨论的。到中世纪，这个问题则是与神学或信仰对照获得其意义的。18世纪以来，尤其是19世纪以来，"哲学是什么"这个问题具有了一种完全不同的意义。这时，它主要是与科学对照提出来的。然而，哲学本来就是哲学—科学。所以，"哲学是什么"，作为一个哲学自

问的问题，不再是意在与另一种认知方式划界，而在于考察它自身，即一向所称的哲学，发生了什么根本改变，当它的旨趣大规模转变为科学研究之后，哲学本身是否还继续存在。"哲学是什么"现在成为一个尖锐的乃至致命的问题。

哲学绝无一个种加属差之类的标准定义。随便打开一本哲学导论，你立刻看到列举出来十几种关于哲学的定义，从揭示世界的普遍真相到反思自己生活的意义。每个人还可以自己总结出另外几种。即使只看"哲学的原初者们所赋予它的意义"，它们之间也"相距甚远"，苏格拉底对前贤格外用心于自然哲学就大不以为然。像梁康那样追随胡塞尔，说"哲学需要首先悬搁生活世界的自然素朴的有效性"，恐怕也与很多"哲学的原初者们所赋予它的意义相距甚远"。最低限度，哲学是个家族相似概念。想想我们在哲学名下所称的那些活动，既包括孔子的箴言，也包括弗雷格的概念文字，这一点明明白白。但家族相似这条思路对理解哲学这类概念帮助不大。所需要的是诠释学，简言之，从哲学概念的历史演变来透视这个概念中包含的义理联系；尤为重要的是，从哲学是什么这个问题对我们的意义来透视哲学概念。这类透视会让我们看到很多条道理，有些路在游人熙攘的山脚下停下来，有些引我们到巉岩深谷，不期然而与另一条路交汇。

拙著对经验概念有较详的阐释，故以经验反省与基于实验进行理论建构相对照，说哲学是以概念考察为核心的经验反省。"经验反省"是个宽泛的提法，我同时也说到对常理的反省，对经验之理的反省（对照于旨在掌握客观规律的假说和验证）。如果脱开这一特定的论述框架，给出个泛泛的说法，我愿这样说到哲学：哲学追索根本的道理。这是个通俗的看法。它可以作为一个主要的出发点，当然，一切都看我们从这里出发怎么走下去。具体言之，在于怎样理解"根本道理"。

我说到"根本道理"，最好不理解为无所不包的大道理，最具抽象普遍性的道理，如一分为二之类，放之四海而皆准。我倾向于把根本道理理解为理后之理，使各种道理贯通的道理。追索根本道理，不是无限向前追逐，而是对道理之为道理进行反思。对道理的反思，若以学称之，可称为论理学。创造"哲学"一词来翻译philosophia的西周把哲学理解为"专讲理之学"，认为因此也可把哲学称为理学、穷理学、理学理论。

附注1：

在《哲学是什么》一文（载于《读书》2000年第1期，重印于《泠风集》）中，我是这么写的："哲学是讲道理的科学，讲道理学。"对照现在的说法，应做几点说明。一，讲道理是个熟语，其意义与用话语把道理讲出来大不相同：我们经常一言不发地讲道理。为避免混乱，我后来多用说理而不用讲道理来表示用话语把道理讲出来、明述道理。道理与言说有内在联系，这一点在"语言主义"一节再谈。二，该文在广义上使用"科学"，大致理解为"知其所以然的系统认识"。后来，我更经常随俗把"科学"与"实证科学"视作同义词，于是，在这类上下文不再用"科学"这个词。不仅如此，哲学或论理学中的这个"学"字，也还是容易误导——哲学不是一门学问，不是关于一类对象的研究。

根本道理

道有本有末。思想的最高任务是通乎根本的道理、大道。哲人通过对常理的反思，达乎这些基本的道理。那些最最根本的道理的体系，在亚里士多德那里命名为第一哲学，后世称之为metaphysika，中文译作形而上学。

附注2：

Metaphysika中译为形而上学，这个译名有传神处，但像其他基本译名一样，遮蔽的也不少。形而下和形而上是器理之分，physika和metaphysika则是物之理和理后之理之分。下文使用形而上学，都是作为移植词使用的，即在metaphysika的意义上使用。

第一哲学是种种道理汇聚之所。通过第一哲学，一切道理联系成一个统一的体系。第一哲学所表述的道理，作为所有道理的根本道理，具有普遍性。

天下的道理，常粗分为物理和人伦两类。在亚里士多德那里，前者大致包括数学和自然哲学（物理学），后者大致包括政治学和伦理学。于是，我们似乎可以把第一哲学理解为物理人伦的汇聚之所，是两类道理的根基。中国传统思想中，也多见把"至理"理解为物之理和心之理的贯通。罗钦顺在《困知记》里说："会万而归一，岂容牵合之私！是故察之于身，宜莫先于性情，即有见焉，推之于物而不通，非至理也；察之于物，固无分于鸟兽草木，即有见焉，反之于心而不合，非至理也。必灼然有见乎一致之妙，了无彼此之殊，而其分殊者自森然其不可乱，斯为格致之极功，然非真积力久，何以及此？"现在不少教科书把哲学定义为自然科学和社会科学的概括或基础，依循的是同一思路。

如此谈论两者的贯通、根本、概括，看似均衡不偏，却错失了第一哲学的反思本性，似乎物和人是两个并列的对象领域，各有各的道理，而这些道理背后，还有对两者都有效的共同的道理。然而，无论我们怎样精心地准确地区分这两类对象，决定性的一步已经迈出：世界被做成了对象。对象之理，以及贯通各类对象之理的至理，亘古不变现成摆在那里，虽然还隐藏着有待发现，于是，形而上学就像物理学一样，要从外部去把握理后之理。所谓人者，亦天地间一物；所谓人伦者，亦物理之一域，尽管它可以是更高层次上的物理；所谓形而上学者，就仍然是物理学，更深层次的物理学。

循着这样的理路来建构无所不包的普遍理论，物理学就获得了突出的地位。亚里士多德的理论科学中包括物理学，却不包括政治学。后世把第一哲学称为metaphysika，也是着眼于它与physika的联系，而不是与政治学的联系。拙著的一个主要立论是，在西方哲学的总体努力中，自然哲学也许不占最大的分量，然而就理论地把握世界而言，它却具有特殊的重要性。直到今天，各种人-社会理论，仍充满physics-envy，尽可能效仿物理学来建立自己的理论。的确，最根本的区分不在于人与物的区分，因为我们可以而且实际上也已经把人像物一样做成对象来加以研究。如此从外部对对象进行研究，道理就逐渐转变为客观规律。

哲学家不停留在日常道理上，他追问理后之理。然而，穷理并不是从一个现成道理追向另一个隐藏更深的现成道理。穷理须被理解为对常理的反思，这种追问始终寓居于我们对常理的理解之内。就此而言，理后之理这个提法虽然较为晓畅，但我们更应该采用的也许是理中之理这样的提法。总之，这里的关键在于区分原本意义上的道理和现成之理或曰客观规律，后者像对象那样独立于人类理解，可从外部加以掌握，前者则与我们对道理的领会和理解密不可分。

近代"认识论转向"基于这样的理解：根本的道理不能在世界的史深的构成之中寻找，而须在人类理解本身寻找。看看近世重要的哲学著作，好多都以"人类理解论"为题。笛卡尔的"我思"已经提示出这一进路。康德则是其主要代表。认识论转向的主要动因是物理学的确立。物理学固然逐步揭示出世界的基本道理，然而，它是通过"经验"揭示的，所以，揭示的是些偶然的东西，完全不是必然如此、永恒不变的根本道理，不是"哲学的原初者"意在揭示的东西。

初看起来，既然主张根本的道理坐落在人类理解之中，这条进路一定排斥道理独立于人类理解的观念。然而，如果把理解视作某种类似于消化的客观过程，那么，根本的道理，理解之道，就会再一次脱离于我们对道理的理解。心理学就以这样的方式来探讨理解、理解过程。

康德哲学有此苗头。黑格尔用概念自我考察的辩证法补救之。"反思"是黑格尔的关键词之一，我们从黑格尔的大量阐论可以了解，反思所说的不是把思想本身作为对象进行思考，这样的反思，黑格尔称作"外在反思"；与此相对照的，是认识过程"把客观世界的具体内容自为地建立为与概念同一，并且反过来也将概念建立为与客观性同一"[①]，而"精神的这种认识自己，寻求自己的工作，这种活动，就是精神自身，就是精神生活"[②]。狄尔泰也把哲学理解为Selbstbesinnung（梁康译作"自身思义"）。以狄尔泰为代表的现代诠释学总体上也须在这个方向上得到理解。海德格尔在这一点上最为透彻，在其较早的文著中就把das Sein联系于der Sinn des Seins，把存在联系于存在之领会（用更贴己的汉语来想：道理联系于对道理的领会），后期更在各个方面，包括在表述方式方面，防止把存在的意义或存在者之理现成化、对象化。

始终联系于对道理的理解来说到道理，这一点也及于"根本"两字：没有什么与人类理解相分离的根本性。维特根斯坦大致活动在这一识度之中。我们也应从这个维度来理解他为什么会"反对"理论。理论依赖于某些恒定的根本道理或曰原理，它们之为原理，不具有任何针对性。始终不离开对道理的理解来说到道理则无法形成理论，说理的重心随人随事随时代而变居不定，所谓"言与事迁，书与世易"。这当然不是说，没有重要不重要之分，没有根本不根本之分，但我们不再承认脱离具体论理场合及目标的根本道理。

语言主义

梁康最想说的是这样一个关键问题：经验反省和概念考察与在反思中进行的本质直观究竟有什么区别？在他看来，最大的区别在于，前者是语言主义的思维方案，后者是

---

① 黑格尔：《逻辑学》下卷，北京：商务印书馆，1974，第483页。并参阅此引文所从出的《认识的理念》一章。

② 黑格尔：《哲学史讲演录》第4卷，第374页。转引自倪梁康《自识与反思》，北京：商务印书馆，2002年，第267页。

观念主义的思维方案。倪文引用T.泽伯姆的说法来区分两者："如果一种理论立场在认识上主张：对范畴形式的分析就是一种对现存语言形式的分析，那么它就是语言主义的，而如果除此之外还申言：唯当语言对对象有所言说时，范畴形式才属于对象，那么这个理论立场就是存在论的。"梁康认为我是语言主义。这一主义来源于维特根斯坦和海德格尔，尽管海德格尔超出了单纯语言主义的层面。

哲学追索理后之理，藉以贯通各种道理。（这种追索包含着对说理的研究。）这是本文的理路，从这个理路着眼，可以这样提出问题：为什么在穷理、追索理后之理这项活动中，语言会成为核心问题？

事物中蕴含着道理，把道理加以明述，其前提是道理已经在那里。所以我们说发现道理，不说发明道理。

但说理的"已经在那里"，并不是"平铺放着"，不像说，珍珠藏在珠贝里，我们撬开珠贝，把珍珠取出来，珍珠还是同一颗珍珠。说出与取出不同，说出道理同时也是道理的成形。成形者与未成形者，在一个基本意义上，当然是同一者，否则就不能说是那个未成形者的成形，然而，成形者与未成形者的同一与一颗珍珠在此处在彼处是同一颗珍珠是不一样的。这两种同一的差别，对我们有基本的重要性。

万事万物都可以体现道理、显示道理，但只有语言能说出道理；如果这里有同语反复之嫌，那么，我也可以说，尽管万事万物都能体现道理，但道理只在语言中定型、获得其确定的形式。道理的道与言说的道的内在联系，logos之为言说与理性的内在联系，这一点无论在中国思想中还是在西方思想中都反复得到申说。我们在万事万物中体道，但反省道理必定始终依栖于道理的言说。语言既是哲学得以表述的媒介，又是哲学加以反思考察的媒介。

我已经说到，穷理并不是线性向越来越遥远的道理追下去，穷理须被理解为理的反思，寓居于我们对常理的理解之中，这也就是下一节所要讨论的"概念的自身考察"。那里将提示，为什么对例如知行关系的哲学考察，总是围绕着对知和行这两个概念的考察。

从以上所论，我认为，语言主义这个名称完全不得要领。语言成为核心，并非有一些哲学家在种种不同立场中选取了语言主义的立场，而是哲学之为穷理这件事情本身使然。

把概念考察说成对现存语言形式的分析同样不得要领。伽达默尔考察Bildung这一概念，他是在"分析现存语言形式"吗？他考察这一概念演变的种种历史环境。道理伏于环境之中，但说理并不是把这些环境作为对象来言说。如前述，道理不是现成的存在物，不是对象，穷理不是"对对象有所言说"。哲学不是对某个特定对象领域的研究，当然，也不是对一切对象的总体研究。在这里让我们在"分析现存语言形式"和"对对象有所言说"之间二择一，是完全错失要点的二择一，因为，无论像万德勒那样"分析现存语言形式"，还是像康德那样分析设想为现存的范畴结构，还是像胡塞尔那样分析意识的内结构（详下），都是把语言、认识、意识当成了对象，都是把穷理当成了"对对象有所言说"。

概念考察

"自然概念"的说法也是一个问题。什么概念是自然的？什么概念是人为的？嘉映在书中似乎没有展开。但我这里有一堆问题：在泰勒斯和赫拉克利特使用过之后，Arche（始基）的概念、甚至"水"与"火"的概念还算不算是自然的？还有，在布伦塔诺、胡塞尔使用过之后，Intention（意向）概念还算不算自然的？即便阿那克西曼德的"无限"、普罗提诺的"太一"、莱布尼茨的"单子"、康德的"超越论的"等等，或许可以算作是人为的，亦即哲学的、而非日常的概念。可是像赫拉克利特的"逻各斯""自然"，巴门尼德斯的"存在""真理""意见"，恩培多克勒的"根"或"元素"，贝克莱的esse、赖尔的mind，它们是自然的还是人为的？而且，它们是自然的又如何？是人为的又如何？

仅仅就概念而论概念，我很难想像我们还能前行得多远，还能进入到哪一种澄明和高明的境地。——倪文

我们已习惯于用概念来对应Begriff、concept，我们平常使用概念这个词，一般都通顺可解。但概念毕竟是个移植词，难免有所遮蔽。在西语中，一眼认得出，Begriff与begreifen同胞，concept与conceive同胞，而在汉语中，"概念"是个干巴巴的名词，缺乏与动词的直接联系，具体言之，缺乏与领会、理解等等的亲缘联系。于是我们需要特别说明，所谓概念考察，与"对理解的理解"意思相近。我从德国古典哲学和维特根斯坦那里移用"概念考察"这个短语，自有我想说明的东西，例如，用概念考察（在维特根斯坦有时也说成语法考察）来针对事质考察、科学考察（在维特根斯坦那里，常说成经验考察，拙著再三表明，实证科学并不是"经验科学"）。就这一点论，所谓概念考察与胡塞尔针对实证科学提出的"观念科学"取向是一致的。

概念考察这个短语确有不达意处，并已有不少读者为此困惑。梁康的质疑又是一例。这些困惑和质疑让我更认真地考虑是否应该少用这个短语。我始终在尝试少用引起理解障碍的"哲学概念"，最近几年我已经把"概念考察"一语也列在灰名单上。

做了这点儿说明，现在来回应梁康的一些主要质疑。

什么概念是自然的？在拙著中，自然概念针对经过专门学科定义的概念，例如，考察动与静，是考察我们平常说的动与静，而不是笛卡尔和牛顿定义过的运动与静止。科学概念通过相关理论互相定义，尽量符合能够定量的标准，等等，拙著亦论述较详。

顺便说一下，我倾向于说自然语言、自然概念、自然理解，少说日常概念等等。因为太多的东西与日常对称：诗、哲学、古奥、科学，等等。

概念考察，所考察的通常是论理概念，近于人们通常所说的哲学概念，如客观、主观、事实、知识、善好、公正、艺术、时间、仁、义、理、器、形、质等等。论理概念针对肥皂、玉、长矛、红绿、跑跳这类"叙述性概念"而言。当然，如果用玉石、矛盾、跑跳、门窗来论理，它们就被纳入概念考察的视野。我们关心的不是语义学，是道理。讲说道理，通常离不开论理词；穷理则本来意味着把各种语词当作论理

词来使用。概念考察揭示这些概念中所包含的道理，由此来考察使用这些概念所讲说的道理。

关于概念考察的内容，我在别处多有谈论，这里不重复，只举一例。大家都知道，关于知行关系，苏格拉底有一个著名的说法，知善者必然为善，没有人知一事为恶而为之。这个提法在中国思想传统中也有，最广为人知的是王阳明所谓"未有知而不行者；知而不行，只是未知"。知即行，与常理不合，但执此论者，不是对知和行这两个概念另行下了定义，他们的立论依赖于对知这个概念的更深理会。知行关系，我们可以在很多层面谈论，例如以某人言行一致或不一致为例来讨论。通过知、行这些概念的更深理会来讨论，也就是平常所说的本质层面上论理，维特根斯坦说，本质在语法中道出自身。这话不能说成是"仅仅就概念而论概念"，仿佛概念一定要脱离实际。概念本来就是实际生活之理。概念考察当然可能流于琐碎空洞的文字游戏。这种空洞却不能依赖"概念所指的对象"来消除。"概念所指的对象"反倒是句空话，因为概念之理不在于它指称了什么对象，实情倒是，有些事情被一个概念"指称"，是基于这个概念所含的道理。

梁康问自然概念，主要问的是论理概念或所谓"哲学概念"在何种程度上是自然的。我的回答是：一个哲学家对某一概念的使用，可能与我们通常的用法不尽相同，但他的这种新用法，只能依据延伸这个概念原本所包含的道理，而不是通过对这个概念进行人为定义。就像诗人用词，可能奇特，但这种用法依赖的是对这个词的意义的更深体会。泰勒斯说万物的基质是水，这也许悖乎我们通常的看法，但他必定以水的自然属性为自己的立论张目，而不是对水另行定义。若有人质疑万物皆水的论断而泰勒斯回应说"我说的水并不是通常所说的水，而是在我的理论中定义为水的那种东西"，那他的立论就一点儿意思都没有了。胡塞尔在为痛疼这类感觉是否具有意向性对象苦苦思索时，在我看，他当然是在依着意向这个词的本来意义思索，他不能通过人为规定意向概念来解决痛疼是否具有意向性对象的问题。哲学家的确不停留在常理上，他探索常理背后之理，这个常理背后之理，始终须通过某些常理才能成立，才能说服人，才能得到理解。惟能够理解的道理才是道理。

我当然不能保证，哲学家在他的工作中不曾有意无意重新定义了某些概念。在我看，这或者显示了他混淆了哲学工作和建立科学理论的工作，或者表明他正在为开创某个实证研究领域做出努力。这正是拙著着力阐明的要点。

梁康问：它们是自然的又如何？是人为的又如何？简单回答：它们是自然的，那么，无论怎样挖掘和延伸，都是为了澄清自然之理，这是哲学的工作。它们是人为的，那么，人们就是要用它们建构科学理论，真正的科学理论或冒充为科学的理论。专门学科、专门理论之所以需要重新定义一些概念，或新创一些概念，原本由于自然概念及其所体现的常理不能或不适宜表述某一专门理论对事物的描述和解释。

另有一些情况，经常被混同于重新定义概念，而其实不然。这里只举一种常见的情况。时间、知识、意向、莱尔的mind，等等，在论理著作中，经常作为论题名称使用。考察时间概念，主要不是考察时间这个词的用法，而是考察之前、之后、等待、预期、回忆这些语词以及动词时态这类语法，等等。在这类情况中，哲学家经常受到诱惑，例如，把知识当成了这个论题下各概念的共相，仿佛知识是知、理解、领会等等概念的共相。依我看，这是论理中胡搅蛮缠的一个重要来源。

附注3：

> 近几年流行的各个学科领域中的关键词梳理工作……似乎与嘉映定义的哲学很接近。是不是对文化关键词的解释可以看作是文化哲学的工作？对社会理论、政治理论关键词的分析就可以看作社会哲学和政治哲学的工作？对心理、意识、心智关键词的考察就可以看作是意识哲学或心智哲学？——倪文

我的确认为关键词梳理可以说是哲学的核心工作，例如柏拉图就梳理正义、法、美、知识这些关键词，伽达默尔梳理科学、诠释、艺术、教育这些关键词。至于"近几年流行"的东西是不是，我不敢说。关键在于以何种方式梳理。挡不住有人用流俗方式从事哲学。一般说来，我区分观念批判和概念考察，在此不详述这个区分，要言之：概念是观念的理路。当下流行的关键词梳理，多属于观念批判领域，不是哲学的核心工作。

附注4：

> 如此一来，哲学家差不多就成为胡塞尔所极力批评的那种人：放任自流的思想者，只管写下自己的历史，期待它能够折射出某种时代感觉或社会心理，却不敢指望自己的努力有任何哪怕是接近真理的可能。就此而论，嘉映的哲学观与库恩的科学观原则上是一致的。——倪文

我希望，前面几节已经表明，我并没有要把哲学家变成胡塞尔所批评的那种人。不过，他们也并不是在逐渐"接近真理"的人，同时却也不是手中掌握着真理的人，这些，我在与梁康交谈的另一篇文章《真理掌握我们》中多少有些阐论，更系统地梳理真理概念，则有待后来者。

在这个上下文中，我的哲学观与库恩的科学观确有相通之处，不过，拙著花了一番力气分疏这两种"观"的不同之处。

附注5：

梁康近习佛学，文中提到俗谛真谛。所谓理后之理，也许可以真谛附会。只是这理后之理，原从普通的道理反思而来，而非哲学家匠心独运创造出来。此佛经所谓"真谛俗谛无异也"。

科学　日常世界　哲学

胡塞尔认为哲学与科学都是从生活世界出发，达到某种意义上的客观性。但哲学与科学走的不是一条路，科学只是想脱离相对的、主观的层面，但全部保留了生活世界中事物与世界的有效性；哲学则以对生活世界的反思为己任，因此需要首先悬搁其自然素朴的有效性，这样才能像笛卡尔那样从头开始把握真正的客观性：超越论意义上的主体性。科学世界、生活世界和哲学世界三者的关系在于：由于科学世界的基础建立在生活世界之中，因此，对科学世界的认识最终必须依赖于对生活世界的把握。而对生活世界的

> 确切认识又必须通过在哲学态度中进行的反思才能获得。因此，这三者的关系在胡塞尔那里至少是理清了的。——倪文
>
> 胡塞尔指出，如果脱离了原初意义构造的基础，放弃了对这个原初意义构造的不断激活，由后一种真理系统构成的科学就会陷入某种意义的危机。——倪文

第一段最后两句大致说，科学依赖于对生活世界的把握，而对生活世界的把握又依赖于哲学。就认识或曰"把握"而言，科学→生活世界→哲学，是向基础的递进。这幅图景怎样与"哲学与科学都是从生活世界出发"相协调呢？也许，两者都从生活世界出发，但方向相反，科学向高处或非基础的方向发展，哲学则向深处或曰更基础的方向发展？但怎么一来，两个方向上都碰上了客观性，尽管一个只是"某种意义上的客观性"而另一个是"真正的客观性"？我读胡塞尔，颇觉得日常世界、科学、哲学这三者的关系在他那里没有理清，梁康似乎还须再讲几句，才能让我觉得清楚。

在一般意义上，我们当然是从也只能从生活世界出发。哲学对生活世界进行反思，若说得更切实些，哲学反思生活世界之理。你可能把杏花误看成桃花，把68+57误算成115，你可能误认为雪人存在或误认为他不存在，你通过这种那种办法纠正这些错误，但不是通过反思。反思这个词，本来就是与道理相连的。

上文说，如果把道理理解为现成存在的东西，哲学就会努力通过理论把握整个道理系统。科学是这一哲学进路的发展。科学和哲学确有交织。科学家有时依赖常理来设想、推论，这突出表现在思辨理论那里，表现在一个学科开始形成、一种理论开始萌芽的时候。佛多等人的思辨心理学是近年来的一个突出范例。在这个阶段，几乎分不清楚科学家和哲学家。中国科学家缺乏思辨兴趣，我相信与此相关，他们几乎不曾首创过什么科学理论。不过，尽管哲学与科学有交织，但两者的核心兴趣相去很远。科学家不能始终依赖于常理，那样一来，他建立的倒是哲学思辨理论了。用先天真理、先验真理或像梁康近期喜用的超越论真理来标识哲学与科学的区别，最起码说，也是不得要领。发展到科学，关键在于用实证方式取代思辨方式，与此相应，科学就必须重新建构一套概念，使之数学化。在这一建构完成之后，科学所把握的，不再是平常所说的道理，而是客观规律和机制。这是拙著的主要理路。若求与倪文对应，我会说，哲学依赖于生活世界而深入世界之理，科学出于哲学而反乎哲学之道。

若如此，则再说"对科学世界的认识最终必须依赖于对生活世界的把握"就不仅过于空泛，我简直觉得是误说了。科学世界是一个无法通过生活世界常理进入的世界。我顺便可以表明，我根本不相信科学若"放弃了对这个原初意义构造的不断激活，就会陷入某种意义的危机"。拙著更倾向于同意多数论者的看法：科学正是靠放弃对原初意义构造的不断激活而不断发展壮大。

此外，"对生活世界的确切认识又必须通过在哲学态度中进行的反思才能获得"这话，在我看，也须斟酌。在这个上下文里，我倾向于说，哲学希冀对生活世界的道理获得更深刻的、从而也是更系统的理解，这种理解在一个迂回的意义上可以说成"更确切"，但在一般意义上，深刻的理解并不等同于确切的理解，倒不如说，它一般地瓦解

确切的东西。如果有一种东西叫作"哲学态度",我毋宁这样来理解:培养直面一切道理都不确切之境的勇气。怀抱这种态度,我们会为人们对自己所信的道理所抱的那种自信感到惊诧,同时又由于自己的不自信而与人群达成和解。

相对与客观

倪文说,科学想脱离相对的、主观的层面。同在一间屋子里,你觉得冷,我觉得热,这种情况,可以说成你我的感觉是相对的。看一看温度计,20℃,对你是20℃,对我也是20℃;这么说不好,它就是20℃,无所谓对你对我。它不是相对的,而是"绝对的"。你觉得冷,我觉得热,是不是主观的呢?感觉都是主观的吗?你掉到冰水里觉得冷也是主观的?"客观""主观"这组词,意义极芜杂,我甚至觉得最好少用。我们不如直接说,物理学不用你我的感觉来谈论冷热,而用诸如分子运动的剧烈程度来定义热。若袭用伽利略的说法,物理学用第一性质代替第二性质来考察世界。我们可以把这种下降,下降到与人无涉的性质,称作"纯客观的",只不过我们须记得我们是在这个意义上使用"客观"一词。

否则,像在倪文中那样,哲学和科学都达到客观性,无论是某种意义上的还是真正的,就有些奇怪。倪文是否隐示,生活世界不具有客观性呢?如果生活世界本来就具有某种意义上的客观性,我们干吗还要通过哲学和科学去达到它?在生活世界中,实际上我们也的确不靠哲学和科学达到客观性,我觉得屋里有人,要达到客观性,我进屋看看就是了。

我会这么说:生活世界是在人的成象层面上呈现的。世界首先不是以与人无涉的方式呈现的。冷热比15℃还是20℃更重要,我们确定15℃还是20℃,是为了知道冷热。哲学在于穷理,我们最好用真假而不用客观主观来说到道理;把真道理说成客观的道理,把假道理说成主观的道理,无论如何够别扭的。也许,道理的客观性是说我们发现道理而不是发明道理,由此可谓"理不在人皆在物"。然而如前述,发现道理不是由于道理现成在那里平铺放着。物之理惟能会通心之理才真正称得上道理,否则应说是客观规律或机制等等。鼹鼠饮河不过满腹不是在对鼹鼠做纯客观的描述,更不是在探讨鼹鼠的消化机制,这话说出一个道理,这个道理对我们如何自处提供启示。在这个意义上,道理总是连到主体的,总有它"主观的一面"。用主观客观来谈论这些事情,实非善策,平白花好多笔墨去区分某种意义上的客观性和真正的客观性。

内结构

如果哲学只是对自然概念的解释,那么它就可能放弃了在概念背后的东西。这些东西不是普适理论,甚至连理论都不是。但它是我们一次一次建构出理论的源泉。

内意义结构、内语言形式、最终意识、内历史结构,……如此等等,都是从各种角度对这个意义上的可称作"观念"的东西的触探性直观与表达。

这些观念不是概念,因为它们没有文字的落实,没有被理想化或形式化;它们也不是理念,因为它们仍然可以某种方式被直观到,故而不处在形

上的层面，不是我们揣摩、假设、思辨、虚构的结果。——倪文

在我看，要紧的区分，如前述，在于：道理是否独立于人类理解。据上述，所谓概念考察，是对理解的理解，是理解的自我理解，为突出这层意思，往往可以罗嗦一点儿，像黑格尔那样说概念的自我考察。

如果竟用得上"概念背后"这个短语，我想到的会是理后之理等等。依梁康，似乎概念背后有内历史结构等等。"内结构"这话也当慎用。它首先会被一般地理解为内部结构，相对于外部结构，就像手表的内部结构相对于表的造型、表盘指针等等，或就像事物的内部机制，在这个意义上，内部结构恰恰是实证科学关心的东西。如果这里所谓"内"，指的是不能从外部加以把握，那么，它与概念的自我考察相似。大概是因此，梁康（追随胡塞尔关于内结构的一般提法）谈论内历史结构等等而非一般地谈论历史结构。据我理解，在胡塞尔那里，一切内结构，归根到底，都奠基于"意识结构"。物体和原子是有结构的，这些结构须从外部通过实证把握。意识结构是内结构，不能从外部加以把握，而须通过反省把握。在我看，即使明确了这层区别，谈论"结构"仍有疑问，争点在于，意识、意义、理解、道理有没有脱离了理解的、自在的结构。（我在《语言哲学》中有"概念结构"一节，并在那里提示，这一提法意味着离开哲学，开展一项语言学工作。）

梁康说到源泉、说到触探性直观、说到没有被理想化或形式化，似乎也提示并没有这样的自在的结构。但究竟有没有，还有待梁康明示。无论如何，我以为，说"内语言形式"等等"没有被形式化"，显得矛盾，需要进一步解释。

这就来到本文初所谈的那个问题，哲学的任务在于经验反省和概念考察，那么，哲学与心理学、语言学的根本区别何在？我以为这不仅是我"首先面临的问题"，甚至更是梁康面临的问题。因为我不认为经验反省能达到科学，对常理的反思，只能得到道理，这些道理之能称作道理，或曰之具有意义，总依赖于我们对其他道理的一般领会，而不在于它们直观到了某些可以外乎领会的内结构。哲学之关注语言，缘故已在"语言主义"一节略论。这种关切与语言学之间的区别，应颇分明。普通语言学、心理学则把语言现象、心理过程当作对象来加以研究。如果乔姆斯基的普遍语法假说证成，那么，语言学就像其他实证科学一样，以掌握语言过程的内在机制为鹄的。维特根斯坦有时回答说：哲学语法与普通语法没有根本区别。我认为他错了。（当然，事情远比错了更复杂，这里不详论。要言之，普通语法关注语法规则，哲学也关注这些，但哲学关注这些，是要通过这些来澄清规则及其变化的道理，以及语言与说理之间的一般联系。）

以文字会友，虽然不像当面交谈那样亲切，却也有一种长处：可以咬文嚼字。在我们这个行当，文字不只是外衣，它已经包含着"内文字结构"，在概念思考中，无论其他什么"内结构"，都要落实到文字上，准确地落实到文字上，才能获得理解。有时，差之毫厘，初看是上了路，结果走进了死胡同。

读者如果不习惯以上这种概念精细辨析，我可以大而化之地表达我与梁康的争点。梁康似乎认为（这要待梁康认可），哲学既然是对内结构的把握或直观，那么，哲学家们或我们身上的哲学家会趋同于惟一的结论。我认为，无论是把潜藏在事物中的道理讲

述出来，抑或对明述的道理加以反省，都是争辩性的，因此都不是对脱离了争点的一般结构的把握（换言之，没有这种一般结构），从而哲学就没有先天的目标，自然也就不可能达到惟一的结论。当然，道通为一，然而，既已为一矣，岂得有言乎，如果哲学竟还要言，它就不可能给出惟一之言。

附注6：

我一般不会说哲学是"对自然概念的解释"。对概念进行考察可说是另一个层面的工作，依赖于我们已经在日常层面上理解了这个概念，无须再行解释。关于这个问题的讨论，可见我最近将发表的《关于查尔莫斯"术语问题"的评论》一文。

两套真理

> 嘉映在"序言"中提到柯雷瓦的说法，"两套真理，那就是没有真理"。无论他自己是否认可这个说法，看起来我们必须承认有两套、甚至两套以上真理，不仅胡塞尔、海德格尔如是说，而且佛教在一千五百多年前就已开始讲述两种真理，即所谓真谛和俗谛（以后甚至还有三谛之说）。——倪文

对倪文第8节，可说的很多。我只说说自己对"两套真理"的看法。实证科学带来了一套新的真理，从而，我们现在有了两套真理。初一看，的确，"两套真理，那就是没有真理"，就像出现了两个教皇、两个教廷，那就是没有教皇了。然而，拙著想表明的是，生活的真理和科学真理并非泛泛的两套真理，而是两个层面的真理。（当然，科瓦雷并未使用"两套""两个层面"这些中文词。）在两个层面上说到真理，本来没有什么奇怪，也没有什么麻烦，就像我们在多种层面上说到艺术。麻烦在于，我们要把科学真理视作无所不包的真理，最高的真理，而我想表明的，恰恰相反：科学真理不是惟一的真理，它是最低层面上的真理。它是真理，我们不能无视之。它是最低的真理，我们不能依此来理解真正的人、真正的自我、真生活。为了避免麻烦，避免无益的争论，维特根斯坦称科学寻求真理，哲学澄清意义。这个区分有启发。但其中还有很多沟沟坎坎。要言之，我仍然认为，真或真理，不能轻易与意义割离。真意义是最高的真理，区分真道理和虚妄的道理，区分真有意义还是自欺的意义，是精神生活的本质。

在精神生活的层面上，两套真理，并非就没有真理。遑论两套，不知有多少套。精神生活之真从来都是在与其他真理的互相映照中成其真的。

但"套"这个词不好。哲学既不像科学那样提供一套真理，也不像宗教那样提供一套真理。哲学根本不是一套真理。哲学是不断解构和重新诠释的活动，藉此使道理不僵化为教条和现成观念，藉此使道理始终显示其意义，即，始终存在于自身的真理性之中。

结　语

读书人之间争论不已。朋友间的争论，这话不可轻易读过。Philosophia被译成爱智慧，当然好，但不可忘记，这个爱，philia，其首要意义是友爱。Philosophia不是对高不可攀的智慧的仰慕，而是友智慧，并因友智慧而互为友人。

梁康兄细读我的书，我甚感动。当今学人中，梁康是我敬重的。当今所谓学界，争名夺利、哗众取宠、抄袭剽窃这些等而下之的不去说它，便是没有这些，时时还难免有一分要摆出有两分的样子，摆出真理在握（电脑最初把"在握"打成了"在我"）的样子，故作高深的样子，以期被当作导师爷看待。这些，梁康身上都没有。我一直想，读书人有读书人的品格。若一言蔽之，就是老老实实，用古话说，反身而诚。政场上、商场上，要实现一个人的抱负，权势必要争的。读书人学习，本来不亦说乎，弄巧求胜，就失了问学为己的本旨。由于对梁康的这份敬重，他的赞誉我深受用，他的质疑我愿一一反省，认真审辩。以上审辩，惟其大端。此外还有很多愿讨论的。但想必读者早已烦倦，还是打住为好。

原载《中山大学学报（社会科学版）》2008年第6期

"诗学"与"国学"

——亚里士多德《诗学》的译名争议

刘小枫

在我国的亚里士多德研究中,《诗学》一向是显学:早在1936年,即有傅东华译本(《诗学》,上海商务版)刊行于世。60年代以来,每十年就有一个新译本问世(晚近甚至有两个):姚一苇译本(《诗学笺注》,台北:"国立"编译馆,1966)、胡耀恒译本(台北:中外文学版,1976)、罗念生译本(北京:人民文学版,1982;重印于《罗念生全集》第1卷,上海:上海人民版,2004)、崔延强译本(《论诗》,见《亚里士多德全集》第9卷,北京:中国人民大学版,1994)、陈中梅译本(北京:商务版,1996)、王士仪译本(《创作学译疏》,台北:联经版,2003)、刘效鹏译本(台北:五南版,2008)。

除崔延强译本外,上述译本各有不同程度的注释,最为突出或者说与众不同的是王士仪先生译本:这个长达四百多页的译本采用希—汉对照,不仅有希腊语原文训释,还有义理疏解,凭靠的文献交待得清清楚楚,显得言之有据,也为研究者提供了方便。最为显眼的是,王士仪译本将亚里士多德这部著名讲稿的书名译为《创作学》,更改了学界已采用半个多世纪的"诗学"译法。不过,五年后面世的刘效鹏译本仍然采用《诗学》这个译名,看来,学界人士并不愿意接受王译本倡议的改名。

改《诗学》为《创作学》,王士仪先生并非始作俑者,更非孤掌难鸣。罗念生先生还在世时,据说旅法学者左景权先生就曾托人带给罗念生先生一信,对亚里士多德的περὶ ποιητικῆς这个书名被译作《诗学》"不以为然",因为"近代西语poetic,poétique只是音译,等于未译"[①]。左景权先生反对把书名译作《诗学》的理由有二:1. 希腊语的ποιεῖν与poetry或poésie的含义"有实质变化,按字面去译,反不如《创作论》为佳";2. 亚里士多德在书中"所论只限于大块文章,谋篇布局精心剪裁的,是否诗体还在其次"(同上)。

如果左景权先生真的是古希腊学家,这些说法是否确实出自左先生手笔,让人犯疑。因为,第一条理由将poetry或poésie视为古希腊语动词不定式ποιεῖν(做、作)的对译,显然不对,应该是ποίησις,尽管这个名词派生自动词ποιεῖν,语义却并不等于ποιεῖν。第二条理由也是错的,因为,倘若"所论只限于大块文章……是否诗体还

---

① 引自刘以焕《古希腊语言文字语法简说》,上海:上海人民出版社,2006年,第307页。

在其次"的说法成立，亚里士多德在讲稿中说到诗的"编织不应像纪事ἱστορίαις"（1459a17，亦参1451b12）就无从解释。何况，明摆着的文本事实是，亚氏在讲稿中主要讨论的是"有体之诗"（ποίησις），而非"大块文章"（λόγος）。

左先生的这封私信后来刊发在一家学刊上，他的看法得到刘以焕先生热烈认同。在1994年发表的专文（今收入氏著《古希腊语言文字语法简说》，前揭）中，刘以焕先生为左先生的第一条理由作了如下补充：ποιητική来自ποιεῖν（意为"做、创造"），言下之意，poetry或poésie的含义显然不是"做、创造"；反过来说，"诗学"一词"在汉语文中指写诗论诗的学问，而所写所论的诗，大多是篇幅不长的古体或近体诗"，与亚里士多德所论不合。"若将亚氏的περὶ ποιητικῆς翻译为《诗学》，不仅不确切，而且会产生误导"，因此，刘以焕先生主张，"不能迁就原来的约定俗成，应将其订正，遂译为《创作论》为是"；至于何谓"创作"，他明确说明："一指创造文艺作品，二指文艺作品本身。"①

王士仪译本的书名译作《创作学》倒不一定是受到上述两位启发，因为，王先生自己的大著《论亚里士多德〈创作学〉》早在1990年就已经出版（台北：里仁版）。可以想见的是，王先生改《诗学》为《创作学》的理由，可能与左、刘两位先生的看法不谋而合。

刘以焕先生明确提出的两条理由看起来是相互矛盾的：一方面，他似乎主张，不当以后世之词义（比如poetry或poésie）绳古之词义［比如ποιεῖν（做、创造）］；另一方面，他主张用汉语的"创作"来翻译ποιεῖν，又恰恰是在以后世之词义绳古之词义。我国古人习用单字而非双字，"创"和"作"在古汉语中是两个字，联属用法出现较晚。"创"的本义为"始造、首创"（《广雅·释诂》："创，……始也"）；"作"这个字有二十几个义项，本义是"兴起、发生"（《说文》："作，起也"），然后有"建造、制作"之意（《尔雅·释言》："作、造，为也"），所谓"乃作大邑成周于土中"。即便出现"创作"联署的用法后，意思仍首先是"制造、建造"：所谓"创作巨石礉来献"，所谓"创作兵车阵图刀楯之属，皆有法"等等。"创作"联署用于"写作"或所谓"创作文艺作品"，古书中并不多见，倒是盛行于今世②。

进一步看，两条理由又并无矛盾，因为说到底，第一条理由同样是以后世之词义绳古之词义：因ποιητική的词干来自ποιεῖν（刘以焕先生解为"做、创造"）而主张应译为"创作"，无异于先把ποιεῖν译作"创作"，再来翻译ποιητική。刘先生关于汉语的"诗学"一词的说法同样如此，因为，这个语词"在汉语文中指写诗论诗的学问"是现代才有的，我国古代并没有这样的"诗学"。有关写诗论诗的学问——尤其关于"大多是篇幅不长的古体或近体诗"的学问，见于"诗品""诗话""诗说"（含"词话"）——"诗话者，辨句法，备古今，纪盛德，录异事，正讹误也"（《彦周诗

---

① 刘以焕：《古希腊语言文字语法简说》，第305-308页。
② 据《四库全书》检索结果，"创作"联用法见于180部古书，凡210例，用于所谓"文艺创作"者很少。《汉语大辞典》未能提供明代以前的例句（明李东阳《怀麓堂诗话》："及观其所自作，则堆叠恒钉，殊乏兴调。亦信乎创作之难也。"王夫之《姜斋诗话》卷2："盖创作犹鱼之初漾于洲渚。"）。

话》）。如果说我国古代有"诗学"，显然惟有《诗》学可以当之。亚里士多德的《诗学》与我国古代的《诗》学是否可以相提并论，这个问题倒是值得提出来讨论，但我国的《诗》学显然绝非有关写诗论诗的"创作学"。

应该说，亚里士多德这部讲稿的书名被译作"诗学"，并无大错。即便有不妥贴之处，也比"创作学"正确。因为，如果说"诗学"译名有何不妥，仅在于"学"字尚未贴紧原文。实际上，περὶ ποιητικῆς（论诗的）作为书名还省略了τέχνης（技艺、术）（ποιητική是形容词，比较拉丁文Deartepoetica）①。古之"术"就其"学问"含义而言，与"学"同义。改"诗学"为"创作学"的提法，质疑的恰恰不是"学"，而是"诗"。因此，问题的关键在于：τέχνη ποιητική（诗术）可以译作"创作术"吗？或者"作诗"应该改为"创作"吗？

不错，ποιητική的词干来自于ποιεῖν，这个动词的基本含义是"制作"（荷马《伊利亚特》卷1：608、卷7：435；赫西俄德《神谱》行161），也就是凭靠（ἀπό或ἐκ）某种质料制作出某种东西（希罗多德《原史》卷5：62；色诺芬《远征记》卷5：3、9，卷3：3、9，卷4：5、14）。但这仅是一般含义，具体含义得看谁在"制作"。举例来说，用于神的制作就是"创造"甚至"创世"，比如："住在奥林波斯的永生者们ποίησαν（造了）第一个即逝人类的种族。"（赫西俄德《劳作与时日》行109—110）用于人的行为就是"行事"，行事有好有坏（εὖ或κακῶς）；其成品可以是质料性的ποιήματα（成品、诗作），也可以是行为上的（作为），同样有好坏（ἀγαθὰ或κακό）之分。ποιεῖν πόλεμον（发动战争）（Isaeus 11, 48）显然没法译成"创作战争"，ποιεῖν εἰρήνην（带来和平）（阿里斯托芬《和平》行1199）也不便译为"做和平"②。因此，说ποιεῖν的本义是"做、创作"，几乎没有意义，具体含义得看这个词语被用在什么语境中。同样，尽管名词ποίησις（诗作）衍生自动词ποιεῖν，其基本含义是"制作、制成品"，但具体含义及其译法仍然要看文脉，如果是神的制成品就当译作"造物"或"受造物"。但ποίησις这个语词在古典希腊文中的确多用于"诗"，以有别于ποιεῖν的其他结果（比如πρᾶξις或ἐργασία）。

既然如今所谓"创作"泛指创作"文艺作品"，进一步的问题便在于，τέχνη ποιητική究竟专指有音律（音步）的诗，抑或泛指所有类型的写作？如果是所有类型的写作的统称，τέχνη ποιητική译作"创作学"未尝不可；如果主要指有音律（音步）的诗，译作"创作学"就是错的。让我们来看亚里士多德《论诗术》中的一段说法：

> [1451b1—5]因为，纪事家与诗人的差别，不在于言述时用抑或不用韵文——即便希罗多德的著述兴许也可能被改成诗行，恐怕仍就是某种纪事，依还是不依诗行没什么差别。毋宁说，两者的差别在于，一言述曾经发生的

---

① 参见D. W. Lucas, Aristotle Poetics, Oxford 1968, xii–xiv, p. 53。

② 参见H. G. Liddell, R. Scott, A Greek-English Lexicon（《希英大辞典》）, Oxford 1953; Gerhard Friedrich主编, Theologisches Wörterbuch zum Neuen Testament（《新约神学释词》）, 词条ποιέω, ποίημα, ποίησις, ποιητής, 卷6, Stuttgart 1959, p. 456以下，尤其p. 464; Pierre Chantraine, Dictionnaire étymologique de la langue grecque（《古希腊语词源词典》）, Paris 1999。

事，一言述可以期待会发生的事。

亚里士多德很少提到纪事家和纪事作品，但在《论诗术》中，却多次暗中提到希罗多德。在这里，亚里士多德明确提到希罗多德，以此说明纪事作品与诗作的差别。"用抑或不用韵文"的说法，显然不能理解为，纪事作品与诗作没有形式上的差别，毋宁说，这种说法的前提恰恰是：纪事作品不是韵文，诗是韵文——"希罗多德的著述兴许也可能被改成诗行"这话用的是虚拟式，换言之，希罗多德的书实际是用非韵文的形式写下的。只不过，亚氏在这里要强调，韵文与否并不决定作品内容，那是可以附加的表面上的东西（比较1447b18）。由此可以断定：ποιητής特指作韵文的诗人，而非泛指所有"搞写作"的人。

亚里士多德在这里就诗人与纪事家（ἱστορικὸς）的差别提出的看法非常著名。古代希腊没有中国很古的时候就有的"史官"，古希腊的历史最早见于叙事诗，与神话和传说交织在一起。希罗多德被视为西方史家第一人，他的著名传世之作开篇第一句说："这里展示的是哈利卡尔纳索斯人希罗多德的探究。"如今的书名Histories就来自这开篇第一句中的ἱστορίη（探究）。这个语词源于ἵστωρ（目击者或裁决法官），意思是法官为了形成自己的判决询问见证人；由此衍生出所谓ἱστορικὸς，本来与探究相关。因此，希罗多德这部传世之作的书名一向被译作《历史》，其实是错的，如今的英译名已经改为Inquiries，恰切的中译名当是《原史》（取"原"的"推究、考究、研究"之义。《荀子·儒效》："俄而原仁义，分是非。"《汉书·刘向传》："原其所以然者，谗邪并进也。"比较"原毁""原道""原儒"）。在希罗多德那里，ἱστορίη的含义首先指打听、探问——向那些据自己的生活习惯懂得不少事情的人们打听、探问他们所了解的事情，由此引申为探询、考察，以便找出事情的原委（参《原史》卷2：19、13）。不过，到了亚里士多德的时候，希罗多德和修昔底德已经很有名。由于希罗多德写下《原史》的缘故，ἱστορικὸς的意思已经与"纪事"相关，不再是"探究者"这个原义，但也不是完全没关系，因为，希罗多德毕竟受到自然哲人的影响。无论如何，ἱστορίαι以前译作"历史"（希罗多德、珀律比俄斯、塔西佗都以这个语词名篇），恐怕不妥，最好用"纪事"来对译。"纪"通"记"，"记述"古作"纪述"：所谓"纪事之文，非法象之言也"（《论衡·正说》），所谓"世之论文者有二，曰载道，曰纪事。纪事之文当本之司马迁、班固"（〔明〕宋濂《文原》），所谓"古之帝王建鸿德者，须鸿笔之臣，褒颂纪载"（《论衡·须颂》）。作为一种史书文体，"纪"乃帝王生平事迹，也符合希罗多德的书和后来诸多罗马纪事家的作品。

荷马时代没有"诗人"之称，而是"游吟歌手"（ἀοιδός）；赫西俄德和品达之后，ποιητής这个语词才用来称呼"乐诗人"①。《希英大辞典》在ποιητής词条下给出的义项有制作者、工匠、发明者、画匠、制乐者、诗人、讲辞作者，提供例句最多的是"诗人"。希罗多德有一著名说法：正是ποιητής（诗人）荷马和赫西俄德把希

---

① 参见Franz Passow编，*Hand-Wörterbuch der Griechischen Sprache*（《古希腊语词典》），1852/2004，II/1，p.978。

腊人信奉的诸神的家世交给希腊人（《原史》卷2：53）。希罗多德才是善于写"大块文章"的大师，"谋篇布局精心剪裁"绝妙无比，但他不是诗人。古希腊人说，πεποίηκεν Ὅμηρος（荷马写下诗行）（柏拉图《王制》441c），或者"梭伦ποιήσαντι τὴν ἐλεγείαν（曾经作过一首诉歌）"（亚里士多德《雅典政制》5，2），但不会说善写文章的希罗多德或者修昔底德πεποίηκεν（作过诗）。

"创作"是广义上的"写作"，但古希腊人的"作诗"与其他形式的"创作"比如纪事不仅有明确分别，甚至还有竞争关系。为了要突显自己的写作，修昔底德在其《战争志》一开始不久就宣称，自己"既不像诗人那样……也不像纪事家那样"（《伯罗奔半岛战争志》1，21），让自己与从前的诗人和纪事家区别开来。在这里，修昔底德同样把诗人与纪事家作为两类不同的人来对举：λογογράφοι（纪事家）用无韵的文体书写过去，ποιηταὶ（诗人）则用韵文（诗体）书写过去。修昔底德显然属于纪事家，而非诗人，他宣称自己写的东西要比诗人编织的故事"更可信"（μᾶλλον πιστεύων）（《战争志》卷1：21），还点了荷马的名，对传统所谓"荷马提供了最好的见证"的说法不以为然（《战争志》卷1：3；亦参卷1：9）。

修昔底德对荷马的攻击表明：时代变了，传统政教的基础已经非常脆弱。修昔底德有意识地要面对新的民主政治的时代处境，与此相应的是新的写作形式：代替传统"诗人"的是λογογράφος或λογοποιός。在雅典民主兴盛期，智术师们教育出来的善写辩辞和文章的写手也被称为λογογράφος。柏拉图笔下的斐德若羡慕地说，吕阿西斯才约摸三十岁出头，已经堪称"如今搞写作的人中最厉害的"（《斐德若》228a1）。也许可以说，作家越来越多，是民主政制的特征之一；倘若如此，λογογράφος译作如今"搞创作的"兴许倒比较恰当。

既然修昔底德对荷马的攻击在前，亚里士多德在《论诗术》中为"诗人"所做的辩护就可以看作是对修昔底德的回答：

> ［1451b5］诗作比纪事更富哲学意味、更为严肃。因为，诗作更多言述普遍的东西，纪事则言述个别的东西。从一般出发，什么样的人按看似如此或必然如此说什么样的话、做什么样的事，作诗所求［b10］的就是这，尽管也给（这个什么样的人）起个名，至于个别的事情，则指阿尔喀比亚德曾经所做或所遭遇的什么。

亚里士多德并非诗人，而是哲人。哲人出来为诗人辩护，就古希腊文教史而言，意义非同寻常。这段话解释为何诗作比纪事更高，用的是哲学的理据——"更富哲学意味、更为严肃"。所谓"普遍的东西"和"个别的东西"在亚里士多德那里是一对哲学概念：普遍的东西是理智的对象，个别的东西是感觉的对象（参见《论灵魂》417b22—23），从而后者在认知层次上比前者要低。这里所说的"普遍的东西"指人的性情，所谓"从一般出发，什么样的人按看似如此或必然如此说什么样的话、做什么样的事"，意味着诗作的目的在于，通过编织故事来展示人的性情的"普遍性"。

在《论诗术》中，亚里士多德用肃剧诗人来反驳或回应修昔底德对诗人提出的挑战，肃剧诗人似乎取代了荷马的位置。然而，凡读过《论诗术》的读者都知道，在《论诗术》中，作为叙事诗人的荷马与肃剧诗人们的关系被亚里士多德黏得很紧。这意味着，通过阐述肃剧诗人的写作方式，亚里士多德为诗人传统辩护，回应了修昔底德在民主时代所挑起的诗与纪事的竞争：修昔底德以纪事原则挑战荷马，亚里士多德以戏剧诗人的原则挑战纪事原则，从而显得是在维护雅典的诗教传统。我们看到，亚里士多德在《论诗术》这部讲稿中的举例，以荷马和肃剧诗人为主，没有谈到各种抒情诗（包括合唱性凯歌）、诉歌等等，而荷马叙事诗和肃剧诗恰好是雅典曾经有过的最值得重视的两种政制形式（王政和民主政制）的表征——荷马叙事诗属于王政。总之，《论诗术》明显关乎古希腊的城邦"诗教"，绝非讨论一般意义上的"文艺创作"——如今不少学者喜欢从现代所谓"戏剧学"的角度来绎释《论诗术》，结果不仅非常吃力，而且最终一无所获。

倘若如此，亚里士多德的"诗学"就当被看作城邦学的一部分——用我们的表述来讲，《诗》学属于"国学"。在我国古代，最早的"诗人"指《诗》的作者（《楚辞·九辩》："窃慕诗人之遗风兮，愿托志乎素餐"）。汉语的"国"字古义，不仅指"国家"，也指城邑、部落、国都、王侯封地、有独特制度的地域甚至家乡，与古希腊语的"城邦"一词庶几相合（与现代意义的"国家"不合）。如今所谓"国学"，含义首先对应的是"西学"，而"国学"古义则首先是与城邦政制一体的教化："乐师掌国学之政，以教国子小舞。"（谓以年幼少时教之舞）（《周礼·春官·乐师》）"国"之政体规定、形塑"学"，"学"依托于"国"之政体（礼）：所谓"教诲于国学也，严以有礼，扶善遏过"（韩愈《窦公墓志铭》）。明人朱朝瑛《读诗略记》说到《周礼》谓"国学"时，把"学"与"国"的关系界定为"学政"：

> 辟雍，即虞庠也，周之郊学，其国学谓之成均。周礼成均之法，掌于大司乐，以建国之学政，而合国之子弟。所属之职，皆以教国子为事者。此即有虞典乐教胄之意，盖以乐之入人也深、化人也易。故辟雍亦设有钟鼓，凡造士之地，皆为奏乐之所焉。《庄子》曰"文王有辟雍之乐"是也。自汉以来，郡国遣士受业，必诣太常，古意犹存，而学政浸衰矣。周家成均之外，又有三代之学，大抵皆与成均合建者。

"高祖受命，议创国学"——汉代所建立的"国学"制度从低延伸到高（学类比如今的从中小学延伸到大学），端赖于经学的确立。如所周知，博士制度的实际内容为经学（"三礼唯郑注立于国学"），《诗》学则是如此"国学"的源头和统纲："经学四教，以《诗》为宗。孔子先作《诗》，故《诗》统群经。孔子教人亦重《诗》。"（廖平《知圣篇》，7）倘若如此，我国古代的"诗学"就是城邦学（国学）的基础。一般来讲，说《春秋》经及其三传体现了我们"城邦学"的要核比较恰当，因为《春秋》隐含政法微言。我们如今比较难以理解的是，《诗》与政法有何相干？廖平则告诉我们，《诗》与《春秋》乃虚实不同：

> 《诗》者，志（即"志在《春秋》"之"志"）也。获麟以前，意原在《诗》，足包《春秋》《书》《礼》《乐》，故欲治经，必从《诗》始。纬云："志在《春秋》，行在《孝经》。"行事中庸，志意神化，《春秋》与《诗》，对本行事也。其又云："志者，则以对《孝经》言之"，实则《诗》与《春秋》虚实不同。（廖平《知圣篇》，7）

廖平对"诗言志"的"志"作了"城邦学"的解释，我们可以放心的是，这种解释不是来自柏拉图，而是来自汉代经学家——《春秋经》和《孝经》都涉及我们祖宗的宗法传统，如果说这是我们的"城邦学"，当没有什么问题。但廖平强调：《诗》学不仅是我们"城邦学"的源头，而且是进入"城邦学"的门径：

> 《诗》乃志之本，盖《春秋》名分之书，不能任意轩轾；《诗》则言无方物，可以便文起义（《尚书》《春秋》如今人之文，《诗》《易》如今人之诗。体例不同，宗旨自别）。（廖平《知圣篇》，7）

春秋三传中，《公羊传》的品格最具"城邦学"性质，在廖平看来，《诗》学与《公羊》学有隐深的内在关联：

> 《公羊》"主人习其读而不知其罪"，此本《诗》说，即后世所谓"言者无罪，闻者足戒"。故凡纬说、子书非常可骇之论，皆《易》《诗》专说。故欲明《诗》《易》，须先立此旨。（廖平《知圣篇》，7）

我们的"城邦学"自有其关切的题旨，但与柏拉图的《王制》（Politeia）对观，我们会发现，关切的问题颇有一致之处：王者应该是什么样的人。廖平并没有读过柏拉图，却不仅高调指出《春秋公羊》学与《诗》学的血脉关系，而且点明了《春秋公羊》学与《庄子》的内在关联，连接点便是王者问题：

> 纬云："孔子受命为黑统，即玄鸟、玄王"；《庄子》所谓玄圣、素王之说，从《商颂》而寓之。《文王》篇"本支百世"，即王鲁；"商之孙子"，即素王。故屡言受命、天命，此素王根本也。孟子以周公、仲尼继帝王之后，荀子以周公、仲尼为大儒。此从《鲁》《殷》二《颂》而出者也。三统之说，本于三《颂》，凡一切旧说，皆当以此统之。（廖平《知圣篇》，7）

王者问题之后，"城邦学"的应有之题是政制问题，这明显是《春秋》经及其三传的主题。但廖平告诉我们，这一论题的源头仍然在《诗》：

> 董子王鲁制，寓于《鲁颂》。周公及（"世及"之"及"）。武王制

礼作乐，故以王寓之。以其说解《诗》，则有征信；董、何以说《春秋》，则不免附会矣。纬书时周，不可说《春秋》，而《诗》以鲁后周，即此意。《诗》明云："其命维新"，是经意直以《周颂》为继周之新周，非果述姬周也。（廖平《知圣篇》，7）

"武王制礼作乐，故以王寓之"——这让我们联想到孔子的著名说法："述而不作，信而好古。""作"固然有"撰写"的含义（所谓"作《易》者其有忧患乎"），但也有"劳作"的意思（所谓"日出而作，日入而息"），甚至有"动作"的意思（所谓"体有不快，起作一禽之戏"）。从而，汉语"作"字的用法同样需要视文脉而定。比如，这里"述而不作"的"作"，意思就并非"撰写"。因为，这里所谓"述"指"传旧""循旧"，也就是承继旧制礼乐（所谓"循于旧章"）；与此相应，"作"指"新制作礼乐"，或者说"创制"礼乐。总之，这里所谓"述"和"作"的对象都是典章制度之类的礼乐，绝非如今所谓"创作"文学作品，而是"作非圣人不能，而述则贤者可及"。因此，"述而不作"的意思是，"孔子无位，不敢作礼乐，而但可述之也"。宋儒王昭禹《周礼详解》有言：

夫乐者，圣人之所乐也，可以善民心，其感人也深，其移风易俗，故先王著其教焉。中正则雅，淫哇则郑。凡建国禁其淫过凶慢之声者，所以尚中正也。淫声则不正，过声则不中，凶声则不善，慢声则不肃。凡此皆大司乐之所禁也。颜渊问为邦，孔子告以放郑声者，亦以此也。

宋儒卫湜《礼记集说》在解释"述而不作"时用到"创作"两字联属，明显指"创制"礼乐：

古者谓圣人，虽缘人情制为五礼，然皆稽考前古，事循厥始，不敢创作也。或损或益，乘时之宜，然亦弗敢忘乎其初也。

清儒《日讲礼记解义》解释"述而不作"时用到"创作"两字联属，同样如此：

凡器与文，总莫非情之所寓。故惟知礼乐之情者，为能因情立文而创作于前。识礼乐之文者，为能考文会情而传述于后。盖作者生而知其情，是之谓圣；述者学而识其文，是之谓明。明圣之称非可袭取，正以其能述作之谓。

"城邦学"谈论政制离不了比较，礼乐规定了我们的城邦学的品质，也为我们城邦学的政制比较奠立了基准——古希腊城邦学的政制比较有两个维度：各种政体的比较，尤其王政—僭政—民主政制的比较，因为，经僭政开路，民主政制已经成为雅典城邦的现实；再就是本邦政制与外邦政制的比较。无论何种比较，在古希腊城邦学中，何为比较的基准，明显陷入混战状态，这是民主政制带来的必然结果。在我们的"城邦学"中，同样可以看到这两个维度的政制比较：王霸之辨和夷夏之辨。与古希腊城邦学不同，我们城邦学的政制比较的基准要明确且稳固得多，这就是以礼为基准：

> 凡民之生也，必以正平，所以失之者，必以喜乐哀怒。节怒莫若乐，节乐莫若礼，守礼莫若敬。外敬而内静者，必反其性。（《管子·心术下》）

正因为我们的古代"城邦"没有出现民主政制，即便出现了实际上的礼崩乐坏的政治状况，礼乐的政制正当性也没有被动摇。也正因为如此，在特定的处境中，夷夏之辨会成为突出的问题。这些情形我们都清楚，但廖平提醒我们，政制比较这一论题的源头仍然在《诗》：

> 先儒改周之文，从殷之质，亦从此出。"鲁、商"二字即"文质"，"文、质"即中外、华洋之替字。中国古无质家，所谓质，皆指海外。一文一质，谓中外互相取法。为今之天下言之，非古所有。绌杞之例，亦本于《诗》，《春秋》杞不称公，《三颂》绌杞不言，是其本意。（廖平《知圣篇》，7）

清末民初的廖平要求我们反复考虑一个看起来很好理解、其实非常难以理解的传统经学问题：为什么孔子特别重视诗教？为什么孔子花很大精力删诗？我们的古典文字有个好处，无需在字面上去倒腾，可以直接看原文——我们看廖子怎么说：

> 今凡周亡、孔子王，一切骇人听闻之说，皆以归附于《诗》。治经者知此意，然后以读别经，则迎刃而解。他经不复言此，而意已明，方可以收言语、政事、文章之效。《诗》为志，则《书》为行；《春秋》为志，则《孝经》为行。实则《春秋》与《书》同为行，《春秋》《尚书》皆分《诗》之一体。《周》《召》伯道，分为《春秋》；《王》《郑》《齐》王道，分为《尚书》。特以较《孝经》，则《春秋》为志，而《孝经》为行耳。今本此义，作为义疏，不拘三家之书，以孔子之微言为主。使学者读《诗》，明本志，而后孟子"以意逆志"之效明。孔子重《诗》之教，显以此为经学之总归，六经之管辖，与《论语》同也。（廖平，《知圣篇》，7）

《诗》学作为我们的"城邦学"的门径，不仅见于与其他各经的关系，也不仅见于《诗》的义疏四家，因为，既然"收言语、政事、文章之效"，那么，后世发为议论的子书、记载政事的史书和发乎心志的文章及诗篇，也都当归宗《诗》学——用今天的话说，《诗》学是"国学"的基础和源头，中国古典诗学的骨骼。忘却我们的《诗》学，仅知道有"创作学"，仅仅表明我们已经彻底进入了民主政制时代。

古希腊同样有自己的诗教传统，如我们已经看到的那样，如此传统随着民主政制的兴起而式微。不过，攻击荷马并非纪事作家修昔底德起的头，首先冲击诗教传统的是自然哲人，然后是智术师派。就拆毁传统政制伦理而言，古希腊的自然哲人可以说起了带头作用——荷马诗作本是雅典政教的基础，修昔底德说荷马诗作不可信（《战争志》，1.10.3），严格说来是在追随自然哲人。著名自然哲人克塞诺梵尼（Xenophanes）和赫拉克利特（Heraclitus）攻击诗人编造虚谎故事，指责"诗人多假话"；赫拉克利特甚至主张，应该清除荷马的影响，还说赫西俄德不过是"众人的教师"（辑语57）而已。希罗多德与自然哲人的关系和修昔底德与智术师们的关系，说明纪事作家的写作绝非单纯的记载。显而易见的是，《原史》和《伯罗奔半岛战争志》虽然记叙的是雅典城邦经历的战争，却都重述了整个希腊的"历史"（参见《战争志》卷1：10-20；《原史》的重述篇幅更长）。难道希罗多德和修昔底德掌握了荷马没有掌握的"史料"？显然不是。重述"历史"凭靠的并非是"史料"，而是"精神原则"。这个原则就是所谓"真实"——后来的珀律比俄斯（Polybios）批评肃剧诗人讲述的不是真实，不仅与修昔底德对荷马的批评相同，也与柏拉图笔下的苏格拉底在《王制》中对荷马的批评相同。由此来看，亚里士多德在《论诗术》中抬高诗教贬抑纪事，意义至深至远。因为，用"述而不作"来衡量，自然哲人、纪事作家（希罗多德、修昔底德）和柏拉图都是"作"而不"述"——亚里士多德的《论诗术》恰恰是在教授如何"作"诗的技艺。惟有肃剧诗人是"作"还是"述"，不易断言，因为，虽然埃斯库罗斯自称其诗作不过是荷马桌上的面包屑，三位肃剧诗人的差异实在太大。

我们的诗教传统非由孔子建立，而是循于周制。《周礼》"大师教六诗"，"以六德为之本，以六律为之音"。明儒柯尚迁《周礼全经释原》卷8引宋人王柏之语：

> 周公祖述虞庭，命夔典乐之教，于是诏大师教六诗。是时未有训诂传注之可说，不过曰此为风、此为雅颂、此为比兴、此为赋而已，使学者循六义而歌之，玩味其辞意，以涵泳其性情，莫切焉。

孔子的"述而不作"是在礼崩乐坏的政制局面中说的。如今孔子被视为世界性的大哲之一，倘若孔子可称为"哲学家"，那末，显而易见的是，与古希腊大哲们挑战传统诗教不同，孔子的"述而不作"体现了夫子持守传统诗教的姿态。按清人陆陇其的理解，孔子这样说有"防异端之意"：

> 夫子之时，其实不容更作，但述如夫子，即谓之作，亦无不可；必谓之述者，是其谦处，而防异端之意，亦在其内。（《四书讲义困勉录》卷10）

何为"异端"？对礼教来说，哲学就是"异端"。倘若孔子有哲人品性，"述而不作"便无异于隐藏起自己的如此品性，以防泛滥成灾。其实，无需等到离我们更近的清人，元人陈天祥在《四书辨疑》卷4中已经说过：

> 夫子自谓"述而不作"，继之以"信而好古"，此"作"字正为异端

妄作，非谓圣人之创作也。盖"述"谓明其理之所有，"作"谓创其理之所无。循天人之际、自然之理，以明夫三纲五常、固有之道，若六经之言者，通谓之"述"。出天理所有、人伦纲常之外，若杨墨之言者，通谓之"作"。盖有不知而"作"之者，我无是也。

"杨墨之言者，通谓之'作'"——倘若如此，在礼崩乐坏的处境中，孔子对哲人起而"创作"不是已经有所预见吗？

话说回来，即便孔子身处的时代礼崩乐坏，毕竟还不是一个民主政制的时代。让我们来对观一下柏拉图笔下的苏格拉底的处境。在《卡尔米德》中，柏拉图记叙了苏格拉底刚从战场上回来就与几个雅典老熟人和新朋友的一场谈话，当时，苏格拉底想要了解一下"今儿哲学会有怎样的状况以及青年人的状况"（153d4—5）。可见，在苏格拉底身处的民主政制时代，哲学已经进入"市场"，尤其对年轻人颇有影响。柏拉图的此"作"不仅对我们理解这里的问题颇有启发，也对理解ποιεῖν的含义有启发。按柏拉图的记叙，苏格拉底与年轻人卡尔米德讨论到"明智"（σωφροσύνη）这一传统德性时，卡尔米德引到荷马的诗句（161a3），然后说，关于何谓"明智"，眼下在雅典已经流传着新观点："明智据说就是做自己的事。"（161b5）言下之意，荷马古诗已经不足为训。苏格拉底马上指出，一定是受到新派哲学家一类"聪明人"的影响，卡尔米德才会这样子说（161c1）。苏格拉底心里清楚，卡尔米德的说法来自他的老辈子、智术师克里提阿。当时，克里提阿就在现场，卡尔米德故意持克里提阿的观点与苏格拉底对阵，使得克里提阿在一旁觉得自己"简直就像一个诗人面对糟蹋了自己的诗作的演员"（162d2—3），对卡尔米德非常生气。卡尔米德故意败北，为的是抛出克里提阿，让苏格拉底和克里提阿两位老辈子直接对阵。柏拉图在这里用到"诗人与演员"（ποιητής ποιητής ὑποκριτῇ），所谓"诗人"显然指民主时代的肃剧诗人。

果然，苏格拉底接下来就与克里提阿接上了火，继续谈论何谓"明智"。让人费解的是，两人的对话却围绕着ποιεῖν的含义来展开。苏格拉底问克里提阿，是否同意"所有工匠都制作某种东西"（162e8）。克里提阿表示同意，但随后又表示，"制作与做事不是一回事"，进而声称，按赫西俄德的看法，"劳作与制作并非一回事"（163b2—3）。在这里，克里提阿看似依傍古诗人赫西俄德，其实，通过他的类似于如今解构主义的拿手好戏"语词拆析"（περὶ ὀνομάτων διαιροῦντος）解构了古诗人：话题本来是具体的美德，克里提阿却玩弄三个语义近似或语义部分重叠的语词（ποιεῖν—πράττειν—ἐργάζεσθαι），贬低了ποιεῖν的含义。

苏格拉底和柏拉图面临的处境与孔子不同，倒与我们如今的处境相似：语义哲学已经取代了传统诗教。在这样的处境中，智术兴盛、"作"家蜂起一点不奇怪。面对这样的局面，倘若要坚持"述而不作"，实在非常困难。柏拉图尝试的是在"作"方面下功夫：模仿诗人荷马的叙事、化用肃剧诗人的形式，形塑出民主政治时代的英雄人物苏格拉底——我们可以注意到，柏拉图笔下的苏格拉底在指责古代诗人时与自然哲人和修昔底德不同，他没有指责赫西俄德和荷马一类诗人编造假故事，而是说他们编的故事并不"美好"（《王制》377d3—e1），似乎编美好的假故事还是必要的。最为重要的是，柏拉图没有褫夺"诗人"这个名号，而是通过"作"（编织故事）致力于自己成为诗人，让阅读者在言辞构造出来的世界中反观自己的性情。在柏拉图笔下，甚至连苏格拉底本人最终也成了诗人（参见《斐多》）。通过自己的"作"，柏拉图使得"诗"重新获得教化的主导权，成为后民主时代有效抵制智术式哲学教化的中坚。

柏拉图的苏格拉底在《王制》最后说到：

> 我们大概也要许可诗的拥护者——他们自己并非诗人，而是热爱诗的人们，不用韵文的方式申述理由，说明诗不仅令人愉快，而且有益于种种政制和人的生活。（607d6—9）

在《论诗术》中，亚里士多德就体现为一个"热爱诗的人"。他以非韵文的形式申述理由，说明肃剧诗如何不仅令人愉快，而且有益于雅典政制的健康和在其中生活的人们。阐发ποιητική与其词干ποιεῖν（做）的原始语义关系，可以看作是亚里士多德所申述的理由之一。在《论诗术》第3章结尾处，亚里士多德提到，多里斯人声称，他们是肃剧和谐剧的首创者，亚氏援引多利斯人的用词为证：他们把"做"（τὸ ποιεῖν）称为δρᾶν，雅典人则称为πράττεν（践行）（1448b1—2）。亚里士多德用ποιεῖν（做）的原初含义来揭示荷马叙事诗和肃剧诗的品质，意在突显这两类诗作的伦理含义。叙事诗和戏剧诗有一个共同特征：展示某个人的具体行动（做人），尽管展示的方式不同。叙事诗通过第三者叙述的方式来展现某个人的做人，戏剧诗则通过演员的表演直接展示某个人的做人①。在这里，亚里士多德利用的是动词ποιεῖν的"做"的含义，而非"创作"的含义：无论"做"什么，起初都必须模仿——做人和做事概莫能外。从而，学做好（人）（或好事）还是学做坏（人）（或坏事）便成了基本问题。《论诗术》的主体是讲"肃剧诗"，尽管谐剧更明显地体现了诗与纪事的区别（1451b12），肃剧却被视为诗的典范，这是为什么呢？传统的叙事诗模仿英雄，但在民主时代，英雄不再是人们愿意或能够模仿的对象。民主时代的戏剧诗要么模仿不那么好的人（比如谐剧，参见1448a18、1449a32），要么模仿品格含糊的人：虽是好人却有过错，或者有过错但并非坏人（比如肃剧）。亚里士多德推崇肃剧，很有可能是因为，肃剧能够更好地展示民主政治时代中人的德性及其面临的困境。

就亚里士多德这部讲稿的现有中译书名而言，崔延强本的译名《论诗》最贴紧原文。这个译名是苗力田先生拟定的，理由是：凡希腊语原文标题冠有peri者，都统一译作"论"，以ka结尾的书名才译为"学"②。这种译法坚持按"诗"来理解ποιητική，堪称正解；不足之处在于，《论诗》译法没有注意到原文的省略，漏掉"技艺"。原文的省略是原文的习惯，在任何情况下，中译还是补全为好，因此，恰切的译法当是"论诗术"。何况，"技艺"这个语词在这里非常重要。《尼各马可伦理学》开篇就说：

---

① Michael Davis, *Aristotle's Poetics*: *The Poetry of Philosophy*（《亚里士多德的〈论诗术〉：哲学之诗》），Rowman & Littlefield Publishers, 1992.

② 参见《亚里士多德全集》第9卷，北京：中国人民大学出版社，1994年，"后记"第689页。

> 每种技艺和探究，同样地，人的每种实践和选择，都以某种好为目的。所以有人就说，所有事物都以好为目的——但是应当看到，目的之中也有区别。它有时是实现活动本身，有时是活动以外的产品。[1094a]

亚里士多德以全称语式把"技艺"界定为人的有目的的实践行为——"以某种好为目的"的"做"，从而，技艺是人的有所追求的道德"实践能力"（δύναμις），这种能力体现为某种类型的ἐπιστήμη（知识）。如果所有技艺行为都指向某种目的（好），这种行为本身必然包含选择：这样做或做这样而非那样做或做那样，否则，不可能实现追求某种好这一目的。亚氏接下来举的例子有医术（为了人身的健康）、造船术（为了航行的安稳）、战术（为了战胜敌人）等等——诗术为了什么好？为了城邦的共同生活更好、更高贵。诗术之"术"要实现这一目的，首先得拥有关于人的性情的知识——人的行动有好有坏、有对有错、有正义有不正义、有高有低，凡此无不受制于人的性情。于是，诗术必然以《伦理学》为基础。诗术之"术"旨在教化，教化从属于城邦政制，因此，诗术最终归属于政治术——亚里士多德在《政治学》最后一卷中讨论教育时，诗乐被视为重点：既是培育好城邦民的教育方式，也是城邦民受教育的目标。

反观我们的诗教传统，却无需诗术与性情论（《伦理学》）和政治术（《政治学》）的如此分割和关联。一句"乐者，天地之命，中和之纪，人情之所不能免也"（《礼记·乐记》），言简意赅，三者都涵盖其中。但我们不可忘记，亚里士多德生活在后民主时代；如果我们面临与亚里士多德同样的后民主处境，又当如何就很难说了。不管怎样，如果我们接受把"诗学"改为"创作学"的建议，不仅《论诗术》这部讲稿主要讨论荷马叙事诗和民主时期的肃剧诗的文本事实被抹去，亚里士多德在民主之后的时代解释具有政制作用的"诗"的良苦用心，也随之一并被抹去。

原载《中山大学学报（社会科学版）》2009年第5期

后　记

"广州的天气热得真早，夕阳从西窗射入，逼得人只能勉强穿一件单衣。"①近百年前初到中山大学的鲁迅写下的这段话，正是编者此时感受。在岭南温暖的暮春时分，这部凝聚了《中山大学学报（社会科学版）》创刊七十年来哲学论文精华的文集终告杀青。作为公认的"全部科学之母"，哲学本身的基础性和重要性无须赘言，因此哲学论文一直是本刊的重头戏，自创刊之日起便佳作迭现、琅华纷披，同时注重与时俱进，把握时代脉搏，反映时代问题，"随时撰述以究大道"。但这绝非阿时趋俗的"时尚"之学，而是立足每一次历史大势的转折点和学术思潮的转进处，与国家民族的理论需求同声相应。陈寅恪先生尝言："一时代之学术，必有其新材料与新问题。取用此材料，以研求问题，则为此时代学术之新潮流。治学之士，得预于此潮流者，谓之预流。其未得预者，谓之未入流。此古今学术史之通义，非彼闭门造车之徒，所能同喻者也。"②这正是本刊七十年来刊发哲学论文所秉持的基本理念。

大潮起珠江，奔流入沧海。翻阅这些跨越半个多世纪的文字，分明能触摸到岭南哲学特有的精神脉络，感知到真正的哲学思考所具备的心灵温度。每每走过康乐园怀士堂，望着小叶榕繁茂的根须枝叶里饱含的沧桑岁月和蓬勃生命力，编者总会想到哲学并非书斋里的智力游戏，而是一种体察省思的生活方式，是对生命存在的永恒追问。从"格物致知"到"实事求是"，从"为往圣继绝学"到"为万世开太平"，本刊哲学栏目一直在用思想的犁铧耕耘时代的土壤。从数百期刊物中选取这四十余篇论文殊非易事，优秀的哲学论文璨若星辰，但囿于篇幅，还是不得不忍痛割爱。目前奉献给读者的这部论文集，尽量兼顾哲学各学科的历程和风貌，分为"马克思主义哲学""中国哲学""外国哲学"三辑，每辑按文章发表时间先后排序。在文集编选过程中，一方面感谢丛书主编彭玉平教授、李青果教授"敷理以举统"的总体指导，另一方面感谢本书责编、中山大学出版社陈莹老师的辛勤编校，此外，还要感谢中山大学哲学系研究生谢思怡、杨正周二位贤棣所做的转录、校对工作。当然，本书的一切文责皆由编者负责。成书过程中还得到许多师友的帮助和指教，恕不一一列举。在中山大学踏上新百年征程之际，我们手捧这卷承载着七十年哲学覃思的文集，分明能触摸到时光长河中那些永不停息的思维浪花。这部文集的编选与出版，既是对过往学术星空的深情回望，更是对思想长河奔涌向前的虔诚致敬。

2025年4月全广秀谨识于康乐园

---

① 鲁迅：《朝花夕拾·小引》，《鲁迅全集》第2卷，北京：人民文学出版社，1958年，第215页。
② 陈寅恪：《陈垣敦煌劫余录序》，《金明馆丛稿二编》，北京：三联书店，2001年，第266页。